## Zu diesem Buch

Eine ganze Reihe Einzelwissenschaften beschäftigt sich mit unserer natürlichen Umwelt, die der menschliche Eingriff fast überall formt und bedroht. Das Angebot von wissenschaftlichen Theorien und gesicherten Erkenntnissen zum Zustand unserer Lebensgrundlagen ist verwirrend und undurchschaubar. Berge von Fachwissen und Begriffswüsten entmutigen nur allzu leicht denjenigen, der grundlegende Kenntnisse erwerben will. Dieses Lexikon schafft deshalb einfache Zugänge zum Umweltwissen: Es erklärt einzelne Bereiche der Umweltforschung und zentrale Begriffe, es geht auf aktuelle Probleme ein und stellt so präzise wie leicht und faßlich Methoden und Ergebnisse der Umweltwissenschaften vor.
Gleichzeitig werden Tips für umweltgerechtes Handeln im Alltag gegeben.

## Die Autoren

Brunhilde Marquardt-Mau (geb. 1949), Diplom-Pädagogin, Erstes Staatsexamen für das Lehramt an Grund- und Hauptschulen. Sie arbeitet als Wissenschaftlerin an der Universität Kiel und ist durch zahlreiche Publikationen zur Umwelterziehung, zum Sachunterricht in der Grundschule und zur «Dritte-Welt»-Pädagogik ausgewiesen. Für das ZDF war sie als Drehbuchautorin beim Umweltmagazin «Mittendrin» tätig.

Dr. Jürgen Mayer (geb. 1954), Gymnasiallehrer (Biologie/Chemie) und Diplom-Biologe. Als Wissenschaftler an der Universität Kiel beschäftigt er sich mit den Bereichen Ökologie, Umwelterziehung und Didaktik des Biologieunterrichts und führt Veranstaltungen zur Umweltbildung in Lehreraus- und -fortbildung sowie in der Jugend- und Erwachsenenbildung durch.

Prof. Dr. Helmut Mikelskis (geb. 1947) arbeitet als Diplom-Physiker in der Bildungsforschung. Seine Schwerpunkte sind Naturwissenschaftsdidaktik, Umwelterziehung und Naturphilosophie. Er beschäftigt sich mit Fragen der Energieversorgung, der Technologieentwicklung und des ökologischen Umbaus. Als Hochschullehrer für Didaktik der Physik ist er an der Universität Potsdam tätig.

Brunhilde Marquardt-Mau / Jürgen Mayer / Helmut Mikelskis

# U M W E L T

## Lexikon ökologisches Grundwissen

Unter Mitarbeit von Nicoline Henkel

Rowohlt

Für unsere Kinder
Hannes und Lisa, Julius, Janos, Mirko und Juliane

Neu bearbeitete und erweiterte Ausgabe des
1984 erschienenen «Jugendlexikons Umwelt»

Veröffentlicht im Rowohlt Taschenbuch Verlag GmbH,
Reinbek bei Hamburg, Februar 1993

Umschlaggestaltung: Peter Wippermann
Umschlagillustration: Jan Rieckhoff
Redaktion: Jürgen Volbeding
Satz Sabon (Linotronic 500)
Gesamtherstellung Clausen & Bosse, Leck
Printed in Germany
2490-ISBN 3 499 16337 3

# Vorwort

Wenn die Plünderung der Erde durch den Menschen noch ein bis zwei Jahrzehnte so weitergeht, werden alle heute schon sichtbaren Bedrohungen zu einer globalen grausamen Realität anwachsen. So ist das von Ernst U. von Weizsäcker angekündigte «Jahrhundert der Umwelt» nicht als schöne Verheißung mißzuverstehen. Wir brauchen ein tiefgreifendes Umdenken und Umsteuern unserer gesamten Kultur und Wirtschaftsweise. Mag die Realität auch viele Menschen in Resignation treiben, nur der verbliebene Funke an Optimismus kann die ökologische Wende einleiten.

Von diesem Geist sind auch wir als Autoren geleitet. So haben wir kein Lexikon verfaßt, das auch nur den Versuch macht, über möglichst viele Einzelfragen Auskunft zu geben. Wir richten uns nicht an Spezialisten, denen eine große Auswahl an Fachliteratur zur Verfügung steht. Wir wenden uns bewußt an jene Menschen, die einführendes und grundlegendes Wissen suchen. Wer die Berichterstattung in den Medien verstehend nachvollziehen will, wer sich in einer Initiative in ein Themenfeld einarbeitet, findet im vorliegenden Buch Grundwissen, Einstiege und Anregungen zur Weiterarbeit.

Das hat Konsequenzen für den Aufbau und die Auswahl der Inhalte. Wir haben im **Orientierungsrahmen** alle 200 Stichwörter nach 20 Themen gruppiert. Denn nur so sind Problemzusammenhänge aufzuzeigen. Eine bloße Anhäufung von Detailwissen verstellt oft nur den Blick für die eigentlichen Ursachen und möglichen Auswege. Neben den Stichwörtern sind im **Register** noch 1000 weitere Suchwörter aufgeführt, die den Einstieg in das Lexikon erleichtern sollen. Querverweise eröffnen die Möglichkeit, sich einem Problem umfassend zuzuwenden.

Viele Menschen erwarten von einem Lexikon, daß es objektiv ist. Wenn darunter verstanden wird, daß seine Autoren keine Meinungen haben und Bewertungen von Tatbeständen nicht vornehmen dürfen, so ist das vorliegende Umweltlexikon nicht objektiv. Und das hat zwei Gründe.

Häufig hat man bei Lexika den Eindruck, sie seien völlig wertungsneutral. In Wirklichkeit kann man die Wertungen der Autoren auf den ersten Blick nur nicht erkennen. Zum anderen handelt es sich bei der Umweltproblematik um ein Thema, bei dem es um das Wohlergehen der Menschen bis hin zur Gefahr der Selbstvernichtung der gesamten Menschheit geht. Alle drei Autoren sind seit vielen Jahren in ihrem privaten, beruflichen und politischen Leben für die Sache des Umweltschutzes eingetreten. Ein Zurückziehen auf vermeintlich objektive Sachverhalte erschien uns unangemessen.

In der Umweltdebatte ist häufig eine große Diskrepanz zwischen dem geäußerten oder tatsächlich vorhandenen Bewußtsein und konkreten Handlungen zur Veränderung festzustellen. Deshalb haben wir an vielen Stellen konkrete Verhaltensvorschläge angeboten. Damit soll nicht der Eindruck erweckt werden, als könne ein einzelner allein die Umkehr bewirken. Aber ohne die individuelle

Veränderung wird sich nichts wandeln. Auch die notwendigen gesellschaftlichen Strukturveränderungen werden nur aufgrund der Aktivitäten und des Widerstandes möglichst vieler zustande kommen. Die politischen und wirtschaftlichen Rahmenbedingungen ändern sich nicht von allein.
Durch die deutsche Vereinigung sind die umweltrechtlichen Rahmenbedingungen von Stuttgart bis Rostock oder von Dresden bis Köln zwar die gleichen, aber die Umweltrealität wird über Jahre noch unterschiedlich bleiben. Die Umweltsituation in manchen Regionen der ehemaligen DDR ist sicher äußerst dramatisch. Aber andererseits sind manche umweltverträglichen Praktiken, wie etwa im Abfall- und Rohstoffbereich, durch den Einigungsvertrag beseitigt worden. Wir haben versucht, uns mit dieser Situation auseinanderzusetzen. Wo es uns notwendig erschien und wo Daten verfügbar waren, haben wir auch noch spezifische Statistiken für die «alten» und die «neuen» Bundesländer berücksichtigt.

B. Marquardt-Mau, J. Mayer, H. Mikelskis

Kiel, im Mai 1992

# Zum Gebrauch

Im **Orientierungsrahmen** sind alle 200 Stichwörter 20 zentralen Themenbereichen der Ökologie- und Umweltdiskussion zugeordnet. Dies ermöglicht es, einen Überblick über komplexe Bereiche wie z. B. Wasser, Müll etc. zu gewinnen.

Die 200 alphabetisch geordneten **Stichwörter** stellen wesentliche Sachverhalte der Ökologie- und Umweltdebatte im Zusammenhang dar, erklären dabei eine Vielzahl von einzelnen Fachbegriffen und enthalten Tips für umweltgerechtes Verhalten im Alltag.

Das **Register** enthält alle Begriffe, die nicht ein eigenes Stichwort bilden, die aber in einem der 200 zentralen Stichwörter behandelt werden.

**Zum Weiterlesen** befinden sich im Anhang eine nach Themenbereichen geordnete **Literaturauswahl** und ein **Adressenverzeichnis** wichtiger Behörden, Institutionen und Verbände.

## Abkürzungen

| | |
|---|---|
| mm | = Millimeter |
| cm | = Zentimeter |
| m | = Meter |
| km | = Kilometer |
| qm | = Quadratmeter ($m^2$) |
| cbm | = Kubikmeter ($m^3$) |
| qkm | = Quadratkilometer ($km^2$) |
| ha | = Hektar |
| µg | = Mikrogramm |
| mg | = Milligramm |
| g | = Gramm |
| kg | = Kilogramm |
| t | = Tonne |
| mrem | = Millirem |
| MW | = Megawatt |
| h | = Stunde |
| kWh | = Kilowattstunde |
| ppm | = parts per million (Teilchenanzahl pro Millionen Teilchen) |
| l | = Liter |
| °C | = Grad Celsius |
| Hz | = Hertz |
| dB | = Dezibel |
| Mio. | = Million |
| Mrd. | = Milliarde |
| DM | = Deutsche Mark |
| % | = Prozent |
| § | = Paragraph |
| ca. | = circa |
| z. T. | = zum Teil |
| sog. | = sogenannt |
| d. h. | = das heißt |
| z. B. | = zum Beispiel |
| u. a. | = unter anderem |
| S. | = Seite |

# Orientierungsrahmen

### Boden
Altlasten, Bioindikatoren, Boden, Bodenerosion, Bodenbelastungen, Bodenschutz, Bodentypen, Bodenverdichtung, Bodenversauerung, Düngemittel

### Luft und Klima
Atmosphäre, Emission, Fluorchlorkohlenwasserstoffe, Immission, Klima, Kohlendioxid, Luft, Luftreinhaltung, Luftverschmutzung, Ozon, saurer Regen, Schwefeldioxid, Smog, Stadtklima, Stickoxide, Treibhauseffekt, Tropischer Regenwald, Waldsterben

### Wasser
Abwärme, Abwasser, biologische Selbstreinigung, Eutrophierung, Flußregulierung, Gewässergüte, Gewässerverschmutzung, Grundwasser, Kläranlage, Klärschlamm, Meeresverschmutzung, Ölpest, Trinkwasser, Trinkwasseraufbereitung, Verklappung, Wasch- und Reinigungsmittel, Wasser, Wasserbedarf, wassergefährdende Stoffe, Wasserschutzgebiet

### Energie
Abwärme, Antiatomkraftbewegung, Atomkraftwerk, Bioenergie, Biogasanlage, Braunkohlenabbau, Energie, Energiesparen, Energiesparhaus, Energieversorgung, Erdwärme, Fernwärme, Fusionsenergie, Gezeitenkraftwerk, Kohlekraftwerk, Radioaktivität, Rauchgasreinigung, regenerative Energien, Solarzellen, Sonnenenergie, Sonnenkollektoren, Strahlenschutz, Tschernobyl, Wärmepumpe, Wasserkraftwerke, Wasserstoffwirtschaft, Wellenenergie, Wiederaufarbeitungsanlage, Windenergie

### Lärm
Emission, Immission, Lärm, Lärmmessung, Lärmschäden, Lärmschutz

### Müll
Abfallentsorgung, Abfallverwertung, Altlasten, Bauschuttverwertung, Klärschlamm, Kompostierung, Mülldeponie, Müllverbrennung, Pyrolyse, Recycling, Sonderabfall, Umweltschutzpapier, Verklappung

### Umweltbelastende Stoffe
Abwärme, Asbest, Benzol, Bioindikatoren, Blei, Cadmium, chlorierte Kohlenwasserstoffe, Dioxine, Fluorchlorkohlenwasserstoffe, Formaldehyd, Grenzwerte, Kohlendioxid, Kohlenwasserstoffe, Kombinationswirkungen, Nitrat/ Nitrit/Nitrosamine, Ozon, polychlorierte Biphenyle, polycyclische aromatische Kohlenwasserstoffe, Quecksilber, Radioaktivität, saurer Regen, Schadstoffe, Schwefeldioxid, Schwermetalle, Stickoxide, Zeitbombe

### Natur und Landschaft
Artenschutz, Artensterben, Ballungsgebiete, Landschaftsnutzung, Natur, Naturgarten, Naturschutz, Raumplanung, Rekultivierung, Rote Listen, Tierschutz, Tourismus, Wattenmeer

### Landwirtschaft und Ernährung
Bioläden, Boden, Dritte Welt, Düngemittel, Ernährung, Fremdstoffe in Nahrungsmitteln, Handelsklassen, Landwirtschaft, Massentierhaltung, Muttermilch, Naturgarten, ökologischer Landbau, Pestizide, Resistenz, Schädlingsbekämpfung, Tierzucht, Unkraut

### Stadt
Ballungsgebiete, Denkmalpflege, Fassaden- und Dachbegrünung, ökologisches Bauen, Solararchitektur, Stadtklima, Stadtplanung, Verkehrsberuhigung

### Verkehr
Autoverkehr, Bahnverkehr, Fahrrad, Flugverkehr, Güterverkehr, Katalysator, öffentlicher Personennahverkehr, Schiffsverkehr, Verkehrsberuhigung

### Gesundheit und Medizin
Allergie, Arzneimittel, Berufskrankheiten, Gesundheit, Kosmetika, Krebs, Medizin, Naturheilverfahren, Pseudokrupp, Tierversuche, Umweltkrankheiten, Umweltstreß

### Umweltgefährdungen in der Arbeitswelt
Arbeitsschutz, Asbest, Berufskrankheiten, Schadstoffe am Arbeitsplatz

### Umweltzerstörung durch Militär und Rüstung
Atomwaffen, biologische Waffen, Chemiewaffen, militärische Umweltbelastungen, Rüstungskonversion

### Technik und Wissenschaft
Biotechnik, Computer, Gentechnik, ökologische Ethik, Ökotechnik, Reproduktionstechniken, Umweltberufe, Wissenschaft

### Politik, Recht und Wirtschaft
Bürgerinitiativen, Genehmigungsverfahren, Grüne Parteien, Umweltbundesamt, umweltfreundliche Produkte, Umweltkriminalität, Umweltpolitik, Umweltverträglichkeitsprüfung, Wirtschaft, Wirtschaftswachstum

### Umweltschutzbewegung
Alternativprojekte, Antiatomkraftbewegung, Bioläden, Bund für Umwelt- und Naturschutz, Bürgerinitiativen, Greenpeace, Umweltrecht, Umweltverbände

### Umwelthandeln und -lernen
Ökologische Ethik, Systemdenken, Umweltberatung, Umweltberufe, Umweltbewußtsein, Umwelterziehung, umweltfreundliche Produkte, Umwelttests, Umweltwahrnehmung

### Ökologie
Bioindikatoren, biologische Anreicherung, biologische Selbstreinigung, Biotop, Eutrophierung, Grenzwerte, Kombinationswirkungen, Nahrungskette, ökologische Ethik, Ökosystem, Resistenz, Umwelt, Umweltstreß, Umweltwahrnehmung

### Globale Umweltfragen
Antarktis, Artensterben, Dritte Welt, Klima, Meeresverschmutzung, Ozon, Treibhauseffekt, Tropischer Regenwald

# Register

# A

## Abfallentsorgung

Nach dem Bundesabfallgesetz sind **Abfälle** bewegliche Sachen, deren sich der Besitzer entledigen will oder deren geordnete Entsorgung zur Wahrung des Wohls der Allgemeinheit, insbesondere des Schutzes der Umwelt, geboten ist (AbfG 1986, § 1 Abs. 1).

Jedes Jahr fallen in Deutschland etwa 200 Millionen Tonnen Abfälle, häufig **Müll** genannt, an. Diese unvorstellbar große Menge, 2500 kg pro Kopf, macht uns Sorgen. Deshalb brauchen wir eine Abfallentsorgung. Zwei Drittel des Abfalls besteht aus Bauschutt, Straßenaufbruch und Bodenaushub (→Bauschuttverwertung).

**Hausmüll**, hausmüllähnliche Gewerbeabfälle sowie Sperrmüll werden zum größten Teil von der öffentlichen Müllabfuhr abgeholt: etwa 35 Mio. Tonnen pro Jahr. Das wären 1 Mrd. Mülltonnen voll. «Klappe auf, Klappe zu, weg bist du?» Eine Abfallbeseitigung kann es grundsätzlich nicht geben, denn mit «aus den Augen, aus dem Sinn» geht es leider nicht. 80% der Siedlungsabfälle werden auf →Mülldeponien gelagert, 20% gelangen in →Müllverbrennungsanlagen. Beides führt zu großen Problemen für Grundwasser, Boden und Luft. Abgesehen von dem Mengenproblem, machen Gifte und Schadstoffe im Müll Sorgen. Die gehören zum →Sonderabfall und müssen getrennt gesammelt werden.

Eine Hausmülluntersuchung des Umweltbundesamtes hat 1985 folgende Zusammensetzung ergeben:

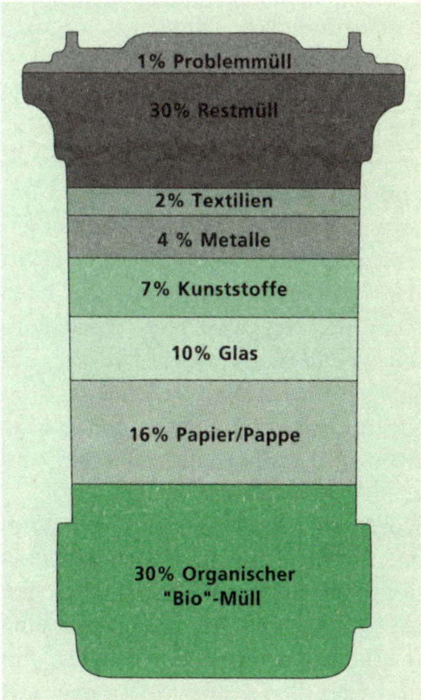

Aus Gründen der Umweltverträglichkeit muß vor allen technischen Lösungsansätzen der Abfallentsorgung die Abfallvermeidung stehen. Das bedeutet eine grundsätzliche Umstellung der Produktionsweisen und unseres Komsumverhaltens. Wieviel unnötige Verpackungen gibt es? Anstatt der Einwegverpackungen, die nach Gebrauch weggeworfen werden, sollten grundsätzlich Mehrwegverpakkungen verwendet werden (Pfandflaschen, feste Kisten usw.). Wie häufig werden unsinnige, überflüssige und schnellebige Waren gekauft?

Dort, wo die Vermeidung und Wiederverwendung von Waren und Produkten, wie Verpackungen, Flaschen usw., nicht möglich ist, sollte eine stoffliche Verwertung von Glas, Papier, Metallen, Kunststoffen usw. mit hohem Erfassungsgrad verwirklicht werden (→Abfallverwertung). Die dann verbleibenden Restabfälle sollten behandelt und in Mehrfachmonodeponien gelagert werden (→Mülldeponie).

**TiP** Auch bei privaten und öffentlichen Festveranstaltungen lassen sich Abfallberge vermeiden. Fast alle Getränke werden in Pfandflaschen angeboten. Statt Portionspackungen für Sahne, Butter oder Senf Großverpackungen verwenden. Auf Geschirr, Gläser und Besteck aus Pappe oder Plastik kann verzichtet werden. Umweltfreundlicher ist Mehrweggeschirr. Wenn die eigenen Gläser nicht ausreichen, können sie in fast unbe-

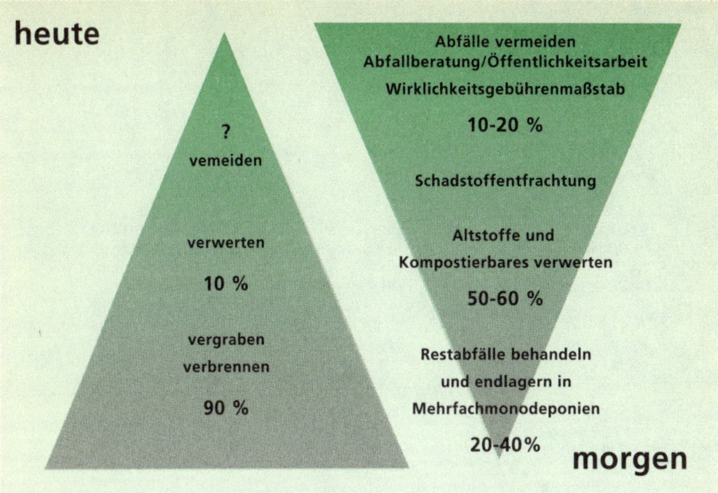


**Radikale Umkehr in der Abfallentsorgung**

grenzter Anzahl beim Getränkegroßhandel ausgeliehen werden.
Einige Gemeinden oder auch Umweltschutzvereine bieten Geschirrmobile an, die bei jeder Festivität für eine ausreichende Menge an Tellern und Zubehör sorgen.

## Abfallverwertung

Trotz aller Bemühungen um Abfallvermeidung (→Abfallentsorgung) wird es immer Abfall geben. Alle Verfahren zur Rückgewinnung oder Nutzung von Wertstoffen in Abfällen nennt man Abfallverwertung.
Oberstes Prinzip sollte dabei eine stoffliche Verwertung sein. Sie setzt die Trennung in die verschiedenen Stoffarten im Abfall voraus. Es ist am sinnvollsten, die Abfallarten bereits bei ihrer Entstehung zu trennen oder getrennt zu lassen und sie über eine getrennte Sammlung zu erfassen. Hat man erst mal ein Müllgemisch, wird es unmöglich oder sehr teuer, es wieder nach Stoffarten zu trennen.
Insofern ist die getrennte Sammlung der Stoffarten am Abfallentstehungsort die wichtigste Voraussetzung der Abfallverwertung. Über die getrennte Abfuhr im Holsystem wird der Abfall einem Abfallwirtschaftszentrum zugeführt. Von dort werden die verwertbaren Sekundärrohstoffe wieder den entsprechenden Industriezweigen abgegeben. Die Reste werden auf Monodeponien zwischengelagert.
Das Grundprinzip der Abfallverwertung ist das Rückführen der Rohstoffe aus dem Abfall in den Produktionsprozeß. Man nennt es →Recycling.
In der DDR gab es das SERO-System. Auf diese Weise wurden nahezu alle Sekundärrohstoffe eingesammelt und wiederverwertet. Es gab ein dichtes Netz von etwa 17000 Sammelstel-

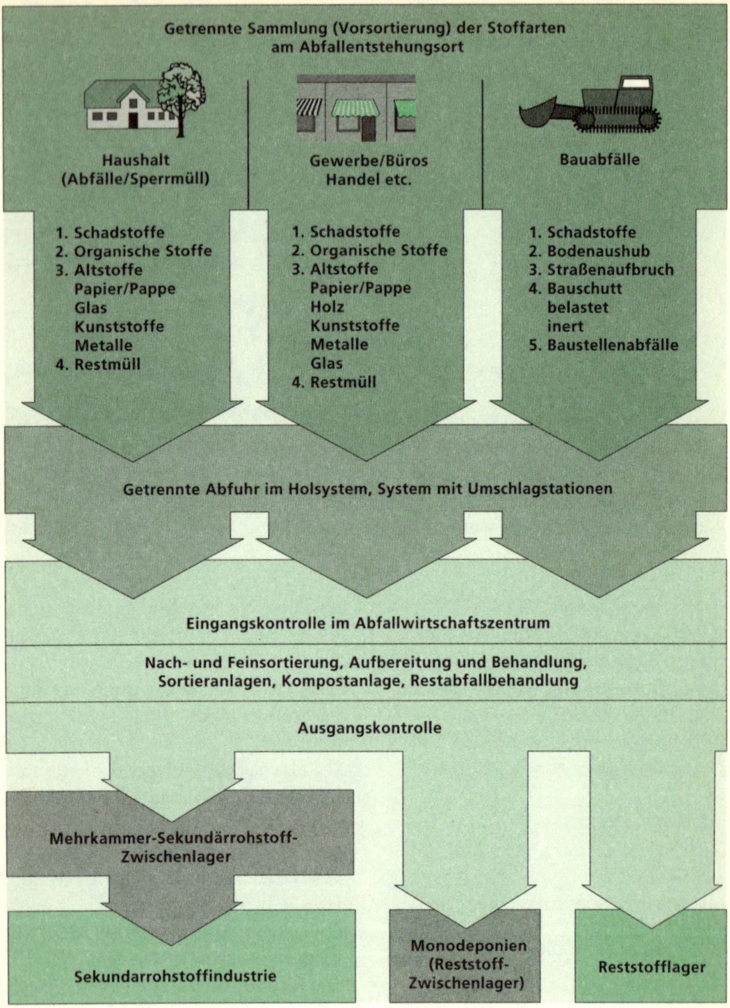


len, bei denen die Bürgerinnen und Bürger Flaschen, Papier, Metall, Holz und andere Stoffe abgeben konnten. Dafür gab es Pfand oder eine bestimmte Geldsumme. Nach der Vereinigung 1990 ist das SERO-System zusammengebrochen. Obwohl die Abfallmassen rapide anstiegen, ging dieses gute Prinzip verloren. Denn es wurde eine Wiederverwertungsquote von 40% erreicht (alte BRD 1990: ca. 5%).

Der Bundesumweltminister versucht mit der Rücknahmepflicht durch die Hersteller einen Damm gegen die Verpackungsflut zu errichten. Verpackungen machen etwa die Hälfte des Müllaufkommens in Haushalten aus.

Ab 1.12.1991 gilt in der BRD eine **Verpackungsverordnung**, die durch Rücknahme- und Verwertungspflichten den Verpackungsmüll um die Hälfte reduzieren soll. Für Pfandflaschen wurde eine bundesweite Mehrwegquote von mindestens 72 % festgelegt. Ferner soll eine Kennzeichnungspflicht von Verpackungen die Trennung von Materialien erleichtern.

Ab 1993 werden alle Verkaufsverpackungen zurückgenommen. Für Getränkeeinwegverpackungen wird eine Pfandpflicht eingeführt.

1990 gründete die Industrie die Gesellschaft **Duales System** Deutschland für Abfallvermeidung und Sekundärrohstoffgewinnung (DSD Bonn). Seit Mitte 1991 organisiert sie neben der kommunalen Müllabfuhr die Abholung von Verpackungsmüll.

Die DSD vergibt gegen Gebühren Lizenzen für einen **grünen Punkt**, der den Käufern auf den Verpackungen die umweltfreundliche Weiterverwertung anzeigen soll. Von den Lizenzeinnahmen (ca. 2 Pf pro Verpackung) soll die Müllverwertung finanziert werden.

Ob diese Maßnahmen der Müll-Lawine Einhalt gebieten können, bleibt abzuwarten. Sicher werden auf Dauer nur gesetzliche Verbote bestimmter Mengen und Arten von Verpackungen einen durchgreifenden Erfolg bringen.

## Abwärme

In Kraftwerken (→Kohlekraftwerk, →Atomkraftwerk) wird nur etwa ein Drittel der zur Wärmeerzeugung eingesetzten Primärenergie (→Energieversorgung) in Form von Uran oder Kohle umgewandelt. Der Rest der erzeugten Wärme wird ungenutzt in die Umgebungsluft oder das Wasser eines Flusses abgegeben. Diesen Anteil nennt man Abwärme.

Das beruht keineswegs auf Konstruktionsmängeln. Physikalische Gesetze lassen es nicht zu, ein abwärmefreies Wärmekraftwerk für den Dauerbetrieb zu bauen. Auf die technischen Einzelheiten soll hier nicht eingegangen werden. Der Wirkungsgrad gibt das Verhältnis von eingesetzter Primärenergie zu gewonnener Nutzenergie an. Er liegt bei Kohlekraftwerken um 35 %. Bei Atomkraftwerken sogar noch etwas darunter.

Die preiswerteste Methode, die Abwärme abzuführen, ist die **Frischwasserkühlung**. Deshalb stehen Kraftwerke normalerweise an Flüssen. Die Erwärmung von Flüssen führt dort in Kombination mit der →Gewässerverschmutzung zu Sauerstoffmangel, der zum Fischsterben führt (bei unter 3 mg/l).

In der Regel darf das in den Fluß eingeleitete Wasser höchstens 8 °C wärmer sein als das ihm entnommene. Diese Regelung führt aber insbesondere an warmen Sommertagen zu großen Problemen. Ab 28 °C Flußtemperatur darf überhaupt nicht mehr eingeleitet werden. Sind die gesetzlichen Grenzwerte nicht einzuhalten, hilft nur der Bau von **Kühltürmen**.

Bei **Naßkühltürmen** rieselt das Kühlwasser im Innern der Türme herab, die Abwärme wird naß, d.h. mit

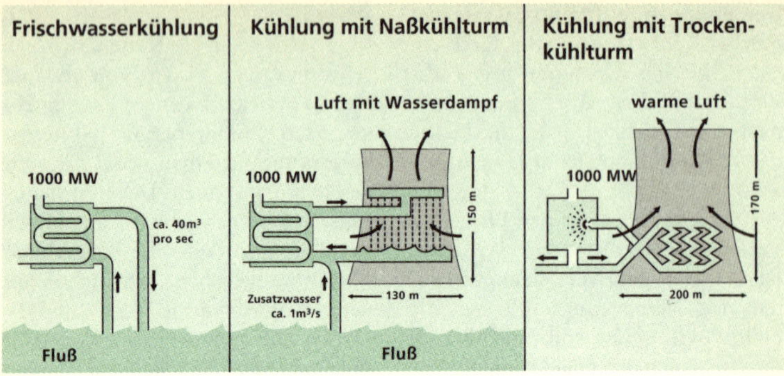


**Drei Gruppen von Kühlverfahren**

Wasserdampf an die Luft abgegeben, was die Umgebung mit Dampffahnen und Wolkenbildung belastet. Zusatzwasser wird benötigt, um die verdunsteten Anteile zu ersetzen. Der Vorteil besteht darin, daß bei einer Leistung des Kraftwerks von 1000 MW nur noch etwa 1 cbm Wasser pro Sekunde benötigt wird gegenüber 40 cbm bei Frischwasserkühlung.

Bei **Trockenkühltürmen** wird die gesamte Abwärme trocken, d.h. ohne Wasserdampf an die Luft der Umgebung abgegeben. Zusatzwasser wird nicht mehr benötigt. Welche Folgen sich für das lokale Klima ergeben können, wird im einzelnen noch erforscht. Trockenkühltürme sind riesige, teure Bauwerke, die ein Landschaftsbild ganz erheblich verändern. Der Trockenkühlturm des stillgelegten Hochtemperaturreaktors in Uentrop (→Atomkraftwerk) wurde 1991 gesprengt, weil er nutzlos in der Landschaft stand.

Die Abwärme gerade der großen Atomkraftwerke stellt eine Gefährdung der Umwelt und eine auf Dauer nicht zu verantwortende Energieverschwendung dar. Mit der Abwärme eines Kraftwerks könnte man 200000 Wohnungen beheizen. Nur eine andere Betriebsweise von Kraftwerken, die eine Nutzung der Abwärme z.B. als →Fernwärme ermöglicht, ist der umweltpolitisch sinnvolle Weg. Ein Fünftel des Primärenergieverbrauchs und entsprechende Schadstoffemission würden vermieden.

## Abwasser

Aus →Wasser wird Abwasser, wenn man es z.B. im Haushalt zum Spülen oder fürs WC, im Gewerbe und in der →Industrie zur Produktion benutzt oder wenn mit dem Regenwasser Schmutz von Straßen oder Gebäuden in die Kanalisation gelangt. So entstehen täglich riesige Abwassermengen; in der Bundesrepublik allein 1983 rund 44 Mrd. cbm (→Wasserbedarf).

Abwasser ist jedoch nicht gleich Abwasser (→wassergefährdende Stoffe). **Haushaltsabwässer** enthalten z.B. Spül- und Putzwasser, Waschlauge, Kot und Harn sowie Lösemittel

(→Wasch- und Reinigungsmittel). **Industrielle Abwässer** setzen sich je nach der Art des Betriebs höchst unterschiedlich zusammen. So enthalten Abwässer aus der Nahrungsmittelindustrie, z.B. von Schlachthöfen, Molkereien oder Brauereien, hohe Konzentrationen an organischen Schmutzstoffen. Andere industrielle Abwässer, z.B. aus der chemischen Industrie, sind mit den eigentlich giftigen Verbindungen – z.B. →chlorierten Kohlenwasserstoffen – und →Schwermetallen belastet. Die Abwässer der →Landwirtschaft (Gülle) – und dort insbesondere die der →Massentierhaltung – sind wiederum überwiegend mit organischen Stoffen belastet.

## Zahlen und Verschmutzen!

Nach dem Verursacherprinzip sollte derjenige, der die Umwelt verschmutzt, für die Kosten der Sanierung aufkommen. Die zu entrichtenden Kosten bei der Einleitung von Schadstoffen in Gewässer durch Industriebetriebe regelt seit 1976 das **Abwasserabgabengesetz**, das 1986 novelliert wurde. Die Abgaben sind um so höher, je größer die Menge und je schädlicher die eingeleiteten Stoffe sind. Die Schädlichkeit wird durch den Meßwert «**Schadeinheit**» ausgedrückt. Eine Schadeinheit entspricht etwa der Schädlichkeit ungereinigten Abwassers eines Einwohners pro Jahr (**Einwohnergleichwert**). Die für eine Schadeinheit zu entrichtende **Abwasserabgabe, der Abgabensatz**, beträgt bis 1991 DM 40,–, ab 1991 50,– DM, ab 1993 60,– DM.

Das Abwasserabgabengesetz soll die Gewässerbenutzer dazu anhalten:

– Kläranlagen zu bauen,
– den Stand ihrer Abwasserreinigungstechnik zu verbessern,
– abwasserarme Produktionsverfahren zu entwickeln und einzusetzen,
– Güter, die nur abwasserintensiv hergestellt werden können, sparsamer zu verwenden sowie
– durch Investitionen in umweltfreundliche Verfahren der Abwasserreinigung ihre Abwasserabgaben zu senken und dadurch Kosten zu sparen.

Dies wird allerdings so lange ad absurdum geführt, solange es billiger ist, Wasser zu verschmutzen und zu zahlen, als das eingeleitete Abwasser selbst zu reinigen. So werden allein bei Einhaltung des derzeitigen Standes der Abwasserreinigungstechnik schon Ermäßigungen von 20 % der Abwasserabgabe gewährt.

Allerdings regelt das Abwasserabgabengesetz nur die Einleitungen der Direkteinleiter, also derjenigen Gewerbe- und Industriebetriebe, die ihre Abwässer über eine eigene Kanalisation direkt in ein Gewässer einleiten. Sogenannte Indirekteinleiter sind dagegen Industriebetriebe, die ihre Abwässer zunächst in die kommunale Kanalisation und damit indirekt in Gewässer einleiten. Insofern wird beim Abwasserabgabengesetz das Verursacherprinzip, auf das es sich beruft, wie auch in anderen Umweltbereichen nicht konsequent angewandt.

Um Abwassermengen kennzeichnen und verschiedene Abwassertypen vergleichen zu können, wird der sog. **Einwohnergleichwert (EGW)** benutzt. Der EGW entspricht der Menge an leicht abbaubaren Substanzen, die ein Mensch im Durchschnitt pro Tag in das Wasser abgibt und für de-

ren Abbau 60 g Sauerstoff benötigt werden.
Die →biologische Selbstreinigungskraft der Gewässer reicht schon lange nicht mehr aus, die großen Abwassermengen zu reinigen, d. h. die in ihnen enthaltenen →Schadstoffe abzubauen. Aus diesem Grund muß eine Abwasserreinigung in →Kläranlagen erfolgen. Da diese aber zumeist nicht ausreicht, sind Flüsse, Seen und Meere und damit unsere Trinkwasserversorgung (→Trinkwasser) erheblich gefährdet. Hinzu kommt, daß bestimmte industrielle Abwässer z. T. nach wie vor ungeklärt in Flüsse und Seen eingeleitet werden dürfen.

**TiP** Gebrauchte Öle und Fette, die beim Fritieren anfallen, gehören nicht ins Waschbekken oder die Toilette. Sie verkleben die Rohrleitungen. Haushaltsreste an Brat- und Fritierölen in Gefäßen (Gläser, Flaschen oder Dosen) abgekühlt dem Hausmüll beigeben.

## Allergie

Unter einer Allergie leiden immer mehr Menschen, laut Angabe des Allergiker- und Asthmatikerbundes waren es 1990 in der alten BRD rd. 25 Mio. Jedes 5. Kind ist allergiekrank. Juckende Nase und Augen und häufiges Niesen können erste Anzeichen einer allergischen Reaktion sein. Ekzeme, ständiger Schnupfen, Atemnot, Hustenanfälle bis hin zu Asthma sind die untrüglichen Anzeichen einer Allergie. Manche Menschen flüchten vor jedem Katzenhaar, vor Staubkörnern, Pflanzenpollen oder Samen, andere dürfen z. B. kein Penicillin oder bestimmte Nahrungsbestandteile zu sich nehmen, wieder andere sind allergisch gegen Chemikalien in der Bettwäsche, in Kosmetika oder an ihrem Arbeitsplatz (→Berufskrankheiten). Für manche wird selbst die ‹fetzigste› Jeans zur Qual, wenn die Hosenknöpfe Nickel enthalten. Den Allergie auslösenden Substanzen (auch Allergene genannt) sind kaum Grenzen gesetzt.
Während der Körper normalerweise in einer sinnvoll gesteuerten Immunantwort durch bestimmte Abwehrzellen (Immunzellen) oder Gegenstoffe (Antikörper) «Angreifer» unschädlich macht, kommt es bei einer Allergie zu einer unangemessen starken Immunreaktion des Körpers.
Für Nahrungsmittelallergien sind beispielsweise die Schad- und Zusatzstoffe in Lebensmitteln (→Fremdstoffe in Nahrungsmitteln), aber auch die unübersehbar große Vielfalt an Lebensmitteln, die das allergene Potential vergrößern, verantwortlich. Bei Kindern sind eher Allergien gegen eiweißreiche Produkte (Eier, Kuhmilch) anzutreffen, im Erwachsenenalter kommt es zu einer steigenden Anfälligkeit gegen Pflanzliches: Nüsse, Samen, rohes Getreide, Kräuter und Gewürze. Menschen, die an einer Blütenstauballergie leiden und mit Heuschnupfen reagieren, haben eine besondere Neigung auch zu Allergien durch pflanzliche Lebensmittel. Diese sogenannte Kreuzreaktion beruht auf der botanischen Verwandtschaft der allergenen Stoffe sowohl in den Blütenstäuben und Pollen als auch in den Lebensmitteln, die aus diesen Pflanzen entstehen.
Asthma wird in etwa der Hälfte der Fälle durch allergische Reaktionen ausgelöst und geht oftmals mit ande-

ren allergisch bedingten Leiden wie Heuschnupfen und Neurodermitis (endogenes Ekzem) einher. Bei einer Neurodermitis leiden die Betroffenen, vorwiegend Kinder, unter einem unerträglichen Juckreiz, der sie nachts nicht schlafen und sich die Haut blutig kratzen läßt.

Die Neigung, an einer Allergie zu erkranken, wird uns schon in die Wiege gelegt, d. h., sie ist genetisch bedingt. Die Anzeichen mehren sich, daß Allergien auch mit der zunehmenden Belastung der Umwelt einhergehen. (→Umweltkrankheiten). Zwar hat man noch für keinen Schadstoff in der →Luft eine allergene Wirkung nachgewiesen, aber Schadstoffe schädigen die Schleimhäute und erleichtern dadurch das Eindringen der allergieauslösenden Substanzen und verstärken die Symptome. So hat man festgestellt, daß sich in stark verkehrsbelasteten Gebieten mehr Kinder mit Heuschnupfen und Asthma quälen als in Reinluftgebieten.

**TiP** Eine Allergie ist nicht heilbar, nur die Symptome können behandelt werden. Zu möglichen vorbeugenden Maßnahmen wie das Schaffen einer allergenreduzierten häuslichen Umgebung (u. a. keine Haustiere, keine alten Federbetten) wird auch das Stillen gezählt. Offenbar stellen die in der →Muttermilch enthaltenen Abwehrstoffe einen gewissen Schutz gegen die Entstehung von Allergien dar.

### Alternativprojekte

Die Umwelt wird zerstört. Technologien ersetzen die menschliche Arbeitskraft. Viele Menschen macht die Situation, in der sie heute leben, krank. Sie verzweifeln, greifen zu Drogen oder steigen aus. Andere finden sich mit der Situation nicht ab, sondern wehren sich tatkräftig gegen die Resignation. Sie gründen Alternativprojekte, die sich auf viele Lebensbereiche erstrecken können.

Als Alternativprojekt soll hier die Arbeit von Gruppen bezeichnet werden, die folgende Merkmale aufweist:

- ▶ Im Vordergrund der Arbeit steht nicht das Erzielen von Gewinnen, sondern die Entfaltung der Fähigkeiten und Befriedigung der Bedürfnisse der beteiligten Menschen. Es gibt keine Hierarchie der Über- und Unterordnung und keine Festlegung einzelner auf ganz spezielle Tätigkeiten.
- ▶ Die hergestellten Produkte sind möglichst natur- und menschenfreundlich.
- ▶ Im Zusammenleben werden Konkurrenz, Angst, Besitzdenken und gegenseitige Unterdrückung abgebaut.
- ▶ Das Projekt wird als Alternative zur gängigen gesellschaftlichen Praxis in der öffentlichen politischen Diskussion dargestellt.

Diese Aufzählung klingt zunächst utopisch. Aber es gibt weltweit eine Vielzahl von Initiativen und Gruppen, die im Sinne der aufgeführten Merkmale an Alternativprojekten arbeiten. Viele davon sind aus →Bürgerinitiativen oder aus Teilen der Ökologiebewegung hervorgegangen oder sind mit diesen eng verbunden. Ganz wichtig ist, daß bei den meisten Alternativprojekten sowohl die Arbeit als auch der Freizeitbereich eingeschlossen sind.

Alternativprojekte gibt es in vielen Staaten. Hier soll nur die Situation in der Bundesrepublik geschildert werden. Als politische Koordinierungsstelle für Alternativprojekte hat sich **Netzwerk Selbsthilfe** e. V. entwickelt. Diese Organisation wurde 1978 in Berlin gegründet. In dem von etwa 100 Prominenten, darunter Carl Amery, Robert Jungk, Hans Magnus Enzensberger und Günter Wallraff, unterstützten Gründungsaufruf heißt es u. a.: «Jeder von uns hat das Bedürfnis, befriedigenden Tätigkeiten nachzugehen. Unser System aber bedroht viele mit Arbeitslosigkeit und Berufsverbot. Verängstigung und Apathie machen sich breit, wo optimistische Impulse vonnöten wären. Unternehmen wir etwas! Deshalb rufen wir dazu auf, dem Netzwerk Selbsthilfe beizutreten, um von Arbeitslosigkeit oder Berufsverbot Betroffenen oder Bedrohten und anderen Engagierten eine Möglichkeit zu geben, sich in selbstorganisierten politischen und alternativen Projekten zu betätigen. Zwischen Supermarkt und Sozialstaat kann Selbsthilfe dazu beitragen, Freiräume zu schaffen, in denen sich eine andere Lebensweise entfalten kann.»

Die Mitglieder bringen durch Beiträge und Spenden Gelder auf, die von einem Beirat an die beantragenden Gruppen weitergeleitet werden. Mittlerweile haben sich Regionalgruppen in allen Teilen der Bundesrepublik gebildet.

### Beispiele für Alternativprojekte

▶ ein **Handwerksbetrieb** wie eine Bäckerei, in der aus naturbelassenem Schrotmehl Brot und Teigwaren hergestellt werden und in der eine Gruppe von Leuten als gleichberechtigte Partner arbeitet und lebt;

▶ ein **alternativer Bauernhof**, der von einer Gruppe bewirtschaftet wird, die ihre Lebensmittelversorgung selbst gestalten will und die aus den erzielten Erträgen der Direktvermarktung ihren Lebensunterhalt bestreitet;

▶ ein Betrieb, der z. B. nach einem Konkurs von den Arbeitern in eigener Regie und Verantwortung übernommen wird und in dem Modelle der **Selbstverwaltung** erprobt werden, die auch dazu führen, andere, sinnvollere Produkte herzustellen (z. B. statt Rüstungsgüter Maschinen zur alternativen Energieversorgung, →Rüstungskonversion);

▶ ein **Gesundheitszentrum**, in dem sich Ärzte und Krankenpfleger zusammenschließen, um ihren Patienten eine bessere Behandlung zukommen zu lassen, als das im heutigen Medizinbetrieb häufig der Fall ist (→Medizin);

▶ eine **Mietergenossenschaft**, die z. B. in einem besetzten Haus die Rechte der Bewohner organisiert und ein selbstgestaltetes Wohnen zu angemessenen Mieten ermöglicht.

Die Liste von Alternativprojekten ließe sich beliebig fortsetzen, wobei ohne Zweifel die Grenzen zu derartigen Projekten, die als alternativ bezeichnet werden, fließend sind. Das selbstverwaltete Jugendzentrum, der Filmverleih, die Autorenbuchhandlung, der Bioladen: sie alle enthalten häufig Elemente einer Gegenkultur.

Eine wichtige politische Frage muß an alle Alternativprojekte gestellt werden: Sind es Alternativen, die einmal Modellcharakter für gesamtgesellschaftliche Veränderungen haben können, oder sind sie eher eine Abkehr von gesellschaftlichen Problemen, eine Spielwiese für Aussteiger?

## Altlasten

Als Altlasten bezeichnet man solche Flächen, wo der Boden durch eine ehemalige Betriebsfläche (Altstandort) oder eine ehemalige Müllkippe (Altablagerung) mit Schadstoffen belastet ist.

Eine besondere Problematik sind die Rückstände aus dem militärischen Bereich, wie Rüstungsaltlasten, Manöverrückstände und Altlasten aus Kriegszeiten.

Die **kontaminierten Standorte** sind also Denkmäler vergangener Umweltsünden, die uns heute noch erheblich bedrohen:

– Gesundheitsschäden durch Austritt von giftigen, explosiven Gasen,
– Vergiftung von Nahrungsmitteln,
– Verseuchung des Grundwassers und von Oberflächengewässern,
– Haut- und Gesundheitsschäden bei Berührung der kontaminierten Böden.

Oft sind solche Altlastengebiete in Verkenntnis oder fahrlässig bebaut worden. Was ist zu tun? Wer kommt für die Schäden auf?

Nach Angaben des Bundesumweltministeriums gibt es nach dem derzeitigen Erfassungsstand der Länder wohl 100000 Verdachtsflächen.

Detaillierte Gefährdungsabschätzungen wurden bisher nur in Einzelfällen durchgeführt. Deshalb ist kaum vorhersehbar, wie hoch die Kosten für Sicherungs- und Sanierungsmaßnahmen sein werden. Man schätzt eine Gesamtsumme von über 100 Mrd. DM. Strittig ist die Frage, wer im Einzelfall bezahlen soll.

Das Verursacherprinzip versagt meistens, weil der Verursacher oft nicht mehr existiert oder zahlungsunfähig ist. Oft ist es rechtlich unmöglich, den Verursacher zur Verantwortung zu ziehen, weil heutige gesetzliche Bestimmungen noch nicht galten, als die Altlast entstand.

Die Gemeinden und Kreise, für die Erstellung der Altlastenkataster zuständig, sind finanziell völlig überfordert. Zwischen Bund und Ländern wird die Verantwortung für die Bereitstellung von Altlastenfonds hin und her geschoben. Über Abgaben oder Steuern auf die Produktion von Chemikalien und auf Sondermüll könnten Finanzierungsmodelle aufgebaut werden.

Eine besonders große Altlast stellt die Hamburger Mülldeponie Georgswerder dar. Sie geriet 1983, vier Jahre nach ihrer Stillegung, in die Schlagzeilen, als in austretenden Sickerflüssigkeiten eine Reihe hochgiftiger und krebserregender Schadstoffe, darunter →Dioxin, entdeckt wurden. Seit 1948 wurde die Müllkippe mit Hausmüll befüllt. 1967–1974 diente Georgswerder jedoch der Industrie als zentrale Sondermülldeponie. Was tun mit dem Giftberg? Abtragen und verbrennen war wegen der Größe unmöglich. Nicht Sanierung, nur Sicherung war denkbar. Der 40 Meter hohe Giftberg erhielt einen zwei Meter dicken Mantel aus Plastik, Lehm und Erde übergestülpt. Die Kosten für die luft-, wasser- und gasdichte Abschottung belaufen sich auf 200 Millionen Mark. Und das «Bauwerk» muß auf lange Zeit ständig kontrolliert und repariert werden.

Besondere Probleme mit Altlasten findet man in den ostdeutschen Bundesländern. Nicht nur die ehemaligen Standorte der sowjetischen Armee, sondern auch Abräumhalden aus

dem Uranbergbau und Müllkippen mit Industrieabfällen sind ein bedrohliches Erbe der DDR. Der Sanierungsbedarf liegt in der Größenordnung von 100 Mrd. DM.
Aber Altlastensanierung macht nur dann Sinn, wenn gleichzeitig neue Bodenbelastungen vermieden werden. Dazu sind die Chemieindustrie, die Landwirtschaft und die Abfallentsorgung erheblich ökologisch umzugestalten. Sonst produzieren wir täglich Neulasten – die Altlasten von morgen.

**TiP** Ein Chemikalienfund auf dem eigenen Grundstück kann seinen Eigentümer von heute auf morgen praktisch zum Eigentümer eines Sondermüllagers machen. Eine notwendige, umfangreiche Sanierung kann schnell den Haus- und Grundstückswert verschlingen. Erkundigen Sie sich vor dem Kauf von Bauland nach der Vergangenheit Ihres Grundstücks. Oft sind ehemalige Fabrikstandorte oder alte Mülldeponien der Kommunalverwaltung bekannt und zum Beispiel in einer «Altlasten-Karte» verzeichnet. Aber auch bei bebauten Grundstücken sollten Hinweise über frühere Nutzungen und mögliche Belastungen aus der Bauakte eingeholt werden.

## Antarktis

Rund um den Südpol erstreckt sich die letzte, von Menschen fast unberührte Wildnis der Erde. Die Antarktis. Entdeckt und umsegelt wurde die Antarktis schon 1772 durch James Cook. Doch erst der Norweger Amundsen und der Engländer Scott erreichten 1911 als erste Menschen auf dem «Landweg» den geographischen Südpol.
Die Antarktis besteht aus Schelfeis- und Meeresgebieten sowie dem gebirgigen Kontinent **Antarktika** (maximale Höhe: 5140 Meter). Mit 14 Millionen Quadratkilometern ist die Antarktis doppelt so groß wie die Vereinigten Staaten. Wenn die Ozeane im arktischen Winter bis zu 1100 Kilometer weit weg von der Küste gefrieren, vergrößert sich die eisige Oberfläche weiter. Der Eispanzer des Kontinents ist zwei bis viereinhalb Kilometer dick und bedeckt über 98 % der Landmassen. Abgesehen von Forschungsstationen ist dieser Kontinent unbewohnt. Hier gibt es die reinste Luft auf unserem Planeten. Deshalb kann man bei guter Sicht über 100 Kilometer weit sehen. Aufgrund ihrer Eismassen spielt die Antarktis eine bedeutende Rolle für das weltweite →Klima. In den Eisbergen des siebten Kontinents stecken rund 70 % der Süßwasserreserven der Welt. Wenn das Eis schmelzen würde, stiege der Meeresspiegel weltweit um 60 Meter an. Hamburg und Berlin versänken unter den Fluten, die Nordseewellen könnten Bonn erreichen. Trotz der riesigen Wassermassen ist die Eisregion Antarktika so trocken wie die Wüste Sahara. Nur im Gegensatz zur Wüste ist es hier extrem kalt. Kälterekorde wurden mit minus 89,6 Grad Celsius an der russischen Station Vostok gemessen. In den kurzen kalten Sommern liegen die Temperaturen im Mittel bei minus 8 Grad Celsius. In den wärmeren Regionen an der Küste steigt das Thermometer selten über 5 Grad. Gefürchtet sind die eisigen Stürme. Wer in einen **Blizzard** gerät, kann nur überleben, wenn er sofort

einen windgeschützten Unterschlupf aufsucht, da die Haut bei Kälte und großen Windgeschwindigkeiten in Sekundenschnelle erfriert.
Dieser Kontinent ist der kälteste, niederschlagärmste und stürmischste Platz der Erde, und, wie ein Wunder, trotzdem findet sich selbst hier, speziell in der Küstenzone, noch Leben. Unter extremen Bedingungen gedeihen einmalige Tier- und Pflanzenarten. Denn Wind und Kälte schufen hier ein unvergleichliches →Ökosystem. An Land entdeckt man Moose, Flechten und sogar zwei Blütenpflanzen, biologisch handelt es sich hierbei um Grasarten. Die Ausläufer von drei Ozeanen umgeben die Antarktis ringförmig (Ringozean) mit einem der fruchtbarsten Meere unserer Erde. In dem kalten nähr- und sauerstoffreichen Wasser wachsen unvorstellbare Mengen an kleinen Algen, die wiederum die Nahrungsgrundlage für den **Krill**, eine Krebsart, bilden. Dieser Krebs ist Hauptnahrungsquelle für die Tiere am Südpol: Bartenwale, Robben, Fische, Pinguine und andere Seevögel.
Doch die «Schlacht» um die Aufteilung des Kontinents Antarktika gilt anderen Ressourcen. Aufgrund der jahrelangen Forschungsarbeiten in dem ewigen Eis werden so große Vorkommen an Bodenschätzen wie Steinkohle, Eisenerz, Kupfer und Uran sowie Erdöl und Erdgas vermutet wie in dem geologisch ähnlich entwickelten Australien und Südafrika. Mit diesen Kontinenten war die Antarktis vor 200 Millionen Jahren als Urkontinent Gondwana verbunden. «Ich habe gehört, der Südpol sei aus Gold», antwortete der Premierminister von Malaysia auf die Frage, warum auch er eine Station im ewigen Eis haben möchte. Andere Interessenten sind diplomatischer, sie deklarieren ihre Antarktisaktivitäten als wissenschaftliche Forschungszwecke. An der Erforschung der Antarktis zu wirtschaftlichen und wissenschaftlichen Zwecken sind nach dem sogenannten Antarktis-Vertrag insgesamt 26 Länder – unter ihnen die Bundesrepublik – beteiligt. Der Rohstoffabbau wirft aufgrund der extremen klimatischen Bedingungen große Probleme auf. Die Nutzung der Bodenschätze unter dem ewigen Eis wäre auf jeden Fall mit extrem hohen Kosten verbunden. Völlig ungeklärt ist, wie eine Umweltkatastrophe, beispielsweise ein Ölunfall, im ewigen Eis behoben werden soll. Umweltschützer warnen vor nie wiedergutzumachenden Schäden im Ökosystem. Jede Umweltveränderung kann das Ökosystem der Antarktis stören. Wegen der geringen Temperaturen werden umweltgefährdende Stoffe besonders langsam abgebaut. Dadurch reichern sie sich stärker in der →Nahrungskette an. Somit sind die Umweltgifte in der Polarregion länger wirksam als in anderen Gebieten dieser Erde.
Bis Mitte 1991 bangten Umweltschützer um die Erneuerung des Internationalen Antarktis-Vertrags, der nach 30jähriger Laufzeit auslief. Dieser Vertrag sollte die friedliche Nutzung des Gebiets sichern. Ein Folgeabkommen, das die Ausbeutung der antarktischen Rohstoffe schließlich erlauben sollte, wurde nur noch von Frankreich und Australien am Inkrafttreten verhindert.
Zu den stimmberechtigten Vollmit-

gliedern gehören neben sieben Staaten mit Besitzansprüchen wie Großbritannien, Norwegen, Frankreich, Neuseeland, Australien, Chile und Argentinien auch die ehemalige Sowjetunion, die USA, Japan, Südafrika, Belgien, Polen und die Bundesrepublik (seit 1981). Nicht stimmberechtigte Mitglieder des Vertrages sind Brasilien, Bulgarien, Dänemark, Italien, die Niederlande, Papua-Neuguinea, Peru, Rumänien, Spanien, Tschechoslowakei und Uruguay. Für eine volle Mitgliedschaft sind die Voraussetzungen: Bau einer Forschungsstation sowie die Unterhaltung eines Polarforschungsschiffes. Diese Bedingungen erfüllt die Bundesrepublik mit der Georg-von-Neumeyer-Station und dem Schiff «Polarstern». Koordinator der Forschungsarbeiten ist das Alfred-Wegener-Institut in Bremerhaven.
Im Juli 1991 stimmten die USA schließlich dem neuen Antarktisvertrag zu, der zum Schutz der Umwelt am Südpol den Teilnehmerstaaten den Abbau von Bodenschätzen in der Antarktis ab sofort für 50 Jahre untersagt. Nur wenn nach 50 Jahren dreiviertel der 26 Staaten für einen Rohstoffabbau stimmen werden, kann das Abkommen gelöst werden. Dieser Punkt führte fast zum Scheitern des Abkommens, da die USA ihre Zustimmung versagten. Australien und Frankreich hatten dagegen schon 1990, weltweit unterstützt von den Umweltschützern, gefordert, die Antarktis zum Naturpark zu erklären.
Nur langsam werden die Umweltgefahren durch →Ölpest, durch Überfischung, durch das Ozonloch (→Ozon), den →Tourismus, den Forschungsmüll oder den Bau von Flugplätzen am Südzipfel der Welt erkannt und diskutiert. Im Juni 1992 fand in Brasilien eine Umweltkonferenz statt, auf der die Umweltprobleme der Antarktis behandelt wurden.

**Antiatomkraftbewegung**
Robert Jungk, Schriftsteller, Wissenschaftler und Zukunftsforscher, hat 1977 ein Buch mit dem Titel ‹Der Atom-Staat. Vom Fortschritt in die Unmenschlichkeit› veröffentlicht. Dort beschreibt er, welche Einschränkungen der persönlichen Freiheit durch staatliche Überwachungsmaßnahmen bevorstehen, wenn wir uns auf den Betrieb von →Atomkraftwerken einlassen.
Die Befürworter der Atomenergie behaupten, die Betreiber seien in der Lage, durch alle nur erdenklichen Sicherheitsmaßnahmen die Bevölkerung vor Störungen, Unfällen und Katastrophen zu schützen. Selbst wenn es gelänge, alle diese technischen Vorkehrungen zu erdenken und zu bauen, ein Problem bliebe noch ungelöst: Das Atomkraftwerk, eine menschliche Erfindung, muß so streng wie keine andere vor den Menschen selbst geschützt werden: vor ihren Irrtümern, ihren Schwächen, ihrem Ärger, ihrer Machtgier und ihrem Haß. Wollte man das versuchen, so wären die unausweichlichen Folgen: ein Leben voller Verbote, Überprüfungen und Zwänge. Denn nur die totale Überwachung aller Bürger zu jeder Zeit und an jedem Ort könnte z. B. Terroristen vom Überfall auf einen Plutoniumtransport von der →Wiederaufarbeitungsanlage zum Atomkraftwerk abhalten. Dazu aber braucht der Staat geradezu ein Heer von Polizisten, Spitzeln und ähn-

lichen Überwachern. Manche sprechen deshalb in diesem Zusammenhang von einem **Atomstaat**, der uns drohe.
Es fragt sich, ob wir es dulden wollen, eine Technologie zu verwenden, zu deren gesichertem Betrieb der Staat gezwungen ist, alle unsere Freiheiten und Rechte drastisch einzuschränken und letztendlich die Demokratie durch diktatorische Überwachung zu ersetzen und Polizeistaatmethoden vorzusehen. Immerhin werden auch heute schon alle Mitarbeiter in Atomanlagen bis hinein in ihr Privatleben überprüft und überwacht. Je mehr Atomkraftwerke und Wiederaufarbeitungsanlagen in unserem Land errichtet werden, um so mehr Menschen werden von den Sicherungsmaßnahmen erfaßt und damit in ihren demokratischen Freiheitsrechten bedroht und eingeschränkt.
Gegen diese Bedrohungen hat sich seit den 70er Jahren die Antiatomkraftbewegung entwickelt; und das nicht nur in der Bundesrepublik, sondern weltweit. An fast allen Standorten von →Atomkraftwerken hat es bereits kurz nach deren Bekanntwerden Protestveranstaltungen, Großdemonstrationen und Bauplatzbesetzungen gegeben. «Atomkraft – nein danke!» war der Slogan vieler Bürgerinitiativen.
Einen ersten Höhepunkt erreichte der Kampf gegen Atomkraftwerke im Februar 1975 im Wald bei Wyhl am Kaiserstuhl (Südbaden). Im Jahr 1977 kam es zu heftigen Auseinandersetzungen mit großen Polizeieinsätzen in Brokdorf (Unterelbe) und Grohnde (Weser). Die Großdemonstration im großen Jahr in Kalkar (Niederrhein) hingegen verlief völlig friedlich. Allerdings hatten Polizei und Bundesgrenzschutz das Gebiet weiträumig abgesperrt, alle Demonstranten beim Abmarsch schikanös kontrolliert und Tausende von ihnen an der Teilnahme gehindert.
Mit der Bekanntgabe von Gorleben als Standort einer →Wiederaufbereitungsanlage und eines Endlagers für Atommüll konzentrierte sich ab 1977 der bundesweite Protest in dieser Region Ostniedersachsens. Ende März 1979 starteten die Bauern aus Gorleben und Umgebung zu einem gewaltigen Treck nach Hannover. Dort wollten 120000 Demonstranten den verantwortlichen Ministerpräsidenten zur Rede stellen. Am 3. Mai 1980 besetzten Atomkraftgegner den vorgesehenen Bauplatz in Gorleben und bauten ein riesiges Hüttendorf, das sie symbolisch zur Freien Republik Wendland erklärten. Am 4. Juni 1980 räumte ein großes Aufgebot an Polizei und Bundesgrenzschutz mit Hubschraubern und Panzerfahrzeugen das Dorf. Die Demonstranten ließen sich ohne Gegenwehr wegtragen. Alle Häuser und Hütten wurden von Planierraupen unter Polizeischutz zerstört und in Brand gesetzt. Der Bau einer Wiederaufbereitungsanlage in Gorleben wurde aufgegeben. Am Zwischen- und Endlager wurde noch festgehalten. Dabei entbrannte 1992 jedoch zwischen der rot-grünen niedersächsischen Landesregierung und der konservativ-liberalen Bundesregierung ein politischer Streit über die Realisierung eines Endlagers. In den 80er Jahren formierte sich die Antiatomkraftbewegung nun am Bauplatz der →Wiederaufarbeitungsanlage in Wackersdorf (Bayern). Am 27. Dezember 1989 haben die Versor-

gungsunternehmen den Genehmigungsantrag für die WAA jedoch zurückgezogen, um in Frankreich oder Großbritannien aufzuarbeiten. Das war allerdings weniger der Antiatomkraftbewegung zu verdanken als der Tatsache, daß die Preise für die Anlage immer höher kletterten und die Wiederaufarbeitung die Kernenergie unwirtschaftlich machten. Die Atomindustrie stiehlt sich mit dem Atommüllexport in gewisser Weise aus der Verantwortung, die geschaffenen Probleme im eigenen Land zu lösen. Zum Teil gelten im Ausland auch andere Grenzwerte beim Betrieb kerntechnischer Anlagen.

Nach der nuklearen Katastrophe in →Tschernobyl (Ukraine) lebte die der Antiatomkraftbewegung 1986 wieder auf. Zumindest ist der weitere Ausbau der Kernenergie gestoppt, und es besteht Hoffnung auf einen, wenn auch zu langsamen, Ausstieg.

## Arbeitsschutz

In vielen Betrieben wird mit gefährlichen Arbeitsstoffen (→Schadstoffe am Arbeitsplatz), Maschinen oder Geräten hantiert. Nicht immer werden Schutzmaßnahmen eingehalten. 1990 wurden in der alten Bundesrepublik 1,3 Millionen Unfälle, davon 0,1 % mit tödlichem Ausgang, gemeldet.

Daß es nicht erst so weit kommt, ist das Ziel des betrieblichen Arbeitsschutzes. In der Bundesrepublik gibt es zwei Arten von Rechtsvorschriften für den Arbeits- und Gesundheitsschutz der Arbeitnehmer in gewerblichen Betrieben:

– die staatlichen Vorschriften (Gesetze und Verordnungen) und
– die Unfallverhütungsvorschriften der gewerblichen Berufsgenossenschaften.

Zu den staatlichen Vorschriften gehören beispielsweise die Gefahrstoffverordnung, das Arbeitssicherheitsgesetz, das Mutterschutzgesetz oder das Jugendarbeitsschutzgesetz. Die **Unfallverhütungsvorschriften** regeln praktische Details vor Ort im Betrieb wie die Beschriftung und den Umgang mit Gefahrstoffen, den Zustand der Arbeitsmaschinen oder das Tragen von Schutzhandschuhen, -brillen oder Atemschutzmasken bei der Arbeit.

Für die Durchführung des Arbeitsschutzes in den Betrieben ist der Arbeitgeber verantwortlich. Er ist gesetzlich verpflichtet, dafür zu sorgen, die Maschinen, Geräte und sonstigen Betriebseinrichtungen so zu installieren und zu warten, daß die Arbeitnehmer und Arbeitnehmerinnen vor Gefahren an ihrer Gesundheit und ihrem Leben geschützt werden. Da dem Arbeitgeber für die Wahrnehmung der Aufgabe die fachliche Kompetenz fehlt, verlangt das Arbeitssicherheitsgesetz, daß er zu seiner Unterstützung Betriebsräte und Sicherheitskräfte bestellt. Als Praktiker vor Ort haben sie die Aufgabe, den Arbeitgeber in Fragen des betrieblichen Arbeitsschutzes zu beraten.

Schon in den 80er Jahren des vorigen Jahrhunderts verpflichtete Reichskanzler Bismarck Betriebe, einer gewerblichen Berufsgenossenschaft beizutreten. Diese nach fachlichen Gesichtspunkten gegliederten Genossenschaften sind eine Art Unfallversicherung für die finanziellen Folgekosten eines Betriebsunfalls oder einer anerkannten →Berufskrankheit. Es gibt 35 Berufsgenossenschaften im gewerblichen Bereich, 19 im landwirtschaftlichen und 40 Unfallversicherer der öffentlichen Hand. Zusammen mit den **Gewerbeaufsichtsämtern** der Länder sind sie vorsorgend tätig und kontrollieren in Betrieben die Einhaltung der Vorschriften zum Schutze der Arbeitnehmer. Damit sind rund 5000 Personen für die Überwachung von über 2 Millionen Betrieben zuständig. Gerade bei kleinen und Kleinstbetrieben ohne Betriebsrat und ohne Sicherheitsfachkräfte ist erfahrungsgemäß die Einhaltung der Vorschriften nicht immer gewährleistet. Für Schadstoff- oder Lärmmessungen vor Ort sowie sporadische Kontrollen fehlt häufig das Fachpersonal. Bei ihren Messungen orientieren sich die Gewerbeaufsichtsämter und die Berufsgenossenschaften an den gesetzlich festgelegten →Grenzwerten. Für rund 600 Gefahrstoffe am Arbeitsplatz (→Schadstoffe am Arbeitsplatz) wird jedes Jahr von einer Arbeitsgruppe der Deutschen Forschungsgemeinschaft die maximale Konzentration am Arbeitsplatz festgelegt. Die **MAK-Werte** gelten für gesunde Personen im erwerbsfähigen Alter mit einer wöchentlichen Arbeitszeit von 40 Stunden. →Kombinationswirkungen von unterschiedlichen Giften werden nicht bedacht. Für krebsauslösende Stoffe ist es nicht sinnvoll, MAK-Werte festzulegen, da sie in jeder Konzentration gefährlich sein können. Je nach krebserregendem Potential sind diese Stoffe in Abschnitt 3 der Liste unterteilt. Für krebserregende Stoffe gelten besondere arbeitsschutzrechtliche Bestimmungen. Schadstoffe am Arbeitsplatz können aber auch die Fortpflanzung beeinträchtigen, indem Fruchtbarkeit, Monatsblutung oder Samenbildung gestört wird. Außerdem erwiesen sich rund 6000 Arbeitsstoffe im Tierversuch als teratogen, das heißt, sie bewirken Mißbildungen bei den Nachkommen. Während werdende Mütter durch das **Mutterschutzgesetz** stärker vor Komplikationen geschützt werden, wird ganz vergessen, daß auch Schädigungen an den männlichen Fortpflanzungsorganen zu Fehlgeburten oder Mißbildungen führen können.

**TiP** Es geht um Ihre Gesundheit. Erkundigen Sie sich nach den Gesundheitsgefahren an Ihrem Arbeitsplatz. Die Gefahrstoffverordnung, die Kennzeichnung der Stoffe und die MAK-Liste sind wichtige Nachschlagewerke für Ihre Rechte. Wenn Sie feststellen, daß gegen die Arbeitsschutzvorschriften verstoßen wird, wenden Sie sich an Ihren Betriebsrat. In kleineren Betrieben ist der Arbeitgeber der Ansprechpartner. Notfalls können Sie auch über die Benachrichtigung des Gewerbeaufsichtsamtes überfällige Schutzmaßnahmen einfordern. Das Gewerbeaufsichtsamt ist zum Informantenschutz verpflichtet.

## Artenschutz

«Was interessiert mich die Rotbauchunke, der Schweinswal oder die Feuerlilie?» Nutzt es der Welt überhaupt, wenn einzelne Tier- oder Pflanzenarten gerettet werden? Haben wir nicht dringendere Probleme als das Aussterben des Schnecken-Grundbarsches? Was schadet es schon, wenn eine Art ausstirbt?
Zunächst seien drei Argumente ge-

Ursachen (Ökofaktoren) des Artenrückgangs (untersucht wurden 711 Pflanzenarten):

| Gefährdete Arten: | Ursachen: |
|---|---|
| 305 | Änderung der Nutzung |
| 284 | Aufgabe der Nutzung |
| 255 | Beseitigung von Sonderstandorten |
| 247 | Auffüllung, Bebauung |
| 201 | Entwässerung |
| 176 | Bodeneutrophierung |
| 163 | Abbau und Abgrabung |
| 123 | Mechanische Einwirkungen |
| 115 | Entkrautung, Rodung, Brand |
| 103 | Sammeln |
| 68 | Gewässerausbau und Unterhaltung |
| 59 | Aufhören von Bodenverwundungen |
| 43 | Einführung von Exoten |
| 38 | Luft- und Bodenverunreinigung |
| 36 | Gewässereutrophierung |
| 35 | Gewässerverunreinigung |
| 27 | Schaffung künstlicher Gewässer |
| 26 | Herbizidanwendung, Saatgutreinigung |
| 22 | Verstädterung von Dörfern |
| 8 | Aufgabe bestimmter Feldfrüchte |

**Verursacher des Artenrückgangs:**

| Gefährdete Arten: | Verursacher: |
|---|---|
| 513 | Landwirtschaft |
| 338 | Forstwirtschaft und Jagd |
| 161 | Tourismus und Erholung |
| 158 | Rohstoffgewinnung, Kleintagebau |
| 155 | Gewerbe, Siedlung und Industrie |
| 112 | Wasserwirtschaft |
| 79 | Teichwirtschaft |
| 71 | Verkehr und Transport |
| 71 | Abfall- und Abwasserbeseitigung |
| 53 | Militär |
| 40 | Wissenschaft, Bildung, Kultus |
| 8 | Lebensmittel- und Pharma-Industrie |

Quelle: Bundesforschungsanstalt für Naturschutz und Landschaftsökologie

nannt, die man oft zu hören bekommt (→ ökologische Ethik):

1. Das Mitleid fordert die Erhaltung von Tieren und Pflanzen, denn alle Lebewesen haben ein Existenzrecht.
2. Bestimmte Arten sollten aufgrund ihrer Schönheit und ihres symbolischen Wertes erhalten werden.
3. Mit vielen Arten läßt sich viel Geld verdienen. Sie stellen einen direkten Nutzen für den Menschen dar, z. B. Wale, Meeresschildkröten, Nahrungs- und Arzneipflanzen. 25 % aller Medikamente werden aus Pflanzen und 3 % aus Tieren hergestellt. Das Penicillin stammt von einem Schimmelpilz ab. Die Erhaltung der gesamten biologischen Vielfalt, also der unwiederbringlichen genetischen Hilfsquellen (Ressourcen), ist notwendig, um mit Hilfe von Wildtieren und Wildpflanzen das Genmaterial von Vieh und Nutzpflanzen aufzufrischen, die Erträge zu steigern und damit den Welthunger zu bekämpfen.

Ein viertes Argument hört man nur selten, obwohl es für das menschliche Überleben das wichtigste ist: der indirekte Nutzen der Tier- und Pflanzenwelt für die Menschheit. Tiere und Pflanzen sind Bestandteile der lebenswichtigen →Ökosysteme, die dafür sorgen, daß ein ausgeglichenes → Klima herrscht, daß →Boden, →Luft und →Wasser immer wieder gereinigt werden (→biologische Selbstreinigung), daß Abfälle wieder in die Materialkreisläufe eingegliedert werden, daß Böden fruchtbar bleiben und Nahrungsmittel erzeugt werden können. Würden diese ‹Dienstleistungen› der →Natur ausfallen, wäre der Zusammenbruch unserer Zivilisation unausweichlich.

### Was ist Artenschutz?

Unter Artenschutz versteht man gezielte einzelne Schutzmaßnahmen zur Erhaltung gefährdeter oder vom Aussterben bedrohter Tier- und Pflanzenarten (→Rote Listen), z. B. Nisthilfen für Störche, Fischtreppen in Bachläufen, Bewachung von Adlerhorsten, Wiedereinbürgerung z. B. von Luchs, Biber u. a. Ein weltbekanntes Beispiel für Artenschutz sind die spektakulären Aktionen der Umweltschutzorganisation →Greenpeace, mit denen sie versucht, die Ausrottung der Wale, Robben und Meeresschildkröten zu verhindern.

Artenschutz als Einzelmaßnahme muß aber immer im Zusammenhang mit dem umfassenderen **Biotopschutz**, d. h. dem Schutz der Lebensräume von Tieren und Pflanzen stehen (→Biotop). Denn was nützt es, den Störchen Nisthilfen zu bauen, wenn sie keinen Lebensraum mit den ihrer Art gemäßen Bedingungen vorfinden? Es reicht nicht aus, tiefgekühlte Gen- und Artenbanken anzulegen, denn nur eine größere Anzahl derselben Art (Population) und ein entsprechender Lebensraum garantieren das Überleben und die Weiterentwicklung dieser Art. Unter Biotopschutz versteht man die Sicherung der Standorte von Pflanzen oder der Lebensräume von Tieren. Dadurch soll das natürliche Verbreitungsgebiet jeder Art und die Möglichkeit ihrer weiteren Ausbreitung auf natürlichem Weg gesichert werden. Die Flächensicherung soll die für die Arten entsprechenden Lebensansprüche hinsichtlich der Flächengröße, der Flächenqualität, der Anzahl von Einzelflächen und deren Verteilung im Gesamtraum bewahren.

Arten- und Biotopschutz versuchen, den verschiedenen wirtschaftlichen Nutzungsinteressen der Menschen in solchen Lebensräumen entgegenzuwirken, die durch Bebauung, Verkehr u. ä. stark beeinträchtigt oder zerstört werden. Grundlage hierfür sind eine überregionale Erfassung und Kartierung aller naturnahen Lebensräume, die sogenannte **Biotopkartierung.** Die bundesweite Erfassung der Daten der einzelnen Bundesländer in einer zentralen Landschaftsdatenbank erscheint notwendig, weil wichtigen, flächenbezogenen Nutzungen länderübergreifende Planungen zugrundeliegen (→Landschaftsnutzung).

### Gesetzliche Regelung

Der Artenschutz wird in der BRD durch das Bundesnaturschutzgesetz (→Naturschutz) geregelt. Es trifft Aussagen zum allgemeinen Schutz aller heimischen Arten, zum Schutz besonderer Arten und Biotope sowie zum grenzüberschreitenden Handel innerhalb der BRD und zur Zucht und Haltung von Arten. Näheres wird in einer Rechtsverordnung zu diesem Gesetz ausgeführt, der **Bundesartenschutzverordnung** (BASchV) von 1986 (novelliert 1989). Es werden dort Arten nach den Schutzkategorien «besonders geschützte Arten» und «vom Aussterben bedrohte Arten» aufgelistet. Die Auswahl dieser Arten bzw. das Fehlen stark gefährdeter Arten der →Roten Liste stößt bei Naturschützern jedoch auf Unverständnis. Es werden nach dieser Verordnung nur Arten geschützt, die durch den menschlichen Zugriff gefährdet sind, wie Pflücken, Fangen, Ausgraben u. a. Diese spielen jedoch als Gefährdungsursachen nur eine untergeordnete Rolle (→Artensterben). Vielmehr sind die meisten Arten durch indirekte Bedrohung durch den Menschen wie die vielfältigen Lebensraumveränderungen in ihrem Bestand gefährdet.

### Internationaler Artenschutz

Der Europarat, dem alle Staaten Westeuropas angehören, verabschiedete 1979 das **Europäische Artenschutzabkommen**. Es spricht für eine Reihe von Tier- und Pflanzenarten ein allgemeines Nutzungs-, Handels- und Besitzverbot aus und verlangt für die Nutzung anderer Arten behördliche Genehmigungen. Außerdem sind bestimmte Jagdmethoden verboten. Ein Ausschuß überwacht das Abkommen und spricht Empfehlungen aus.
1973 wurde das weltweite **Washingtoner Artenschutzabkommen** von 60 Staaten unterzeichnet. Es verbietet den Handel mit gefährdeten Arten freilebender Tiere und Pflanzen und verlangt für sonstige gefährdete Arten Ausfuhrgenehmigungen. Japan als wichtiger Importeur und Thailand als wichtiger Exporteur traten dem Abkommen nicht bei.
1979 wurde das **Bonner Abkommen** zur Erhaltung der wandernden wildlebenden Tierarten unterzeichnet. Ebenfalls 1979 wurde die europaweite **Berner Konvention** zum Schutz wildwachsender Pflanzen und wildlebender Tiere und ihrer natürlichen Lebensräume abgeschlossen. Auf EG-Ebene wurden im April 1979 die **EG-Vogelschutzrichtlinie** und im Januar 1981 die Verordnung für ein Importverbot für Walerzeugnisse erlassen. Die Internationale Walfangkommission war nicht in der Lage, das 1946 abgeschlossene Walfangabkommen wirksam zu kontrollieren, so daß die Aktionen der Umweltschutzorganisation Greenpeace Anfang der achtziger Jahre gegen sowjetische und japanische Walfänger wahrscheinlich mehr Schutz für die Wale erwirkten.

## Artensterben

Beutelwolf, Pyrenäensteinbock und arabischer Strauß gehören unwiderruflich der Vergangenheit an – sie sind einige der zahlreichen Arten, die für immer ausgestorben sind. Wenn auch viele Menschen dies bedauern, so hindert es sie nicht daran, weitere Arten auszurotten. Obwohl →Umweltverbände nicht müde werden, sich für bedrohte Arten (→Rote Liste) einzusetzen, ist es fraglich, ob diese überleben werden. Das Artensterben ist nicht nur ein moralischer Skandal und eine wissenschaftliche Tragödie, sondern auch ein wirtschaftliches Fiasko (→ökologische Ethik).

### Unbekannte Arten sterben aus

Viele Arten sterben bereits aus, bevor sie ein Mensch je zu Gesicht bekommen hat. Erst 1,4 Millionen Arten sind wissenschaftlich beschrieben. Die Gesamtzahl der auf der Erde lebenden Organismenarten wird auf bis zu 30 Millionen geschätzt. Insbesondere die →tropischen Regenwälder und die Tiefsee sind noch weitgehend unerforscht. Allein die →tropischen Regenwälder, die nur ca. 6 % der Festlandfläche ausmachen, beherbergen über die Hälfte aller auf der Erde vorkommenden Arten.

### Jeden Tag stirbt eine Art!

Im Laufe der Erdgeschichte starben immer Arten aus – die Erde konnte

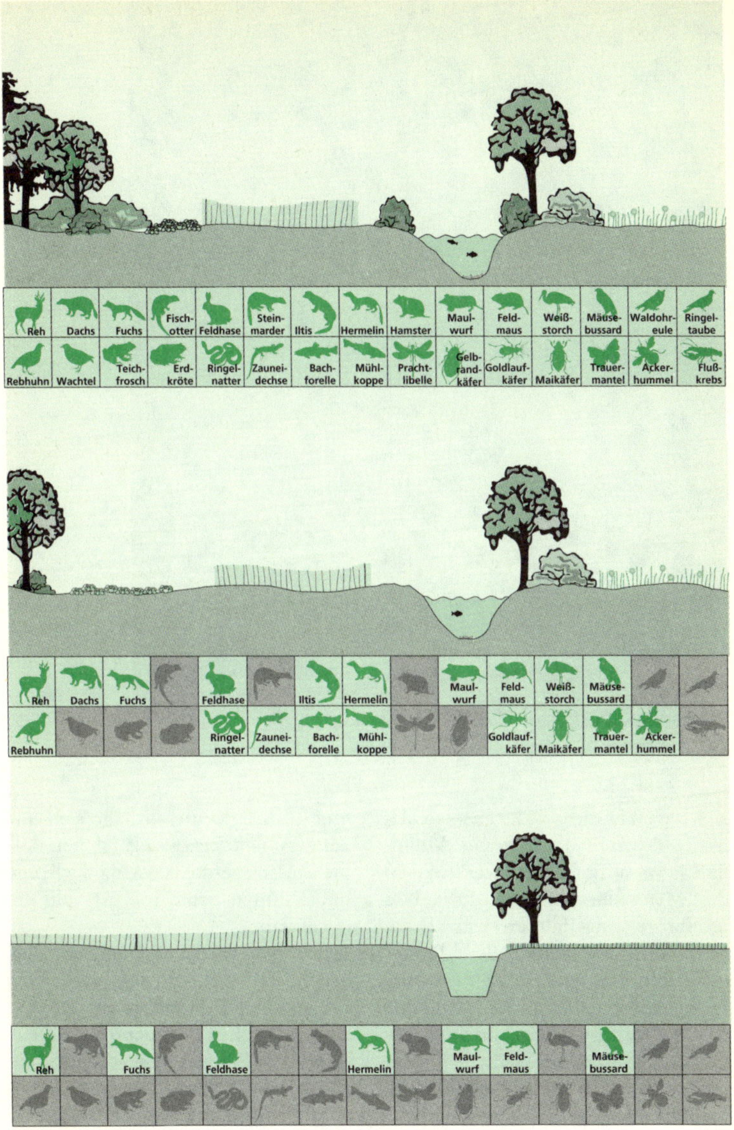


**Kein Platz für wilde Tiere. Durch Flurbereinigung und Entwässerung wird vielen Tierarten der Lebensraum entzogen (Gegenüberstellung von Landschaftsform und Artenreichtum)**

sich davon immer wieder erholen. Allerdings waren dazu jeweils Millionen Jahre nötig. Bis zum Erscheinen des Menschen hatte die Erde ihre größte **Artenvielfalt** erreicht. Diese wird nun mit zunehmendem Tempo dezimiert. Während zur Zeit des Aussterbens der Dinosaurier etwa nur eine Art in 1000 Jahren ausstarb, betrug die Aussterberate zwischen 1600 und 1900 n. Chr. bereits eine Art innerhalb von vier Jahren. Innerhalb der ersten Hälfte unseres Jahrhunderts starb bereits eine Art pro Jahr. Im Jahre 1974 wurde auf einer wissenschaftlichen Konferenz, die sich mit dem Problem befaßte, geschätzt, daß die Aussterberate einschließlich der unbekannten Arten 100 pro Jahr erreicht habe.

Inzwischen wird angenommen, daß bereits eine Art pro Tag verschwindet. In einer Zukunftsstudie für den amerikanischen Präsidenten wird ein weltweiter Verlust von 500000 bis 2 Millionen Arten bis zum Jahr 2000 prognostiziert. Diese Größenordnung liegt zehntausendfach über der natürlichen Aussterberate vor Erscheinen des Menschen.

### Ursachen des Artenverlustes in der Bundesrepublik

Für den Artenverlust von Tieren und Pflanzen sind viele Faktoren verantwortlich. Neben natürlichen Ursachen wie Klimaveränderungen und Witterungskatastrophen sind es vor allem die direkten und indirekten Folgen menschlicher Eingriffe, die häufig durch ihr Zusammenwirken den Artenrückgang bewirken. Der Prozeß der Verringerung der Artenvielfalt begann bereits mit dem Übergang von der Agrar- zur Industriegesellschaft vor 100 Jahren. Kennzeichnend für die heutige Industrialisierung sind die intensive →Landschaftsnutzung und der großflächige Landschaftsverbrauch an natürlichen bzw. naturnahen →Ökosystemen. →Ballungsgebiete, Wohnbauzersiedlung, →Autoverkehr, →Tourismus und eine mechanisierte und chemisierte →Landwirtschaft stören und zerstören immer mehr Lebensräume von Tieren und Pflanzen, z. B. das →Wattenmeer, sauerstoffreiche Flüsse, Auwälder, Heiden, Trockenrasen u. a.

In vielen Regionen können bestimmte Tierarten nicht mehr existieren, weil die Restflächen zwischen den Verkehrswegen mit ihren Lärmzonen und den Siedlungsgebieten zu klein geworden sind, um die erforderliche Mindestgröße des Lebensraums zu bieten (→Lärm).

Großprojekte wie der Rhein-Main-Donau-Kanal, die Frankfurter Startbahn West, die Eindeichung großer Wattgebiete oder der großflächige Abbau von Bodenschätzen im Tagebaubetrieb wie z. B. im rheinischen Braunkohlerevier, aber auch Autobahnen und Truppenübungsplätze (→Militärische Umweltbelastungen) zerstören Landschaften und vernichten Tier- und Pflanzenarten.

Über die langfristigen und indirekten Folgen von Eingriffen in den Naturhaushalt weiß man noch wenig, aber die «Roten Listen der gefährdeten Tiere und Pflanzen» (→Rote Listen) weisen eindeutig auf tiefgreifende Störungen in der Tier- und Pflanzenwelt hin. Über ein Drittel der Pflanzen und fast die Hälfte der Wirbeltiere sind in der BRD gefährdet oder bereits ausgestorben. Manche Artengruppen wie Kriechtiere und Fische sind zu über 70 % gefährdet.

Nicht immer sind die menschlichen Eingriffe in Ökosysteme mit einem Rückgang der Artenvielfalt verbunden. Durch die Umwandlung der ursprünglichen Landschaft mit wenigen Biotoparten (Laub- und Mischwälder, Moore, Gewässer) in eine vielgliedrige Kulturlandschaft wurden auch für neu zuwandernde Arten Lebensräume geschaffen. Während fremde Arten zuwandern, verlieren jedoch immer mehr Arten des ursprünglichen Lebensraums ihre Lebensgrundlage, wandern ab oder sterben aus. Diesen Vorgang nennt man **Artenverschiebung**. Anpassungsfähige, wenig spezialisierte und oft weitverbreitete Arten nehmen trotz Umweltbelastungen zu, während spezialisierte, eng an bestimmte Umweltqualitäten gebundene Arten abnehmen. Im Siedlungsbereich, in Stadtparks, in Kleingartensiedlungen, entlang von Autobahnen, in Industriegebieten, auf Mülldeponien und entlang der Flüsse herrschen bestimmte Tierarten, sog. Kulturfolger vor, wie z. B. Wanderratte, Amsel, Lachmöwe, Kaninchen u. a.

Eine weitere Ursache für die Abnahme der Artenvielfalt ist der massierte **Einsatz von Pflanzen- und Insektengiften** (→Pestizide) in der Land- und Forstwirtschaft. Die Gifte reichern sich in der →Nahrungskette an und können bei deren tierischen Endgliedern zu Unfruchtbarkeit, Mißbildungen und Tod führen. Ihre Vermehrungsrate ist niedrig. Außerdem wurden Verhaltensänderungen beobachtet. Besonders betroffen sind Greifvögel, Raubfische, Fledermäuse und Spitzmäuse. Sowohl ihre niedrige Vermehrungsrate als auch die Zunahme anpassungsfähiger Tierarten führen zu einer überregionalen, großräumigen Vereinheitlichung (Nivellierung) und Verarmung im Spektrum der Tierarten (Artenverarmung), wobei die Gesamtzahl der Individuen pro Fläche nicht abzunehmen braucht.

Nicht weniger besorgniserregend ist der **Rückzug vieler Pflanzenarten** aus unserer alltäglichen Umgebung, aus den land- und forstwirtschaftlich genutzten Gebieten sowie aus den Siedlungsräumen. Bei diesen Pflanzen handelt es sich um Wiesenblumen, Ackerwildkräuter, Sträucher und Kräuter der Laub- und Mischwälder. Dazu gehören Klatschmohn, Kornblume, Wiesensalbei, Glockenblume, Heckenrose, Wegwarte u.a. Einige dieser Arten sind in bestimmten Gebieten stark verringert und bereits zur Seltenheit geworden.

Die Ursache für den Rückzug vieler Pflanzen aus der Kulturlandschaft liegt in der **Modernisierung der Land- und Forstwirtschaft**, die unter dem Zwang zu schnellen Gewinnen und ohne Rücksicht auf nachteilige Langzeitwirkungen betrieben wird. Die konsequente Rationalisierung der Landschaft durch Verkleinerung, Zerstückelung, Flurbereinigung und Isolierung natürlicher Lebensräume läßt halbwilde Kleinflächen verschwinden, ebnet Trockenhügel ein und entwässert oder schüttet Feuchtstellen zu. Die immer reichlicher verwendeten chemischen Dünger, Schädlingsbekämpfungsmittel und die Anpflanzung ortsfremder Gehölze führen auf einförmigen Flächen zu naturfernen Bedingungen, unter denen nur noch wenige, überall gleiche Arten leben können. Dazu gehören z. B. der Scharfe Hahnenfuß, Wiesen-Kerbel, Löwenzahn, Vogelmiere u. a. (→Landwirtschaft)

Eine nicht zu unterschätzende Rolle für den Artenrückzug bei Pflanzen spielt auch die sog. **Verschönerung des Stadt- oder Dorfbildes.** Ein zur Putzwut gesteigerter Ordnungssinn läßt den letzten Rest von Wildwuchs an Wegrändern, in verborgenen Winkeln, an Bachufern und Sumpfstellen verschwinden. Statt dessen beherrschen lebloser Asphalt, Steinplatten oder parkartige Bepflanzungen das Bild. Durch die Modernisierung von Scheunen, Dachstühlen u.ä. gehen auch Wohnhöhlen, Brutstätten und Winterquartiere von Kleintieren wie z.B. Igel, Fledermäuse, Steinkauz, Frösche, Schwalben verloren.

### Stirbt bald die Art Mensch?

Ohne Frage ist der Mensch durch seine Umgehensweise mit der Natur auch selbst bedroht. Der Mensch kann nicht gesünder sein als seine Umwelt (→Gesundheit). Er kann auch nicht ohne seine natürliche Umwelt überleben. Er ist nicht nur auf schadstofffreie Umweltmedien wie →Boden, →Wasser und →Luft angewiesen, sondern auch auf die Lebewesen, die eine intakte Natur überhaupt ermöglichen. Insofern ist die Existenz des Menschen an die Existenz der Biosphäre, d. h. der Gesamtheit der Lebewesen, gebunden. Dies gilt allerdings nicht umgekehrt. Wir brauchen die Natur, doch die Natur braucht uns nicht!

**TiP** Pflanzen Sie in Ihrem Garten eine Hecke aus heimischen Sträuchern. So schaffen Sie Lebensraum für eine Vielzahl von Tieren wie Laufkäfern, Erdkröten, Eidechsen oder Singvögeln. Sogar der Igel verkriecht sich hier. Auch eine Trockenmauer aus Natur- oder Mauersteinen schafft neue Überlebensräume für Mauerpfeffer, Zimbelkraut und die Zauneidechse. Außerdem kann so eine «lebendige» Mauer gut den Zaun ersetzen. Zum Dank für den Unterschlupf wachen die Tiere über Raupen, Blattläuse und andere Insekten.

## Arzneimittel

Unter Arzneimitteln (Medikamente) versteht man Substanzen, die gezielt eingesetzt werden und geeignet sind, körperliche, geistige und seelische Krankheiten zu verhindern, zu lindern oder zu heilen.

Bereits bei den Griechen vor knapp 2000 Jahren stand in der →Medizin die Krankenbehandlung (Therapie) mit Arzneimitteln im Vordergrund. Bis zur Mitte des 19. Jahrhunderts wurden die Arzneimittel hauptsächlich von Apotheken, Ärzten und Heilkundigen hergestellt und in der Regel →Naturheilverfahren angewendet. Im Zuge der industriellen Entwicklung wurden Medikamente zu Waren, die heute in Großserien hergestellt werden. Die Pharmaindustrie beherrscht mit den künstlich hergestellten Medikamenten die Therapie und den Markt.

Arzneimittel sind wesentlicher Bestandteil vorbeugender und heilender Maßnahmen. Sie tragen dazu bei, Epidemien und schwere Krankheiten erfolgreich zu bekämpfen. Arzneimittel gehören als wesentlicher Teil zu unserer Kultur. Die Medikamentengläubigkeit steigt aber an. Manche Medikamente gehören für viele Menschen zum täglichen Bedarf: als Hilfe zum Einschlafen, zum Entspannen, zur Bewältigung von Problemen, zur Leistungssteigerung und zur Flucht vor der Wirklichkeit. Der gewaltige **Arzneimittelkonsum** führt uns vor Augen, daß viele Menschen ihren Körper als Maschine betrachten, in den man zusätzliche Kraftstoffe hineinpumpt, um mehr herauszuholen. Deshalb sind Medikamente nicht nur wissenschaftlich erforschte, komplizierte Heilmittel. Viele nehmen sie aus reiner Gewohnheit, gegen alles und jedes wird eine Pille geschluckt. Je mehr Medikamente eingenommen werden und je wirksamer diese sind, desto stärker können sich die oft einschneidenden Nebenwirkungen bemerkbar machen. Über die Wirksamkeit, über Nutzen oder Schaden ist der Käufer meist nicht informiert. Dieses Wissen liegt bei den Herstellern, bei Apothekern, allenfalls noch bei Ärzten.

Jeder Bundesbürger – vom Säugling bis zum Greis – nimmt pro Tag durchschnittlich ein Medikament ein. Das bedeutet, daß ein Mensch mit einer durchschnittlichen Lebenserwartung von 70 Jahren im Laufe seines Lebens rund 25000 Tabletten oder ähnliches schluckt. Auf dem Pharmamarkt haben sich die Gewinninteressen durchgesetzt. Die Pharmaindustrie nimmt je Bundesbürger rund 200 DM pro Jahr für Arzneimittel ein. Kein Wunder. Denn es sind rund 70000 industriell hergestellte, verschieden benannte Arzneimittel im Handel, oft mit derselben Zusammensetzung und Wirkung. Obwohl die Weltgesundheitsorganisation der UNO, die WHO (World Health Organization), nur wenig mehr als 200 Medikamente für wichtig hält. Die Norweger kommen mit 1500 und die Holländer mit 3500 Arzneimitteln aus.

Die riesige Zahl der Heilmittel und die Art ihrer Vermarktung bringen schwerwiegende Nachteile mit sich. Der Arzneimittelmarkt ist längst auch für den Arzt unübersehbar geworden, was «eine schwere Gefahr für die Praxis der Medizin» darstellt – so eine Fachzeitschrift. Ein großer Teil der Pharmaprodukte sind sog. Kombinationspräparate. Sie enthalten zwei oder mehr Wirkstoffe zur Bekämpfung verschiedener Krankheitsursachen, haben aber meist mehr Nachteile als Vorteile. Das Risiko der **Nebenwirkungen von Arzneimitteln** steigt. Sehr viele Arzneimittel tragen das Risiko in sich, gefährliche Nebenwirkungen zu zeigen. Das bedeutet, daß die unerwünschten schädlichen Wirkungen die eigentliche Krankheit übertreffen. Mindestens 2–4% aller Patienten in den Abteilungen für Innere Medizin der Krankenhäuser müssen wegen der Folgen von schweren Nebenwirkungen behandelt werden. Umfassende Informationen über die Medikamentenflut gibt es weder für Ärzte noch für Patienten. Die Nebenwirkung ‹Sucht› oder ‹Abhängigkeit› ist von wenigen Ausnahmen abgesehen auf den Beipackzetteln nicht erwähnt. Die Deutsche Hauptstelle gegen Suchtgefahren schätzt die Zahl der Medikamentenabhängigen auf 500000! Die Pharmaindustrie informiert nur so weit, wie es die gesetzlichen Bestimmungen vorschreiben.

In den sechziger Jahren führte das Schlafmittel **Contergan** zu einigen tausend mißgebildeten Kindern, deren Mütter es während der Schwangerschaft eingenommen hatten. Bei →Tierversuchen hatte es keine Mißbildungen erzeugt. Aus der Contergan-Affäre wurde aber nichts gelernt. Bevor ein Medikament vom Markt genommen wird, müssen Menschen an den Nebenwirkungen gestorben sein oder schwere Schäden davongetragen haben. So geschehen bei dem Rheumamittel Prigenta. In einem 1990 erschienenen kritischen Ratgeber (‹Bittere Pillen›) heißt es: Bei 50% aller Arzneimittel mußte die Empfehlung ‹abzuraten› oder ‹wenig zweckmäßig› gegeben werden, die Risiken von Gesundheitsschäden sind zu groß. Nur jedes fünfte Medikament konnte als ‹therapeutisch sinnvoll› eingestuft werden.

Werden Arzneimittel bei uns aus dem Handel gezogen, exportiert man sie häufig in die Länder der →Dritten Welt.

Nun gibt es im Alltag immer wieder Situationen, in denen der einzelne abwägen muß zwischen Nutzen und Risiko eines Arzneimittels. Es gilt hier das Motto: Nicht mit Kanonen auf Spatzen schießen. In jedem Fall müssen die Dosierungsvorschriften des Arztes genau eingehalten und die Beipackzettel gründlich gelesen werden. Außerdem gibt es eine Reihe von altbewährten Hausrezepten, die Naturheilmittel verwenden und bei leichten Erkrankungen ihren Dienst tun. Eine weitere Möglichkeit ist die Anwendung von Verfahren wie z. B. Diäten, Bädern, Massagen oder Akupunktur (→Naturheilverfahren).

**TiP** Medikamente sollten nur eingenommen werden, wenn auch wirklich eine Krankheit vorliegt.
Die vorgeschriebene Dosierung sollte nicht eigenmächtig geändert werden.
Bei Selbstmedikation gilt die 3-Tage-Frist. Sind die Beschwerden dann noch nicht verschwunden, muß unbedingt der Arzt aufgesucht werden.
Wer täglich Schmerzmittel schluckt, braucht Hilfe!
Betroffene oder Angehörige wenden sich an die
Deutsche Hauptstelle gegen Suchtgefahren, Westring 2, 4700 Hamm, Telefon 02381/90150.

## Asbest

Asbest ist der Sammelname für eine Gruppe von faserförmigen Mineralien. Diese bestehen vorwiegend aus Magnesiumsilikat. Der Name stammt aus dem Griechischen und bedeutet ‹unauslöschlich, unvergänglich›. Die größten natürlichen Asbestvorkommen gibt es in Kanada, in Rußland und im südlichen Afrika. In der Bundesrepublik sind Vorkommen im Bayerischen Wald, im Sauerland, im Frankenwald, im Odenwald, im Fichtelgebirge, im Harz und in den Alpen zu finden.

Asbest wird bereits seit ca. 4000 Jahren benutzt, um Gebrauchsgüter herzustellen. Heute findet man ihn in etwa 3000 Anwendungsbereichen:

- u. a. in Asbestzementprodukten wie Dachplatten, Fassadenelementen, Feuerschutzwänden, Flurunterdecken, Rohrleitungen, Blumenkästen,
- in den Brems- und Kupplungsbelägen von Kraftfahrzeugen, Fußbodenbelägen, Dämm- und Dichtungsmaterialien, Feuerschutztextilien.

Diese Vielfalt ist auf die außergewöhnlichen Eigenschaften des Asbests wie u. a. Feuerfestigkeit und Isolierungsvermögen zurückzuführen. Besonders umweltbelastende **Asbestprodukte** sind Asbestzement, Reibbeläge, Straßendecken und Fußbodenbeläge.

Überall dort, wo Asbest oder asbesthaltige Materialien be- und verarbeitet werden, gelangt er in Form von Stäuben in die Luft, z. B.

- beim Abbau des Asbests im Tagebau,
- bei der Aufbereitung von Asbestmineralien zu Asbestfasern,
- in Baustoffgroßhandlungen,
- in Produktionsbetrieben für Reibbeläge (z. B. Bremsbeläge für Autos),
- in Asbestzementwerken (z. B. Baustoffe),
- in Produktionsbetrieben für textile Asbestprodukte (z. B. Feuerschutzkleidung).

Verschleiß oder Verwitterung tragen ebenfalls dazu bei, daß Asbeststäube aus Produkten, die aus Asbest hergestellt sind oder Asbestfasern enthalten, in die Luft gelangen.

Die gesundheitsschädlichen Auswirkungen des Asbests wurden erst Anfang dieses Jahrhunderts bekannt. Er gilt als einer der zehn Stoffe, denen die größte krebserregende Wirkung zugeschrieben wird, und gehört zur Gefahrenklasse I (= sehr stark gefährdend) der Gefahrstoffverordnung (→Krebs). Alle in →Tierversuchen geprüften handelsüblichen Asbestarten haben sich als krebserzeugend erwiesen, wenn auch in unterschiedlichem Ausmaß.

Menschen können Asbeststäube mit der Atemluft oder der Nahrung aufnehmen. Die stärkste gesundheitliche Gefährdung entsteht aber beim Einatmen. Die in den Asbeststäuben enthaltenen Asbestfasern können die folgenden gesundheitlichen Schädigungen bewirken:

- **Asbestose, eine Lungenkrankheit bei Arbeitern in asbestherstellenden und -verarbeitenden Betrieben, die durch hohe und lange Einwirkungen des Asbeststaubs hervorgerufen wird und meist zum Tod führt (→Berufskrankheiten, →Arbeitsschutz),**
- **bindegewebsartige Veränderungen des Brustfells und Verkalkung,**
- **bösartige Tumoren an Rippen- und Bauchfell,**
- **Lungenkrebs,**
- **Tumoren des Magen-Darm-Traktes.**

Anfänglich galt die Asbestose als die Hauptgefahr des Asbests, jedoch erwies sich inzwischen das Tumorrisiko als das größere Problem. Nach Schätzungen des Deutschen Gewerkschaftsbundes erkranken in der Bundesrepublik jährlich etwa 10000 Menschen an den Folgen einer Asbesteinwirkung.

Raucher sind einer zusätzlichen Ge fahr ausgesetzt, denn Asbeststaub und Zigarettenrauch können sich gegenseitig verstärken (→Kombinationswirkungen).

Trotz der schädlichen Wirkungen des Asbests soll in der BRD erst ab 1995 kein Asbest mehr verwendet werden. Auch wenn – wie bereits jetzt – in zunehmendem Maße **Asbestersatzstoffe** verwendet werden, ergeben sich Folgeprobleme.

Zum einen müssen auch in Zukunft noch viele öffentliche Gebäude (Schulen, Universitäten etc.) vorübergehend geschlossen werden, weil z. B. für den Brandschutz oder für die Schallisolierung Spritzasbest benutzt wurde. Die Sanierung ist teuer und muß oft erst auf Betreiben der Betroffenen eingefordert werden. In manchen Fällen wird – wie bei der EG-Bürozentrale in Brüssel – ein Abriß billiger als die Sanierung. Die ordnungsgemäße Beseitigung der Asbestrückstände erfordert Atemschutzgeräte, Einweganzüge, spezielle Absauggeräte und die Lagerung auf einer Sondermülldeponie.

Zum anderen sind auch die Asbestersatzstoffe nicht ohne Probleme. Die **Mineralfasern** – weltweit mit etwa 200 Milliarden DM als Asbestnachfolger eingesetzt – können ebenso wie die Asbestfasern von den natürlichen Filtern in der Nase nicht zurückgehalten werden, bis in das Lungengewebe vordringen und dort Krebs auslösen. Eine Studie in den USA hat bei Arbeitern, die längerfristigen Kontakt mit Mineralfasern hatten, krankhafte Beschädigungen der Lunge nachgewiesen. Tierversuche haben eindeutig erwiesen, daß die Mineralfasern gesundheitsschädlich sind und Krebs auslösen können. Die DFG (Deutsche Forschungsgemeinschaft) fordert, Mineralfasern von einer bestimmten Länge und Stärke als gesundheitsschädlichen Arbeitsstoff einzustufen. Es ist zu befürchten, daß bei der bisherigen Sanierung von Gebäuden der «Teufel» Asbest aufwendig mit dem «Beelzebub» Mineralfasern ausgetrieben wurde und eine Welle von «Zweitsanierungen» nach sich zieht. Für die ca. 300 Asbestersatzstoffe, die teilweise ebenfalls den Asbestfasern strukturell sehr ähnlich sind, liegen insgesamt kaum Untersuchungen vor, die deren Unbedenklichkeit für die menschliche Gesundheit garantieren.

**TiP** Bis vor zehn Jahren wurde Asbest für diverse Haushaltsgeräte eingesetzt: Toaster, Haartrockner, Bügeleisen, Durchlauferhitzer, Heizkörperverkleidungen, Fensterbänke, Blumenkästen, PVC-Fußbodenbeläge oder bis 1977 in Nachtspeicheröfen. Asbesthaltige Kleinteile können bei den Schadstoffsammelstellen abgegeben werden. Auf keinen Fall die Geräte selbst auseinanderbauen. Umfangreichere Sanierungen müssen unbedingt von einer Spezialfirma vorgenommen werden, da bei unsachgemäßem Abbau beispielsweise einer Heizungsanlage gefährliche Mengen an krebserregendem Asbeststaub in der Raumluft verbleiben. Eine sofortige Sanierung des Hauses oder der Wohnung kann für Hausbesitzer notwendig werden, wenn schwachgebundener Asbest festgestellt wird. Die Dringlichkeit der Maßnahmen läßt sich nach einer Checkliste berechnen, die Sie beim Institut für Bautechnik, Reichpietschufer 74–76, 1000 Berlin 30 erhalten.

## Atmosphäre

Aus dem Weltall erscheint die Erde als blauer Planet, umgeben vom Schwarz des Weltraums. Die Atmosphäre (und die Ozeane) prägen das äußere Erscheinungsbild unseres Planeten. Diese relativ dünne Lufthülle der Erde (→Luft) wird durch Emissionen von Luftschadstoffen, wie →Schwefeldioxid, →Stickoxiden und →Fluorchlorkohlenwasserstoffen (FCKW), durch Erhöhung der Spurengase (→Luft) wie →Kohlendioxid sowie durch die Zerstörung der Ozonschicht (→Ozon) zunehmend vom Menschen verändert.

Die Erdatmosphäre kann aufgrund verschiedener Temperaturverläufe in mehrere «Stockwerke» gegliedert werden. Das «Erdgeschoß» bildet die sogenannte **Troposphäre**, die bis in eine Höhe von ca. 10 Kilometern reicht. In ihr wird das Wettergeschehen bestimmt. Ihre bodennahen Luftschichten werden durch →Luftverschmutzung beeinflußt: Die Folgen sind →saurer Regen, →Waldsterben, Gewässerversauerung (→saurer Regen), →Smog, Schäden an Gebäuden (→Luftverschmutzung) sowie Umweltkrankheiten des Menschen. Durch Erhöhung der Spurengase (→Luft) kommt es zu einer Erhöhung des →Treibhauseffektes.

An die Troposphäre schließt sich die **Stratosphäre** an. Sie reicht bis in eine Höhe von 50 km. Sie ist insbesondere wegen der in einer Höhe von 20–30 km liegenden Ozonschicht (→Ozon) von Bedeutung. In die Troposphäre werden zum einen durch Flugzeuge und Raketen direkt Luftschadstoffe, wie Stickoxide, eingebracht, zum anderen steigen die in der Troposphäre emittierten Schadstoffe,

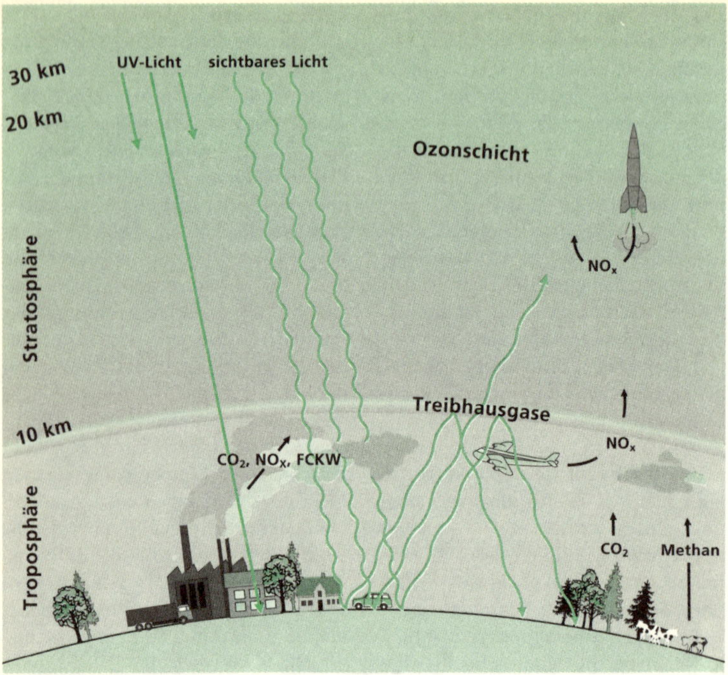


**Im «zweiten Stock» der Erdatmosphäre liegt die Ozonschicht**

insbesondere die FCKW, in größere Höhen auf.
Bis in eine Höhe von 85 km reicht die **Mesosphäre**, bis zu 400 km die **Ionosphäre**.

**TiP** Lösungsmittel belasten die Atmosphäre und sind mitverantworlich für Smog und Waldsterben. Außerdem gefährden sie bei Anwendung und Herstellung die Gesundheit. Es gibt ungefährlichen Ersatz:
– Farben und Lacke gibt es auch lösemittelarm (Kennzeichen: blauer Engel)
– Hausmittel gegen Flecken tun es auch, auf gefährliches Fleckenwasser ganz verzichten.
– Statt Möbelpolitur eine Mischung aus Olivenöl und Essig anfertigen.
– Für alle Hobby- und Heimarbeiten gibt es Kleber ohne Lösemittel.
– Vorsicht, Lösemittelreste können auch durch die geschlossene Flasche verdunsten (Plastikdeckel).
– Lösemittelreste sind Sondermüll.

## Atomkraftwerk

Wer etwa in Hessen oder Hamburg seinen Plattenspieler, Elektroherd oder Kühlschrank mit Strom aus der

Steckdose betreibt, der sollte wissen: Über zwei Drittel der Elektrizität stammt dort aus Atomkraftwerken (auch Kernkraftwerke genannt). Bundesweit wird zur Zeit ein Drittel des elektrischen Stroms aus Atomenergie (auch Kernenergie oder Nuklearenergie genannt) erzeugt. Es sind 24 Atomkraftwerke am Netz trotz vieler Proteste, Demonstrationen und Gerichtsverfahren, trotz einer Vielzahl von Bedenken und kritischer Fragen:

▶ Ein Atomkraftwerk gibt im Normalbetrieb eine Reihe radioaktiver Stoffe (→Radioaktivität) an die Umgebung ab, deren schädliche Wirkungen vielfältig sind. Der Nachweis von Folgen ist schwierig und wissenschaftlich umstritten.

▶ Störfälle, ein GAU (Größter Anzunehmender Unfall) oder gar das Durchschmelzen des Reaktorbehälters (Super-GAU) sind nicht auszuschließen. In Harrisburg (USA) versagten 1979 Technik und Bedienungspersonal. Eine Woche lang hielt die Welt den Atem an. In →Tschernobyl (Ukraine) kam es dann 1986 zur großen Katastrophe mit Toten, Verletzten und bis heute an den Folgen leidenden Menschen.

▶ Niemand auf der ganzen Welt weiß, wo der Atommüll, der über Hunderttausende von Jahren radioaktiv strahlt, sicher gelagert werden kann (→Wiederaufarbeitungsanlage). Die Atomindustrie lastet den kommenden Generationen eine Bürde auf, die ohne Beispiel in der Geschichte ist.

▶ Alle Staaten, in denen Atomkraftwerke laufen, besitzen dadurch einen leichten Zugang zu spaltbarem Mate-

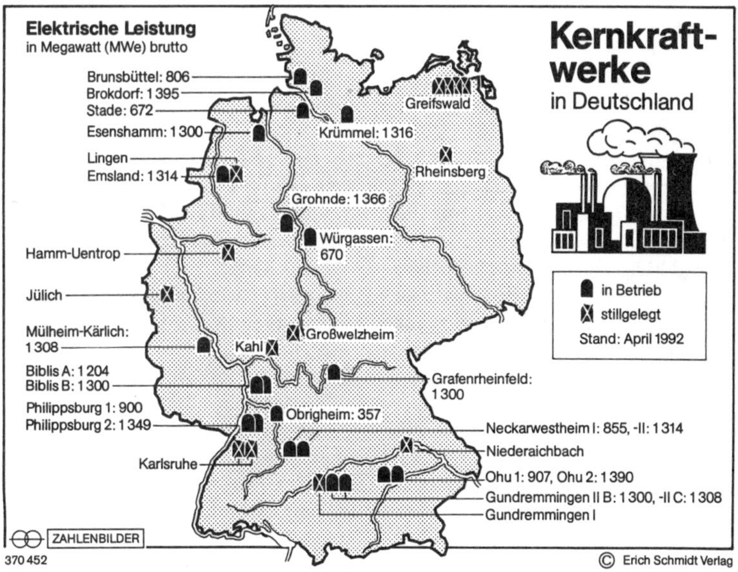


Kernkraftwerke in Deutschland

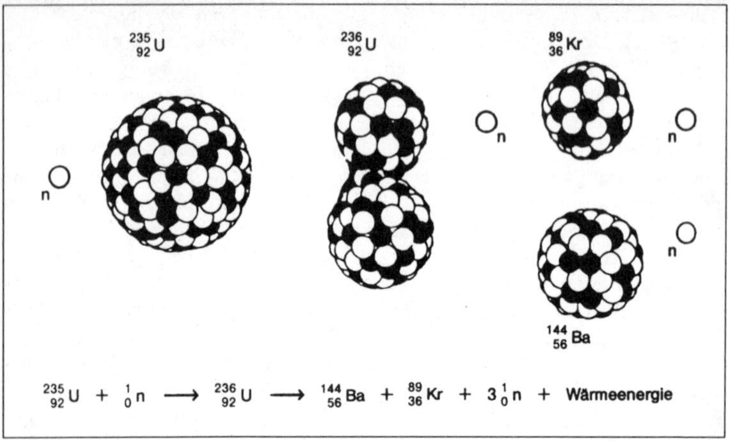


**Kernspaltung am Beispiel Uran-235**

rial, um daraus →Atomwaffen herzustellen. Was das angesichts der vielen kriegerischen Konflikte auf der Welt bedeutet, kann man sich leicht ausmalen. Ein Verrückter genügt, um die gesamte Menschheit zu vernichten.

## Wie funktioniert ein Atomkraftwerk?

Es gibt Atomkerne von chemischen Elementen, wie den des **Urans**, die sich durch Beschuß mit einem Neutron in etwa zwei halb so schwere Kerne (z.B. Barium und Krypton) spalten lassen. Dabei handelt es sich um die Uransorte Uran-235. Diese kommt im natürlichen Uran, das man aus Erzen im Bergbau gewinnt, nur mit einem Anteil von 0,7 % vor. Für die Verwendung in Atomkraftwerken muß es auf 3–5 % U-235-Anteil in speziellen Fabriken angereichert werden. Bei der Kernspaltung wird neben radioaktiver Strahlung und weiteren Neutronen Energie in Form von Wärme frei.

Diese Kernspaltung wurde 1938 von Otto Hahn und Friedrich Straßmann entdeckt und ist 1945 erstmals bei der Atombombe angewandt worden. Ist eine solche unkontrollierte Spaltung in Gang gesetzt, so setzt sie sich, wenn genügend spaltbares Uran in der Nähe ist (kritische Masse), lawinenartig in einer **Kettenreaktion** fort. Dadurch ist also eine verheerende Explosion zu erzeugen. Dazu benötigt man aber einen Uran-235-Anteil von über 70%. Im Atomkraftwerk läuft die Spaltung kontrolliert und mit Hilfe der Regelstäbe gesteuert ab. Eine atomare Explosion wie bei der Atombombe ist allein schon wegen des zu geringen U-235-Anteils ausgeschlossen.

Es gibt mehrere technische Ausführungen von Atomkraftwerken. Alle bisher in der Bundesrepublik in Betrieb befindlichen sind Leichtwasser-

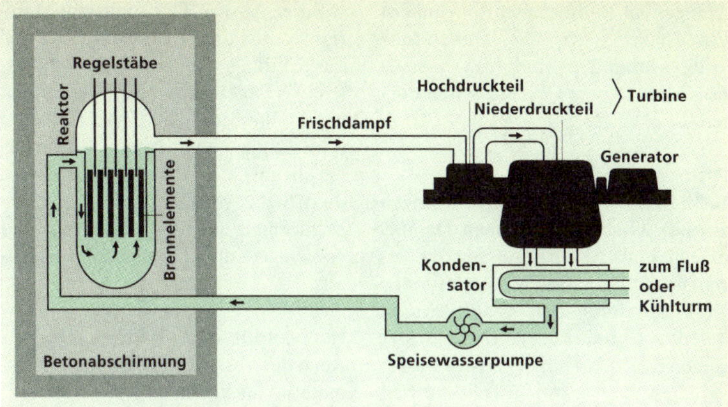


Siedewasserreaktor (Prinzipschaltung des Kraftwerks)

reaktoren, bei denen man die beiden Varianten Siedewasser- und Druckwasserreaktor unterscheidet.

## Siedewasserreaktor

Beim Siedewasserreaktor bringt die bei der Kernspaltung des Urans in den **Brennelementen** freigesetzte Wärme das Wasser im Kernreaktor zum Verdampfen (400 °C). Der Dampf treibt eine Turbine an. Der angeschlossene Generator erzeugt den elektrischen Strom. Also im Prinzip ein Wärmekraftwerk wie jedes →Kohlekraftwerk, mit all den Problemen der →Abwärme. Nur daß hier ungeheure

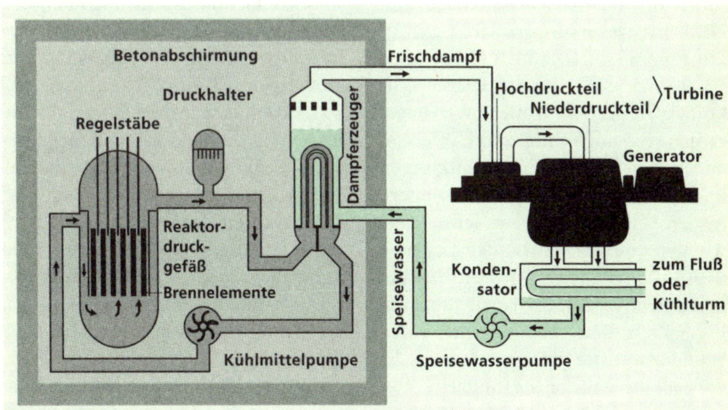


Druckwasserreaktor (Prinzipschaltung des Kraftwerks)

Mengen an Radioaktivität im Innern des Reaktors und des Wasserkreislaufs vorhanden sind, die niemals durch ein Leck ins Freie geraten dürfen.

### Druckwasserreaktor

Beim Druckwasserreaktor ist noch ein zweiter Kreislauf mit einem Dampferzeuger als Wärmetauscher dazwischengeschaltet. Das Wasser im ersten Kreislauf durch den Reaktordruckbehälter (Primärkreislauf) wird trotz seiner 300 °C bei hohem Druck flüssig gehalten. Der Sekundärkreislauf bietet dabei eine erhöhte Sicherheit gegen das Austreten von Radioaktivität ins Freie im Fall von Leckagen.
Siede- und Druckwasserreaktoren benötigen als Spaltstoff Uran-235, das zu 0,7 % im Uranerz vorhanden ist. Weltweit sind die Uranvorräte aber nicht größer als die von Erdöl oder Erdgas. Atomenergie löst also so keine Energieprobleme.

### Schneller Brüter

Einen Ausweg soll der Schnelle Brüter (oder Brutreaktor) bringen. In ihm wird das viel häufigere Uran-238 in Plutonium umgewandelt. Man sagt, Plutonium wird erbrütet. Dieser Stoff kommt in der Natur nicht vor. Er ist radioaktiv, hochgiftig und kann wiederum zur Spaltung in Atombomben und Atomkraftwerken, insbesondere in den Schnellen Brütern selbst, verwendet werden. Aber der Schnelle Brüter ist technisch schwierig zu beherrschen. Viele Jahre versuchte man, in Kalkar am Niederrhein einen Schnellen Brüter in Gang zu setzen. Er verschlang jährlich Hunderte von Millionen DM, insgesamt 8 Mrd. DM, ohne daß ein sicherer Betrieb gewährleistet war. Das spaltbare Material ist dort dichter konzentriert, und die Kühlung muß mit flüssigem Natrium erfolgen, damit der Reaktor sich nicht überhitzt. Natrium ist aber schwierig zu handhaben, weil es bei Berührung mit Wasser sofort explodiert. Sicher ist: Der Betrieb von Brutreaktoren ist noch gefährlicher als der von Siede- und Druckwasserreaktoren.

### Hochtemperaturreaktor

Auch der Versuch, Thorium als Spaltmaterial in einem Hochtemperaturreaktor zu verwenden, ist technisch offensichtlich eher riskant. Eine solche Anlage war bei Uentrop-Schmehausen (bei Hamm in Nordrhein-Westfalen) im Probebetrieb.

Die Atomkraftwerke sind mit großem Vertrauen in die Sicherheit der Technik weltweit gebaut worden (zur Zeit etwa 400 AKW). Mögliche Unfälle und alle anderen Probleme hat man wegdiskutiert oder verdrängt. Seit der Katastrophe in →Tschernobyl 1986 sind die Gefahren uns allen deutlich geworden. Aber auch sie werden zu schnell verdrängt und vergessen. Was muß eigentlich noch alles passieren? Das Problem mit dem über Jahrtausende radioaktiv strahlenden Atommüll (→Wiederaufarbeitungsanlage) ist bis heute ungelöst. Hat niemand die Gefahren durch Flugzeugabstürze, kriegerische Einwirkungen oder Sabotage beachtet? Ein Offizier der US-Marine sagte 1974 während einer Anhörung des amerikanischen Kongresses: «Ich könnte mir drei oder fünf Mann aus einem Ex-Marine-Sprengkommando, Marinespähtrupp oder Green-Beret-Kommando willkürlich heraussuchen und praktisch jedes Kernkraftwerk in diesem Lande sabotieren... Es gäbe keinen Weg, mich daran zu hindern...» Dann zählte er zur Bestätigung ein Dutzend Methoden detailliert auf...

## Atomwaffen

Im 2. Weltkrieg liefen sowohl in Deutschland als auch in den USA die Forschungen zum Bau von Atombomben auf Hochtouren. Die Grundlage dafür bildete die Entdeckung der Kernspaltung im Jahre 1938 durch Otto Hahn und Friedrich Straßmann. Den ersten Atombombenversuch unternahmen die USA am 16. Juli 1945 in der Wüste von New Mexico, als der Krieg in Europa schon beendet war. Drei Wochen später, am 6. bzw. 9. August 1945, erfolgten die Atombombenabwürfe auf die japanischen Städte Hiroshima (Uranbombe) und Nagasaki (Plutoniumbombe) als erste atomare Großexperimente des Militärs. Die erste sowjetische Atombombe wurde 1949 gezündet. 1952 und 1953 brachten die beiden Großmächte USA und UdSSR ihre ersten **Wasserstoffbomben** zur Explosion. Tausende von Atomwaffen wurden seither in aller Welt hergestellt und gelagert. Das durch den Ost-West-Konflikt geschürte Wettrüsten hatte die uneingeschränkte Weiterentwicklung atomarer Waffensysteme verschiedenster Größen und Reichweiten begünstigt. Die Trägerraketen sind mit modernster Elektronik ausgestattet und können aufgrund ständiger Einsatzbereitschaft als land-, luft- und seegestützte Atomwaffen jederzeit und an jedem Ort der Erde eingesetzt werden. Auch die Stationierung von Atomwaffen im Weltraum und von entsprechenden Abwehrwaffen insbesondere durch die USA geht trotz unermeßlicher Kosten und gegen alle Warnungen vor den drohenden Gefahren unaufhörlich weiter. Immer mehr Staaten verfügen über Atomwaffen.

**Atomwaffenstaaten**

**Atommächte: USA, Nachfolgestaaten der UdSSR, insbesondere Rußland, Großbritannien, Frankreich, China, Indien**
**Staaten auf dem Weg zur Atommacht: Argentinien, Brasilien, Irak, Iran, Libyen, Pakistan, Südkorea, Taiwan; *Israel, Südafrika* (wird offiziell bestritten)**

Begünstigt durch militärische Geheimhaltungsvorschriften und im Widerspruch zu gesetzlichen Regelungen und internationalen Abkommen, gelingt es immer wieder einigen Staaten, einzelne Elemente der A-Waffen-Kette (Uranabbauindustrie – Urananreicherungsanlagen – Forschungsreaktoren – Atomkraftwerke – Wiederaufbereitungsanlagen – A-Waffen-Fabriken – A-Waffen-Testanlagen – Trägersystemherstellung – Komplette A-Waffen-Systeme) in ihrem Land aufzubauen oder von Atomstaaten zu erwerben.
In Hiroshima starben durch eine A-Bombe 150000 Menschen. Durch das heute vorhandene Atomwaffenpotential, mit dem die Erde mehrfach in die Luft gesprengt werden kann, besteht erstmalig in der Geschichte der Menschheit die Gefahr der totalen Vernichtung allen Lebens auf der Welt.
Wenn auch bei den Verhandlungen zur **Rüstungskontrolle** Teilerfolge zu verzeichnen sind, werden die atoma-

**Wichtige Rüstungskontrollvereinbarungen**
**Atomteststopp-Abkommen (1963): Verbot von Kernwaffenversuchen in Atmosphäre, Weltraum und Wasser.**
**Weltraumvertrag (1967): Verbot der Stationierung von Massenvernichtungswaffen im Weltraum.**
**Atomwaffensperrvertrag – USA/UdSSR/GB – (1968): Verbot für Atommächte, Nuklearwaffen an Nicht-Atommächte weiterzugeben.**
**Vereinbarung über Atomunfälle (1971): Verpflichtung der Supermächte, sich bei unbeabsichtigten und ungewollten Zwischenfällen mit Atomwaffen sofort zu benachrichtigen.**
**Salt-II-Abkommen – USA/UdSSR – (1979): Begrenzung der Zahl der Trägersysteme für strategische Atomwaffen auf je 2400.**
**Start-Abkommen – USA/UdSSR – (1991): Verringerung der strategischen Atomwaffen, Abbau schwerer landgestützter Raketen, gegenseitige Inspektionen.**

ren Gefahren für undenkbar lange Zeiten weiter bestehen.
Die Proteste und der Widerstand gegen Atomwaffen werden nicht nachlassen. Zwar kann die **Friedensbewegung** die Menschen nur noch selten – wie zuletzt gegen den Golfkrieg 1991 – zur Teilnahme an Massenprotestveranstaltungen mobilisieren, aber in vielen lokalen Initiativen und Gruppen überall auf der Welt wird die Arbeit gegen Atomwaffen und für eine friedliche Welt fortgeführt. Dafür setzt sich auch das internationale **Städtebündnis** – 1983 von Hiroshima und Nagasaki gegründet – mit dem Ziel der vollständigen Abschaffung von Atomwaffen ein. Auf die Gefahr, die von den Atomwaffen auch in «Friedenszeiten» ausgeht, wenn Radioaktivität ins Freie gelangt, wird z.B. immer wieder durch Greenpeace-Aktionen hingewiesen. Beendet werden muß umgehend die Verschleuderung von öffentlichen Geldern für die Erforschung, Erprobung und Herstellung von Atomwaffen. Die dafür benötigten jährlichen Milliardenbeträge fehlen für Programme zum Abbau und zur Verhinderung von Hunger, Krankheit und Armut vieler Millionen Menschen und für durchgreifende Maßnahmen zum Umweltschutz, ohne die von einer gerechten und friedlichen Welt nicht gesprochen werden kann.

## Autoverkehr

In Deutschland sind 1992 einschließlich der neuen Bundesländer ca. 45 Mio. Kraftfahrzeuge zugelassen; pro Jahr kommen ca. 4 Mio. Kraftfahrzeuge neu hinzu.
Der Autoverkehr wird wegen seiner negativen Auswirkungen (u. a. Lärm- und Abgasemissionen, Bodenverschmutzung, Flächenverbrauch, Verkehrssicherheit) allgemein als Umweltfeind Nr. 1 bezeichnet.
Von allen Schadstoffemissionen der Bundesrepublik entstanden 1986 durch den Straßenverkehr 53 % der Stickoxidemissionen (absolut ca. 3 Mio. t), 71 % der Kohlenmonoxidemissionen (8,9 Mio. t), 15 % des Kohlendioxids (770 Mio. t), das wesentlich zum →Treibhauseffekt beiträgt, und 49 % der organischen Kohlenwasserstoffverbindungen (2,4

Mio. t). Hinzu kommen eine Vielzahl an weiteren Schadstoffen, deren Wirkungen wenig bekannt sind, die aber als gesundheitsschädigend einzuschätzen sind.
Der Straßenverkehrslärm führt immer häufiger zu körperlichen, seelischen, sozialen und auch ökonomischen Folgen: Durch Verkehrslärm fühlen sich 60 % der Bevölkerung belästigt, 21 % stark; ca. 40 % der Bundesbürger werden in ihrer Nachtruhe durch Autoverkehr beeinträchtigt. (→Lärm).
Neben der Bodenversiegelung und dem Landschaftsverbrauch durch den Straßenbau werden durch die Emissionen des Verkehrs großflächig Böden belastet und Gewässer verunreinigt: Reifenabrieb, Öl- und Betriebsstoffspuren werden an den Straßenrand gespült.
Durch den Autoverkehr werden eine Vielzahl an Tieren und Insekten und Lebewesen getötet. Durch den Straßenbau werden ganze Landschaften zerstört und zerschnitten.
Seit 1950 sind in der BRD mehr als eine halbe Mio. Menschen im Straßenverkehr getötet worden, darunter 75 000 Kinder; 16 Mio. Menschen sind verletzt worden, darunter über 5 Mio. schwer. Jahr für Jahr werden etwa 11 000 Menschen getötet, und es ereignen sich eine halbe Million Verkehrsunfälle.
Entgegen der landläufigen Einschätzung wird die Mehrheit aller täglich von der Bevölkerung der (alten) Bundesrepublik zurückgelegten Wege nicht mit dem PKW absolviert, sondern mit Verkehrsmitteln des sogenannten Umweltverbundes (zu Fuß, per Rad und ÖPNV). Die Verkehrsverhaltensforschung ermittelte für 1982, daß 11 % aller täglichen Wege per Rad, 27 % zu Fuß, 13 % mit öffentlichen Verkehrsmitteln, 39 % mit motorisierten Verkehrsmitteln und 10 % als PKW-Mitfahrer zurückgelegt werden. Gleichzeitig bestehen

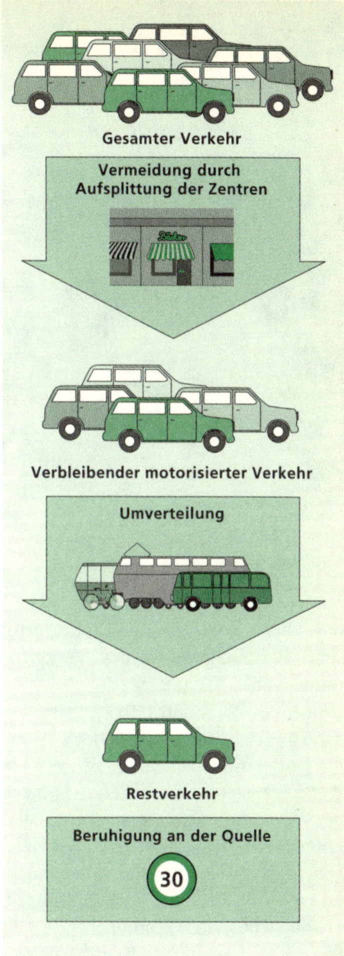


**Prinzip der Kfz-Fahrtenreduzierung**

erhebliche soziale und altersspezifische Unterschiede in der Verkehrsmittelwahl.
Von den PKW-Fahrten selbst sind zwei Drittel kürzer als 10 km. Allein im Entfernungsbereich von 0–2 km werden fast ein Viertel aller Fahrten per Auto zurückgelegt; nur 11 % sind länger als 25 km. Diese Angaben belegen, daß ein großer Teil aller Autofahrten mit anderen Verkehrsmitteln absolviert werden könnte.
Ein vergleichender Blick auf das Verkehrsaufkommen und die Verkehrsleistung der alten und neuen Bundesländer zeigt, daß in der alten Bundesrepublik das Kfz als Verkehrsmittel stärker als in der ehemaligen DDR benutzt wurde. Dort hatten der ÖPNV, das Fahrrad und die Fußwege einen höheren Anteil als in den alten Bundesländern.

## Umwelt- und sozialverträgliche Verkehrskonzepte

Wie die bisherige Entwicklung zeigte, führen fahrzeugtechnisch orientierte Konzepte nicht zur Verringerung der Umweltbelastungen des Autoverkehrs. So konnte durch die steuerliche Förderung des →Katalysators der Schadstoffausstoß bisher nicht wirksam verringert werden; im Gegenteil: Wegen hoher Neuzulassungen, stärkerer Motoren mit höherem Kraftstoffverbrauch und gestiegener Fahrleistungen wurden die Emissionen sogar erhöht. Weitere wirksame und einsatzfähige Techniken (z. B. Motor-Lärmkapselung, Geschwindigkeitsbremse/Tempostat, kW-Begrenzung) oder finanziell steuernde Instrumente wie z. B. die Anrechnung aller erzeugten sozialen und ökologischen Folgekosten auf den Benzinpreis erlangten

aus verkehrspolitischen Gründen bisher keine Gesetzeskraft.

Vonnöten ist die Realisierung integrierter planerischer Verkehrskonzepte, die nach dem Prinzip

– Verkehrsvermeidung (Vermeidung von Fahrten mit dem Kfz),
– Verkehrsverlagerung (Verlagerung von Kfz-Fahrten auf Verkehrsmittel des Umweltverbundes),
– Verkehrsberuhigung (Verlangsamung der verbleibenden Kfz-Fahrten)

Umverteilungserfolge erzielen will. Mit anderen Worten: eine planerische Strategie, die Angebote macht, um auf Kfz-Fahrten verzichten zu können und notwendige Fahrten umwelt- und sozialverträglich ermöglicht.

**Bestandteile eines solchen integrierten Maßnahmebündels wären:**

- **Fußgängerförderung**
- **Radverkehrsförderung**
- **Beschleunigung, Attraktivitätssteigerung und Ausbau des →ÖPNV**
- **flächenhafte Verkehrsberuhigung**
- **Neuordnung des Parkens**
- **Neuordnung des Güterverkehrs**
- **Straßennetzüberprüfung**
- **verstärkte Überwachung des Autoverkehrs**
- **Öffentlichkeitsarbeit zur Bewußtseins- und Verhaltensänderung**
- **Beeinflussung der Siedlungsentwicklung, Verwirklichung einer «Stadt der kurzen Wege».**

Einige Städte des In- und Auslands haben bereits positive Erfahrungen mit diesen Maßnahmen gemacht oder sind dabei, Verkehrspläne umzusetzen, die den Autoverkehr beschränken sollen. Zürich will durch Ausbau des Trambahnsystems, Reduzierung der Pendlerparkplätze und weitere Maßnahmen erreichen, daß der ÖPNV-Anteil an allen Wegen stark ansteigt. Basis der planerischen Überlegungen sind Luftreinhalte- und Lärmschutzverordnungen, die strenge Grenzwerte und Termine setzen. Die Hansestadt Lübeck beabsichtigt, ihre historische Altstadt als autofreie Innenstadt auszuweisen.

Die Stadt Kassel hält in ihrem Generalverkehrsplan das ehrgeizige Ziel für erreichbar, den Kfz-Verkehr auf einen Anteil von 32 % aller Wege zu reduzieren und den des Umweltverbundes auf 68 % auszubauen. Es ist absehbar, daß andere bundesdeutsche Städte diesen Beispielen folgen werden.

# B

## Bahnverkehr

Der Schienenverkehr ist hinsichtlich Energieverbrauch, Emissionen und Flächenverbrauch ein weitaus umweltverträglicheres Verkehrsmittel als der Kfz- oder Luftverkehr. Dennoch ist seine Verkehrsbedeutung gering: Nur 6% des Personen- und 22% des Güterverkehrs gehen über die Schiene. Dies ist die Folge einer Verkehrspolitik, die seit langem den Straßenverkehr bevorzugt und dessen Fernstraßennetz großzügig ausgebaut hat.

In Gegensatz dazu sind seit dem Krieg (außer S-Bahnstrecken des →Öffentlichen Personennahverkehrs) kaum noch neue Eisenbahnstrecken gebaut worden. Vielmehr wurden von den ehemals rund 30000 km Streckenlänge der Deutschen Bundesbahn (DB) inzwischen rund 10000 km für den Personen- und 4000 km für den Güterverkehr stillgelegt, vorwiegend im ländlichen Raum.

Dabei hat sich gezeigt, daß der «Schienenersatzverkehr» mit dem Bus nur selten eine gleichwertige Alternative darstellt. Von den 8500 Gemeinden der BRD (alte Länder) werden 5900 nicht mehr im Schienen-Personenverkehr bedient. Die ehemals nahezu flächendeckende Bahn ist zu einem Verkehrsmittel in und zwischen →Ballungsräumen geworden.

Im →Güterverkehr besteht seit den 80er Jahren ein Knotenpunktsystem: Zwischen den 30–50 km auseinanderliegenden Knotenpunkten werden die Güter auf der Bahn transportiert und von dort per LKW ausgeliefert. Auf diese Weise ist die Bahn als regionales Transportmittel unattraktiv geworden, da für wenige De-facto-Kilometer manchmal bis zu 200 km Bahnstrecke mit entsprechendem Zeitverlust benötigt werden.

Erst seit wenigen Jahren läßt sich eine gewisse Stabilisierung des Abwärtstrends beobachten. Seit 1991 fahren die fahrplanmäßig bis zu 250 km/h schnellen ICE-Züge («Intercity-Expreß») auf den Neubaustrecken Hannover–Würzburg und Mannheim–Stuttgart. Die erzielten Reisezeitverkürzungen in der Nord-Süd-Richtung sind allerdings mit erheblichen und ökologisch bedenklichen Eingriffen in die Landschaft (Einschnitte, Dämme, Brücken, Tunnel) erkauft worden.

Gleichzeitig mit der Aufnahme des Hochgeschwindigkeitsverkehrs wurde das «System Schiene» deutlich verbessert: Taktverkehre gibt es jetzt nicht nur im Intercity-Verkehr, sondern zunehmend auch auf Regionalstrecken. Damit werden die Fahrpläne überschaubarer und die Anschlüsse in den Umsteigeknoten verbessert. Mit dem Einsatz neuer Fahrzeuge und der Einführung neuer «Produkte» («InterRegio» statt D-Zug, «RegionalBahn» und «RegionalSchnellBahn» statt Nahverkehrszug) hat die Bundesbahn viel für Komfort und Image des Bahnfahrens getan.

Anstelle einer undurchsichtigen Streckenstillegungspolitik sind Vereinbarungen der DB mit den Bundesländern getreten, die verbindlich festlegen, welche Strecken erhalten bleiben. Die übrigen Linien können dann nur noch durch finanzielles Engagement der Länder, Kreise und Gemeinden gesichert werden. Auch ist es bereits zur Übernahme von Strecken durch nichtbundeseigene (kommunale) Eisenbahnen gekommen.

Im Güterverkehr ist es das Ziel der Bahngesellschaften, vor allem im Fernverkehr Anteile zurückzugewinnen. Strategie dabei ist im wesentlichen der schnelle und pünktliche Transport zwischen den Wirtschaftszentren (InterCargo) bzw. der kombinierte Verkehr. Im kombinierten Verkehr werden leicht umladbare Transportbehälter (z. B. Container) über lange Strecken per Bahn befördert und im Nahverkehr per LKW verteilt.

Angesichts zunehmender Umweltprobleme ist eine positive Stimmung für die Bahn nicht mehr zu übersehen. Allerdings ist zu berücksichtigen, daß die Kapazitäten der Bahn nicht ausreichen, um den gegenwärtigen Straßenverkehr auf die Schiene zu verlagern. Neben betriebstechnischen Maßnahmen und weiterem Streckenneu- und -ausbau müssen deswegen auch Strategien der Verkehrsvermeidung diskutiert werden, insbesondere durch Einsparung ökologisch unsinniger Gütertransporte über weite Strecken (z. B. Milchprodukte von Bayern nach Hamburg). Hand in Hand mit der Belastung des Straßenverkehrs mit seinen ökologischen und sozialen Kosten (in zweistelliger Milliardenhöhe jährlich) muß eine verbraucherfreundliche Tarifpolitik bei der Bahn und im →öffentlichen Personennahverkehr erreicht werden.

Das Dilemma der DB äußert sich in einem Jahresfehlbetrag von rund 4 Mrd. DM. Dessen Ursachen sind nicht nur bei ihr selbst und ihren schwerfälligen Organisationsstrukturen zu suchen, sondern vor allem in der Politik des Bundes, die der Bahn enge gesetzliche und finanzielle Fesseln anlegt. Nach dem Bundesbahngesetz ist die DB nach kaufmännischen Gesichtspunkten so zu führen, daß die Erträge die Aufwendungen decken. Dies ist aber nur noch im Personenfernverkehr und gewissen Güterverkehrsbereichen der Fall. Dagegen müssen die unrentablen gemeinwirtschaftlichen Aufgaben (Personennahverkehr, flächendeckender Güterverkehr) hintanstehen. Außerdem zahlt die Bahn ihren Fahrweg, die Schiene, selbst, während der Straßenverkehr nicht vollständig für seine Wegekosten aufkommt. Um dieses Mißverhältnis aufzulösen, wird derzeit eine Trennung der Bahn in Netz (Verantwortung: Bund oder Länder und Kommunen) und Betrieb (DB oder regionale Eisenbahnen) diskutiert.

Neue Finanzierungsprobleme erge-

ben sich durch die deutsche Vereinigung. Die Deutsche Reichsbahn (DR) der ehemaligen DDR verfügt noch über ein so dichtes Schienennetz, wie es im Westen längst Vergangenheit ist. Auch waren die Verkehrsanteile des Personen- und Güterverkehrs auf der Schiene sehr hoch. Sie bröckeln aber seit der Vereinigung rapide ab. Streckennetz und Fahrzeugpark sind teilweise heruntergewirtschaftet und in entsprechend desolatem Zustand.
Sowohl den absehbar hohen Sanierungsaufwand zu bewältigen als auch den zu befürchtenden Streckenkahlschlag zu verhindern muß Aufgabe einer ökologischen Verkehrspolitik sein. Zunächst fließen die Mittel allerdings primär in den Fernverkehr («Verkehrsprojekte Deutsche Einheit», darunter eine ICE-Strecke Hannover–Berlin), und die Autobahnprojekte werden mit sehr viel größerem Engagement vorangetrieben als die Erneuerung des Schienennetzes.

## Ballungsgebiete

Als Ballungsgebiete werden großflächige Stadtregionen bezeichnet, die eine hohe Bevölkerungsdichte, Konzentration von Arbeitsplätzen und Betrieben sowie verdichtete Wohnbebauung aufweisen.
In Deutschland werden das Ruhrgebiet, das Rhein-Main-Gebiet mit Frankfurt, der Rhein-Neckar-Raum mit Stuttgart, die Region um Würzburg und der Raum Leipzig–Halle sowie die Stadtregionen Hamburg, Berlin und München allgemein als Ballungsgebiete bezeichnet.
Während im Bundesdurchschnitt ca. 250 Einwohner auf einem Quadratkilometer Fläche leben, sind es in Ballungsgebieten bis zu 4000 und mehr. Ballungsgebiete entstanden aufgrund günstiger Standortvoraussetzungen für die Produktion von Gütern, wie z. B. das Ruhrgebiet, oder weil sie als Residenzstädte Kristallisationspunkte eines Gebietes waren.
Sie verfügen über
– umfangreiche Rohstoffvorkommen wie z. B. Kohle und/oder
– günstige natürliche Standortvoraussetzungen (z. B. Wasser/Hafen).
Im Zuge der industriellen Revolution des 19. Jahrhunderts siedelte sich in diesen Räumen eine Bevölkerung an, die vom Land kam und auf der Suche nach Arbeitsplätzen in schnell wachsenden Fabriken und Industriezweigen war. Dort bildete sich eine Arbeiterschicht. Auch heute ist das Wohnen und Arbeiten in diesen Ballungsgebieten wegen der Chancen, hohe Einkommen zu erzielen, des umfangreichen Freizeit- und Kulturangebotes und der vielseitigen Möglichkeiten, Menschen zu begegnen, sehr attraktiv. Jedoch sind die Lebenshaltungskosten hier auch höher als in ländlichen Regionen: Für Mieten, Fahrtkosten zum Arbeitsplatz und andere Ausgaben ist ein höherer Anteil des Einkommens als Fixkosten einzurechnen. Die Umweltbedingungen, wie das Angebot an Grün- und Freiflächen, Luft- und Lärmbelastung, sind schlechter als in ländlichen Regionen.
Ballungsgebiete können wie Großstädte insgesamt als ökologische Problemgebiete bezeichnet werden: Die Lärm- und Luftbelastung nimmt bei Smog-Wetterlagen z. B. Ausmaße an, die aus medizinischen Erwägungen zu Fahrzeug-Fahrverboten und Fabrikstillegungen führen.

Aktuelle Probleme der Ballungsgebiete bestehen vorrangig
– im hohen Verkehrsaufkommen mit seinen Folgen für die Luftqualität und die Lärmbelastung sowie städtebauliche Folgen (→Lärm),
– im mangelnden Angebot an preiswerten Wohnungen,
– im hohen Gewerbeflächenbedarf,
– in der Altlastenproblematik bei aufgelassenen Fabrikstandorten sowie in der Gewährleistung einer geregelten Ver- und Entsorgung von →Energie, →Wasser und Abfällen (→Abfallentsorgung) und
– in der Verbesserung des Umweltschutzes.

Die Entwicklungstendenzen der Ballungsgebiete sind dadurch charakterisiert, daß ihre Bedeutung als Zentren der technologischen Entwicklung, der Produktion, des Handels und der Dienstleistungen weiter zunehmen wird. Mit dem zunehmenden Einsatz neuer Informations- und Kommunikationstechnologien in allen Branchen und Privathaushalten wird sich nach bisherigem Wissensstand allerdings keine umfassende Reduzierung der Umweltbelastungen erreichen lassen.

Gleichzeitig steigt die Abhängigkeit der peripheren, ländlichen Gebiete von der Stärke und Arbeitsmarktlage der Ballungsgebiete.

Es wird in den Ballungsgebieten künftig darauf ankommen, die negativen Entwicklungstendenzen (mangelndes, zu teures Wohnungsangebot, hohe Verkehrsbelastungen, fehlendes Angebot sozialer Infrastruktureinrichtungen etc.) durch planerische Konzepte abzumildern. Es geht darum,
– die öffentlichen Verkehrsmittel auszubauen und den →Autoverkehr zu reduzieren (→Güterverkehr, →öffentlicher Personennahverkehr),
– Konzepte einer ökologischen Stadtentwicklung und Stadterneuerung (→Stadtplanung) umzusetzen und
– das Angebot an preiswerten Mietwohnungen zu vergrößern.

## Bauschuttverwertung

Neben den Abfällen aus Haushalten sowie aus Handel und Gewerbe stellen die Bauabfälle mit fast zwei Dritteln des Gesamtabfallaufkommens von der Menge her das größte Müllproblem. Die Bauabfälle teilen sich auf in (Mio. t/a BRD):

| | |
|---|---|
| **Bauschutt** | **20** |
| **Baustellenabfälle** | **13** |
| **Erdaushub** | **130** |
| **Straßenaufbruch** | **17** |

1991 wurden zwei Drittel davon einer Wiederverwertung zugeführt.

Dabei ist unbelasteter Bauabfall aller Art aus Sand, Kies, Steinen, Lehm oder Bitumen und Zement oder Steine, Mörtel und Holz problemlos. Wenn jedoch Öle, Laugen oder andere chemische Verbindungen das Material verunreinigt haben, oder es Installationen oder Verbundmaterialien enthält, muß dieses aufbereitet und gegebenenfalls als Sondermüll gelagert werden. Je mehr chemische Stoffe in den Bauten Verwendung finden, um so problematischer wird allerdings die Bauschuttverwertung.

Solche Bauschuttaufbereitungsanlagen müssen mit Basisabdichtungen und überdachten Gebäuden sowie

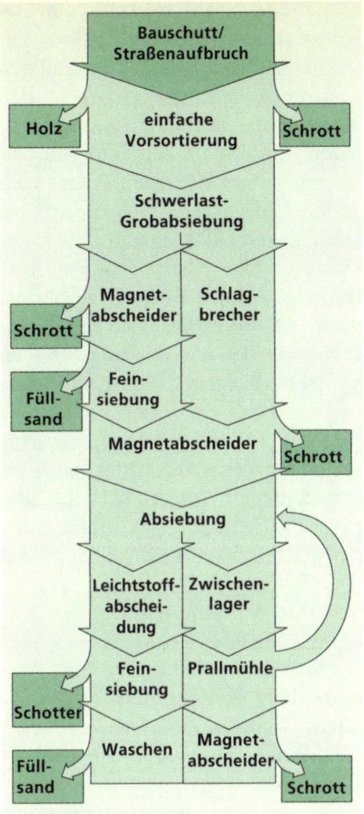


**Bauschuttverwertung**

Sortier- und Zerkleinerungseinrichtung ausgestattet sein.
Um die Verwertungsquote auf 80 bis 90% zu bringen, wird die Reduzierung der Schadstoffe eine vorrangige Aufgabe sein müssen.

## Benzol

Benzol ($C_6H_6$) gehört zu den aromatischen →Kohlenwasserstoffen und ist eine farblose, aromatisch riechende, brennbare Flüssigkeit. Es wird u.a. als **Lösungsmittel** und als Zusatz im Benzin (3–5%) verwendet. Benzol ist ferner ein wichtiges Ausgangsprodukt, um Farbstoffe und pharmazeutische Präparate herzustellen. Es gelangt bei der Herstellung z.B. von Gießharzen, **Abbeizmitteln** etc. in die Luft.
Weitere Emissionsquellen (→Emission) für das Benzol sind Kraftstoffe und Abgase, Kohle- und Gasfeuerungen, →Müllverbrennung und die Lagerung, der Transport und Umschlag. Die in die Umwelt abgegebene Menge wird global auf 100000–1 Mill. t/a geschätzt, für die alte BRD auf 55000–70000 t/a. Bei Sonneneinwirkung kann das Benzol in der Luft zur Entstehung des sogenannten Sommersmogs (→Ozon) beitragen. Wird zuviel Benzol eingeatmet, ruft es Schwindel, Kopfschmerzen, Erbrechen, Atemlähmung und Rauschzustände, in schweren Fällen auch den Tod hervor.
Benzol hat eine hohe Fettlöslichkeit (Lipoidlöslichkeit) und reichert sich deswegen besonders im Fett- und Nervengewebe an. Liegt ein hoher Lipoidgehalt im Blut vor, so gelangt mehr Benzol in die einzelnen Organe (→biologische Anreicherung). Bei der Beurteilung der gesundheitlichen Auswirkungen von Benzol ist besonders die chronische Gefährdung zu berücksichtigen. Durch ständige Belastung mit Benzol kann es neben der Schädigung des Knochenmarks und der Chromosomen auch zu Leukämie (Blutkrebs) kommen (→Krebs). Aufgrund arbeitsmedizinischer Untersuchungen muß Benzol als eine für den Menschen stark krebserregende Substanz angesehen werden (→Grenzwerte, →Berufskrankheiten).

Ab 1992 müssen die beim Benzintransport und beim Tanken entweichenden giftigen Dämpfe in Auffangbehälter zurückgeführt und zur Wiederverwertung in die Raffinerien weitergeleitet werden. Ein zweiter Schlauch um das Zapfventil – ein sogenannter Saugrüsssel – soll die beim Tanken freiwerdenden Dämpfe in das Lager der Tankstelle zurückführen. Der Saugrüssel fängt zwar beim Tanken die giftigen Benzindämpfe auf, aber nicht die beim Fahren verdunstenden.

**TiP** Große Mengen an giftigem Benzol werden aus dem Benzin freigesetzt. Abhilfe schafft hier nur ein geregelter →Katalysator, der neben Benzol auch alle anderen Schadstoffe um 90 % vermindert. Tankstellen mit Gaspendelanlage bevorzugen.

**Berufskrankheiten**

Anfang der 60er Jahre wurde in einer englischen Klinik ungewöhnlich häufig ein seltener Nasenkrebs (→Krebs), das Adenokarzinom, diagnostiziert. Nachforschungen ergaben, daß fast alle Patienten in der nahegelegenen Möbelindustrie tätig waren. Krebserreger ist Holzstaub von Buchen und Kiefern, das beim Sägen und Schleifen eingeatmet werden kann. Seit 1988 ist das Adenokarzinom auch bei uns als Berufskrankheit anerkannt. Seitdem haben knapp 300 Personen einen Verdacht auf diesen Berufskrebs angezeigt, 79 Fälle wurden anerkannt und 26 Personen sind daran gestorben.

Je nach beruflichem Einsatzort sind Arbeitnehmer/innen unterschiedlichen Gefahrenstoffen (→Umweltkrankheiten, →Schadstoffe am Arbeitsplatz) ausgesetzt. Doch nur selten stellen die Ärzte einen eindeutigen Zusammenhang zwischen den Krankheitssymptomen und den früheren Arbeitsplatzbedingungen her, da im fortgeschrittenen Alter auch andere Lebensbedingungen für die Krankengeschichte eine Rolle spielen. Dazu zählen beispielsweise das Rauch-, Trink- oder Eßverhalten. Nach der **Berufskrankenverordnung** von 1988 (letzte Änderung) können 59 Erkrankungen, die durch physikalische, chemische oder biologische Belastungen am Arbeitsplatz verursacht wurden, anerkannt werden. Schädigungen durch soziale oder psychologische Streßfaktoren am Arbeitsplatz haben keine Chance auf Anerkennung.

Von der Anerkennung bis zur Entschädigung ist es ein weiter Weg. Nur selten erhalten die Kranken eine Rentenzahlung von der Berufsgenossenschaft. Denn eine weitere Bedingung für die Invaliditätsrente ist, daß die Erwerbstätigkeit um mindestens 20 % gemindert wurde. Wer seinen Arbeitsplatz wechselt, bevor er seine Gesundheit ruiniert hat, geht leer aus.

Während es noch vergleichsweise einfach ist, selbst im fortgeschrittenen Alter, einen Zusammenhang zwischen der Lärmschwerhörigkeit und den Lärmbelastungen (→Lärm) am Arbeitsplatz zu konstruieren, ist der Verfahrensgang bei den rapide zunehmenden Hauterkrankungen ungleich schwieriger. Hier muß mit einer hohen Dunkelziffer gerechnet werden. Bei einem großen Teil der Hauterkrankungen handelt es sich um allergische Hautreaktionen.

**Anzeigen auf Verdacht einer Berufskrankheit nach Krankheitsgruppen**

| Gruppe | Untergruppe | Bezeichnung | 1960 | 1970 | 1975 | 1980 | 1985 | 1988 | 1989 | 1990 | Veränderung von 1989 auf 1990 absolut | % * |
|---|---|---|---|---|---|---|---|---|---|---|---|---|
| | | | 1 | 2 | 3 | 4 | 5 | 6 | 7 | 8 | 9 | 10 |
| 1 | | Chemische Einwirkungen | 2940 | 1917 | 1752 | 1784 | 1891 | 2753 | 2524 | 2681 | + 157 | + 6,2 |
| | 11 | Metalle und Metalloide | 1061 | 541 | 351 | 315 | 282 | 293 | 306 | 347 | + 41 | +13,4 |
| | 12 | Erstickungsgase | 1358 | 542 | 349 | 222 | 267 | 163 | 151 | 156 | + 5 | + 3,3 |
| | 13 | Lösemittel (Pestizide) und sonstige chemische Stoffe | 521 | 834 | 1052 | 1247 | 1342 | 2297 | 2067 | 2178 | + 111 | + 5,4 |
| 2 | | Physikalische Einwirkungen | 9162 | 6831 | 18811 | 19409 | 11387 | 14824 | 14940 | 13946 | − 994 | − 6,7 |
| | 21 | Mechanische Einwirkungen | 9006 | 4696 | 3896 | 3775 | 3073 | 4660 | 5472 | 4747 | − 725 | −13,2 |
| | 22 | Druckluft | 14 | 72 | 17 | 12 | 13 | 47 | 25 | 47 | + 22 | +88,0 |
| | 23 | Lärm | 110 | 2006 | 14869 | 15594 | 8270 | 10061 | 9366 | 9085 | − 281 | − 3,0 |
| | 24 | Strahlen | 32 | 57 | 29 | 28 | 31 | 56 | 77 | 67 | − 10 | −13,0 |
| 3 | | Infektionserreger, Parasiten, Tropenkrankheiten | 1349 | 1584 | 1925 | 2061 | 1327 | 1223 | 1242 | 1228 | + 16 | + 1,3 |
| 4 | | Atemwege, Lungen, Rippenfell, Bauchfell | 7376 | 6348 | 7958 | 6214 | 7185 | 10497 | 11533 | 12299 | + 766 | + 6,6 |
| | 41 | Anorganische Stäube | 7376 | 5890 | 7177 | 4590 | 4379 | 5122 | 5594 | 5812 | + 218 | + 3,9 |
| | 42 | Organische Stäube | – | – | – | 3 | 16 | 61 | 97 | 91 | − 6 | − 6,2 |
| | 43 | Obstruktive Atemwegserkrankungen | – | 458 | 781 | 1621 | 2790 | 5314 | 5842 | 6396 | + 554 | + 9,5 |
| 5 | | Hautkrankheiten | 6304 | 6346 | 7447 | 10956 | 10437 | 15311 | 16704 | 18747 | +2043 | +12,2 |
| 6 | | Krankheiten sonstiger Ursache | 1 | 6 | 5 | 4 | 5 | 1 | 11 | 8 | − 3 | |
| | | sonstige Anzeigen | 4370 | 128 | 470 | 438 | 612 | 1671 | 2021 | 2166 | + 145 | + 7,2 |
| | | Insgesamt | 31502 | 23160 | 38368 | 40866 | 32844 | 46280 | 48975 | 51105 | +2130 | + 4,3 |

* Prozent nur bei Fallzahl > 30

**Anerkannte Berufskrankheiten und ihr Anteil an den Anzeigen auf Verdacht einer Berufskrankheit nach Krankheitsgruppen**

| Gruppe | Unter-gruppe | Bezeichnung | Dem Grunde nach anerkannte Berufskrankheiten | Erstmals entschädigte Berufskrankheiten | Anerkannte Berufskrankheiten insgesamt | Anteil der anerkannten Berufskrankheiten an den Anzeigen in % |
|---|---|---|---|---|---|---|
| | | | 1 | 2 | 3 | 4 |
| 1 | | Chemische Einwirkungen | 279 | 132 | 411 | 15,3 |
| | 11 | Metalle und Metalloide | 24 | 36 | 60 | 17,3 |
| | 12 | Erstickungsgase | 43 | 1 | 44 | 28,2 |
| | 13 | Lösemittel (Pestizide) und sonstige chemische Stoffe | 212 | 95 | 307 | 14,1 |
| 2 | | Physikalische Einwirkungen | 2220 | 1390 | 3610 | 25,9 |
| | 21 | Mechanische Einwirkungen | 319 | 414 | 733 | 15,4 |
| | 22 | Druckluft | 20 | 1 | 21 | 44,7 |
| | 23 | Lärm | 1881 | 973 | 2854 | 31,4 |
| | 24 | Strahlen | 0 | 2 | 2 | * |
| 3 | | Infektionserreger, Parasiten, Tropenkrankheiten | 340 | 132 | 472 | 37,5 |
| 4 | | Atemwege, Lungen, Rippenfell, Bauchfell | 1120 | 1654 | 2774 | 22,6 |
| | 41 | Anorganische Stäube | 108 | 1267 | 1375 | 23,7 |
| | 42 | Organische Stäube | 3 | 32 | 35 | 38,5 |
| | 43 | Obstruktive Atemwegserkrankungen | 1009 | 355 | 1364 | 21,3 |
| 5 | | Hautkrankheiten | 1381 | 684 | 2065 | 11,0 |
| 6 | | Krankheiten sonstiger Ursache | – | – | – | – |
| | | Entschädigung nach § 551 Abs. 2 RVO | 15 | 16 | 31 | 1,4 |
| | | Insgesamt | 5355 | 4008 | 9363 | 18,3 |

* Wegen zu geringer Fallzahl nicht berechnet

Quelle: Hauptverband der gewerblichen Berufsgenossenschaft, Postfach 2052, 5205 Sankt Augustin 2

Rund die Hälfte dieser Fälle betrifft das «Friseurekzem», das Trauma der Friseurlehrlinge, da diese Hauterkrankung viele zur Umschulung in einen anderen Beruf zwingt. Während die Sensibilisierung gegen ein Allergen (→Allergien) oft Monate oder Jahre dauert, tritt die allergische Reaktion, wenn der Körper sensibilisiert ist, in Sekunden oder Stunden auf. Die Heftigkeit des Ausbruchs ist sehr unterschiedlich. Bekannt sind

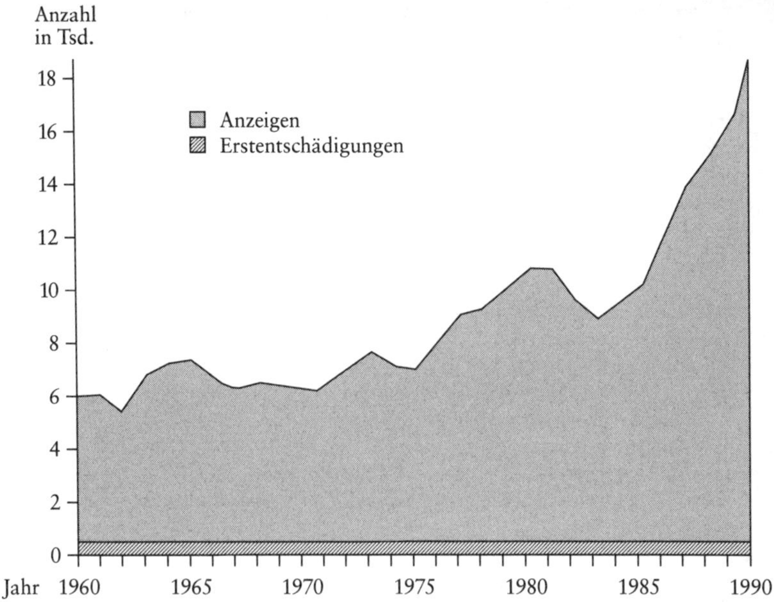


**Hauterkrankungen**

schwerste Asthmaanfälle bei Bäkkern. Ab dem vierzigsten Lebensjahr enden viele Mehlstauballergien tödlich.

Berufskrankheiten von heute spiegeln das Erkrankungsrisiko vergangener Jahre wider. Bei Krebserkrankungen (→Krebs) kann die zeitliche Verschiebung zwischen Entstehung und Ausbruch des Tumores bis zu vierzig Jahren betragen. Nicht selten sind für den Berufskrebs frühere Versäumnisse im →Arbeitsschutz verantwortlich. Für viele Asbestarbeiter (→Asbest), die an einem seltenen Tumor des Bauch- und Brustfells starben, kamen die wissenschaftlichen Erkenntnisse über den gefährlichen Arbeitsstoff zu spät (→Schadstoffe am Arbeitsplatz). Obwohl in der Bundesrepublik die Liste der krebserregenden Stoffe (→Arbeitsschutz) jährlich aktualisiert wird, stellt sich auch heute häufig erst nachträglich bei immer neuen Berufsgruppen ein erhöhtes Krebsrisiko heraus.

**TiP** Bei Verdacht auf eine Berufskrankheit muß der Arzt aufgesucht werden. Bei einem positiven Befund sollten Sie eine Anzeige bei Ihrer Berufsgenossenschaft und dem Gewerbeaufsichtsamt machen. Die Berufsgenossenschaft verlangt nun eine Untersuchung bei einem Spezialisten. Dieser Arzt entscheidet alles. Anerkennung und Höhe der Entschädigung. Auch ohne

Anspruch auf Entschädigung ist die Anerkennung wichtig, damit das Arbeitsamt die Umschulungskosten übernimmt. Bei einer Ablehnung können Sie Widerspruch einlegen und vor dem Sozialgericht klagen.

## Bioenergie

Mit Alkohol aus Zuckerrohr, Zuckerrüben oder Mais statt mit Benzin einen Automotor zu füttern, das halten manche für eine Zukunftsvision. Aber in Brasilien fahren heute schon Millionen Kraftfahrzeuge mit Bioalkohol. Auch bei uns gibt es Testfahrzeuge. Nutzbare Energie auf der Basis von biologisch erzeugten, nachwachsenden Rohstoffen herzustellen erscheint als zukunftsträchtige Lösung des Energieproblems.

Bioenergie wird aus Biomasse gewonnen. Als **Biomasse** bezeichnet man lebende oder tote Substanzen, die durch bzw. von Lebewesen – Tieren, Pflanzen oder Mikroorganismen (z. B. Bakterien) – gebildet werden.

Die Voraussetzung für diesen Entstehungsprozeß ist die Fähigkeit der grünen Pflanzen, mit Hilfe von Sonnenlicht aus Kohlendioxid ($CO_2$) und Wasser organische Verbindungen aufzubauen (Photosynthese). Das Sonnenlicht stellt hierbei also die Primärenergie, das Chlorophyll den Energiewandler dar. Seit Millionen von Jahren wird Sonnenenergie in Pflanzen und Tieren als Betriebsenergie verbraucht und als chemische Energie gespeichert. Kohle, Erdöl und Erdgas sind Produkte der Photosynthese vergangener Erdzeitalter.

Pro Jahr liefert die Photosynthese das Zehnfache des heutigen Weltenergieverbrauchs.

| | |
|---|---|
| **Gesicherte Vorkommen an fossilen Energieträgern (Kohle, Erdöl, Erdgas)** | **$300 \cdot 10^{20}$ J** |
| **Jährlicher weltweiter Energieverbrauch** | **$3 \cdot 10^{20}$ J** |
| **Jährliche Sonneneinstrahlung auf die Erde** | **$30000 \cdot 10^{20}$ J** |
| **Jährliche Nettoproduktion durch Photosynthese (≙ ca. $10^{11}$ t Kohlenstoff)** | **$30 \cdot 10^{20}$ J** |

Obwohl also nur etwa ein Promille der anfallenden Sonnenenergie durch die Pflanzen in Biomasse verwandelt wird, ist dies ein erheblicher Energievorrat.

Abfälle verschiedenster Art können durch die Bioenergienutzung einer sinnvollen Verwendung zugeführt werden. Jauche, Mist und Ernterückstände aus der Landwirtschaft; Papier und organische Anteile des Hausmülls, Verarbeitungsrückstände aus der Nahrungsmittelindustrie u. v. a. m. Eine derartige Form der Abfallverwertung ist volkswirtschaftlich und ökonomisch vorteilhaft und wünschenswert.

Um Biomasse zum Zweck der Brenn- und Treibstoffproduktion über die Abfallverwertung hinaus gezielt zu erzeugen, können «Energieplantagen» angelegt werden. Das sind Felder, auf denen besondere, schnellwachsende Pflanzen angebaut werden. Das hat sicher einige Vorteile: Man hat einen alljährlich erneuerbaren Rohstoff für vielfältige Umwandlungsmöglichkeiten.

Aber es gibt auch schwerwiegende

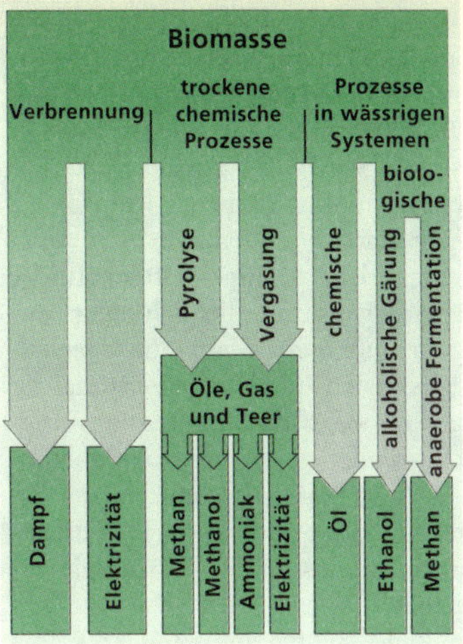


Nachteile und Bedenken: Es sind große Landflächen nötig, es besteht eine Nutzungskonkurrenz zum Anbau von Nahrungsmitteln für Menschen, ferner schaffen Düngung und Bewässerung zur Erlangung hoher Erträge Probleme für die Umwelt.

In Brasilien geschieht die biologische Treibstoffproduktion aus Zuckerrohr im großtechnischen Maßstab mit all den negativen ökologischen Folgeerscheinungen, die etwa durch die großflächige Abholzung des Urwaldes bedingt sind.

## Biogasanlage

Wer kann schon aus Mist Geld machen? – Geld nicht, aber wertvolles Gas, ähnlich dem Erdgas, läßt sich aus Mist, d.h. verfaulenden pflanzlichen und tierischen Abfällen aller Art, wirklich erzeugen. Das geschieht in Biogasanlagen, die in der Nahrungsmittelindustrie, in Klärwerken oder auf Bauernhöfen, wo solche organischen Rückstände anfallen, errichtet werden.

Sämtliche auf dem Bauernhof anfallende Gülle, der Mist des Viehs, werden in einem Vortank gesammelt. Mit Hilfe einer Pumpe wird je nach Bedarf ein Faulbehälter beschickt. Dort findet der Gärungsprozeß statt, aus dem dann das Biogas hervorgeht. Die ausgefaulten Reste werden in einen Lagertank gepumpt, wo sie zur Düngung der Felder bereitstehen. Das Gas wird nach Zwischenspeicherung in der Gasglocke über eine Rohrleitung dem Verbraucher zugeführt.

Die Methangasgärung in Biogasanlagen ist eine besonders umweltfreundliche und ökologisch sinnvolle Energiegewinnung. Das Verfahren ist einfach zu handhaben und für den Anwender durchschaubar. Die Erzeugung der Energie geschieht dezentral an dem Ort, an dem die Gülle anfällt und die Energie gebraucht wird. Es werden keine Rohstoffe verbraucht und keine Schadstoffe an die Umgebung abgegeben.

Der ausgefaulte Schlamm aus einer Biogasanlage besteht schließlich aus anorganischen Materialien, aus unverbrauchten organischen Stoffen und aus den Bakterien selbst. Er kommt als Dünger von hoher Qualität auf die Felder.

Die Zusammensetzung von Biogas schwankt je nach den Bedingungen seiner Erzeugung.

Folgende Bestandteile sind in meßbaren Mengen enthalten:

| | | |
|---|---|---|
| **Methan** | **$CH_4$** | **: 54–70%** |
| **Kohlendioxid** | **$CO_2$** | **: 27–45%** |
| **Stickstoff** | **$N_2$** | **: 0,5–4%** |
| **Wasserstoff** | **$H_2$** | **: 1%** |

| | | |
|---|---|---|
| **Kohlenmonoxid** | **CO** | **: 0,1 %** |
| **Sauerstoff** | **$O_2$** | **: 0,1 %** |
| **Schwefel-wasserstoff** | **$H_2S$** | **: Spuren** |

Der Heizwert von Biogas ist durchaus vergleichbar mit jenem anderer Brennstoffe:

| | |
|---|---|
| **Biogas (60 % $CH_4$)** | **22150 kJ/m³** |
| **Stadtgas** | **17450 kJ/m³** |
| **Erdgas** | **38750 kJ/m³** |
| **Steinkohle** | **31550 kJ/kg** |

Dabei sind die erzeugbaren Energiemengen aus der Gülle verschiedener Tierarten durchaus beträchtlich:

| | |
|---|---|
| **1 Kuh (genannt: Großvieheinheit)** | **30000 kJ/Tag** |
| **1 Mastschwein** | **4000 kJ/Tag** |
| **1 Huhn** | **300 kJ/Tag** |

Die Anzahl der Biogasanlagen in der Bundesrepublik wächst. In Klärwerken sind die eiförmigen Faulbehälter schon selbstverständlich. Bei Mülldeponien wird das entstehende Gas schon häufig genutzt. Auf immer mehr Bauernhöfen kann man Anlagen entdecken. Eine wirtschaftliche Betriebsweise ist im Moment nur dann möglich, wenn die Herstellungskosten durch Eigenleistung der Besitzer oder durch öffentliche Zuschüsse niedrig gehalten werden können. Allerdings ist bei steigenden Preisen für Heizöl oder Erdgas die Konkurrenzfähigkeit der Bioenergie erzielbar.

In Ländern wie Indien oder China gibt es seit langem Millionen von Biogasanlagen. Dort sind sie häufig die einzige Energiequelle in den weiten ländlichen Gebieten.

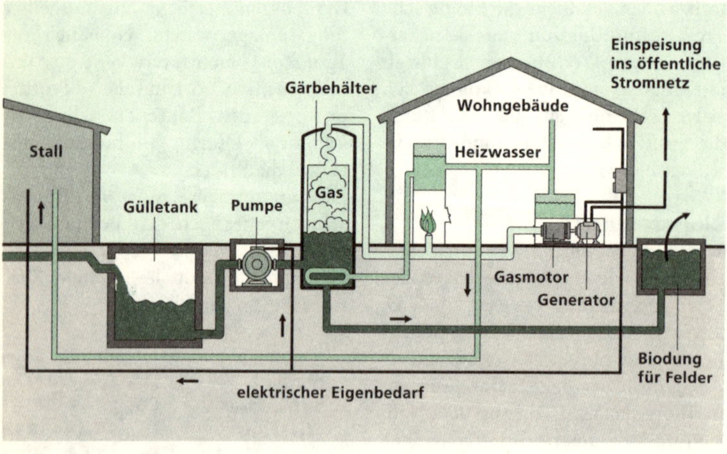


Schema einer Biogasanlage

**Bioindikatoren**
Beim Verfahren der Bioindikation macht man sich die Eigenschaften von Lebewesen oder Lebensgemeinschaften zunutze, auf Schadstoffbelastungen mit Veränderungen ihrer Lebensfunktionen (Wirkungs-Reaktionsindikatoren) zu reagieren, oder Schadstoffe anzureichern (Akkumulationsindikatoren). Solche Lebewesen oder Lebensgemeinschaften bezeichnet man als Bioindikatoren. Alle Stufen des Lebens von →Ökosystemen – über Populationen, Organismen, Organen und Zellen bis hin zu Molekülen – können als Bioindikatoren eingesetzt werden.
Chemisch-physikalische Meßmethoden können exakte Daten über die Konzentration eines →Schadstoffs liefern. Bioindikatoren dagegen zeigen die tatsächlich auftretenden Wirkungen eines Schadstoffs in einem Lebewesen bzw. in einer Lebensgemeinschaft und darüber hinaus die biologische Anreicherung an. Sie müssen bestimmten Anforderungen genügen. Sie sollten genetisch einheitlich, empfindlich genug, möglichst spezifisch sein und quantifizierbar auf die Schadstoffe reagieren. Ferner sollte das Verfahren leicht zu handhaben, zu reproduzieren und zu standardisieren sein.
Bioindikatoren kann man aufgrund unterschiedlicher Verwendungsarten in drei Bereiche einteilen.
**Zeigerorganismen** können über bestimmte Standortbedingungen (z. B. Schwermetallgehalte im Boden, pH-Wert) in einem Ökosystem Auskunft geben. Sie ermöglichen aufgrund ihres Vorkommens (Vermehrung oder Verschwinden) Rückschlüsse auf Umweltveränderungen. Langfristige und wiederholte Kontrollen von Zeigerwerten ergeben ein sogenanntes ökologisches Raster.
**Testorganismen** werden im Labortest benutzt, um direkte Gefahren für den Menschen frühzeitig zu erkennen. Solche Testorganismen reagieren in spezifischer Weise durch einen veränderten Stoffwechsel auf geringe Mengen eines Schadstoffs.
**Monitororganismen** dienen der qualitativen und quantitativen Erfassung von Schadstoffen. Beim aktiven Monitoring entnimmt man die Monitororganismen aus dem zu untersuchenden Ökosystem und untersucht sie auf Schädigungen bzw. Schadstoffgehalt. Beim passiven Monitoring werden Monitororganismen nach einem standardisierten Verfahren in ein Ökosystem eingebracht und nach einer festgesetzten Verweildauer wieder entnommen und dann auf Schädigungen untersucht.
Pflanzliche Organismen reagieren mit Schäden an Zellen oder Gewebe, mit dem Absterben einzelner Teile, einer Veränderung in der Artenzahl und der Häufigkeit ihres Vorkommens oder ihres Stoffhaushalts auf einen Schadstoff. Es werden z. B. Kübel mit Gras an einen Straßenrand gesetzt und nach einiger Zeit im Labor auf die angereicherten Schadstoffe (→Blei) untersucht. Nadelbäume, besonders Kiefer und Fichte, sind empfindliche Indikatoren für Luftverunreinigungen. Sie zeigen schon bei niedrigen Belastungen deutliche Schäden (→Waldsterben). An bestimmten Flechtenarten läßt sich die Einwirkung von →Schwefeldioxid gut ablesen.
Für die Beurteilung der Gewässergüte wurde schon anfangs dieses Jahrhun-

derts das Saprobiensystem zur Beurteilung der Gewässergüte entwickelt. Es umfaßt bestimmte Organismen wie Algen, Bakterien, Insektenlarven, Kleinkrebse u. a. Aufgrund ihres Vorkommens oder ihrer Häufigkeit in bestimmten Belastungszonen von Gewässern erfüllen sie die Funktion eines Bioindikators.

So deuten das Vorkommen und die Häufigkeit des Schlammröhrenwurms, der roten Zuckmückenlarve oder von Schlammegeln auf einen stark verschmutzten Bach hin (→Gewässergüte). An Hand von Miesmuscheln kann man die Anreicherung von →Schwermetallen im Meer feststellen.

Bioindikatoren spielen als «biologische Meßgeräte» eine zunehmende Rolle bei der Überwachung der Umwelt.

Das Verfahren der Bioindikation kann dazu benutzt werden, um Stoffe und Produkte sowohl bei ihrer Herstellung und beim Gebrauch als auch immissionsbezogen, d. h. am Ende des Stoff-Flusses, zu bewerten. Ein wichtiger Anwendungsbereich ist der Vergleich verschiedener Produkte hinsichtlich ihrer Umweltverträglichkeit (→Umweltverträglichkeitsprüfung).

Im Zusammenhang mit der Verwendung von tierischen Lebewesen als Bioindikatoren stellt sich die ethische Frage, ob solche →Tierversuche oder aktives Monotoring unumgänglich notwendig und zulässig sind. Die Umweltrealität hat inzwischen auch den menschlichen Organismus zu einem gut funktionierenden «Bioindikator» werden lassen, wie die Schadstoffe in der →Muttermilch besonders eindringlich zeigen.

**TiP** Brennessel, Ehrenpreis, Vogelmiere und ein paar Dutzend weitere Wildkräuter sind «Zeigerpflanzen». Wer ihre Botschaft versteht, bekommt Auskunft über seinen Gartenboden, über Kulturfehler oder Umweltbelastungen. Echte Kamille deutet auf einen humusreichen Boden. Stiefmütterchen gedeihen nur auf saurem Boden. Akkerminze fühlt sich auf nassem Grund besonders wohl. Wo Quecke und falsche Kamille gemeinsam wachsen, ist der Boden garekrank, denn sie wuchern bei gestörtem Bodenleben. Löwenzahn z. B. blüht auf verdichteten, schweren Gartenböden.

### Bioläden

Ein Wurm im Apfel ist für den Bioladen eher ein Aushängeschild als ein Makel, ist das Tierchen doch der lebende Beweis, daß diese Frucht nicht mit schädlichen Chemikalien behandelt wurde. Natürlich ist auch in den rund 1500 deutschen «Naturkost-» oder «Ökoläden», wie die Geschäfte auch heißen, der Wurm nicht die Regel, auch hier wird auf Qualität geachtet, nur eben nicht auf den äußeren Schein, sondern auf die inneren Werte wie Pestizidfreiheit, Nitratarmut, Vitamingehalt oder ökologische Anbaumethoden (→ökologischer Landbau). Das Gemüse und Obst aus dem Ökoladen muß auch nicht den →Handelsklassen entsprechen, kleine Größen und individuelle Formen, ja selbst Runzeln in der Schale sind erlaubt. Vergleichende Studien haben gezeigt, daß diese Ware weniger Pestizidrückstände hat und auch nitratärmer ist. Chemische Hilfsmittel sind bei Naturkost tabu.

Bei Belastungen durch die Umwelt gibt es jedoch keine Unterschiede zu konventionellen Produkten, denn auch ökologisch angebaute Lebensmittel sind der allgemeinen Umweltverschmutzung von Industrie und Verkehr (→Fremdstoffe in Nahrungsmitteln) ausgesetzt. Natur- oder Biokost ist in der Regel schmackhafter als die konventionelle Zucht nach Richtlinien der europäischen Gemeinschaft. Brot und Brötchen vom Ökobäcker werden längst nicht nur von «Müslis», «Körnerfressern» oder «Ökos», wie der alternative Kundenstamm mehr oder weniger liebevoll tituliert wird, gekauft. Aufgrund der hervorragenden Qualität, der Sortenvielfalt und des hohen ernährungsphysiologischen Wertes bereichern die balaststoffreichen Vollkornbrote auch in «normalen» Haushalten die kalten Mahlzeiten. Auch bei Milchprodukten besteht ein großes Angebot: nitratfreier Käse, Milch mit natürlichem Fettgehalt oder Joghurt in Mehrweggläsern. Das alternative Fleischangebot hat eine wesentlich bessere Qualität als wäßrige Billigangebote aus dem Supermarkt. Die tiergerechte Aufzucht und die Fütterung mit schadstoffarmem Getreide aus eigener Produktion kosten ihren Preis und machen das Fleisch zu dem, was es in der täglichen Ernährung für jedermann sein sollte, eher die Ausnahme als die Regel. Wer seine Ernährungsgewohnheiten umstellt und nur einmal in der Woche einen Braten auf den Tisch stellt, schont seine Gesundheit und sein Haushaltsbudget. Angesichts der ständig zunehmenden Umweltbelastung mit Schadstoffen ist die Sensibilisierung für gesunde Lebensmittel bei den Verbrauchern ständig gestiegen. 1987 betrug der Umsatz von Bioprodukten rund 2,3 Milliarden DM. Steigende Umsatzzahlen in Bioläden und in Reformhäusern veranlaßten auch konventionelle Hersteller, den Trend aufzunehmen und in den Supermärkten «Bioecken» einzurichten, da sie sich damit einen höheren Absatz erhofften. Während die Bezeichnung «bio» nicht gesetzlich geschützt ist, garantieren Markennamen wie Demeter, Bioland oder ANOG durch freiwillige Kontrollen für Schadstoffarmut ihrer Produkte.

**TiP** Achten Sie bei Ihrem Einkauf im Bioladen auf die anerkannten Markenzeichen wie Demeter, Naturland, ANOG, Bioland, Biokreis Ostbayern oder Bundesverband Ökologischer Weinbau. Aber auch das nicht eßbare Sortiment, Waschmittel, Kosmetika oder Produkte für den Handwerksbereich, stammt häufig aus alternativer Produktion. Besonders verbraucherfreundlich ist die Angabe aller Inhaltsstoffe auf der Verpackung. Vorbildlich und bisher einmalig in der Bundesrepublik ist die vollständige Deklaration bei einigen Ökoherstellern von Farben, Lacken und Lasuren. Außerdem sind die Waren nicht so aufwendig verpackt, und viele Produkte werden in Mehrwegsystemen angeboten.

## Biologische Anreicherung

Gelangt ein Schadstoff über die Atmung oder die Nahrung in ein Lebewesen, so kann er entweder transportiert, umgewandelt und ausgeschieden, aber auch gespeichert werden. Betrachtet man die Vorgänge der

Anreicherung in einem Organismus, so spricht man von Bioakkumulation. Wie ein Schadstoff aufgenommen wird, hängt von seinen chemischen Eigenschaften und der Ausstattung eines Lebewesens ab. Persistente Stoffe reichern sich z. B. im Organismus an, wenn sie dort besser löslich sind als im Wasser und wenn der Organismus keine Ausscheidungsmechanismen für diese Stoffe besitzt. DDT reichert sich deswegen so gut an, weil es die Neigung hat, sich im Fettgewebe abzulagern. Strontium reichert sich wegen seiner Ähnlichkeit mit dem knochenbildenden Calcium in den Knochen an und kann dort das blutbildende Gewebe des Knochenmarks schädigen. In vielen Fällen sind die Ursachen der Anreicherung von gefährlichen Substanzen noch unklar oder unbekannt.

**Die Anreicherung chlorierter Kohlenwasserstoffe aus der Umwelt im Verlauf der Nahrungskette:**

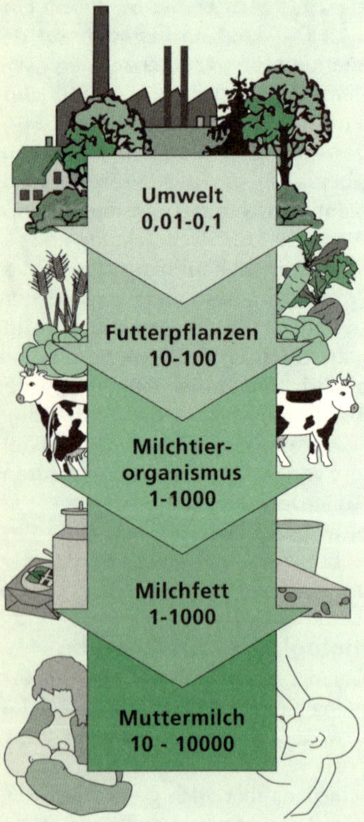


Schadstoffe reichern sich bei Tieren und Menschen in den **stoffwechselaktiven Organen** wie Leber, Nieren und Milz, aber auch im Fettgewebe, im Gehirn (→chlorierte Kohlenwasserstoffe, →Polychlorierte Biphenyle –PCB–, organische Schwermetallverbindungen), in Knochen (→Blei, Fluor), Zähnen (Fluor), Haaren (Blei) und im Muskelgewebe an.

In Streßsituationen (z. B. Hunger) werden die Fettreserven angegriffen, und die dort gespeicherten Schadstoffe gelangen in den Körperkreislauf zurück und können Vergiftungserscheinungen hervorrufen.

In →Ökosystemen reichert sich ein Schadstoff zunächst nur in einem Glied der Lebensgemeinschaft an. Über den Weg der →Nahrungskette werden Schadstoffe jedoch auch von Glied zu Glied weitergegeben und damit ihre Konzentration erhöht. Den Vorgang der Anreicherung von Glied zu Glied der Nahrungskette bezeichnet man als Biomagnifikation. Neben der biologischen Anreicherung in Lebewesen des Ökosystems können sich Substanzen auch in dessen unbelebten Teilen, wie z. B. im Boden und in Sedimenten von Gewässern, anreichern. Die Anreicherung von Schadstoffen stellt eine ständige und in ihrem vollen Ausmaß noch nicht abzusehende Gefahr für Mensch und Tier dar. Auch krebsauslösende Stoffe gelangen über die Nahrungskette in unsere Kochtöpfe (→Fremdstoffe in Nahrungsmitteln, →Krebs).

## Biologische Selbstreinigung

ist ein Teilvorgang innerhalb des biologischen Kreislaufsystems in Gewässern (→Ökosystem). Bakterien (Destruenten) können mit Hilfe von Sauerstoff organische Stoffe abbauen, die u. a. mit dem →Abwasser in ein Gewässer gelangen. Dieser normale Selbstreinigungsvorgang läuft jedoch nicht mehr ab, wenn durch eine zu große Menge organischer Stoffe Sauerstoffmangel entsteht (→Eutrophierung). Der Grad der biologischen Selbstreinigung läßt sich durch den biochemischen Sauerstoffbedarf in fünf Tagen ($BSB_5$) bestimmen. Dabei mißt man, wieviel Sauerstoff innerhalb von 5 Tagen und einer Temperatur von 20 °C von den Bakterien zur Zersetzung benötigt wird. Deswegen bezeichnet man diesen Meßwert auch als $BSB_5$. Je größer der Verschmutzungsgrad, desto größer ist der Sauerstoffbedarf für die Zersetzung.
Als Selbstreinigung im erweiterten Sinne kann man auch alle chemischen und biologischen Prozesse in einem →Ökosystem auffassen, die zur Beseitigung einer Belastung führen.

## Biologische Waffen

Krankheiten und Seuchen unter Soldaten und Zivilisten sind stete Begleiterscheinungen von Kriegen, verursacht u. a. durch Hygiene- und Ernährungsmängel und durch körperliche und seelische Strapazen. Jahrhundertelang hatten die Menschen für sie nur übernatürliche Erklärungen, und so gelten Seuchen seit alters her als Geißel der Menschheit, und ihre erfolgreiche Bekämpfung gilt als Segen. In der Logik der Militärs ist es genau umgekehrt: Biologische Waffen, auch B-Waffen genannt, nutzen biologische Erreger – z. B. Bakterien oder Viren –, um Seuchen oder tödliche Wirkungen bei Menschen und Tieren hervorzurufen. Solche biologischen Waffen sind Milzbrand, Hasenpest, Maltafieber, Rotzkrankheit oder die Balkangrippe, um nur einige zu nennen. Milzbrand z. B. ist eine Tierseuche, die auch für Menschen äußerst ansteckend ist. Schon beim Auftreten der ersten Krankheitssymptome, wie Atemnot und eitrig-blutiger Husten, kommt jede Hilfe zu spät. Der Tod tritt innerhalb weniger Tage ein. Immer wieder wurden Seuchen und Krankheiten als Mittel der Kriegführung zur Vernichtung der Gegner eingesetzt. Aus allen Epochen der Menschheitsgeschichte sind Beispiele bekannt: Trinkwasser durch Tierkadaver verseuchen (z. B. im alten Ägypten); Leichen von Pestopfern in belagerte Städte katapultieren (z. B. 1346 durch die Tataren in der Stadt Caffa/Schwarzes Meer); pockenverseuchte Decken verschenken (z. B. 1763 durch britische Soldaten an Indianer); Pferde der Kavallerie mit Rotzerregern impfen (deutsche Sabotageakte in Rußland im 1. Weltkrieg); Gasbrandbomben an Kriegsgefangenen ausprobieren (z. B. 1945 in Japan).
Gegen Ende des 2. Weltkrieges haben die Alliierten erwogen, Milzbranderreger gegen deutsche Städte einzusetzen. Abgehalten davon hat sie wohl nur die Befürchtung, daß in einem biologischen Kriegsinferno die eige-

nen Soldaten und Zivilisten das gleiche Todesschicksal erleiden würden.

Obwohl die **Genfer Konvention** von 1925 den Einsatz von biologischen und chemischen Waffen verbietet und durch das Übereinkommen von 1972, dem fast alle Staaten der Welt beigetreten sind, neben dem Einsatz auch die Entwicklung, Herstellung, die Lagerung und der Erwerb von biologischen Waffen verboten sind, hat es immer wieder (nicht bewiesene) Beispiele für den Einsatz von B-Waffen gegeben. Als bisher letzter in dieser Reihe wird der Irak beschuldigt, gegen Iraner und Kurden nicht nur chemische, sondern auch biologische Kampfstoffe verwendet zu haben.

Das umfassende **B-Waffen-Verbotsabkommen** von 1972 hat eine Schwäche. Es erlaubt die Verteidigungsforschung und die Forschung an Schutzmaßnahmen gegen B-Waffen. Zur Entwicklung wirksamer Schutzmaßnahmen gegen die vom Gegner möglicherweise eingesetzten Kampfstoffe muß man aber über sie verfügen und die Wirkungsweise der Stoffe genau kennen. Die Erzeugung und Erforschung neuer Krankheitserreger läßt sich immer mit dem Hinweis auf die vermuteten Entwicklungen der anderen rechtfertigen. Nach der Konvention sind gegenseitige Kontrollen, die zur Vertrauensbildung beitragen könnten, nicht vorgesehen. Und so wird die biologische Kriegsforschung in vielen Staaten vorangetrieben. Sie unterliegt strengster Geheimhaltung, nicht zuletzt deshalb, weil sie als unmoralisch gilt. Forschungsergebnisse sind öffentlich nicht zugänglich und müssen mühsam zwischen den Zeilen von zunächst unverdächtig erscheinenden mikrobiologischen, pharmakologischen und agronomischen Veröffentlichungen herausgelesen werden.

Die Entwicklungen in der →Gentechnik Anfang der 70er Jahre haben zu einer neuen Einschätzung der B-Waffen durch das Militär geführt; B-Waffen, durch die bisher stets auch die eigenen Soldaten verseucht werden konnten, sind heute weitaus sicherer und einfacher handhabbar. Der Durchbruch in der Biotechnik, der durchaus mit der Entdeckung der Kernspaltung verglichen werden kann, gelang den amerikanischen Molekularbiologen Stanley Cohen und Herbert Boyer im Jahre 1973: Fremde Gene wurden ins Erbmaterial von Bakterien transplantiert. Die Stunde der biologischen Designer-Kampfstoffe, mit denen man alle möglichen, dem Gegner unbekannten Kombinationen von Krankheitserregern erzeugen kann, war gekommen. Und auch die Entwicklung von Kampfstoffen, mit denen nach der Immunisierung des eigenen Volkes und des Militärs gezielt bestimmte Volksgruppen verseucht werden können (ethnische Waffen), ist nicht mehr aufzuhalten. Im Falle ihrer verbrecherischen Anwendung ließen sich die Verursacher der Krankheiten oder Seuchen kaum feststellen, weil der Kampfstoffangriff erst dann bemerkt wird, wenn er bereits stattgefunden hat und seine Wirkung zeigt. Auch dann muß nicht unbedingt ein B-Waffen-Angriff vermutet werden, da den Opfern die von B-Waffen verbreiteten Seuchen, Virusinfektionen oder auch Pflanzenkrankheiten durchaus als «natürliche» Erkrankungen er-

scheinen können, wenn auch die vorhandenen Gegenmittel wirkungslos bleiben. Das kann damit zusammenhängen, daß die Kriegsforschung biologische Waffen entwickelt hat, deren Übertragungs- oder Verkapselungsgene gekoppelt sind mit einer Beständigkeit gegen Antibiotika oder übertragen worden sind auf bisher nicht krankmachende Bazillen.
Die Anonymität der B-Waffen wird noch dadurch verstärkt, daß für ihre Verbreitung keine Raketen oder Flugzeuge mehr nötig sind. Sie können, ähnlich wie Plastiksprengstoff, in harmlos aussehenden Gegenständen oder Substanzen versteckt sein. So waren z. B. 100 Milligramm Mykotoxin (Schimmelpilzgift), die 1988 von der BRD an den Irak geliefert wurden, völlig ausreichend, um in irakischen Forschungslabors biologische Kampfstoffe daraus zu entwickeln. Mykotoxine sind dafür besonders geeignet, weil sie in kleinen Mengen wirksam, hitzebeständig, kaum identifizierbar und kaum unschädlich zu machen sind. Zudem sind sie gegenüber anderen Massenvernichtungsmitteln erheblich billiger. Die 100 mg kosteten nur etwa 30000 DM. Teuer zu stehen kommt den Steuerzahlern in den USA, der BRD und allen anderen NATO-Staaten die biologische Kriegsforschung, die zudem durch geheimgehaltene Kooperationsabkommen untereinander abgestimmt ist. Im Vergleich zu den Ausgaben für B-Waffenforschung im Jahre 1972, als die B-Waffenkonvention in Kraft trat, sind die jährlichen Ausgaben in den USA heute 500mal so hoch. In der BRD sind die Ausgaben für biologische Kriegsforschung, häufig mit dem verharmlosenden Begriff **Wehrmedizin** getarnt, in den letzten 10 Jahren um 400% gestiegen (1989: 25 Mio. DM). Kenner der Materie errechneten für das Jahr 1989 aber insgesamt über 200 Mio. DM für die biologische Kriegsforschung. Ein solcher Betrag ergibt sich, wenn die Ausgaben aller einschlägigen Forschungseinrichtungen der Bundeswehr, des Bundesamtes für den Zivilschutz und aller zivilen Forschungsinstitute, die Kriegsforschung betreiben (z. B. die Tierärztliche Hochschule Hannover, das Kieler Institut für Milchforschung, das Hamburger Bernhard-Nocht-Institut für Schiffs- und Tropenkrankheiten), zusammengerechnet werden. Das zuletzt genannte Institut ist auch an der Weiterentwicklung eines deutschen Militärexportschlagers, des Spürpanzers Fuchs, zu einer «Allround-Spürnase» für chemische und biologische Kampfstoffe beteiligt. In den 150 in der BRD laufenden biologischen Kriegsforschungsprojekten wird auf dem Weg über die Entwicklung von Schutzmaßnahmen gegen B-Waffen das Wissen des Militärs über diese Waffen erweitert. Die Entwicklung von Schnellnachweisen, Mehrfachimpfstoffen oder neuen Immunisierungsverfahren, die für militärische Zwecke nutzbar gemacht werden, stärkt die Fähigkeit zur Verteidigung und zur Kriegführung und gefährdet Menschen und Natur. Auch in «Friedenszeiten» kann die Entwicklung, Herstellung und Lagerung von B-Waffen zu Unfällen führen und Menschenleben fordern. Ernst zu nehmende Wissenschaftler/innen gehen davon aus, daß auch AIDS auf diese Weise entstanden sein könnte.

## Biotechnik

«Biotechnik wird die Schlüsseltechnologie des 21. Jahrhunderts sein. Sie wird dieses Jahrhundert genauso prägen, wie Chemie und Technik das 20. Jahrhundert geprägt haben.» So lauten die Zukunftsprognosen einer Technologie, die heute schon vielfach in unser Leben eingreift, ohne daß wir es merken.

### Was ist Biotechnik?

Biotechnik ist die allgemeine Bezeichnung für all jene technischen Verfahren, bei denen Lebewesen, einzelne Zellen oder Zellteile genutzt werden; sie schließt demnach die neuartige Technologie der →Gentechnik ein.

Die Biotechnik ist jedoch keineswegs neu. Schon sehr früh begannen unsere Vorfahren, mit Hilfe von Bakterien oder Hefepilzen Brotteig herzustellen, Traubensaft zu Wein zu vergären oder Milch in Joghurt und Käse zu verwandeln – allesamt biotechnische Verfahren, wenn auch sehr einfache. Aber auch industrielle biotechnische Verfahren sind seit langem gebräuchlich: Moderne →Kläranlagen nutzen das Vermögen von Mikroorganismen, wasserverschmutzende Stoffe abzubauen. Ölabbauende Bakterien können gegen die →Gewässer- und →Meeresverschmutzung eingesetzt werden (→Ölpest). Bakterien und Pilze liefern Stoffe zur Arzneimittelherstellung. Diese Anwendungsgebiete der Biotechnik, die lediglich Organismen benutzen, die auch in dieser Form in der Natur vorkommen, wird oft als traditionelle Biotechnik bezeichnet.

Die überaus günstigen Prognosen der Biotechnik beziehen sich jedoch meist auf die neuere, auf der Gentechnik fußenden Biotechnik. Mit den Erkenntnissen und Methoden der →Gentechnik ist nämlich auf dem Gebiet der Biotechnik eine grundlegende Wandlung eingetreten. Während die konventionelle Biotechnik sich bislang mit Organismen bzw. Stoffen begnügte, die auch natürlicherweise in der Natur vorkommen, können nun mittels Gentechnik völlig neue Lebewesen und Stoffe hergestellt werden, die im bisherigen «Bauplan der Natur» nicht vorgesehen waren. Dies stellt zahlreiche neue Anwendungsmöglichkeiten in Aussicht (→Gentechnik).

### Pro und contra Biotechnik

Die Biotechnik gilt heute als Schlüsseltechnologie, mit der man viele drängende Probleme der Menschheit lösen kann, die zugleich aber auch Gefahren in sich birgt und neue Probleme aufwirft. Sie wird deshalb oft und nicht zu Unrecht mit der Atomtechnologie verglichen. Besonders vielversprechend erscheint die Tatsache, daß viele biotechnische Verfahren wenig Energie und Rohstoffe benötigen und weitaus geringere Umweltbelastungen als die chemische Technologie verursachen.

Jedoch lassen sich allein mit Biotechnik nicht Probleme lösen, die meist soziale und politische Ursachen haben:

– So sind z. B. zur Lösung des Welthungerproblems in erster Linie ein geringeres Bevölkerungswachstum aufgrund sozialpolitischer Veränderungen sowie eine verbesserte Agrartechnik und eine gerechtere Güterverteilung notwendig (→Dritte Welt) – und weniger neuartige Nutzpflanzen.

– Obwohl man mittels Biotechnik

Abwässer reinigen und Abfälle beseitigen kann, ist dies nicht die Lösung des Umweltproblems. Auf Dauer müssen wir vielmehr dafür sorgen, auf der Grundlage einer umwelterhaltenden Ethik mit den begrenzten Ressourcen der Erde schonender umzugehen und Schadstoffe und Abfälle möglichst zu vermeidenn.

– Viele der häufigsten Krankheiten wie Herz- und Kreislaufkrankheiten, Übergewicht und 90 % der Fälle von Zuckerkrankheit beruhen in erster Linie auf Fehlernährung, Streß und Bewegungsmangel. Sie können mehr oder weniger erfolgreich mit biotechnisch hergestellten Medikamenten behandelt werden – gesund werden die Patienten aber nur durch eine entsprechende Lebensführung (→Gesundheit).

## Biotop

Biotope wie z. B. ein Moor, eine Feuchtwiese oder das →Wattenmeer sind Lebensbereiche, die sich anhand der in ihnen vorzufindenden Umweltbedingungen gut von benachbarten Arealen abgrenzen lassen. Sie bieten den dort lebenden Pflanzen und Tieren die ihren Lebensansprüchen gemäße Grundlage. Dies trifft besonders für die biotopeigenen Charakterarten zu. Die an Bachufern wachsende Pestwurz ist beispielsweise eine Charakterart (auch Leitform genannt) für ein Biotop mit hohem Grundwasserstand. Es gibt jedoch auch Arten wie z. B. die Ratte, die in mehreren Biotopen vorkommen (Ubiquisten). Andere Arten wie z. B. die Zugvögel können sich als Biotopfremde oder Besucher für eine

**Industrielle Anwendung der Biotechnik**

| | |
|---|---|
| Nahrungsmittel und Genußmittel 220000* | Backwarenzusätze, Fisch- und Fleischprodukte, Getränke, Lebensmittelzusätze, Aminosäuren, Vitamine, Stärkeprodukte, modifizierte Proteine, Gemüsekonservierung, Krautbereitung u. a. |
| Pharmazeutika 15000* | Antibiotika, Diagnostika (Enzyme, Antikörper, DNA-Sonden), Vaccine, Steroide, Vitamine, Alkaloide |
| Chemische Produkte | Ethanol, Aceton, Butanol, Glucose, Fructosesyrup, organische Säuren, Biopolymere, Waschmittelenzyme |
| Feinchemikalien Anorganische Produkte 5000* | Enzyme, Polysaccharide, Duftstoffe, Metallgewinnung durch Leaching und Anreicherung (Cu, U) |
| Landwirtschaft 2000* | Viehfutter, Viehfutterzusätze, Veterinärvaccine, Silierung, Kompostierung, Biopestizide, Pflanzenveredelung, Pflanzenwuchsstoffe, Nachweismittel für Pflanzenkrankheiten |
| Energiestoffe 1500* | Ethanol, Methan, Biomasse als Ausgangsstoffe |
| Umweltschutz | Abwasserreinigung, Abfallbeseitigung, Abfallverwertung, Beseitigung von Ölverschmutzungen |

* Weltmarktvolumina in Millionen US $

Quelle: Kieslich, K.: Biotechnologie – Entwicklung, Möglichkeiten, Grenzen. In: Dohmen, K. (Hrsg.): Biotechnologie. Stuttgart: Metzler, 1983, S. 7

kürzere Zeit in einem anderen Biotop aufhalten. Alle Organismen eines Biotops bilden zusammen eine Lebensgemeinschaft (Biozönose). Betrachtet man Biotop und Biozönose zusammen, so spricht man von einem →Ökosystem.

## Blei

Blei ist ein →Schwermetall und wird aus Bleierzen gewonnen. Es findet Verwendung

- in Kabelwerken,
- bei Akkumulatorenherstellern (z. B. Autobatterien),
- in Chemiebetrieben (Farben, z. B. Rostschutzfarben),
- im Benzin als Antiklopfmittel.

Durch die industrielle Produktion und eine Zunahme des →Autoverkehrs stiegen die Bleikonzentrationen in der Umwelt an. Jährlich werden etwa 450 Millionen Tonnen Blei in die Umwelt emittiert. In der alten BRD sind die Hauptemittenten von Blei die Eisen- und Stahlherstellung und die Kohleverbrennung. Der Anteil der Kraftfahrzeuge ist durch das Benzin-Blei-Gesetz von 1976 und durch die Einführung des bleifreien Benzins deutlich gesenkt worden. So konnte 1989 in der BRD zum erstenmal mehr bleifreies als verbleites Benzin umgesetzt werden. Die Bleiemissionen nehmen zwar ab, aber die Belastung des →Bodens nimmt stetig zu, da einmal emittierte Schwermetalle nicht zurückgeholt werden können.

Besonders der Boden im Umkreis von **Bleiverhüttungsbetrieben** und von **verkehrsreichen Straßen** weist gegenüber dem natürlichen Bleigehalt des Bodens von 0,1–20 mg pro kg Trockensubstanz eine Erhöhung auf bis zu 4000 mg Blei pro kg auf.

**Bleiwerte im Boden**

| | |
|---|---|
| **Blei- und erzverarbeitende Industriebetriebe** | **bis zu 4000 mg/kg** |
| **Im innerstädtischen Bereich bedingt durch Hausbrand mit Holz, Kohle, Heizöl** | **bis zu 300 mg/kg** |
| **neben Verkehrswegen bis zu einer Entfernung von 50 m** | **bis zu 100 mg/kg** |

Blei reichert sich in der oberen Bodenschicht an. Je größer der Humus- und Tonanteil in einem Boden ist, um so mehr Blei kann aufgenommen werden.

**Pflanzen** nehmen Bleisalze mit der Wurzel aus stark belasteten Böden auf. Schadwirkungen sind u. a. Hemmung des Wurzelwachstums und der Nährstoffaufnahme und Blattschäden (→Bioindikatoren). Die Belastung der Nahrungs- und Futtermittel mit Blei stammt jedoch hauptsächlich aus der →Luft.

**Tiere** nehmen Blei besonders mit den Futtermitteln auf, einen geringen Teil auch mit der Atemluft. Bei Wirbeltieren wird mehr als 90% des aufgenommenen Bleianteils im Skelett abgelagert, von wo aus es bei Anstrengung oder Erregung des Tiers wieder zurück in das Blut gelangen kann. Störungen des Stoffwechsels sind dann möglich. Eine gleichzeitige Aufnahme von Blei und Zink mit dem Futter erhöht die Schadwirkungen bei Tieren (→Kombinationswirkungen). Das Rindersterben in der Umgebung der Blei- und Zinkhütten in Nordenham (Weser) und Stolberg (Rheinland) waren traurige Beispiele dafür.

Der **Mensch** nimmt Blei hauptsächlich mit der pflanzlichen Nahrung, insbesondere mit dem Gemüse auf, wobei 5–10 % des Bleis vom Körper resorbiert werden. Würden die ADI-Werte (ADI = vertretbare tägliche Aufnahme) der Weltgesundheitsorganisation (WHO) zugrunde gelegt, müßten ca. 5 % der heutigen Lebensmittel aus dem Verkehr gezogen werden. Da die Bleibelastung im Boden weiter ansteigt, muß mit einer zunehmenden Belastung der Nahrungsmittel gerechnet werden (→Grenzwerte, →Fremdstoffe in Nahrungsmitteln).

Auch mit dem →Trinkwasser – wenn es aus bleibelasteten Gebieten stammt oder in Wasserleitungen aus Blei transportiert wird – kann Blei in den menschlichen Körper gelangen. Nach Schätzungen beziehen ca. 10 % (~ 6 Mill.) der Bevölkerung in den alten Bundesländern ihr Trinkwasser aus den bleihaltigen Hausinstallationen insbesondere von Altbauten.

Die tägliche Bleiaufnahme über die Atemluft beträgt in der BRD ca. $40\,\mu g/m^3$, davon werden 30–50 % resorbiert. Übersteigt der Bleigehalt der Luft dauernd $2\,\mu g/m^3$, ist ein Anstieg des Bleispiegels im Blut meßbar.

Blei ist besonders in staubförmiger oder gelöster Form ein starkes Umweltgift. Schon Bleispuren führen bei ständiger Aufnahme zur Beeinträchtigung der Blutbildung und des Nervensystems. Blei wird im Körper eingelagert, besonders in den Knochen, Zähnen, aber auch in den Nieren und in der Leber. Akute Bleivergiftungen (z. B. Verschlucken abblätternder Bleifarbe) bewirken Magen- und Darmkrämpfe, Erbrechen und Herzbeklemmungen. Chronische Bleivergiftungen (z. B. Einatmen von Bleistaub bei Arbeitern) äußern sich in Anämie (Blutarmut), Appetitlosigkeit, Verdauungsstörungen und Nierenschäden (→Berufskrankheiten, →Arbeitsschutz). Von der Bleibelastung der Umwelt sind neben den Arbeitern in der bleiverarbeitenden Industrie auch Polizisten und Busfahrer betroffen; bei ihnen wurde ein erhöhter Blutbleispiegel gefunden. Bei Männern kann Sterilität (Unfruchtbarkeit) auftreten, wenn sie hohen Bleiwerten ausgesetzt sind. Risikogruppen sind ferner **Schwangere** und **Kinder**. Blei kann nämlich über die Placenta (Mutterkuchen) in den Blutkreislauf des ungeborenen Kindes gelangen und eine Fehlgeburt verursachen. Bei Kindern ist besonders das Zentralnervensystem empfindlich gegenüber Blei, leichte Störungen der geistigen Entwicklung sind möglich.

**TiP** Nur noch bleifrei tanken!
Bleihaltige Trinkwasserleitungen sind relativ leicht an der schmalen und mehrfach gebogenen Form zu erkennen.
Besonders bleihaltig ist das stehende Wasser, deshalb muß bis zu einer Sanierung morgens und eventuell abends das abgestandene Wasser ablaufen. Einige Trinkwasserfilter vemindern auch den Bleigehalt von Wasser, in diesem Fall eine sinnvolle Anschaffung.
Da sich das Blei von außen ansetzt, läßt sich durch Waschen und Schälen der Bleigehalt von Obst und Gemüse bis zu 80 % vermindern. In Gärten an großen Hauptverkehrsstraßen sollte auf Obst- und Gemüseanbau verzichtet werden.

Keramikschüsseln und -vasen besonders aus dem Ausland sind häufig mit bleihaltigen Glasuren behandelt und dürfen deshalb nicht für Nahrungsmittel, speziell für säurehaltige Salatsaucen, verwendet werden.

## Boden

Der Boden ist nach der Bodencharta des Europarates eines der kostbarsten Güter der Menschheit, das Pflanzen, Tieren und Menschen ermöglicht, auf der Erdoberfläche zu leben. In krassem Widerspruch zur Bedeutung des Bodens für das Leben auf der Erde steht die Umgehensweise des Menschen mit diesem kostbaren Gut. Täglich verschwindet eine riesige Fläche unter Straßen und Häusern (→Bodenbelastungen, →Landschaftsnutzung, →Autoverkehr); Bewirtschaftungsmethoden der konventionellen Landwirtschaft führen zu Bodenkontamination, →Bodenerosion und →Bodenverdichtung; Schadstoffe aus industriellen Produktionsverfahren gelangen direkt oder indirekt in den Boden (→Altlasten, →Bodenversauerung, →Waldschäden). Diese Umgehensweise mit dem Umweltmedium Boden hat seine Ursache auch darin, daß viele Menschen den Boden für einen toten, statischen Gegenstand halten, der ausreichend vorhanden ist und beliebig regeneriert werden kann. Dabei ist ein lebendiger Boden nicht ersetzbar und nur mühsam vermehrbar, verseuchter Boden kann kaum gereinigt werden, toter Boden bleibt tot und wird in der Regel durch Wind oder Wasser verfrachtet.

### Was ist eigentlich Boden?

Als Boden bezeichnet man den obersten, belebten Teil der Erdkruste, der durch Abbau- und Umwandlungsprozesse aus Mineralen und organischen Bestandteilen (abgestorbene Pflanzenteile, Tierleichen, -kot) entstanden und mit Wasser, Luft und Lebewesen durchsetzt ist.

Die mineralischen Bestandteile machen ca. 45 % des Bodenvolumens aus. Mineralisches Ausgangsmaterial für die Bodenentstehung ist festes oder lockeres Gestein, das durch Ver-

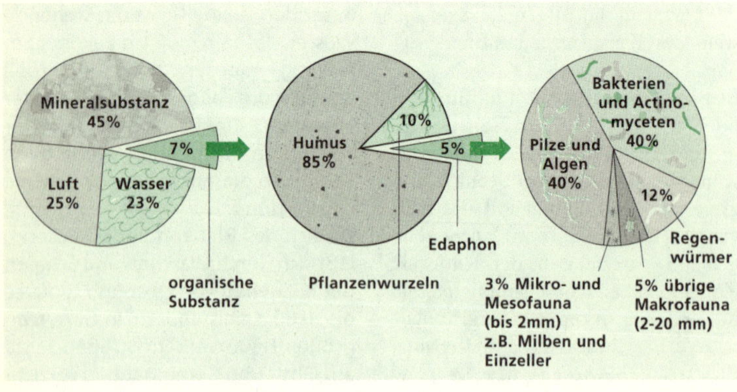


Zusammensetzung von Böden

witterung zunehmend zerkleinert und zum Teil zu neuen Mineralien umgebildet wird.
Bei diesen Prozessen entstehen unterschiedlich große Mineralpartikel, deren Zusammensetzung durch die sogenannte **Bodenart** eines Bodens angegeben wird, z. B. Sand-, Schluff-, Lehm- und Tonböden. Die wichtigsten der sekundären Minerale sind die **Tonminerale**, die besonders wegen ihrer Fähigkeit, geladene Teilchen (Ionen) wie Nähr- und Schadstoffe anzulagern bzw. gegeneinander auszutauschen, von Bedeutung sind (→Bodenversauerung, →Bodenbelastungen).
Die organische Substanz besteht aus Pflanzenwurzeln, Humus und Bodenlebewesen. Die **Bodenlebewesen**, also z. B. Bakterien, Pilze, Algen, Milben, Springschwänze, Schnecken, Spinnen, Vielfüßler und Regenwürmer, werden als **Edaphon** bezeichnet. In einem qm Boden befinden sich z. B. 1 Mill. Fadenwürmer, 50 000 Springschwänze, 70 000 Milben und bis zu 100 Regenwürmer. Nach einer alten Bauernweisheit bringen allein die Mikroorganismen unter einer Kuhweide so viel Lebendgewicht auf die Waage wie das Vieh, das darüber weidet. Die Bodenlebewesen bauen innerhalb der →Nahrungskette im Boden die abgestorbene organische Substanz zu Nährstoffen und Humus ab. Als **Humus** bezeichnet man die abgestorbene und z. T. umgewandelte organische Substanz des Bodens. Er erfüllt wesentliche Funktionen als Nährstofflieferant und Nährstoff- und Wasserspeicher sowie als Filter und Speicher von Schadstoffen. Die Bodenlebewesen sind insbesondere durch Bodenbearbeitung (→Bodenbelastung, →Bodenverdichtung) und Bodenkontamination beeinträchtigt.
**Bodenwasser** und **Bodenluft** füllen gemeinsam die Hohlräume des Bodens aus: die Luft die größeren, das Wasser die kleineren. Da Organismen Wasser und Luft zum Leben benötigen, sind eine ausreichende Menge und ein ausgeglichenes Verhältnis von Bodenhohlräumen für die Qualität eines Bodens von Bedeutung (→Bodenverdichtung). Das Bodenwasser hat darüber hinaus eine große ökologische Bedeutung, da Nähr- und Schadstoffe in der Regel im Bodenwasser gelöst sind und in das Grundwasser gelangen können.

### Boden: Medium mit vielen Eigenschaften

Aufgrund der Art, der Menge und Zusammensetzung der Bodenbestandteile (Minerale, Humus, Wasser, Luft) und der Bodenlebewesen zeichnen sich Böden durch zahlreiche Eigenschaften aus:
Die festen Bodenteilchen liegen in einer bestimmten räumlichen Anordnung vor, die man als **Bodengefüge** bezeichnet. Dieses bestimmt Art und Menge der Hohlräume im Boden und damit insbesondere den Wasser- und Lufthaushalt des Bodens. Das Bodengefüge wird durch Befahren der Böden mit schweren Maschinen verdichtet (→Bodenverdichtung), was zu →Bodenerosion führen kann.
Weiterhin besitzt der Boden die Fähigkeit zu **Ionenaustausch**, d. h., elektrisch geladene Teilchen (Ionen) werden durch Ton- und Humusteilchen (**Bodenaustauscher**) angelagert und gegeneinander ausgetauscht. Dadurch können Nährstoffionen wie Ca, Mg, K, und $NH_4^+$ sowie Schad-

**Alle Bodenorganismen zusammen bilden das Edaphon, das man in Bodenflora (Bakterien, Pilze, Flechten u. a.) und Bodenfauna (Regenwurm, Asseln, Insekten u. a.) unterteilt**

stoffe, z. B. Schwermetalle, gespeichert werden, können aber auch im Austausch gegen Wasserstoffionen der Säuren (→saurer Regen) ausgetauscht und in tiefere Bodenschichten oder ins Grundwasser ausgewaschen werden (→Bodenversauerung).
Die Menge der im Bodenwasser enthaltenen Wasserstoffionen ($H^+$), gemessen als **pH-Wert**, bezeichnet man als **Bodenreaktion.** Bei einer neutralen bis leicht sauren Bodenreaktion (pH 7–6,5) hat ein Boden in der Regel die besten chemisch-physikalischen und biologischen Eigenschaften (→Bodenversauerung). Die stark saure Bodenreaktion vieler Waldböden (pH 5–4) ist für das →Waldsterben mitverantwortlich.
Da Pflanzen und Bodenorganismen empfindlich auf Schwankungen bzw. hohe Konzentrationen von Säuren und anderen Schadstoffen reagieren, ist es wichtig, daß der Boden über die Fähigkeit verfügt, diese aus dem Bodenwasser zu entfernen und chemisch an feste Bestandteile zu binden. Diese Fähigkeit, die insbesondere durch den Gehalt an Tonmineralen und Humusstoffen (Bodenaustauscher) bedingt ist, bezeichnet man als **Puffervermögen** des Bodens.

## Funktionen von Böden

Böden stellen den Lebensraum einer Vielzahl von Organismen dar, die ihrerseits durch Streuzerkleinerung und -verwesung, durch Mischung und Lockerung ihren Lebensraum gestalten. Pflanzen haben im Boden ihren Wurzelraum und damit Verankerung sowie Versorgung mit Wasser, Luft und Nährstoffen. Durch seine Funktion als Pflanzenstandort dienen Böden der Ernährung (Äcker, Gärten) sowie der Erholung und Freizeitgestaltung (Wald, Park) des Menschen. Böden fungieren im Wasserhaushalt (→Wasser) als Wasserspeicher und -regulator. Daneben vermögen sie im Wasser befindliche Stoffe zu filtern, zu binden und z. T. abzubauen (→Bodenbelastungen), wodurch sie einer Grundwasser- und Gewässerverunreinigung entgegenwirken (→Wasser). Nicht zuletzt dient der Boden als Rohstofflieferant, als Deponie von Siedlungsabfällen sowie als Standort für Siedlung und Verkehr (→Abfall, →Altlasten, →Landschaftsnutzung).

## Bodenbelastungen

Belastungen des Bodens finden durch Veränderungen des Bodens sowie durch stoffliche Belastungen statt. Die stofflichen Belastungen erfolgen durch →Düngung (→Landwirtschaft, →Nitrat), Bodenkontamination und Deponierung von Abfällen (→Altlasten, →Müll). **Bodenveränderungen** erfolgen durch Überformung und Versiegelung von Böden (→Landschaftsnutzung), durch Bodenbearbeitung und →Bodenverdichtung sowie durch Abtragung von Bodenmaterial (→Bodenerosion). Obwohl sich der Boden durch eine hohe Regenerationsfähigkeit auszeichnet, ist die Grenze für die zahlreichen Belastungen vielfach überschritten. Aus diesem Grunde ist ein vorsorgender →Bodenschutz notwendig.

### Böden verschwinden unter Asphalt

Im Rahmen der Veränderungen von Böden sind Bodenüberformung und Bodenversiegelung Vorgänge, die hauptsächlich mit der Siedlungstätigkeit des Menschen zusammenhängen. Bodenüberformung, d. h. Bodenaufund -abträge, erfolgen durch Baumaßnahmen sowie bei der Gewinnung von Bodenschätzen (→Landschaftsnutzung). Bodenversiegelung erfolgt durch Bedeckung der Böden mit wasserundurchlässigen Substanzen wie Teer, Beton oder Gebäuden. In innerstädtischen Bereichen sind heute bis zu 90 % der Gesamtfläche versiegelt. Diese Art der Bodennutzung wird auch als **Flächenverbrauch, Flächenversiegelung,** Landverbrauch oder Bodensterben bezeichnet. Die Bodenversiegelung durch Ausweitung der Siedlungs- und Verkehrsflächen geht vornehmlich zu Lasten naturnaher Flächen wie Moor und Heide. Die Folgen der Bodenversiegelung für die Umwelt beziehen sich zunächst auf die Böden selbst: Die Böden sind in ihrer Funktion als Pflanzenstandort, als Lebensraum von Organismen und als Grundwasserspender und -filter beeinträchtigt oder verlieren diese ganz. Durch die Versiegelung entstehen Barrieren für die Ausbreitung und Wanderung von Kleintieren. Letztendlich kann ein gesamtes Biotop, dessen integraler Bestandteil der Boden ist, zerstört werden. Viele dieser Folgen wirken sich indirekt über Pflanze und Tier oder auch direkt auf den Menschen aus. Oftmals gehen Überformung und Versiegelung mit Kontamination und Deponierung von Abfällen einher. Aus der Sicht des →Bodenschutzes ist eine Begrenzung der Flächenüberbauung sowie eine funktionsgerechte Bodennutzung zu fordern.

### Verdichteter Boden ist lebensfeindlich

**Bodenbearbeitung** und →Bodenverdichtung sind Belastungen, die haupt-

| Bodenbelastungen | | Bodenschutz |
|---|---|---|
| Flächenverbrauch, Überformung/ Versiegelung | → | Begrenzung der Flächenüberbauung, funktionsgerechte Nutzung |
| Bodenbearbeitung und -verdichtung | → | Extensivierung der Landwirtschaft, Minimalbodenbearbeitung |
| Bodenerosion | → | Feldgehölze, ganzjährige Bodenbedeckung, schonende Bodenbearbeitung |
| Düngung | → | Beschränkung der Düngung, Uferschutzstreifenbrache |
| Kontamination | → | Reduzierung der Immissionen, Biozidverzicht, Integrierter Pflanzenschutz |
| Deponierung von Abfällen | → | Abfallvermeidung, Recycling |

sächlich in der →Landwirtschaft auftreten. Sie bewirken zunächst eine Veränderung des Bodengefüges (→Boden) und in dessen Folge eine Beeinträchtigung des Bodenwasser- und -lufthaushaltes. Daneben wird der Lebensraum der Bodenlebewesen gestört. Eine der Folgen ist eine verstärkte →Bodenerosion. Gegenmaßnahmen sind eine Extensivierung der →Landwirtschaft sowie Minimalbodenbearbeitung.

### Erosion: Boden weht und schwimmt davon

Als Folge der Versiegelung und Verdichtung von Böden sowie der Anbaumethoden der intensiven Landwirtschaft ist der Boden einer verstärkten →Bodenerosion ausgesetzt: Fruchtbares Bodenmaterial wird durch Wind und Wasser abgetragen. Der Umfang der jährlichen Versteppung und Verkarstung durch Erosion wird global auf 3–4 Millionen Hektar geschätzt. Bodenschutzmaßnahmen gegen Erosion sind die Pflanzung von Feldgehölzen, ganzjährige Bodenbedeckung sowie schonende Bodenbearbeitung.

### Überdüngung belastet Böden und Ökosysteme

Durch →Düngung wird der Boden einerseits aufgrund der Begleitstoffe im Dünger wie Schwermetalle und Radionuklide belastet, die zu einer Bodenkontamination führen, andererseits durch zu hohe oder unsachgemäß ausgebrachte Düngergaben. Die Gefahren und Probleme einer Überdüngung liegen vor allem in der Belastung des Grundwassers, der Flüsse und Meere (→Meeresverschmutzung). Neben den gezielt eingebrachten Düngern gelangt eine erhebliche Menge an Düngern über die Luft in den Boden. Diese beläuft sich in landwirtschaftlichen Gebieten auf 5,5–11 kg Stickstoff/ha. Diese Düngereinträge führen zu einer Überdüngung von Ökosystemen und verändern bzw. zerstören Biotope, die natürlicherweise nährstoffarm sind, z. B. Moore (→Eutrophierung). Die Vielfalt der →Bodentypen und Biotope wird dadurch vermindert. Daneben ist die atmosphärische Düngung der Wälder mitverantwortlich für das →Waldsterben. Als Bodenschutzmaßnahmen müssen eine Beschränkung der Düngung sowie eine Uferschutzstreifenbrache ergriffen werden.

### Schadstoffe belasten die Böden

Durch die Produktionsmethoden und Konsumgewohnheiten der Industriegesellschaft werden direkt und indirekt zahlreiche Stoffe in den Boden eingebracht. Die Verunreinigung des Bodens durch solche Fremdstoffe wird als **Bodenkontamination** bezeichnet. Bedeutender als der direkte Eintrag durch übermäßiges Einbringen von Dünge- und Pflanzenschutzmitteln, durch Verwendung von Streusalz sowie bei der Herstellung, Lagerung (→Altlasten) und dem Transport schadstoffhaltiger Produkte sind die indirekten Schadstoffeinträge über →Wasser und →Luft (→Waldschäden).

Aufgrund der zentralen Stellung des Bodens im →Ökosystem ist dieser ein «Umschlagplatz» für Schadstoffe. In den Boden eingebrachte feste Schadstoffe werden gefiltert und im Boden festgehalten. Im Bodenwasser gelöste Schadstoffe können an den Bodenaustauschern (→Boden) gebunden oder durch chemische Reaktionen ausgefällt, organische Schadstoffe durch biologische und chemische Prozesse teilweise abgebaut werden. Ein Teil der Schadstoffe ist jeweils im Bodenwasser gelöst. Dieser Anteil ist von erheblicher ökologischer Relevanz, da diese Stoffe in das Grundwasser (→Wasser) gelangen oder von Lebewesen aufgenommen werden und damit in den →Nahrungs-

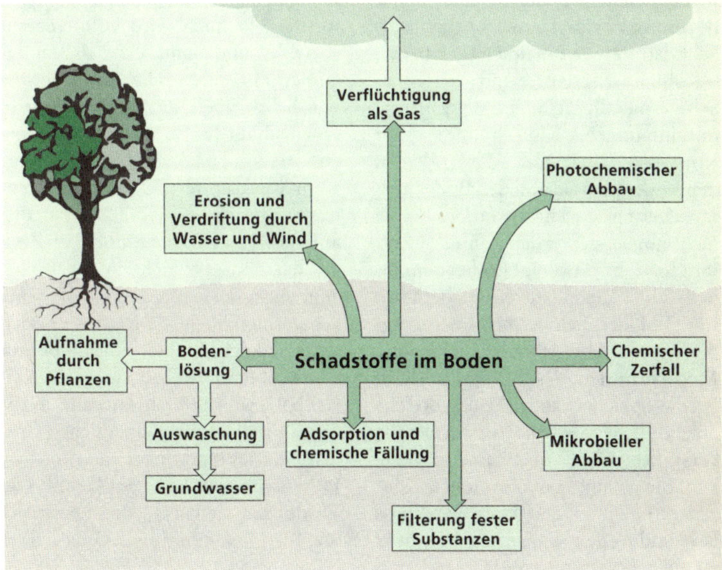


**Verhalten potentieller Schadstoffe im Boden (Quelle: nach Brummer 1981)**

kreislauf kommen. Diese Schadstoffe werden nur zeitweise aus dem Boden «entfernt», da sie nach dem Kreislaufprinzip der Ökosysteme letztlich wieder in den Boden gelangen und dort angereichert werden (→Schadstoffanreicherung). Bei Überschreiten von teilweise noch unbekannten Belastbarkeitsgrenzen werden der Boden als belebtes System sowie seine vielfältigen Funktionen zerstört.

Die **Bodenbelastbarkeit** durch Schadstoffe ist im wesentlichen von dessen Filter- und Puffermöglichkeiten aufgrund der Bodenaustauscher, d.h. des Gehaltes an Tonmineralen und Humus, sowie von dessen biologischer Aktivität abhängig (→Boden, →Bodenversauerung).

Die wesentlichen bodenbelastenden Stoffe sind →Schwermetalle, Salze, Säuren (→Bodenversauerung, →Waldschäden), radioaktive Stoffe (→Radioaktivität) sowie organische Schadstoffe wie Biozide (→Pestizide), →Kohlenwasserstoffe und →Dioxine.

**Schwermetalle** gelangen als Luftverunreinigungen, Klärschlamme und Komposte sowie mit →Pestiziden in den Boden, wo sie von den Bodenaustauschern gespeichert werden. Da sie nicht abgebaut werden können, steigt ihre Konzentration im Boden allmählich an (→Schadstoffanreicherung). Ein Teil der Schwermetalle gelangt permanent über Pflanze, Tier und Mensch in den →Nahrungskreislauf. Ist die Speicherkapazität des Bodens erschöpft, werden die Schwermetalle verstärkt in das Bodenwasser abgegeben. Sie gelangen nun in hohen Konzentrationen in den Nahrungskreislauf und in den Wasserhaushalt, was zu einer Belastung von Nahrung und →Trinkwasser führt. Zusätzlich können an den Austauschern gespeicherte Schwermetalle remobilisiert werden, wenn ein Säureeintrag z.B. durch Dünger oder →sauren Regen (→Bodenversauerung) eintritt. Ist eine bestimmte Konzentration an Schwermetallen erreicht, bricht dieser Kreislauf durch die Vergiftung von Boden, Pflanze, Tier und Mensch zusammen.

Ein besonderes Gefährdungspotential für die Schwermetallbelastung besteht in der Nähe von schwermetallimmitierender Industrie, wie Hüttenwerken, Glashütten, Zementwerken, insbesondere in einer Entfernung bis 3 km. Orte wie Bessigheim (Neckar), Oker/Harlingerode im Harz und Nordenham bei Hamburg gelangten wegen ihrer schwermetallvergifteten Böden in die Schlagzeilen der Medien. In einigen Fällen mußte der Boden bis zu einer Tiefe von 30 cm abgetragen werden; vielfach wird vom Verzehr von Obst und Gemüse aus diesen Regionen abgeraten. Die Anreicherung von Schwermetallen im Boden ist in Nordenham bis zu einer Entfernung von 12 km nachweisbar; in etwa 1 km Werksentfernung sind die Kupfergehalte auf das 10fache, bei Blei auf das 50–100fache und bei Zink auf das 100–150fache in den Böden angereichert. Allerdings ist eine Schwermetallbelastung der Böden aufgrund der Hochschornsteinpolitik heute überall in Mitteleuropa feststellbar, so daß nahezu alle Nahrungsmittel in unterschiedlichen Graden belastet sind. So wird schon seit Jahren vor dem häufigen Genuß von Wildpilzen gewarnt, die besonders mit Blei, Cadmium und Quecksilber belastet sind.

Starke Belastungen des Bodens sind

auch in den industriellen →Ballungsgebieten wie dem Ruhrgebiet zu verzeichnen. Die Belastungen gehen u. a. vom Straßenverkehr aus. Bis zu einer Entfernung von 100 m weisen Straßenböden erhöhte Cadmium-, Zink- und Bleigehalte auf. So liegen bei 70 % der innerstädtischen Böden Hamburgs die Bleigehalte über dem Grenzwert von 100 mg Blei/kg Boden. Oftmals sind Stadtgärten sehr stark mit Schwermetallen belastet. Sie weisen im Vergleich zu Ackerböden z. B. 5–6fach erhöhte Werte bei Cadmium und Blei auf. Ursachen sind deren Nähe zu Verkehrswegen, bzw. ihrer Stadtlage einerseits, die Kompostierung belasteter Stoffe, Ausbringung von Abfällen sowie Dünge- und Pestizidanwendung andererseits. Zusammen mit einem 50 m breiten Streifen beiderseits der Straßen sind ca. 7 % der Gesamtfläche der alten Bundesländer einer höheren Schwermetallbelastung ausgesetzt.

**Salze** werden neben den natürlichen Prozessen im Bereich der Küste vor allem durch anorganische Düngung, Niederschläge und Stäube sowie insbesondere durch Streusalz im Straßenbereich in die Böden eingebracht. Bodenversalzung führt zu einer Veränderung der Bodeneigenschaften (→Boden) und zu einer Beeinträchtigung der Bodenlebewesen und Pflanzen. Während sich durch den zunehmenden Tausalzverzicht eine Entlastung der Stadtböden ergibt, hält die Salzbelastung im Bereich der Autobahnen weitgehend unvermindert an.

**Radioaktive Kontamination** von Böden erfolgt durch den Betrieb kerntechnischer Anlagen (→Atomkraftwerk, →Tschernobyl, →Wiederaufarbeitungsanlage) durch Kernwaffenexplosionen (→Atombombe), durch Düngemittel sowie Verbrennung fossiler Energieträger (→Kohlekraftwerk). Eine weiträumige Kontamination durch Radionuklide erfolgte in Mitteleuorpa durch den Reaktorunfall von Tschernobyl im Mai 1986. Durch den Urangehalt von Mineraldüngern sind vielfach Gartenböden relativ hoch belastet. Da die Radionuklide nicht abgebaut und auch kaum aus dem Boden ausgewaschen werden, reichern sie sich insbesondere in den oberen Bodenschichten an. Sie gelangen von dort über die Pflanzen in den Nahrungskreislauf.

**Organische Schadstoffe** werden durch Pflanzenschutzmittel (→Pesti-

**Beispiele für Schwermetallgehalte im Boden und Düngemittel (in mg/kg Boden)**

| | Normalgehalte | Straßen | Ruhrgebiet | Klärschlamm | Stadtgärten | Gartenkompost |
|---|---|---|---|---|---|---|
| Blei | 0–20 | 65 | 70 | 170 | 85 | 30 –130 |
| Cadmium | 0– 1 | 0,9 | 1,4 | 4 | 0,2 | 0,1– 0,6 |
| Chrom | 0–50 | 30 | 35 | 90 | 45 | 5 – 30 |
| Kupfer | 0–20 | 18 | 40 | 285 | 37 | 15 – 40 |
| Nickel | 0–50 | 17 | 21 | 35 | 35 | 15 – 30 |
| Quecksilber | 0– 1 | 0,4 | 0,4 | 2 | 0,3 | 0,1– 0,7 |
| Zink | 0–50 | 160 | 250 | 1400 | 179 | 80 –300 |

Quelle: Schmid 1986, Brümmer 1984, Blume 1990

zide), gezielt als Bodenherbizide, -fungizide und -insektizide, oder indirekt bei der Behandlung der Pflanzenbestände in den Boden eingebracht. Geschätzt wird, daß bei Herbiziden mehr als 50 % direkt und indirekt in den Boden gelangen. Pestizide werden an die Bodenaustauscher (→Boden) gebunden und reichern sich im Boden und den Bodenlebewesen an. So sind Regenwürmer heute noch mehrfach so stark mit →DDT belastet wie der Boden. Daneben gelangen organische Schadstoffe wie →chlorierte Kohlenwasserstoffe, →Dioxine über die Luft in den Boden. Ein Teil der organischen Schadstoffe kann mit unterschiedlichen Raten von den Bodenlebewesen abgebaut werden.

## Deponien: Zeitbomben in Böden

Die Belastung von Böden mit Abfällen erfolgt durch →Mülldeponien und →Altlasten sowie durch die Ausbringung von Müllkompost (→Kompostierung von Müll) und →Klärschlamm. Die in der Bundesrepublik anfallenden jährlichen Abfallmengen ergeben eine mittlere potentielle Flächenbelastung von rund 3,5 Tonnen pro Hektar und Jahr. Die Belastung des Bodens geht dabei insbesondere von Schwermetallen und organischen Verbindungen in den Abfällen aus. Bodenschonende Abfallwirtschaft bedeutet in erster Linie Abfallvermeidung und Recycling von Abfällen.

## Vorsorge statt Sanierung

Bei einer eingetretenen Bodenkontamination besteht die Möglichkeit einer Boden- oder Substratsanierung. Bei der Bodensanierung wird eine Belastung unter Erhaltung des Bodens als Naturkörper am Standort entweder behoben oder gemildert. Bei der Substratsanierung werden Böden abgetragen und anderenorts z. B. durch Verbrennung saniert. Solche Verfahren zerstören in der Regel den Boden mit seinen spezifischen Eigenschaften und können daher nur als letzter Ausweg betrachtet werden. Ein vorsorgender →Bodenschutz geht daher vor Sanierung.

**TiP** Wege, Straßen und Plätze, selbst Schulhöfe, sind in unseren Städten zugeteert worden. Machen Sie sich in der Schule mit Ihren Kindern stark für die Entsiegelung dieser Flächen und dafür, daß die Natur zurückgeholt wird. Warum nicht statt Schulhof einen ökologischen Garten anlegen?

In privaten Gärten sollte möglichst auf eine Versiegelung des Bodens mit Steinplatten oder Asphalt verzichtet werden. Auch das Umgraben ist schädlich für den Boden, da so die Kleinstlebewesen beeinträchtigt werden. Der Boden braucht nur eine sanfte Auflockerung besonders nach starken Regenfällen oder bei großer Trockenheit. Für diese Arbeit eignet sich gut ein Sauzahn.

Insekten und Wildkräuter müssen nicht mit chemischen Giften bekämpft werden. Setzen Sie auf biologischen Pflanzenschutz, indem Sie die Nützlinge fördern. Holen Sie sich die natürlichen Feinde der Insekten in den Garten: Schlupfwinkel für große und kleine Tiere aus Laub-, Stein und Reisighaufen schaffen. Mit Stroh gefüllte Blumentöpfe in die Bäume für Ohrkneifer hängen, sie machen sich über die Blattläuse her. Nistkästen und Vogeltränken bauen, denn auch Vögel halten die Insekten in Schach. Auch Mischkulturen sind Pflanzenschutz ohne Chemie, denn die richtigen «Partnerschaften» verhindern Schädlingsbefall, beispielsweise Dill neben Gurken; Möhren mit Zwiebeln oder Lauch; Knoblauch zwischen Erdbeeren pflanzen.

Weitere Informationen zum umweltfreundlichen Gärtnern gibt es in der «Gartenfibel» vom Umweltbundesamt, Bismarckplatz 1, 1000 Berlin 33, oder bei Ihrer Umweltberatung am Ort.

## Bodenerosion

Die Folgen der Bodenerosion, d. h. eines **Bodenabtrages** durch Wind und Wasser, sind im Mittelmeergebiet zu sehen, wo nach Abholzung der Wälder der ungeschützte Boden fortgeschwemmt wurde: Fels oder steinige, unfruchtbare Böden blieben zurück. Der Prozeß der Bodenerosion kann nicht rückgängig gemacht werden. Er wird durch Wind, Wasser und Schwerkraft bewirkt und seitens der Menschheit durch unbedachte Landnutzungen bei Rodung, Ackerbau, Beweidung und Bebauung von Böden z. T. ausgelöst und gefördert. Erosion spielt vor allem auf landwirtschaftlichen Flächen eine Rolle, wobei die Arbeitsweise der konventionellen →Landwirtschaft die Erosionsgefahr erhöht: Aufgrund des Verzichts auf Mischkulturen und Zwischenfruchtanbau sowie durch Herbizideinsatz (→Herbizide) liegen die Äcker teilweise ohne schützende Pflanzendecke brach; der Boden ist Wind und Wasser ungeschützt ausgesetzt. Die Schaffung großer zusammenhängender Ackerflächen ohne Feldgehölze, tiefgründiges Pflügen sowie →Bodenverdichtungen verstärken den Bodenabtrag. Die Schäden versucht die Land-

wirtschaft durch →Düngung auszugleichen, was jedoch zu neuen →Bodenbelastungen führt.
Weit verbreitete **Erosionsschäden** sind z. B. flächiger Abtrag auf Äkkern, Bodenrillen, wie sie in Fahrspuren nach Starkregen zu beobachten sind, sowie Erdrutsche oder Schlammlawinen, die Verkehrswege verschütten.
Bei Ackerbau in Hanglagen wurden Erosionsfrachten von 30 t pro Hektar und Jahr gemessen. Der durchschnittliche **Bodenverlust** in Mitteleuropa übertrifft mit 13–15 t/ha die jährliche Bodenneubildung (1–2 t/ha) um ein Mehrfaches.
Die Folgen der Erosion sind neben den katastrophenartigen Ereignissen bei Erdrutschen und Schlammlawinen ein zunehmend flachgründigerer Boden. Dadurch tritt z. B. eine Verringerung des Wasserspeicherraumes ein, eine Verarmung an Pflanzennährstoffen und Humus sowie eine nachlassende Reinigungsleistung. Weiterhin wird das Bodenmaterial in Gewässer verfrachtet, was eine zunehmende →Eutrophierung insbesondere durch Phosphateinträge zur Folge hat.

**Zur Begrenzung der Erosionsgefahren muß u. a.**
- **die Bodennutzung an spezielle Standortbedingungen angepaßt werden, z. B. durch Bodenbedeckung und schonende Bodenbearbeitung;**
- **die Windbewegung über Ackerflächen durch die Pflanzung von Hecken gemindert werden;**
- **der Einsatz schwerer Maschinen in der Landwirtschaft vermieden werden (→Bodenverdichtung);**
- **der Kahlschlag in Wäldern auf gefährdeten Standorten eingestellt werden;**
- **eine Übernutzung von Hang- und Steillagen durch Skisport und Trittschäden vermieden werden.**

Noch gravierender als in Mitteleuropa sind vielfach die Erosionsschäden in der →Dritten Welt, die durch Abholzung, Brennholzentnahme und unangepaßte Landnutzungsformen verursacht werden und durch jahreszeitlich heftige Regenfälle besonders gravierend sind.

**TiP** Nackte Beete sind allen Klimaeinflüssen ungeschützt ausgeliefert. Schützen Sie Ihren Boden ganzjährig durch eine dünne Mulchschicht aus Laub, angetrocknetes Gras, angerotteten Kompost oder Rindenmulch. Kleine Pflänzchen dürfen nicht bedeckt werden. So eine Mulchschicht macht widerstandsfähig gegen Regen, starke Austrocknung, Kälte oder Schnee. Außerdem ist sie auch noch Nahrung für die Kleinstlebewesen im Boden.

## Bodenschutz

Boden ist eine knappe, nicht vermehrbare und kaum erneuerbare Ressource. Um den Gefahren langfristiger und zum Teil irreversibler Belastungen vorzubeugen, bedarf der Boden des besonderen Schutzes. Obwohl be-

**Bodenschützende Rechtsvorschriften**

| Unmittelbar bodenschützend | Planungsnormen | Mittelbar bodenschützend |
| --- | --- | --- |
| Bundesnaturschutzgesetz §§ 1, 2, 8, 12, 15, 27<br>Bundesberggesetz §§ 1, 2<br>Chemikaliengesetz § 3<br>Pflanzenschutzgesetz §§ 1, 8<br>Düngemittelgesetz §§ 2, 5<br>Abfallbeseitigungsgesetz §§ 2, 11, 15<br>Tierkörperbeseitigungsgesetz § 3<br>Altölgesetz<br>Atomgesetz §§ 7, 9<br>Strahlenschutzverordnung §§ 6, 18<br>Strafrecht §§ 326, 329, 330 | Raumordnungsgesetz § 2<br>Bundesbaugesetz §§ 1, 39<br>Bundesfernstraßengesetz § 17<br>Bundeswasserstraßengesetz<br>Bundesbahngesetz<br>Luftverkehrsgesetz<br>Telegraphenwegegesetz<br>Landbeschaffungsgesetz | Wasserhaushaltsgesetz §§ 19, 34, 36<br>Waschmittelgesetz<br>Bundesimmissionsschutzgesetz (TA Luft) § 50<br>DDT-Gesetz<br>Benzin-Blei-Gesetz<br>Gesetz über die Beförderung gefährlicher Güter<br>Gewerbeordnung<br>Bundeswaldgesetz §§ 1, 6, 12, 16, 17<br>Flurbereinigungsgesetz §§ 1, 18, 37<br>Grundstücksverkehrsgesetz §§ 1, 2, 9 |

Quelle: Materialien BMJ 1984, aus: Kuntze/Roeschmann/Schwertfeger: Bodenkunde, Stuttgart: Ulmer, 1988

reits 1972 die **Bodencharta des Europarates** erschien, genießt der Boden, anders als →Luft und →Wasser, in der BRD bislang keinen direkten gesetzlichen Schutz durch ein **Bodenschutzgesetz.** Dies hat mehrere Gründe:

– Boden ist im Gegensatz zu Wasser und Luft kein freies Gut, sondern unterliegt in der BRD der privaten Verfügbarkeit. Staatlich verordneter Bodenschutz würde bedeuten, dieses Recht einzuschränken.

– Der Bodenschutz läßt sich nicht eindeutig einer Verwaltungsinstanz zuordnen. Er ist somit Gegenstand ca. 35 bundesgesetzlicher und einer Vielzahl landesrechtlicher Regelungen.

– Bodenschutz wurde in der Öffentlichkeit weit weniger problematisiert als der Schutz von Wasser, Luft und Natur.

Die Bundesregierung hat 1985 eine **Bodenschutzkonzeption** und die Umweltministerkonferenz der Länder ein **Bodenschutzprogramm** entwickelt. Ein Entwurf für ein Bodenschutzgesetz wurde 1983 vom BBU (→Bürgerinitiativen) veröffentlicht.

Die Schutzbedürftigkeit der Böden gilt allerdings nur in den seltensten Fällen den Böden als solchen, sondern ihren vielfältigen Funktionen im Naturhaushalt und für den Menschen (→Boden). Jedoch ist die Vielfalt an charakteristischen Bodenformen (→Bodentypen) als Entwicklung der Natur grundsätzlich in gleichem Maße schützenswert wie die Tier- und Pflanzenarten auf der Erde (→ökologische Ethik).

Aufgrund der hohen Speicher- und Pufferkapazität vieler Böden werden Bodenschäden oft zu spät erkannt (→Waldschäden). Da sich Böden, im Gegensatz zu Wasser und Luft, kaum reinigen lassen, muß der Bodenschutz in erster Linie auf eine Vermeidung von →Bodenbelastungen abzielen.

Die Aufgaben des Bodenschutzes beziehen sich dabei auf Belastungen und Veränderungen an Böden durch Bodenkontamination →Bodenbelastungen, →Altlasten und →Düngung sowie →Bodenerosion, →Bodenverdichtung und -versiegelung (→Bodenbelastung).

Die Maßnahmen des Bodenschutzes umfassen die Einrichtung eines **Bodenmeßnetzes**, das den gegenwärtigen Zustand und künftige Veränderungen der wesentlichen Bodeneigenschaften erfassen soll. Ein **Bodenbelastungskataster** soll Auskunft über die Verbreitung von Bodenbelastungen geben. Von repräsentativen Böden sollen Proben in **Bodenprobenbanken** eingelagert werden, um künftige Veränderungen durch Vergleichsuntersuchungen nachweisen zu können; die Ergebnisse sollen in **Bodendatenbanken** gespeichert werden.

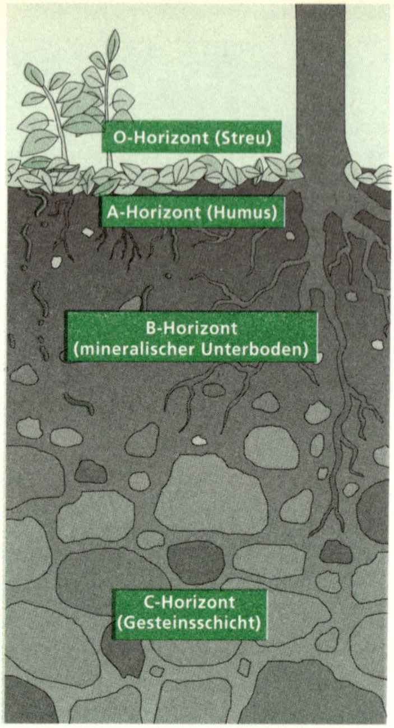


**Die waagerecht verlaufenden Lagen oder Schichten eines Bodens bezeichnet man als ‹Bodenhorizonte›**

## Bodentypen

Je nach Ausgangsgestein, Klima und Entwicklungsstand liegt an einem Standort ein bestimmter Bodentyp vor, der Ausdruck der spezifischen Bodenbildung und -entwicklung ist. In der Bundesrepublik werden ca. 70 Bodentypen unterschieden, die sich in ihrer Entstehung und damit in Aufbau und Struktur in charakteristischer Weise unterscheiden (→Boden).

An einem Bodenaushub, z. B. einer Baugrube, erkennt man, daß ein Boden keine einheitliche Struktur aufweist, sondern in waagerecht verlaufende Lagen, die sogenannten **Bodenhorizonte**, unterteilt werden kann. Die oberste Schicht bildet der organische **Auflagehorizont** (**O-Horizont**) aus mehr oder minder zersetztem organischem Material (z. B. Blattstreu). Darunter liegt der **Oberbodenhorizont** (**A-Horizont**), auch Mutterboden oder Krume genannt. Er ist stark belebt und durchwurzelt sowie durch Humus deutlich dunkler gefärbt als die unteren Horizonte. Unter dem A-Horizont liegt der **Unterbodenhorizont** (**B-Horizont**). Er ist gekennzeichnet durch die zunehmende Verwitterung der Minerale; durch die dabei freigesetzten Eisenoxide erhält der Boden seine typisch rötlich-braune Farbe. Der zuunterst liegende **Gesteinshorizont** (**C-Horizont**) ist durch das jeweilige Ausgangsgestein geprägt. Neben diesen Horizonten können weitere auftreten. Die Bodenhorizonte können in unterschiedlicher Ausprägung und Kombination auftreten und bilden zusammen das jeweilige **Bodenprofil**. Böden mit gleichem Bodenprofil spiegeln einen gleichen Entwicklungsstand wider und werden zu einem Bodentyp zusammengefaßt, z.B. Braunerde, Schwarzerde, Bleicherde (Podsol). Die Vielfalt der Bodentypen gilt es im Rahmen des →Bodenschutzes zu erhalten.

## Bodenverdichtung

Die räumliche Anordnung der Bodenteilchen, das Bodengefüge (→Boden), hat maßgeblichen Einfluß auf die Bodeneigenschaften und die Bodenfunktionen (→Boden). Durch häufiges Betreten und durch Befahren von Böden, insbesondere mit schweren Maschinen, kommt es zu einer Verdichtung des Bodengefüges. Dabei werden die Mineral- und Humusteilchen zusammengepreßt, und die Bodenhohlräume für Bodenwasser und -luft (→Boden) nehmen ab. Damit wird einerseits der Luftaustausch im Boden behindert, andererseits kann das Bodenwasser nicht mehr abfließen. Es kommt im oder auf dem Boden zu einem **Wasserstau** und in dessen Folge zu Sauerstoffmangel sowie zu einer Veränderung der chemischen Eigenschaften des Bodens. Die Folgen der Bodenverdichtung sind vor allem eine Beeinträchtigung der Bodenlebewesen und Pflanzen sowie ein gestörter Bodenwasserhaushalt. Durch oberflächig abfließendes Wasser wird außerdem die →Bodenerosion erhöht. Besonders empfindlich gegen Bodenverdichtung sind schwere Tonböden und nasse Böden.

Insbesondere in der →Landwirtschaft kommt es durch den Einsatz großer Maschinen und durch immer häufigeres Befahren zu Bodenverdichtungen. Betrug das Schleppergewicht 1956 noch durchschnittlich 1,4 Tonnen, beläuft es sich heute bei einem 122-PS-Schlepper auf 5,8 Tonnen; ein Mähdrescher wiegt ca. 9 Tonnen, ein Zuckerrübenvollernter bis zu 15 Tonnen.

Die Bodenverdichtungen als Folge dieser Bodenbewirtschaftung können bis zu 60 cm tief in den Boden reichen. Die einzig wirksame Maßnahme gegen Bodenverdichtungen ist eine Extensivierung der →Landwirtschaft.

**TiP** Um Bodenverdichtungen zu verhindern, müßten die Wege zwischen den Beeten im Garten jedes Jahr verlegt werden. Dazu die Wege mit Holzbohlen markieren. Sie können später an eine andere Stelle gelegt werden.

Nasse Beete, Wege oder Rasenflächen sollten nicht betreten werden. Machen Sie aus Ihrem englischen Rasen eine bunte Blumenwiese. Zwischen April und Mai oder August bis November muß die Rasenoberfläche mit einer Harke aufgerissen werden. Jetzt können auch Wiesenblumen eingesät werden.

Auch in der Natur sollten die vorgegebenen Wege nicht verlassen werden, damit sich die Tier- und Pflanzenwelt ungehindert entfalten kann.

## Bodenversauerung

«Unsere Böden versauern!» Diese Feststellung ist insbesondere im Zusammenhang mit →saurem Regen und →Waldsterben spätestens seit

1980 ins allgemeine Bewußtsein getreten. Daneben ist oft zu hören, daß die Bodenversauerung ein natürlicher Prozeß sei, der auch ohne den sauren Regen ablaufe.

## Bodenversauerung: natürlich oder durch den Menschen verursacht?

Der Gehalt an Säuren, der als pH-Wert (→Boden) gemessen wird (→saurer Regen), ist eine der chemischen Eigenschaften von Böden. Er ist insofern von Bedeutung, als ein Boden bei einem leicht sauren bis neutralen pH (pH 6–7) die besten chemisch-physikalischen und biologischen Eigenschaften für die Pflanzen und Bodenlebewesen aufweist.
Die Säuren, die den Boden-pH bedingen, werden zum einen im Boden selbst gebildet, zum anderen durch →sauren Regen und andere anthropogene Quellen in den Boden eingebracht (→Luftverschmutzung, →Waldsterben). **Bodeninterne Säurequellen** sind:
– Kohlensäure, durch die Atmung der Mikroorganismen, Pflanzenwurzeln und Bodentiere,
– Huminsäuren, das sind verschiedene, sehr komplexe Säuren, die bei der Umwandlung der organischen Substanz zu Humus entstehen,
– Salpetersäure, die im Stickstoffkreislauf beim Abbau und der Umwandlung von organischer Substanz gebildet wird, und
– Wasserstoffionen, die bei der Nährstoffaufnahme der Pflanzenwurzeln abgegeben werden.
**Anthropogene Säurequellen** sind:
– Schwefelsäure, Salpetersäure und Kohlensäure durch den →sauren Regen (→Luftverschmutzung); und
– Salpetersäure, die durch säurebildende Dünger (Ammonium, Gülle) im Boden gebildet wird.
Aufgrund der bodeninternen Säurequellen und der Tatsache, daß auch der unbelastete Regen leicht sauer ist, muß die allmähliche Bodenversauerung als natürlicher Bodenentwicklungsprozeß im mitteleuropäischen Klima bezeichnet werden. Dieser Tausende von Jahren dauernde Prozeß wird allerdings durch den anthropogen bedingten Säureeintrag um ein Vielfaches beschleunigt.

## Puffer neutralisieren Säure

Für die Bodenversauerung ist nicht nur die Höhe des – insbesondere vom Menschen verursachten – Säureeintrages von Bedeutung, sondern auch das Puffervermögen des Bodens, also die Eigenschaft, Säuren zu neutralisieren und damit unwirksam zu machen. Dadurch wird der pH des Bodens in einem bestimmten Bereich so lange konstant gehalten, bis der Puffer aufgebraucht ist. Böden verfügen über verschiedene **Puffersysteme** für den Säuregehalt, die in jeweils unterschiedlichen pH-Bereichen wirksam werden: Der **Kalkpuffer** neutralisiert Säuren durch eine Reaktion mit Kalk (Calciumcarbonat); es stellt sich dabei ein pH von 8,3–6,2 ein. In der Landwirtschaft wird dieser Puffer durch Kalkdüngung jeweils erneuert. Ist der Kalk aufgebraucht – oder bei kalkarmen Böden nicht vorhanden –, sinkt der pH unter 6,2. Säuren werden dann durch den **Silikatpuffer** bis zu einem pH-Wert von 5,0 neutralisiert; die Wasserstoffionen werden in das Kristallgitter der Silikatminerale aufgenommen und dafür Nährstoffe wie Kalium freigesetzt. In diesem Pufferbereich herrschen günstige Bedingungen für die Pflanzen und Bodenlebewesen. Mit Ausnahme der Kalklandschaften wäre in mitteleuropäischen Böden der Silikat-Pufferbereich vorherrschend, wenn das natürliche bodenchemische Gleichgewicht nicht durch anthropogenen Säureeintrag gestört wäre. Aufgrund der Säurebelastung befinden sich viele Böden jedoch im **Austauscher-Puffersystem** (pH 5,0–4,2), wo die Wasserstoffionen an die Austauscher (Tonminerale und Humusstoffe) des → Bodens angelagert und dafür Nährstoffe (z. B. Ca, Mg) freigesetzt und in tiefere Bodenschichten ausgewaschen werden. Daher tritt in diesem Pufferbereich als Folge der Bodenversauerung neben der Säureschädigung Nährstoffmangel auf. Ist auch dieses Puffersystem durch anhaltenden Säureeintrag erschöpft, so werden unterhalb pH 4,2 Aluminium- und Eisenionen aus den Bodenmineralien freigesetzt. Die meisten Waldböden befinden sich bereits im **Aluminium-Pufferbereich** (pH 4,2 bis 3,8). Da die freigesetzten Aluminiumionen starke Zellgifte sind, treten bei diesen Böden → Waldschäden auf. Vergleicht man die Pufferkapazität von Böden, d.h. die Menge an Wasserstoffionen, die durch die jeweiligen Puffersubstanzen neutralisiert werden kann, mit dem derzeitigen Säureeintrag, zeigt sich, daß nahezu alle kalkfreien Böden bis in den Bereich der Aluminiumfreisetzung versauern werden. Die Folgen werden der Verlust von Nährstoffen, die Schädigung der Mikroorganismen und Pflanzenwurzeln und weiträumige → Waldschäden sowie die Gefährdung des Grundwassers durch giftige Ionen sein.

**TiP** Verzichten Sie auf Torf und saure Mineraldünger. Sie machen den Boden sauer. Besser richtige Bodenverbesserer wie Kompost aus dem eigenen Garten benutzen.
Regenwürmer verbessern den Boden, indem sie ihn lockern und Pflanzenreste in Dünger umsetzen. Sie vermehren sich aber nur in einem neutralen, basischen oder schwach sauren Boden. Überprüfen Sie den pH-Wert Ihrer Gartenerde mit Meßstäbchen aus dem Gartengeschäft oder dem Chemiefachhandel. Sie erfahren so, ob Ihr Boden Kalk braucht.

## Braunkohlenabbau

Ein Fünftel des Primärenergiebedarfs wird in Deutschland durch Braunkohle gedeckt. Über 90 % der Braunkohle wird in Kraftwerken zur Elektrizitätsgewinnung eingesetzt. Der Rest als Hausbrand, u. a. als Briketts, besonders in den östlichen Bundesländern, der ehemaligen DDR, wo eine Umstellung auf Fernwärme, Öl- oder Gasheizungen noch nicht erfolgt ist.
Braunkohle ist sehr schwefelhaltig und führt bei der Verbrennung zur Entstehung von Schwefeldioxid ($SO_2$), einem gefährlichen Anteil der → Luftverschmutzung.
Braunkohle wird in der Regel im Tagebau gefördert, was zwar billiger ist als Steinkohlenbergbau aus großen Tiefen, aber zu großen Landschaftszerstörungen führt. Mehrere tausend Hektar Land müssen in Deutschland pro Jahr «geopfert» werden.
In der niederrheinischen Bucht sind die drittgrößten Braunkohlenvorkommen der Welt. Im Hambacher

**Im früheren Braunkohle-Tagebau Olbersdorf bei Zittau müssen zur Rekultivierung der Landschaft über 1,5 Millionen Kubikmeter Erdreich bewegt werden**

Forst, einem großen Eichenwald, ist die größte Grube der Welt bis zu 500 Meter tief. In der früheren DDR, deren Energieversorgung zu zwei Dritteln auf Braunkohle beruhte, mußten ganze Dörfer dem Tagebau weichen. «Verheizte Heimat» nannten es die betroffenen Menschen, die woanders angesiedelt wurden.

Wo die großen Schaufelradbagger mit ihren endlosen Förderbändern sich durch die Landschaft gefräst haben, wird das →Grundwasser abgesenkt, die ökologischen Zusammenhänge für immer zerstört.

Die zerstörten Landschaften werden später rekultiviert, so daß sie in Jahrzehnten oder Jahrhunderten wieder in ein ökologisches Gleichgewicht zurückfinden (→Rekultivierung).

Moderne Braunkohlekraftwerke wie jenes in Weisweiler können mit Filtertechniken ausgerüstet werden (→Rauchgasreinigung). Das Braunkohlekraftwerk bei Cottbus hat 3000 MW. Seine Abwärme muß als →Fernwärme genutzt werden.

Dennoch sollte Braunkohle wegen der Landschaftszerstörung und der Luftverschmutzung mittelfristig durch andere Energieformen ersetzt werden (→Kohlekraftwerk).

## Bürgerinitiativen

Zu einer Bürgerinitiative, kurz BI genannt, schließen sich Menschen zusammen, die sich – meist auf örtlicher oder regionaler Ebene – gegen ein von Staat, Verwaltung oder Privatunternehmen geplantes Vorhaben zur

Wehr setzen und die Durchsetzung alternativer Lösungen fordern. Dabei handelt es sich meist um Umweltfragen wie Verkehr, Abfall, Energieversorgung, touristische Großprojekte oder um Anliegen des Naturschutzes. Viele Bürgerinitiativen verstehen sich deshalb als Teil der Ökologiebewegung.

Bürgerinitiativen bilden sich besonders dann, wenn Menschen persönlich betroffen sind und Politik oder Verwaltung nicht zugetraut wird, die Probleme in ihrem Sinne zu lösen. Eine BI kann spontan entstehen, so gegen das Abholzen von Bäumen, gegen den geplanten Bau einer Mülldeponie oder für Maßnahmen zur Verkehrsberuhigung. Ihr gehören Personen der unterschiedlichsten politischen oder weltanschaulichen Einstellungen an, die der Einsatz für ein bestimmtes Ziel zusammengeführt hat. Nachdem dieses Ziel erreicht ist oder auch der Widerstand erfolglos war, lösen sie sich häufig wieder auf.

Eine BI besitzt meist keine feste Organisationsform. Gründung und Vertretung in der Öffentlichkeit erfolgen völlig formlos. Zur Wahrnehmung von rechtlichen Interessen, so dem Abschluß von Verträgen oder eine gerichtliche Klage, im Falle von Haftung in Schadensfällen oder aus steuerrechtlichen Gründen, kann eine formelle Rechtsform sinnvoll sein. Hierbei bietet sich die Form eines eingetragenen (rechtsfähigen) Vereins, eines nicht rechtsfähigen Vereins und einer Gesellschaft nach dem BGB (Bürgerliches Gesetzbuch) an. Die Erlangung der Gemeinnützigkeit (steuerbegünstigt) ist an bestimmte Auflagen gebunden und muß beim Finanzamt beantragt werden. Finanziert wird eine BI durch private Spenden und kostenlose Sachleistungen.

Das Entstehen der Bürgerinitiativen in der Bundesrepublik ist eng mit dem Aufkommen bestimmter umweltpolitischer Probleme verbunden. Die Demonstrationen gegen Fahrpreiserhöhungen im öffentlichen Personennahverkehr im Juni 1969 und die hieraus entstandenen **Rote-Punkt-Aktionen** sind in gewisser Weise die Geburtsstunde der Bürgerinitiativbewegung. Von Hannover aus verbreiteten sich diese Aktionen, die von lokalen Bürgerinitiativen getragen wurden, in viele andere Städte. Aus Protest gegen die Fahrpreiserhöhungen wurden die Busse und Bahnen boykottiert. Dies bekannte man mit einem roten Punkt an der Windschutzscheibe des PKW und zeigte damit gleichzeitig die Bereitschaft, andere Personen mitzunehmen. Mit dem Bau von →Atomkraftwerken organisierte sich ein breiter Widerstand gegen den Weg in den Atomstaat. Zahlreiche Bürgerinitiativen gegen die Atomkraft bildeten sich überall. Großdemonstrationen an Atomkraftwerksstandorten wie Brokdorf oder der geplanten Wiederaufarbeitungsanlage für Atommüll in Wackersdorf mit Hunderttausenden von Menschen waren Höhepunkte der Antiatomkraftbewegung. Der Widerstand gegen die Stationierung von Atomraketen war ein weiterer Höhepunkt der Bürgerinitiativbewegung (→Atomwaffen). Heute liegen die Schwerpunkte der politischen Arbeit in den Bereichen Abfall und Verkehr. Die Arbeit Tausender kleiner Bürgerinitiativen vor Ort hat entscheidend dazu beigetragen, daß der Umweltschutzgedanke in das öffentliche Bewußtsein gelangen konnte. Wenn auch einige Bürgerinitiativen sich als Ein-Punkt-Initiativen zur Durchsetzung privater Interessen von Anliegern verstehen («Bei mir keine Straße, aber 5 km weiter!»), so ist doch ihr Engagement verständlich und löst kritische Auseinandersetzungen aus. In ihrer Funktion als «Sand im Getriebe» der Behördenmühlen verhindern Bürgerinitiativen Planungen gegen die Interessen von Umwelt und Menschen, zwingen die politisch Verantwortlichen zum Nachdenken, decken wirtschaftliche Einzelinteressen auf und bilden so ein wesentliches Element von Bürgerbeteiligung und lebendiger Demokratie.

Die Organisation mancher Großdemonstration Anfang der 70er Jahre überforderte einzelne Bürgerinitiativen.

Deshalb wurde als bundesweiter Zusammenschluß vieler regionaler und lokaler Bürgerinitiativen im Umweltschutzbereich 1972 der Bundesverband Bürgerinitiativen Umweltschutz e.V. (BBU) gegründet. Hierdurch sollte eine bundesweite Koordination der Initiativen und eine zentrale Informationsstelle geschaffen sowie der Aufbau einer organisierten Gegenmacht zur Vertretung der Bürgerinteressen gegen Industrie und staatliche Institutionen aufgebaut werden. Der BBU ist als dezentral organisierter Dachverband ein gemeinnütziger Verein. Seine Mitglieder, einzelne Bürger und Initiativen, arbeiten im Rahmen der Zielsetzungen des BBU selbständig und unabhängig. Seinen Höhepunkt hatte der BBU mit der Antiatomkraftbewegung und über 1000 Gruppen, 1989 zählte er nach seinen Angaben noch rund 300 Mitgliederverbände, von denen aber nur rund 170 Gruppen auch einen Beitrag zahlten.

Der BBU hilft bei der Vertretung von Bürgerinteressen vor Ort in organisatorischer, rechtlicher, wissenschaftlicher und finanzieller Hinsicht. Er erarbeitet überregional Stellungnahmen, gibt Gutachten in Auftrag und nimmt öffentliche Anhörungstermine wahr. Seine Hauptaufgabe ist aber die Unterstützung von Aktionen und die Förderung der Zusammenarbeit von Bürgerinitiativen. Mit der Herausgabe von eigenen Informationsdiensten, einer Buchreihe zahlreichen Aktionsmaterialien stellt der BBU für die Arbeit der Bürgerinitiativen fachliche Information zur Verfügung und betreibt hiermit eine intensive Öffentlichkeitsarbeit. Der BBU hält außerdem Kontakt zu anderen →Umweltverbänden und zu umweltwissenschaftlichen Instituten, so dem Öko-Institut in Freiburg (→Umweltforschung).

In den verschiedensten Umweltbereichen engagieren sich Bürgerinnen und Bürger in einzelnen Gruppen und Initiativen. Standen noch bei Gründung des BBU Aktionen im Rahmen der Antiatomkraftbewegung und im Verkehrsbereich im Vordergrund, so engagieren sich seine Gruppen in allen Bereichen der Ökologie. Schwerpunkte sind heute Initiativen gegen den Bau von →Müllverbrennungsanlagen, gegen Wasserverschmutzung, gegen eine verfehlte Verkehrspolitik und Straßenbau sowie für gesunde Nahrung und für saubere Gewässer. Ein weiterer Schwerpunkt war und ist das Engagement für Belange der →Dritten Welt, so gegen die Zerstörung des →Tropischen Regenwaldes

durch Brandrodung und Holzexporte.
Die Durchsetzung seiner Zielsetzungen sieht der BBU nicht allein durch einzelne Aktionen und Veranstaltungen erreichbar. Der BBU versteht sich bewußt als politischer Verband, der die Grundlagen der →Ökologie zur Grundlage der gesamten Wirtschafts- und Gesellschaftspolitik machen will. Dies setzt ein grundsätzliches Umdenken in allen Bereichen voraus.

## Bund für Umwelt- und Naturschutz

Mit seinen über 200000 Mitgliedern ist der Bund für Umwelt- und Naturschutz Deutschland e. V. (BUND) der bundesweit größte →Umweltverband. Im Vergleich mit den jeweils mehrere Millionen Mitglieder zählenden Automobilclubs ist dies allerdings eine verschwindend kleine Minderheit. Wenn heute jedoch in Politik und Wirtschaft Umweltschutz kein Fremdwort mehr darstellt, so ist das mit ein Verdienst der Arbeit des BUND. Als «Lobby der Natur» setzt sich der BUND zur Rettung und zum Erhalt unserer natürlichen Lebensgrundlagen ein. Der Schwerpunkt der Arbeit liegt bei den über 1900 Kreis- und Ortsgruppen, die sich vor Ort für den Erhalt der Natur durch praktische Naturschutzmaßnahmen wie die Pflege und Anlage von →Biotopen engagieren. →Naturschutz ist jedoch nur ein Teilbereich der Arbeit des BUND, Umweltschutzpolitik der andere. So befassen sich viele BUND-Gruppen mit Verkehrsproblemen, Abfall, →Luftverschmutzung und →Energie. Die Orts- und Kreisgruppen setzen ihre jeweiligen Schwerpunkte selbst. Sie handeln dabei in Übereinstimmung mit den Zielsetzungen des BUND. Der BUND ist demokratisch aufgebaut. Jedes Mitglied hat Stimmrecht, alle Vorstände werden gewählt. Die Delegiertenversammlungen beschließen über die Positionen des BUND, den Haushalt und die umweltpolitischen Schwerpunkte.
Ziel des BUND ist es nicht allein, Mißstände aufzudecken und anzuprangern, sondern auch konkrete Alternativen zu erarbeiten und für deren Durchsetzung zu kämpfen. Hierbei steht den BUND-Gruppen wissenschaftlicher Sachverstand in «Wissenschaftlichen Beiräten», die es in jedem Landesverband und auf Bundesebene gibt, zur Seite. Die Arbeitskreise und der «Wissenschaftliche Beirat» erarbeiten ihrerseits die Grundsatzpositionen des BUND zu den verschiedenen Umweltbereichen, die dann vom Bundesvorstand oder der Bundesdelegiertenversammlung diskutiert und beschlossen werden. Fachliche Stellungnahmen zu neuen Gesetzesentwürfen, Richtlinien und wichtigen Themen werden regelmäßig erarbeitet. Der BUND legt großen Wert darauf, daß seine Vorschläge wissenschaftlich fundiert und konkret umsetzbar sind. Mit seinem Sachverstand ist er bei Behörden und Regierungen als kompetenter und kritischer Ansprechpartner akzeptiert.
Eine wichtige Tätigkeit des BUND ist deshalb die politische Lobbyarbeit. Selbst parteipolitisch neutral, übt der BUND Druck auf Regierungen und Behörden aus, Maßnahmen zur Verbesserung der Umwelt durchzusetzen. Der Bund arbeitet hierbei auch mit den anderen Naturschutzverbän-

den zusammen. Eine intensive Öffentlichkeitsarbeit gehört ebenso dazu wie intensive Kontakte mit Ministerien und Behörden, einzelnen Abgeordneten und örtlichen Kommunalvertretungen. Eine umfangreiche Publikationstätigkeit, die Herausgabe von Pressemitteilungen, die Durchführung von Pressekonferenzen, Veröffentlichung von Büchern und Broschüren sowie zahlreiche Informationsmaterialien tragen dazu bei, öffentlichen Druck zu erzeugen, um Probleme zu lösen.

Seit 1979 ist der BUND staatlich anerkannter Naturschutzverband nach § 29 Bundesnaturschutzgesetz. Bei allen geplanten Eingriffen in Natur und Landschaft, so durch den Bau einer Straße oder die Errichtung einer Müllverbrennungsanlage, wird der BUND beteiligt und gibt eine Stellungnahme ab. Dies übernehmen Arbeitskreise auf Landes- und Kreisebene, die mit sehr viel Energie und Zeitaufwand versuchen, die geplanten Projekte entweder ganz zu verhindern oder zumindest die Eingriffe zu verringern.

Der BUND ist bundesweit organisiert und in allen Ländern mit eigenen Landesverbänden vertreten.

Der BUND wurde 1975 von mehreren, lange bestehenden Landesnaturschutzverbänden, vor allem dem BUND Naturschutz in Bayern (seit 1913) und dem Landesverband Baden-Württemberg (seit 1963), gegründet, um eine bundesweit schlagkräftige Vertretung des Umwelt- und Naturschutzes als Gegengewicht zu den Interessenvertretungen der Wirtschaft zu schaffen.

Finanziert wird der BUND im wesentlichen durch die Beiträge seiner Mitglieder und durch Spenden. Zur Durchführung der zahlreichen Projekte ruft der BUND zu Spendenaktionen auf, die Zahl und der Umfang der Projekte richtet sich nach dem Spendenaufkommen.

International ist der BUND im Zusammenschluß FRIENDS OF THE EARTH INTERNATIONAL vertreten.

Mit der BUND-Jugend verfügt der BUND über eine eigenverantwortlich arbeitende Jugendorganisation mit zur Zeit 26000 Mitgliedern und rund 700 Kinder- und Jugendgruppen. Diese setzen sich kreativ, spontan und selbstbestimmt für den Umweltschutz ein; so legen sie z. B. Biotope an und pflegen sie, helfen bei der Begrünung von Fassaden, kümmern sich um Vögel, Frösche und Hummeln. Sie machen politische Aktionen wie Straßentheater, aber auch mit Sitzblockaden Druck, wenn es um Maßnahmen gegen das Waldsterben, die Zerstörung der Ozonschicht oder die Verringerung der Müllberge geht. Ein weiterer Schwerpunkt ist die Umwelterziehung im Vor- und Grundschulalter. Mit den «Tips zur Saison» werden praktische Anregungen zu Kinder- und Jugendgruppenarbeit gegeben. Auch werden internationale Jugendlager und Work-Camps sowie Fahrradtouren organisiert. So ging die Bike-Tour 1990 von Bergen in Norwegen bis Budapest (rund 4000 km), die von zahlreichen Aktionen begleitet war und auf umweltfreundlichen Verkehr und Tourismus hinweisen sollte.

# C

## Cadmium

Das →Schwermetall Cadmium (Cd) ist ein natürlicher Bestandteil von Zinkerzen, in geringeren Mengen auch von Kupfer- und Bleierzen. Aufgrund seiner Temperaturbeständigkeit und Leuchtkraft wird Cadmium hauptsächlich für die folgenden Zwecke verwendet:

- **als Farbstoff für Kunststoffe und Lacke (z. B. in gelb, rot oder orange gefärbten Keramiken oder Kunststoffen) zu ca. 30 %**
- **in der Galvanotechnik (z. B. verchromen, vernickeln) zu ca. 20 %**
- **als Stabilisator (PVC) zu ca. 18 %**
- **in Batterien zu ca. 15 %**

Cadmium gelangt vor allen Dingen bei Verbrennungsprozessen (Abgase der Industrie, Feuerungs- und Müllverbrennungsanlagen) in die Luft, jährlich sind es etwa 90 Tonnen in der alten BRD.

In der →Luft ist Cadmium an Feinstaub angelagert und wird weit über die →Atmosphäre verbreitet. So kommt es auch in den →Boden. Der Boden wird ferner durch phosphathaltige →Düngemittel (65 Tonnen pro Jahr), die Cadmium enthalten, durch als Dünger ausgebrachten Müllkompost und →Klärschlamm (ca. 160 Tonnen pro Jahr) oder zinkhaltige →Pestizide mit Cadmium belastet.

Die oberen 5 cm der Bodenschicht weisen die höchsten Gehalte an Cadmium auf. Von hier aus gelangt es in die Pflanzen. Für die Aufnahme von Cadmium durch die Pflanzen sind die Bodenart, der Humusgehalt, vor allem aber der pH-Wert von besonderer Bedeutung. (→Boden)

Hohe →Immissionen an →Schwefeldioxid in der Luft gelangen als →saurer Regen in den Boden und senken den pH-Wert des Bodens (→Bodenversauerung). Dadurch wird Cadmium mobilisiert und so verstärkt von den Pflanzen aufgenommen (→Bodenbelastungen). In höheren Konzentrationen wirkt es wachstumshemmend.

Besonders viel Cadmium ist in Pilzen (Wild-/Kulturpilze) enthalten. Höhere Konzentrationen (bis 1 mg/kg) finden sich auch in Blattgemüse, Getreide und Kartoffeln (Richtwert für Gemüse liegt bei 0,1 mg/kg). Die Cadmiumaufnahme des Menschen stammt zu etwa 70% aus der pflanzlichen Nahrung. Jeder Bundesbürger nimmt täglich 20–35 Millionstel Gramm Cadmium über die Nahrung, Luft und das Wasser zu sich. Besonders gefährdet sind Kinder und Menschen mit Eisenmangel. Bei ihnen sind die zumutbaren Belastungen bereits erreicht oder überschritten. **Rauchen** führt zu einer zusätzlichen Belastung mit Cadmium, da Tabakpflanzen Cadmium in hohem Maße aufnehmen.

Mit dem Futter nehmen auch Tiere Cadmium auf; es wird hauptsächlich in Leber und Niere gespeichert. Aus diesem Grunde sind auch die Innereien von Wild, aber auch die Leber und Nieren von Schweinen und Rindern, besonders von älteren Tieren, stark belastet (→Fremdstoffe in Nahrungsmitteln). Eine andere Belastungsquelle für den Menschen sind rote, gelbe und orangefarbene Geschirre aus Keramik oder Kunststoff, da die Farbpigmente Cadmium enthalten können. In einem Versuch stellte sich heraus, daß sich aus einem roten Kunststoffbecher, gefüllt mit haushaltsüblichem Essig, innerhalb von 2 Stunden 86 Mikrogramm Cadmium herauslösten. Diese Menge nimmt ein Mensch normalerweise durch andere Belastungsquellen an Cadmium an einem Tag auf. Auch von rotem, gelbem oder orangefarbenem Kunststoffspielzeug (z. B. Beißringe), Fingermalfarben, Knete oder Filzstiften kann Gefahr für Kinder drohen. Nehmen sie von den Materialien etwas in den Mund oder verschlucken sie kleine Partikel, so kann die Magensäure das Cadmium herauslösen.

Das Cadmium, das wir mit der Atmung oder mit der Nahrung aufnehmen, scheidet unser Körper nur teilweise wieder aus. Die Nieren filtern es aus dem Blut, und es lagert sich in den Nieren ab. Cadmium kann vom Menschen über Jahrzehnte aufgenommen und gespeichert werden, ohne daß Symptome auftreten. Bei andauernder Cadmiumbelastung kann es jedoch zu Lungen- und Nierenschäden und unter bestimmten Bedingungen auch zu Knochenveränderungen kommen. Bei Arbeitern in der cadmiumverarbeitenden Industrie wurde eine vermehrte Häufigkeit von Bronchial- und Prostatakrebs (→Krebs) gefunden. In Japan war die Bewässerung von Reisfeldern mit Flußwasser, das durch cadmiumhaltige Abwässer eines Bergwerks verunreinigt war, Verursacher der **Itai-Itai-Krankheit**. Sie äußert sich in einer starken Verformung des Skeletts, einer allgemeinen Abwehrschwäche gegen Infektionskrankheiten und schweren Nierenschäden.

Cadmium gelangt hauptsächlich mit dem →Abwasser in die Oberflächengewässer oder sickert durch den Boden in das →Grundwasser. Es liegt zum größten Teil gelöst vor, ein kleinerer Teil ist an Schwebstoffe gebunden. Cadmium reichert sich in den Flußsedimenten an oder wird auch mit ins Meer transportiert (→Gewässerverschmutzung, →Meeresverschmutzung).

Von den Wasser-Organismen wird es mit der Nahrung oder aus dem umgebenden Wasser aufgenommen und nur sehr langsam wieder ausgeschieden. In Meerestieren, vor allem Zooplankton (im Wasser schwebende kleine Tiere) und Muscheln, sind An-

reicherungsfaktoren von $10^3-10^4$ die Regel (→biologische Anreicherung).
Cadmium kann ferner schon in geringen Mengen (0,1 ppm) die Selbstreinigungskraft der Gewässer beeinträchtigen (→biologische Selbstreinigung).

**TiP** Beim Spielzeug- und Geschirrkauf sollte auf cadmiumfreie Plastikprodukte geachtet werden. Herstellerlisten gibt es bei den Verbraucherzentralen und den Umweltberatungsstellen der Kommunen.
Aber auch bei der täglichen Ernährung können die Cadmiummengen reduziert werden: Wildpilze, Wildfleisch, Nieren, Leber und andere Innereien sollten fast gänzlich von der persönlichen Speisekarte gestrichen werden (radioaktive Belastung).
Da Karotten, Blattgemüse und Kartoffeln selbst aus biologischem Anbau hohe Mengen an Cadmium enthalten können, sollte für die Säuglingsernährung auf Gläschenkost zurückgegriffen werden, da diese Produkte inzwischen am strengsten kontrolliert werden.
Ganz besonders sollten schwangere und stillende Mütter sowie Mütter in spe ganz auf den blauen Dunst verzichten, da sich das Cadmium im Körper anreichert.
Wiederaufladbare Batterien, aber auch Akkus aus steckerunabhängigen Geräten wie Rasierer, Handrührgerät oder Tischstaubsauber enthalten große Mengen an Cadmium und müssen nach Ablauf ihrer Lebensdauer bei einer Schadstoffsammlung entsorgt werden.

## Chemiewaffen

Zu den traurigen Kapiteln der Chemie gehört die Verwendung von Chemikalien als Waffen. Chemiewaffen, auch **C-Waffen** genannt, sind Massenvernichtungsmittel. Die bekanntesten sind Loste (Hautgifte), Phosgen, Tabun, Sarin, Soman und DFP (Phosphorsäure-Ester), VX-Stoffe (Nervengase), Psychostoffe (z. B. LSD) und Herbizide. Man unterteilt sie nach ihrer Wirkung in Lungenkampfstoffe, Hautkampfstoffe, Blut- und Nervenkampfstoffe und Psychokampfstoffe. Sie werden versprüht und können sich über Hunderte von Quadratkilometern verbreiten. Nervengase, z. B. Tabun oder Sarin, sind farb- und (fast) geruchlos und können deshalb von den Menschen nicht wahrgenommen werden. Aber selbst wenn man den Gasgeruch des Phosgen oder den Bittermandelgeruch der Blausäure wahrnimmt, ist es für Schutzmaßnahmen bereits zu spät. Auch Gasmasken, wie sie z. B. in Israel während des Golfkrieges 1991 an die Bevölkerung ausgegeben wurden, bieten nur einen bedingten Schutz, da beispielsweise Nervengase auch über die Haut in den Körper eindringen.
Die von Chemiewaffen betroffenen Menschen sterben innerhalb von Minuten, bei einer geringeren Dosis kann sich der Todeskampf über mehrere Stunden erstrecken. Überlebende eines Chemiewaffenangriffs tragen solch schwere Verletzungen davon, daß sie ihr weiteres (meist kurzes) Leben als Schwerstbehinderte verbringen müssen.
Im 1. Weltkrieg starben 90000 Menschen an **Giftgasen**, und es gab 1,3 Mio. Gasverwundete. Diese Opfer

haben mit dazu beigetragen, daß die Genfer Konvention aus dem Jahre 1925 den Einsatz chemischer Waffen untersagt, nicht aber ihre Herstellung und Lagerung verbietet. Bis heute sind diesem völkerrechtsverbindlichen Vertrag 96 Staaten beigetreten, z. T. sehr spät (z. B. USA 1975), mit Vorbehalten (z. B. Vergeltungsschlag nach gegnerischem C-Waffen-Einsatz) oder Einschränkungen (z. B. USA: ausgenommen sind Tränengase und Herbizide). Auf der Pariser Konferenz von 1989 haben 149 teilnehmende Staaten das Verbot des Einsatzes von C-Waffen bekräftigt. Die BRD hat 1954 auf Einsatz, Herstellung und Lagerung chemischer Kampfstoffe verzichtet. Trotzdem haben die NATO-Partner in der BRD Tausende Tonnen von Nervengasen gelagert, die ausreichen würden, ganz Mitteleuropa zu entvölkern. 1990 wurden die C-Waffen-Bestände der USA aus Deutschland abgezogen und zur Verbrennung auf eine Pazifikinsel gebracht. Die Verbrennung chemischer Kampfstoffe, wie sie z. B. auch auf dem Truppenübungsplatz Munster in einer Verbrennungsanlage für alte Kampfstoffe aus den beiden Weltkriegen durchgeführt wird, ist unter Umweltgesichtspunkten äußerst bedenklich, da erhebliche Mengen an Schwefel-, Arsen- und Phosphorrückständen verbleiben, die gelagert werden müssen. Eine sinnvollere Lösung wäre die Konversion, die Umwandlung der Kampfstoffe in Pestizide, Arznei- und Düngemittel. Allein aus den bis 1990 in Fischbach bei Pirmasens gelagerten Nervengasvorräten hätten sich durch chemische Umwandlung Pestizide in einer Menge gewinnen lassen, die etwa der deutschen Jahresproduktion von Pestiziden entspricht. Noch ist nicht endgültig entschieden, ob die USA die neue Generation sog. binärer Kampfstoffe in Deutschland lagern wollen. Binäre Kampfstoffe bestehen aus zwei ungiftigen bzw. weniger giftigen Stoffen, die sich erst nach dem Abschuß zu einem giftigen Stoff verbinden. So entfällt der hohe Sicherheitsaufwand, und die Waffen sind wesentlich mobiler einsetzbar. Das wiederum erhöht die Wahrscheinlichkeit sowohl eines eigenen als auch eines gegnerischen Einsatzes im Kriegsfall. Aus diesen Gründen bleiben Abschaffung und Totalverbot aller C-Waffen eine wichtige Forderung der Friedensbewegung.

Überall auf der Welt sind Giftgase aus den Weltkriegen vergraben oder in Seen und Meeren versenkt und mit der Zeit vergessen worden. In der Ostsee z. B. sind 24 Munitionsversenkungsgebiete bekannt, und Unfälle mit chemischen Kampfstoffen gehören für dänische Ostseefischer schon fast zum Arbeitsalltag. In Hamburg hat die Firma Stolzenburg – wie viele andere Chemiefirmen auch – noch nach dem 2. Weltkrieg Kampfgifte hergestellt, angeblich zur Gegenmittelforschung. Den Müll vergrub die Firma auf dem Werksgelände. Erst spielende Kinder, eines von ihnen mußte dafür mit dem Leben bezahlen, machten auf diese chemischen Zeitbomben aufmerksam. Nach Schätzungen liegen noch Tausende von Tonnen allein in Deutschland im Boden und stellen – z. T. in rostenden Fässern gelagert – verborgene Gefahren für Menschen und Natur dar. Einen Eindruck davon vermittelt der Unfall in der Fabrik des Chemiekonzerns Union Carbide im indischen Bhopal 1984, als ein tödliches Gemisch aus Phosgen und MIC (Methylisocyanat) entwich und 2500 Menschen tötete und viele Tausende schwer vergiftete. In Bhopal wurden Insektizide, die mit den Nervengasen eng verwandt sind, produziert. Phosgen, wegen seiner langsamen Tötungsweise eine der grausamsten C-Waffen im 1. Weltkrieg, ist ein Grundstoff der chemischen Industrie, vor allem für Insektenvertilgungsmittel, bei deren Herstellung MIC als Zwischenprodukt anfällt. Es greift die Schleimhäute an und führt zu Asthmaanfällen, Erblindung und Lungenödemen. Da keinerlei Schutzvorkehrungen getroffen waren, kamen ca. 200000 Bewohner Bhopals mit dem Giftgas in Berührung. Unter den vielen Helfer(inne)n, die nach dem Unfall nach Bhopal kamen, waren auch Experten für C-Waffen aus der BRD, den USA, Großbritannien und Kanada, die hier ein ideales Versuchsfeld vorfanden. In Bhopal befindet sich auch die Landwirtschaftliche Versuchsanstalt der Firma Union Carbide, in der Entlaubungs- und Erntevernichtungsmittel erforscht und entwickelt wurden, die im Vietnamkrieg zum Einsatz kamen.

Die Bevölkerung von Vietnam leidet noch heute an den Folgen der von den USA angewandten **chemisch-ökologischen Kriegführung**. Zwischen 1962 und 1971 wurden insgesamt 71,4 Mio. Liter 2, 4, 5-T (Trichlorphenoxyessigsäure) zur Entlaubung der Mangrovenwälder, zur Vernichtung der Ernten und zur Verseuchung der Verkehrswege eingesetzt. Auf diese Weise wollten die US-Soldaten die in Guerilla-Taktik operierenden Vietcong zum Aufgeben zwingen. Drei Produkte waren hauptsächlich im Einsatz, die man nach dem Farben der Kanister als «Orange», «Blau» und «Weiß» bezeichnete. Die Bezeichnung «Agent Orange», eine Mischung aus 2, 4, 5-T und 2,4 D (= 2,4 Dichlorphenoxyessigsäure), erlangte dabei eine traurige Berühmtheit. Denn dem Unkrautvernichtungsmittel Orange war von den Amerikanern absichtlich auch noch TCDD (Dioxin) in einer Menge zugesetzt, die die 2,4 Mio. Menschen der Region rein rechnerisch einer fünfhundertfachen tödlichen Dosis aussetzten. Als schreckliche Folge des «Herbizidregens» war bereits zu Beginn eine Verfünffachung der Leberkrebssterblichkeit zu verzeichnen, und die Zahl der Totgeburten war von 1962 bis 1969 um mehr als das Fünfzigfache angestiegen. Kinder wurden mit Erbschäden geboren: ohne Gehirn, ohne Augen und mit Nervenschäden. Aber auch bei den Kindern von US-Soldaten, die mit Kampfstoffen in Berührung gekommen waren, traten ähnliche Schädigungen auf. Nach rund 20jährigen Bemühungen wurden den geschädigten US-Soldaten oder ihren Erben **Entschädigungsansprüche** an die Herstellerfirmen der Giftgase zugesprochen. Die verantwortlichen Politiker und Militärs wurden nicht zur Rechenschaft gezogen. Aber aufgrund ihrer Befehle wurde von US-Soldaten fast die Hälfte (= 124000 ha) des vietnamesischen Mangrovenwaldes zerstört. Die Verlustbilanz für Vietnam: 306000 t Nahrungsmittel, 70 Mio. cbm Nutzholz, 40% der Anbaufläche für Kautschuk, 10% der Fischereierträge. Es wird mindestens 100 Jahre dauern, bis sich die Natur in Vietnam erholt hat.

Während im Vietnamkrieg die Herbizide aus der Palette der Pestizide zum Einsatz kamen, haben auch die Insektizide traurige Berühmtheit auf dem Sektor Kriegsforschung erlangt. Insektizide unterscheiden sich nämlich in ihrem chemischen Aufbau nur geringfügig von Giftgasen. Der gleiche Typ Phosphor-Ester kann mit veränderten chemischen Restgruppen auch als Kampfstoff verwendet werden.

Die Entwicklung von C-Waffen ist an vielen Hochschulinstituten und von vielen Wissenschaftler(inne)n betrieben worden, denen bei ihren Forschungsarbeiten kaum moralische Skrupel gekommen sind, obwohl sie ihre Kampfstofforschung fast immer mit dem Deckmantel ziviler Forschung, z. B. auf dem Gebiet des Pflanzenschutzes, zu tarnen versuchten. So wird z. B. nicht nur an der Universität Göttingen von «Insektizidforschung» gesprochen, obwohl sie im Auftrag der Bundeswehr geschieht. Repräsentant einer positiven Einstellung zur Kriegsforschung ist der deutsche Nobelpreisträger (1919) Fritz Haber. Aber es gab auch andere Wissenschaftler, z. B. betonte Hermann Staudinger die Verpflichtung der Chemiker, auf die Gefahren der modernen Technik aufmerksam zu machen.

**Die Liste der C-Waffen-Einsätze nach dem 1. Weltkrieg ist lang:**

**1923 von Spanien gegen Marokko;**
**1935/36 von Italien gegen Äthiopien;**
**1931 u. 1938 von Japan gegen China;**
**1964–1967 Ägypten gegen Jemen;**
**1962–1971 USA gegen Vietnam;**
**80er Jahre Sowjetunion und Verbündete gegen Afghanistan, Laos, Kambodscha: unbewiesene Behauptungen der USA;**
**1984–1991 Irak gegen Iran, Kurden, Schiiten;**
**außerdem unzählige Beschuldigungen in fast jedem Krieg.**

Bewiesen sind die eindeutig gegen deutsche Gesetze verstoßenden **Giftgasexporte**, Exporte des entsprechenden Know-how zur Herstellung von Massenvernichtungsmitteln und der Aufbau von C-Waffen-Fabriken, die in vierzehn Staaten der Dritten Welt von deutschen Firmen errichtet wurden. Getarnt mit dem Etikett «Insektenvernichtung», gefördert durch lasche Exportkontrollen und hervorgerufen durch hemmungslose Profitsucht und weltweiten Konkurrenzkampf um die Chemiemärkte, schaffen die Chemiekonzerne der Industrieländer mit Unterstützung durch eigene Hochschulwissenschaftler/innen und durch Bundeswehraufträge die Voraussetzungen für den Einsatz von C-Waffen durch ebenso skrupellose Politiker in aller Welt.

Für Mensch und Natur ist nur eine Konsequenz denkbar: ein völliges Verbot von C-Waffen und die vollständige Vernichtung vorhandener chemischer Kampfstoffe.

## Chlorierte Kohlenwasserstoffe

Sowohl in aliphatischen als auch in aromatischen →Kohlenwasserstoffen können Wasserstoffatome (H) durch Halogenatome wie Chlor (Cl) und Fluor (F) ersetzt (substituiert) werden. In der Regel verfügen solche ein- oder mehrfach chlorierten (polychlorierten) Verbindungen über eine stark verringerte Reaktivität und große Langlebigkeit bzw. Stabilität, bedingt durch die Größe des Chloratoms und die Festigkeit seiner Bindung jeweils im Vergleich zum Wasserstoff. Statt chlorierter Kohlenwasserstoffe sagt man oft auch Chlorkohlenwasserstoffe.

Zu den aliphatischen Kohlenwasserstoffen gehören zum Beispiel das weitverbreitete Lösungsmittel Trichloräthylen oder das Insektizid Lindan (γ-HCH als Abkürzung für γ-Hexachlorcyclohexan): Eine einfache Kohlenstoffkette aus 6 C-Atomen ist zu einem Ring geschlossen (Cyclohexan), und jedes der 6 C-Atome ist chloriert (Hexachlor). Das γ beschreibt eine der acht möglichen räumlichen Anordnungsmöglichkeiten der Chloratome (→Pestizide).

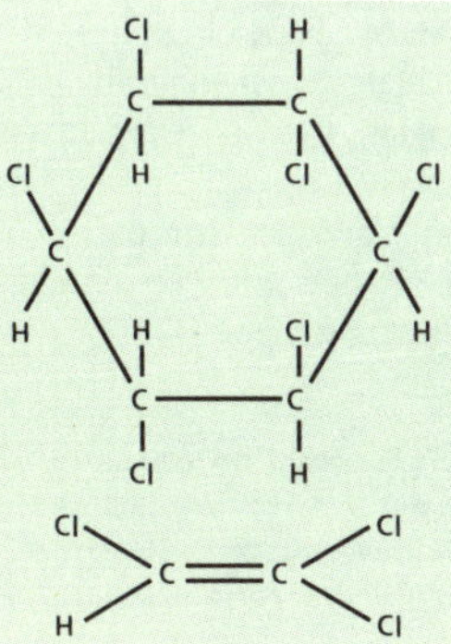

Auch bei den aromatischen Kohlenwasserstoffen kennt man chlorierte Verbindungen. Sie werden dadurch noch stabiler und meist auch giftiger – wie z. B. DDT, →Polychlorierte Biphenyle (PCB) oder →Dioxine (TCDD).

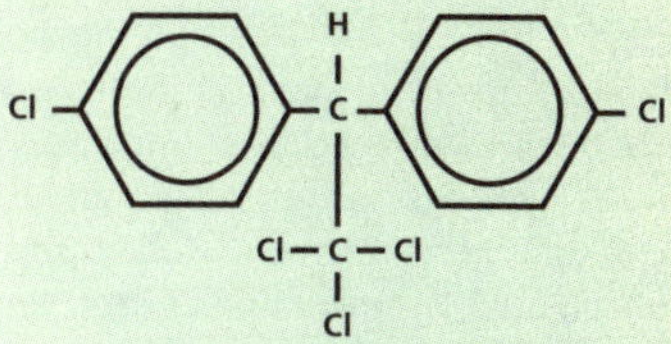

**1.1. Dichlordiphenyl-2,2,2-trichloräthan DDT**

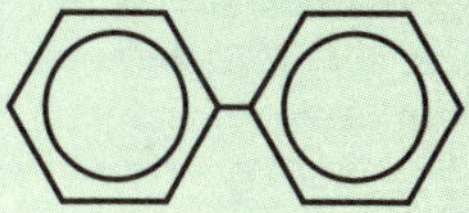

**Biphenyl (Grundkörper der PCB's)**

Chlorierte Kohlenwasserstoffe gelangen als Abfallprodukte mit der Abluft, dem →Abwasser und dem →Abfall, aber auch bei Verbrennungsprozessen in die Umwelt (→Müllverbrennung). Beim Einsatz von →Pestiziden in der Landwirtschaft kommen Chlorkohlenwasserstoffe über die →Nahrungskette auch in die Lebensmittel. In Nahrungsketten werden sie unter Umständen auf das Tausendfache oder Millionenfache angereichert. Sie gelangen so auch in das menschliche Fettgewebe (→Muttermilch). Chlorkohlenwasserstoffe können das Erbgut des Menschen, aber auch das Kind im Mutterleib schädigen und krebserzeugende Effekte selbst bei kleinen Mengen haben.

**TiP** Chlorierte Kohlenwasserstoffe sind viel zu gefährlich, als daß sie im täglichen Gebrauch Verwendung finden sollten. Für gefährliche Schädlingsbekämpfungsmittel mit chlororganischen Wirkstoffen gibt es ungiftigen Ersatz: Fliegengitter, Fliegenklatsche oder Moskitonetze. Holzschutzmittel und Desinfektionsmittel sollen nach Empfehlung des Bundesgesundheitsamtes in Privathäusern gar nicht eingesetzt werden, das heißt, sie können ersatzlos gestrichen werden. Hochgiftige Fleckentferner lassen sich durch Gallseife ersetzen. Korrekturflüssigkeiten fürs Büro gibt es auch ohne chlorierte Kohlenwasserstoffe.

## Computer

Elektronische Umweltverschmutzung, das ist die Beeinflussung der Welt und der Freiheit der Menschen durch elektronische Geräte der unterschiedlichsten Art: Fernsehen, Video, Bildschirmtext, Videotext, Schreibautomaten, Industrieroboter und Computer. Die Mikroelektronik, insbesondere der Mikrocomputer, bestimmen heute in vielfältiger Weise unsere Arbeit, unsere Freizeit, unser gesellschaftliches Leben insgesamt.
Einer der ersten Computer, man nannte sie damals vor 50 Jahren auch «Elektronengehirn», benötigte zum Aufstellen noch mehrere größere Räume und soviel elektrischen Strom wie eine Elektrolok. Dasselbe leistet heute ein Computer, so groß wie ein Stück Würfelzucker, der kaum noch Strom benötigt. Die Schaltkreise sind auf kleinen, stecknadelkopfgroßen Kristallplättchen, den sog. Chips oder Mikrochips, fotografisch eingraviert. So ein einziger Chip enthält in seinem integrierten Schaltkreis soviel Funktionen, wie es 100000 Transistoren entspricht.
Solche Chips können als Mikroprozessor verwendet werden. Fügt man einen Speicher und Ein- und Ausgabechips hinzu, so hat man einen fertigen Mikrocomputer. Das Ausgangsmaterial für die Chips ist Silicium, das weltweit buchstäblich wie Sand am Meer vorhanden ist.
Die Mikrocomputer sind in den letzten Jahren immer kleiner, schneller und billiger geworden. Kostete der erste Computer der weltgrößten Herstellerfirma IBM noch 1 Mio. Dollar, so muß man für seine heutige Mikroversion ganze 20 Dollar zahlen.
Nun sind Computer nicht etwa nur bessere Rechenmaschinen, sondern ihr Anwendungsbereich ist nahezu grenzenlos. In allen Anlagen, Geräten und Maschinen sind mikroelektronische Bauteile zu finden (in Heizanlagen, Autos, Fernsehapparaten, Telefonanlagen, Küchengeräten, Uhren, Telespielen, Registrierkassen usw.).
Dabei ist ohne jeden Zweifel eine Reihe von Vorzügen für die →Umwelt und die Arbeit und Freizeit der Menschen festzustellen:

- **Die Produktion von Gütern und der Betrieb von technischen Anlagen kann preisgünstiger, energie- und rohstoffsparender**

**und umweltfreundlicher erfolgen.**
**– Langweilige Routine- und Fließbandtätigkeit können von Maschinen übernommen werden.**
**– Der Mikroprozessor ist dezentral, individuell und demokratisch einsetzbar und eröffnet Möglichkeiten zur Entfaltung von Kreativität und Phantasie.**

Aufgrund der Vorteile ist eine generelle Verteufelung der Mikroelektronik und der elektronischen Datenverarbeitung (EDV) nicht angebracht. Leider bieten aber die Erfahrungen mit dieser neuen Technologie unter den politischen und wirtschaftlichen Gegebenheiten unserer Gesellschaft hinreichend Anlaß, vor Gefahren zu warnen und den zu erwartenden Auswüchsen vorzubeugen.

### Mikrocomputer als ‹Herrschaftsverstärker›

Der Bürokratie eines Staates eröffnet sich die Möglichkeit, mit Hilfe von elektronischen Datenspeichern, Computern, Datenfernübertragung über Bildschirm ihre Macht zu vervielfältigen. Der Informationsvorsprung und die «Allwissenheit» der Mächtigen wird immer größer und hinterläßt ein Gefühl der Wehrlosigkeit und des Ausgeliefertseins bei der Bevölkerung. So ist der maschinenlesbare Personalausweis für jeden Bundesbürger ein möglicher Einstieg in eine totale Überwachung und Kontrolle. Jeder Aufenthaltsort, jeder Grenzübertritt eines Menschen kann zentral registriert und gespeichert werden. Daten eines jeden von uns von der Bank, der Krankenversicherung, der Polizei, dem Finanzamt, dem Arbeitgeber, dem Reisebüro usw. können mit Hilfe der Mikroelektronik zusammengeschaltet und abgerufen werden. Gesetze über den Datenschutz sollen einen solchen Mißbrauch durch Unbefugte verhindern.

### Mikrocomputer als ‹Jobkiller›

Schon heute gibt es nahezu menschenleere Fabrikhallen, in denen vollautomatisch Waren und Güter gefertigt werden. Im Bereich der Textverarbeitung, auch bei der Herstellung dieses Lexikons von der Ablieferung des Manuskripts durch die Autoren bis zum Druck, werden viele Arbeitsgänge vom Computer übernommen. Viele Arbeitsplätze werden überflüssig. Die Menschen, die dort arbeiten, erhalten aber keine sinnvollere Arbeit oder kommen in den Genuß genereller Arbeitszeitverkürzungen, sondern sie werden arbeitslos. Rationalisierung kommt meistens nicht den arbeitenden Menschen zugute, sondern dient der Vermehrung des Profits. Der Computer arbeitet billiger, ohne krank zu werden, und dient gehorsam. Der Computer hat viele soziale Folgeprobleme hervorgebracht.

### Mikrocomputer als anonymer Vorgesetzter

Diejenigen, die nicht durch Computer arbeitslos geworden sind, werden von diesem zunehmend in ihrem Arbeitsrhythmus bestimmt. Der Computer diktiert und kontrolliert alle Arbeitsabläufe und schränkt die Möglichkeiten zu selbständiger Planung und Gestaltung häufig erheblich ein. Nun ist es nicht mehr ein Mensch, der als Vorgesetzter Befehle erteilt und mit dem man sich auseinandersetzen kann, sondern eine anonyme Maschine bestimmt den Takt.

### Mikrocomputer als Unterhalter

Heimcomputer, Telespiele und letztlich auch das Kabelfernsehen sind Errungenschaften, die uns die Mikroelektronik als angenehme Anwendungsbereiche beschert hat. Mehr und mehr wird der Freizeitbereich von den neuen Medien durchdrungen. Mit hohem Kostenaufwand (es werden Zahlen bis zu 100 Mrd. DM genannt) verkabelt die Telecom unser Land. Die neuen Medien bringen eine Vielzahl von Fernsehprogrammen in unsere Wohnzimmer. Auch wird die Möglichkeit geboten, vom heimischen Sessel per Bildschirm und Telefon Hotels zu buchen, Einkäufe zu tätigen oder Post zu verschicken. Die Folgen für das Zusammenleben der Menschen in den Familien und im Bekanntenkreis sind tiefgreifend: zunehmende Vereinzelung, weniger Zeit für gemeinsame Vorhaben und Gespräche. Was zunächst als eine Bereicherung des Lebens erschien, entpuppt sich bald als langweilige Alternative, die Geist und Phantasie tötet und manche sogar psychisch erkranken lassen kann.

### Mikrocomputer als Sondermüll

Jährlich landen Tausende Computer mit dem Hausmüll auf Deponien und in Verbrennungsanlagen. Solcher Elektronikschrott hat es jedoch in sich. Die ganze Palette von Metallen, Kunststoffen und Ölen ist darin enthalten. Über eine Rücknahmeverpflichtung der Hersteller ist eine breitgefächerte stoffliche Wiederverwertung anzustreben. Nur so können wertvolle Rohstoffe eingespart und Umweltbelastungen vermieden werden.

### Mikrocomputer als Waffe

Die modernen Raketen mit den atomaren Sprengköpfen (→Atomwaffen) sind mit hochentwickelten Mikrocomputern ausgestattet. Sie haben ein Leit- und Lenksystem, das von einem Computer gesteuert wird. Im Speicher des Computers sind die Luftaufnahmen aller Gebiete der Erde gespeichert. Mit Hilfe einer Kamera wird jeweils das Gebiet, das die Rakete überfliegt, aufgenommen und ebenfalls in den Computer eingegeben. Der Computer vergleicht beides und kann so exakt einen vorbestimmten Kurs einhalten und sein einprogrammiertes Ziel auf wenige Meter genau treffen.
Im Golfkrieg 1991 im Irak wurden von seiten der USA die modernsten High-Tech-Waffen eingesetzt. Punktgenau wurden Ziele getroffen, wie wir im Fernsehen verfolgen konnten. Die Faszination dafür hat das Leid und den Tod Hunderttausender Menschen viel zu sehr in den Hintergrund gedrängt. Auch der «sauberste» Krieg ist ein schmutziges Geschäft!
Die Entwicklung von Computern, die klein und energiesparend betrieben werden können, ist weitgehend durch militärische Interessen vorangetrieben worden. Auch die Bordcomputer von Flugzeugen, Schiffen und Panzern ermöglichen eine hohe Treffsi-

cherheit der todbringenden Waffensysteme.

Die Grundfrage beim Einsatz von Mikrocomputern ist immer eine politische: Für welche Zwecke soll und darf diese neue Technologie eingesetzt werden? Sind Machtgier, Profitinteressen und Krieg Entscheidungskriterien oder Demokratie, Solidarität, Umweltschutz und Menschlichkeit?

# D

## Denkmalpflege

Ein Denkmal ist eine Sache aus der Vergangenheit, die uns und zukünftigen Generationen Informationen über die Entwicklung unserer Kultur geben kann. Vor- und frühgeschichtliche Denkmale erfassen jenen Zeitraum der Menschheitsentwicklung, über die keine oder kaum Dokumente wie Schriftwerke und Überlieferungen vorhanden sind, und die deshalb überwiegend über die Archäologie erforscht werden. Sie werden deshalb auch archäologische Denkmale genannt. Dies können Grabhügel sein oder Ringwälle ehemaliger Befestigungsanlagen, Steinwerkzeuge oder versunkene Wikinger-Schiffe, Heiligtümer oder Steinkammern, alte Straßendämme oder vieles andere mehr. Bau- und Kunstdenkmale sind alle künstlich geschaffenen Bauwerke vergangener Zeit, an deren Erhaltung ein öffentliches Interesse besteht. Ein Denkmal kann ein bedeutendes Kunstwerk sein oder auch ein Zeugnis des Alltagslebens, der technischen Veränderungen oder der sozialen und politischen Entwicklung, kann Schönes wie Mahnendes sein. Ferner gibt es Naturdenkmale.

Als Reaktion auf erhebliche Zerstörungen in den Befreiungskriegen und als Folge des steigenden Selbstbewußtseins der Bürgerinnen und Bürger im Zuge der Aufklärung wurde nach der Französischen Revolution antikes Kulturgut zum allgemeinen Besitz erklärt. Es entstand zur Wende vom 18. zum 19. Jahrhundert die systematisch betriebene Denkmalpflege im heutigen Sinne. Mitte des 19. Jahrhunderts gab es viele Altertumsvereine, in denen sich das Bildungsbürgertum mit der Geschichte unseres Kulturkreises bis weit in die Antike zurück beschäftigte, von der Aufzeichnung herausragender Bauten oder dem Studium der Haustypologie bis zu Ausgrabungen in Troja und vielem anderen mehr. In Deutschland wurden Mitte des 19. Jahrhunderts erste Konservatoren, also Denkmalpflegebeauftragte, eingesetzt. 1902 trat das Preußische Verunstaltungsgesetz in Kraft, das erstmals auch den Schutz der Landschaft mit einbezog. Das erste Denkmalschutzgesetz im heutigen Sinne entstand im selben Jahr.

**Aufgabe der Denkmalpflege** ist es, Kulturdenkmale zu erfassen, zu dokumentieren, sie der Öffentlichkeit zu erschließen und sie vor allem so zu betreuen, daß sie auch langfristig erhal-

ten werden. Um das öffentliche Interesse an der Erhaltung gegen zuwiderlaufende Vorstellungen wie Eigentumsvorbehalte, wirtschaftliche Interessen oder Stadt- oder Verkehrsplanung sichern zu können, wurden auf Landesebene entsprechende Denkmalschutzgesetze beschlossen. Gleichzeitig wurden Fachbehörden eingesetzt, die als Vertreter der Öffentlichkeit die Vernachlässigung, Verunstaltung oder gar Vernichtung von Kulturgütern verhindern sollen. Diese hoheitliche Tätigkeit der Behörden wird als Denkmalschutz bezeichnet. Als Folge der Zerstörungen des 2. Weltkrieges und vor allem der «Wiederaufbauphase» von den 50er bis weit in die 70er Jahre hinein entstand eine große Unzufriedenheit über die «Unwirtlichkeit unserer Städte». Ganze Stadtviertel waren dem Bagger zum Opfer gefallen und ohne Rücksicht auf den historischen Stadtgrundriß und die zugehörigen Sozialstrukturen vor allem nach wirtschaftlichen Gesichtspunkten mit anonymen Massenwohnungsbauten zumeist in Betonbauweise «wieder» aufgebaut. Die Denkmalschutzgesetze erwiesen sich als zu schwach, um diese Entwicklung aufzuhalten, zu groß war der Fortschrittsglaube, zu sehr wollte man sich von der («dunklen» ?) Vergangenheit lösen.
Ab Mitte der 70er Jahre setzte ein Umdenkungsprozeß, weg von der Kahlschlagsanierung, hin zur erhaltenden Erneuerung und einhergehend eine Stärkung des Denkmalschutzgedankens, ein. Inzwischen ist für viele die Erhaltung historischer Bausubstanz weit über den Denkmalschutz hinaus ein Zeichen für Lebensqualität geworden. Insbesondere in den östlichen Bundesländern kommt der Sanierung und Erhaltung der Innenstädte eine große Bedeutung zu. Leider findet dabei häufig die gestalterische Erscheinung vorrangig Beachtung. Aber ein Denkmal kann mehr als nur Abbild sein. Bei einer Sanierung mit wiederverwendbaren Baustoffen oder zumindest den traditionellen Materialien und Handwerkstechniken kann auch auf lange Dauer die Vielschichtigkeit des Baudenkmals erhalten bleiben für alle Arten der Wahrnehmung. Zudem sind die traditionellen Materialien (früher wurden beim Hausbau nicht mehr als 10 verschiedene Materialarten verwendet) wie Holz, Lehm, Stroh, Naturstein, geschmiedetes Eisen, Kalk etc. nach heutigen baubiologischen Gesichtspunkten (→ökologisches Bauen) positiv zu beurteilen.
Der zunehmende Angriff auf Baustoffe durch Umwelteinwirkungen gefährdet auch Denkmale. Mitte der 80er Jahre wurden umfangreiche Forschungsprogramme, die Aufklärung durch Beobachtung und Laboruntersuchungen erbringen sollen, begonnen. Neben der normalen Verwitterung sind es vor allem die Verwendung falscher Materialien und Restaurierungstechniken, die Vernachlässigung bauphysikalischer Grundwerte des Altbaues, die sich zum Teil wesentlich von heutigen Bautechniken unterscheiden, aber auch die Kombination aus Schadstoffablagerungen und Feuchtigkeit, die häufig Ursache für Materialzerstörungen sind. Die Gefahr, nur Schadensfolgen, nicht aber die Ursachen zu beseitigen, ist groß. Denn das würde für uns Menschen bedeuten, endlich umzudenken, eine Überprüfung

unserer Anspruchshaltung im Alltag und eine Veränderung unserer Wertvorstellungen vorzunehmen. Dabei könnte uns der Blick zurück Anhaltspunkte geben.

## Dioxine

Der Name Dioxin wird sicher einmal als Schreckensformel in die Chroniken der Geschichte eingehen. Bis heute verbindet sich damit schon das Leiden der Bevölkerung in Vietnam, auf die die Amerikaner während des Vietnamkriegs rund 110–180 kg Tetrachlordibenzodioxin (2,3,7,8-TCDD) angeblich zur Entlaubung der Wälder versprüht hatten (→Chemiewaffen). Der Name Dioxin ist aber auch mit den Menschen in Seveso, einer kleinen Stadt in der Nähe Mailands, verknüpft. Für die Betriebsangehörigen des dortigen Chemiewerks ICMESA war es nur ein Ausgangsstoff für Deosprays, das sie herstellten. Seit dem Unglück in diesem Chemiewerk Juli 1976 drang das Wissen um die große Gefahr bei der Herstellung des Ausgangsstoffs Trichlorphenol «explosionsartig» an die Öffentlichkeit: dabei entsteht nämlich 2,3,7,8-TCDD. Dioxin gehört mit zu den giftigsten Chemikalien, die je von Menschen synthetisiert wurden. Dioxine und die mit ihnen chemisch eng verwandten Furane haben aber nicht erst seit Vietnam und Seveso Krankheiten verursacht, sondern sie begleiteten die Entwicklung der Großchemie von Anfang an.

### Was sind Dioxine und Furane?

Dioxine und Furane sind chemisch eng verwandt und von vergleichbarer Giftigkeit. Beide haben zwei Benzolmoleküle, die bei Furanen mit einem Sauerstoffatom, bei den Dioxinen mit zwei Sauerstoffatomen verbunden sind. Die Benzolringe gehen besonders leicht eine Verbindung mit Chloratomen ein, in jeden passen bis zu vier, insgesamt sind also höchstens acht Chloratome möglich.
Der Name des berüchtigten Seveso-Gifts 2,3,7,8-TCDD bezeichnet die Stellung der Chloratome an den Ecken Nummer 2, 3, 7 und 8. Da es vier Chloratome sind, heißt die Verbindung 2,3,7,8-Tetrachlordibenzodioxin. Im allgemeinen Sprachgebrauch spricht man von diesem Stoff als Dioxin. Er ist aber nur einer von den möglichen 75 chlorierten Dioxinen, die durch die verschiedenen Anlagerungsmöglichkeiten der Chloratome in den Benzolringen entstehen können. Es gibt allein 22 verschiedene TCDDs. Die giftigste Verbindung ist allerdings das 2,3,7,8-TCDD. Auch bei den Furanen sind aufgrund der unterschiedlichen Ausstattung mit

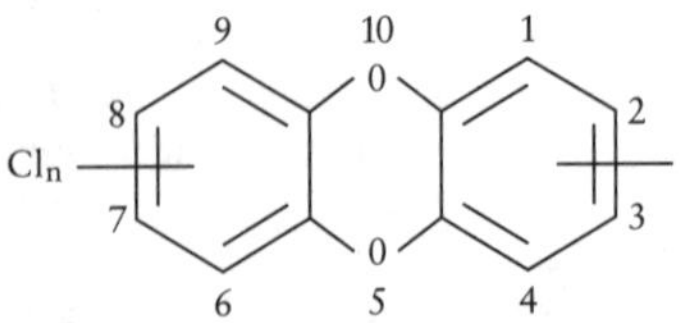


PCDD
polychlorierte Dibenzodioxine
«Dioxine»

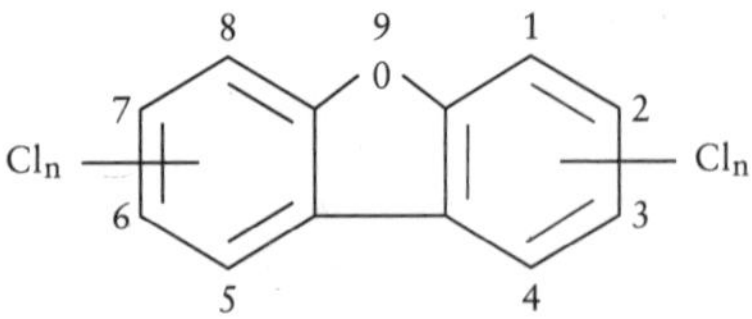


PCDF
polychlorierte Dibenzofurane
«Furane»

## TCDD-Unfälle in der BRD

«**1953** BASF in Ludwigshafen:
Durch einen Unfall wurden 55 Personen dem Giftstoff TCDD ausgesetzt – alle erkrankten an Chlorakne, 42 wurden bis zur Unkenntlichkeit entstellt. Bei 21 dieser Betroffenen führte der Kontakt mit Dioxin neben Störungen der Herztätigkeit, des Atemtraktes und des zentralen Nervensystems zu Schädigungen der Leber, der Nieren und der Milz.
Der Sohn eines Betroffenen erkrankte an Chlorakne, nachdem er den Schal des Vaters zeitweilig benutzt hatte.
Fünf Jahre später erlitt ein Schlosser eine Dioxin-Vergiftung beim Versuch, den Reaktor erneut in Betrieb zu nehmen. Neun Monate nach dem ersten Auftreten von Vergiftungserscheinungen starb der Arbeiter an einer Entzündung der Bauchspeicheldrüse.
Der Betrieb wurde geschlossen und in Abständen von Monaten mit Kaninchen als ‹Sonden› überprüft, ob ein Wiederbeleben des Gebäudes in Betracht gezogen werden konnte. Bis 1968 liefen die Versuche, aber die Kaninchen überlebten nie.
Der Betrieb wurde daraufhin im gleichen Jahr unter besonderen Vorkehrungen, wie dauernder Wasserberieselung und Schutzanzüge für Arbeiter, abgerisssen. Die Gebäudeteile wurden in luftdichte Kisten verpackt und in stillgelegten Salzbergwerken gelagert. Die metallischen Teile wurden in Hochöfen verschmolzen.
**1954** BOEHRINGER-INGELHEIM in Hamburg:
Nach Änderungen im Produktionsprozeß bei der Herstellung von 2,4,5-T traten im Verlauf einiger Monate 31 Fälle von Chlorakne auf. Es wurde herausgefunden, daß für die Chlorakne-Ausbrüche die Verunreinigung des technisch reinen Trichlorphenols, nämlich das TCDD, verantwortlich ist. Die Chlorakne war äußerlich sichtbares Erscheinungsbild einer systematischen Vergiftung, die zu Muskelschwäche, Appetit- und Gewichtsverlust, Schlafstörungen, Bauchschmerzen und Leberschäden führte. Diese Krankheitserscheinungen gingen mit psychopathologischen Veränderungen einher, die als spezifisches Syndrom für TCDD-Vergiftungen angesehen wurden.
**1956** BOEHRINGER-INGELHEIM in Hamburg:
Mehrere Arbeiter der Trichlorphenol (TCP)-Produktion wurden mit Chlorakne-Befall verschiedener Stadien in der Universitätsklinik Hamburg-Eppendorf behandelt.
Dies führte zur Umstellung vom Hochtemperatur- auf das sogenannte Niedertemperaturverfahren. Seitdem sind keine neuen Fälle von Chlorakne bekanntgeworden. 1984 Schließung des Werkes wegen hoher Umweltgefährdung.
**1974** BAYER-UERDINGEN:
Im August traten nach Abbau und dem Neuaufbau einer Rektifizier-Kolonne, die dem Abdestillieren von Methanol bei der TCP-Produktion dient, auf Chlorakne zurückzuführende Hautveränderungen bei den dort beschäftigten Schlossern und Chemiearbeitern auf (6 Erkrankungen). Zur Vermeidung weiterer Erkankungen wurde bei Reparaturen Schutzkleidung und bei besonders kritischen Anlageteilen Vollschutzanzug mit Sauerstoffversorgung vorgeschrieben.»

(leicht verändert nach E. R. Koch / F. Vahrenholt: Seveso ist überall, 1982, S. 44f)

Chloratomen 135 Verbindungen möglich. Dioxine und Furane sind chemisch sehr stabile Verbindungen, die auch noch bei Temperaturen von 700 °C bestehen bleiben.

### TCDD-Unfälle

Die Geschichtsschreibung der Schreckensformeln der Dioxine und Furane beginnt schon vor mehr als 80 Jahren, als die ersten Arbeiter an einer heimtückischen Krankheit, der Chlorakne (→Berufskrankheiten), erkrankten. Auch der sog. Störfall in Seveso war kein Einzelfall im Ausland, sondern auch hierzulande hat es Unfälle gegeben.

Die Schreckensgeschichte der Dioxine und Furane hätte aber schon viel früher beendet werden können. Die Verantwortlichen in der chemischen Industrie ließen erst viel zu spät Einblick in die Produktionsmethoden nehmen. Dadurch wurde der eindeutige Nachweis des für die Chlorakne verantwortlichen Schadstoffs erheblich behindert.

Auch die meisten TCDD-Unfälle hätten vermieden werden können. Die Firma Boehringer-Ingelheim hatte nämlich nach den Krankheitsfällen 1956 ihr Produktionsverfahren vom gefährlichen Hochtemperaturverfahren auf das sichere Niedertemperaturverfahren umgestellt. Diese neue Verfahrenstechnik wurde dann auch in allen einschlägigen Fachzeitschriften veröffentlicht. Doch die meisten Hersteller, so auch die Bayer-Werke, blieben bis zur Seveso-Katastrophe bei dem gefährlicheren Verfahren, weil es wesentlich kostengünstiger war.

### Wie entstehen Dioxine, und wie gelangen sie in die Umwelt?

Bei der Herstellung von Herbiziden wie 2,4,5-T oder 2,4-D (→Pestizide), des Holzschutzmittels PCP oder der als Trafoöle benutzten PCBs (→polychlorierte Biphenyle) bzw. bei der Produktion, Weiterverarbeitung und Verbrennung aller →chlorierten Kohlenwasserstoffe entstehen Dioxine und Furane. Sie sind z. T. auch in diesen Produkten enthalten.

All diese Produkte werden einmal zu Abfall, und die in ihnen enthaltenen bzw. sich aus ihnen entwickelnden Dioxine und Furane stellen ein Problem für Müllverbrennungsanlagen und →Mülldeponien dar. Aus Müllverbrennungsanlagen können sie mit der Flugasche in die Umwelt gelangen. Dort werden sie im →Boden gespeichert, und es muß mit einer Halbwertzeit von 10 bis 12 Jahren (im menschlichen Organismus von mehreren Monaten) gerechnet werden (→Schadstoffe). Dioxine verbleiben aber nicht nur im Boden, sondern sie können sich durch eine starke Erwärmung der Bodenoberfläche durch Sonneneinstrahlung verflüchtigen (→Bodenbelastungen). Andere belastete Bodenpartikel können mit dem Wind verweht werden und z. B. so auch in das →Wasser gelangen.

Das Seveso-Gift 2,3,7,8-TCDD ist aber auch schon im Sickerwasser und in Auffangteichen von solchen Deponien und Firmengeländen – wie in Hamburg die Deponie Georgswerder oder das Gelände der Firma Boehringer – gefunden worden, auf denen Rückstände aus der Produktion des Herbizids 2,4,5-T lagern. Auf dem Gelände einer 1986 stillgelegten Metallhütte in Rastatt fand man extrem hohe Dioxinwerte (bis zu 638000 Nanogramm) im Boden. Die Böden in der angrenzenden Wohnsiedlung müssen bis zu einer Tiefe von 40 cm abgetragen und neu aufgefüllt werden.

Solche Maßnahmen empfiehlt das Bundesgesundheitsamt bereits bei einer Verseuchung von 1000 Nanogramm Dioxin. Auch zahlreiche Kinderspielplätze und Sportanlagen mußten in der Vergangenheit wegen zu hoher Belastung mit Dioxinen und Furanen geschlossen werden. Bei ihrem Bau wurde z. B. Schlacke aus Müllverbrennungsanlagen oder Kieselrot, das bei der Kupfergewinnung anfiel, verwandt.

### Welche Gefährdungen bestehen durch Dioxine?

Schon 1984 erhärtete sich der Verdacht, daß auch bei uns Dioxine bereits im menschlichen Körper nachgewiesen werden können, nämlich in der →Muttermilch. Sie können über die Nahrung oder die Atemluft in den menschlichen Körper gelangen. Bei der Nahrung kommen insbesondere fetthaltiges Fleisch und Milchprodukte von solchen Tieren in Frage, die auf 2,4,5-T behandelten Weiden grasten (→Nahrungskette, →biologische Anreicherung). Aber auch in Fischfleisch kann es enthalten sein.

Leider blieben die ersten Funde von Dioxinen und Furanen in der Muttermilch keine Einzelfälle wie weitere Untersuchungen an Muttermilchproben aus der alten BRD ergaben. Nach Berechnungen nimmt ein Säugling mit 5 kg Körpergewicht und täglich 800 ml Muttermilch im Mittel 73 Picogramm TEq (BGA) des 2,3,7,8-TCDD pro Kilogramm Körpergewicht auf. Das Bundesgesundheitsamt (BGA) geht aufgrund von Tierversuchen davon aus, daß ein Mensch nur zwischen einem und zehn Picogramm 2,3,7,8-TCDD pro Kilogramm Körpergewicht und pro Tag aufnehmen darf, wenn Schädigungen ausgeschlossen werden sollen.

### Gesundheitsschäden durch Dioxine

TCDD kann Chlorakne verursachen und besitzt eine große Giftigkeit für den Embryo im Mutterleib. Sowohl in Seveso als auch in Vietnam stieg die Zahl der Tot-, Miß- und Fehlgeburten an. Noch heute fordert die Dioxin-Katastrophe in Seveso ihre Opfer. Ein bisher geheimgehaltener medizinischer Bericht zeigt, daß in der Region die Anzahl schwerer und tödlicher Krankheiten seither drastisch angestiegen ist. Umstritten ist noch, ob TCDD auch →Krebs auslösen kann. Dafür spricht, daß in Vietnam seit Ende der sechziger Jahre eine erhöhte Leberkrebssterblichkeit festzustellen ist. Auch bei einer Nachuntersuchung von BASF-Arbeitern, die bei dem Unfall 1953 mit TCDD in Berührung gekommen waren, lag die Zahl der Leberkrebserkrankungen sechsmal höher als erwartet. Ärzte aus der Umgebung von Müllverbrennungsanlagen berichten über einen deutlichen Anstieg der Krebshäufigkeit (Kempten, Kehl). 1990 hat ein Gericht in der BRD erstmals eine Krebserkrankung als Folge einer Dioxin-Vergiftung anerkannt und den ursächlichen Zusammenhang zwischen der Krankheit und der Dioxin-Belastung in einem Chemiewerk bestätigt. Die Witwe eines inzwischen an Krebs verstorbenen Arbeiters der seit 1984

geschlossenen Boehringer Werke in Hamburg erhält aufgrund dieses Urteils eine Vollrente.
Um die Auswirkungen der →Zeitbombe Dioxin wenigstens zu mildern, ist ein Verbot der Herstellung von Produkten, die TCDD oder ähnlich giftige Dioxine enthalten, dringend erforderlich, die Summengrenzwerte (→Grenzwerte) für acht Dioxine und Furane in der Gefahrstoffverordnung von 1986 reichen nicht aus.

**TiP** Plastikabfälle im Haushalt schon beim Einkaufen vermeiden, da sie bei der Müllverbrennung zur Bildung von Dioxinen führen können.
Hohe Mengen an Dioxinen können auch entstehen, wenn bei einem Gartenfeuer oder Kaminfeuer Kabelreste, Plastik oder imprägniertes Holz mitverbrannt wird. (Verboten!) Aber auch gebleichte Papiere und Hygieneartikel enthalten Dioxinspuren, deshalb in jedem Fall ungebleichtes Papier verwenden. Für die Wäschebleiche chlorfreie Fleckensalze einsetzen.
Holzschutzmittel, Schädlingsbekämpfungsmittel und Desinfektionsmittel auf Chlorbasis ausrangieren und zur Schadstoffsammelstelle bringen.

## Dritte Welt

Hungernde Kinder, kranke Menschen, Slums, ausgetrocknete Böden... Der Fernseher bringt solche Bilder fast täglich in unsere Wohnzimmer. Sie zeigen die absolute Armut, mit der viele Menschen in der Dritten Welt konfrontiert sind. Als Dritte Welt oder Entwicklungsländer werden allgemein Länder in Afrika, Asien oder Lateinamerika bezeichnet, deren Menschen im Vergleich zu den westlichen und östlichen Industrieländern einen niedrigeren Lebensstandard haben bzw. unter absoluter Armut leiden. Als **absolute Armut** hat der frühere Präsident der Weltbank, McNamara, den Zustand bezeichnet, der so stark geprägt ist von Unterernährung, Krankheit, hoher Kindersterblichkeit, niedriger Lebenserwartung und unzureichenden Wohnverhältnissen, daß er außerhalb jeder vertretbaren Definition der menschlichen Würde liegt. Im Jahre 1990 lebten 1,1 Mrd. Menschen unterhalb des Existenzminimums. Eng verbunden mit diesen Merkmalen der Unterentwicklung sind die Umweltprobleme in der Dritten Welt. Der Schutz der →Umwelt ist jedoch hier von besonderer Bedeutung, denn es ist die Umwelt, die die Nahrung (Viehhaltung, Ackerbau, Fischfang, Jagd) und die Rohstoffe liefert.
Umweltprobleme treten in Ländern der Dritten Welt verschärft zutage:

▶ Die natürliche Umwelt, insbesondere die →Ökosysteme der Tropen und Subtropen, sind extrem empfindlich gegenüber menschlichen Eingriffen. Selbst geringfügige Eingriffe können tiefgreifende und endgültige Änderungen in den betreffenden Ökosystemen hervorrufen (→tropischer Regenwald).

▶ Die Menschen in der Dritten Welt sind schon heute die Hauptleidtragenden von Umweltproblemen, die sie in zunehmendem Maße zu Umweltflüchtlingen werden lassen. Nach Schätzungen des Internationalen Roten Kreuzes (1991) beträgt die Zahl der Menschen, die sich wegen fortschreitender Wüstenbildung und des damit verbundenen Verlustes der Lebensgrundlage auf der Flucht befinden, 500 Mio. Auch die Folgen der – hauptsächlich von den Industrieländern geschaffenen – sich anbahnenden Klimakatastrophe (→Treibhauseffekt, →Ozon) werden in der Dritten Welt am gravierendsten sein. Man befürchtet, daß durch das Ansteigen des Meeresspiegels bis zu 60 und 80% der Fläche Javas und Bangladeshs von Überflutung – und damit die Lebens- und Existenzgrundlage von Millionen Menschen – bedroht sein werden.

▶ Die Industrieländer exportieren Umweltprobleme in die Dritte Welt. So dienen die Entwicklungsländer als Absatzmarkt für jene Produkte – z. B. →Arzneimittel oder →Pestizide –, die bei uns längst verboten sind oder gegen weniger schädliche Artikel ausgetauscht wurden. Die Entwicklungsländer werden auf Grund ihrer meist noch fehlenden Umweltschutzgesetze auch als idealer Standort für besonders umweltbelastende Betriebe und als «Deponie» für →Sonderabfall aus den westlichen Industrienationen benutzt.

Nach Angaben eines französischen Nachrichtenmagazins werden nur 10% des in den USA und in Westeuropa anfallenden Giftmülls in den Industrieländern entsorgt.

▶ Die Entwicklungsländer sehen sich besonders hohen Wachstumsraten der Bevölkerung von etwa 3% jährlich gegenüber. Dieser Sachverhalt, allgemein als Bevölkerungsexplosion

**Ein mexikanischer Junge mit ersten Vergiftungserscheinungen durch Pestizide: eitrig entzündete Augen, triefende Nase**

**Am Stadtrand von Bogotá**

oder Überbevölkerung bezeichnet, darf jedoch nicht mit den Ursachen für Unterentwicklung und Umweltproblemen verwechselt werden. Überbevölkerung bedeutet nicht, daß es zu viele Menschen in der Dritten Welt gibt; vielmehr kann die wirtschaftliche Entwicklung nicht mit der Bevölkerung Schritt halten. Kinder sind wegen der fehlenden sozialen Regelungen oftmals die einzige Altersversorgung. Hohe Geburtenzahlen, ebenso ein Merkmal von Unterentwicklung wie Hunger und Krankheit, verschärfen jedoch mit den allgemeinen Problemen auch die der Umwelt.

## Ursachen der Unterentwicklung und der Umweltprobleme

Die Geschichte der Unterentwicklung in den Ländern der Dritten Welt ist bis heute auch die Geschichte einer anhaltenden Belastung und Zerstörung ihrer Umwelt und damit der natürlichen Existenzgrundlagen der dort lebenden Menschen.

Sie begann damit, daß die Staaten Afrikas, Lateinamerikas und Asiens durch die Ausbeutung und militärische Beherrschung von seiten der Kolonialmächte wie z. B. England oder Spanien ihre politische, ökonomische und kulturelle Selbständigkeit verloren. Die Bodenschätze und die Reichtümer dieser Länder wurden hemmungslos geplündert. Millionen von Menschen wurden umgebracht, starben unter unmenschlichen Arbeitsbedingungen oder wurden als Sklaven verschleppt.

Die Kolonialherren zwangen den Kolonien auch ihre Weltarbeitsteilung auf: Die Kolonien mußten ihre Rohprodukte (Rohstoffe wie z. B. Eisen, Baumwolle) ausschließlich an die jeweilige Kolonialmacht liefern. Fertigprodukte (z. B. Maschinen, Textilien) durften die Kolonien nur von ihren sog. Mutterländern beziehen. Diese aufgezwungene Weltarbeitsteilung hatte zwei gravierende, bis heute anhaltende Auswirkungen:

- An die Stelle einer den natürlichen Umweltbedingungen entsprechenden landwirtschaftlichen Produktionsweise mit z. T. weitentwickelten Techniken wie Terrassenbau, Fruchtwechsel und Mischkultur z. B. in Afrika, tritt die planmäßige Ausbeutung der natürlichen Vorkommen durch die Anlage von Monokulturen. In ganzen Regionen durfte nur noch ein landwirtschaftliches Produkt, z. B. Kaffee oder Kakao, erzeugt werden. Zur Anlage der extensiv (keine Bodenpflege, keine Düngung) betriebenen Monokulturen war die Aufbereitung ständig neuer Böden erforderlich. Diese Böden laugten schnell aus und fielen der Versteppung anheim. Neue Böden wurden durch Rodungsbrände geschaffen, wodurch die natürliche Fauna und Flora zerstört wurde. Bodenerosion war nur eine Folge. Die einheimischen Arbeitskräfte wurden gezwungen, nur noch agrarische Rohstoffe für den Export und nicht mehr für den eigenen Bedarf herzustellen.
- Eine weitere Auswirkung der aufgezwungenen Weltarbeitsteilung war die Zerstörung der bestehenden Handwerksbetriebe in den Kolonien. So hatte England ursprünglich Baumwoll- und Seidentextilien aus Indien importiert. Nachdem die englischen Fabrikanten den indischen Vorsprung eingeholt hatten, setzten sie ein Verbot für indische Textilimporte durch. Nun mußten die Inder britische Textil- und andere Industriewaren zollfrei einführen. Inländische Waren, die innerhalb Indiens getauscht wurden, belegten die Engländer mit höheren Zöllen. Somit waren englische Waren in Indien billiger als die einheimischen. Durch diese Kolonialpolitik wurden das indische Textilhandwerk und nachfolgend der Schiffsbau, das Metall-, Glas- und Papierhandwerk zerstört.

Diese Politik legte die Grundsteine für die anhaltende Armut in den Ländern der Dritten Welt.

Auch nach der politischen Unabhängigkeit der meisten Entwicklungsländer sind sie immer noch in diese Weltarbeitsteilung eingebunden. Dafür sind besonders die eindeutig zugunsten der westlichen Industrieländer strukturierte Weltwirtschaftsordnung und der Einfluß der multinationalen Konzerne verantwortlich zu machen. Diese riesigen Unternehmen wie z. B. United Fruit Companies betrachten die Welt als einen großen Supermarkt. Sie haben ihre Zentrale meist in einem westlichen Industrieland, z. B. in den USA oder der Bundesrepublik, und Tochterfirmen in einzelnen Entwicklungsländern. Die besonders günstige Versorgung mit Rohstoffen oder Früchten (große Ländereien gehören den Konzernen), billige Arbeitskräfte, gesicherter Absatz (der Konzern macht die Preise), Überspringen von Importschranken und zum großen Teil noch fehlende Umweltgesetze machen große Profite möglich, die jedoch nicht den Menschen in den Entwicklungsländern zugute kommen.

Die Entwicklungsländer beklagen zudem eine neue Form des ökologischen Kolonialismus oder Imperialismus. Darunter verstehen sie die Einmischung der Industrieländer in die Nutzung der natürlichen Ressourcen in der Dritten Welt und das Vorschreiben von Entwicklungsstrategien. Auch den Plan, den Entwicklungsländern Auslandsschulden zu erlassen, wenn sie bestimmte Umweltschutzauflagen erfüllen, sehen sie in diesem Zusammenhang. Die Schulden werden nicht erlassen, weil sie ungerecht sind, sondern sie werden dazu benutzt, um den Ländern der Dritten Welt erneut Vorschriften zu machen.

### Welche Umweltprobleme gibt es in der Dritten Welt?

Umweltprobleme sind in den Ländern der Dritten Welt sehr unterschiedlich, je nachdem ob es sich um einen ländlichen oder städtischen Bereich handelt.

**Umweltprobleme in ländlichen Bereichen**

Auf dem Lande haben Überweidung, Abholzung und Monokulturen bereits erhebliche Schädigungen der →Ökosysteme hervorgerufen. Man schätzt, daß rund 2000 Mio. ha auf diese Weise geschädigt sind, das ist um ein Drittel mehr als die gesamte heute landwirtschaftlich genutzte Fläche.

Beispielsweise waren früher in der Sahelzone die Herdengrößen der Tragfähigkeit des genutzten Landes angepaßt. Weideflächen wurden nur so lange genutzt, wie sie eine Herde ausreichend ernähren konnten. Danach wechselten die Nomaden auf andere Weidegründe. Dieses Gleichgewicht wurde u.a. im Rahmen entwicklungspolitischer Maßnahmen durch das Anlegen von neuen Brunnen gestört. Die Nomaden vergrößerten ihre Herden, weil der sonst knappe Faktor Wasser jetzt garantiert war. Die größeren Herden überweideten jedoch schnell die Gebiete und zerstörten damit gleichzeitig ihre Nahrungsgrundlage.

In Afrika stellen Holz und Holzkohle mit über 60% die einzige Energiequelle dar. Das Sammeln von Feuerholz hat aber schon in erheblichem Maße Wälder zerstört und den Boden der Erosion freigegeben. Um die großen Städte Afrikas und Indiens hat sich inzwischen ein Kahlschlaggürtel von bis zu 200 km gebildet. Ist das Feuerholz knapp, so wird oft Kuhdung als alternative Energie (→regenerative Energien) benutzt. Damit wird jedoch auch wertvoller Dünger vernichtet. Nach Schätzungen stellt jede verfeuerte Tonne Kuhdung eine Einbuße von ca. 50 kg Getreide dar.

Brandrodungen wie z.B. in Brasilien beim Bau der Transamazonika (Straße), oder um Weideflächen für riesige Viehherden zu schaffen, die einigen Großgrundbesitzern gehören, zerstören ebenfalls riesige Waldflächen (→tropischer Regenwald). Die Folgen von Überweidung, Abholzung und Brandrodung sind u.a. die →Bodenerosion bis hin zu Verödung und Wüstenbildung.

Nach Angaben der UNEP sind bereits 34% der Landmasse Asiens mehr oder weniger, 75% in Australien, 55% in Afrika, 20% in Südamerika und 19% in Nord- und Mittelamerika verwüstet.

Ein besonderes Problem im ländlichen Bereich von Entwicklungslän-

dern ist der steigende Verbrauch – zur Zeit 500000 Tonnen – von →Pestiziden im Jahr. Sie werden meist in den noch immer betriebenen Monokulturen (Plantagenwirtschaft) – z. B. bei Baumwolle, Kaffee, Kakao oder tropischen Früchten – eingesetzt und weniger bei der lokalen Nahrungsmittelproduktion auf kleinen Farmen. Auch hier kann man die negativen Auswirkungen der Pestizide beobachten: Gefährdung von nützlichen Tieren und Pflanzen, Gefährdung des Genpotentials (→Artensterben), →Resistenz, →biologische Anreicherung in der →Nahrungskette. Ein sehr ernstes Problem ist die direkte Vergiftung der Landbevölkerung durch Pestizide. Ein Teil der in den Ländern der Dritten Welt benutzten Pestizide wie z. B. DDT oder Aldrin, die bei uns oder in Amerika verboten sind, wird dorthin exportiert. Nach Schätzungen der WHO (Weltgesundheitsorganisation) sterben jährlich 5000 Menschen durch Pestizide, und weitere 500000 Menschen werden vergiftet. Die Dunkelziffer ist sicherlich höher. In der Gegend von Rio de Janeiro wurde beispielsweise bei 60% der Landarbeiter eine Pestizidvergiftung festgestellt. Erste Vergiftungserscheinungen sind eitrig entzündete Augen und eine Triefnase. Weitere Folgen sind Kopf- und Magenschmerzen, Brechdurchfall, Entzündungen der Atemwege und in schweren Fällen Krämpfe, Herzanfälle und Tod. Die Hütten der Landarbeiter liegen oftmals inmitten der Felder, so daß sie, ihre Familien und ihr Trinkwasser dem Pestizidregen aus den Flugzeugen schutzlos ausgeliefert sind. Die Pestizide enthalten ferner oftmals unklare Angaben über die Giftigkeit oder Gebrauchsanweisungen, die von den Menschen der Dritten Welt nicht verstanden werden.
Die Herstellerfirmen wie Dow, Shell, Stauffer, Ciba-Geigy, Hoechst, Bayer, Dupont etc. belasten aber nicht nur ahnungslose Bauern in der Dritten Welt, sondern auch die eigene Bevölkerung in den Herstellerländern. Mit den eingeführten Nahrungsmitteln (Bananen, Kaffee) und Futtermitteln kommen die Pestizide in Form von Rückständen wieder in die Herstellerländer zurück. In den USA stellte man z. B. fest, daß 10% der importierten Nahrungsmittel unzulässige Dosen an Pestizidrückständen aufweisen (→Fremdstoffe in Nahrungsmitteln).

**Umweltprobleme in städtischen Bereichen**

Insbesondere die Millionenstädte in den Entwicklungsländern bereiten große Umweltprobleme. Etwa die Hälfte der Bewohner der Riesenstädte wie z. B. Kairo oder Kalkutta sind aus den ländlichen Gebieten ausgewandert, weil sie dort ihren Lebensunterhalt nicht mehr bestreiten konnten und sich von der Stadt Brot und Arbeit erhofften. Die Städte sind auch das vornehmliche Ziel der Umweltflüchtlinge. Die meisten von ihnen finden sich jedoch in den Elendsvierteln (Slums) wieder. Ihr →Trinkwasser bekommen sie aus Brunnen, Flüssen oder anderen Wasserstellen, die meist völlig ungeschützt gegenüber krankmachenden Keimen sind. Aber auch der Anschluß an die öffentliche Wasserversorgung bedeutet nicht in jedem Fall einwandfreies Trinkwasser. Fehlende Qualitätskontrollen, ein undichtes Leitungsnetz und periodische Wasserversorgung gefährden

**Großstädte in der Dritten Welt (in Millionen)**

| | 1950 | letzte Zählung | UN-Schätzung 2000 |
|---|---|---|---|
| Mexiko City | 3,05 | 16,0 (1982) | 26,3 |
| São Paulo | 2,7 | 12,6 (1980) | 24,0 |
| Bombay | 3,0 (1951) | 8,2 (1981) | 16,0 |
| Djakarta | 1,45 | 6,2 (1977) | 12,8 |
| Kairo | 2,5 | 8,5 (1979) | 13,2 |
| Delhi | 1,4 (1951) | 5,8 (1981) | 13,3 |
| Lagos | 0,27 (1951) | 4,0 (1980) | 8,3 |

Quelle: Brundtland-Kommission, S. 237, zit. n. Siebert, 1990, S. 91

| Kohlenmonoxid Tagesmittelwerte in ppm | | Schwefeldioxid Jahresmittelwerte in µg/m³ | |
|---|---|---|---|
| Ibadan (Nigeria) | 10,6 | Ibadan | 263 |
| Caracas | 25–30 | Ankara | 230 |
| Bangkok | 14–32 | Bilbao | 173 |
| Berlin (West) | 12,5 | Berlin (West) | 105 |
| | | New York | 59 |
| Grenzwert der WHO | 8,6 | Grenzwert der WHO | 60 |

Quelle: Siebert, H.: Die vergeudete Umwelt, 1990, S. 96

das Trinkwasser. So kann durch die unregelmäßige Lieferung des Trinkwassers der Wasserdruck abfallen, und verseuchtes →Grundwasser kann in das undichte Leitungsnetz eindringen. Große Probleme stellen auch die unzureichende →Abwasser-, Abfall- und Fäkalienbeseitigung dar (→Müll). Unkontrolliert abfließendes, mit Fäkalien und Abfällen belastetes Wasser hat versumpfte Flächen und Tümpel zur Folge, die ideale Brutstätten für Krankheitsüberträger sind (z. B. Moskitos). Nur in den wohlhabenden Vierteln der Städte gibt es eine geordnete Müllabfuhr. In den Slums dagegen bleibt der Unrat und bildet wiederum eine Brutstätte für Ungeziefer und Krankheitserreger. Aber auch die meist ungeordneten →Mülldeponien in der Nähe der Riesenstädte bieten Lebensraum für Krankheitserreger und stellen eine ständige Gefahr für das Grundwasser dar.

Eine mengenmäßig und qualitativ unzureichende Wasserversorgung und Abwasser-, Abfall- und Fäkalienbeseitigung sind die wesentlichen Ursachen dafür, daß so viele Menschen in den Städten krank werden. Krankheiten wie Cholera, Typhus, Amöbenruhr und Durchfall sind an der Tagesordnung.

Nach einer Untersuchung (1988) der Weltgesundheitsorganisation über die ökologische Situation der Großstädte atmen 1,8 Mrd. der Großstadtbewohner in Entwicklungsländern eine gesundheitsgefährdende Luft mit hohen Staub- und →Schwefeldioxidanteilen ein. Dazu kommt ein besorgniserregend hoher →Bleigehalt in der Luft. In den Städten werden 92 % der →Luftverschmutzung auf den Straßenverkehr zurückgeführt.

### Zum Beispiel Bhopal

**Der erste Akt:** Bei einem Giftgasunfall (1984) einer indischen Tochtergesellschaft des amerikanischen Chemie-Multis Union Carbide explodierte ein Erdtank. Es entwichen 45 Tonnen Methylisocyanat (MIC), Senfgas und zehn weitere Schadstoffe. Die Ursachen des Unglücks lagen vor allen Dingen in den eklatanten Verstößen gegen Sicherheitsvorkehrungen: keine leeren Reservetanks, funktionsuntüchtige Abfackelanlagen und Rieseltürme, abgeschaltete Kühlanlagen der Tanks.
Die Sicherheitskontrollen des Pestizid (Severin) herstellenden Werks unterlagen Beamten, die enge Verwandte der indischen Werksleiter und Direktoren waren.
Die Giftgaswolke traf die Zivilbevölkerung – meist Slumbewohner im Umkreis der Fabrik – unvorbereitet. Sirenen, die sie hätten warnen können, waren schon Jahre vorher entfernt worden.
Die Katastrophe in der etwa 1 Mio. Einwohner zählenden Stadt Bhopal forderte einen hohen Preis:

- ▶ 3500 Tote, genaue Zahlen sind unbekannt, noch immer sterben Menschen an den Folgen der Giftgaskatastrophe
- ▶ dauerhafte Gesundheitsschäden an Lungen, Nieren und Augen
- ▶ 60000 (anerkannte) arbeitsunfähige Menschen
- ▶ vermutlich vererbbare genetische Deformationen.

**Der zweite Akt:** Bis heute steht die Entschädigung der Opfer aus. Hinter den Kulissen hat sich die indische Zentralregierung mit Union Carbide längst über eine Entschädigungssumme von 470 Mio. US-Dollar – eine Summe, die nur noch ein Sechstel der ursprünglichen Forderungen ausmacht – verständigt. Neben den juristischen Verzögerungstaktiken von Union Carbide sind die Apathie der indischen Regierung und noch ausstehende Gerichtsverfahren dafür verantwortlich, daß jegliche Zahlungen auf lange Zeit verschoben sind. Während insbesondere die Armen in Bhopal mit ihrem Leben und ihrer Gesundheit für das Unglück bezahlen mußten, wird Union Carbide die Katastrophe fast gar nichts kosten. Nach Schätzungen von Finanzexperten sind 400 Mio. Dollar durch Versicherungspolicen abgedeckt, die restlichen noch zu zahlenden 70 Mio. Dollar erscheinen gering für einen Konzern mit einem Jahresgewinn (1988) von 720 Mio. Dollar. Ob und wieviel der Entschädigungssumme die Betroffenen – 600000 haben Ansprüche angemeldet – jemals erreichen wird, entscheiden aber auch die angeblichen «Anwälte der Armen» in der Regierung, Verwaltung und in einigen politischen Gruppierungen, die sich an der Entschädigungssumme bereichern wollen.

## Düngemittel

Jede Ernte entzieht dem Boden größere Mengen an Stickstoff und Phosphat. Da die Ernteprodukte aus dem natürlichen Nährstoffkreislauf (→Ökosystem) entfernt werden, entsteht ein Defizit an Nährstoffen, das durch Düngung behoben werden muß.
Pflanzen benötigen für ihr Wachstum vor allen Dingen Stickstoff, Phosphor, Kalium, Calcium, Magnesium, Schwefel und in Spurenelementen u. a. Eisen, Mangan, Zink, Kupfer.

Als Düngemittel werden entweder organische Dünger, die meistens im landwirtschaftlichen Betrieb selbst anfallen (Wirtschaftsdünger), oder Mineraldünger (meist Handelsdünger) verwandt. Zum organischen Dünger zählt man den Stallmist, die Jauche, den Flüssigmist (Gülle) sowie die Gründüngung, Stroh, Ernterückstände, Kompost und Blut-, Horn- und Knochenmehl.

Stallmist ist ein Gemisch aus Kot, Harn und Stroh. Er muß schattig und in der Nähe des Stalles gelagert werden. Die Unterlage muß wasserundurchlässig sein, die abfließende Flüssigkeit wird in einer Jauchegrube aufgefangen. Da Jauche nur aus dem Urin der Tiere besteht und fast nur Stickstoff enthält, ist sie kein vollwertiger Dünger. Häufig wird sie gleichzeitig mit dem Stallmist aufgebracht.

Bei der Tierhaltung fallen Kot, Harn, Stroh und Futterreste sowie Wasser durch Gitterroste bzw. Spaltenböden in darunterliegende Kanäle, und dieser als **Gülle** bezeichnete Flüssigmist wird in Tief- oder Hochbehältern gelagert.

Die Mineraldünger, oft mißverständlich als Kunstdünger bezeichnet, werden alle – außer Stickstoff – durch Abbau gewonnen. Phosphor wird an den Küsten Afrikas und in Israel abgebaut. Thomasmehl (Phosphordünger) fällt bei der Eisenverhüttung an. Kalidünger gewinnt man aus Kalirohsalzen (Salzbergwerke). Nur Stickstoff wird chemisch sehr energieaufwendig nach dem Haber-Bosch-Verfahren gewonnen.

Düngemittel sind in mehrfacher Hinsicht zu einem Umweltproblem geworden. Der Boden wird aufgrund der Begleitstoffe wie →Cadmium und Radionuklide insbesondere im Phosphatdünger belastet.

Ferner stellen zu hohe oder unsachgemäß ausgebrachte Düngergaben eine Belastung der Nahrungsmittel und des →Trinkwassers dar.

Die Intensivierung der →Landwirtschaft mit dem Bestreben nach hohen Flächenerträgen führt nicht selten zu Düngergaben über den physiologischen Bedarf der Kulturpflanzen hinaus.

Der weltweite Mineraldüngerverbrauch weist enorme Wachstumsraten auf. So wird z. B. Stickstoffdünger weltweit mit ca. 70 Mill. t Stickstoff pro Jahr produziert und in die Böden eingebracht. Diese Menge beträgt mehr als ein Drittel des Stickstoffs, den stickstoffbindende Mikroben pro Jahr (180 Millionen t) umsetzen (→Ökosystem).

In den Hochburgen der →Massentierhaltung wie z. B. Vechta, Magdeburg oder Neubrandenburg fallen große Mengen Gülle an, die oftmals nicht sachgerecht gelagert wurden. Die Gülle ist in diesen Gebieten nicht mehr primär Nährstofflieferant für die Pflanzen, sondern ein Abfallproblem und der Boden nicht mehr Standort für Pflanzen, sondern «**Gülledeponie**». Die Gülle wurde oftmals auch außerhalb der Wachstumsphasen von Pflanzen ausgebracht.

Der in Form von wasserlöslichem Nitrat in den Boden eingebrachte Mineralstickstoff kann nur schlecht im Boden gespeichert werden. Abhängig von der Art des Bodens und der Vegetation sowie von der jährlichen Niederschlagsmenge wird das Nitrat aus dem Boden ausgewaschen und in den Untergrund gespült, von wo es in das Grundwasser und somit auch in das

Nährstoffzufuhr (kg N/ha) durch Festmist und Mineraldünger in der Bundesrepublik Deutschland

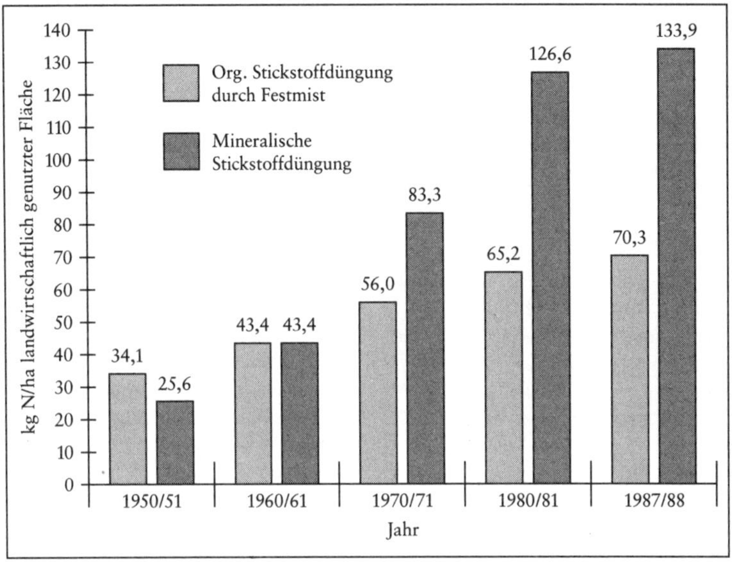


Quelle: Statistisches Jahrbuch über Ernährung, Landwirtschaft und Forsten

→Trinkwasser in erhöhten Konzentrationen gelangen kann. Die Nitratbelastung des Grundwassers ist in landwirtschaftlich genutzten Gebieten, insbesondere in denen mit Massentierhaltung und in Gebieten mit intensiv gedüngten Sonderkulturen (z. B. Hopfen, Wein, Mais, Obst), besonders hoch (bis über 300 mg/l). Die Hauptnitratfracht der bisher gestreuten Düngemittel hat dabei noch nicht überall die Grundwasserschichten erreicht. Der Nitratgehalt im →Grundwasser steigt derzeit um 1–2 mg/l im Jahr an.

Ferner kann die Überdüngung mit Stickstoff nicht nur die Haltbarkeit und das Aroma der Ernteprodukte vermindern, sondern die Pflanzen können Nitratmengen speichern, die über den normalen Gehalt hinaus gehen. Dies führt zu hohen Nitratgehalten insbesondere in Blatt- und Wurzelgemüsearten (→Nitrat/Nitrit/Nitrosamine).

Mit dem Trinkwasser und der Nahrung gelangt Nitrat auch in den menschlichen Körper, wo es über Nitrit zu den krebserregenden (→Krebs) Nitrosaminen weiter reagieren kann. Bei Säuglingen kann Nitrit die sogenannte Blausucht auslösen.

Neben den genannten Belastungen der Nahrung und des Trinkwassers vor allen Dingen durch das Nitrat stellen die im organischen und im Mineraldünger enthaltenen Phosphate eine Belastung (14 % des Gesamtein-

**Phosphateintrag in die Oberflächengewässer der Bundesrepublik, verursacht durch landwirtschaftliche Nutzung**

| Gesamtphosphateintrag aller Verursachergruppen 1987: 65 900 t = 100 % | | |
|---|---|---|
| Eintrag durch | % | verursacht durch |
| Erosion | 9,9 | Düngung |
| Dränwasser | 3,5 | Düngung |
| Tierhaltung (indirekte Einleitung) | 8,0 | Tierhaltung |
| Kanalisation (direkte Einleitung) | 5,2 | Tierhaltung |
| Landwirtschaft gesamt | 26,6 | |

Quelle: Heintz, A./Reinhardt, G.: Chemie und Umwelt, 1990, S. 214

trags) der Oberflächengewässer dar. Mit dem Dünger gelangen sie in die Gewässer und können dort das Algenwachstum (→Eutrophierung) fördern.

Ein erhöhter Einsatz an Düngemitteln hat im allgemeinen auch eine erhöhte Krankheitsanfälligkeit der Pflanzen und somit einen höheren Einsatz an →Pestiziden und die damit verbundenen Umweltbelastungen zur Folge.

Inwieweit das **Düngemittelgesetz** einen Beitrag zur Lösung des Düngerproblems leisten kann, ist fraglich. Nach dem Gesetz soll der Einsatz von Düngemitteln nur nach den Regeln guter, fachlicher Praxis erfolgen. Die Düngung soll nach Art, Menge und Zeit auf den Bedarf der Pflanzen und des Bodens unter Berücksichtigung der im Boden verfügbaren Nährstoffe und organischen Substanz sowie der Standort- und Anbaubedingungen ausgerichtet sein. Selbst bei optimal abgestimmter Düngung wird wegen des Intensivlandbaus eine Belastung des Grundwassers unumgänglich sein.

Ein weiteres in der Landwirtschaft benutztes Düngemittel ist der bei der Abwasserreinigung anfallende →Klärschlamm. Dieser ist aufgrund der darin enthaltenen →Schadstoffe, insbesondere der →Schwermetalle und →chlorierten Kohlenwasserstoffe, nur begrenzt einsetzbar.

**TiP** Bevor Sie Ihren Garten mit Stickstoff düngen, sollten Sie erst mal den Nitratgehalt Ihres Bodens analysieren. Die Nitrat-Teststäbchen gibt es in Ihrem Gartencenter. Der Test ist schnell und ganz einfach. Ist eine Stickstoffdüngung notwenig, sollten organische Stickstoffdünger verwendet werden. Hier besteht eine große Auswahl: Neben Kompost, Mist, Mulchen, Horn- und Blutmehl ist auch eine regelmäßige Gründüngung mit Klee, Erbsen oder Lupinen im Spätsommer zu empfehlen. Nach den ersten Frösten werden sie untergepflügt.

# E

## Emission

Emission ist das Gegenstück zu →Immission. Der Begriff meint die von Industriebetrieben, dem Autoverkehr und privaten Haushalten an die Umwelt abgegebenen Luftverunreinigungen (Gase, Stäube), Geräusche, Strahlen (→Radioaktivität), Wärme (→Abwärme) und Erschütterungen. Es gibt aber auch Emissionen, die natürliche Quellen haben, z. B. salzhaltige Winde, die vom Meer kommen. Die Emission von →Schadstoffen – wie Stäube und →Schwefeldioxid aus →Kohlekraftwerken, radioaktive Strahlen aus →Atomkraftwerken, Kohlenmonoxid und →Stickoxide durch Autoabgase – führt zu einer steigenden Gesundheitsgefährdung der Bevölkerung (→Smog). Auch die Emission von Wärme in Form der Abwärme aus Kraftwerken, die die Flüsse aufheizt und über Kühltürme das Klima beeinflußt, und von →Lärm durch Flug- und Autoverkehr und am Arbeitsplatz belasten Menschen, Umwelt und Natur. In →Ballungsgebieten, die gleichzeitig auch Belastungsgebiete sind, werden Emissionsquellen in Emissionskatastern (Verursacherverzeichnisse) erfaßt und Luftreinhaltepläne aufgestellt.

Um die verschiedenen Emissionen einzudämmen, wurde das Bundesimmissionsschutzgesetz (BImschG) (→Luftreinhaltung) erlassen. Allerdings legt die darin enthaltene Technische Anleitung zur Reinhaltung der Luft (TA Luft) →Grenzwerte nur für einige Schadstoffe fest, so daß Tausende anderer Schadstoffe weiterhin unkontrolliert die Umwelt belasten und die Immissionsschäden ständig vergrößern (→Luftverschmutzung).

**Lärmemission, ausgehende Geräusche**

## Energie

Der Begriff Energie spielt in öffentlichen Diskussionen eine große Rolle.

Energie ist ein grundlegender Begriff aus der Physik, der es erlaubt, Erscheinungen und Gesetzmäßigkeiten zu beschreiben und besser zu verstehen. Immer wenn Arbeit zu verrichten ist, ist Energie erforderlich. Dabei unterscheidet man:

▶ Mechanische Energie

Lageenergie (potentielle Energie) kann man einem Körper geben, indem man ihn hebt. Ihr Betrag hängt von der Höhendifferenz ab. Z. B. besitzt das Wasser in einem Stausee im Hinblick auf das tiefer liegende Kraftwerk eine Lageenergie, die durch Herabfallen in Bewegungsenergie (kinetische Energie) umgewandelt werden kann. Eine zusammengedrückte Sprungfeder enthält hingegen Spannenergie.

▶ Wärmeenergie (thermische Energie), z. B. Heißdampf.

▶ Elektrische Energie, z. B. Batterie, Generator.

▶ Chemische Energie ist in Kohle oder Erdöl enthalten. Durch Verbrennung kann sie freigesetzt werden.

▶ Strahlungsenergie kann als Licht oder auch als Röntgen- oder radioaktive Strahlung (→Radioaktivität) auftreten und kommt aus der Elektronenhülle der Atome.

▶ Atomenergie, auch Kernenergie oder Nuklearenergie genannt, kann durch Spaltung von Atomkernen freigesetzt werden (→Atomkraftwerk).

Unterschiedliche Energieformen lassen sich ineinander umwandeln (s. Tabelle).

Für Vorgänge in einem abgeschlossenen System gilt der **Energieerhaltungssatz:** «Die Gesamtsumme der Energie bleibt gleich. Es finden lediglich Umwandlungen zwischen unterschiedlichen Energiearten statt.» Hier wird deutlich, daß dies eine rein physikalische Aussage ist. Denn unser Energieproblem im Alltag ist ja vom Verlust der Energie gekennzeichnet. Hat die Lampe geleuchtet oder der Gasherd gekocht, so ist die wertvolle Nutzenergie verschwunden. Die Tatsache, daß sie sich letztendlich als Wärme der Umgebung wiederfindet, bestätigt zwar rein theoretisch der Energieerhaltungssatz. Aber einen Gebrauchswert für uns hat die Energie dann nicht mehr.

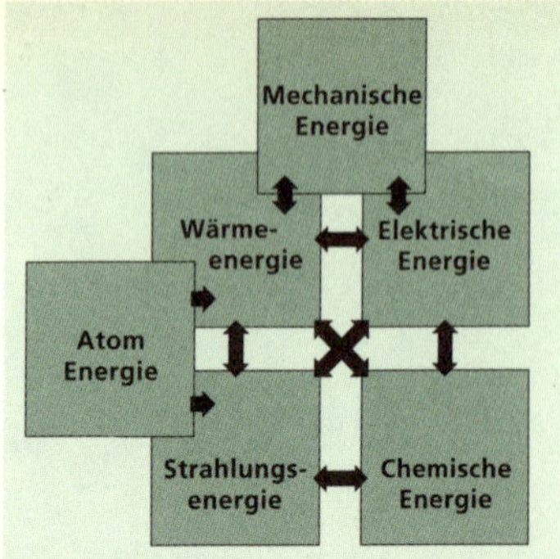


Die Maßeinheit für alle Energieformen ist das **Joule** (J). Es gilt: 1 Joule = 1 Wattsekunde = 1 Newtonmeter = 1 $kgm^2/s^2$ (s = Sekunde). Leider werden in Energiestatistiken unterschiedliche Einheiten verwendet, z. B. Kilowattstunde (kWh) für Elektrizität, früher Kilocalorie (kcal) bei Wärme oder Kilogramm Steinkohleeinheiten (kg SKE). Eine Umrechnungstabelle für diese Energieeinheiten soll helfen, sich zurechtzufinden und Energiemengen miteinander zu vergleichen:

| Einheit | J | kWh | kcal | kg SKE |
|---|---|---|---|---|
| J | 1 | $0{,}28 \cdot 10^{-6}$ | $0{,}24 \cdot 10^{-3}$ | $0{,}034 \cdot 10^{-6}$ |
| kWh | $3{,}6 \cdot 10^{6}$ | 1 | 860 | 0,12 |
| kcal | 4186 | $1{,}16 \cdot 10^{-3}$ | 1 | $0{,}14 \cdot 10^{-3}$ |
| kg SKE | $29{,}3 \cdot 10^{6}$ | 8,13 | 7000 | 1 |

**Wichtig ist es, sich auch einige Abkürzungen und Schreibweisen zu merken:**

| | | | |
|---|---|---|---|
| 0,000000001 | $= 10^{-9}$ | n | nano |
| 0,000001 | $= 10^{-6}$ | $\mu$ | mikro |
| 0,001 | $= 10^{-3}$ | m | milli |
| 1000 | $= 10^{3}$ | k | kilo |
| 1000000 | $= 10^{6}$ | M | Mega |
| 1000000000 | $= 10^{9}$ | G | Giga |
| 1000000000000 | $= 10^{12}$ | T | Tera |
| 1000000000000000 | $= 10^{15}$ | P | Peta |

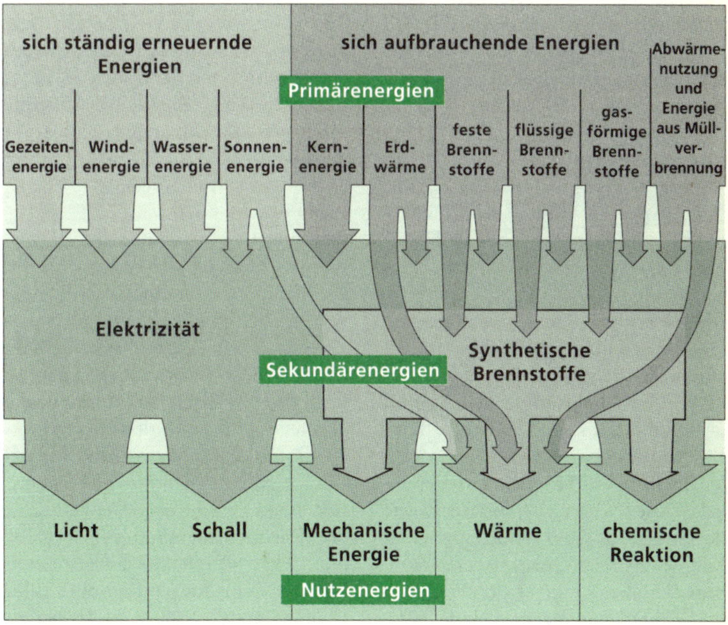


Energiearten und ihre Umwandlung

Bei Kernkraftwerken, aber auch bei Geräten, die Energie benötigen, gibt man die pro Zeiteinheit umgewandelte Energie an. Diese Größe heißt Leistung. Sie wird in Watt (Kilowatt, Megawatt usw.) angegeben. So hat z. B. eine Glühlampe eine Leistung von 100 Watt, das Atomkraftwerk Biblis von 1300 Megawatt.

Bei Diskussionen über Energieversorgung wird häufig unterschieden zwischen Primärenergie, Sekundärenergie und Nutzenergie. Dabei ist das Kennzeichen unseres derzeitigen Energieversorgungssystems, daß nur etwa 30% der eingesetzten Primärenergie letztlich als Nutzenergie beim Verbraucher ankommt. Durch Maßnahmen zum sinnvollen, umweltschonenden Energieeinsatz ließe sich diese verschwenderische Situation erheblich verbessern (→Abwärme, →Energiesparen, →Energieversorgung, →Fernwärme, →Regenerative Energien, →Wärmepumpe).

## Energiesparen

«Energiesparen ist unsere größte Energiequelle.» Dieser Satz klingt zunächst paradox. Bei näherem Hinsehen zeigt sich jedoch, wie wahr er ist.

Man kann zwischen Frankfurt und Hamburg bei rasanter Fahrweise mit einem dicken Spritfresser gut und gerne 80 Liter Super durch den Auspuff jagen und dafür 120 DM hinblättern. Mit einem sparsamen Diesel, vielleicht ein halbes Stündchen später angekommen, kann man bis zur Hälfte der Energie und des Geldes sparen.

Für eine 100-Quadratmeter-Wohnung kann man leicht 6000 l Heizöl im Winter verfeuern. Durch Wärmedämmung der Außenwände, Einbau von Doppelfenstern, Thermostatventilen an den Heizkörpern und eine bessere Heizanlage läßt sich auch bei der Raumheizung die Hälfte einsparen. Durch den Austausch aller Glühlampen durch Sparlampen könnte weit mehr als die Hälfte des Stromes für Beleuchtung eingespart werden.

Für jeden Haushalt, jeden Betrieb, jede öffentliche Einrichtung hat Energiesparen wirtschaftliche Vorteile. Darüber hinaus nutzt uns allen die Verringerung der Umweltschäden bei der Bereitstellung und Anwendung von Energie. Wir schonen die Reserven der Energieträger und vermindern unsere Abhängigkeit von Energieimporten.

Noch immer sind unsere Energieversorgungssysteme, die Herstellung und Verteilung von Energie verschwenderisch. Sie ist weitgehend ein Überbleibsel aus der Zeit vor 1973, dem Jahr der «Ölkrise», als Energie billig war, scheinbar grenzenlos auf dem Weltmarkt zur Verfügung stand und umweltschädigende Folgen kaum beachtet wurden.

Durch vielfältige, phantasievolle Verfahren lassen sich die Verluste bei der Erzeugung und Nutzung von Energie verringern. Darüber hinaus gilt es, die Zwecke von Energieanwendung überhaupt in Frage zu stellen bzw. nach energiesparenden Wegen für die gleiche Energiedienstleistung zu suchen. Die Einführung des Begriffs «**Energiedienstleistung**» ist kennzeichnend für eine neue Denkweise in der Energiediskussion. Nicht mehr die Menge (Quantität) der genutzten Energie ist Ausgangspunkt aller Überlegungen, sondern die Dienstleistung (Qualität), die bei der Energieanwendung erbracht wird: z.B. ein warmes Zimmer oder die Produktion einer bestimmten Ware. Der jeweilige Energieverbrauch für die gleiche Dienstleistung kann sehr unterschiedlich sein. Er ist abhängig davon, wie sorgfältig die Technik konstruiert ist. Es gilt, die Energieverschwendung zu verringern, ohne damit zwangsläufig einen Verlust an Dienstleistung, Wohlstand oder Lebensqualität in Kauf nehmen zu müssen. Darüber hinaus können die Versuche, Energie zu sparen, auch Anlaß sein, über bestimmte «Verschwendungsgewohnheiten» nachzudenken und vielleicht auch auf die eine oder andere zu verzichten.

Aber eine konsequente Energiesparpolitik wird so lange verhindert, wie private oder öffentliche Versorgungsunternehmen und Industriezweige am Verkauf von Energie verdienen. Je mehr Energie sie verkaufen, desto größer ist der Gewinn. Deshalb sind alle Bemühungen zum Energiesparen auch so lange wertlos, bis sich Politiker gegen bestehende Interessen und Strukturen zum Wohl der Umwelt einmal ernsthaft an die Verwirklichung der bekannten Ziele heranwagen.

Auch das häufig zu hörende Argument, wir müßten den Energieverbrauch steigern, weil sonst Arbeitsplätze verlorengingen, ist nicht nur falsch, sondern es ist genau das Gegenteil richtig. In vielen Bereichen könnten Arbeitsplätze geschaffen werden, damit Energiesparen erst möglich wird; z.B. Wärmedämmung an Häusern, Umrüsten von Kraftfahrzeugen und Industrieanlagen.

Fehlentwicklungen im Sektor Verkehr haben dazu geführt, daß mehr und mehr auf Pkw und Lkw gesetzt wird und gleichzeitig die Bundesbahn Strecken stillegt. Und das, obwohl eine Tonne Fracht pro Kilometer mit dem Lkw sechsmal mehr Energie verbraucht als mit der Bahn. Bei Personen ist es immerhin noch das Dreifache (→Autoverkehr, →Bahnverkehr).

Auch in Bereichen, in denen man es zunächst nicht vermutet, liegen Möglichkeiten zum Energiesparen. In der heutigen industrialisierten →Landwirtschaft und der Nahrungsmittelherstellung werden riesige Mengen Energie verschwendet: Gewächshausgemüse, die Milchkuh im vollelektrifizierten Stall, die «steckdosenabhängige Zuchtsau», der drastisch angestiegene Düngemittelverbrauch, die Tiefkühlketten, um nur einige aufzuzählen. Die Tatsache, daß jährlich große Mengen an Überschußlebensmittel in der Europäischen Gemeinschaft (EG) auf dem Müll landen, macht die Verschwendung noch skandalöser.

Bei allen Wärmekraftwerken, z.B. →Atomkraftwerken und →Kohlekraftwerken, gehen bei der Elektrizitätserzeugung über zwei Drittel der eingesetzten Energie als →Abwärme verloren. Diese zu nutzen, wäre ein weiteres riesiges Energiepotential (→Fernwärme).

Letztlich wird Energiesparen nicht über Aufforderungen und auf Freiwilligkeit durchgreifend wirksam werden. Durch die Einführung einer Energiesteuer muß ein finanzieller Anreiz zum Sparen geboten werden. Ein Teil der Einnahmen aus dieser speziellen Ökosteuer sollte in Ökotechniken investiert werden.

**TiP** Die richtige Nutzung von Heizung, Warmwasseraufbereitung und Küchengeräten kann den Energieverbrauch im Haushalt um die Hälfte reduzieren. Mit rund 80% am Energieanteil lohnt sich beim Heizen das Sparen für Umwelt und Geldbeutel am meisten:

- Für Wohn-, Kinder- und Arbeitszimmer sind 20 Grad ausreichend. In der Küche, im Schlafzimmer und auf den Fluren kann es ein paar Grad kälter sein.
- Durch das Senken der Raumtemperatur um ein Grad werden 6 % Heizenergie eingespart.
- Mehrmaliges 10- bis 15minütiges Stoßlüften am Tag kühlt die Räume nicht so stark aus und sorgt außerdem für eine geringere Schadstoffkonzentration als eine Dauerlüftung mit schräggestellten Fenstern.
- Thermostatventile regulieren die einmal gewählte Temperatur automatisch. Sie können auch nachträglich eingebaut werden. Schon in der ersten Heizperiode zahlt sich die Investition aus.
- Neue Heizanlagen entlasten die Umwelt durch einen deutlich geringeren Energieverbrauch. Alte Anlagen sollten auf jeden Fall überholt werden.
- Ein Vollbad benötigt dreimal soviel Energie wie ein 6minütiges Duschbad.
- Elektrische Warmwasseraufbereiter sind sehr energieaufwendig. Am sparsamsten sind Durchlauferhitzer. Die Temperatur sollte so niedrig wie möglich eingestellt werden. Fürs Bad zwischen 30–40 Grad und für die Küche zwischen 40–50 Grad Celsius.

Ein hohes Stromsparpotential liegt bei der sogenannten «weißen Ware» wie Waschmaschine, Geschirrspülmaschine, Kühlschrank, Gefriertruhe oder Elektroherd. Die meisten neuen Geräte sind wahre «Geizhälse» im Vergleich zu ihren verschwenderischen Vorfahren. Während vor 10 Jahren eine Geschirrspülmaschine noch 2,5 kWh Strom benötigte, reicht ihr heute schon 1,5 kWh im Normalprogramm.
Die meiste Energie bei der Beleuchtung geht als Abwärme verloren. Wird eine normale 60-Watt-Glühlampe durch eine 11-Watt-Energiesparlampe ersetzt, können 392 Kilowattstunden Strom während ihrer Lebensdauer eingespart werden. Das erspart der Umwelt über 400 Kilogramm Luftschadstoffe.

## Energiesparhaus

Zur Raumheizung muß ein ganz erheblicher Anteil des Gesamtenergiebedarfs bereitgestellt werden. Deshalb liegen dort auch besonders große Einsparpotentiale. So sind seit einigen Jahren Beispiele für Energiesparhäuser unterschiedlicher Art entwickelt worden. Je nach besonderer Gestaltung nennt man sie auch Niedrigenergiehaus und Sonnenhaus oder Solarhaus. Sie alle zeichnen sich durch einige mehr oder weniger verwirklichte Systemeigenschaften aus: Wärmedämmung.
Wärme fließt immer vom Warmen zum Kalten. Je größer der Temperaturunterschied von Innen zu Außen ist, je wärmedurchlässiger die Wände, um so schneller verschwindet die Heizenergie im Freien. Der Wärmedurchgangskoeffizient, auch k-Wert genannt, gibt an, wieviel Energie (in

Ws) pro Sekunde und Quadratmeter bei 1 Grad Temperaturdifferenz verlorengeht.

| Art der Außenfläche | k-Wert |
|---|---|
| Kalksandstein 40 cm | 1,14 |
| Gasbeton 40 cm | 0,40 |
| Kalksandstein 24 cm und 10 cm Außendämmung | 0,32 |
| Einfachglasfenster | 5,00 |
| Doppelglasfenster | 3,00 |
| beschichtetes Doppelglas | 1,60 |

In der **Wärmeschutzverordnung** sind für bestimmte Bauteile, wie Wände, Dach oder Fenster, Mindeststandards festgelegt. So sind Einfachglasfenster heute bei Neubauten nicht mehr zulässig.

Je stärker eine Wand gedämmt ist, um so weniger kann jedoch auch die Sonnenenergie zur Erwärmung des Hauses beitragen. Deshalb sind verglaste Bauelemente auf der Südseite sinnvoll, durch die die Sonnenstrahlen auch im Winter möglichst tief ins Haus eindringen können, die Innenluft aber ihre Wärme nicht nach außen verliert. Auch eine transparente Wärmedämmung vor Wänden oder der Vorbau von Wintergärten verhilft zur Erwärmung der Innenräume. Solche Pufferzonen führen zu einer optimalen energetischen Ausnutzung der Klimabedingungen. Dazu sollten auch bestimmte Gebäudeformen gewählt werden: Verglasung nach Süden, Dämmung nach Norden sowie kompakte Bauweisen.

Ein Haus kühlt schnell aus, wenn seine Außenflächen unmittelbar dem Wind ausgesetzt sind. Durch Bepflanzung mit Bäumen und Büschen in unmittelbarer Nähe sowie durch Begrünung der Fassaden und durch Grasdächer können solche Energieverluste vermindert werden. Auch sollten Fugen am Haus möglichst abgedichtet werden.

Durch aktive Solarsysteme wie →Sonnenkollektoren und →Solarzellen kann der Wärmebedarf eines Hauses gedeckt werden, ohne auf Gas oder Öl zurückzugreifen. Um die sonnenscheinlose oder kalte Jahreszeit zu überbrücken, sind dazu Wärmespeicher erforderlich.

Massive Wände und Decken sind selbst gute Wärmespeicher. Heizen sie sich tagsüber durch Sonneneinstrahlung auf, so können sie am Abend und nachts ihre Wärme stetig wieder an die Räume abgeben. Das ist das Gegenteil eines Barackenklimas, wo es schnell abkühlt, wenn die Wärmeversorgung aufhört.

Will man die Heizperiode mit gespeicherter Sonnenenergie überbrücken, so benötigt man einen Wassertank mit etwa 30 000 Litern Inhalt, der auf 80° aufgeheizt wird. Der Wärmebehälter sollte mitten im Haus angebracht werden, und er muß gut isoliert sein. Aber nur wenn das Haus auf hohem Standard wärmegedämmt ist, reicht der Vorrat. Durch zusätzlichen Einsatz von →Windenergie läßt sich die Wärme im Speicher auch im Herbst und Winter ständig erneuern. Denn man kann den Speicher nicht beliebig groß machen.

Jeder Wohnraum muß gelüftet werden, aus Küche und Bad verläßt warmes Abwasser das Haus. Die darin enthaltene Wärme kann über Wärmetauscher an Frischluft und Frischwasser abgegeben werden. Für die **Wärmerückgewinnung** gibt es zahlreiche technische Verfahren und Einrichtungen. Insbesondere in großen

klimatisierten Büro- und Geschäftshäusern hat sie eine große Bedeutung.
Durch Verschärfung der Wärmeschutzverordnung und beim Steigen der Erdöl- und Gaspreise werden energiesparende Bauweisen zunehmen.

**TiP** Energiebewußtes Bauen beginnt mit einer sinnvollen Gebäudeplanung:
- Gebäude nach Süden ausrichten und «öffnen» (Große Fensterflächen)
- kompakte Bauweise, um die wärmeabgebende Außenfläche klein zu halten
- kalte Räume wie Küche, Flure oder Schlafzimmer auf die Nordseite legen, warme Räume wie Wohnzimmer, Kinder- und Arbeitszimmer auf die Südseite legen.
- Anbau thermischer Pufferzonen (Wintergarten)
- Dämmung der Außenwände, Fenster und des Daches
- Wärmerückgewinnung für die Entlüftung
- energiesparendes Heizungssystem
- Einsatz regenerativer Energien.

Einige Bundesländer fördern energiesparende Neubauten mit finanziellen Zuschüssen. Manche Energieversorgungsunternehmen subventionieren auch in Altbauten moderne Energiespartechniken.
Eine nachträgliche Begrünung von Fassaden und Dächern verwandelt mit wenig Geld auch einen schlecht isolierten Bau in ein Sparmodell. Im Winter reduziert das grüne Kleid die Heizkosten und im Sommer verhindern die Blätter eine Aufheizung des Gebäudes. Für jede Wetterseite gibt es die richtige Rankelpflanze, je nach Bedarf mit großen oder kleinen Pflegeansprüchen.

## Energieversorgung

Eine gesicherte, umweltfreundliche Energieversorgung stellt die Grundlage jeder Gesellschaft und des Wohlergehens der dort lebenden Menschen dar. Darüber gibt es keinen Streit. Heftig umstritten dagegen ist die Art und Weise, wie dies verwirklicht werden soll. Brauchen wir mehr →Atomkraftwerke dazu, oder sollen wir auf →regenerative Energien setzen?
Die Situation der Energieversorgung in der Bundesrepublik Deutschland stellt sich aus der Sicht des Primärenergiebedarfs (→Energie) folgendermaßen dar:

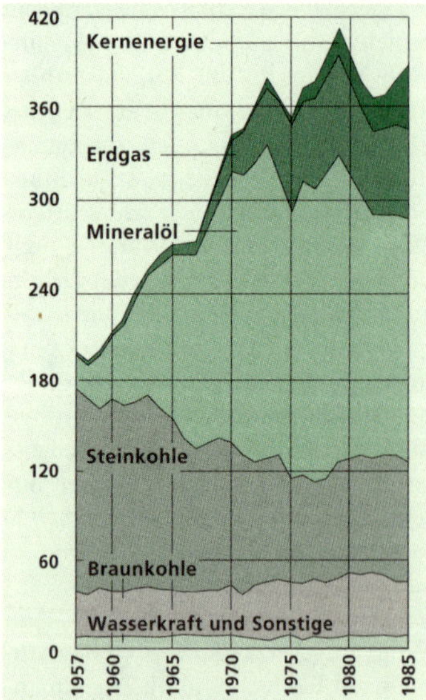


**Primärenergiebedarf in den alten Bundesländern**

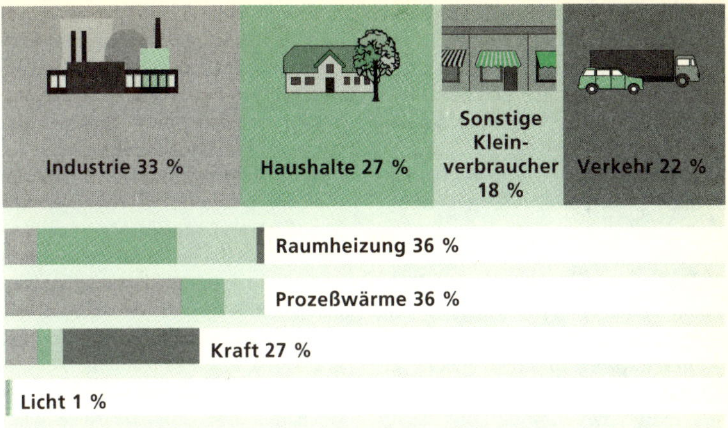


**Energieverbrauch, aufgeschlüsselt nach Verbrauchssektoren**

Betrachtet man den Endenergieverbrauch, aufgeschlüsselt nach Verbrauchssektoren und Art der benötigten Energie, so fallen die jeweiligen Schwerpunkte sehr deutlich auf.

Aufgabe der Energiepolitik sollte es sein, umweltfreundliche, bedarfsgerechte Zukunftsplanungen zur Energieversorgung vorzunehmen. Ein Hilfsmittel dazu sollen die Energieprogramme der Bundesregierung darstellen, die alle drei bis vier Jahre fortgeschrieben werden.

Allerdings zeichneten sich alle bisherigen Programme durch gewaltige Fehlprognosen über den zukünftigen Energiebedarf aus. Nach der Prognose in der ersten Fortschreibung von 1974 hätten wir z. B. 1984 etwa 50% mehr Energie verbrauchen müssen, als es tatsächlich der Fall ist. Die großzügigen Ausbaupläne für Atomkraftwerke und die Überkapazitäten im Kraftwerksbereich beruhen z. T. auf diesen falschen Voraussagen und Fehleinschätzungen.

Die Umsetzung in Programme zur Energieforschung läßt eine krasse Bevorzugung der Atomenergie erkennen. Seit der Reaktorkatastrophe von →Tschernobyl gibt es keine weiteren Bauvorhaben für Atomkraftwerke. Allerdings sind die 24000 Megawatt installierter Leistung weiter zur Deckung eines Drittels des Strombedarfs eingesetzt.

Wer an die Erhaltung der Umwelt und den Schutz der Natur denkt, muß die Energieversorgung konsequent umorientieren:

▶ →Abwärme ist, wo immer möglich, als →Fernwärme zu nutzen.

▶ Das Energiewirtschaftsgesetz, das aus dem Jahre 1935 stammt, ist umgehend zu ändern. Darin erhalten die Elektrizitätsunternehmen das Monopol (alleinige Recht) zur Erzeugung und Leitung von Strom. Auf diese Weise werden alternative, dezentrale Versorgungsmöglichkeiten blockiert oder behindert (z. B. Blockheizkraftwerke, →Bioenergie, →Wind- und →Sonnenenergie).

▶ Rabatte bei den Tarifen für Großverbraucher sind abzuschaffen, weil sie der Verschwendung Vorschub leisten.

▶ Heizen mit Strom, auf welche Weise auch immer, muß verboten und für eine Übergangszeit hoch versteuert werden.

▶ Gas- oder dieselbetriebene →Wärmepumpen, Anlagen zur Nutzung von →regenerativen Energien und →Energiesparen sind finanziell zu unterstützen.

▶ Der Einsatz von Braunkohle ist auf Null zu fahren. (→Braunkohlenabbau)

▶ Die gesetzlichen Normen zur Wärmedämmung von Gebäuden sind zu verschärfen und auf den Standard von Schweden zu bringen, der z. B. Dreifachverglasung und bessere Wärmedämmung der Wände festsetzt.

▶ Die Forschungsförderung ist von der Atomenergie konsequent auf regenerative Energiequellen umzusteuern.

Die Euphorie für die Atomenergie ist in den 80er Jahren, nicht zuletzt auch wegen der ständig wachsenden Kosten, verschwunden.

Realistische Ausstiegspläne und Alternativenergieszenarios werden in einigen Bundesländern als politischer Auftrag für das letzte Jahrzehnt des Jahrhunderts angesehen. Oder muß erst eine neue, noch bedrohlichere Reaktorkatastrophe eintreten?

## Erdwärme

Als geothermische Energie oder Erdwärme bezeichnet man den Wärmestrom, der aus dem Erdinnern an die Erdoberfläche dringt. In ca. 20 m Tiefe herrscht in der Erde, unabhängig von Jahreszeit und Wetter, eine Temperatur von etwa + 10 °C. Bisher hat man bei Bohrungen maximal etwa 10 km Tiefe erreicht und weiß, daß im Durchschnitt je 100 m Tiefe die Temperatur um 3 ° zunimmt. Für den Erdmittelpunkt (6370 km von der Oberfläche) schätzt man 3000 °–10 000 °C.

Das gesamte Erdwärmepotential der Erde bis 10 km Tiefe ist tausendmal größer als alle Kohlevorräte zusammen. Zur Nutzung ist es aber nur an solchen Stellen auf der Erde wirtschaftlich, wo Temperaturen von einigen hundert Grad bereits in geringer Tiefe vorhanden sind. Denn Bohren ist teuer. In Lardarello (Italien) gewinnt man aus 1000 m Tiefe Dampf von 240 °C und betreibt ein 400-Megawatt-Kraftwerk. In Japan, Neuseeland, Island, den USA, der GUS, Korea und den Philippinen, häufig in der Nähe noch tätiger Vulkane, wird Erdwärme genutzt. Neben der Errichtung von Kraftwerken zur Elektrizitätserzeugung sind auch Anschlüsse an Netze zur Versorgung mit Fernwärme möglich. In der Regel wird Wasser nach unten geleitet, das sich erhitzt und wieder nach oben gelangt.

In der Bundesrepublik gibt es zur Zeit einige Probebohrungen in der Eifel. Ob eine Nutzung in größerem Umfang möglich sein wird, ist ungeklärt.

Die Nutzung geothermischer Energie bringt eine Reihe von Problemen mit sich:

▶ Mit der Wärme wird eine Vielzahl von Gift- und Schadstoffen an die Erdoberfläche gebracht.

- Es können Landabsenkungen oder gar lokale Erdbeben ausgelöst werden.
- Es entsteht Lärm durch austretenden Dampf.
- Es wird eine relativ große Landfläche benötigt.

## Ernährung

In der Bundesrepublik veränderte sich die →Landwirtschaft in den letzten 30 Jahren zur Agrarindustrie mit →Massentierhaltung und einem hohen Einsatz an Düngemitteln und →Pestiziden. Werden einerseits in der EG zu viele Nahrungsmittel erzeugt, so fehlt es ihnen andererseits oft an Qualität (→Handelsklassen). Schlagzeilen machen immer wieder verschiedenartige →Fremdstoffe in Nahrungsmitteln, z.B. Rückstände im Fleisch aus der Massentierhaltung, die in vorwiegend industriell hergestellten Nahrungsmitteln enthalten sind und die die Verbraucher beunruhigen. Der Versuch, sich gesund zu ernähren, stößt schnell an Grenzen, die der Verbraucher nicht überwinden kann. Er kann zwar mit Fremdstoffen belastete Nahrungsmittel meiden, aber dennoch gelangen die weltweit von der Industrie emittierten →Schadstoffe mit der →Nahrungskette, deren Endglieder die Menschen sind, über →Böden, →Wasser und →Luft in unsere Nahrung. Umweltgifte wie DDT, TCDD (→Dioxine), →Schwermetalle u.a. machen auch nicht vor den Flächen des ökologischen Landbaus halt (→Landwirtschaft). Trotzdem sind seine Produkte, die vor allem in →Bioläden verkauft werden, nachweislich von guter Qualität und auf umweltfreundlichere Weise hergestellt als die Erzeugnisse der herkömmlichen Landwirtschaft. Nicht einmal das «Grundnahrungsmittel» →Muttermilch ist frei von Schadstoffen, und auch im Lebensmittel Nr. 1, dem →Trinkwasser, werden gesundheitsgefährdende Stoffe wie →Nitrate gefunden (→Grundwasser).

Ein Problem der Zukunft, das seine Schatten vorauswirft, ist die **Verschlechterung der Bodenqualität.** Sieben Prozent der landwirtschaftlichen Nutzfläche in der Bundesrepublik sind heute schon nicht mehr zur Erzeugung von Nahrungsmitteln geeignet. Ursache sind die sauren Niederschläge (→saurer Regen) und die Anreicherung mit →Blei, Nitraten, Thallium u.a. (→Bodenbelastungen)

Trotz dieser aktuellen, umweltbezogenen Betrachtung unserer Ernährungssituation sollten aber die Probleme der Über- oder Fehlernährung nicht vergessen werden.

### Maßlosigkeit bestimmt unsere Industriegesellschaft

Das gilt auch für das Essen. Tag für Tag häuft sich der Durchschnittsdeutsche Nahrung mit einem physiologischen Brennwert von 14240 Kilojoule (in alten Maßeinheiten: 3400 Kilokalorien) auf den Teller. Dies errechnete die deutsche Gesellschaft für Ernährung (DGE). Das sind rund 4190 Kilojoule oder 1000 Kilokalorien mehr, als der Körper verwertet. Es wird aber nicht nur zu viel, sondern auch falsch gegessen. Zahlreiche Nahrungsmittel enthalten zu viel Fett, sind überzuckert oder zu salzig. Das führt dazu, daß jede vierte hierzulande auftretende Krankheit durch **Fehlernährung** bedingt ist. Allein die Behandlung von Herz-Kreislauf-Er-

krankungen, von Bluthochdruck, von Diabetes, Fettleber oder Arteriosklerose verschlingt pro Jahr rund 56 Millionen DM.
Gesundheitliche Aspekte spielen aber mittlerweile eine große Rolle bei der Wahl der Ernährung, und immer mehr Menschen suchen nach Möglichkeiten, sich gesünder zu ernähren. Auch die Angst vor der «Chemie in Lebensmitteln», also vor Rückständen, Verunreinigungen und Zusatzstoffen, ist sehr oft der Grund für die Wahl einer «alternativen Ernährung». Oft basieren alternative Ernährungsformen auf religiös-ethischen Überlegungen, sie verstehen sich als Teil einer Weltanschauung, die das Töten von Tieren in der Regel ablehnt. Daneben spielen ökonomisch-ökologische Gründe eine bedeutende Rolle. In einer Zeit, in der in den Industriestaaten Nahrungsüberfluß herrscht, auf der anderen Seite der Erdhalbkugel dagegen Millionen Menschen verhungern, liegt die Ernährungsalternative vieler Verbraucher vor allem im Verzicht auf Fleisch. Die Erzeugung von Lebensmitteln tierischer Herkunft ist für sie eine Energieverschwendung und wird mit Blick auf das Welternährungsproblem als unverantwortlich angesehen und abgelehnt.
Alternative Kost steht den Empfehlungen der Ernährungsforscher näher als unsere moderne Normalkost. Am weitesten stimmt die «Vollwertkost» mit diesen Erkenntnissen überein. 1942 von dem Mediziner W. Kollath begründet, ist sie seit den 80er Jahren wieder im Kommen. Das Ziel der Vollwerternährung ist, den «vollen Wert der Nahrung» weitestmöglich zu erhalten und der industriellen Mangelkost eine naturnahe Alternative entgegenzusetzen. Sie definiert sich als überwiegend «lacto-vegetabile» Kost aus Vollkornprodukten, Obst, Gemüsen, Kartoffeln, Hülsenfrüchten sowie Milch und Milchprodukten. Eier und Fleisch spielen eine untergeordnete Rolle. Intensive Bearbeitung der Nahrung sowie Zusatzstoffe werden abgelehnt.
Die Vollwerternährung bezieht auch die Herkunft und Produktionsweise der Nahrung mit ein. Fleischkonsum wird unter anderem reduziert, weil das Viehfutter für die Industrieländer zum Teil aus der →Dritten Welt stammt. In die ganzheitliche Betrachtung geht auch der Einsatz von Rohstoffen und von Primärenergie in der konventionellen →Landwirtschaft ein.

## Eutrophierung

Unter Eutrophierung versteht man den Übergang eines nährstoffarmen (oligotrophen) Gewässers in einen nährstoffreichen (eutrophen) Zustand. Der natürliche Vorgang der Eutrophierung, der z. B. in Seen unter normalen Bedingungen Jahrhunderte bis Jahrtausende dauern kann, wird insbesondere durch menschliche Eingriffe beschleunigt. Insbesondere Phosphate, die in Waschmitteln (→Wasch- und Reinigungsmittel), Fäkalien und in →Düngemitteln enthalten sind und mit dem →Abwasser oder durch Abschwemmung landwirtschaftlicher Flächen in die Gewässer gelangen (→Landwirtschaft), haben einen großen Anteil daran. Phosphat ist als einziger Nährstoff unter natürlichen Verhältnissen in einem Gewässer untervertreten und bestimmt die Wachstumsgeschwin-

digkeit von Wasserpflanzen, weil er im Verhältnis zum Bedürfnis der Pflanzen in der geringsten Menge vorhanden ist. Wird nun ein Gewässer mit Phosphaten überdüngt, so beschleunigt sich das Wachstum der Wasserpflanzen (Algen, Laichkraut). Mehr Algen sterben ab, und bei ihrem Abbau wird übermäßig Sauerstoff verbraucht. Dieser Sauerstoffmangel führt zu Fischsterben in den unteren Regionen. Sinkt der Sauerstoffgehalt des Gewässers unter ein bestimmtes Mindestmaß, hört der Abbau der Algen durch aerobe Bakterien, die zum Leben Sauerstoff benötigen, auf und erfolgt jetzt durch anaerobe Bakterien, die ohne Sauerstoff leben können. Das Gewässer beginnt «**umzukippen**». Es kommt zu Fäulnis und belästigenden Gerüchen.
Im entstehenden Faulschlamm gehen die Zersetzungsprozesse weiter. Dabei bilden sich giftige Stoffe wie Schwefelwasserstoff, Ammoniak oder Methan. Diese Giftstoffe bedeuten den Tod für die letzten überlebenden Fische, Schnecken, Muscheln usw. Ein stark eutrophiertes Gewässer geht als Trinkwasserreservoir (→Trinkwasser) verloren.
Von Eutrophierung kann man auch sprechen, wenn ein →Ökosystem (z. B. →Boden, Wald) von einem oligotrophen in einen eutrophen Zustand übergeht.

**TiP** Neben einer Reduzierung von Düngemitteln in der Landwirtschaft ist ein sparsamer Einsatz von →Waschmitteln eine sinnvolle Maßnahme gegen eine Überdüngung der Gewässer. Wenn alle Bundesbürger auf das umweltfreundliche Baukastensystem umstiegen, könnten rund 140000 Tonnen Waschmittel eingespart werden. Deshalb hat die Jury Umweltzeichen im Mai 1990 diese Waschmittel mit dem «Blauen Engel» ausgezeichnet.

# F

**Fahrrad**
Die Fahrradbenutzung zur Arbeit, zur Schule, zum Einkaufen und in der Freizeit erlebt seit mehreren Jahren wieder eine Renaissance. Seine erste Blütezeit hatte das Fahrrad in den 20er Jahren dieses Jahrhunderts, als es als Verkehrsmittel von den kleinen Leuten, den Arbeitern, entdeckt wurde und zur Vergrößerung ihrer Reichweite beitrug und wenig kostete. In den 50er und 60er Jahren wurde das Fahrrad durch die Massenmotorisierung an den Rand gedrängt, bis es durch die Umwelt-, Freizeit- und Gesundheitswelle der 70er und 80er praktisch neubelebt wurde.
Das Fahrrad ist ein flexibles und zeitsparendes Verkehrsmittel. Es ermöglicht die direkte Fahrt von Tür zu Tür und ist auf Distanzen bis 5 km den anderen Verkehrsmitteln wie dem PKW zeitlich überlegen. Es ist ein soziales und gesundheitsförderndes Verkehrsmittel. Die Fahrradtechnik erscheint heute als weitgehend ausgereift, wenn auch technisch insbesondere noch Fortentwicklungsbedarf bei der Verbesserung von Lichtanlage und Bremsen besteht; auch an einer besseren Federung und einem Wetterschutz mangelt es bisher.
Für 1989 wurde in den alten Bundesländern ein Bestand von ca. 50 Mio. Fahrrädern festgestellt; der Fahrradhandel verkauft jährlich etwa 4–5 Mio. neue Räder; die Fahrradbranche boomt, wie in Zeitungsartikeln immer wieder festgestellt wird.
Bundesweit wurde das Fahrrad 1982 bei 11 % aller in der Bundesrepublik täglich zurückgelegten Wege als Verkehrsmittel benutzt; dieser Wert schwankt altersgruppen- und regionsbezogen sehr stark. In Erlangen oder Münster ist der Radverkehrsanteil z. B. sehr viel höher als in Saarbrücken oder Kiel.
In vielen Städten ist das Radfahren jedoch nach wie vor unattraktiv und gefährlich; die autoorientierte Verkehrsplanung berücksichtigte den Radverkehr nur marginal, schuf ein überdimensioniertes Straßennetz und vergaß die Radfahrer.
Ziel der Fahrradverkehrsförderung muß es sein, zu einer spürbaren Verlagerung von Verkehrsanteilen vom Kraftfahrzeug- auf den Fahrradverkehr zu kommen, um zu einer Umweltentlastung beizutragen.
Zur Verbesserung der Radfahrbedingungen und als Instrument der Radverkehrsförderung existiert ein um-

| Reisezweck | Fuß | Rad | Kfz | ÖPNV |
|---|---|---|---|---|
| Berufsverkehr | 13% | 25% | 55% | 7% |
| Einkaufen | 32% | 30% | 30% | 8% |
| Freizeit | 26% | 31% | 39% | 4% |
| Schule | 29% | 39% | 17% | 15% |
| Studium | 15% | 63% | 21% | 1% |
| geschäftliche Erledigung | 30% | 24% | 42% | 4% |

fangreicher Maßnahmenkatalog zur Schaffung einer «fahrradfreundlichen Stadt». Dieser Katalog wurde in einem Forschungsvorhaben des Umweltbundesamtes entwickelt und empfiehlt u. a.

– planerische Maßnahmen wie die Anlage stadtweiter Radverkehrsnetze mit engen Maschen, die Errichtung von Abstellanlagen an Zielen und Quellen des Radverkehrs, eine Wegweisung und Beschilderung des Netzes sowie weitere ideelle und planerische Maßnahmen und

– bauliche Maßnahmen wie die Verbesserung der Qualität der Radwege, Bordsteinabsenkungen, den Schutz vor Parkern und sichere Lösungen an Kreuzungen.

Als Personalbedarf für die Radverkehrsförderung werden 2–3 Personen bezogen auf 100000 Einwohner für sinnvoll gehalten.

In holländischen und skandinavischen Städten hat der Radverkehr heute einen Anteil bis zu 40% an allen Wegen. In der als fahrradfreundlich geltenden Stadt Münster werden knapp 30% aller Reisen mit dem Fahrrad unternommen. Die Tabelle oben zeigt den unterschiedlichen Fahrradanteil in Münster bei verschiedenen Fahrtzwecken 1982.

In bundesdeutschen Städten hat der Radverkehr einen durchschnittlichen Anteil von 5–20%, in Abhängigkeit von Stadtstruktur und Stadtgröße; größere Städte haben einen niedrigeren, kleinere einen höheren Radverkehrsanteil.

## Fassaden- und Dachbegrünung

Abgase von Autos, Fabriken, Kraftwerken und aus den Schornsteinen der Wohnhäuser verschmutzen die Luft unserer Städte. Straßen, Dächer und Hauswände erwärmen sich bei Sonneneinstrahlung sehr stark, so daß in der dadurch verursachten Luftströmung Staub und Schadstoffteilchen immer wieder aufgewirbelt werden. Im Zentrum einer Großstadt kann man an Sommerabenden Lufttemperaturen messen, die bis zu acht Grad höher liegen als im Umland (→Stadtklima). Durch eine ausreichende Begrünung der Fassaden und der Dächer könnten diese Wirkungen zu einem erheblichen Teil vermieden und so das Stadtklima verbessert werden.

Abgesehen davon, daß eine mit Efeu oder wildem Wein bewachsene Hauswand gut aussieht und manch häßliche Fassade so verschwinden würde, bietet eine solche Begrünung im einzelnen folgende Vorteile:

– Pflanzen verbrauchen Kohlendioxid, das beim Verbrennen und beim Atmen entsteht, und reichern die Luft mit Sauerstoff an (→Luft). Bereits

2 m² eines grasbewachsenen Daches produzieren soviel Sauerstoff, wie ein Mensch zum Atmen braucht.
– Pflanzen können Staub- und Schmutzteilchen aus der Luft filtern.
– Begrünte Dächer heizen sich lange nicht so stark auf wie herkömmliche Dächer, die im Sommer bis zu 80 °C heiß werden können. Der Staub- und Schmutzteilchen aufwirbelnde Luftstrom wird dadurch weitgehend unterbunden.
– Durch die Wasserverdunstung in den Pflanzen wird der Umgebung Wärme entzogen, so daß die Lufttemperatur an heißen Sommertagen merklich gesenkt wird. Umgekehrt wird durch die morgendliche Taubildung Wärme zurückgewonnen.
– Der Pflanzenbewuchs dient als zusätzliche Wärmedämmung. Ein 5 cm dickes Luftpolster zwischen Wand und Blattwerk verringert den Wärmetransport in etwa der gleichen Größenordnung wie eine Doppelglasscheibe.
– Eine begrünte Hauswand schützt vor Schlagregen und Fassadenauswaschungen. Die weitverbreitete Ansicht, daß der Pflanzenbewuchs die Fassade auch schädige, ist unbegründet. Die Haftwurzeln des Efeus oder die Haftscheiben des wilden Weins dringen in den Putz nicht ein und weisen auch kein Dickenwachstum auf, so daß sie gar keine «sprengende» Wirkung haben können.
– Pflanzen reduzieren den Straßenlärm. Das Rascheln der Blätter im Wind wird dagegen als angenehm empfunden.
– Die Bepflanzung schafft Brutplätze und zum Teil auch Nahrung für Vögel, die dafür sorgen, daß die Insekten nicht überhand nehmen. Die häufig geäußerte Sorge, eine grüne Fassade bringe Ungeziefer in die Wohnungen, ist deshalb nicht gerechtfertigt.
– Ein begrüntes Dach kann erhebliche Wassermengen speichern, so daß zum Beispiel nach einem Wolkenbruch das städtische Kanalnetz entlastet wird.

Je nach der Ausrichtung der Hauswand zur Sonne bieten sich unterschiedliche Pflanzenarten an: auf der Südseite ist ein blattwerfender Bewuchs von Vorteil, um die Gebäudeerwärmung durch die Wintersonne zu ermöglichen (z. B. wilder Wein). Für die anderen Himmelsrichtungen empfiehlt sich ein immergrüner, selbstrankender Bewuchs (z. B. Efeu, der bis zu einer Höhe von 30 m wachsen kann).

Während uns begrünte Hauswände im Stadtbild bereits vertraut sind und eine Begrünung in den meisten Fällen auch nachträglich noch möglich ist, ist eine **Dachbegrünung** immer noch eine Besonderheit. Erst im Zusammenhang mit dem →ökologischen Bauen wird diese Möglichkeit wieder zunehmend genutzt. Freilich muß man auch sehen, daß, im Gegensatz zur Fassade, eine nachträgliche Begrünung der Dachfläche nur in Ausnahmefällen möglich ist, da die Dachkonstruktion im allgemeinen stabiler sein muß und an den Dachaufbau und die Dachneigung besondere Anforderungen zu stellen sind. Auch die Auswahl von Pflanzen ist eingeschränkt, da sie oft sehr harten Bedingungen standhalten müssen: extreme Sonneneinstrahlung bei Südlage, kaum Licht bei Nordlage, Regen und Wind auf der Wetterseite. Ein bewährter Aufbau für eine Flachdachbegrünung besteht aus drei Schichten: eine Schutzschicht aus verklebter Teerpappe oder Kunststoff verhindert das Eindringen der Wurzeln in die Dachhaut; eine Drainageschicht aus einem Kies-Sand-Gemisch oder aus Bimskies (geringeres Gewicht) hat die Aufgabe, durchsickerndes Wasser zunächst zu speichern und bei Überschuß abzuführen; eine Filterschicht aus feinkörnigem Sand oder Torf soll verhindern, daß beim Versickern des Wassers die darin enthaltenen Bodenteilchen in die Drainageschicht gelangen und deren Poren verstopfen. Auf diesen Unterbau wird dann eine bis zu 50 cm dicke Bodenschicht aufgebracht, in der die Pflanzen wurzeln können. Bei geneigten Dächern bietet sich das Anlegen von Terrassen an, so daß die Erde am Abrutschen gehindert wird. Je nach Standort und Dachart sind Moosdächer, Heidedächer, Sumpfdächer oder Wiesendächer möglich.

## Fernwärme

Bei der Erzeugung von Elektrizität in den großen Wärmekraftwerken (→Kohlekraftwerk, →Atomkraftwerk) gelangt nur etwa ein Drittel der zur Erzeugung von Wärme eingesetzten Primärenergie wie Kohle, Gas, Öl oder Uran in Form von elektrischer Energie zum Endverbraucher. Aus physikalischen Gründen, die technisch auch nicht überwindbar sind, entstehen bei solchen Wärmekraftmaschinen immer etwa zwei Drittel Verluste: die sog. →Abwärme. Sie wird an Flüsse oder über Kühltürme an die Luft der Umgebung abgegeben. Das führt zu Aufheizungen des Wassers und zu Sauerstoffmangel, was die ohnehin verschmutzten Flüsse zu stinkenden Kloaken macht, in denen kein Fisch mehr schwimmt. Der Wirkungsgrad, das heißt das Verhältnis von gewonnener zu eingesetzter Energie, liegt um 32 %.
Die Werke, in denen nur Elektrizität erzeugt wird, nennt man Kraftwerke. In einigen Städten gibt es aber auch Werke, die sowohl Elektrizität erzeugen als auch den sonst als Abwärme nicht genutzten Teil als Heizwärme in Form von heißem Wasser für die Heizung der Häuser verkaufen. Das sind Heizkraftwerke. In ihnen findet eine Kraft-Wärme-Kopplung (oder Wärme-Kraft-Kopplung, wie man auch sagt) statt, und bezogen auf den Primärenergieeinsatz kommen nun schon etwa 75 % beim Endverbraucher an. In einigen Städten der Bundesrepublik sind die Rohrleitungen der Fernwärmenetze schon so weit ausgebaut, daß kaum noch ein privater Schornstein die Luft verschmutzt; Beispiele dafür sind Flensburg, Kiel, Wolfsburg, Gelsenkirchen und Saarbrücken.
Die →Atomkraftwerke sind nur bedingt für die Nutzung zur Fernwärmeversorgung geeignet. Sie müssen aus Sicherheitsgründen weitab der Ballungszentren liegen, wodurch lange Fernwärmeleitungen notwendig sind. Das führt aber zu Verlusten und ist teuer. Außerdem müssen Atomkraftwerke aus wirtschaftlichen Gründen sehr groß sein, so daß die anfallende Wärmemenge für ein riesiges Versorgungsgebiet ausreicht, was auch wieder zu verlustreichen, langen Leitungen führt. Am besten ist die Errichtung von kleineren Heizkraftwerken, möglichst nahe am Verbraucher, der Strom und Wärme abnimmt.
Eine noch bessere Energieausnutzung

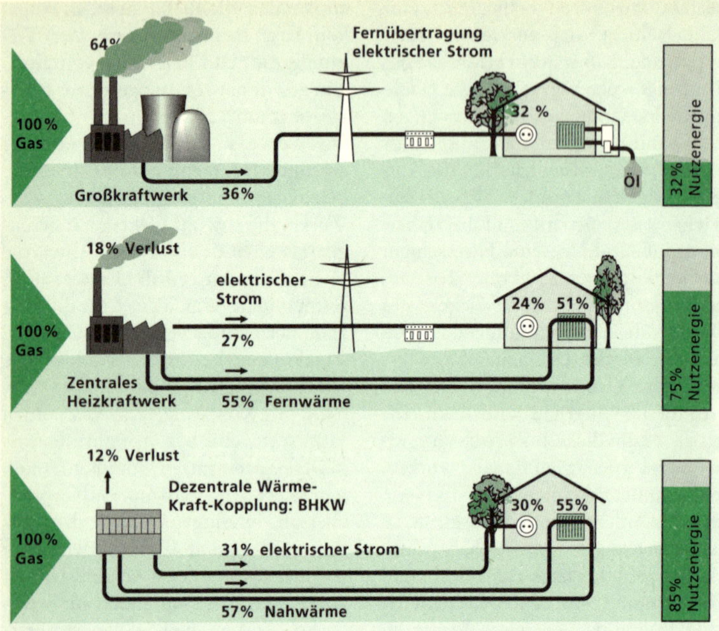


**Energieflüsse bei der reinen Stromerzeugung sowie der zentralen und dezentralen Wärme-Kraft-Kopplung**

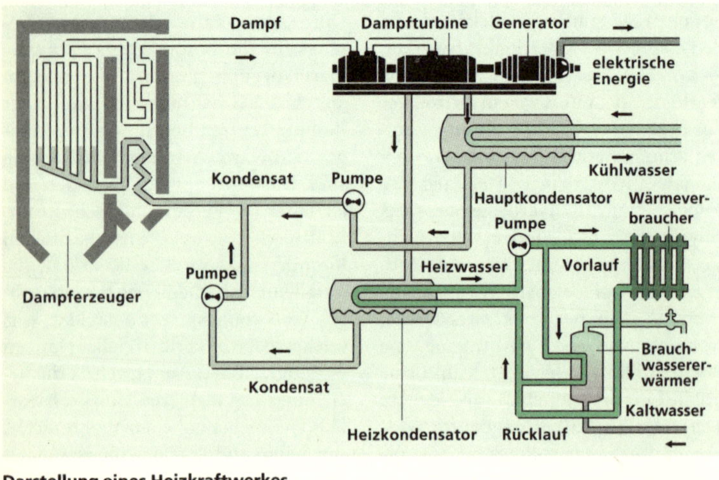


**Darstellung eines Heizkraftwerkes**

bis fast 90% bietet die Form der Kraft-Wärme-Kopplung in noch kleineren dezentralen Einheiten, den sog. Blockheizkraftwerken. Blockheizkraftwerke bestehen aus mehreren Otto- oder Dieselmotoren, die mit Erdgas oder Dieselöl, aber auch mit Biogas (→Bioenergie) betrieben werden. Sie versorgen einen Häuserblock oder eine kleine Siedlung aus der mechanisch erzeugten Energie über Generatoren mit elektrischem Strom. Die Abwärme des Motors, der Abgase und des Generators werden dann auch zur Wärmeversorgung mit verwendet. Der Weg von der kleinen Heizzentrale bis zum Verbraucher ist kurz und deshalb billig. Man spricht auch von Nahwärme.
In manchen Städten werden Müllverbrennungsanlagen (→Müllverbrennung) an das Fernwärmenetz angeschlossen. Sie wirken in der Regel als reine Heizwerke. Allerdings gibt es dabei eine Vielzahl von Problemen mit den Schadstoffen in den Abgasen.
Durch Kopplung mit →Wärmepumpen läßt sich auf obenbeschriebene Weise eine Energieversorgung mit sehr hohem Wirkungsgrad verwirklichen. Sie hat, was die Umweltauswirkungen betrifft, noch einen entscheidenden Vorteil: Die Abgabe von Schadstoffen aller Art wird hierbei ganz erheblich vermindert.

**TiP** Mit 75 Prozent Nutzenergie hat Fernwärme eine hohe Energieausbeute. Im Westen der Bundesrepublik werden 26,8 Millionen Wohnungen und im Osten 7,0 Millionen Wohnungen mit Fernwärme versorgt. Sowohl in den alten Bundesländern wie auch in den neuen ist das Fernwärmenetz noch ausbaufähig. Wenn vor Ort möglich, lassen Sie sich ans Fernwärmenetz anschließen. Erkundigen Sie sich nach Subventionen für die umweltfreundliche Umrüstung der Heizanlage bei Ihrem Energieversorgungsunternehmen.

## Flugverkehr

In der Umgebung eines Großflughafens sind zwei Arten der Umweltbelastung besonders schwerwiegend: →Lärm und →Luftverschmutzung. Davon wissen die Bewohner z. B. von Berlin, Frankfurt, Hamburg oder München und die Anwohner vieler Militärflugplätze ein Lied zu singen (→militärische Umweltbelastungen). Im Flughafenumland, insbesondere in den Einflugschneisen, wird die Bevölkerung über das zumutbare Maß hinaus durch Lärm startender und landender Flugzeuge belästigt. Mitten in der Nacht sind Schallpegelwerte von bis zu 90 dB (A) (→Lärm) durchaus üblich. Das entspricht dem Lärm von Preßlufthämmern. Hinzu kommt die Belästigung durch Tiefflüge von Militärmaschinen aus den NATO-Ländern, die in vielen Gebieten ihre Übungen durchführen.
An einem Tag mit normalen Flugbewegungen werden außerdem z. B. auf dem Frankfurter Flughafen über 30 t Abgase ausgestoßen:

| | |
|---|---|
| Kohlenmonoxid (CO) | 7,5 t pro Tag |
| →Kohlenwasserstoffe | 18,5 t pro Tag |
| →Stickoxide | 2,2 t pro Tag |
| verschiedene Feststoffe | 3,5 t pro Tag |

Diese haben schwerwiegende gesundheitliche Schäden zur Folge. Angesichts dieser Gefährdungssituation sind folgende Sofortmaßnahmen dringend erforderlich: Verzicht auf

Überschallpassagiermaschinen, ein weitgehendes Nachtflugverbot, Stopp aller Inlandsflüge, kein weiterer Ausbau oder Neubau von Flughäfen. Dazu ist es natürlich erforderlich, den →Bahnverkehr entsprechend auszubauen, um den Mobilitätswünschen der Menschen im Inland und zu den Nachbarstaaten gerecht zu werden. Im Fernflugverkehr in Höhen bis 15 km bewirkt der Schadstoffausstoß einen Beitrag zum Abbau der Ozonschicht (→Ozon).

## Fluorchlorkohlenwasserstoffe

Fluorchlorkohlenwasserstoffe (FCKW), oder auch Chlorfluorkohlenstoffe (CFK) genannt, sind →Kohlenwasserstoffe, in denen Wasserstoffatome durch Fluor- und Chloratome ersetzt sind. Sie sind geruch- und geschmacklos, brennen nicht und sind sehr stabil. Aufgrund dieser Eigenschaften finden sie vor allen Dingen als Treibmittel in Spraydosen, in Kühlaggregaten, in Aufschäummitteln oder als Löse- und Reinigungsmittel Verwendung.
Allein 1987 wurden weltweit 1,1 Millionen Tonnen FCKW produziert, die auch unter den Markennamen FRIGEN (Hoechst), KALTRON (Kali-Chemie) und FREON (Du Pont) bekannt sind. Während z. B. der Anteil von FCKW in der BRD in Spraydosen seit 1986 von 26000 Tonnen auf ca. 4000 Tonnen sank, entfielen 41 % (oder 40000 Tonnen) aller verbrauchten FCKW auf den Bereich der Lösemittel, wobei von einem steigenden Verbrauch auszugehen ist. Auch in der Schaumstoffindustrie ist der Verbrauch steigend. Seit 1986 werden ca. 24000 Tonnen FCKW in Lebensmittelverpackungen, Matratzen oder Dämmmaterialien gepumpt.
Die FCKW gelangen entweder direkt bei der Herstellung, während des Gebrauchs z. B. beim Spray oder spätestens als →Abfall in die Umwelt. Die FCKW sind zwar für Menschen nicht giftig, aber schon seit 1974 stehen sie im Verdacht, die Ozonschicht zu zerstören (→Ozon). Aufgrund ihrer langen Lebensdauer in der Atmosphäre von 80 bis 100 Jahren verteilen sich FCKW weltweit in der →Atmosphäre und gelangen nach ca. 10 Jahren unzersetzt in den oberen Atmosphärenbereich, in die Stratosphäre.
Dort greifen sie die für alles Leben auf der Erde wichtige Ozonschicht an, die als schützende Hülle den größten Teil der ultravioletten Strahlen der Sonne abfängt. Als Folge der zunehmenden UV-Einstrahlung auf die Erde wird eine Zunahme von Hautkrebs und die Zerstörung des Planktons in den Ozeanen erwartet. FCKW gehören wie das →Kohlendioxid ($CO_2$) zu denjenigen Gasen, die die langwellige Wärmestrahlung der erdnahen Atmosphäre zurückhalten und dadurch den sogenannten →Treibhauseffekt mitbewirken.
Aufgrund der hohen Umweltgefährdung durch das FCKW gibt es in den USA, Kanada, Schweden und Norwegen das Verbot, FCKW in Spraydosen zu verwenden. In der BRD gelten bisher nur Vereinbarungen, die die Industrie zur freiwilligen Einschränkung bei Treibgasen anhält. Die BRD, die EG und 23 andere Staaten unterzeichneten das seit 1989 völkerrechtlich in Kraft getretene **Montrealer Protokoll**, das bis 1999 eine stufenweise Verringerung der Produktion und des Verbrauchs von FCKW um 50 % (ge-

genüber 1986) vorsieht. Nach einer Verordnung des Bundeskabinetts von 1991 darf die Industrie in der BRD ab 1995 keine FCKW mehr in ihren Erzeugnissen verwenden; ab spätestens 1995 wollen die deutschen Chemiefirmen auf die Produktion von FCKW verzichten.

**TiP** Umweltfreundliche Verbraucher und Verbraucherinnen lassen FCKW-haltige Sprays und Schaumsprays in den Regalen stehen. Sprays mit blauem Engel enthalten zwar keine FCKW, aber andere Treibgase, die für das weltweite Klima schädlich sind. Es gibt auch Alternativen ohne FCKW für den täglichen Gebrauch: Statt Deospray tut es auch ein Deoroller. Das Haarspray läßt sich auch mit einem Pumpzerstäuber mikrofein verteilen. Zum Rasieren gibt es auch Seife und Rasierpinsel.
Für Küche und Bad gibt es Schaumschwämme, die ohne FCKW hergestellt wurden. Gleiches gilt für Matratzen und Polster. Für die Umwelt ist eine chemische Reinigung mit FCKW nicht freundlicher als mit Perchlorethylen, deshalb sollte bei Kleidungsstücken das Waschen bevorzugt werden. Die chemische Reinigung ist nur etwas für den Notfall.
Neue Kühlschränke sind inzwischen oft FCKW-vermindert. Wenn das Gerät ausgedient hat, muß es einem Kühlschrank-Recyclingverfahren zugeführt werden, damit die FCKW aus Isolierschaum und Kühlflüssigkeit nicht in die Umwelt gelangen. Auskünfte geben die Umweltschutzämter.
Den einzigen FCKW-freien Kühlschrank stellt gegenwärtig – von Greenpeace initiiert – die Firma dKK Scharfenstein in Sachsen her. Als Kältemittel kommt ein umweltneutrales Propan-Butan-Gemisch, als Isoliermaterial expandiertes Polystrol (EPS) zum Einsatz. Wegen der Zulassungsfristen bei TÜV und VDE ist das Gerät z. Zt. noch nicht lieferbar. Um die noch mit hohen Verlusten arbeitende ostdeutsche Firma vor der Liquidation zu retten, unterstützt Greenpeace die Vermarktung dieses weltweit ersten FCKW-freien Kühlschranks und nimmt sogar Bestellungen entgegen (Stand: September 1992).

## Flußregulierung

Nahezu in jedem Ort kann man auf regulierte oder ausgebaute Bäche oder Flüsse stoßen. Diese wasserbaulichen Maßnahmen sollen das schnellere Abfließen des Wassers gewährleisten und dadurch Hochwasser vermeiden. Bei größeren Flüssen waren die Interessen der Schiffahrt und der Wasserkraftnutzung maßgeblich.
Wasserbauliche Maßnahmen sind jedoch nicht ohne ökologische Folgen.
▶ Die Lebensgemeinschaften von Tieren und Pflanzen im bzw. am Fluß oder Bach reagieren in der Regel mit einer Verringerung der Artenzahl, Abnahme der Individuenzahl und einer einschneidenden Veränderung der Artenzusammensetzung.

| | Tierarten | Individuendichte |
|---|---|---|
| Naturbelassene Bäche | 486 | 3180/qm |
| Regulierte Bäche | 241 | 450/qm |

Quelle: Geiler, N.: Wasserbau und Ökologie. In: Bossel, H./Grommelt, H.-J./Oeser, K. (Hg.): Wasser, Frankfurt a. M. 1982

▶ Eine verkürzte und verbaute Uferlinie verhindert die Ansiedelung von Wasserpflanzen, die den nötigen Sauerstoff für die →biologische Selbstreinigung des Wassers produzieren. Der starke Wellenschlag in schiffbaren, begradigten Fließgewässern kommt als zusätzlich belastender Faktor hinzu. Die biologische Selbstreinigungskraft eines Gewässers ist somit in erheblichem Maße beeinträchtigt. Diese spielt sich zu 70% in uferfreien Flachwasserrändern ab.

▶ Im Zuge der Begradigung werden oft auch bachbegleitende Gehölze abgeholzt, was zu einer unnatürlich starken Durchlichtung dieser Bachläufe führt. Diese verstärkt die Verkrautung der Bäche, die wiederum durch die Dränageausläufe aus landwirtschaftlich genutzten Flächen oder Abwassereinleitungen verursacht wird (→Landwirtschaft, →Abwasser). Um den Querschnitt solcher Gräben für die Hochwasserabfuhr freizuhalten, müssen die Bachläufe beispielsweise in der Vorderpfalz im Sommer alle 14 Tage gemäht werden. Oft werden dazu auch →Pestizide verwendet.

▶ Durch die Korrektur oder Begradigung werden viele Ströme von ihren Altwässern abgeschnitten. In den Altarmen kann sich Plankton (z. B. Einzeller, Kleinkrebse) bilden, das dem Flußwasser normalerweise auch zugeführt wird. Plankton produziert zudem den für die biologische Selbstreinigungskraft nötigen Sauerstoff.

▶ Wird ein Fluß oder Bach begradigt, so fließt das Wasser danach schneller und gräbt sich ein tieferes Bett. Die Sohle des Baches oder des Flusses senkt sich, was wiederum auch den Grundwasserspiegel in den umliegenden Uferlandschaften absinken läßt. Ein besonders anschauliches Beispiel für die ökologischen Folgen einer Flußregulierung ist die Begradigung des Rheins (→Gewässerverschmutzung, →Schiffsverkehr). Inzwischen gibt es erste Versuche, einen naturnahen Gewässerbau (z. B. Uferstabilisierung mit Erlen) zu betreiben oder kanalisierte Gewässer wieder «rückzubauen».

## Formaldehyd

Formaldehyd ($CH_2O$) ist eine einfache organische Verbindung, die gasförmig ist und stechend riecht. Sie löst sich sehr gut in Wasser und Alkohol und kommt auch als wäßrige Lösung unter der Bezeichnung «Formalin» in den Handel. Aufgrund der chemischen Eigenschaft des Formaldehyd, mit sich selbst sowie einer Reihe anderer chemischer Stoffe höhermolekulare Verbindungen (Polymerisation) des Kunststofftyps zu bilden, ist es zu einem der wichtigsten organischen Grundstoffe der chemischen Industrie geworden und findet in einer Vielzahl von Produkten Verwendung.

**Anwendungsbereiche und Verbrauch des Formaldehyds (500000 Tonnen pro Jahr in der alten BRD)**

| | |
|---|---|
| Herstellung von Kunstharzen (z. B. zur Verleimung von Holzfaser – Sperrholz und Spanplatten –; beim Verschäumen von Hohlräumen zur Isolierung von Häusern) | 65% |
| Ausgangspunkt für die chemische Synthese organischer Verbindungen | 29% |
| Desinfektion, Sterilisation und Konservierung (z. B. in Kosmetika und Körperpflegemitteln als Konservierungsstoff; in Desinfektionsmitteln) | 6% |

Quelle: zusammengestellt nach Strubbelt, O.: Gifte in unserer Umwelt, 1989

Formaldehyd gefährdet jedoch die menschliche Gesundheit. Bei direktem Kontakt mit der Haut kann es allergische Reaktionen (Kontaktekzeme) hervorrufen (→Allergie). Die große Verbreitung des Formaldehyds in →Kosmetika und Bekleidungen hat eine relativ hohe Anzahl von allergischen Erkrankungen zur Folge. Formaldehyddämpfe in der Luft (z. B. beim Ausdünsten von Isolierschäumen oder Spanplatten) führen zu Schleimhautreizungen, Kopfschmerzen, Unwohlsein, Konzentrationsstörungen und Abgespanntheit. In der Vergangenheit mußten Hunderte von Schulen, Kindergärten und andere öffentliche Gebäude kostenaufwendig saniert werden, da die Formaldehydkonzentrationen (über 0,1 ppm) zu hoch waren.

Formaldehyd entsteht aber auch bei jeder Verbrennung. Beim Rauchen einer Zigarette werden ca. 1,5 mg Formaldehyd freigesetzt; nach Rauchen von 6 Zigaretten in einem 50 $m^3$ großen Raum (ca. 18 $m^2$) kann es zu Formaldehydkonzentrationen kommen, die über 0,1 ppm liegen.

Formaldehyd steht in dem dringenden Verdacht, →Krebs auszulösen, da es körpereigene Eiweiße angreift und sie denaturiert. Zellschäden und die obengenannten →Allergien können die Folge sein.

Die Gefahrstoffverordnung (1986) sieht für Formaldehyd →Grenzwerte für die Herstellung von Holzwerkstoffen für den Innenausbau und Möbelbau und eine Kennzeichnungspflicht für Textilien, →Wasch-, Reinigungs- und Pflegemittel vor. Die TA Luft (1986) begrenzt die →Emission von Formaldehyd auf die höchstzulässige Konzentration von 20 mg/$m^3$ Atemluft. Diese gesetzlichen Regelungen sind für eine krebsverdächtige Substanz unzulässig, da schon geringste Dosen einer Substanz Krebs verursachen können. Das Verbot von Formaldehyd ist überfällig.

**TiP** Noch immer hat man Schwierigkeiten, Formaldehyd gänzlich aus dem Haushalt zu verbannen. Aber die Mengen lassen sich vermindern. Den Teppichboden muß man nicht großflächig verkleben, sondern spannen, nageln oder lose verlegen. Bei Decken- und Wandfarben formaldehydfreie Produkte kaufen. Statt Spanplatten gibt es Vollholzmöbel, oder für das kleinere Portemonnaie formaldehydverminderte E-Spanplatten.

Auch bei Reinigungsmitteln, Kosmetika und Waschmitteln gibt es eine breite Palette an formaldehydfreien Produkten. Falls Cremes nicht vertragen werden, lassen sie sich schadstoffrei selbst herstellen. Bei Kleidungsstücken gibt es bisher nur eine geringe Auswahl an formaldehydfreier Ware. Allergiker sollten Textilien, die sie auf der Haut tragen, vor dem ersten Tragen mehrfach waschen.

## Fremdstoffe in Nahrungsmitteln

Perchlorethylen im Olivenöl, →Pestizide im Salat oder allergieauslösende Farbstoffe in knallbunten Gummibärchen, die Skandal-Chronik von fremden Stoffen in Nahrungsmitteln, die wir täglich mit unserer Nahrung schlucken, ist lang.

Fremdstoffe gelangen auf verschiedenen Wegen in die Nahrung:

– durch Maßnahmen der →Landwirtschaft wie Düngung, →Schädlingsbekämpfung, Medikamente und Futtermittelzusätze,
– durch die von Industrie, Verkehr und Haushalten bedingte Umweltverschmutzung,
– durch Zusätze und technische Prozesse bei der Be- und Verarbeitung.

Eine andere Unterscheidung der Fremdstoffe in den Nahrungsmitteln kann danach erfolgen, ob die Fremdstoffe beabsichtigt oder unbeabsichtigt in das Lebensmittel gelangen. Bei Arzneimitteln und Futtermittelzusätzen, die den Tieren absichtlich zugesetzt werden, ist zu fordern, daß die Lebensmittel rückstandsfrei sind. Anders verhält es sich mit Stoffen aus der Umwelt, die unbeabsichtigt durch den →Boden, die →Luft oder das →Wasser in das Nahrungsmittel gelangen. Hier wäre es unrealistisch, eine völlige Rückstandsfreiheit zu fordern. Hier müssen Höchstwerte und Höchstmengen vorgeschrieben und eingehalten werden, die toxikologisch vertretbar sind (→Grenzwerte). Fremdstoffe, die im Rahmen technischer und technologischer Prozesse die Lebensmittel belasten können, z. B. Zusatzstoffe, ließen sich durch ein generelles Verbot von entsprechenden Behandlungs- und Bearbeitungsverfahren weitgehend vermeiden. Häufig siegen aber ökonomische Erfordernisse vor gesundheitlichen Bedenken. Beispielsweise ließe sich der Einsatz von Konservierungsstoffen häufig durch eine chemiefreie, aber teurere thermische Behandlung vermeiden.

Im folgenden werden die Fremdstoffe in der Nahrung in Rückstände, Kontaminationen (Verunreinigungen durch die Umwelt) und Zusatzstoffe unterschieden.

### Rückstände

sind Restmengen von Substanzen, die im Verlauf der Produktion von Lebensmitteln pflanzlicher oder tierischer Herkunft, um einen bestimmten Zweck zu erzielen, angewendet worden sind. Hierzu zählen Arzneimittel und Futtermittelzusatzstoffe wie Antibiotika in Hühnereiern, Tranquilizer bei Schweinen oder Hormone bei Kälbern, aber auch Pestizide im Getreide. Die nachgewiesenen Rückstände stammen häufig aus einer nicht vorschriftsmäßigen, zum Teil auch widerrechtlichen Verwendung derartiger Substanzen sowie dem Nichteinhalten vorgeschriebener Wartezeiten. Rückstände in Nahrungsmitteln sind unbeabsichtigt und unerwünscht, teilweise sogar strafbar (→Massentierhaltung), aber in der Regel werden diese Substanzen bis zu einer bestimmten Höchstmenge toleriert.

### Verunreinigungen aus der Umwelt (Kontaminationen)

gelangen unbeabsichtigt und ohne Zutun des Produzenten in Lebensmittel, dienen dort keinem Zweck und sind unerwünscht. Die belastenden Stoffe kommen aus der Luft, dem Boden oder dem Wasser und stellen das größte Problem unter den →Schadstoffen in Lebensmitteln dar. Sie gelangen nämlich unkontrolliert in die →Nahrungskette des Menschen. Zu den gefährlichen Stoffen, die sich in den Lebensmitteln anreichern, gehören zum Beispiel →Schwermetalle wie →Blei, →Cadmium oder →chlorierte Kohlenwasserstoffe, z.B. DDT, das – obwohl schon seit 1972 ein Anwendungsverbot bei uns besteht – noch zu mehr als 60 % im Boden ist. Die Schadstoffe gelangen über die Wurzeln oder die Blätter in die Pflanzen und mit der Tiernahrung und der Atemluft in den Tierkörper. Schwermetallrückstände in höheren Konzentrationen, wie →Cadmium, sind vor allem in Innereien der Schlachttiere Schwein und Rind gefunden worden. Dagegen werden niedrige Cadmiumgehalte im Muskelfleisch, in Milch und in Eiern nachgewiesen.

Da sich Cadmiumrückstände in den Entgiftungsorganen anreichern (→Nahrungskette), nehmen die Schadstoffbelastungen in Leber und Niere bei allen Tieren mit dem Alter zu. In der Fleischhygiene-Verordnung vom 30. Oktober 1986 wurden deshalb die Nieren von Zuchtschweinen und Schlachtpferden für den menschlichen Verzehr ausgeschlossen. Eine Ausdehnung dieser Verordnung auf alle Innereien von älteren Schlachttieren ist noch überfällig. Die von der Weltgesundheitsorganisation (WHO) vorläufig festgelegte duldbare Aufnahmemenge an Cadmium liegt für Frauen bei 0,435 mg Cadmium pro Woche (bezogen auf 58 Kilogramm Körpergewicht) und bei 0,525 für Männer (bezogen auf 70 Kilogramm Körpergewicht). Diese Werte würden erreicht durch einen wöchentlichen Verzehr von 500 g Nieren, 5 kg Leber und 50 Kilogramm Muskulatur. Bei einem durchschnittlichen Fleischverzehr liegt die Auslastung des WHO-Wertes zur Zeit bei rund 35 %. Vor allem in fettem Fleisch und Fisch sind schädliche Chlorkohlenwasserstoffe vorhanden. Sie reichern sich im Fettgewebe der Tiere an. Obwohl einige Pestizide bei uns schon längst verboten sind, werden sie immer wieder in unserem Fleisch nachgewiesen, da sie über schadstoffbelastete Futtermittel aus der →Dritten Welt wieder zu uns zurück gelangen. Die festgelegten Höchstmengen werden zwar in der Regel nicht überschritten, trotzdem stellt sich die Frage, ob die gesetzlichen Werte nicht längst zu hoch sind, da sich z.B. in der →Muttermilch diese problematischen Stoffe in Mengen angereichert haben, die für einen Säugling nicht mehr tolerierbar sind.

Im Ernährungsbericht 1988 der Deutschen Gesellschaft für Ernährung wurden folgende Feststellungen zur Belastung von Lebensmitteln pflanzlicher Herkunft mit Pflanzenschutzmitteln gemacht:

Zwar ist die Kontaminationshäufigkeit angestiegen, aber als Haupt-

**Cadmium-Gehalte in Innereien in mg/kg Frischware**

| Lebensmittel | Minimum | Mittelwert | Maximum | Richtwert |
|---|---|---|---|---|
| Rinderleber | 0,002 | 0,121 | 1,238 | 0,3 |
| Schweineleber | 0,002 | 0,112 | 0,900 | 0,3 |
| Rinderniere | 0,005 | 0,736 | 9,300 | 0,5 |
| Schweineniere | 0,005 | 0,416 | 5,040 | 0,5 |

Quelle: Phillipeit, W./Schwartau, S.: Zuviel Chemie im Kochtopf? 1991

grund wird die verbesserte Nachweismethodik angeführt.
Diese Aussage wird relativiert, wenn man bedenkt, daß von den 300 zugelassenen Stoffen zur Zeit nur 80 in den amtlichen Laboren nachgewiesen werden können.
Von insgesamt 19000 Lebensmittelproben pflanzlicher Herkunft überschritten 2,6% die zugelassenen Höchstmengen. Importierte Waren wiesen dabei höhere Rückstandsbelastungen auf als Inlandsware.
Diese Tendenz wurde auch in weiteren Untersuchungen bestätigt. 1988 mußten bei einer bundesweiten Untersuchung des Bundesgesundheitsamtes von 948 Erdbeerproben mehr als 80% der Proben beanstandet werden, da Rückstände von Unkraut- und Pilzbekämpfungsmitteln festgestellt wurden. Erschreckend war zudem, daß bei mehr als der Hälfte der Proben Mehrfachanwendungen von 2–7 unterschiedlichen Pestiziden ermittelt wurden. Auch bei Gemüse, insbesondere bei Salat, Tomaten und Gurken aus dem Ausland, wurden die Lebensmitteluntersuchungsämter fündig. Von 60 importierten Frucht- und Gemüseproben wurden 39 wegen Rückständen beanstandet, wobei in 4 Fällen sogar die Höchstmengen überschritten wurden.
Am häufigsten sind mit organischen Chlorverbindungen Teigwaren, Gewürze, pflanzliche Öle und Fette, Hülsenfrüchte und vor allem Tee verunreinigt.
Keine Aussage kann über die effektive Belastung der Bevölkerung durch Rückstände in Lebensmitteln gemacht werden, da die notwendigen Daten über den statistischen Durchschnittsverzehr oder die haushaltsmäßige Zubereitung der Lebensmittel fehlen.
Zwar ist die Belastung von Lebensmitteln mit Schadstoffen nicht in erster Linie ein regionales Problem, trotzdem gibt es in einigen Ballungs- oder Industriegebieten problematische Anreicherungen von giftigen Stoffe wie die Tabelle rechts zeigt.

## Zusatzstoffe

sind im Lebensmittel- und Bedarfsgegenständegesetz (§ 2) als Stoffe definiert, die dazu bestimmt sind, die Beschaffenheit von Lebensmitteln zu beeinflussen oder bestimmte Eigenschaften oder Wirkungen bei den Lebensmitteln zu erzielen. Zum Beispiel sollen Konservierungsstoffe die Nahrung länger haltbar machen, Farbstoffe sollen häufig optische Frische bewirken, oder Füllstoffe können aus kleinen Mengen größere Portionen zaubern. Zusatzstoffe müssen für Lebensmittel gesetzlich zugelassen sein und dürfen nur in bestimmten Höchstmengen und zu genau definierten Zwecken verwendet werden.
Zucker, Salz oder Eier gelten nicht als Zusatzstoffe. Da sie Stoffe natürlicher Herkunft sind, werden sie auf der Verpackung als Zutat angegeben. Seit Dezember 1983 werden die Zutaten in absteigender Reihenfolge ihres Gewichtsanteils auf der Verpackung angegeben. Anders als die Zutaten müssen die Zusatzstoffe nicht mit ihrem chemischen Namen angegeben werden. Es reicht die E-Nummer. Für viele Zusatzstoffe muß nur der sogenannte «Klassenname» angegeben werden. So erfährt der Verbraucher nur, daß es sich um Schaumverhüter, Stabilisatoren oder Antioxidations-

**Belastungsgebiete durch Umweltchemikalien**

| Region | belastete Lebensmittel | Stoff | Ursache |
|---|---|---|---|
| München, Raum Köln-Leverkusen, Mannheim, Frankfurt, Schwandorf, Hamburg-Ost, Schöneiche südl. von Berlin, Bonn-Nord | fetthaltige Lebensmittel | Dioxin | Sondermüll- und Hausmüll-verbrennung |
| Nordenham, Oker/Harlingerode, Stollberg, Hamburg-Ost, Duisburg und Kernzone Ruhrgebiet | Gemüse, Innereien und sonstige Lebensmittel | Cadmium, Blei und Zink | Blei- oder Zink-verarbeitung |
| Lengerich/Niedersachsen | alle Lebensmittel | Thallium | Zementwerk |
| Bitterfeld bei Halle | alle Lebensmittel | Cadmium, Blei | Chemieindustrie und Energieerzeugung |
| Ilsenburg bei Magdeburg | fetthaltige Lebensmittel | Dioxin | Kupferhütte |
| Raum südlich von Leipzig | fetthaltige Lebensmittel | chlorierte Kohlenwasser-stoffe | Chemieindustrie |
| Buna/Bitterfeld | pflanzliche Produkte und Fisch | Quecksilber | Chemieindustrie |

Quelle: Phillipeit, W./Schwartau, S.: Zuviel Chemie im Kochtopf? 1991

mittel handelt – nicht aber, welche. Der Verbraucherschutz hat große Lücken: Lose abgepackte Nahrungsmittel, wie Backwaren, müssen nicht gekennzeichnet werden. Das gleiche gilt auch für Kleinportionen (z. B. Minijoghurts oder -Schokolade), aber auch Produkte wie Honig oder Wein.

Zusatzstoffe sollte man nicht generell verdammen. Einige, wie Hefe, Backpulver oder Pökelsalz, erfüllen wichtige Aufgaben. Manche Zusatzstoffe nützen mehr der Lebensmittelindustrie als dem Verbraucher. Im günstigsten Fall sind sie nur überflüssig, im schlimmsten Fall sogar schädlich, da sie →Allergien auslösen können. Im Kreuzfeuer der Kritik stehen hier die Farbstoffe, da sie in erster Linie die Attraktivität eines Produktes steigern sollen, und dazu ist jede Farbe, die frisches Aussehen und Qualität vortäuscht, recht. Auf der anderen Seite bewirken die roten und gelben Azofarbstoffe, Grundfarben für fast jede weitere Farbvariation, ganz besonders häufig allergische Reaktionen. Gerade erst wurde der gelbe Farbstoff Tatrazin, E-Nummer 102, von einigen großen Süßwarenherstellern verbannt, nachdem immer wieder Nesselsucht bei den kleinen und großen Naschkatzen aufgetreten ist.

Die folgende Übersicht zeigt die Vielzahl von Stoffen, die unseren Lebensmitteln zugesetzt werden.

| Stoffgruppe | Wirkung | Anwendung |
|---|---|---|
| **1. Stoffe, auf die unsere Sinne (Sehen, Riechen, Schmecken) ansprechen** | | |
| Farbstoffe | Färben Lebensmittel in allen Farben | Süßwaren, Puddingpulver, Eis, Margarine, Käse u. v. a. m. |
| Aroma- und Geschmacksstoffe | Geben Geruch oder Geschmack | Brausen, Cremespeisen, Kunstspeiseeis, Backwaren u. v. a. m. |
| Geschmacksverstärker | Verstärken Geschmack | Suppenerzeugnisse, Fertiggerichte, Süßwaren, Backwaren, Erfrischungsgetränke |
| Stimulierende Stoffe | Haben anregende Wirkung | Getränke, Genußmittel (Coffein, colahaltige Extrakte) |
| Süßstoffe | Zum Süßen | Süßwaren, Diabetikerprodukte |
| **2. Stoffe, welche die Lebensmittel stabilisieren sollen** | | |
| Konservierungsstoffe | Machen Lebensmittel haltbarer | Fleisch, Margarine, Käse, Marmeladen, Fischerzeugnisse, Sauergemüse u. v. a. m. |
| Oberflächen-behandlungsmittel | Machen Lebensmittel haltbarer | Zitrusfrüchte, Bananen, getrocknete Fruchtschalen zur Herstellung von Zitronat und Orangeat |
| Antioxidantien | Behindern unerwünschte Reaktionen mit Luftsauerstoff und wirken so konservierend | Margarine, Öle, Suppen, Soßen, Kartoffelerzeugnisse, Backwaren, Kaugummi, Marzipan u. v. a. m. |
| Emulgatoren | Mit ihnen können Flüssigkeiten gemischt werden, die schwer mischbar sind, wie z. B. Wasser und Öl | Margarine, Mayonnaise, Eis, Backwaren, Knabberwaren, Schokolade, Suppen, Soßen, Kakaogetränke, Cremespeisen, Süßwaren, Brüh- und Kochwürste |
| Verdickungs- und Geliermittel | Verdicken und gelieren, indem sie Wasser binden | Marmelade, Cremes, Pudding, Backwaren, Fertiggerichte, Säfte, Sülze, Instant-Produkte, Frucht-Joghurt, Kaugummi |
| Schaumstabilisatoren | geben schaumförmigen Zubereitungen eine größere Stabilität | Back- und Süßwaren |
| Feuchthaltemittel | Verhindern zu starkes Austrocknen und dadurch bedingte geschmackliche Veränderungen | Back- und Süßwaren |

| Stoffgruppe | Wirkung | Anwendung |
|---|---|---|
| Überzugsstoffe | Zum Umhüllen oder Überziehen (auch zu Schutzzwecken, etwa gegen Austrocknen oder Aromaverlust) | Zitrusfrüchte, Zuckerwaren, Fleischerzeugnisse, Käse |
| Mittel zur Erhaltung der Rieselfähigkeit (auch Antiklump-Antiback oder Rieselhilfsmittel genannt) | Verhindern ein Verkleben pulvriger oder feinkörniger Produkte | Speisesalz, Gemüse- und Fruchtpulver, Trockensuppen, Soßenpulver, Backtriebmittel, Süßwaren |
| **3. Stoffe mit diätetischen Funktionen** | | |
| Vitamine und Provitamine * | Der Zusatz erfolgt häufig wegen der konservierenden oder färbenden Wirkung bestimmter Vitamine | Margarine, Fruchtsäfte |
| Mineralstoffe und Spurenelemente | Sollen Mangelerscheinungen vorbeugen | Jodiertes Kochsalz, Säuglings- und Kindernahrung (Calcium) |
| **4. Stoffe, welche die industrielle Verarbeitung der Lebensmittel vereinfachen** | | |
| Schmelzsalze | Bewirken, daß bei der Schmelzkäseherstellung Fett, Eiweiß, Wasser einheitlich vermischt werden | Schmelzkäse |

* Provitamine sind Vorstufen von Vitaminen, die im Körper zu den eigentlichen Vitaminen umgewandelt werden.

Quelle: Was wir alles schlucken. Hrsg. Katalyse Umweltgruppe, Rowohlt Verlag, Reinbek 1985, S. 12f

**TiP** Falsche Kennzeichnung von Produkten, z. B. «naturreine» Zitronen mit Konservierungsstoffen, ein Salat, der nach Chemie schmeckt, mangelnde Hygiene oder verdorbene Lebensmittel sollten Anlaß für eine Beschwerde bei der Lebensmittelkontrolle sein. So eine Untersuchung ist für den Auftraggeber/in kostenlos. Falls Sie keine Auskünfte über die behördlichen Ermittlungsergebnisse bekommen, bringen Sie sich durch wiederholtes Nachfragen in Erinnerung. Wenn Ihre Beschwerde keine Beachtung findet, holen Sie sich Rükkendeckung bei der Verbraucherzentrale.

## Fusionsenergie

Fusion heißt Verschmelzung oder Vereinigung. Kernfusion ist, im Gegensatz zur Kernspaltung (→Atomkraftwerk), ein Vorgang, bei dem zwei leichte Atome miteinander verschmelzen, z. B. 2 Wasserstoffatome zu 1 Heliumatom oder von Tritium (überschwerer Wasserstoff) und Deuterium (schwerer Wasserstoff) zu Helium. Dazu sind Temperaturen von über 10 Mio. °C nötig. Bei dem Vorgang wird sehr viel Energie frei, pro Gramm Fusionsbrennstoff so viel, wie 10 Tonnen Kohle enthalten. Deshalb hofft man, ein Kraftwerk nach dem Fusionsprinzip bauen zu können. Damit könnte man aus dem Wasser der Weltmeere wertvolle Energie gewinnen.

Die Sonne ist seit eh und je ein derartiges Fusionskraftwerk, denn all ihre Strahlung (→Sonnenenergie) entsteht auf diese Weise. Auf der Erde gelang es 1952, die Wasserstoffusion in Form der Wasserstoffbombe (→Atombombe) zu verwirklichen. Seitdem arbeiten in aller Welt Wissenschaftler an der Entwicklung eines Fusionskraftwerks, denn in der explosiven, unkontrollierten Form der Bombe ist Fusionsenergie nicht sinnvoll einzusetzen. Aber es ist schwierig, die notwendigen hohen Temperaturen zu erzeugen. Man kann nicht einfach ein Gefäß zur Aufbewahrung des erhitzten Wasserstoffs verwenden. Nur starke Magnetfelder können ihn bündeln.

Ob und wann ein Fusionskraftwerk einmal wirtschaftlich in Betrieb gehen kann, ist äußerst fraglich. Ferner gibt es Probleme mit dem radioaktiven Tritium und den durch Neutronenstrahlung verseuchten Reaktormantel. Sicher ist nur, daß es in diesem Jahrhundert nicht mehr gelingen wird und wohl auch nicht bis 2100. Die Länder der Europäischen Gemeinschaft, die Schweiz und Schweden betreiben die JET-Versuchsanlage («Joint European Torus» in Culham) in der Nähe von Oxford (England) zur Erforschung der Möglichkeiten eines Fusionsreaktors. Dort konnte im November 1991 erstmals in der Praxis ein Beweis für die Erzeugung von Fusionsenergie geliefert werden. In heißes Deuterium wurde ganze zwei Sekunden lang Tritium eingeschossen. 1,8 MW Fusionsleistung konnten während der kurzen Brennzeit erzeugt werden. Allerdings ist es bis zu einem stromliefernden Fusionkraftwerk noch ein weiter Weg.

Weltweit werden jährlich etwa 3 Mrd. DM für die Fusionsforschung ausgegeben. Ob sie für die Sonnenenergieforschung nicht möglicherweise eine bessere Zukunftsinvestition wären?

# G

**Genehmigungsverfahren**
Genehmigungsverfahren für industrielle Anlagen haben mit dem wachsenden Umweltbewußtsein der Bevölkerung einen neuen Stellenwert erhalten. Dabei ist die Beteiligung der Öffentlichkeit an behördlichen Genehmigungsverfahren fast zweihundert Jahre alte Tradition. Napoleon führte sie auf besetztem deutschem Boden ein. 1845 wurde sie in der Preußischen Allgemeinen Gewerbeordnung und später in der Reichsgewerbeordnung übernommen. Als Industriegesetz hat die Gewerbeordnung noch bis in die Anfänge der Bundesrepublik Bestand gehabt. Bis heute haben sich aus dem alten Gesetzesvorläufer das Atomgesetz, das Abfallgesetz und das Bundesimmissionsschutzgesetz (→Umweltrecht) entwickelt. Auch in diesen Gesetzen ist das öffentliche Genehmigungsverfahren ein wesentlicher Bestandteil.
Die meisten industriellen Produktanlagen unterliegen einem Genehmigungsverfahren nach dem Bundesimmissionsschutzgesetz (→Luftverschmutzung, →Lärmschutz).
Das Verfahren beginnt mit der Antragsstellung. Dazu muß der Antragsteller bei der Genehmigungsbehörde alle Unterlagen über die Anlage mit ausführlicher Beschreibung der Auswirkungen auf die Umwelt einreichen. Die Zuständigkeit der Behörden ist in den einzelnen Bundesländern unterschiedlich geregelt. Die Behörde prüft nicht nur die technischen und juristischen Details des Antrags, sondern auch, ob die Unterlagen vollständig und aussagekräftig sind. Unvollständige Unterlagen können als Verfahrensfehler zum Abbruch und zur Wiederholung des Verfahrens führen.
Muß nach dem Gesetz eine →Umweltverträglichkeitsprüfung durchgeführt werden, wird sie in den Verfahrensablauf integriert. Entscheidend für die Beteiligung der Öffentlichkeit ist die «Amtliche Bekanntmachung», mit der das Genehmigungsverfahren angekündigt wird. Hier wird auch bekanntgegeben, in welcher Behörde die Unterlagen öffentlich ausliegen. Zu den normalen Dienstzeiten hat jeder Bürger und jede Bürgerin Akteneinsicht. Einsprüche werden bis zwei Wochen nach Auslegungsfrist von der Behörde entgegengenommen. Einwendungen können von natürlichen Personen und juristischen Personen, wie Firmen, Verbänden oder

Gemeinden, gemacht werden. Die gleiche Einwendung kann auch von mehreren Personen unterzeichnet werden, sogenannte Sammeleinspruchlisten.
Die Behörde muß beide Parteien, Antragsteller und Antragsgegner, zu einem Erörterungstermin einladen. Die Veranstaltung ist für die Einwender zwar keine Pflicht, aber hier kann durch gut vorbereitete Argumentation der spätere Genehmigungsbescheid im Sinne des Umweltschutzes beeinflußt werden. In der Praxis beginnt erst jetzt die eigentliche Prüfung in der Behörde, nämlich auf der Grundlage der Einwendungen, die gemacht wurden. Nach der Prüfung folgt die Entscheidung. Theoretisch kann der Antrag abgelehnt werden. Unverändert angenommen wird der Antrag in der Regel nur, wenn es keine Einwände gegeben hat. Wahrscheinlicher ist, daß dem Antragsteller Auflagen und Beschränkungen zum Schutz der Umwelt auferlegt werden. Widerspruch oder Klage ist möglich.

**TiP** Häufig verfügen die Umweltverbände über mehr Fachwissen als die zuständigen Behörden. Die Beteiligung an Genehmigungsverfahren mit Einwendungen sind konkreter Umweltschutz vor Ort. Damit die Einwände auch berücksichtigt werden können, müssen einige Voraussetzungen erfüllt sein: dazu gehören zunächst die formalen Details, wie Name des Verfahrens, Absender und Unterschrift. Ganz wichtig für die Berücksichtigung der Einwendung ist die Darlegung der eigenen Betroffenheit sowie die Problematisierung der möglichen Gefahren durch die Anlage. Die nötigen Angaben zur Schadstoffbelastung durch die Anlage erhalten Sie aus den Unterlagen des Antragstellers. Dort steht beispielsweise, wieviel und welche Schadstoffe von der Anlage in die Luft gehen werden, was mit dem Abwasser passieren soll oder welche Abfälle entstehen werden.

## Gentechnik

Chimären, halb Mensch, halb Tier; unheimliche Zwitterwesen; todbringende Bakterien. Solche und ähnliche Assoziationen haben viele Menschen beim Wort Gentechnik. Ihnen gilt die Gentechnik als Beispiel für den verantwortungslosen Umgang mit der Natur schlechthin, für einen nicht zu verantwortenden Eingriff in die Evolution oder in die Schöpfung. Die Befürworter hingegen sehen in der Gentechnologie die Technik der Zukunft mit noch ungeahnten Möglichkeiten: neuartige Pflanzen, welche die Welternährung sicherstellen, billige Medikamente zum Wohle der Menschheit, Pflanzen und Tiere, die gegen die Umweltbelastungen resistent sind.

### Gentechnik – Fluch oder Segen?

Was ist das für eine Technik, die solch ungeahnte Möglichkeiten, aber auch große Gefahren in sich birgt? Die Gentechnik ist ein Verfahren, mit dem Teile der Erbsubstanz, unverändert oder verändert, von einem in einen anderen Organismus übertragen werden können. Die Erbsubstanz, eine lange Kette von Molekülen in jeder Zelle des Organismus – sogenannte Desoxyribonukleinsäure (DNS) –, ist für die Produktion verschiedenster Stoffe in der Zelle verantwortlich. Sie ist vergleichbar mit einem Buch, in dem alle Informationen enthalten sind, die die Zelle für ihre Lebenserhaltung benötigt. Teile der Erbsubstanz, die die Information für die Produktion von Eiweißstoffen enthalten, werden als **Gene** bezeichnet. In jeder menschlichen Zelle sind ca. 50000 bis 100000 solcher Gene enthalten. Mittels der Gentechnik können nun Gene, die für die Produktion bestimmter Stoffe (z.B. Insulin) oder auch für komplexe Eigenschaften (z.B. Resistenz gegen Pestizide) verantwortlich sind, von einem Organismus auf einen anderen übertragen werden. Diese Übertragung ist allerdings je nach Organismus und Ziel der Übertragung mit hohem Aufwand verbunden. Mittels biochemischer «Werkzeuge» muß die Erbsubstanz bearbeitet, d.h. zerschnitten, neu zusammengefügt und vermehrt werden. Nach der Übertragung muß sie sich im neuen Organismus etablieren, in welchem sie dann die Bildung der gewünschten Stoffe veranlaßt und steuert.

Im Prinzip geschieht die Übertragung von Genen auch bei der «herkömmlichen» Fortpflanzung, bei welcher Gene der Elternorganismen auf die Nachkommen übertragen werden. Will man diese Übertragung nicht dem Zufall überlassen, weil man Lebewesen mit bestimmten Eigenschaften haben möchte, besteht die Möglichkeit, dies durch **Züchtung** zu beeinflussen. Dabei werden nur jeweils ausgesuchte Lebewesen mit bestimmten Eigenschaften zur Fortpflanzung gebracht. Dieses Verfahren wandte man seit altersher bei der Züchtung von Nutztieren, Haustieren, Kulturpflanzen und anderen dem Menschen dienlichen Lebewesen an. Der «Nachteil» der Züchtung besteht darin, daß lediglich Lebewesen der gleichen Art «miteinander gekreuzt» werden können und daß der Züchtungsprozeß meist sehr lang dauert.

Dieser Beschränkung ist die Gentechnik nicht unterworfen. Die Gentechniker können z.B. Erbinformationen des Menschen in ein Bakterium verpflanzen und die eines Kaninchens in eine Tabakpflanze – beides wurde erfolgreich durchgeführt. Damit eröffnen sich natürlich ungeahnte Möglichkeiten. Die Gentechniker erzeugen damit jedoch Lebewesen, die in der Natur so nicht vorkommen. Diese Möglichkeiten der Kombination von Erbinformation unterschiedlicher Arten – und damit die Schaffung neuartiger Lebewesen – ist es, woran sich die Geister scheiden. Während die einen schier ungeahnte Möglichkeiten zum Wohle des Menschen sehen, meinen die anderen, daß hier eine natürliche Schranke der Natur oder auch der Schöpfung überschritten werde.

### Bakterien – die Lieblinge der Gentechniker

Insbesondere in den Anfängen der Gentechnik arbeiteten viele Wissenschaftler mit Bakterien. Diese vermehren sich sehr schnell, sind einfach im Labor zu halten und haben eine nicht zu große Anzahl von Genen – alles Vorteile, die die Arbeit der Gentechniker erleichtern. Insbesondere ein Bakterium des menschlichen Darms, **Escherischia coli** (E. coli), wurde häufig verwendet.

Vor allem die schnelle Vermehrungsrate und damit die äußerst hohe Produktivität der Bakterien schien für die industrielle Gentechnik interessant. Würde es gelingen, Bakterien z. B. Gene für die Produktion von medizinisch benötigten Stoffen zu übertragen und die Bakterien im industriellen Maßstab zu halten, eröffneten sich große Möglichkeiten für die pharmazeutische Industrie.

Eines der ersten Produkte, die mittels Gentechnologie erzeugt wurden, war das **Humaninsulin**, ein Hormon, das in der Bauchspeicheldrüse des Menschen produziert wird und zur Regulation des Blutzuckerspiegels dient. Diabetes-Patienten, die einen Mangel an Insulin aufweisen, bekommen meist Insulin injiziert, das aus der Bauchspeicheldrüse geschlachteter Rinder und Schweine gewonnen wird – ein aufwendiges und teures Verfahren. Daher wurde das menschliche Gen zur Herstellung von Insulin in ein Bakterium übertragen. Diese Bakterien – in einem Tausende Liter großen Tank gehalten und vermehrt wie in einer Anlage der Firma Hoechst – können nun Humaninsulin produzieren. Obwohl diese Anlagen heute z. T. noch unwirtschaftlich sind, da mit großen technischen Problemen verbunden, wird an der gentechnischen Herstellung anderer medizinisch notwendiger Stoffe, wie dem Krebsmedikament Interferon oder Impfstoffen, gearbeitet.

Weitere Anwendungsmöglichkeiten der Gentechnik ergeben sich in der gentechnischen Veränderung von Mikroorganismen zur biologischen →Schädlingsbekämpfung sowie in der Abwasserreinigung (→Kläranlage).

Die gentechnische Veränderung von Bakterien, so lukrativ sie auch erscheint, ist jedoch sehr gefährlich. Viele Forscher experimentieren mit Genen, die Ursachen von Krankheiten sind, wie Krebs, Aids u. a. Die unkontrollierte Ausbreitung von neuartigen, krankmachenden Bakterien oder Viren – gegen die die Natur kein Rezept hat, weil völlig neuartig – hätte unvorstellbare Konsequenzen.

### Neue Lebewesen im Spiel der Natur

Die Geningenieure begnügen sich jedoch nicht mit der Änderung von Bakterien und deren industrieller Haltung. Pflanzen, Tiere und der Mensch können gentechnisch verändert werden. Dabei machen zahlreiche potentielle Anwendungsmöglichkeiten der Gentechnik die Freisetzung dieser Organismen notwendig, z. B.

- die Herstellung neuartiger Mikroorganismen zur biologischen →Schädlingsbekämpfung,
- der Einsatz gentechnisch veränderter Bakterien zur Abwasserreinigung in →Kläranlagen und zur Ölbekämpfung (→Ölpest),
- Abbau von →Altlasten und anderen →Bodenbelastungen durch Mikroorganismen,
- Steigerung der Qualität und des Ertrages von Kulturpflanzen sowie deren Widerstandsfähigkeit gegen Umweltverschmutzung (→Luftverschmutzung, →saurer Regen),
- Pflanzen, die gegen Herbizide resistent sind und so deren großflächigen Einsatz möglich machen (→Pestizide),
- gentechnische Veränderung von Nutztieren zur Steigerung der Fleisch- oder Milchproduktion oder zur Herstellung von biochemischen Stoffen für die pharmazeutische Industrie.

Die erste **Freisetzung** gentechnisch veränderter Lebewesen erfolgte in den USA. Biologen hatten ein Bakterium gezüchtet, das Erdbeerpflanzen vor Nachtfrösten schützt – eine relativ einfache Anwendung also. Allerdings wurde damit zum erstenmal die Diskussion um die Freisetzung veränderter Lebewesen und der damit verbundenen Gefahren entfacht. Die Gegner solcher Freisetzungen sehen vor allem drei Gefahren:

- insbesondere Bakterien können bestimmte Eigenschaften auf andere Bakterienarten übertragen, damit kann es zu einer nicht gewollten Ausbreitung der gentechnisch erzeugten Eigenschaften kommen,
- es ist in der Regel nicht vorauszusehen, wie sich ein Organismus mit neuen Eigenschaften in ein →Ökosystem einfügt. Wenn durch das neuartige Lebewesen wichtige Beziehungen geändert werden, kann dies zu drastischen Änderungen des ganzen Ökosystems führen,
- die Erzeugung und Freisetzung von gentechnisch veränderten Lebewesen ist ein Eingriff in das Evolutionsgeschehen mit schwer abschätzbarer Langzeitwirkung.

### Das Geschäft mit den Genen

Ohne Frage bringt die Gentechnik einen Nutzen für den Menschen mit sich, der gegen die Gefahren abgewogen werden muß. Es steht jedoch ebenso außer Frage, daß mit der Gentechnik große Gewinne erzielt werden können.

So wird z. B. mit großem Aufwand an der gentechnischen Veränderung von Nutzpflanzen gearbeitet, die gegen Unkrautvernichtungsmittel, sogenannte Herbizide, resistent sind (→Pestizide). Da nämlich die Herbizide z. T. auch die Nutzpflanzen schädigen, können sie nur bedingt eingesetzt werden. Gelingt es nun, herbizidresistente Nutzpflanzen herzustellen, verspräche der Verkauf dieser Pflanzen gemeinsam mit dem entsprechenden Herbizid einen großen Gewinn. In der Tat wird dieser Anwendungsbereich der Gentechnik von den Firmen verfolgt, die Pflanzenschutzmittel herstellen. Diese Entwicklung findet jedoch zahlreiche Kritiker – nicht zu Unrecht: Trotz der Notwendigkeit einer Unkrautregulierung kann nicht in Kauf genommen werden, alle Ackerwildkräuter (→Unkraut) auszurotten (→Artensterben, →Naturschutz), zumal diese – auf eine bestimmte Anzahl begrenzt – durchaus positive Eigenschaften für den Nutzpflanzenanbau haben. Zudem belasten die Pestizide das →Grundwasser und →Trinkwasser und schädigen die Bodenlebewesen (→Boden) und damit die Ernährung der Pflanzen; erhöhte Düngergaben wären die Folgen. Nicht zuletzt sind bereits heute →Pestizide in nahezu allen Lebewesen, inklusive des Menschen (→Muttermilch), nachweisbar und haben in erheblichem Umfang zum →Artensterben vieler Tiere beigetragen.

### Das Gentechnikgesetz

Als nach den ersten Erfolgen die vollen Möglichkeiten der Gentechnik erkannt waren, forderten 1974 die führenden amerikanischen Gentechniker in einem offenen Brief eine Denkpause. In ihm forderten sie, vorsichtshalber auf bestimmte Experimente zu verzichten, deren Folgen nicht absehbar waren. Auf einer daran anschließenden internationalen Konferenz wurden Richtlinien erarbeitet, die

Grundlagen für die Gentechnikgesetze der meisten Länder waren. Erstmals in der Geschichte der Wissenschaft zeigten die Experten eine ungewöhnliche Weitsicht. Diese selbstauferlegte Zurückhaltung ist allerdings mittlerweile wieder einer Euphorie insbesondere hinsichtlich der wirtschaftlichen Möglichkeiten der Gentechnologie gewichen. Demgemäß lockerten die amerikanischen Behörden inzwischen die Vorschriften.

In der Bundesrepublik Deutschland nahm 1984 die Enquetekommission des Bundestages «Chancen und Risiken der Gentechnologie» ihre Arbeit auf. 1990 trat das Gesetz zur Regelung der Gentechnik in Kraft. Es enthält Vorschriften für gentechnische Arbeiten im Labor und in Produktionsanlagen, es regelt die Freisetzung von gentechnisch veränderten Lebewesen sowie den Gebrauch von Produkten, die mit Hilfe gentechnisch veränderter Lebewesen hergestellt wurden.

Ein wichtiger Teil des Gesetzes ist die Bestimmung von vier Sicherheitsstufen, je nach Gefährlichkeit der verwendeten Lebewesen und der Art der Arbeit mit ihnen. Für jede Sicherheitsstufe gibt es bestimmte Arbeitsvorschriften. Bei Sicherheitsstufe 1 sind sie minimal, Arbeiten der Sicherheitsstufe 4 dagegen müssen in geschlossenen Räumen ohne Fenster und mit einer dreikammerigen Eingangs-Schleuse durchgeführt werden. Im Raum wird Schutzkleidung getragen, die in der Schleuse zurückgelassen wird.

## Gesundheit

...ist längst nicht mehr die Sache des Individuums allein. Die medizinische Forschung hat durchweg gezeigt, daß die Qualität der Umwelt für die allgemeine Gesundheit der Bevölkerung der wichtigste Faktor ist. Ökologische Probleme, wie die →Luftverschmutzung, die Verunreinigung des →Wassers, die Zerstörung der Ozonschicht, die Verstärkung des →Treibhauseffektes und die Belastung durch →Schadstoffe am Arbeitsplatz und in der Nahrung (→Fremdstoffe in Nahrungsmitteln), haben einen immer kritischeren Einfluß auf die Gesundheit der Bevölkerung.

Die WHO (World Health Organization) definierte schon 1948 Gesundheit nicht nur als die «Abwesenheit von Krankheit und Gebrechen», sondern als den «Zustand vollständigen physischen, geistigen und sozialen Wohlbefindens». Die Bedeutung dieser Definition liegt darin, daß eine weltweit anerkannte Institution die begrenzte Perspektive überwindet und Gesundheit ganzheitlich, d. h. als körperliches, geistig-seelisches und soziales Zusammenwirken beschreibt. Alle drei Bereiche sind aufeinander bezogen, nicht nur in der Einheit der Persönlichkeit, sondern auch als Relation Person–Umwelt. Störungen in einem Teilbereich ziehen quasi automatisch Reaktionen in anderen Teilbereichen nach sich. Dabei ist die zentrale Philosophie der ganzheitlichen Behandlung so alt wie die Medizin selbst. Hippokrates (um 460–377 v. u. Z.) war sowohl Theoretiker als auch Praktiker. Auf ihn legen angehende Mediziner noch heute den hippokratischen Eid ab. Hippokrates versuchte bestehende Lücken zwischen dem Verstehen einer Krankheit und ihrer Behandlung zu schließen.

## Das Leiden an der Umwelt

Weltweit haben ökologische Probleme einen kritischen Bezug auf die Gesundheit. Im Frühjahr 1990 wurde eine Studie österreichischer Ärzte veröffentlicht, die erstmals einen direkten Zusammenhang zwischen Umweltverschmutzung und einer Erkrankung herstellte. Damit führten sie den bis dahin fehlenden schlüssigen Beweis. Das als das **Ökosyndrom** definierte «Leiden an der Umwelt» wird heute als die zukünftige Volkskrankheit Nummer eins gesehen. Dank verbesserter Forschungsmethoden ist heute von vielen Chemikalien bekannt, was sie im Körper anrichten können. In der Mehrheit attackieren sie das Immunsystem, also die körpereigene Abwehr gegen schädliche Außeneinflüsse, und bereiten so den Boden für nachfolgende Probleme. Chemikalien, die das Immunsystem ruinieren, kommen in unserer Umwelt reichlich vor: →Pestizide, Kunststoff-Zusatzstoffe und →polychlorierte Biphenyle (PCBs). Drogen wie Zigaretten, Alkohol, Marihuana und LSD haben den gleichen Effekt, ebenso bestimmte →Arzneimittel. →Schadstoffe erreichen uns durch die Verschmutzung der Atemluft, des Trinkwassers und der Nahrung. Die Luftverschmutzung zieht vielfältige Risiken für die Gesundheit nach sich: von der krebserregenden Wirkung durch hohe Benzolkonzentrationen (z. B. Autoabgase) bis zu Störungen des vegetativen Nervensystems durch Perchloräthylen oder hohe Ozonkonzentrationen (→Ozon), die die Atemwege reizen und zu Bronchitis, Lungenentzündungen, Asthma und zur Verringerung des Leistungsvermögens führen. Von Reizgasen wie →Schwefeldioxid ($SO_2$), →Stickoxiden und Ozon ist bekannt, daß sie in hohen Konzentrationen die Sterblichkeit von alten und kranken Menschen erhöhen. Das gilt nicht nur für die Außenluft, denn gerade in geschlossenen Räumen ist die Belastung am höchsten. Insbesondere Schadstoffe wie $SO_2$, $NO_2$ und Kohlenmonoxid übertreffen die Außenluftkonzentration oft um das Drei- bis Fünffache.

Die Verschmutzung des →Wassers und des →Bodens führt zur Aufnahme von toxischen Stoffen wie →Schwermetallen, →Dioxinen und anderen Giften, deren Wirkung vielfach nicht abzusehen ist, weil sie unter Umständen nicht direkt als Gifte wirken, sondern im Körper eine Reaktion in Gang setzen, die Vorstufen zu späteren Erkrankungen sind.

Spätestens nach der Reaktorkatastrophe in →Tschernobyl ist klar, daß die Atomtechnologie eine der größten Bedrohungen der Gesundheit und der Umwelt des Menschen darstellt.

Die Gefahren gehen dabei nicht nur von Pannen und Beinahe-Katastrophen in →Atomkraftwerken aus; auch die sogenannte Niedrigstrahlung, die in der Umgebung von Atomreaktoren und →Wiederaufarbeitungsanlagen entsteht, gilt vielen Experten als eine Gefahr.

Eine im Jahr 1990 durchgeführte Untersuchung in der durch Pannen berüchtigten →Wiederaufarbeitungsanlage Sellafield (England) zeigt, daß die Leukämierate bei Kindern von Sellafieldarbeitern sechsmal höher ist

als in der übrigen Bevölkerung. Ähnliche Fälle sind auch aus der Bundesrepublik bekannt. So erkrankten in der Region Würgassen im Jahre 1988 etwa doppelt so viele Kinder an Blutkrebs wie im Bundesdurchschnitt.
Obwohl eine gesundheitliche Belastung der Bevölkerung im Umkreis von atomtechnologischen Anlagen «theoretisch» ausgeschlossen wird, zeichnen entsprechende Untersuchungen vielfach ein anderes Bild. Die Anerkennung der Erkrankten als Geschädigte einer bestimmten Technologie bzw. bestimmter Firmen scheitert jedoch meist daran, daß den Erkrankten die Beweispflicht obliegt. Die Krankheit eines einzelnen ursächlich und stichhaltig auf einen bestimmten Umweltfaktor, wie die Niedrigstrahlung, zurückzuführen, ist nämlich nahezu unmöglich.

### Wohlstandskrankheiten

Zivilisationskrankheiten wie →Allergien (Überempfindlichkeit gegen Fremdstoffe), Krankheiten des Herzkreislaufsystems (1988 war die Hälfte aller Sterbefälle darauf zurückzuführen), der Atmungsorgane und →Krebs sind auf dem Vormarsch. Kreislauf- und Krebserkrankungen machen schon heute 65 % der Todesursachen aus. Hinzu kommen die Folgen gesundheitsschädigenden Verhaltens wie der Mißbrauch von Drogen (Tabak, Alkohol, Arzneimittel, Rauschgifte), Fehlernährung, Bewegungsmangel, Übergewicht und Streß-Risikofaktoren, für die vor allem Lebensstil und Arbeitsbedingungen in den Industrieländern verantwortlich sind. Dabei kommen der Vorsorge, der Aufklärung und der Gesundheitserziehung immer wichtigere Rollen zu. Das Verhalten des einzelnen in Gesundheitsbelangen ist hier geprägt durch unrealistische Erwartungen an die →Medizin, deren Wirksamkeit der Behandlung dieser modernen Leiden begrenzt ist und sich fast ausschließlich auf die Behandlung der Krankheitssymptome durch Arzneimittel und Chirurgie beschränkt, also erst in den Mechanismus eingreift, wenn die Störung schon aufgetreten ist.

### Selbsthilfe Gesundheitstag

Ansätze einer neuen Auseinandersetzung über den Gesundheitsbegriff ermöglicht der als Gegenbewegung zu etablierten Ärztetagen ins Leben gerufene **Gesundheitstag**, ein in unregelmäßigen Abständen stattfindender Kongreß über Tendenzen im Gesundheitswesen. Es steht dabei nicht mehr die Krankheit des einzelnen im Vordergrund, sondern die Betrachtung seiner alltäglichen Lebenswelt mit all ihren psychischen, physischen und sozialen Gegebenheiten und Auswirkungen. Getragen und initiiert von den Gesundheitsläden (alternative Gesundheitseinrichtungen), fanden diese Kongresse großen Widerhall bei den sozialen Bewegungen, unabhängigen Ärzten und Bürgerinitiativen.

**TiP** Das beste für die Gesundheit ist noch immer eine gesunde, natürliche Lebensweise. Dazu gehört
- an erster Stelle eine ausgewogene →Ernährung
- Verzicht aufs Rauchen
- Reduzierung von Genußmitteln wie Alkohol, Kaffee und Tee
- Bewegung. Um Spannungen abzubauen, sind Ausdauersportar-

ten wie Jogging, Trimm-dich, Skilanglauf, Schwimmen oder Ballspiele an frischer Luft auch für Ungeübte geeignet
- ausreichender Schlaf. Gegen Schlafstörungen helfen warme Milch oder Kräutertee sowie eine leichte Leselektüre.

## Gewässergüte

Um zu beurteilen, wie verschmutzt ein Gewässer ist, benötigt man ein Beurteilungssystem. Bis heute gibt es jedoch noch kein allgemeinverbindliches System. Die Länderarbeitsgemeinschaft Wasser (LAWA), die sog. Gewässergütekarten für die Bundesrepublik Deutschland herausgibt, arbeitet mit Gewässergüteklassen nach dem Saprobiensystem. Dabei macht man sich die Tatsache zunutze, daß man, je nachdem, wie verschmutzt ein Gewässer ist, typische Lebensgemeinschaften beobachten kann (→Bioindikatoren). Sind z. B. Larven der Eintagsfliege oder Forellen vorhanden, so ist das ein Anzeichen für sauberes Wasser. Es ist genügend Sauerstoff da. Ein mit leicht abbaubaren Stoffen (wie z. B. Phosphaten) verschmutztes Wasser kann man an der großen Zahl von Bakterien und Pilzen erkennen, die diese Stoffe abbauen. Bei diesem Vorgang wird einerseits viel Sauerstoff benötigt, andererseits entstehen Fäulnisgifte wie z. B. Ammoniak (→Eutrophierung). Empfindliche Lebewesen wie die Forelle können nicht mehr leben, sie wandern ab oder sterben.
Das System der Gewässergüteklassen erfaßt nur die Verschmutzung eines Gewässers mit leicht abbaubaren Stoffen und nicht die mit den schwer oder nicht abbaubaren →Schadstoffen, die jedoch in hohem Maße unsere Trinkwasserversorgung gefährden (→Trinkwasser). In Ergänzung zur Gewässergütekarte erstellt die LAWA neuerdings auch Karten, die zusätzliche chemische und physikalische Daten wie u. a. Temperatur, pH-Wert, chemischer Sauerstoffbedarf (CSB), gelöster organisch-gebunde-

**Belastungen und Verursacher der Gewässerverschmutzung**

| Art der Belastung | Beispiel | Verursacher |
|---|---|---|
| leicht abbaubare organische Stoffe | Fäkalien, Essensreste | Haushalte, Kläranlagen |
| schwer abbaubare organische Stoffe | org. Chlorverbindungen<br>Pestizide<br>Bilgenöl | Industrie<br>Landwirtschaft<br>Schiffsverkehr |
| Salze | Kalisalze | Gewerbe, Industrie, Bergbau, Streusalz |
| Schwermetalle | Blei, Quecksilber | Gewerbe, Industrie |
| Nährstoffe | Nitrat, Phosphat | Landwirtschaft, Haushalte |
| saurer Regen | Schwefelsäure | Industrie, Autoverkehr |
| Erwärmung | Einleitung von Kühlwasser | Kraftwerke, Industrie |

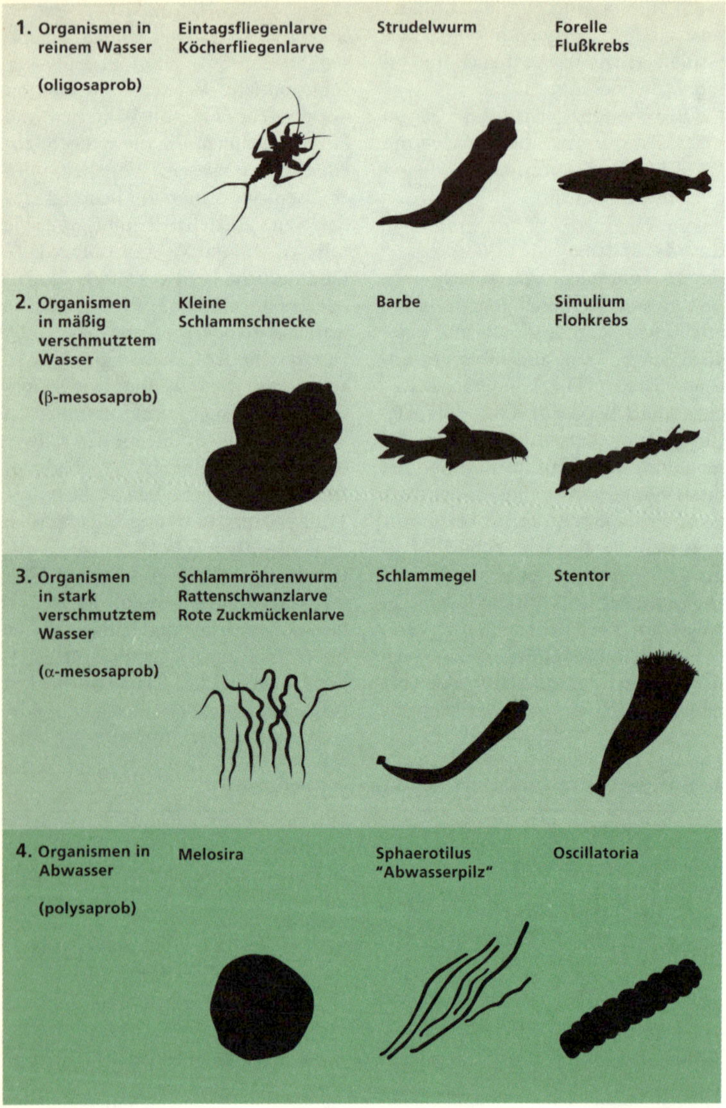


**Saprobiensystem zur Beurteilung der Gewässergüte [saprobien (gr.) = Lebewesen, die auf faulenden Stoffen leben oder sich von ihnen ernähren, oligo... (gr.) = wenig, gering – meso... (gr.) = mittel – poly... (gr.) = mehr, viel]**

ner Kohlenstoff (DOC), Nitrat-Stickstoffverbindungen ($NO_3$), →Cadmium und →Blei erfassen.

## Gewässerverschmutzung

Alle Lebenserscheinungen sind an Wasser gebunden; Wasser macht die vielfältigen Lebensformen auf der Erde erst möglich. Man sollte meinen, daß die Menschen deshalb die natürlichen Wasservorkommen bewahren und vor Verschmutzung schützen. Doch weit gefehlt: →Verklappung von Schadstoffen, Einleitung von Ölrückständen (→Ölpest) und →Abwässern sowie die →Emission von Luftschadstoffen – um nur einige Faktoren zu nennen – verschmutzen das →Grundwasser, die Flüsse und Meere (→Meeresverschmutzung) sowie die Niederschläge (→saurer Regen).

### Viele Belastungen sind der Gewässer Tod!

Unsere Gewässer werden von einer Vielzahl unterschiedlicher Stoffe belastet, die jeweils unterschiedliche ökologische Probleme bereiten: Leicht abbaubare organische Stoffe, wie Fäkalien, fallen vor allem in Haushalten an. Sie lassen sich leicht durch →Kläranlagen entfernen. Die darüber hinaus in Gewässer gelangten leicht abbaubaren Stoffe werden unter Sauerstoffverbrauch von Organismen abgebaut (→biologische Selbstreinigung). Als sichtbare Folge einer starken Verschmutzung und eines damit verbundenen Sauerstoffdefizits kann u. a. Fischsterben auftreten. Weit problematischer sind industriell hergestellte, schwer abbaubare organische Verbindungen, wie organische Chlorverbindungen, →Pestizide und Öle. Diese Stoffe reichern sich im Wasser, im Sediment des Gewässerbodens und in Organismen an (→biologische Anreicherung) und belasten das →Trinkwasser.

Die **Salzbelastung** der Fließgewässer hat neben einigen natürlichen Quellen seine Ursache in Einleitungen von Gewerbe, Industrie und Bergbau. Die Salzgehalte können regional sehr hoch sein. Zum Beispiel ist der Salzgehalt der Werra zeitweise höher als im Meer. Da die Süßwasserorganismen an solch hohe Salzgehalte nicht angepaßt sind, kommt es zu ökologischen Problemen. Daneben führt salzbelastetes Wasser zu erhöhter Korrosion an technischen Geräten sowie zu Problemen bei der Trinkwasseraufbereitung.

Die Belastung durch →Schwermetalle stammt meist aus Einleitungen durch Industrie und Gewerbe. Da Schwermetalle nicht abgebaut werden, reichern sie sich in der →Nahrungskette an und gefährden die →Gesundheit des Menschen.

Eine weitere Belastungsquelle, insbesondere für stehende Gewässer, ist der →saure Regen, der durch die →Luftverschmutzung in Form von →Schwefeldioxid und Stickoxiden verursacht wird. Er führt zu einer Versauerung der Gewässer und damit zum Absterben vieler Wasserorganismen.

Schadwirkungen treten jedoch nicht nur durch Giftstoffe, sondern auch durch Nährstoffe auf, wenn diese den natürlichen Nährstoffbedarf eines →Ökosystems übersteigen. So führen große Mengen an Phosphat aus →Wasch- und Reinigungs- sowie →Nitrat aus →Düngemitteln zu einer Überdüngung der Gewässer (→Eutrophierung). Dies führt zunächst zu ver-

stärktem Algen- und Pflanzenwachstum, später zu einem erhöhten Sauerstoffverbrauch und zum Absterben vieler Organismen.
Letztendlich stellt auch die **Erwärmung der Flüsse** durch die Einleitung von «Kühlwasser» aus Kraftwerken eine Belastung dar. Die Erwärmung fördert – insbesondere im Zusammenwirken mit anderen biologischen und chemischen Belastungen –, vergleichbar den Nährstoffen, das Algen- und Pflanzenwachstum mit den entsprechenden Folgen. In einzelnen Fällen ist der Wärmehaushalt der Flüsse schon so stark gestört, daß sie keine weitere Wärmezufuhr mehr verkraften. (→Abwärme)

### Der Rhein: Gewässerbelastung in europäischem Verbund

Der Rhein hielt lange Zeit den traurigen Rekord, der am stärksten verschmutzte Fluß Mitteleuropas zu sein. Gleichzeitig ist er aber auch der größte Trinkwasserversorger Europas. Ungefähr 50 Mio. Menschen in der Schweiz, Frankreich, der Bundesrepublik und den Niederlanden beziehen ihr →Trinkwasser aus dem Rhein und seinem Einzugsgebiet. Zudem ist der Rhein die verkehrsreichste Binnenwasserstraße in unserem Land. Für viele Menschen aus den anliegenden Großstädten bietet die Rheinlandschaft Erholungs- und Freizeitmöglichkeiten. Neben dem Rhein gehören Elbe und Weser zu den am stärksten verschmutzten Flüssen bei uns.
Der Rhein und seine Tallandschaft sind ein besonders anschauliches Beispiel dafür, wie die jeweils herrschenden ökonomischen und politischen Interessen der letzten 200 Jahre die natürlichen Zusammenhänge einer vom Wasser bestimmten Flußlandschaft mißachtet haben.

### Rheinbegradigung oder Der Anfang einer Misere

Zur ursprünglichen Rheinlandschaft gehörten viele Nebenarme und Schleifen und die die Flußufer säumenden Auenwälder. Seit der Begradigung des Rheins durch den Baurat Tulla im Jahre 1876 sind diese natürlichen →Biotope jedoch fast ganz verlorengegangen. Die Rheinbegradigung sollte Hochwasser eindämmen und landwirtschaftliche Anbauflächen schaffen. Dieser regulierende Eingriff setzte eine ganze Kette weiterer Maßnahmen in Gang, die bis in die Gegenwart reichen:
– Das Rheinbett vertiefte sich (Erosion), der Grundwasserspiegel sank, rheinnahe Landschaften fielen trokken, z. B. Auenwälder, landwirtschaftliche Flächen versteppten (→Grundwasser).
– Die tiefere Flußsohle führte zu einer Gefährdung der Schiffahrt. Abhilfe sollte die Kanalisierung des Oberrheins schaffen, die mit dem Rheinseitenkanal begann und sich heute im Bau der Staustufen fortsetzt. Die Erosionsstrecke des Stromes verlagerte sich jedoch dadurch stufenweise flußabwärts nach Norden. Zur Zeit ist sie direkt unterhalb der letzten Staustufe bei Iffezheim.
– Auch die Hochwassergefahren konnten nicht gebannt werden, sondern die Situation verschlimmerte sich noch. Nach starken Niederschlägen entstehen die Flutwellen in den Einzugsgebieten des Rheins und seiner Nebenflüsse mengenmäßig und zeitlich verschieden. Die Abflußge-

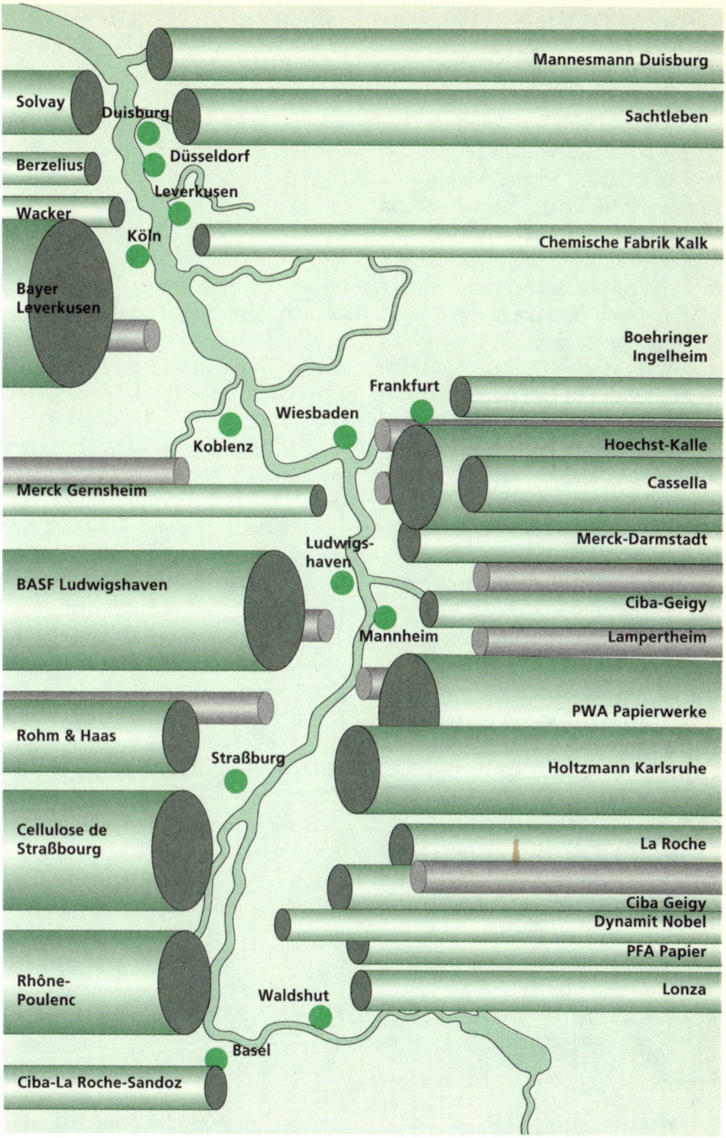


Die entlang dem Rhein gelegenen Städte und Industriefirmen benutzen den Fluß als Abwasserkanal
Dunkelgrüne Rohre: gesamte Schmutzfracht
Hellgrüne Rohre: chlorierte Kohlenwasserstoffe

schwindigkeiten haben sich aber durch die regulierenden Maßnahmen geändert. Früher benötigte die Hochwasserwelle von Basel bis Karlsruhe 110 Stunden, die Flut konnte in die Auenwälder ausweichen. Erreichte die Flutwelle des Rheins Mannheim, war die Flutwelle des Neckars schon beendet. Heute ist die Flutwelle des Rheins 50 Stunden schneller. Treffen die Flutwellen von Rhein und Neckar in Mannheim zusammen, wie z. B. im Frühjahr 1978, dann kommt es zu Hochwasserkatastrophen. Daß die Flutwellen des Rheins und seiner Nebenflüsse schneller und höher geworden sind, zeigten auch die beiden in kurzen Abständen aufeinanderfolgenden Hochwasserkatastrophen im Frühjahr 1983.

## Der Rhein als Abwasserkanal oder Woher stammen die Schadstoffe?

Die entlang dem Rhein gelegenen Industriefirmen und Städte benutzen den Rhein als Abwasserkanal. Von den mit dem →Abwasser eingeleiteten →Schadstoffen sind besonders die schwer abbaubaren organischen Stoffe, die →Schwermetalle und die Chloride (Salze) belastend (→wassergefährdende Stoffe). Allein 1985 wurden in den Rhein die folgenden Schadstoffmengen eingeleitet:

| Schadstoffeinleitungen in den Rhein (1985) | t/Jahr |
|---|---|
| Ammonium | 31 000 |
| Phosphor | 28 000 |
| Schwermetalle | 3 840 |
| Chlorierte Kohlenwasserstoffe | 3 000 |
| davon: Nervengift | 40 |

Quelle: Ökologische Briefe 1989

Nach einer Berechnung aus dem Jahre 1989 passieren täglich knapp 4000 Tonnen eingeleitete organische Stoffe, 70 000 Tonnen Salze und 90 Kilogramm teils hochgiftige Schwermetalle die deutsch-niederländische Rheingrenze.

## Chemie-Unfälle: die Spitze eines Eisberges

Neben den legalen Einleitungen kommt es immer wieder zu spektakulären Chemieunfällen mit Massensterben von Fischen. So wurden im November 1986 nach dem Brand einer Lagerhalle beim Chemiekonzern Sandoz mit dem Löschwasser 30 Tonnen →Pestizide mit hochgiftigen Quecksilberverbindungen ins Rheinwasser gespült (**Sandoz-Katastrophe**). Teppiche aus Fischleichen trieben als sichtbare Zeugen des Unfalls tagelang auf dem Wasser. Einen Tag zuvor waren bei Ciba-Geigy in Basel bereits 400 kg eines hochgiftigen Unkrautvernichtungsmittels aus einem vollen Vorratsbehälter in den Rhein geflossen. Drei Wochen später führte Korrosion am Leitungsnetz der BASF zu einer weiteren Katastrophe: zwei Tonnen eines →Pestizids liefen in den Rhein. Am 2. Dezember war der Rhein plötzlich grün gefärbt: 5000 Liter einer Kunststoffemulsion waren in den Rhein gelangt. Die Reihe dieser kleinen und großen Chemie-Störfälle ließe sich weiterführen: Paraxylol, Chlorbenzol, Methanol usw.

Zwei Jahre nach der Sandoz-Katastrophe badete Umweltminister Töpfer (im Taucheranzug!) medienwirksam im Rhein, und vom Umweltministerium wurde verkündet, «im Rhein schwimmen wieder Fische». Obwohl in den letzten Jahren unbestreitbare Erfolge bei der Wasserqualität des Rheins erzielt wurden, bleibt doch zu befürchten, daß langfristige Schäden des →Ökosystems zurückbleiben. Die Sünden der Vergangenheit lassen sich nämlich nur bedingt wiedergutmachen: Viele nicht abbaubare organische Stoffe und Schwermetalle verbleiben im Sediment oder innerhalb der →Nahrungskette des Rheins und können kaum entfernt werden. Die Rheinbegradigung sowie die Zerstörung von Flußauen lassen sich nicht rückgängig machen. Darüber hinaus belasten die jahrzehntelang in den Rhein gekippten Schadstoffe heute und in Zukunft die Nordsee und führen dort zu ähnlichen und neuen Problemen (→Meeresverschmutzung).

### Die Elbe: der schmutzigste Fluß Europas.

Nachdem beim Rhein die ersten Erfolge der Gewässerreinhaltung zu verzeichnen sind, kommt nun der Elbe der Ruf zu, schmutzigster Fluß Europas zu sein. So wurden im Elbwasser drei- bis viermal soviel chlorierte organische Verbindungen, mehr als doppelt soviel Phosphor, viermal soviel Quecksilber und Zink wie im Rhein gemessen. Jährlich spült die Elbe mehr als 3400 Tonnen Schwermetalle in die Nordsee (→Meeresverschmutzung), dazu kommen 316000 Tonnen Wasch- und Düngemittel sowie 3,9 Tonnen Salze. Verursacher der Elbverschmutzung sind Zellstoffwerke, die chemische Industrie, die Landwirtschaft sowie die Kläranlagen der Städte und Gemeinden. Die hohen Stickstoffgehalte der Elbe führen insbesondere in der warmen Jahreszeit regional zum Absinken des Sauerstoffgehaltes nahe dem Nullwert. Dadurch treten häufig Fischsterben auf. Besonders große Probleme bereiten die Stoffe Hexachlorbenzol (HCB) und Quecksilber. Deren Gehalte in Elbaalen und anderen Fischarten sind häufig so hoch, daß diese Fische für den Verzehr nicht geeignet sind.

Die Elbe ist ein Beispiel für den schlechten Zustand der Gewässer in den ostdeutschen Bundesländern als Erbe der ehemaligen DDR. Eine Analyse aus dem Jahre 1991 hatte ergeben, daß von den 10600 km Wasserläufen nur 3 % und von den 665 Talsperren und Seen nur 1 % ökologisch völlig intakt waren, aber 42 % der Wasserläufe und 24 % der stehenden Gewässer als Trinkwasser überhaupt nicht mehr genutzt werden konnten. Besonders belastet sind die Gewässer in den Ballungsräumen Halle, Dresden und Chemnitz. Die am stärksten verunreinigten Zuflüsse der Elbe sind die Schwarze Elster, die Mulde und die Saale. Hauptverantwortliche der Verschmutzung dieser Gewässer sind die chemische Industrie in Leuna, Buna und Bitterfeld sowie die Braunkohleveredelungswerke in Böhlen und Espenhein.

### Die Kosten der Gewässerverschmutzung

Für die Gewässer- und →Meeresverschmutzung wird die Volkswirtschaft und damit der einzelne Steuerzahler zur Kasse gebeten. Die Kosten für die →Trinkwasseraufbereitung machen dabei den größten Posten aus. Diese dürften durch die strengeren Trinkwasserrichtlinien der EG einerseits, durch die zunehmende Belastung des →Grundwassers andererseits in Zukunft noch steigen. Zu den geschätzten Kosten von 19,4 Milliarden DM im Jahr 1988 kommen in den nächsten Jahren enorme Kosten für die Gewässersanierung in Ländern der ehemaligen DDR. Allein im Jahr 1991 waren mehrere hundert Millionen DM notwendig, nur um eine kurzfristige Gefahrenabwehr für die Gesundheit der Bevölkerung der ostdeutschen Bundesländer durch belastetes Trinkwasser abzuwenden.

**Kosten der Gewässerverschmutzung (Basisjahr 1984)**

| Schadensposition | jährliche Kosten in Mrd. DM mindestens |
|---|---|
| Ertragsausfälle der Fischereiwirtschaft | 0,25 |
| Kosten der Trink- und Brauchwasserversorgung | 9,0 |
| Verringerter Freizeit- und Erholungswert | 7,0 |
| Ästhetikverluste bei den Anwohnern | 1,0 |
| Sonstige Schäden (Unfälle) | 0,35 |
| Gesamt | 17,6 |
| Inflationiert aus 1988 | 19,4 |

Quelle: Ökologische Briefe, 1989

**TiP** Putzabwässer, die bei der Autowäsche oder bei der Treppenreinigung anfallen, dürfen nicht in den Hof- oder Straßengulli geschüttet werden. Der Gulli ist nicht an die Kläranlage, sondern an die Regenwasserkanalisation angeschlossen. Über die Regenwasserkanäle gelangt das Schmutzwasser ungeklärt in die Gewässer (Bäche, Seen, Flüsse, Meere). Das Waschwasser gehört in die Toilette oder ins Waschbecken.

## Gezeitenkraftwerk

Durch die Anziehungskraft des Mondes auf die Wassermassen der Weltmeere entstehen an den Küsten in regelmäßigem Rhythmus die Gezeiten Ebbe und Flut. In der Bundesrepublik Deutschland sind sie an der Nordseeküste besonders ausgeprägt. Hoch- und Niedrigwasser bestimmen den Lebensrhythmus der dort wohnenden Menschen.

Die Periode, mit der z. B. der Wasserhöchststand wiederkehrt, beträgt 12 Stunden und 25 Minuten.

Für eine technische Nutzung der Gezeitenenergie ist ein Gezeitenhub (Differenz der Wasserhöhe zwischen Hoch- und Niedrigwasser, auch «Tidenhub» genannt) von mindestens 8 Metern notwendig. Über 50 Standorte auf der Erde erfüllen solch günstige Bedingungen. Bis zu 16 Meter beträgt der Tidenhub an den japanischen Küsten. Trichterförmige Buchten oder Mündungsarme eignen sich besonders gut.

Daraus ergibt sich weltweit ein technisch nutzbares Potential von etwa 200000 Megawatt (MW). In der Rancemündung an der französischen Atlantikküste bei Saint Malo ist seit 1967 das größte Gezeitenkraftwerk der Welt mit einer Leistung von 240 MW in Betrieb.

Ähnlich wie bei einem Laufwasserkraftwerk werden die Turbinen vom auflaufenden und abfließenden Wasser angetrieben. Zum Zeitpunkt, da im Staubecken und im Meer gleiches Wasserniveau vorhanden ist, stehen die Turbinen jedoch still. Diese Stillstandsphasen verschieben sich mit der Gezeitenperiode täglich um etwa 50 Minuten. Dadurch sind die Zeiten der Elektrizitätserzeugung täglich an-

dere, während die täglichen Bedarfsspitzen immer zur gleichen Zeit liegen. Stillstandszeiten des Kraftwerks können also mit Verbrauchsspitzen zusammenfallen. Man kann diese Stillstandsphasen allerdings überbrücken, wenn man dafür während der Betriebszeit Wasser in höher gelegene Speicherbecken pumpt.
An der kanadischen Atlantikküste bei Annapolis ist eine ganze Gezeitenkraftwerkskette von 130 Anlagen im Bau. Die gesamte Stromproduktion entspricht der von sechs großen Atomkraftwerken. Gezeitenkraftwerke sind völlig emissionsfrei und betriebssicher. Dennoch sprechen Landschaftsschutzargumente an manchen Standorten gegen solche großräumigen Anlagen. Für die Energieversorgung in der Bundesrepublik spielt die Gezeitenenergie allerdings keine Rolle, weil hinreichende Tidenhube nicht vorhanden sind.

## Greenpeace

Die bekannteste deutsche Umweltschutzorganisation ist Greenpeace Deutschland e. V. Mit ihren spektakulären Aktionen, so die Besetzung von Industrieschornsteinen, die Behinderungen von Schiffen zur →Verklappung von Dünnsäure oder von Kriegsschiffen mit Atomwaffen an Bord durch Schlauchbootfahren oder die Blockade von Atommülltransporten, hat sich Greenpeace den Ruf erworben, kämpferisch für den Umweltschutz einzutreten. Begleitet sind die Aktionen stets von einer intensiven Öffentlichkeitsarbeit. So zählen stets Fernsehteams und eingeladene Journalisten zu den Begleitern der Greenpeace-Aktivitäten. Ein eigenes Aktionsteam, das regelmäßig Schlauchbootfahren und Sportarten wie Bergsteigen trainiert, steht ständig zur Verfügung und kann bei Bedarf sofort eingesetzt werden.
Greenpeace Deutschland wurde 1981 gegründet und hat nur 30 stimmberechtigte Mitglieder, die den 7köpfigen Greenpeace-Vorstand wählen. Weitere Mitglieder hat Greenpeace nicht, die rund 2000 Aktiven in bundesweit 70 Kontaktgruppen haben ebensowenig Mitspracherechte wie die über 700000 Greenpeace-Förderer, die mit ihren Spenden Greenpeace finanzieren. Die örtlichen Kontaktgruppen sind durch private Verträge direkt an die Greenpeace-Zentrale gebunden, ihre Pflichten sind vertraglich festgelegt. Die Einnahmen werden an Greenpeace abgeführt, die anfallenden Kosten müssen die Kontaktgruppen selbst tragen. Ihre Aufgabe ist es vor allem, für Greenpeace und die Kampagnen zu werben, so durch Informationsstände, Vortragsveranstaltungen und den Verkauf von Materialien. Finanziert wird Greenpeace – allein 1990 wurden Einnahmen von weit über 60 Millionen DM in der Bundesrepublik erzielt – durch die Förderer, Spenden und die Erträge eigener Gesellschaften, so einen Versandhandel mit Greenpeace-Materialien wie Bücher und Broschüren, aber auch Anhänger und T-Shirts.
Ebenso wie die anderen Länderorganisationen ist Greenpeace Deutschland Teil von Greenpeace-International mit Sitz in Amsterdam. Jede Ländervertretung soll mindestens 24% ihres Finanzaufkommens an diese internationale Holding abführen. Im Council sind die 25 Länderverbände vertreten, aber nur 12 mit Stimmrecht. Diese wählen einen 4köpfigen

internationalen Vorstand, der wiederum die Geschäftsführung ernennt und die praktische Politik von Greenpeace bestimmt. Greenpeace-International legt die jährlichen Schwerpunkte der Kampagnen fest, die dann von allen Länderverbänden unterstützt und ausgeführt werden müssen.
Die Schwerpunkte der Greenpeace-Arbeit sind der Kampf gegen Atomwaffentests und Atommüllversenkung in den Meeren, gegen die Wasser- und Luftverschmutzung, für die Rettung von Walen, Robben und Schildkröten sowie der Kampf gegen die Treibnetzfischerei. Die Bekämpfung des →Sauren Regens und die Luftverschmutzung durch Abgase gehören ebenso zu den Aktionen von Greenpeace wie der Einsatz für die Einrichtung eines «Weltparks Antarktis».
Greenpeace will vor allem durch gewaltlose und spektakuläre Aktionen auf bestehende Umweltprobleme aufmerksam machen und durch intensive Öffentlichkeitsarbeit ein neues Umweltbewußtsein schaffen. Durch öffentlichen Druck soll die Politik beeinflußt werden, Gesetze und Entscheidungen zugunsten der Umwelt zu beschließen.

## Grenzwerte

Die zunehmende Belastung der natürlichen Umwelt mit Abfällen und Giftstoffen aller Art, die Gefährdungen unserer →Gesundheit am Arbeitsplatz, im Haushalt und durch die →Ernährung lassen die Frage berechtigt erscheinen, wieviel Gift wir überhaupt verkraften können, ohne krank zu werden? Die vom Gesetzgeber festgelegten Grenzwerte versuchen Antwort auf diese Frage zu geben.

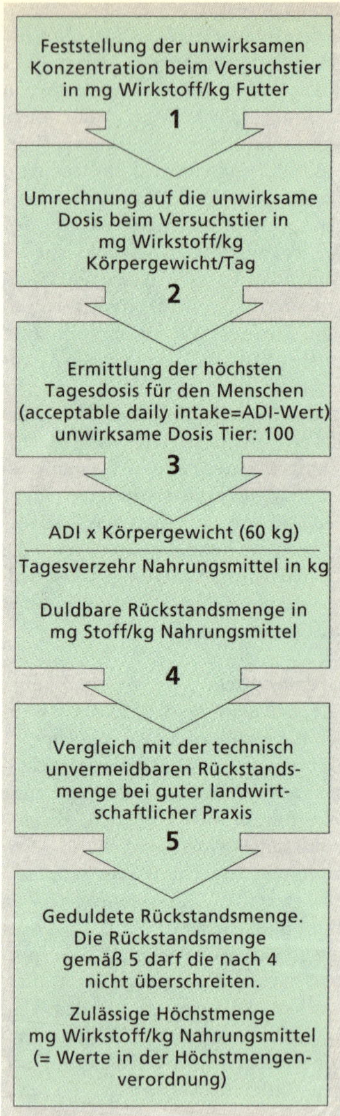


**Ermittlung der Höchstmenge**

Die Schädlichkeit eines Stoffes wird durch →Tierversuche festgestellt und dann umgerechnet, in welchen Mengen er höchstens in die Umwelt bzw. in den menschlichen Körper gelangen oder dort vorhanden sein darf, ohne Schäden hervorzurufen. Solche Untersuchungen sind sehr aufwendig und teuer. Sie erfordern monatelange Tierversuche, große Ausgaben für Personal und technische Geräte. Bisher konnten nur für einige hundert Stoffe Grenzwerte festgelegt werden.

Im Bereich der Nahrungsmittel z. B. gibt es die Höchstmengen-Verordnungen für Schadstoffe von 1988, für Rückstände von Pflanzenschutzmitteln (1990) und für Rückstände von Lösungsmitteln (1988) in Lebensmitteln. Ferner gibt es den Toleranzwert (tatsächlich festgelegte Höchstdosis), den ADI-Wert (Acceptable Daily Intake = vertretbare tägliche Aufnahme) und den NEL-Wert (No Effect Level = Dosis eines Schadstoffs, die keinen Schaden verursacht). Sie legen die in Nahrungsmitteln zulässigen Mengen an Rückständen von Chemikalien fest.

In der Technischen Anleitung Luft (TA-Luft, →Luft) und in den MIK-Werten (Maximale Immissions-Konzentration) sind Immissionswerte für Langzeit- und Kurzzeitwirkungen von Luftschadstoffen festgelegt.

Im Bereich des Gesundheits- und Arbeitsschutzes gibt es die MAK-Werte (Maximale Arbeitsplatzkonzentration), die BAT-Werte (Biologischer Arbeitsstoff-Toleranzwert) und den TRK-Wert (Technische Richtkonzentration für krebserzeugende Stoffe) und die Gefahrstoffverordnung von 1986 (Verordnung über gefährliche Stoffe).

Grenzwerte bieten aber keinen ausreichenden Schutz vor gefährlichen Arbeitsstoffen, Umweltgiften und Rückständen in Lebensmitteln. Sie stellen lediglich eine Art Vorwarninstrument dar. Daß schon die Feststellung von Grenzwerten für bestimmte Stoffe willkürlich erscheint, läßt sich am Beispiel der Höchstmengenverordnung verdeutlichen:

▶ Es ist umstritten, ob →**Tierversuche** ausreichend zuverlässige Schlüsse auf die Wirkung bei Menschen zulassen. So waren es auch damals Tierversuche, durch die man Mißbildungen durch Contergan (Schlafmittel) bei Ungeborenen ausgeschlossen hatte. Ferner sind die Wirkungen bestimmter Stoffe, z. B. von →Cadmium, im menschlichen Körper nur sehr schwer mit denen bei Ratten vergleichbar.

▶ **Langzeitwirkungen** von Stoffen, d. h. Wirkungen über einen Zeitraum mehrerer Generationen, werden mit Tieren nicht getestet. Über keinen Stoff gibt es heute Daten, die etwas darüber aussagen, wie sich ein →Schadstoff im menschlichen Körper nach mehreren Generationen auswirkt.

▶ Die Höchstmengenverordnung berücksichtigt nicht, wie Schädlingsbekämpfungsmittel und Tierarzneimittel in Tieren und Pflanzen abgebaut werden und welche **Abbauprodukte** (Metaboliten) dabei entstehen. Die Abbauprodukte sind häufig viel giftiger und gefährlicher als die Ausgangssubstanz.

▶ Die **Summenbildung von Stoffen** bleibt unberücksichtigt. Verzehrt man beispielsweise ein Lebensmittel mit dem Rückstand 30% der Höchstmenge, ein anderes mit 80% und ein weiteres mit 10% der

Höchstmenge, dann wird nach Addition dieser Werte die Höchstmenge um 20% überschritten. Allerdings wird keines der Lebensmittel beanstandet.

▶ Die sich gegenseitig verstärkenden (synergetischen) oder potenzierenden (→Kombinationswirkungen) Effekte von Stoffen werden nicht untersucht. Von →Schwermetallen wie →Blei und →Cadmium weiß man, daß sie sich in ihrer Wirkung verstärken.

▶ Es gibt zunehmend Hinweise darauf, daß man für krebsauslösende Stoffe (→Krebs) keine Grenzwerte festlegen kann. Die Wirkungen selbst kleinster Einzeldosen fügen sich verlustlos zusammen, d. h. die Wirkung bleibt vollständig erhalten, auch wenn die Substanz selbst schon längst wieder aus dem Körper ist.

Das Problem dieser Stoffe ist nicht durch eine Höchstmengenangabe zu lösen. Sie dürften gar nicht, auch nicht in geringsten Mengen, in Lebensmitteln vorhanden sein.

▶ Die Höchstmengenangaben gehen von erwachsenen, gesunden Menschen aus. Risikogruppen wie Schwangere, Diabetiker oder Säuglinge werden meist nicht besonders berücksichtigt (→Muttermilch).

▶ Die Höchstmengenwerte beziehen sich nur auf abwechslungsreiche Kost. Ernährt sich jemand jedoch extrem einseitig und mit belasteten Lebensmitteln, so kann es zu einer hohen Schadstoffzufuhr kommen. Beispielsweise birgt der häufige Verzehr von Fischen die Gefahr in sich, an dem Quecksilbergehalt (→Quecksilber) dieser Fische zu erkranken, obwohl gesetzlich erlaubte Höchstwerte beim einzelnen Fisch eingehalten wurden.

Nicht nur die Festlegung von Grenzwerten ist umstritten, sondern es kommen noch eine Reihe anderer Probleme hinzu. Schäden in der Natur wie das →Waldsterben erkennt man zu spät. Für viele neue Stoffe, die in der Industrie verwendet werden, kann kein Grenzwert festgelegt werden. Mancher Stoff läßt sich nicht einmal meßtechnisch erfassen. Die Meßverfahren sind teilweise technisch noch nicht ausgereift. In vielen Betrieben werden Schadstoffkonzentrationen am Arbeitsplatz (→Schadstoffe am Arbeitsplatz) erst gar nicht gemessen, weil die Kontrolle des →Arbeitsschutzes fehlt.

Die Lösung kann nur darin bestehen, bestimmte Chemikalien gar nicht erst herzustellen oder anzuwenden. In Zweifelsfällen entscheidet heute meistens noch, ob die Herstellung und Anwendung eines Stoffes Gewinn für das Unternehmen abwirft, nicht ob dadurch eventuell Schäden bei den Beschäftigten verursacht werden können.

## Grüne Parteien

Vier Parteien (SPD, CDU, CSU und FDP) beherrschten bis 1980 das politische Leben in der alten Bundesrepublik Deutschland. Die Umweltprobleme verschärften sich immer mehr durch Giftmüllskandale, Bau von Atomkraftwerken, Zerstörung von Landschaft und Natur und nicht zuletzt durch die atomare Aufrüstung. Viele Menschen im Land konnten nicht mehr erkennen, wie die bestehenden Parteien in der Lage sein könnten, auf all die drängenden Fragen die notwendigen Antworten und Taten folgen zu lassen. Und so erwuchsen aus der Ökologiebewegung

und den →Bürgerinitiativen neue, sog. Grüne Parteien: Grüne Liste Umweltschutz (GLU), Grüne Aktion Zukunft (GAZ), Grüne Liste (GL), Grün-Alternative Liste (GAL) u. a.
1983 zog die Partei Die Grünen in den Deutschen Bundestag in Bonn ein. Die Wahl der Grünen in die Bremer Bürgerschaft und in den Landtag von Baden-Württemberg im Jahr 1980 war der Auftakt des Einzugs der Grünen in bis heute fast alle Länderparlamente. Darüber hinaus sind Grüne in vielen Stadtparlamenten und Kreistagen vertreten.
Aus einer reinen Protestpartei mit dem Hauptprogrammpunkt «Umweltschutz» haben sich die Grünen inzwischen zu einer Partei mit einem umfassenden Programm entwickelt. An der Frage jedoch, ob und wie man sich gegebenenfalls an einer Regierung beteiligen soll, entzündeten sich viele innerparteiliche Konflikte. Immerhin waren und sind die Grünen mittlerweile in mehreren Landesregierungen beteiligt, wie in Hessen, Hamburg, Niedersachsen, Berlin, Brandenburg und Bremen. Ob es noch lange eine Grüne Partei gibt und wie stark sie sein wird, hängt darüber hinaus sicher auch davon ab, inwieweit die anderen Parteien, vor allem die SPD, sich den Umweltproblemen stellen. Ohne jeden Zweifel hat die grüne Fraktion in Bonn frischen Wind in das oft etwas eingefahrene politische Leben im Bundeshaus gebracht, und durch die Grünen ist →Umweltpolitik entscheidend vorangetrieben worden. Bei den ersten gesamtdeutschen Bundestagswahlen 1990 verfehlten die westdeutschen Grünen die Fünf-Prozent-Klausel. Allerdings sind die Grünen im Bündnis mit den Bürgerbewegungen aus den neuen Ländern (Bündnis 90) weiterhin im Bundestag vertreten. Diese Parteien haben sich nach der politischen Wende in den neuen Ländern gebildet.
In der ehemaligen DDR hat es keine grünen Parteien gegeben. Allerdings gab es kirchliche Umweltgruppen, Stadtökologiegruppen des Kulturbundes sowie örtliche Natur- und Umweltschutzinitiativen. Aus ihnen allen ist im Herbst 1989 im Zuge der politischen Umwälzungen die GRÜNE LIGA hervorgegangen. Sie arbeitet jetzt als gemeinnütziger Verein.

## Grundwasser

Grundwasser ist unterirdisches →Wasser, das die Hohlräume der lokkeren Erde (Poren) und der festen Gesteine (Klüfte) füllt. Es erneuert sich ständig durch Versickerung von Regen- und Oberflächenwasser. Wieviel Grundwasser vorhanden ist, hängt z. B. vom Regen, vom Wind, von der Sonneneinstrahlung, der Durchlässigkeit der oberen Bodenschichten, der Flächennutzung und nicht zuletzt davon ab, wieviel Grundwasser in einem entsprechenden Gebiet genutzt wird.
Das Grundwasser ist Teil eines ständigen globalen Kreislaufs des Wassers von der Atmosphäre zur Erde und wieder zurück, und zwar in Form von Niederschlag, Abfluß und Verdunstung. Dieser Vorgang läßt sich für ein bestimmtes Gebiet als Wasserhaushaltsrechnung bilanzieren. Ein ausgeglichener Wasserhaushalt liegt dann vor, wenn die Wassereingänge durch Niederschläge ebenso groß sind wie die Ausgänge (z. B. Grundwasseraussickerung in Bäche usw.,

Brunnenentnahme). Eine Störung dieses Kreislaufs kann erhebliche Auswirkungen haben.

### Verringerung der Grundwasserneubildung

Durch eine zunehmende Bebauung der Oberfläche (Flächenversiegelung, →Bodenbelastungen) und das Trokkenlegen von Feuchtgebieten wird die Grundwasserneubildung verringert. In der Bundesrepublik sind bereits 11 % der Grundfläche bebaut, in innerstädtischen Bereichen bis zu 90 %. Daß dadurch viel Wasser verlorengeht, kann man z. B. an den Auswirkungen ablesen, die man für den Bau des neuen Flughafens in München berechnet hat. In dem dafür vorgesehenen Gebiet gibt es nämlich ein hohes Grundwasservorkommen. Eine Fläche von 5 qkm (für Rollbahnen, Straßen, Plätze) würde ausreichen, daß sich pro Tag über 1000 cbm weniger Grundwasser bildet, wenn man von einer Neubildung von 2–2,5 l pro Sekunde und qkm ausgeht (→Flugverkehr).

### Absinken des Grundwasserspiegels

Wird in einem Gebiet zuviel Grundwasser für die Trinkwasserversorgung entnommen oder ein Fluß- oder Bachlauf begradigt, so senkt sich der Grundwasserspiegel (→Flußregulierung).

Im hessischen Ried wurden die ökologischen Folgen solcher Eingriffe besonders drastisch deutlich. Der Grundwasserspiegel sank zunächst als Folge der Rheinbegradigung. Da das hessische Ried aber auch als Wasserreservoir für den südhessischen Raum und für das Rhein-Main-Ballungsgebiet (→Ballungsgebiet) dient, führten die großen Mengen geförderten Grundwassers zu einem weiteren Absinken. Betrug die auf dem 1420 qkm großen Gebiet des hessischen Rieds geförderte Menge bis Mitte der sechziger Jahre erst 75 Mio. cbm, erhöhte sie sich mit dem Bau von vier Großwasserwerken auf 183 Mio. cbm pro Jahr. Die wasserrechtlich erlaubte Menge betrug 180 Mio. cbm.

Erst 1980 wurde in einem Gutachten festgestellt, daß die Grundwasserneubildungsrate dagegen nur 130 Mio. cbm pro Jahr ausmacht. Diese Ergebnisse kamen viel zu spät. Die Folgen des großflächig abgesenkten Grundwassers (bis zu 2 oder 3 m, in unmittelbarer Umgebung der Wasserwerke sogar bis zu 8 m) waren längst sichtbar geworden: verkümmerte Wälder, trocken gefallene Brunnen für die Bewässerung in der →Landwirtschaft und Risse in den Mauerwerken ganzer Straßenzüge.

Im Jahr 1992 wurde erstmals in Deutschland in Südhessen der Wassernotstand ausgerufen mit starken Nutzungseinschränkungen für die Bürger.

Eine ähnliche Entwicklung wie im hessischen Ried bahnt sich an, wenn die Grundwasservorkommen im Naturschutzgebiet Lüneburger Heide im großen Maßstab von Städten wie Hamburg oder Hannover angezapft werden. Seit 1983 werden bereits aus 30 Brunnen in der Heide 15 Mio. cbm Grundwasser pro Jahr für die Hansestadt gepumpt. Eine jährliche Entnahme von 25 Mio. cbm ist seit 1985 vom Land Niedersachsen genehmigt, wird aber derzeit noch nicht in Anspruch genommen. Würde diese Menge gefördert, sagen Naturschüt-

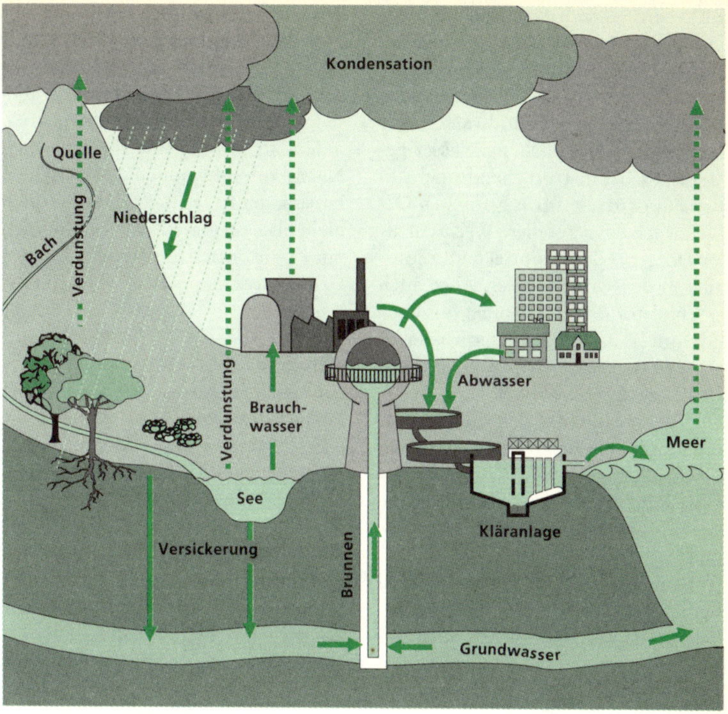


**Der Wasserkreislauf**

zer die Zerstörung von Mooren, feuchten Heiden, Feuchtwiesen, Bruchwäldern und ganzen Tallandschaften mit ihren Bächen voraus.

Einen gravierenden Eingriff in den Grundwasserhaushalt stellt auch die Förderung von Kohle, Sand und Kies dar. Die Grundwasserabsenkung im rheinischen Braunkohlerevier ist dafür ein Beispiel (→Braunkohlenabbau).

### Verunreinigung des Grundwassers

Grundwasser galt einst als das am besten vor Verunreinigungen geschützte Wasser. Wenn das Regen- oder Oberflächenwasser versickert, wird es dabei durch physikalische, chemische, biologische Vorgänge gefiltert und gereinigt. Diese Kapazität ist jedoch nur begrenzt, so daß durch zu hohe Konzentrationen eines Stoffs dieser nicht mehr zurückgehalten bzw. umgesetzt werden kann. Wie bei einem vollgesaugten Schwamm, der jedes zusätzliche Wasser nach unten durchlaufen läßt, so tritt beim Boden nach vollständiger Sättigung mit Stoffen ein Durchlaufeffekt in das Grundwasser ein.

Ungefähr die Hälfte der Fläche der

BRD wird landwirtschaftlich genutzt. Der prozentuale Anteil des Niederschlagwassers, das in seinem natürlichen Kreislauf diese Fläche passiert, bevor es in einen Grundwasserleiter oder in ein Oberflächengewässer gelangt, ist dementsprechend hoch. In den landwirtschaftlich genutzten Gebieten gelangen auf diese Weise vor allen Dingen →Düngemittel und →Pestizide in das Grundwasser. Aber auch →Schadstoffe von Deponien und aus der Luft belasten das Grundwasser.

### Nitrat im Grundwasser

Die Intensivierung der →Landwirtschaft mit dem Bestreben nach hohen Flächenerträgen führt oftmals zur Überdüngung z. B. mit →Nitraten, die kaum vom Boden gespeichert werden.

Abhängig von der Art des Bodens und der Vegetation sowie von der jährlichen Niederschlagsmenge wird Nitrat aus dem Boden in den Untergrund gespült. Von dort gelangt es mehr oder weniger schnell, manchmal erst nach mehreren Jahren, in das Grundwasser. Während zunächst nur im oberflächennahen Grundwasser Nitratbelastungen festgestellt wurden, findet man es inzwischen auch in tieferen Schichten.

Die Hauptnitratfracht der bisher gestreuten →Düngemittel hat dabei noch nicht überall die Grundwasserschichten erreicht. Der Nitratgehalt im Grundwasser steigt derzeit um 1–2 mg/l im Jahr an. Die Nitratbelastung des Grundwassers ist in landwirtschaftlich genutzten Gebieten, in Regionen der →Massentierhaltung und in Gebieten mit intensiv gedüngten Sonderkulturen (z. B. Mais) besonders hoch (bis über 300 mg/l).

Seit der Trinkwasserverordnung von 1989, die den Grenzwert für Nitrat von 90 mg/l auf 50 mg/l gesenkt hat, können viele Wasserwerke diesen neuen Grenzwert nur einhalten, indem sie Wasser mit verschiedenen Nitratkonzentrationen vermischen. Es ist damit zu rechnen, daß eine noch nicht abschätzbare Zahl von Brunnen mit ansonsten ausgezeichnetem Grundwasser stillgelegt werden müssen.

### Pestizide im Grundwasser

Eine weitere Quelle der Schadstoffbelastung des Grundwassers stellen die →Pestizide dar. Besonders in Böden, die schlecht adsorbieren (grobkörnig, wenig Humus), ist der bioverfügbare Anteil eines Pestizids größer als die Aufnahmekapazität der Pflanzen. Kommt zu der schlechten Adsorptionsfähigkeit des Bodens noch eine lange chemische Lebensdauer der Pestizide hinzu, so gelangen sie leicht in tiefere Bodenschichten und damit auch in das Grundwasser. Bisher sind von den Wasserwerken 50 Wirkstoffe und deren Abbauprodukte gemessen worden, insbesondere die Wirkstoffe Atrazin (Herbizid), Simazin und Dichlorpropen (Nematodenbekämpfung im Boden). Zur Zeit können etwa 20% der bundesdeutschen Wasserwerke die Pestizidgrenzwerte (0,1 µg/l je Einzelsubstanz; 0,5 µg/l für die Summe aller Pestizide) der Trinkwasserverordnung von 1989 nicht einhalten.

### Chlorierte Kohlenwasserstoffe im Grundwasser

Auch →chlorierte Kohlenwasserstoffe, wie die Lösemittel 1,1,1-Trichlorethan, Trichlorethylen, Tetrachlorethylen oder Dichlormethan, finden sich insbesondere im Grundwasser der industriellen Ballungszentren. So waren beispielsweise 1988 in Heidelberg 15 %, in Mannheim 30 % der Rohwasserproben mit mindestens 25 Mikrogramm der Gifte pro Liter Wasser belastet. Der in der Trinkwasserverordnung von 1986 aufgenommene Grenzwert von 25 µg/l (Summe für alle 4 Lösemittel) ist viel zu hoch. Der Verdacht liegt nahe, daß er sich nicht so sehr an der gesundheitlichen Bedenklichkeit orientiert, sondern an dem, was von den Wasserwerken bei der derzeitigen Belastung einzuhalten ist.

### Eine weitere Gefahr schlummert noch: Altlasten

Gefahren für das Grundwasser gehen auch von den sog. →Altlasten aus, giftigen Chemieabfällen, die auf →Mülldeponien oder auf dem Gelände von Industriebetrieben wild gelagert oder vergraben wurden. Man schätzt die Zahl der Altlasten-Verdachtsflächen in der BRD auf 80000. Schon 1981 fand das Bundesgesundheitsamt im gesamten Rhein-Main-Gebiet leicht flüchtige halogenierte →Kohlenwasserstoffe wie Trichloräthylen oder Tetrachloräthylen im Grundwasser. In Essen und Umgebung, in der Nähe der großen Chemiewerke im Raum Köln und im Emschertal sind weite Teile des Grundwassers durch den Giftmüll bedroht oder schon verunreinigt. Die Gebiete, aus denen das wertvolle Grundwasser gefördert werden kann, schrumpfen. Das Emscher Gebiet ist nicht zuletzt wegen des Giftmülls als Grundwassereinzugsgebiet nicht mehr geeignet.

### Öl im Grundwasser

Bei der Lagerung und beim Transport wassergefährdender Stoffe wurden allein 1988 insgesamt 2016 Unfälle registriert. Meistens gelangten leichtes Heizöl und Dieselkraftstoff, Altöl, anorganische Säuren und Benzol in das Grundwasser. Ein Liter Öl kann über eine Million Liter Grundwasser für Jahrzehnte ungenießbar machen.

### Luftschadstoffe gefährden das Grundwasser

Durch das Ansteigen des Säuregehalts der Böden kann sich deren Pufferkapazität erschöpfen und die Versauerung in das Grundwasser durchschlagen. Ferner trägt die Bodenversauerung dazu bei, daß die im Boden komplex gebundenen →Schwermetalle verstärkt freigesetzt werden und in das Grundwasser gelangen können. Kalk- und dolomitfreie Böden sind besonders gefährdet.

### Salze im Grundwasser

Die Grundwasservorräte im Gebiet von Rhein, Werra und Weser sind durch Salze bedroht. Entlang der Weser ist das Grundwasser in einem Uferstreifen von 400 m versalzen, im Bereich der Stauseen ist der Salzstreifen breiter. Wegen dieser Versalzung des Grundwassers darf auch in entfernteren Gebieten nicht zuviel gefördert werden, da sonst das versalzene Wasser angesaugt wird (→wassergefährdende Stoffe).

Im Winter stellen Streusalze, die mit den Straßenabwässern in das Grundwasser kommen können, eine Belastung dar.

### Verschmutzte Flüsse belasten das Grundwasser

Entlang der großen Flüsse wird vielfach Uferfiltrat zur Aufbesserung der Grundwasserbestände verwendet. Aus solchen ufernahen Brunnen wird aber auch Flußwasser mit in das Grundwasser hineingezogen. So mußten in Hamburg unmittelbar am Ufer der Elbe gelegene Brunnengalerien geschlossen werden, da im geförderten Wasser →Schwermetalle und →chlorierte Kohlenwasserstoffe enthalten waren (→Trinkwasseraufbereitung).

### Abwärme

Die in die Flüsse abgeleitete →Abwärme von →Atomkraftwerken erwärmt auch das Grundwasser. Die Grundwassertemperatur steigt auf 20 °C und höher, insbesondere wo Sickerbrunnen zum Kühlen von Kühlwasser dienen (→wassergefährdende Stoffe).

Ob und welche Gefahren für das Grundwasser von schon existierenden oder noch geplanten unterirdischen Lagerräumen für Giftmüll oder Öl ausgehen, ist noch nicht abzusehen.

**TiP** Wer seinen Ölwechsel im Auto selbst durchführt, muß das Altöl auffangen. Altöl darf auf keinen Fall in die Toilette, in den Gulli gekippt werden oder im Erdreich versickern. Verkaufsstellen von Mineralöl sind seit Juli 1987 gesetzlich dazu verpflichtet, das Altöl auch wieder zurückzunehmen. Den Kaufbeleg sollten Sie deshalb aufbewahren.

## Güterverkehr

Die binnenländische Güterverkehrsleistung hat sich von 1960 auf 1990 verdoppelt. Die Beiträge der einzelnen Verkehrsträger haben sich dabei jedoch recht unterschiedlich entwikkelt.

Die **Eisenbahnen** (1989: 62 Mrd. tkm) verzeichneten von 1960 auf 1970 einen Anstieg der Transportleistung von 18,4 Mrd. tkm, verloren dann aber bis 1990 wieder 9,4 Mrd. tkm.

Die **Binnenschiffahrt** (54 Mrd. tkm) konnte ihre Güterverkehrsleistung von 1960 auf 1989 um 13,6 Mrd. tkm steigern.

Der **Straßengüterfernverkehr** (SGFV) (113 Mrd. tkm) erhöhte seine Verkehrsleistung von 1960 auf 1989 um 89,7 Mrd. tkm; er hat damit seine Güterverkehrsleistung fast verfünffacht.

Der **Straßengüternahverkehr** (SGNV) (47 Mrd. tkm) steigerte seine Leistung von 1960 auf 1990 um 25 Mrd. tkm; das entspricht einer Verdoppelung.

Der Transport in **Rohrleitungen** (11 Mrd. tkm) stieg von 1960 auf 1970 um 13,9 Mrd. tkm stark an, ist aber seit 1973 rückläufig.

Der – neben dem LKW – besonders umweltschädliche **Güterluftverkehr** hat mit rund 0,4 Mrd. tkm in 1989 nur eine geringe Transportleistung, gewinnt jedoch zunehmende Bedeutung. Der Luftfrachtmarkt verzeichnet seit Jahren zweistellige Zuwachsraten. Neun von zehn High-Tech-Produkten werden heute per Luftfracht befördert.

Seit Beginn der sechziger Jahre haben sich die Anteile der Verkehrsträger an der Transportleistung im Güterverkehr grundlegend verschoben. Dem Bedeutungsverlust der Verkehrsträger Eisenbahn und Binnenschiff entsprach ein anhaltender Anstieg des Straßengüterverkehrs.

Die Anteile einzelner Gütergruppen haben sich stark verändert. So reduzierte sich der Anteil der Hauptgütergruppen «Steine und Erden» und «Kohle», während sich der Anteil der Hauptgütergruppe «Fahrzeuge, Maschinen, Halb- und Fertigprodukte» deutlich erhöhte. Der Trend geht weg von schweren, geringwertigen Massengütern und hin zu leichten, hochwertigen Produkten; dies induziert eine Umschichtung der Verkehrsträger.

Dieser Effekt ist vor allem in der Verkehrs(infrastruktur)politik begründet. Einem Anstieg der Länge der Bundesfern- und -wasserstraßen steht eine Verringerung des Betriebsnetzes der Eisenbahn gegenüber.

Um Lagerkapazitäten einzusparen sind in den letzten Jahren mehr und mehr Fertigungsbetriebe dazu übergegangen, ihre Zulieferbetriebe zu beauftragen, alle benötigten Teile genau zu der Zeit («**just in time**») anzuliefern, wenn sie zur Montage benötigt werden. Viele Automobilbetriebe haben nur Lagerbestände für einen Tag.

Das «Just-in-time-Prinzip» in der Fertigung führt zum Abbau kostenträch-

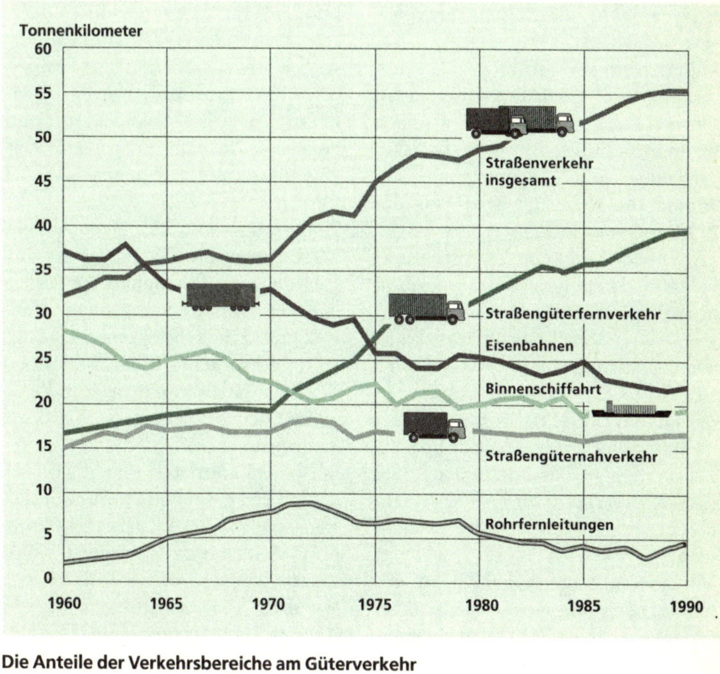


**Die Anteile der Verkehrsbereiche am Güterverkehr**

tiger Lagerbestände. Die Lagerhaltung verschiebt sich aus dem Betrieb in die Transportwirtschaft. Dies heißt für den Güterverkehr schrumpfende Sendungsgrößen und steigende Sendungsfrequenz: Grundtrends, die wiederum für den LKW sprechen und gegen die Eisenbahn gerichtet sind.
Im grenzüberschreitenden Güterverkehr hat die Eisenbahn gerade ihre Transportmenge von 1960 halten können. Das Volumen des Straßengüterverkehrs hat sich hingegen mehr als verzehnfacht.
Während sich der **Transitverkehr** mit Eisenbahn und Binnenschiff verdoppelte, stieg der LKW-Transitverkehr um das Sechzigfache! Der LKW hat folglich gerade auf langen Entfernungen, wo die Bahn das sinnvollere Verkehrsmittel ist, die größten Zuwachsraten erzielt.
Die derzeitigen Strukturen im nationalen und grenzüberschreitenden Güterverkehr werden durch einen Ordnungsrahmen mit Kapazitätsbegrenzung und Tarifordnung bestimmt. Im Zuge der Schaffung des EG-Binnenmarktes bis 1993 wird der grenzüberschreitende Straßengüterverkehr dereguliert. Hinzu kommt noch ein Wachstum des Güteraustausches durch den Binnenmarkt. Nach einer Schätzung von PROGNOS wird sich das Güterverkehrsaufkommen in der EG um ein Drittel von 732 Mio. t im Jahr 1984 auf 976 Mio. t im Jahr 2000 erhöhen. Dabei wird der Anteil des LKW-Verkehrs zu Lasten der anderen Verkehrsträger weiter zunehmen.
Mit dem im Güterverkehr heute dominierenden und weiter wachsenden LKW-Verkehr sind erhebliche negative Folgewirkungen verbunden:
– Umweltbelastung in Form von Lärmbelästigung, Emissionen, Erschütterungen, Trennwirkungen, Flächenverbrauch und städtebaulicher Unverträglichkeit: z. B. werden heute bereits fast 50 % aller Stickoxide vom LKW-Verkehr emittiert.
– Gesellschaftliche Folgen wie Unfälle, Finanzierung der Wegekosten des LKW durch die Allgemeinheit, problematische Arbeitsbedingungen der Fahrer, Verbrauch fossiler Energie.
Der durch die Liberalisierung zu erwartende steilere Anstieg des Straßengüterverkehrs wird die negativen Auswirkungen für Umwelt, Mensch und Gesellschaft um ein erhebliches Maß erhöhen. Die schon heute immensen gesellschaftlichen Kosten des Straßenverkehrs werden durch die zu erwartende Zunahme von Unfällen weiter anwachsen und die Emissionen von Lärm und Abgasen zunehmen. Gleichzeitig steigt der Druck auf Neu- und Ausbau des Straßennetzes, was wiederum zu Flächenverbrauch führt.
Zur Umkehrung des Trends eines wachsenden LKW-Verkehrs ist eine Vielzahl von Maßnahmen erforderlich. Der Handlungsrahmen reicht von grundsätzlicher Vermeidung des Güterfernverkehrs durch andere Wirtschaftsstrukturen bis zur Verlagerung des Straßengüterverkehrs auf Schiene und Schiff.
Bei einem mittleren Anteil von rd. 3 % an den gesamten Produktionskosten spielen die Kosten des Transports derzeit nur in wenigen Wirtschaftszweigen eine wesentliche Rolle, d. h. der marktwirtschaftliche Anreiz, Verkehr zu vermeiden, ist folglich nicht sehr stark.

Notwendig ist deshalb eine europaweite transportleistungs- und tonnageabhängige **Schwerverkehrsabgabe** (SVA) für LKW zur Abdeckung verursachter gesellschaftlicher Kosten. Mit der SVA kann über eine Anhebung der Transportpreise das Güterverkehrsvolumen beschränkt werden. Neben der SVA gibt es weitere Ansatzpunkte für den LKW-Verkehr:

– Ein bewußtes Kaufverhalten der Konsumenten («Transportgehalt der Produkte») könnte Verkehr vermeiden und regionale Produktionen stärken (z. B. im Lebensmittelbereich).

– Leerfahrten sind im Straßengüterverkehr durch Logistikkonzepte und Integration von gewerblichen Straßengüterverkehr und Werksgüterverkehr vermeidbar.

– Technische Maßnahmen:
Partikelfilter für Diesel- und Katalysator für Benzin-Fahrzeuge,
Herabsetzung der $NO_x$-Emissionen (EG-weit), abgasarme LKW,
Herabsetzung der Lärmgrenzwerte, verbindliche Einführung lärmarmer LKW,
LKW mit Unterfahrschutz und besseren Sichthilfen.

– Verkehrsberuhigung:
zeitliche und räumliche Beschränkungen für LKW,
Geschwindigkeitsbegrenzung,
Herabsetzung der zulässigen Nutzlast bzw. des zulässigen Gesamtgewichts für LKW,
verschärfte Vorschriften zu Lenkzeiten, Ruhezeiten und Personal,
erhebliche Verschärfung der Verkehrskontrollen für den Straßengüterverkehr,
zeitliche Verkehrslenkung (z. B. LKW-Fahrverbote nachts und an Wochenenden; nur zeitweise für den Lieferverkehr freigegebene Straßen; nur lärmarme Fahrzeuge in die City lassen),
räumliche Verkehrslenkung (z. B. Vorrangstrecken für PKW und Fahrverbote für LKW bestimmter Größe, elektronisches Leitsystem; Nutzung des Verkehrszeichens 261 («Verbot für kennzeichnungspflichtige Kfz mit gefährlichen Gütern»).

Es ist durchaus vorstellbar, daß die Eisenbahn (→Bahnverkehr) – insbesondere durch die Möglichkeit der Containerisierung – einen größeren Anteil vom LKW zurückerobert. Hierzu existieren vielfältige Handlungsmöglichkeiten:

– Erhöhung der Direktverkehre auf der Schiene,
Erhöhung der Gleisanschlußdichte als Voraussetzung für Direktverkehre im Bahnnetz,
Ausweisung von neuen Industrie- und Gewerbegebieten nur mit Gleisanschluß bzw. Schienenanbindung bestehender Produktionsstandorte,
kundengerechte Bedienung der Gleisanschlüsse durch die Bahn,
Erweiterung des Angebots von Direktverbindungen auf der Schiene.

– Benutzungsgebot für die Bahn und Streckenneu- und -ausbau.

Für den Bereich «Gefahrgüter» wurde die Benutzung der Bahn für einige Gefahrgutklassen für bestimmte Transportarten bereits vorgeschrieben. Dies ist bei parallelem Ausbau der Güterkapazität auf der Schiene auch für normale Güter ab einer bestimmten Transportweite (z. B. 300 km) denkbar:

– systematische Nutzung der technologischen und logistischen Möglichkeiten für eine konkurrenzfähige

Gestaltung der Kooperation von Schiene und Straße,
Schaffung von Umschlageinrichtungen für den kombinierten Verkehr,
Erhöhung der Bedienungsfrequenzen im Kombiverkehr,
Einrichtung von Miniterminals (z. B. Groß-Gabelstapler) für den stationären Umschlag von Containern und anderen Systembehältern.

– Abbau sämtlicher Grenzhemmnisse im internationalen Schienengütertransport.

Wenn die Verkehrspolitik nicht rechtzeitig umsteuert, wird das Chaos auf den Straßen noch größer und damit auch die hierdurch ausgelösten ökologisch-sozialen Folgewirkungen. Dann führt die Entwicklung von «just in time» zum «just im Stau».

# H

**Handelsklassen**
Lebensmittel wie z. B. Obst, Gemüse, Fleisch und Eier werden nach vorher genau festgelegten Kriterien in Handelsklassen eingeteilt und sind dementsprechend auch unterschiedlich teuer.
Die Handelsklasseneinteilung bei Eiern erfolgt z. B. nach der Güte (Frischegrad) in die Klassen A (Konsumei), B (Eiproduktion, z. B. Backwaren), C (industrielle Verwendung, z. B. Shampoo) und nach dem Gewicht in die Klassen A0 bis A7.
Beim Rind- und Schweinefleisch erfolgt die Klassifizierung nach dem EUROP-System. Das Handelsklassenschema berücksichtigt die Ausbildung an wertbestimmenden Bestandteilen wie Filet, Kotelett und Schinken sowie Keule, Rücken, Schulter und den Verfettungsgrad.
Als Qualitätsmerkmale beim Obst gelten Aussehen, Größe, äußere Makellosigkeit, Eignung zur mechanischen Ernte, Transport- und Stoßfestigkeit und Lagerfähigkeit.
Diese Merkmale sind in erster Linie auf die Bedürfnisse der Erzeuger und Verarbeiter von Lebensmitteln und des Handels abgestimmt. Die Werbung tut das Ihre, um den Verbraucher auf eine ganz bestimmte Vorstellung z. B. von Obst einzustimmen. Danach hat nur Obst, das aussieht wie aus der Retorte, höchste Qualität.
Um solches äußerlich makelloses Obst (u. a. ohne Schorf) wachsen zu lassen, müssen die Landwirte zu chemischen Schädlingsbekämpfungs-

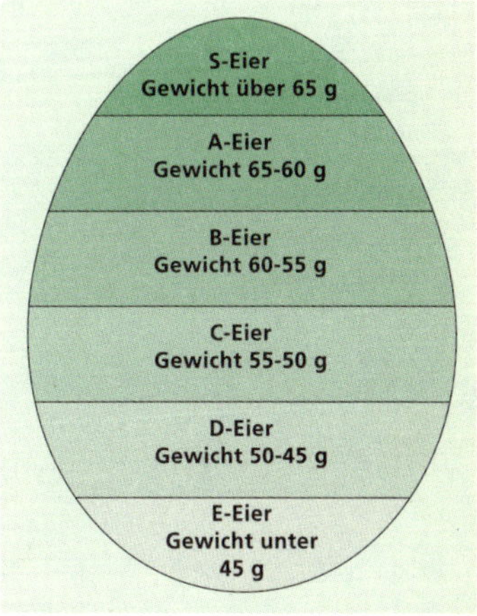


**Handelsklassen bei Eiern**

mitteln greifen (→Pestizide). Ferner bauen sie nur die makellosen und unempfindlicheren Sorten an. Die holländische Tomate ist zwar rot, gleichmäßig, stoßunempfindlich, lange lagerfähig und schnittfest, dafür aber fast geschmacklos.

Die Handelsklassen geben den Verbrauchern die Garantie, daß sie für ihr Geld die den Handelsklassen gemäße Qualität kaufen. Je genauer die Qualität definiert ist, desto sicherer ist der Schutz der Verbraucher vor Täuschung. Allerdings bleibt zu fragen, ob die Qualitätskriterien der Handelsklassen auch die für die Gesundheit und die Umwelt wichtigen Kriterien sind.

**TiP** Für die Umweltverträglichkeit von landwirtschaftlichen Erzeugnissen ist die Handelsklasse kein Kriterium. Handelsklasse I hat schon den Ruch eines Makels, da sie kaum mit dem Anbau nach ökologischen Kriterien erreichbar ist. Obst und Gemüse der Handelsklasse II oder darunter sind empfehlenswerter, zudem sind sie auch viel preiswerter.

**Immission**

Die Immission ist das Gegenstück zur →Emission. Immission bezeichnet die Einwirkungen von Luftverunreinigungen (→Luftverschmutzung), →Lärm, Strahlen, (→Radioaktivität), Wärme (→Abwärme), Erschütterungen auf Menschen, Tiere, Pflanzen und Sachgüter, z. B. Gebäude u. ä. Die Emissionen von Industriebetrieben, vom →Autoverkehr und privaten Haushalten sind in Menge und Konzentration so hoch, daß die Immissionsschäden kaum mehr in den Griff zu bekommen sind. Das Bundesimmissionsschutzgesetz (BImschG) und die darauf beruhende Rechtsverordnung Technische Anleitung zur Reinhaltung der Luft (TA Luft) bilden die Rechtsgrundlage für Maßnahmen zur →Luftreinhaltung. Die TA Luft enthält z. B. Vorschriften zur Bestimmung von Schornsteinmindesthöhen, Emissionsgrenzwerten und Immissionsgrenzwerten für Schadstoffe.

Die TA Luft wird von Naturschutzgruppen und Bürgerinitiativen kritisiert, weil nur für wenige →Schadstoffe überhaupt Grenzwerte festgelegt sind und die Politik der hohen Schornsteine zwar die Umgebung des Standorts der Emissionsquellen von Schadstoffen weitgehend befreit, die Umweltprobleme aber auf entferntere Gebiete verlagert. Drastische Beispiele für die Folgen dieser Politik sind das europaweite →Waldsterben und das Seensterben in Schweden (→saurer Regen). Besonders wird kritisiert, daß die Schadstoffkonzentration in Atemhöhe der Erwachsenen (über 1,50 m) gemessen wird, obwohl gerade Kinder wegen ihrer geringeren Körpergröße besonders gefährdet sind, da sich die Autoabgase am Boden verdichten (→Smog, →Umweltkrankheiten).

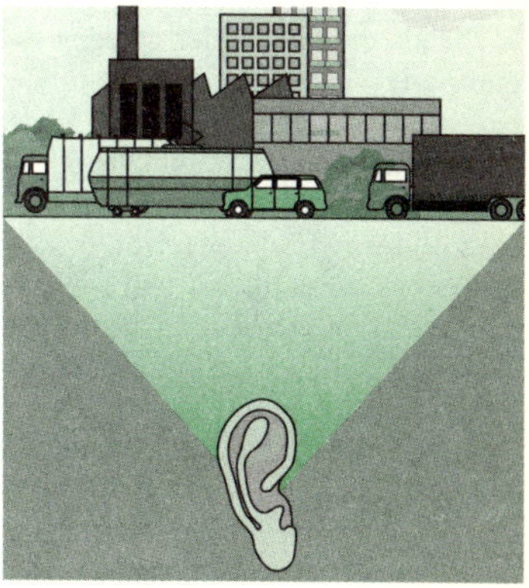

**Lärm-Immission, einwirkende Geräusche**

# K

**Katalysator**

Ein Katalysator ist ganz allgemein ein Stoff, der eine Stoffumwandlung beeinflußt, meist fördert, ohne selbst dabei verändert zu werden. Bedeutung für den Umweltschutz haben solche Katalysatoren in der Umwelttechnik. Dort wird mit Katalysator oft auch das ganze technische Gerät, wie z. B. der Abgaskatalysator, bezeichnet. Durch Einbau eines **Dreiwegekatalysators** in die Abgasanlage eines Autos werden gleichzeitig Kohlenmonoxid, Kohlenwasserstoffe und Stickoxide zu Kohlendioxid, Wasser und Stickstoff umgesetzt.

Mehr als die Hälfte der in der BRD emittierten Stickstoffoxide und des Kohlenmonoxids und etwa 45 % der Kohlenwasserstoffe stammen aus den Abgasen von Kraftfahrzeugen. Ein solcher Dreiwegekatalysator besteht aus einem Keramikkörper, auf dem über einer Zwischenschicht Platin/Rhodium aufgetragen wurde. Der effektive Betrieb eines Abgaskatalysators setzt eine genaue Regelung des Kraftstoffgemisches mit Hilfe einer **Lambdasonde** voraus. Dieser Meßfühler ermittelt jeweils den Sauerstoffgehalt im Abgasstrom und liefert ein Meßsignal für die Regelung der Kraftstoff-Gemischbildung im Vergaser oder dem Einspritzsystem.

Die Abgasverminderung durch den Dreiwegekatalysator beträgt bis zu 90 %. Sie funktioniert jedoch nur mit bleifreiem Benzin, denn Blei (Pb) macht das Edelmetall auf dem Keramikkörper in kurzer Zeit weitgehend unwirksam.

Das Blei im Benzin wirkt als Antiklopfmittel, d. h., es sorgt für einen ruhigen Motorlauf. Allerdings ist Blei selbst ein Gift für Mensch und Umwelt.

Die Schadstoffe aus den Auspuffrohren unserer Kraftfahrzeuge tragen dazu bei, Wälder zu zerstören, Baudenkmäler zu zerfressen und viele Erkrankungen, insbesondere der Atemwege, bei Menschen zu bewirken. Sie drastisch zu senken muß das Ziel der Umweltpolitik sein.

Berechnungen des IFEU (Institut für Energie und Umwelt, Heidelberg) haben ergeben, daß nur der obligatorische Katalysator, ein Tempolimit, eine Verlagerung von Teilen des Güterverkehrs auf die Schiene und Verkehrseinschränkungen, etwa durch autofreie Sonntage, eine Halbierung der aus Kraftfahrzeugen stammenden Stickoxidmengen bewirken könnten.

Die möglichen 90 % der Reduzierung von Stickoxiden, Kohlenwasserstoffen und Kohlenmonoxid täuschen leider über die Realitäten hinweg:

– Das Kohlendioxidproblem wird durch keinen Katalysator gelöst (→Treibhauseffekt).

– Viele Altautos, Kleinwagen und Nutzfahrzeuge, insbesondere Dieselfahrzeuge, dürfen europaweit ohne KAT fahren. Für sie gelten weitaus niedrigere Abgasnormen. Interessen von Automobilfirmen und -clubs haben sich durchgesetzt.

– Häufig wird nur ein ungeregelter KAT verwendet.

– Das Verkehrsaufkommen steigt ständig weiter. Wer die Hälfte der Abgasschadstoffe vermeidet und dafür doppelt soviel fährt, nutzt der Umwelt kein Stück.

**TiP**

**– Möglichst wenig Auto fahren.**

**– Möglichst benzinsparendes Auto fahren.**

**– Nur mit Dreiwegekatalysator fahren.**

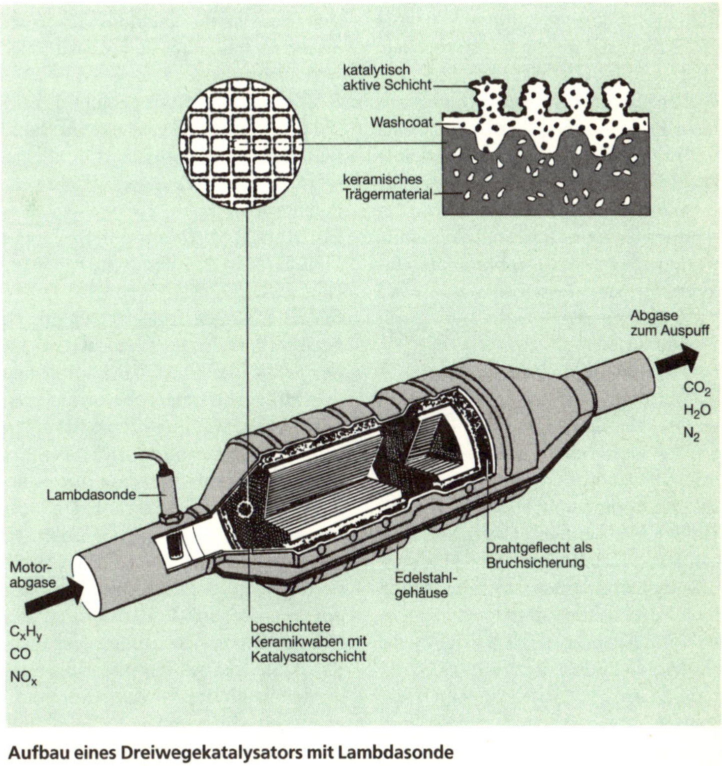


**Aufbau eines Dreiwegekatalysators mit Lambdasonde**

## Kläranlage

In einer Kläranlage werden die häuslichen und industriellen →Abwässer gereinigt. In der Regel arbeiten alle größeren Kläranlagen bei uns in zwei Stufen.

**Erste Stufe:**
**Mechanische Reinigung**

Zum mechanischen Reinigungsvorgang gehören der Rechen, der Sandfang und ein Vorklärbecken. Im Rechen können grobe Verunreinigungen wie z. B. Holzteile, Blechdosen oder Stoffreste zurückgehalten werden. Im Sandfang fließt das Wasser langsam durch ein Becken, in dem sich Sandteilchen, Obstkerne etc. absetzen können. Aus dem Sandfang gelangt das Abwasser in ein Vorklärbecken. Hier verbleibt es mehrere Stunden. Währenddessen können Schwebstoffe zu Boden sinken. Dieser Sandfang ist häufig mit einem Fettabscheider kombiniert, der aufschwimmende Fette und Öle von der Oberfläche abschöpft. In der ersten Reinigungsstufe werden die biologisch abbaubaren Inhaltstoffe des Abwassers um etwa 30 % verringert.

**Zweite Stufe:**
**Biologische Reinigung**

Die im mechanisch vorgeklärten Abwasser verbliebenen Schmutzstoffe wie Fäkalien oder leicht abbaubaren Industriereststoffe werden mit Hilfe von Bakterien und Pilzen abgebaut, ähnlich wie bei den natürlichen Vorgängen in einem Gewässer (→biologische Selbstreinigung). Dies ist durch zwei Verfahren möglich:

▶ Beim Tropfkörperverfahren wird ein Rundbehälter mit porösen Materialien wie Schlacke, Steinen oder Kunststoffwaben gefüllt. Diese Füllmaterialien dienen als Siedlungsfläche für eine schleimige Schicht von Mikroorganismen, die auch als «biologischer Rasen» bezeichnet wird. Über dem Tropfkörper wird das Abwasser von oben verrieselt. Beim Durchrieseln wird der erforderliche Sauerstoff aus der Luft gelöst.

▶ Beim Belebtschlammverfahren gelangt das Abwasser in Belebungsbekken, denen z. B. mit Hilfe von Gebläsen ständig Sauerstoff zugeführt wird. Die Bakterien bilden zusammen mit den Schmutzstoffen Flocken, die in ein Nachklärbecken geschwemmt werden. Um die für den Abbau nötigen Bakterien rasch und in genügender Menge zu erhalten, führt man Teile des sich im Nachklärbecken abgesetzten Schlamms in das Belebungsbecken zurück.

Bei beiden Verfahren gelangt das behandelte Abwasser zuletzt in Nachklärbecken. An deren Oberfläche setzt sich das gereinigte Wasser vom Belebtschlamm ab. Es wird schließlich in einen Vorfluter, z. B. Bach oder Fluß, oder in die chemische Klärstufe eingeleitet.

Bei der Abwasserreinigung fällt quasi als Abfallprodukt →Klärschlamm an. Der Klärschlamm wird in Faultürmen mit Hilfe von anaeroben Bakterien (leben ohne Sauerstoff) zum Faulen gebracht. Dabei bildet sich Methan, das zur Energieversorgung des Klärwerks benutzt werden kann. Der ausgefaulte Schlamm kommt anschließend zum Austrocknen in Trockenbeete. In größeren Kläranlagen benutzt man zur Entwässerung des Klärschlamms Zentrifugen oder Pressen, da sie weniger Platz benötigen als die Trockenbeete. Da der ausgetrocknete Klärschlamm häufig noch mit →Schadstoffen wie z. B. →Schwerme-

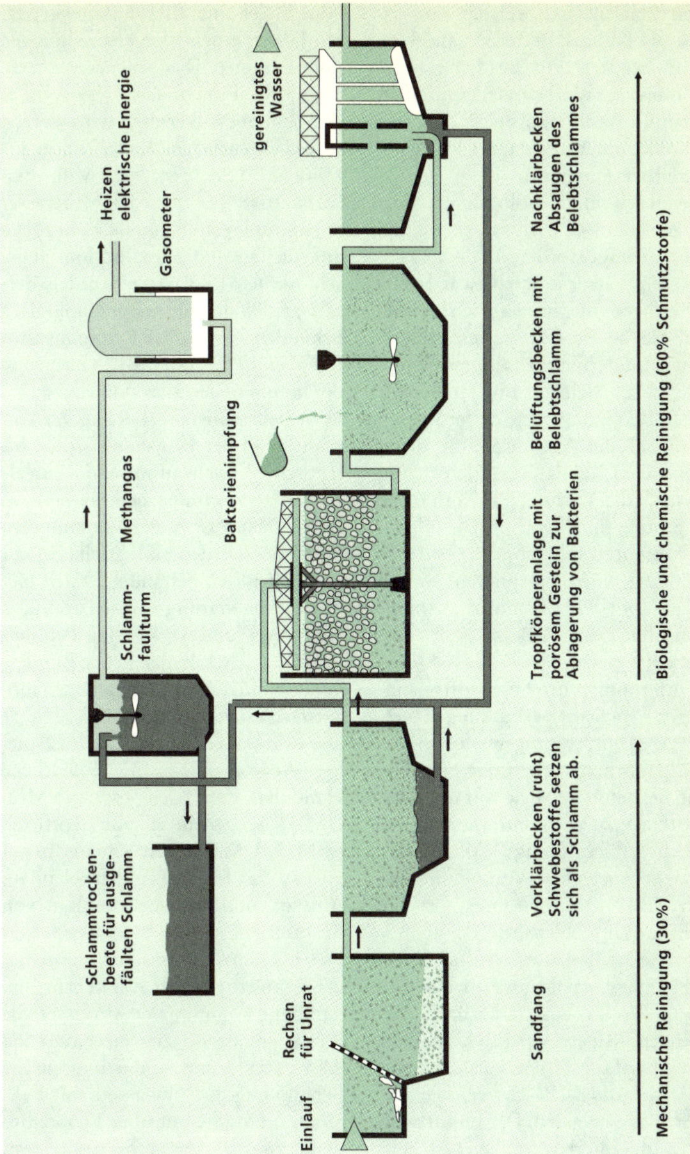


**Dreistufige Kläranlage: mechanisch, biologisch und chemisch**

tallen belastet ist, werden nur ca. 25 % als Dünger in der →Landwirtschaft benutzt. Die restliche Klärschlammenge wird entweder mit dem Hausmüll weiterverarbeitet oder auf →Mülldeponien abgelagert.

**Dritte Reinigungsstufe**

In den mechanisch-biologischen Kläranlagen kann das Abwasser weitgehend gereinigt werden. In dem so gereinigten Wasser können zwar Fische leben, aber es sind immer noch wassergefährdende Stoffe wie z. B. Phosphate und Schwermetalle enthalten. Diese lassen sich nur mit Hilfe einer dritten Reinigungsstufe entfernen.

Die Wahl der Verfahren für dritte (chemische) Reinigungsstufen richtet sich nach den vorrangig zu entfernenden Stoffen im Abwasser. Die folgenden Verfahren sind möglich:

▶ Fällung von Phosphaten: durch Zusatz von Eisenchlorid, Aluminiumsulfat oder Kalk zu 90 % entfernbar;

▶ Entfernung von Stickstoffverbindungen: Stickstoffverbindungen werden zu →Nitrat umgewandelt. Mikroorganismen spalten das Nitrat in seine Bestandteile Stickstoff und Sauerstoff auf; zu 90 % entfernbar;

▶ Aktivkohlefilterung: Aktivkohle, durch eine geeignete Verkohlung von Holz, Torf u. a. gewonnen, ist ein hochporöser Kohlenstoff, der als Adsorber dient. Solch ein Adsorber hat die Fähigkeit, gasförmige oder gelöste Substanzen an seiner Oberfläche anzubinden. Mit einem Aktivkohlefilter kann man alle Stoffe zurückhalten, die sich biologisch schwer oder gar nicht abbauen lassen. Der Einsatz von Aktivkohlefiltern setzt alle vorstehenden Reinigungsstufen voraus.

Die kommunale Abwasserbeseitigung in der alten BRD hat in den letzten Jahren erhebliche Anstrengungen unternommen. Das Abwasser von ca. 56,3 Mill. Einwohnern (etwa 92 % der Wohnbevölkerung) wird derzeit in der öffentlichen Kanalisation gesammelt. Von etwa 52,7 Mill. Einwohnern (86,2 %) wird das Abwasser in Kläranlagen behandelt. Bezogen auf die an die Kanalisation angeschlossenen Einwohner werden derzeit 93,6 % des Abwassers biologisch behandelt. Eine dritte Reinigungsstufe haben in der alten BRD nur 10 % der kommunalen Kläranlagen.

In der ehemaligen DDR lag der Anschlußgrad der Haushalte an die öffentliche Kanalisation und zentrale Kläranlagen 1989 bei 73,2 bzw. 58,2 %. Nur 28 % der kommunalen Abwässer wurden biologisch und nur 10 % chemisch behandelt. Nach mechanischer Klärung wurden 26 % des Abwassers und 36 % ohne Behandlung eingeleitet. In den neuen Bundesländern müssen 233 Kläranlagen modernisiert oder neu gebaut werden.

Der Kläranlagenbau ist eine kostspielige Angelegenheit. Die öffentliche Hand hat dafür seit 1970 90 Mrd. DM ausgegeben, davon entfielen 67 Mrd. DM auf den Kanalisationsausbau, 23 Mrd. auf den Neubau, Ausbau und die Erneuerung von Kläranlagen.

Die EG-Umweltminister verabschiedeten 1991 eine Richtlinie zur Behandlung kommunaler Abwässer. Sie legt – ergänzend zur mechanischen Abwässerklärung – die biologische Behandlung des Abwassers mit Bakterien für Städte mit über 15 000 Einwohnern ab dem Jahr 2000 fest. Kleinere Gemeinden müssen diese Technik erst ab 2005 anwenden. Eine

dritte Reinigungsstufe ist nur für besonders gefährdete Regionen vorgesehen.
Die langfristige Lösung des Abwasserproblems kann nicht darin bestehen, immer mehr und aufwendigere Kläranlagen zu bauen, sondern den Schadstoffeintrag in die Gewässer zu minimieren.

### Klärschlamm

Bei der Reinigung von Abwässern in →Kläranlagen fallen erhebliche Mengen Klärschlamm an. Je besser die Abwasserreinigung, desto mehr Klärschlämme, pro Jahr in der Bundesrepublik beinahe 100 Millionen Kubikmeter mit 5 % Trockenmasse (= 5 Mio. t). Klärschlamm besteht aus ausgefaultem organischem Material und ist sehr nährstoffreich. Insofern stellt er einen «idealen Dünger» für landwirtschaftliche Flächen dar, wenn er nicht umwelt- und gesundheitsgefährdende Stoffe wie Schwermetalle, halogenierte Kohlenwasserstoffe, Pestizide und Krankheitskeime enthielte. Je mehr chemische Stoffe in Haushalten und Betrieben ins Abwasser gelangen, desto gefährlicher ist die Verwendung des Klärschlamms in der Landwirtschaft. Er darf nur nach Bodenanalyse begrenzt häufig aufgetragen werden. Die Klärschlammverordnung setzt Grenzwerte für Schadstoffe fest. Nur etwa ein Drittel der Klärschlammenge wird derzeit in der Landwirtschaft eingesetzt. Zwei Drittel werden zum Abfallproblem und müssen nach Trocknung deponiert oder verbrannt werden. In Großstädten und Industriegebieten gar kann Klärschlamm zum →Sonderabfall werden, u. a. verseucht mit Dioxinen, Furanen und PCBs.
Weil die Gefahr besteht, den Boden für lange Zeit zu verseuchen (→Bodenkontamination), weigern sich die Landwirte zu Recht, den Klärschlamm, selbst kostenlos, den Kläranlagen abzunehmen.
Um die wertvollen Nährstoffe jedoch wieder in den natürlichen Kreislauf einzubringen, bleibt nur die Lösung, die giftigen Substanzen von Anfang an aus dem Abwasser fernzuhalten. Jeder Glaube, man könne die Gifte hinterher mit technischen Verfahren wieder herausfiltern, ist verfehlt.

**TiP** Die Toilette ist kein Müllschlucker. Wattestäbchen, Haare, Windeln oder Hygieneartikel gehören in den Abfalleimer. Auch Essensreste oder flüssiges Fritierfett darf nicht in der Toilette heruntergespült werden. Letzteres verursacht folgenschwere Verstopfungen. Medikamente oder Desinfektionsmittel zerstören die Bakterien in unseren Kläranlagen. Genauso gefährlich sind Pflanzenschutzmittel, Farbverdünner, Quecksilber oder Altöl. Bringen Sie diese Giftstoffe zu einer Schadstoffsammelstelle oder einer mobilen Schadstoffsammlung in Ihrer Gemeinde.

### Klima

Das Klima bestimmt unser aller Leben. Temperatur, Niederschläge und Winde bedingen nicht nur die großräumige Verteilung der Vegetation, der Böden sowie z. T. der Tierwelt, sondern auch die natürlichen Lebensbedingungen der Menschen. Das Klima wird jedoch als ein Faktor unserer Umwelt zunehmend durch den Menschen beeinflußt: →Luftverschmutzung und Veränderungen der Vegeta-

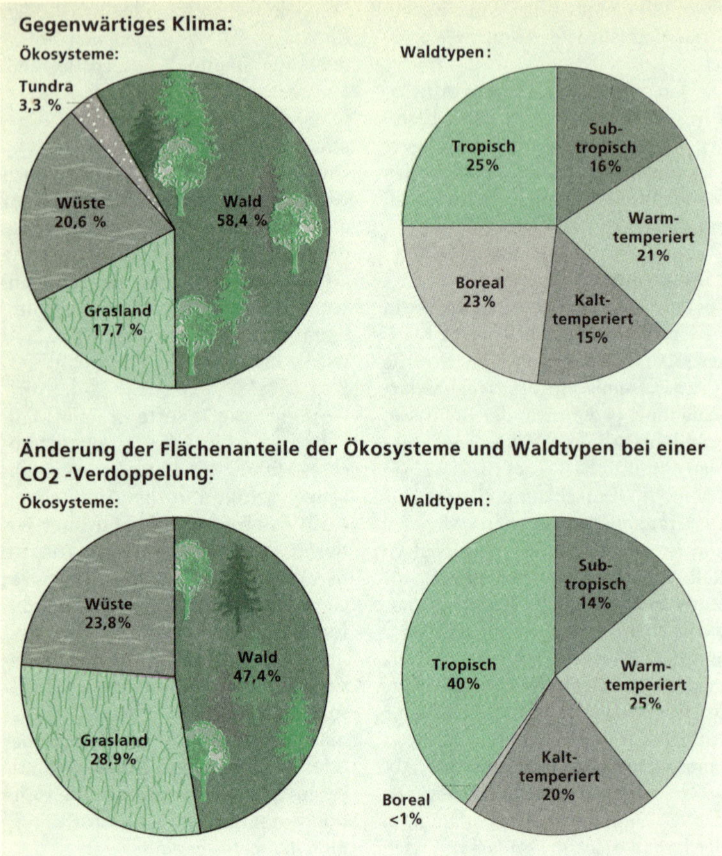


tion (→Tropenwald) führen zu einer Veränderung der →Atmosphäre und durch Erhöhung des →Treibhauseffektes zu einer Veränderung des Klimas. Zusätzlich ist die Biosphäre durch die Zerstörung der Ozonschicht bedroht (→Ozon). So mag es nicht verwundern, daß nach einer Meinungsumfrage 1991 Klimaänderungen und Ozonabnahme auf Platz eins der Sorgenliste der Bundesbürger stehen.

### Prima Klima?

Während mit **Wetter** die aktuellen Erscheinungen von Niederschlag, Temperatur, Wind u.a. bezeichnet werden, ist das Klima der durchschnittliche jahreszeitliche Verlauf der Witterungsverhältnisse. Auslöser aller

Klimaprozesse ist die Sonnenstrahlung, die unterschiedlich stark auf die Erde trifft. Dadurch und durch die Erdrotation wird die Ausbildung verschiedener Klimazonen und Wetterlagen bewirkt. Wichtigster Faktor für die anthropogene Änderung des Klimas ist die Anreicherung von Spurengasen (→Luft), wie →Kohlendioxid, →Stickoxide, Methan (→Kohlenwasserstoffe) und →FCKW. Durch Erhöhung dieser Treibhausgase (→Treibhauseffekt) wird eine Erhöhung der Erdtemperatur um 3 bis 5,5 °C bis Mitte des nächsten Jahrhunderts erwartet.

### Klimazonen verschieben sich

Der unterschiedliche Winkel der auf die Erde eintreffenden Sonnenstrahlung wirkt sich auf das Klima und damit die Vegetation, die Tierwelt und die Lebensbedingungen der Menschen aus. Aufgrund der verschiedenen Klimaverhältnisse läßt sich die Erdoberfläche in verschiedene **Klimazonen** einteilen, die ringförmig zwischen Nord- und Südpol liegen. Diese korrespondieren mit bestimmten **Vegetationszonen**, in denen bestimmte Biotope, wie Wald, Steppe, Wüste und Tundra, vorherrschen. Am Äquator liegt die tropische Klimazone mit immergrünen →Regenwäldern. Halbwüsten leiten zu den warmgemäßigten, subtropischen Klimazonen über, die sich in Nord- und Südrichtung jeweils anschließen. Darauf folgen auf der Nordhalbkugel das kaltgemäßigte Klima mit entsprechender Waldvegetation, wie es für Europa charakteristisch ist, sowie die boreale Klimazone mit einer Tundrenvegetation. An Nord- und Südpol herrscht arktisches Klima.

Durch eine Änderung des globalen Klimas ergibt sich notwendigerweise eine Verschiebung der Klima- und Vegetationszonen.

**TiP** Wer mit seinem Auto den →Treibhauseffekt nicht anheizen will, muß es stehen lassen. Ohne Geschwindigkeitsbegrenzung geht's auf jeden Fall in die Klimakatastrophe, denn auch mit Katalysator kann das bei jeder Verbrennung entstehende Kohlendioxid nicht aufgefangen werden. Langsamfahren senkt den $CO_2$-Ausstoß, Rasen erhöht ihn.

Modelle mit hohem Benzinverbrauch (bis zu 43 Kilogramm pro 100 Kilometer) produzieren fast dreimal soviel $CO_2$ wie sparsame Modelle. Der niedrigste Wert von 14,4 Kilogramm $CO_2$ wird nur von Diesel-Autos erreicht (natur 3/91).

Empfehlenswert sind aber nur Diesel mit Rußfilter oder Abgasrückführung.

## Kohlekraftwerk

Über ein Drittel des Energiebedarfs wird in Deutschland durch Kohle (Braun- oder Steinkohle) gedeckt. Die eigenen Kohlevorräte reichen noch etwa 300–500 Jahre. Auch weltweit machen sie etwa 80 % der fossilen Energievorräte aus (Erdöl 18 %, Erdgas 2 %). Das sichert über einige Jahrhunderte die Energieversorgung. Insofern spielt die Kohle für die Zukunft der Energieversorgung eine viel wichtigere Rolle als Öl, Gas oder das Uran für →Atomkraftwerke. Solange die →regenerativen Energien nicht soweit entwickelt und auch tatsächlich eingesetzt sind, um den Gesamtenergiebedarf zu decken, werden wir

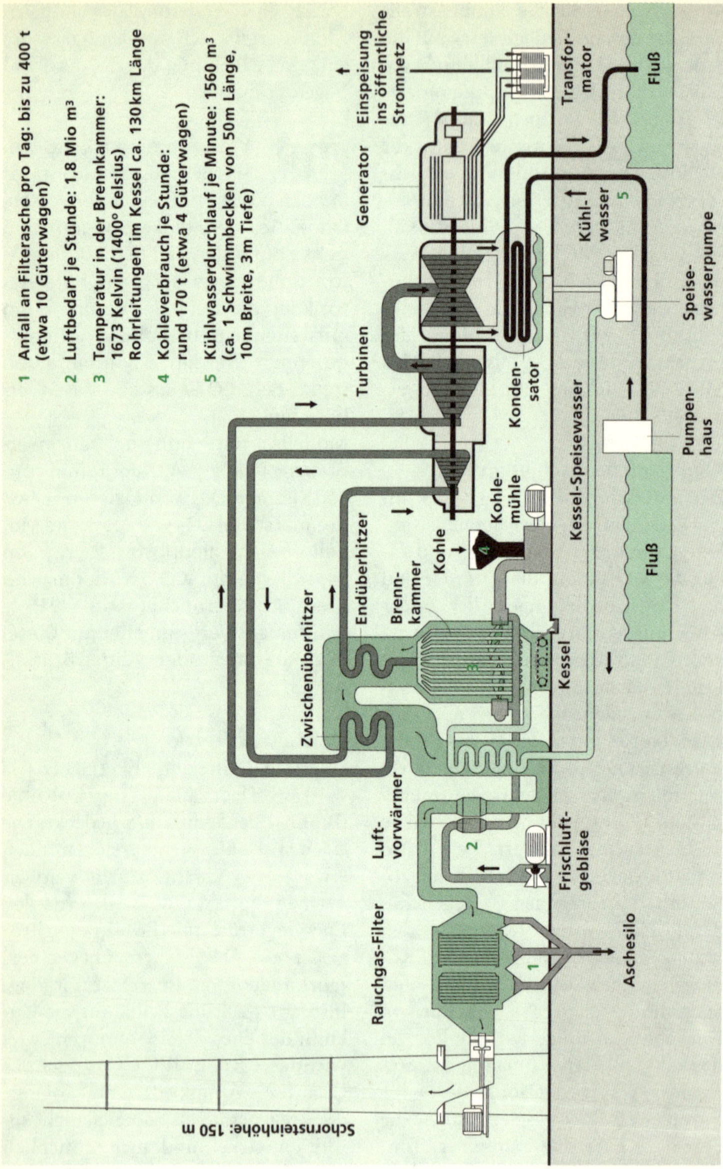


**Schema eines Kohlekraftwerks**

auf Kohle nicht verzichten können (→Energieversorgung).
Die meiste Kohle wird in Kraftwerken zur Elektrizitätserzeugung eingesetzt. Aber auch in Kombination mit Wärmeversorgung (→Fernwärme) ist Kohle von Bedeutung.
So rosig die Versorgungslage auch aussieht, so schwerwiegend sind die Umweltbelastungen durch die Verbrennung von Kohle. Die Abgase aus dem Schornstein enthalten Stäube aller Art, →Kohlendioxid ($CO_2$), →Stickoxide ($NO_x$) und →Schwefeldioxid ($SO_2$).
Seit Anfang dieses Jahrhunderts werden zunehmend größere Mengen dieser Gift- und Schadstoffe weltweit in die Luft geblasen (→Luftverschmutzung). Wenn der Dreck zu dick wurde, baute man einfach höhere Schornsteine. Damit war das Problem aber nicht gelöst. Nur die Schadstoffe wurden über größere Räume verteilt. Heute beklagt man das →Waldsterben als Folge des →sauren Regens. Hier liegt offensichtlich eine Langzeitwirkung auch der Abgase, insbesondere des Schwefeldioxids, aus Kohlekraftwerken vor. Auch das Auftreten von →Smog in den →Ballungszentren ist mit auf die Abgase der Kohlekraftwerke zurückzuführen. Aber es gibt eine Vielzahl von Filtermöglichkeiten und Verfahren der besseren Verbrennung von Kohle. Sie sind bekannt und technisch einsatzreif. Aber aus wirtschaftlichen Gründen werden sie nicht genügend berücksichtigt. Es fragt sich, ob wir all die Schäden mit ansehen dürfen, ohne die Betreiber der Kraftwerke schnell und durchgreifend zum Handeln aufzufordern. Der Bundestag hat zwar eine Großfeuerungsanlagenverordnung verabschiedet. Leider sind die Bestimmungen so weich formuliert, daß eine umgehende durchgreifende Luftreinhaltung nicht erreicht wird.
Eine umweltfreundliche Kohleverbrennungstechnik, die auch einen höheren Wirkungsgrad hat, ist die Wirbelschichtfeuerung: Kohle wird zu Körnern (6–8 mm) gemahlen und auf einem Luftwirbelbett schwebend verbrannt. Es wird etwa 8 % gemahlener Kalk zugeführt, der den in der Kohle enthaltenen Schwefel zusammen mit dem Luftsauerstoff zu Gips (Calciumsulfat) bindet. Dadurch ist eine Entschwefelung von über 95 % möglich. Die Menge der erzeugten Stickoxide wird dadurch verringert, daß bei Wirbelschichtfeuerung bei Temperaturen zwischen 800 und 900 °C verbrannt wird, in herkömmlichen Kraftwerken bei Temperaturen bis zu 1500 °C. Stickoxide entstehen aber erst ab etwa 900 °C, und um so mehr, je höher die Temperatur ist. Den Staub kann man fast vollständig durch verschiedene Filtersysteme zurückhalten.
Ergebnis: Viele der heutigen stinkenden, rußenden Kohlekraftwerke sollte man stillegen und dafür moderne, umweltfreundliche mit fast vollständiger Rauchgasreinigung in kleinen Einheiten als Heizkraftwerke errichten.

## Kohlendioxid

Kohlenstoffdioxid ($CO_2$) – im Alltag als Kohlendioxid bezeichnet – ist ein Gas und ein natürlicher Bestandteil der Luft. Ohne $CO_2$ wäre das Wachstum der Pflanzen nicht möglich. Sie nehmen $CO_2$ aus der Luft auf. Das $CO_2$ wird mit Hilfe des Sonnenlichts, des Blattgrüns (Chlorophyll) und mit dem von den Wurzeln aufgenommenen Wasser in energiereiche Zuckerarten umgewandelt. Bei diesem Vorgang der Photosynthese entsteht Sauerstoff, der in die umgebende Luft entweicht. Daneben benötigen die Pflanzen $O_2$ zur Atmung. Allerdings wird besonders von Pflanzen in der Wachstumsphase mehr $CO_2$ in Nährstoffe umgewandelt und dabei Sauerstoff in die Luft abgegeben als umgekehrt. Im natürlichen Kohlenstoff-Kreislauf würde auf der ganzen Erde etwa genausoviel $CO_2$ gebildet wie verbraucht.

Der $CO_2$-Gehalt der Luft steigt aber seit Beginn der Industrialisierung im letzten Jahrhundert ständig (um ca. 15 %) an. Dazu hat vor allen Dingen das Verbrennen von Kohle, Erdöl und Gas – bei dem immer auch $CO_2$ entsteht – in der Industrie, in Kraftwerken (→Kohlekraftwerk) und privaten Haushalten beigetragen. $CO_2$ ist mit mehreren hundert Millionen Tonnen der «Schadstoff», der in der BRD mengenmäßig am meisten in die Luft abgegeben wird.

Eine weitere Ursache für den zunehmenden $CO_2$-Gehalt in der →Atmosphäre ist das Vernichten pflanzlicher Vegetation, die das $CO_2$ binden könnte. In vielen Teilen der Erde werden riesige Waldgebiete kahlgeschlagen oder verbrannt – pro Jahr z. B. →tropische Regenwälder von der Fläche Bayerns und Baden Württembergs (ca. 100 000 km²).

Die Erhöhung des $CO_2$-Gehalts und anderer Spurengase (Stickstoffdioxid, Methan, Chlorfluormethan u. a.) der Luft führt durch den sogenannten →Treibhauseffekt zur Erwärmung der Erdoberfläche. Wie die Glasscheiben eines Treibhauses, die die Sonnenenergie herein-, aber durch die im Treibhaus entstehende Wärme nicht mehr herauslassen, behindert $CO_2$ die Wärmeabstrahlung der Erde in den Weltraum. Sollte sich der $CO_2$-Gehalt der Erde, der im Jahr um ca. 1–2 ppm zunimmt, von derzeit ca. 342 ppm auf 400–450 ppm erhöhen, rechnet man mit einem globalen Anstieg der Temperatur um 1–1,5 °C. Bei einem Anstieg auf 600–700 ppm (Temperaturanstieg 4–5 °C) sind gravierende Klimaänderungen zu befürchten (→Klima).

**TiP** Um den $CO_2$-Ausstoß zu verringern, ist das Energiesparen die wirkungsvollste Methode, da sich einmal emitierte Mengen hinterher nicht mehr vermindern lassen. Keine Kohlendioxid-Emissionen entstehen bei Sonnen- und Windenergie.

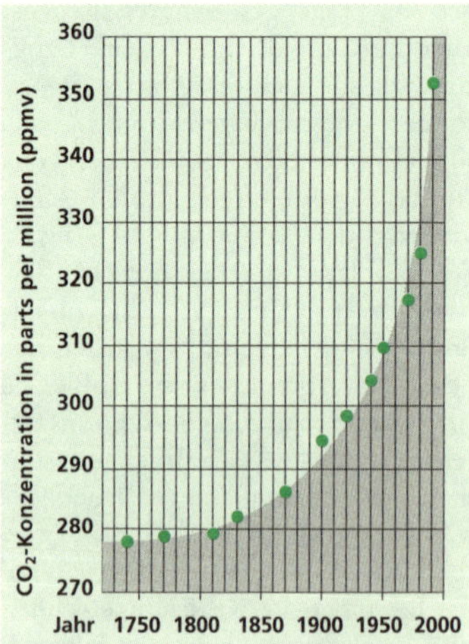


**Anstieg der $CO_2$-Konzentration in der Atmosphäre**

Riesige Mengen an $CO_2$ entstehen auch beim Autofahren. Nur Wenigerfahren schont das Klima. Ein Katalysator hat hier keinen Einfluß.

## Kohlenwasserstoffe

Unter Kohlenwasserstoffen (KW) versteht man chemische Verbindungen, die aus Kohlenstoff (C) und Wasserstoff (H) zusammengesetzt sind. Viele organische Verbindungen kann man diesem Sammelbegriff zuordnen, doch werden sie durch Unterbegriffe genauer bestimmt. Einfache Vertreter der Kohlenwasserstoffe sind die zu Heiz- und Kochzwecken genutzten Gase Methan $CH_4$, Äthan $C_2H_6$, Propan $C_3H_8$ und Butan $C_4H_{10}$. Sie zählen zu den aliphatischen Kohlenwasserstoffverbindungen, die fettähnliche Verbindungen sind.

Die zweite große Gruppe dieser Verbindungsklasse umfaßt die aromatischen Kohlenwasserstoffe. Ein typischer Vertreter dieser Gruppe ist das →Benzol.

Die aromatischen Kohlenwasserstoffe unterscheiden sich von den aliphatischen durch eine besondere chemische Bindung zwischen den Kohlenstoffatomen. Sie sind immer ringförmig geschlossene Moleküle. Bei den aliphatischen Kohlenwasserstoffen sind sowohl offene Ketten als auch Ringsysteme anzutreffen. Der besondere Charakter der unterschiedlichen chemischen Bindungen zwischen den Kohlenstoffatomen von aliphatischen und aromatischen Kohlenwasserstoffen ist in folgenden Darstellungen skizziert:

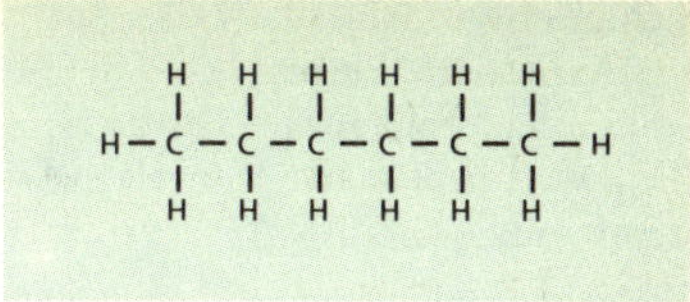

Einfachbindungen zwischen den C-Atomen des Hexans – (aliphatischer KW) symbolisiert durch einen Strich.

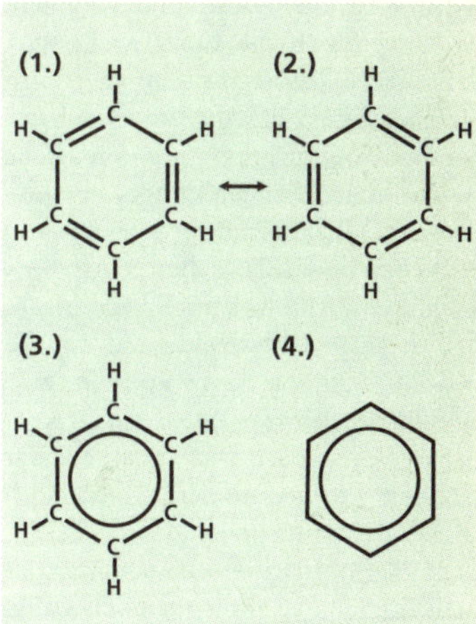


Die Lage der Doppelbindungen zwischen den C-Atomen im Benzol-Molekül (aromatischer KW), symbolisiert durch einen Doppelstrich, ist nicht zu bestimmen (1), (2). Sie verändert sich laufend. Dieser Sachverhalt wird auch durch einen Kreis innerhalb des Ringmoleküls beschrieben (3). In vereinfachter Weise gibt man auch nur einen Sechsring mit einem eingezeichneten Kreis an (4).

Zu den Kohlenwasserstoffen gehören u. a. →Benzol, →polycyclische aromatische Kohlenwasserstoffe (PAK),

→chlorierte Kohlenwasserstoffe, →polychlorierte Biphenyle (PCB) und →Fluorchlorkohlenwasserstoffe (FCKW), die für die Umwelt belastend sind.

## Kombinationswirkungen

Wirken auf einen Organismus gleichzeitig oder aufeinanderfolgend mehrere Faktoren aus der Umwelt ein, so spricht man von einer Kombinationswirkung.

Es können sich additive Wirkungen, bei denen sich die Einzelwirkungen summieren, synergetische Wirkungen, bei denen sich die Einzelwirkungen potenzieren, und antagonistische (widerstreitende) Wirkungen, bei denen sich Einzelwirkungen gegenseitig aufheben oder schwächen, einstellen. Tabak und Alkohol, auch in Mengen, die an sich nicht schädigend auf die →Gesundheit wirken, können Störungen hervorrufen, wenn sie im Körper mit harmlosen Dosen von aus der Umwelt aufgenommenen →Schadstoffen zusammentreffen.

Die Kombinationswirkungen der meisten Schadstoffe sind noch völlig unerforscht. Sie werden auch bei der Festlegung von →Grenzwerten, z. B. der Höchstmengenverordnung für Lebensmittel, nicht berücksichtigt.

## Kompostierung

Pflanzenabfälle aller Art aus Gärten und Grünanlagen, wie Rasenschnitt, Laub, Heckenschnitt oder Astwerk, sowie der etwa 30prozentige organische Hausmüllanteil, wie Obst- und Gemüsereste, Eierschalen, Kaffeesatz, Teeblätter usw., sind biologische Wertstoffe.

Ihre organische Aufbereitung zu Kompost und Humus sollte möglichst individuell beim Erzeuger erfolgen. Nur dort, wo eine Eigenkompostierung oder Humifizierung nicht möglich ist, sollte über Getrenntsammlungen der «Bioabfall» Zentralanlagen zugeführt werden. Der so gewonnene Kompost bzw. Humus ist ein hervorragender Dünger und Bodenverbesserer (→Boden). Allerdings dürfen keine schadstoffbelasteten Abfälle mit auf den Kompost wandern, sonst gerät er in den Boden und erneut in die Produkte.

Flächendeckende Bioabfallkompostierung ist in den letzten Jahren in zahlreichen Bundesländern vorgeschrieben worden. Häufig stellen Kreise und Gemeinden mobile Schredder zur Verfügung, um den saisonalen Anfall von Grünabfällen (Baumschnitt, Weihnachtsbäume) einer Verwertung zuzuführen.

In den 70er Jahren waren in der Bundesrepublik etwa 20 große Kompostwerke gebaut worden, denen unsortierter Hausmüll zugeführt wurde. Dadurch gelangten zahlreiche Gifte und Schadstoffe in den Kompost, die seine Vermarktung erschwerten und schließlich nur noch in Teilbereichen eine Rekultivierung und Landschaftsgestaltung zuließen. Im Obst- und Gemüseanbau und der Landwirtschaft wurde seine Verwendung problematisch, da eine Gesundheitsgefährdung nicht auszuschließen war.

Nur die Getrenntsammlung kann zu unbedenklichen marktfähigen Produkten führen. Dazu sollten **Biotonnen** («Grüne Tonne») oder Biosäcke an all jene Haushalte und Betriebe ausgegeben werden, denen eine Eigenkompostierung nicht möglich ist. In dezentralen und zentralen Kompostanlagen, durch die auch Arbeitsplätze geschaffen werden können, werden umweltverträglich güteüberwachter Kompost und Humus erzeugt.

**TiP** Auch im kleinsten Garten findet sich eine Ecke für einen Komposthaufen. Sie benötigen einen durchlässigen Boden sowie einen windgeschützten, halbschattigen Platz. Gerade für das kleine Grundstück sind die modernen Schnellkomposter mit und ohne Wurmkulturen eine Arbeitserleichterung, da der Kompost nicht gewendet werden muß. Er gelingt um so besser, je vielfältiger seine Zusammensetzung ist. Gekochte Essensreste gehören nicht auf den Kompost. Der Kompost darf nicht zu naß sein, aber auch auf keinen Fall austrocknen. Im Winter sollte er mit einer Laubschicht abgedeckt werden. Die Umwandlung in wertvolle Humuserde dauert rund ein Jahr.

## Kosmetika

Auf Großplakaten, im Kino, auf der Mattscheibe oder auf Illustriertenseiten springen sie uns entgegen: schöne Frauen und Männer mit makellosen Gesichtern und gesunden, vollen Haaren. Werbesprüche hämmern uns ein: Schönheit und Gesundheit und ewige Jugend kann man kaufen. Und es wird gekauft. Rund 10 Milliarden Mark im Jahr investieren die Bundesbürger (West) für Kosmetik- und Körperpflegeprodukte. 13000 Produkte werden von 500 Anbietern produziert. Von «faltenfrei» bis «ewig jugendlich» ist der Markt für Cremes und Schäume ein unendliches Eldorado für traumhafte Werbesprüche.

### Haarshampoo

Doch daß Seifenblasen auch zerplatzen können, zeigten nicht zuletzt die Skandalmeldungen über krebserregendes Dioxan in Shampoos und Duschbädern, die einigen Herstellern bittere Umsatzeinbußen bescherten. Erfreuliche Feststellung in allen Warentests: Die Chemikalie, die bei der Herstellung des Tensids Ethersulfat, dem üblichen Waschrohstoff (→Wasch- und Reinigungsmittel), als Verunreinigung in die Flaschen kommt, ist auf dem Rückzug. Viele Haarshampoos sind schon heute dioxanfrei.

### Zahncreme

Nicht immer wird das Produkt durch Ersatzstoffe besser. Manche Hersteller nehmen jetzt statt hautfreundlicher Tenside das billige und aggressive Natriumlaurylsulfat (NLS). Unter dem Handelsnamen «Texapon» wurde der Stoff – wie auch Dioxan – in den späten 80er Jahren als gefährliches Schäumungsmittel in Zahncremes bekannt. Schon geringe Mengen schädigen das Zahnfleisch, die Zähne und die Bakterienflora. Als Spätfolge kann Zahnausfall nicht ausgeschlossen werden. Dabei ist NLS gänzlich überflüssig, denn für die Reinigungswirkung sind die Putzkörper in der Zahncreme allein verantwortlich. Der Schaum gibt nur das gute Gefühl von Sauberkeit und schmeckt besser als normale Seife.

### Duschbäder, flüssige Seifen

Flüssige, feste oder pulvrige Seife ist der Vorläufer aller →Waschmittel, egal ob für Haar-, Körper-, Wäsche- oder Fußbodenreinigung. Heute haben synthetische Tenside, sogenannte

Syndets, die gering alkalisch, neutral oder sauer eingestellt werden, der Seife den Rang abgelaufen. Die Produktvariationen grenzen schon fast an Zauberei: flüssige Händeseife, Fußbäder, Duschbäder, Schaumbäder, Haarshampoos, Haarspülungen, Schaumfestiger, Zahncremes oder Reinigungsmilch fürs Gesicht. Alle enthalten hauptsächlich zwischen 60 und 90% Wasser, Tenside, Duftstoffe, Farbstoffe, Konservierungsmittel, Kochsalz als Verdickungsmittel, damit das Produkt besser dosiert werden kann. Weil jedes Duschen oder Baden die Haut austrocknet, enthalten die Mittel noch rückfettende Komponenten (Wollfettabkömmlinge, Glycerinester).

### Konservierungsmittel

Für Allergiker (→Allergien) sind neben den Duftstoffen besonders die Konservierungsstoffe bedenklich. Wäßrige Lösungen müssen konserviert werden, damit sie nicht verderben. Das Formaldehyd wird nur noch selten bei Testuntersuchungen festgestellt. Dafür werden aber formaldehydabspaltende Stoffe, bei denen das Formaldehyd erst auf der Haut gebildet wird, immer noch in Kosmetika eingesetzt. Andere Ersatzstoffe sind aber auch nicht besser. Kathon CG beispielsweise ist ein künstlicher, allergieauslösender Stoff, der im →Tierversuch in höheren Konzentrationen haut- und schleimhautreizend ist.

### Deodorant

Zwar hat schon das Waschen mit Wasser und Seife einen gründlichen desodorierenden Effekt, aber das «sichere Gefühl» gibt erst die vermeintliche Frische eines Deodorants. Deos sind antibakterielle Mittel, die ähnlich wie Konservierungsstoffe – nur wesentlich höher dosiert – das Wachstum von Mikroorganismen verhindern. Die einen bekämpfen die Mikrobenbildung im Cremetopf, die anderen unter der Achselhöhle. Parfümstoffe dienen zusätzlich zur Geruchsüberlagerung.

### Antiperspirant

Da Deodorants nicht immer «peinliche» Schwitzflecken verhindern, greifen viele Verbraucher zu Antiperspirants, einer Kombination aus Deo und Antitranspirant. Diese Mittel unterbinden auch die Schweißabsonderung. Dazu verengen Aluminiumsalze die Schweißdrüsen. Die totale Hemmung des für den Körperhaushalt notwendigen Schwitzens ist aus medizinischer Sicht nicht zu empfehlen.

### Cremes

Um den Fett- und Feuchtigkeitsverlust der Haut auszugleichen, reicht eine Allzweckcreme. Eine fette Creme für die trockene Haut ist eine Wasser-in-Öl-Emulsion. Für die normale und Mischhaut reicht eine Feuchtigkeitscreme, eine Öl-in-Wasser-Emulsion, aus. Je mehr Zusätze eine Creme enthält, desto höher ist in der Regel der Preis, desto größer wird aber auch das Risiko für Unverträglichkeitsreaktionen der Haut. Auch wenn die Hersteller uns das Gegenteil weismachen wollen, Mineralstoff- und Vitamincocktails gehören besser in den Magen als auf die Haut (→Ernährung), denn von außen kann die Haut nicht ernährt werden. →Gesundheit kommt von innen.

Naturkosmetik

Mit steigendem Gesundheits- (→Gesundheit) und →Umweltbewußtsein nimmt auch die Skepsis gegenüber der Kosmetikindustrie zu. Verbraucherverbände fordern schon seit Jahren eine Deklaration der Kosmetikinhaltsstoffe, die bisher nur von einigen Herstellern auf freiwilliger Basis durchgeführt wird. Doch solange es keine Deklarationspflicht für Kosmetika gibt, sind Werbeaussagen und sonstige Angaben auf der Verpackung die einzigen Anhaltspunkte für Verbraucher. Bisher war ein «blumiger» Name zwar umsatzsteigernd, aber noch keine Garantie für biologische Inhaltsstoffe. Doch jetzt hat sich auch die Rechtsprechung den Verbrauchervorstellungen angeschlossen, daß die Angabe «Naturkosmetik» bedingt, daß natürliche Inhaltsstoffe in dem Produkt enthalten sind. Die Aufschriften «Bio» oder «Natur» schließen die Verwendung von künstlichen Konservierungsmitteln aus. Naturkosmetik ohne Natur gilt demnach als irreführende Werbung und verstößt gegen die **Kosmetik-Verordnung** und das Lebensmittel- und Bedarfsgegenständegesetz, dem die Kosmetika unterliegen. Verstöße können bei der kommunalen Lebensmittelkontrolle angezeigt werden. Von sich aus werden die Behörden kaum tätig. Bislang zittern die Naturkosmetikhersteller am meisten vor den Untersuchungen und Veröffentlichungen von Öko- und Verbraucherinstituten.

**TiP** Kaufen Sie nur Kosmetikprodukte, die alle Inhaltsstoffe deklariert haben. Das gibt Ihnen die Sicherheit, daß bei einer Unverträglichkeit der Hautarzt schnell das Allergen findet (→Allergie).
Produkte, die mehr Verpackung haben als Inhalt, gehören nicht in die Einkaufstasche (→Müll). Bevorzugen Sie Produkte, die ohne →Tierversuche hergestellt wurden. Der Tierschutzbund verteilt Herstellerlisten.
Wer genau wissen möchte, was seine Kosmetika enthalten, kann sich seine Produkte selbst herstellen: Rezepte gibt es bei den Verbraucherzentralen.

## Krebs

Haben Sie auch Angst vor Krebs? Machen Sie einen großen Bogen um dieses Thema? Dann geht es Ihnen ähnlich wie vielen Menschen, die ihre Angst ganz tief nach unten packen. Wir werden jedoch zunehmend mit der Krankheit Krebs konfrontiert. Wenn jemand von unseren Bekannten an Krebs erkrankt, erzählt man sich mit einem leichten Schaudern: «Der hat Krebs...» Nach einem kurzen Mitleidsgefühl gehen wir meist zur Tagesordnung über. In der Zeitung oder im Fernsehen ist von ständig neuen «Krebsbedrohungen» die Rede. Was soll's? Da kann man nichts gegen machen. Mich wird's schon nicht treffen. Fertig, aus!
Wirklich aus? Wer voreilig resigniert hat, sollte sich einmal überlegen, daß Krebs kein unvermeidbares biologisches Schicksal ist. Die überwältigende Mehrzahl der Krebsfälle wird nämlich durch Umwelteinflüsse und Lebensgewohnheiten hervorgerufen und könnte größtenteils vermieden werden. **Krebsvorsorge** heißt also nicht nur, von den regelmäßigen Vorsorgeuntersuchungen beim Arzt Ge-

brauch zu machen, sondern Vorsorge beginnt viel früher, beim Kampf um eine saubere Umwelt.

### Was ist Krebs?

Jeder Mensch hat in seinem Körper Billionen von Zellen. Jede Zelle besitzt ihre eigene Aufgabe. Eine Knochenzelle baut z. B. das Skelett mit auf. Alte Zellen sterben ab, werden zerlegt, neue Zellen bilden sich.

Krebs bedeutet, daß dieser normale Vorgang gestört wird. Es findet eine ungesteuerte Zellvermehrung im Körper statt. Ist erst einmal eine Zelle geschädigt, so gibt sie ihren Defekt bei der Zellteilung weiter. Alle neu entstehenden Zellen haben nun diesen Defekt in sich.

Zunächst sind es nur einzelne bösartige Zellen, dann bilden sich Zellhaufen, die man manchmal in Form eines Knotens ertasten kann (frühes Stadium). Der Zellhaufen bricht auf, und es kann ein Geschwür entstehen (mittleres Stadium). Das Geschwür sondert Zellhaufen ab, die meist mit dem Blut an andere Stellen des Körpers transportiert werden und sich dort ansiedeln. Es entstehen sog. **Metastasen** (Tochtergeschwülste; spätes Stadium).

Die mehr als 100 verschiedenen bekannten Krebsarten lassen sich in vier Hauptgruppen unterordnen:

▶ **Carcinome:** das sind feste Tumoren (Geschwülste), die sich ausgehend von Epithelzellen entwickeln. Solche Epithelzellen bilden die oberste Zellschicht des menschlichen Haut- und Schleimhautgewebes (z. B. innere Oberfläche des Atmungs- und Magen-Darm-Traktes). Carcinome machen rund 85 % der Krebserkrankungen aus.

▶ **Sarkome:** das sind ebenfalls feste Tumoren, die jedoch vom Knochen-, Knorpel-, Binde- oder Fettgewebe ausgehen.

▶ Bei den anderen Krebsgruppen, die man als **Lymphone** und **Leukämie** bezeichnet, bilden sich keine festen Tumoren, sondern es entsteht eine unnormal hohe Zahl an weißen Blutkörperchen. Bei Lymphonen in der Milz und in den Lymphknoten, bei Leukämie im Knochenmark.

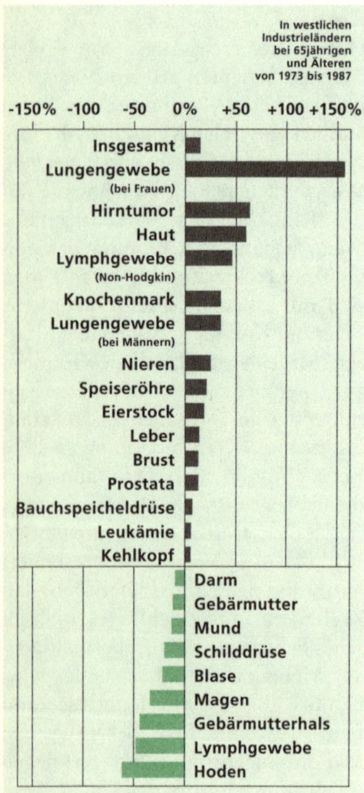


**Veränderung der Krebs-Sterblichkeitsrate**

## Wie entsteht Krebs?

Es gibt heute noch keine eindeutige Lehrmeinung darüber, wie Krebs entsteht, sondern nur viele Mosaiksteine. Man nimmt heute an, daß der auslösende Faktor für die krebsige Entartung einer Zelle die direkte und bleibende Schädigung ihres Erbgutes (Nukleinsäuren) ist. Diese Schädigung kann entweder durch Chemikalien, →Radioaktivität oder Viren hervorgerufen werden.

Zu den krebsauslösenden Stoffen, auch Kanzerogene oder Karzinogene genannt, gehören beispielsweise Aflatoxine, die in der Natur vorkommen und von Schimmelpilzen gebildet werden. Die meisten anderen krebsauslösenden Stoffe wie z. B. →polycyclische aromatische Kohlenwasserstoffe, →chlorierte Kohlenwasserstoffe und N-Nitroseverbindungen (→Nitrat/Nitrit/Nitrosamine) sind dagegen künstlich hergestellte Stoffe (→Schadstoffe, →Umweltkrankheiten).

Bei Untersuchungen mit der Fragestellung, wieso manche Substanzen wie z. B. das 3,4-Benzpyren (→polycyclische Kohlenwasserstoffe) kanzerogen (krebsauslösend) sind, aber andere, ihnen chemisch nahe verwandte Stoffe wie z. B. 1,2-Benzpyren nicht, stieß man auf einen neuen Sachverhalt. Zellen senden demnach eine sehr schwache Strahlung aus, mit deren Hilfe sie Informationen austauschen. Die Stärke dieser Strahlung entspricht etwa der einer Kerze, deren Licht man in 20 km Entfernung mißt. Trifft nun eine giftige Substanz wie 3,4-Benzpyren auf eine Zelle, so werden deren Moleküle durch das «biologische Licht» der Zelle angeregt. Das 3,4-Benzpyren nimmt aber nur ganz bestimmte Wellenlängen auf, die Information wird bruchstückhaft, und dadurch kann eine Zelle geschädigt werden. Untersuchungen an 37 Substanzen aus der Gruppe der polycyclischen Kohlenwasserstoffe scheinen diesen Sachverhalt zu bestätigen. Nur die daraus als krebserregend bekannten Stoffe waren durch das Licht der gleichen Wellenlänge erregbar.

Viele krebserzeugende Substanzen reagieren entweder direkt im Körper oder nach einer entsprechenden Umwandlung (Metabolisierung). Nur wenige bösartige Tumoren des Menschen können auf eine einzige auslösende Substanz zurückgeführt werden. Man nimmt an, daß sich verschiedene Chemikalien in ihrer Wirkung addieren können (→Kombinationswirkungen). Krebsauslösende Substanzen rufen irreversible, d. h. nicht mehr rückgängig zu machende Schäden hervor. Es gibt Substanzen, bei denen selbst nach einer einmaligen Aufnahme eine Krebsgeschwulst entsteht. Meistens liegt jedoch zwischen dem Zeitpunkt der Aufnahme und dem Ausbrechen der Krankheit eine lange Zeit von 10–40 Jahren, die man auch als Latenzzeit bezeichnet. Das ist so, als würde man sich heute an einem heißen Ofen verbrennen und den Schmerz erst 10 Jahre später spüren. Nach 10 Jahren könnte man sich aber wahrscheinlich nicht mehr an das Ereignis, das den späteren Schmerz auslöst, erinnern. Anders als beim Wärmeempfinden hat der Körper für krebsauslösende Stoffe keine Schutzinstinkte und kaum Abwehrmechanismen.

Es gibt auch Stoffe, sogenannte Cocarcinogene, die selbst nicht krebserregend sind, die aber die Tumorentstehung beschleunigen und dadurch die Latenzphase verkürzen können. Wegen der langen Latenzzeit ist es zudem sehr schwierig, die Ursache für die Krebserkrankung auf eine bestimmte Einwirkung zurückzuführen.

Es gibt zunehmend Hinweise darauf, daß man bei Krebs keine →Grenzwerte für die auslösenden Stoffe festlegen kann. Die Wirkungen selbst kleinster Einzeldosen fügen sich verlustlos zusammen, d. h. die Wirkung bleibt vollständig erhalten, auch wenn die Substanz selbst schon längst wieder aus dem Körper ist.

Krebs kann auch schon vor der Geburt eines Kindes durch chemische Substanzen, Strahlen und Viren entstehen. Beispielsweise hatten einige amerikanische Frauen während ihrer Schwangerschaft ein künstliches Hormon (DES) eingenommen. Bei einem Teil ihrer Töchter trat später Scheidenkrebs auf.

Man kann wohl auch davon ausgehen, daß es so etwas wie eine Disposition, d. h. eine erblich bedingte Veranlagung oder Bereitschaft für Krebs, aber auch eine Widerstandsfähigkeit gegen Krebs gibt. So können beispielsweise Menschen mit der Blutgruppe A mit einer größeren Wahrscheinlichkeit als andere Menschen an Magen-, Dickdarm- oder Gebärmutterkrebs erkranken. Bei einer erblich bedingten Disposition können auch psychische Faktoren krebsauslösend wirken. Wenn jemand z. B. durch den Verlust eines geliebten Menschen ohne Hoffnung und total verzweifelt ist oder seit seiner Kindheit ständig alle Bedürfnisse und Spannungen unterdrückt, kann die Diagnose schließlich «Krebs» lauten.

Neben diesen Faktoren können auch hormonelle Einflüsse sowie Defekte der Immunabwehr eine Rolle bei der Krebsentstehung spielen.

### Gibt es besonders gefährdete Personengruppen?

Zu den besonders gefährdeten Personen gehören die über 10 Mio. Arbeitnehmer, die bei ihrer täglichen Arbeit mit stark gesundheitsgefährdenden Materialien und Werkstoffen in Berührung kommen. Die Zahl der bereits als krebserzeugend anerkannten Stoffe an den Arbeitsplätzen nimmt drastisch zu (→Berufskrankheiten).

Gefährdet sind aber nicht nur die Arbeiter z. B. in Chemiefirmen, sondern auch die gesamte Bevölkerung eines «chemischen →Ballungsgebietes».

Zu den gefährdeten Personengruppen gehören auch die Raucher, die täglich mit jeder Zigarette krebsauslösende Stoffe wie Teer und Nikotin in sich hineinsaugen. Einige Wissenschaftler führen den Anstieg der allgemeinen Krebssterblichkeit auf den Anstieg des Lungenkrebses als Folge starken Rauchens zurück. Dagegen spricht, daß Lungenkrebs auch durch →Luftverschmutzung verursacht werden kann. Gefährdet sind wir aber alle, denn krebserregende Stoffe können in der →Luft sein, die wir zum Atmen brauchen, im →Trinkwasser (→Gewässerverschmutzung) oder in unseren Lebens- oder →Arzneimitteln (→Fremdstoffe in Nahrungsmitteln).

In der nächsten Zukunft ist wohl auch noch mit einem Anstieg der Krebserkrankungen zu rechnen. Von der Vielzahl der auf dem Markt be-

findlichen Chemikalien sind die wenigsten auf ihre erbgutverändernde und krebserzeugende Gefährlichkeit hin untersucht worden.
Schon heute sterben jährlich rd. 170000 Menschen (ca. 24% aller Toten), insbesondere der Altersgruppe zwischen 45 und 65 Jahren, an Krebs. Aber auch Kinder (bis zu 15 Jahren), etwa 2000 jährlich, bleiben von einer Krebserkrankung nicht verschont.

«Krebs war für mich gleichbedeutend mit Sterben.» Bruno Seiser
«Mit der Angst vorm Tod waren auch die anderen Ängste verschwunden: die Angst, nicht gemocht zu werden. Die Angst vor anderen Menschen. Die Angst vorm Leben überhaupt.» Hannelore M.
«Es ist ganz schön idiotisch, daß einer 57 Jahre alt werden und so eine Krankheit kriegen muß, um zu begreifen, wie falsch er gelebt hat.» Franz A.
«Die Ärzte haben mir gesagt, daß ich Glück haben und 60 Jahre alt werden könne – oder auch nicht. Damit geht es mir doch nicht viel anders als anderen Menschen. Für jeden kann der Tod von heute auf morgen kommen. Nur die meisten wollen das lieber nicht wahrhaben.» Rainer K.
(B. Franck: Trotzdem leben, 1983, S. 5)

**TiP** Krebsvorsorge heißt zunächst einmal, persönliche Konsequenzen zu ziehen. Als Raucher sollte man als erstes auf seine Zigaretten verzichten. Damit wäre schon ein großer Schritt getan. Ferner kann man in seiner persönlichen Lebensweise (→Ernährung, →Kosmetika, →Arzneimittel) Gefährdungen vermeiden. Eine Fülle von Büchern bieten dabei Informationen und Hilfe an. Jeder kleine Schritt ist besser, als gar nichts zu tun.
Ferner sollte man von den regelmäßigen Vorsorgeuntersuchungen zur Früherkennung von Krebserkrankungen Gebrauch machen. Die gesetzliche Regelung sieht solche Vorsorgeuntersuchungen bei Frauen ab 30 Jahren, bei Männern ab 45 Jahren vor. Die meisten Krankenkassen ermöglichen aber auch auf Wunsch, solche Vorsorgeuntersuchungen früher wahrzunehmen. In vielen Fällen besteht eine größere Heilungschance, wenn der Krebs im Frühstadium festgestellt wird.
Setzt man sich ferner am Arbeitsplatz (→Arbeitsschutz) oder in seinem jeweiligen Wohngebiet gegen die krankmachenden Stoffe zur Wehr, beginnt man das Übel an der Wurzel zu packen. Zunehmend finden sich Menschen z. B. in →Bürgerinitiativen bereit, die oftmals mühevolle Klein-

arbeit und die konfliktreichen Auseinandersetzungen mit den jeweiligen Verursachern auf sich zu nehmen.

Und was ist, wenn die Diagnose eines Tages für uns doch «Krebs» heißt? Für die meisten Menschen kommt eine solche Mitteilung des Arztes einem Todesurteil gleich. Doch viele krebskranke Menschen beginnen nach einer Phase der Angst und Verzweiflung zu verstehen, daß ihr Leben nicht von heute auf morgen beendet sein wird. Angesichts des Todes, den sie nun nicht mehr verdrängen, können sie sich manchmal zum erstenmal auf das für sie Wesentliche besinnen (→Naturheilkunde, →Medizin).

# L

**Lärm**

Für den einen wird die Musik beim Rockkonzert erst richtig fetzig, wenn die Schmerzschwelle des Ohres erreicht ist. Für den anderen ist Wagners Donnerhall im Opernhaus der Inbegriff musikalischen Genusses. Für einen dritten gar ist das Röhren des aufgebohrten Auspuffes seiner 500er Maschine genau der satte Sound, den er so innig liebt.

Aber der Nachbar der Disco, der sich erholen will, oder der Anwohner der lauten Straße, der aus dem Schlaf geschreckt wird, sie empfinden diese Geräusche als ausgesprochen störenden Lärm.

Und es gibt heute viele solcher Lärmquellen, die nicht einmal irgend jemandem Freude oder Lust bereiten: Verkehrslärm, Baulärm, Industrie- und Gewerbelärm. Viele Wohnungen, aber insbesondere auch Arbeitsplätze sind vom unsichtbaren Umweltverschmutzer Lärm verseucht. Viele Menschen leiden unter Lärm.

Fast die Hälfte der Bundesbürger fühlt sich zeitweise oder dauernd durch Lärm belästigt. Gerade bei Stadtbewohnern greift Lärm tief in das Leben ein. Es stört den Schlaf, verursacht Kopfschmerzen, erzeugt Nervosität und Aggressionen und führt auf Dauer zu Gesundheitsschäden wie z. B. Bluthochdruck. Lärmschwerhörigkeit ist mittlerweile eine der häufigsten Berufskrankheiten (→Lärmschäden).

**Was ist Lärm?**

Laut Gesetz, der Technischen Anleitung zum Schutz gegen Lärm (TA Lärm), ist «Lärm Schall (Geräusch), der Nachbarn oder Dritte stören (gefährden, erheblich benachteiligen oder erheblich belästigen) kann oder stören würde».

Diese Umschreibung macht deutlich, daß Lärm nicht objektiv meßbar ist, sondern subjektive Empfindungen die störende Wirkung mit beeinflussen. Objektiv messen läßt sich nur der Schall in seiner Stärke, der Schallpegel in Dezibel, abgekürzt dB(A) (→Lärmmessung).

In der →TA Lärm sind Richtwerte für Schall-Immissionen (d. h. Einwirkungen von Schall auf ein Gebiet oder einen Punkt des Gebiets, z. B. ein Ohr, →Immission), angegeben. Diese werden bei der Genehmigung neuer Anlagen nach dem Bundes-Immissionsschutzgesetz als Grenzwert außerhalb des Werksgrundstücks gefordert (→Lärmschutz).

**Richtwerte für Lärmimmissionen (in den Bundesländern unterschiedlich)**

| | | |
|---|---|---|
| Gebiete, in denen sich nur gewerbliche oder industrielle Anlagen befinden | | 70 dB(A) |
| Gebiete, in denen vorwiegend gewerbliche Anlagen untergebracht sind | tagsüber | 65 dB(A) |
| | nachts | 50 dB(A) |
| Gebiete, in denen vorwiegend Wohnungen untergebracht sind | tagsüber | 55 dB(A) |
| | nachts | 40 dB(A) |
| Gebiete, in denen ausschließlich Wohnungen untergebracht sind | tagsüber | 50 dB(A) |
| | nachts | 35 dB(A) |
| Kurgebiete, Krankenhäuser und Pflegeanstalten | tagsüber | 45 dB(A) |
| | nachts | 35 dB(A) |

**▶ Straßenverkehrslärm**

Ohne Zweifel stellt Straßenverkehrslärm die stärkste Belästigung für einen großen Teil der Bevölkerung dar. Gerade durch das immer dichter werdende Straßennetz – 50000 km mehr Straßen in nur 10 Jahren – dringt die «Verlärmung» mehr und mehr auch in zuvor ruhigere Gebiete (→Autoverkehr).

Im Sinne des Bundes-Immissionsschutzgesetzes sind folgende Grenzwerte für Schallemissionen in Dezibel Voraussetzungen von Betriebserlaubnissen oder Verkehrszulassungen:

| | |
|---|---|
| **Klein- und Leichtkrafträder und Krafträder bis 80 cm³** | **77 dB(A)** |
| **Krafträder 80–175 cm³** | **79 dB(A)** |
| **Krafträder über 175 cm³** | **82 dB(A)** |
| **Personenkraftwagen** | **77 dB(A)** |
| **Lastkraftwagen und Busse** | **80–84 dB(A)** |

In einem Abstand von 25 m von der Straßenmitte bedeuten im innerstädtischen Bereich 250 Pkw pro Stunde: 60 dB(A), 1000 Pkw pro Stunde: 66 dB(A). Ein hoher Anteil von Lkw und schweren Motorrädern erhöht den Schallpegel um bis zu 6 dB(A). Ein Vergleich der etwa 70 dB(A) einer stark befahrenen Straße mit dem Immissionsrichtwert für ein Wohngebiet von tagsüber 50–60 dB(A) zeigt etwas von der Realität heutiger alltäglicher Lärmbelästigung.

**▶ Schienenverkehrslärm**

Schienenverkehrslärm ist weniger ein Dauergeräusch als eine wiederkehrende Folge von Lärmspitzen mit ganz erheblichen Lautstärken.

**▶ Fluglärm**

Seit dem Einsatz von Düsenflugzeugen ab 1960 und durch das ständige Anwachsen des Luftverkehrs werden derzeit fast 5 Mio. Bewohner der Bundesrepublik durch Fluglärm gestört (→Flugverkehr). Durch Verbesserung der Maschinen konnte dieses Problem bisher kaum gemindert werden. Immerhin sieht das Fluglärmgesetz vor, daß Anwohner in den ausgewiesenen Lärmschutzbereichen für Schallschutzmaßnahmen an den Häusern staatliche Zuschüsse erhalten. Ferner gibt es Nachtflugverbote. Ein ständiges Ärgernis für viele Menschen sind die millitärischen Tiefflüge. Ihr Sinn ist zunehmend in Frage zu stellen.

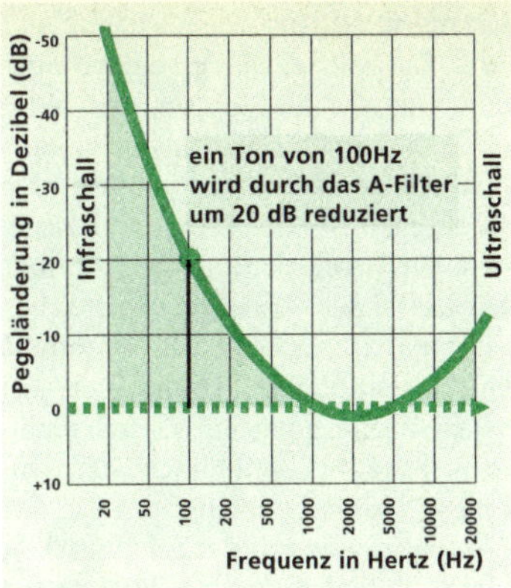


**Die Frequenzbewertung durch den A-Filter**

### ▶ Industrie-, Gewerbe- und Baulärm

Sowohl die im Betrieb Beschäftigten als auch die Anwohner sind Geräuschen ganz unterschiedlichster Art ausgesetzt. Zwar wird ein nach dem Stand der Technik möglichst geräuscharmer Betrieb gesetzlich gefordert, aber in der Praxis werden aus Kostengründen häufig noch stark lärmende Maschinen eingesetzt, und es wird auf dringend notwendigen Lärmschutz verzichtet.

Für Baumaschinen aller Art sind Emissionsgrenzwerte gesetzlich festgelegt, z. B.:

| | |
|---|---|
| **Betonmischer** | **61–70 dB(A)** |
| **Kompressor** | **70–84 dB(A)** |
| **Bagger** | **78–87 dB(A)** |
| **Kräne** | **75–78 dB(A)** |
| **Drucklufthämmer** | **79–90 dB(A)** |

**(jeweils unterschiedlich nach Alter, Gewicht oder Leistung)**

| | |
|---|---|
| 180 | **tödlich** |
| 170 | |
| | Düsenmotor |
| 160 | mit Nachbrennkammer |
| | (Militärflugzeug) 25m entfernt |
| 150 | |
| 140 | Düsenmotor, 25 m entfernt |
| 130 | **Schmerzgrenze** |
| | Niethammer |
| 120 | Propellerflugzeug |
| | Schlagbohrmaschine, |
| 110 | Textilfabrik (Webesall), |
| | Blechnerei, Preßlufthammer |
| 100 | in einem PKW bei 90km/h |
| | (schwierig, sich zu unterhalten) |
| 90 | U-Bahn, Lastwagen |
| | Moped |
| 80 | in einem Auto im zweiten Gang; |
| | 2 Pkw in 7m Entfernung |
| 70 | 1 Pkw fährt vorbei, |
| | normales Gespräch, Büromaschinen |
| 60 | **normale Unterhaltung** |
| 50 | leises Gespräch |
| | ruhiges Heim, leises Flüstern, |
| 40 | Blätterrauschen |
| | Wohngebiet, nachts; |
| 30 | Weckerticken; |
| | Atmen |
| 20 | Tonfilmstudio |
| 10 | Atmen im echofreien Raum |
| 0 | **Hörschwelle** |

**«Dezibelskala» – Lärmmessung**

▶ Wohn- und Freizeitlärm
Häufig werden Geräusche durch das Radio, den Staubsauger oder die Bohrmaschine des Nachbarn als besonders belästigend empfunden, weil sie die eigene Ruhe stören. Ein Gespräch kann oft Abhilfe schaffen. Für Rasenmäher gibt es übrigens eine eigene Verordnung, wonach bis 3 kW Leistung 68 dB(A), bei 3–7 kW 72 dB(A) und über 7 kW 77 dB(A) als Grenzwerte vorgeschrieben sind. Rasenmäher dürfen grundsätzlich nur werktags von 7–19 Uhr benutzt werden, es sei denn, sie liegen unter 60 dB(A).
Jeder hat die Möglichkeit, unnötigen Lärm zu vermeiden. Aber die größten Lärmbelästigungen, etwa durch immer mehr Straßen oder wachsende Industrialisierung, sind ein Kennzeichen unserer Zeit und nur durch tiefgreifende Veränderungen und Umstrukturierungen abzustellen.

**TiP** Damit die Mitbewohner nicht unnötig gestört werden, sollten Radio, Fernseher und Stereoanlage nur auf Zimmerlautstärke eingestellt werden. Wer richtig aufdrehen möchte, sollte sich Kopfhörer aufsetzen. Das schont zumindest die Nachbarn. Bei handwerklichen Tätigkeiten müssen Ruhezeiten eingehalten werden, in der Regel von 22.00–8.00 Uhr. In manchen Gemeinden (z. B. Kurorten) muß auch die Mittagsruhe von 13.00–15.00 Uhr eingehalten werden. Rasenmähen ist nur werktags zwischen 7.00 und 19.00 Uhr erlaubt.

## Lärmmessung

Alle Geräusche, Töne, Laute, auch das, was wir als →Lärm empfinden und mit dem Ohr wahrnehmen, kann man zusammenfassend mit dem physikalischen Begriff «Schall» bezeichnen. Die Größe der auf das Trommelfell treffenden «Energie pro Fläche» gibt die Schallstärke an. Unterhalb einer bestimmten Schallstärke, der Hörschwelle, kann der Mensch nichts mehr hören. Diese Hörschwelle, eine Eigenschaft des menschlichen Gehörs, setzt man mit der Schallstärke 1 gleich. Ihr entspricht eine Energie von $10^{-12}$ J/m²s (J=Joule). Würde man nun auftretende Geräusche als Vielfaches der Schallstärke 1 bewerten, so käme man leicht auf Zahlen mit 8, 10 oder 12 Nullen. Das ist sehr umständlich und würde auch der Erfahrung widersprechen, denn danach wäre z. B. ein Düsenflugzeug millionenmal lauter als ein Auto. Man hilft sich, indem man die möglichen Schallstärken als Vielfaches der Hörschwelle als Potenzen schreibt und Bel nennt.

**1 000 000 000 000 = $10^{12}$ heißt**
**12 Bel oder 120 Dezibel**
**1 000 000 000 = $10^{9}$ heißt**
**9 Bel oder 90 Dezibel**
**1 000 000 = $10^{6}$ heißt**
**6 Bel oder 60 Dezibel**
**1 000 = $10^{3}$ heißt**
**3 Bel oder 30 Dezibel**
**100 = $10^{2}$ heißt**
**2 Bel oder 20 Dezibel**
**10 = $10^{1}$ heißt**
**1 Bel oder 10 Dezibel**
**1 = $10^{0}$ heißt**
**0 Bel oder 0 Dezibel**

(1 Bel = 10 Dezibel wie 1 Meter = 10 Dezimeter, «Bel» steht für Alexander Graham Bell, 1847–1922, Erfinder des Telefons, Dezibel wird abgekürzt mit «dB».)
Der Schallpegel 0 dB bedeutet also die Hörgrenze. 120 dB entspricht etwa der Schmerzgrenze nach oben. Alle Geräusche lassen sich zwischen 0 und 120 dB und darüber einordnen.
Nicht für alle Tonhöhen ist das menschliche Ohr gleich empfindlich. Bei gleichem Schallpegel (in dB) werden tiefe und sehr hohe Töne als weniger laut empfunden als mittlere. Die Tonhöhe wird als Frequenz angegeben und in Hertz (Hz) gemessen. Die Frequenz in Hertz gibt die Anzahl von Schwingungen pro Sekunde an. Das menschliche Ohr nimmt Töne von 16 Hz bis etwa 16 000 Hz wahr. Mit zunehmendem Alter verliert der Mensch die Fähigkeit, sehr hohe Töne wahrzunehmen (→Lärmschäden). Die frequenzabhängige Empfindlichkeit des menschlichen Gehörs wird bei Schallmessungen mit Bewertungskurven nachgebildet. Pegelwerte, die nach der Kurve A bewertet werden, werden in dB(A) angegeben.
Ein A-Filter vor einem Schallpegelmeßgerät, eine Art Mikrofon mit Anzeige, paßt sich sozusagen dem menschlichen Ohr an.
Lärm in der Umwelt ist eine Mischung unterschiedlicher Geräusche mit ständig wechselnder Lautstärke und Frequenzzusammensetzung. Man gibt deshalb einen Pegel über einen bestimmten Beurteilungszeitraum an. Der Nachteil dieses Mitteilungspegels [in dB(A)] liegt darin, daß er nicht unterscheidet, ob 2000 Pkw in 25 m Abstand pro Stunde mit 50 km/h vorbeifahren oder ob ein einziger D-Zug pro Stunde mit 160 km/h vorbeifährt: Beides ergibt 65 dB(A)!
Wichtig ist, daß eine Verdoppelung der Ereignisse, also 4000 Pkw, eine Erhöhung des Schallpegels um 3 dB(A) auf 68 dB(A) bedeutet. Von 65 dB(A) auf 75 dB(A) heißt Verzehnfachung der Ereignisse (20 000 Pkw oder 10 D-Züge).

**Erläuterungen zur Dezibel-Skala:**

**Bei gleicher Geschwindigkeit bedeutet:**
**+ 3 dB(A) = Verdoppelung der Verkehrsmenge**
**+ 6 dB(A) = Vervierfachung der Verkehrsmenge**
**+10 dB(A) = Verzehnfachung der Verkehrsmenge**

**– 3 dB(A) = Halbierung der Verkehrsmenge**
**– 6 dB(A) = Reduktion der Verkehrsmenge auf ein Viertel**
**–10 dB(A) = Reduktion der Verkehrsmenge auf ein Zehntel**

Bei Angabe von Mittelungspegeln muß also immer beachtet werden, daß hiermit noch nicht alles über die wahre Lärmbelästigung ausgesagt wird.
**Schallpegelmesser** sind im Handel erhältlich. Ferner sind Gewerbeaufsichtsämter oder die Stadt- oder Kreisbehörden, meistens die Gesundheitsämter, in Fällen von Lärmbelästigung zuständig. Diese Behörden können auch selbst Schallmessungen durchführen und sind bei Übertretungen der Gesetze zuständig (→Lärmschäden, →Lärmschutz).

## Lärmschäden

→Lärm mindert das soziale, seelische oder körperliche Wohlbefinden und kann sogar zu schweren Krankheiten führen.

Am bekanntesten ist die Lärmschwerhörigkeit. Das Innenohr enthält etwa 20000 Sinneszellen, sog. Haarzellen. Diese wandeln die Schallwellen in elektrische Signale um, die dem Gehirn zugeleitet und dort als Hörempfindung registriert werden. Durch lauten und andauernden Lärm werden die Haarzellen nach und nach zerstört. Der entstehende Hörverlust ist unheilbar.

Bei den Innenohrschäden nimmt zunächst die Hörfähigkeit für hohe Töne ab. Danach werden auch tiefere Töne erfaßt. Es kann sogar völlige Taubheit eintreten.

Als Berufskrankheit wird Lärmschwerhörigkeit erst anerkannt, wenn der Hauptsprachbereich mit mehr als 40 dB Verlust betroffen ist (→Lärmmessung). Häufig verweigern die Berufsgenossenschaften zusammen mit den Hals-Nasen-Ohren-Ärzten die Anerkennung mit der Begründung, die Lärmschwerhörigkeit sei nicht mit Sicherheit durch die berufliche Tätigkeit entstanden.

Das Risiko für Lärmschwerhörigkeit ist ganz erheblich. Es beträgt in Prozent in Abhängigkeit vom Schallpegel und der Einwirkzeit:

| Mittellungspegel am Arbeitsplatz in dB(A) | Einwirkzeit in Jahren 10 | 20 | 30 |
|---|---|---|---|
| 85 | 3% | 6% | 8% |
| 90 | 10% | 16% | 18% |
| 95 | 17% | 28% | 31% |

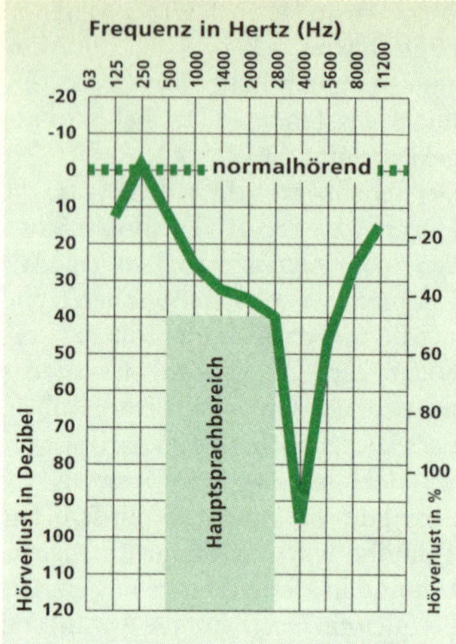


Schwellenaudiogramm

Menschen, die an Lärmschwerhörigkeit leiden, haben eine starke Behinderung im Sprachverständnis und im Umgang mit Mitmenschen. Es ist dringend erforderlich, Lärm am Ort seiner Entstehung zu bekämpfen. Wo das nicht möglich ist, muß seine Ausbreitung eingedämmt und vermindert werden. In Betrieben ist der persönliche Schallschutz (z. B. durch Gehörschutzkapseln) zu gewährleisten. Ein Hauptproblem der Lärmschwerhörigkeit ist, daß sie nicht frühzeitig genug ernstgenommen wird, weil sie schleichend eintritt. Wenn sie erkannt wird, z. B. durch die Aufnahme eines **Audiogramms**, ist es meistens schon zu spät. Aber nicht nur die direkten Schäden des Gehörs sind Folgen von Lärm. Lärm versetzt den Körper über das Gehirn in eine Art Alarmbereitschaft. Das vegetative und das Zentralnervensystem und alle Organe

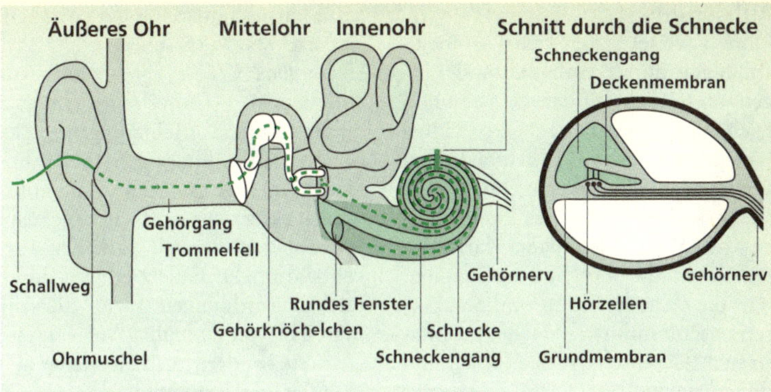


**Übersichtsskizze des Ohres mit Außen-, Mittel- und Innenohr (Schallweg eingezeichnet)**

werden aktiviert. Das führt u.a. zu Pupillenerweiterung, Speichel- und Magensaftproduktion, Bluthochdruck, Erhöhung der Muskelspannung und vermehrter Hormonausschüttung. Das Risiko für Kreislaufbeschwerden, Magenerkrankungen, Kopfschmerzen, Schlafstörungen, Herzinfarkt steigt erheblich. Das sind also schwerwiegende Folgen, die über die normale Streßbelastung durch den Lärm, der einem auf die Nerven geht, weit hinausgehen. Englische Wissenschaftler vermuten gar einen Zusammenhang zwischen Lärm und →Krebs. Bestimmte in der Nebenniere produzierte Substanzen verursachen Leberfunktionsstörungen. Die dadurch entstehenden Giftstoffe können im Körper dann krebsauslösend wirken.

**TiP** Mit Miniradios und -kassettenrecordern für unterwegs ist die tägliche Lärmbelastung für viele Musikfans beträchtlich gestiegen. Nicht nur die Lautstärke der Kopfhörermusik, sondern auch die Dauer der Musikberieselung birgt große Gefahren für das Hörvermögen. Wer seinen Walkman jeden Tag voll aufdreht, erreicht schnell Lärmwerte von 120 dB(A). Nach nur 15 Minuten beginnen die schleichenden Lärmschäden. Zum Vergleich: Bei einer 8stündigen Lärmbelastung von 90 dB(A) muß spätestens nach 20 Jahren mit einer Lärmschwerhörigkeit gerechnet werden. Bei 102 dB(A) genügen schon 2 Stunden pro Tag.

## Lärmschutz

Wer sich die →Lärmschäden betrachtet, wird nicht bestreiten können, daß eine wirkungsvolle Lärmbekämpfung dringend erforderlich ist. Dabei lassen sich verschiedene Mittel und Maßnahmen benennen, die denkbar und sinnvoll sind, um Menschen vor der Umweltseuche →Lärm zu schützen.

### Aufklärung

Ohne Zweifel lassen sich Lärmbelästigungen durch Verhaltensänderungen und Rücksichtnahme beim Betrieb von Kraftfahrzeugen, Haushaltsgeräten oder Arbeitsmaschinen vermindern. Und jeder von uns sollte sich bewußt im Sinne des Lärmschutzes verhalten. Aber dabei darf man sich nicht darüber hinwegtäuschen, daß die Gegebenheiten und Strukturen unserer industriellen, hochtechnisierten Gesellschaft den Spielraum des einzelnen für Lärmschutz sehr einengen.

### Lärmschutzpolitik und Lärmschutzrecht

Für einzelne Bereiche der Lärmbelastung wurden Gesetze und Verwaltungsvorschriften erlassen:

1965: Gesetz zum Schutz gegen Baulärm (Baulärmgesetz), in dem grundsätzlich und bundeseinheitlich eine Grenze zwischen erlaubtem und verbotenem Lärm gezogen wird.

1968: Die Technische Anleitung zum Schutz gegen Lärm (TA Lärm) enthält Bestimmungen über Messungen und Beurteilung von Geräuschen und Richt- und Grenzwerte. Diese werden bei Beurteilung und Genehmigung von Anlagen herangezogen (→Lärm).

1971: Im Gesetz zum Schutz gegen Fluglärm (Fluglärmgesetz) werden Flugplatzhalter, Luftfahrzeughalter und Luftfahrzeugführer zu umweltgerechtem Verhalten verpflichtet. Ferner sind an den großen Verkehrsflughäfen fortlaufend registrierende Fluglärm-Meßeinrichtungen vorgeschrieben. Auch die Einrichtung von Lärmschutzbereichen, in denen Bewohner Anspruch auf finanzielle Hilfe für Lärmschutzmaßnahmen haben, ist per Gesetz vorgesehen.

1974: Das Gesetz zum Schutz vor schädlichen Umwelteinwirkungen durch Luftverunreinigungen, Geräusche, Erschütterungen und ähnliche Vorgänge (Bundes-Immissionsschutzgesetz) umfaßt neben dem gewerblichen Bereich auch den Verkehrslärm. Das Gesetz erlaubt durch Rechtsverordnungen nicht nur die Betreiber von zu lauten Anlagen und Geräten, sondern auch Hersteller und Händler zur Einhaltung von Grenzwerten zu verpflichten.

Über die Frage, in welchen Fällen und in welcher Stärke man Verkehrslärm, den größten Anteil an der Lärmbelästigung, ertragen muß, gibt aber das **Bundes-Immissionsschutzgesetz** keine Antwort. Die Lärmgrenzwerte werden von Ärzten, Straßenbauunternehmen, Bürgern und Gerichten nicht gleichermaßen anerkannt. Es gelten «Richtlinien für den Verkehrslärmschutz an Bundesfernstraßen in der Baulast des Bundes». Darin sind Verkehrslärmgrenzwerte in Wohngebieten von 70 dB(A) tagsüber und 60 dB(A) für nachts angegeben. Werden sie überschritten, besteht ein Anspruch auf Kostenbeteiligung bei Schallschutzmaßnahmen.

Die Landesbehörden sollen Lärmminderungspläne aufstellen. So bieten auch Geschwindigkeitsbegrenzungen Möglichkeiten zum Lärmschutz. Über weitere Verordnungen sollen die Grenzwerte des Bundes-Immissionsschutzgesetzes gesenkt werden. Mit Fortschreibungen der «Technischen Anleitung Lärm» lassen sich die Lärmauswirkungen eingrenzen. Vielfach gibt es einheitliche Vorschriften der EG.

### Technische Möglichkeiten zum Lärmschutz

Die wirksamste Bekämpfungsmethode jedoch ist die Verringerung des Lärms am Ort der Entstehung. Durch Einkapseln von Motoren lassen sich Lärmminderungen (insbesondere bei Lkw) zwischen 3 und 50 dB(A) erreichen. Umschließt eine Kapsel größere Einheiten und Maschinen, so nennt man das Einhausung. Ab Tempo 60 km/h spielen die Rollgeräusche der Reifen auf der Fahrbahn eine immer größere Rolle. Gerade beim Verkehrslärm sind die Chancen auf leisere Fahrzeuge offensichtlich begrenzt. Deshalb sind Schallschutzmaßnahmen an den Gebäuden, z. B. Schallschutzfenster, erforderlich. Häufig ist es günstiger, Lärmschutzwälle oder -wände entlang der Straße zu errichten. Dem sind in den Städten räumlich, aber auch ästhetisch Grenzen gesetzt. Zumindest sollten diese nach ökologischen Gesichtspunkten gestaltet sein.
Bei Schallschutzmaßnahmen sind jeweils der Erfolg, die Nachteile und die Kosten gegeneinander abzuwägen.

### Planerische Lärmvorsorge

Viele technische Lärmschutzmaßnahmen, gerade auch manche Lärmschutzwände, wirken wie ein hilfloser, vom Anblick her mißglückter Versuch, an Symptomen unserer «verlärmten» Zeit zu kurieren. Um so wichtiger ist es, insbesondere bei der →Stadtplanung und der →Verkehrspolitik auf Lärmminderung und -vermeidung zu achten. Je mehr Autofahrten z. B. durch Verlagerung des Verkehrs auf öffentliche Verkehrsmittel oder auf das Fahrrad vermieden werden, um so eher kann auch das Lärmproblem an der Wurzel gepackt werden.

**TiP** Lassen Sie das Auto mal stehen. Per pedes, mit dem Fahrrad oder mit dem öffentlichen Nahverkehr läßt sich Verkehrslärm am umweltfreundlichsten vermeiden.
Wenn Wohnungen oder Häuser schlecht isoliert sind, hilft nur ein nachträglicher Lärmschutz, z. B. eine schalldämmende Wandverkleidung, dicke Fußbodenbeläge oder Schallschutzfenster.
Auch wenn es unbequem ist: Wer bei starkem Lärm arbeiten muß, sollte auf jeden Fall einen Ohrschutz tragen. (Gesellschaft für Lärmbekämpfung e. V., Theodor-Heuss-Platz 7, 1000 Berlin 19)

## Landschaftsnutzung

Unsere Landschaft stirbt! Sie wird zersiedelt, zerschnitten und überbaut. Wer es nicht glaubt, sollte sich einmal gründlich umsehen. Wo gibt es noch größere, zusammengehängende Teile ursprünglicher Landschaft mit sauberer →Luft, reinen Gewässern (→Trinkwasser), gesunden Böden (→Boden), mit Feldern und Wäldern, in denen eine Vielzahl von Tieren und Pflanzen lebt? Noch nicht verbrauchte Flächen in der Landschaft gehen verloren, indem Erholungs- und Schutzgebiete (→Naturschutz) und land- und forstwirtschaftliche Anbaugebiete (→Landwirtschaft) mit Wohnhäusern, Industrieanlagen, Verkehrswe-

**Abb. nächste Seiten: Für die Startbahn West des Frankfurter Flughafens wurden 250 ha Forst bei Mörfelden-Walldorf abgeholzt**

START-

gen (→Autoverkehr, →Bahnverkehr) und Freizeiteinrichtungen überbaut werden. Großprojekten wie dem Rhein-Main-Donau-Kanal, der Startbahn West des Frankfurter Flughafens oder Autobahnen fallen ganze Wälder und Flußtäler zum Opfer.

In den fünfziger Jahren wuchs der **Landschaftsverbrauch** (**Flächenverbrauch**) um 26000 ha pro Jahr. In den sechziger Jahren steigerte er sich auf über 36000 ha. In den siebziger Jahren wurden 43000 ha Land pro Jahr verbraucht. Heute sind es mehr als 60000 ha pro Jahr. Wenn wir eine Bilanz der deutschen Landschaft ziehen, hat sich die Zusammensetzung ihrer Fläche zu ihren Ungunsten verändert, denn allein im Zeitraum von 1965–1974 nahmen täglich ab:

**die landwirtschaftlich genutzte Fläche um 140 ha,**
- **die Waldfläche um 11 ha,**
- **das Gartenland um 13 ha,**
- **die Moorfläche um 4 ha;**

**dagegen nahmen täglich zu:**
- **die Gebäudefläche um 68 ha,**
- **die Verkehrsfläche um 31 ha,**
- **die Freiflächen in Gemeinden um 8 ha,**
- **die Brachfläche um 44 ha,**
- **das Ödland um 8 ha.**

Der größte Teil der bundesdeutschen Fläche wird wirtschaftlich genutzt. Nur noch ein kleiner Teil kann als intakte Landschaft mit Lebensräumen für Tiere und Pflanzen (→Biotop) gelten. Dadurch, daß 93,6% der bundesdeutschen Fläche z. T. stark genutzt und belastet werden, muß sich die Qualität von →Natur und →Umwelt im Lauf der Zeit erheblich verschlechtern.

## Siedlungen verbrauchen und zersiedeln die Landschaft

Eine ständige Ausdehnung der **Siedlungsflächen** hat dazu geführt, daß sie heute ca. 12% der gesamten Fläche der Bundesrepublik einnehmen. In einigen Gebieten werden Spitzenwerte von über 70% erreicht (→Ballungsgebiete). Der Wohnungsbau im Stadtumland bzw. in den Randzonen der Ballungsgebiete kommt nicht zum Stillstand. Der Flächenbedarf von Industrie- und Gewerbebetrieben hält unvermindert an. Je nach Art und Intensität der baulichen Nutzung werden die Probleme für Natur und Landschaft auch in Zukunft wachsen. Die Zersiedlung städtischen oder dörflichen Umlandes mit Wohngebäuden zieht Straßenbau, →Lärm und Abgase nach sich. Die Überbauung wasserdurchlässiger Flächen, die sog. Flächenversiegelung (→Bodenbelastungen), verkleinert die für die Gewinnung von →Grundwasser wichtigen Gebiete. Die Niederschläge können nicht mehr versickern, sondern fließen oberflächlich in die Kanalisation ab. Bauvorhaben, Abwasserbelastungen, Verunreinigungen von Luft und Boden belasten oder zerstören die Lebensräume von Tieren und Pflanzen. Naherholungsgebiete für die Bewohner von Großstädten und Naturschutzgebiete gehen verloren.

## Verkehrswege zerschneiden und belasten die Landschaft

1985 beanspruchte der Verkehr mit über 520000 km Verkehrswegen einschließlich des Schienennetzes 4,9%

der bundesdeutschen Gesamtfläche. Verkehrsadern belasten außerdem die Flächen beidseitig der Straßen: Luftverunreinigungen, Lärmbelästigungen und Schmutz führen ihrerseits zu Folgeschäden bei Böden, Gewässern, Tieren, Pflanzen und den betroffenen Anwohnern. Die stärkste Belastung durch den →Autoverkehr erleiden Pflanzen und Tiere. Ihre Lebensräume werden überbaut, zerschnitten oder eingeengt. Die Störung oder Vernichtung der Lebensräume vermindert den Artenreichtum und verändert die Artengemeinschaften (→Artensterben). Pflanzen, vor allem Bäume, werden durch den Einsatz großer Mengen Streusalz stark geschädigt.

## Der Abbau von Rohstoffen zerstört die Landschaft

Sowohl der Bergbau unter Tage als auch der Abbau über Tage von verschiedenen Rohstoffen wie Steinkohle, Braunkohle, Sand, Kies, Kalkstein u. a. führen zu einschneidenden Veränderungen des optischen Erscheinungsbildes der Landschaft, weil sie gekoppelt sind mit einem großen Flächenverbrauch. Insbesondere in den ostdeutschen Bundesländern, wo man in der Vergangenheit ca. 68 % des Energieverbrauchs durch Braunkohle deckte, wurde großflächig Braunkohle abgebaut. Der Flächenentzug durch Braunkohlenbergbau betrug von 1981–1985 16000 ha.

**Flächennutzung im Bundesgebiet 1981 und 1985**

| Nutzungsart | Flächennutzung | | | | | |
|---|---|---|---|---|---|---|
| | 1981 | | 1985 | | Vergleich[1] 1981–1985 | |
| | in 1000 ha | in % | in 1000 ha | in % | in 1000 ha | in % |
| Siedlungsfläche insgesamt davon | 2937 | 11,8 | 3115 | 12,5 | + 178 | + 6,1 |
| Gebäudefläche und Freifläche | 1360 | 5,5 | 1488 | 6,0 | + 128 | + 9,4 |
| Betriebsfläche (ohne Abbauland) | 79 | 0,3 | 52 | 0,2 | − 27 | − 34,2 |
| Erholungsfläche | 128 | 0,5 | 146 | 0,6 | + 18 | + 14,1 |
| Verkehrsfläche | 1169 | 4,7 | 1211 | 4,9 | + 42 | + 3,6 |
| Fläche anderer Nutzung (ohne Umland) | 201 | 0,8 | 218 | 0,9 | + 17 | + 8,4 |
| Landwirtschaftsfläche (ohne Moor und Heide) | 13761 | 55,3 | 13548 | 54,5 | − 213 | − 1,5 |
| Waldfläche | 7328 | 29,5 | 7360 | 29,6 | + 32 | + 0,4 |
| Gewässerfläche | 430 | 1,7 | 444 | 1,8 | + 14 | + 3,3 |
| Moor, Heide, Umland, Abbauland | 414 | 1,7 | 403 | 1,6 | − 11 | − 2,9 |
| Katasterfläche | 24869 | 100 | 24869 | 100 | | |

1 Ein Vergleich der Flächenerhebungen 1981 und 1985 ist aufgrund räumlich unterschiedlicher Aktualisierung der erhobenen Flächendaten nur eingeschränkt möglich.

Quelle: Raumordnungsbericht 1986, aus: Der Bundesminister für Umwelt, Naturschutz und Reaktorsicherheit, Umwelt 90.

Die riesigen, oft Dutzende von Quadratkilometern großen Abbauflächen und die großen Abbautiefen, z. T. bis 500 m (!), greifen stark schädigend in den Naturhaushalt und in das Landschaftsbild ein. Beim Abbau der Rohstoffe entstehen erhebliche Lärmbelästigungen (→Lärm) und ein verstärkter Kraftfahrzeugverkehr. Bei der Gewinnung von Braunkohle im Tagebau bei Hambach am Niederrhein wird z. B. der größte zusammenhängende Eichenbestand Nordrhein-Westfalens geopfert. Mehrere Mrd. cbm Abraum und die Grundwasserabpumpungen von ungefähr 40 Mrd. cbm Wasser erzeugen ein neues Bodenrelief und verändern den Untergrund vollständig. Die Wiederauffüllung der Grundwasserreserven wird etwa 450 Jahre dauern! Bei dieser Art von Abbauvorhaben werden Waldflächen, Erholungsgebiete und schutzwürdige Lebensräume unwiederbringlich zerstört. Die langen Abbauzeiten verhindern jahrzehntelang die →Rekultivierung und die Schaffung von Ersatzbiotopen (→Biotop). Gewachsene Ortschaften werden abgerissen und die Bewohner in neue Siedlungen vertrieben.

## Touristen belasten die Landschaft

Obwohl die natürlichen Gegebenheiten einer Landschaft gerade das Ziel des Fremdenverkehrs sind, wirken sich die Belastungen durch den →Tourismus nachteilig auf ganze Landstriche und Regionen aus. Die Verstädterung von Feriengebieten schreitet voran. Jedes zweite Naturschutzgebiet wird durch Touristen beeinträchtigt. Besonders problematisch sind die Freizeitaktivitäten, die mit großem technischen Aufwand betrieben werden oder zu einer großen Ansammlung von Erholungssuchenden auf kleiner Fläche führen. →Bodenverdichtungen durch Reiten, Lagern, die Verschmutzung durch Abfälle und Fäkalien schaden den Pflanzen. Tiere werden oft durch wassersportliche Aktivitäten gestört oder vertrieben. Das Verschwinden oder der Rückzug vieler Tier- und Pflanzenarten auf Grund zerstörter Lebensräume läßt sich nicht mehr aufhalten. Die Überbeanspruchung von Urlaubs- und Freizeitgebieten an der Küste, im Schwarzwald oder im Voralpengebiet ließ die Übernachtungszahlen zurückgehen und die Unzufriedenheit der einheimischen Bevölkerung anwachsen. Lärm, Abgase, Abfall u. a. hinterließen deutliche Spuren. Ehemals attraktive Erholungsgebiete werden durch landschaftsfremde Bebauung z. B. mit Hochhäusern verunstaltet.

## Industrialisierte Landwirtschaft verändert die Landschaft

Durch **Flurbereinigung** sollen die kleinen und verstreut gelegenen Felder der einzelnen Bauern zusammengelegt und flächenmäßig unter den Besitzern neu verteilt werden. Dadurch wird die Bearbeitung der Felder erleichtert, und große Wegstrecken können eingespart werden. In der Praxis aber stellt die Flurbereinigung einen Eingriff in die Landschaft dar, der ihre natürliche Beschaffenheit zwar nicht unwiederbringlich, aber doch großflächig und nachhaltig zer-

**Vorher: Schrebergärten bei Frankfurt. Nachher (vom gleichen Standpunkt aus fotografiert): Die A661 bei Frankfurt**

stört (→Artensterben, →Artenschutz). Die **Landschaftsplanung** wendet dabei Maßstäbe des industriellen Bereichs auf einen ökologischen Bereich an. Planungen, die im Büro entworfen werden, sind oft nicht wirklichkeitsnah. Alles, was nicht direkt zur landwirtschaftlichen Produktion gehört, wird gestrichen. So werden meist der gesamte Baumbestand, Bachgehölze und Hecken entfernt. Bäume und Gehölz sind aber für ein günstiges Kleinklima, als Windschutz, zur Regulierung von Feuchtigkeit und Temperaturen und als Lebensräume (→Biotop) für eine Vielzahl von Kleintieren, wie Vögel, Kriechtiere, Insekten usw. notwendig. Die natürlichen Bachläufe werden bei der Flurbereinigung häufig eingefaßt und begradigt (→Flußregulierung). Die Niederschläge fließen schneller ab, das Grundwasser senkt sich.

Nach der Flurbereinigung haben Landschaften ihren natürlichen Charakter und ästhetischen Reiz verloren. Die übermäßige Nutzung von Landschaften durch Industrie, Verkehr, Tourismus und Landwirtschaft und ihre endgültige Überbauung können nur aufgehalten werden, wenn eine Gleichstellung der Interessen des →Naturschutzes gegenüber denen der Wirtschaft erfolgt. Da dies aber die staatliche →Umweltpolitik bisher nicht durchsetzen konnte, ist das Eingreifen von Bürgerinitiativen und Naturschutzgruppen (→Umweltgruppen) in die Planungen der Behörden erforderlich (→Umweltverträglichkeitsprüfung).

**TiP** Freizeitaktivitäten in der Natur fördern Gesundheit und Leistungskraft. Um Schäden für die Tier- und Pflanzenwelt gering zu halten und aus Rücksicht gegenüber anderen Erholungssuchenden sollten einige Hinweise beachtet werden:

- Feld, Wald und Gewässer sauber halten, nach dem Picknick darf kein Müll zurück bleiben.
- Lärm vermeiden und das Radio leiser schalten.
- Fußgänger haben Vortritt vor Reitern und Radfahrern.
- Hunde von Spielplätzen fernhalten.
- Schonende Behandlung der Erholungseinrichtungen.

## Landwirtschaft

Ein Hahn auf dem Misthaufen, Hühner und Schweine, ein Leiterwagen mit Getreide... Wer kennt nicht dieses Bild von einem Bauernhof? Solch ein Bauernhof existiert aber nur noch in Kinderbüchern und Spielzeugläden. Dafür hat eine umwälzende Veränderung in der Landwirtschaft – sowohl in West als auch in Ost – gesorgt, für die die Stichwörter Industrialisierung und Rationalisierung stehen. Mit diesen Stichwörtern verbinden sich aber nicht nur Ertragssteigerungen, sondern auch eine zunehmende Belastung der Umwelt.

### Die Folgen der Agrarpolitik West

Wären wir vor 100 Jahren geboren worden, hätte ungefähr jeder dritte von uns auf einem Bauernhof gearbeitet, heute sind es weniger als 6 % der Bevölkerung. Seit 1955 haben fast 2,6 Mio. Menschen ihre Höfe verlassen. Nach dem Zweiten Weltkrieg sind viele Arbeitskräfte aus der Landwirtschaft in andere Wirtschaftsbereiche abgewandert. Dort lockten

**Die Agrarüberschüsse der EG**

| Erzeugnis | EG-Produktion (Mio. t) | | | Überschußproduktion[1] (%) | | |
|---|---|---|---|---|---|---|
| | 1988 | 1989[2] | 1990[2] | 1988 | 1989[2] | 1990[2] |
| Magermilchpulver | 1,4 | 1,5 | 1,6 | 109 | 149 | 168 |
| Zucker | 13,9 | 14,3 | 15,4 | 128 | 130 | 131 |
| Butter | 1,7 | 1,7 | 1,8 | 89 | 112 | 120 |
| Getreide | 164,0 | 161,5 | 169,8 | 120 | 121 | 119 |
| Milch | 112,3 | 111,7 | 111,6 | 103 | 113 | 113 |
| Rind- und Kalbfleisch | 7,6 | 7,3 | 7,6 | 104 | 101 | 108 |
| Geflügelfleisch | 6,0 | 6,1 | 6,3 | 105 | 106 | 105 |
| Schweinefleisch | 13,3 | 13,1 | 13,2 | 103 | 102 | 102 |
| Eier | 4,9 | 4,7 | 4,7 | 102 | 102 | 101 |

1 Anteil der Erzeugung am Verbrauch in der EG
2 Vorläufige Zahlen

Quelle: Agrarbericht 1991

u. a. bessere Verdienstmöglichkeiten und eine geregelte Arbeitszeit.
Die Politik der Europäischen Gemeinschaft (EG) führte zu einer weiteren Verringerung der Bauernhöfe in den Jahren 1960–1976 um 45%. Agrarpolitik in dieser Zeit, aber auch heute noch, lautete «Gesundschrumpfen» durch Abwanderung und Konzentration und Wachsen oder Weichen.
Während also für ungefähr die Hälfte der Bauern die Existenzgrundlage verlorenging, wurden die übriggebliebenen Landwirte staatlich subventioniert. Die Agrarpolitik förderte Betriebe, die mit hoher Wahrscheinlichkeit ein vorgegebenes Einkommensziel (Förderschwelle = zu erwartendes Mindesteinkommen) erreichen.
Die staatlich garantierte Abnahme landwirtschaftlicher Produkte zu festen Preisen führte zu einer Überproduktion in Form von Butter-, Magermilchpulver- und Fleischbergen. Solche Überschüsse verschlingen immense Summen, die der Steuerzahler aufbringt.
Für das Jahr 1990 beliefen sich die Subventionen für die Landwirtschaft auf 13,3 Mrd. DM von Bund und Ländern und 12,1 Mrd. DM von der EG und trugen zu 28% zum Durchschnittsgewinn eines Vollerwerbsbetriebs bei. Alle Aufwendungen zusammen sind höher als die Einkommen aller Landwirte.
Diese Agrarpolitik führte nicht zu gesunden bäuerlichen Familienbetrieben, sondern zu Großbetrieben und Tierfabriken mit ihren negativen Auswirkungen wie z. B. die Belastung der →Böden und des →Grundwassers. Lebensfähige klein- und mittelbäuerliche Betriebe, besonders in benachteiligten Gebieten (z. B. Bergbauern), waren diesen Erzeugerschlachten nicht gewachsen. Die ausgeschiedenen Landwirte mußten die angestammte Heimat verlassen und in der Stadt ihren Lebensunterhalt verdienen.
Heute steht diese Agrarpolitik vor ihrem Bankrott. Etwa 60–70% des EG-Haushalts müssen für diese Agrarpolitik – d. h. für die Beseitigung und Subventionierung der Überschüsse – aufgewendet werden.

**Betriebsgrößenstruktur in der BRD**

| Betriebsgröße (ha) | Zahl der Betriebe (1000) | | | Veränderung[2] (%) | |
|---|---|---|---|---|---|
| | 1980 | 1989 | 1990[1] | 1990 zu 1980 | 1990 zu 1989 |
| 1–10 | 406,9 | 307,1 | 296,2 | – 3,1 | – 3,5 |
| 10–20 | 181,3 | 136,6 | 129,7 | – 3,3 | – 5,0 |
| 20–30 | 102,6 | 83,6 | 80,1 | – 2,4 | – 4,1 |
| 30–40 | 50,5 | 48,8 | 47,8 | – 0,5 | – 2,2 |
| 40–50 | 24,8 | 27,7 | 28,2 | + 1,3 | + 2,0 |
| 50–100 | 26,9 | 38,6 | 40,6 | + 4,2 | + 5,2 |
| 100 und mehr | 4,4 | 6,5 | 7,1 | + 4,9 | + 9,5 |
| Alle Betriebe | 797,4 | 648,8 | 629,7 | – 2,3 | – 2,9 |

1 Vorläufige Zahlen ohne DDR
2 Jährlicher Durchschnitt

Quelle: Agrarbericht 1991

Trotz der überall scheinbar einsichtigen Fehlentwicklung der Landwirtschaft in den letzten 30 Jahren werden die «Bauernführer» (meist selber Großgrundbesitzer) und das Agrarbusiness auch heute dafür sorgen, daß auch den noch übriggebliebenen klein- und mittelbäuerlichen Betrieben der letzte Schlag versetzt wird.

Sie sind es auch, die an dieser EG-Politik verdienen. Die Reformbemühungen innerhalb der EG-Kommission, die Überschußproduktion durch Kürzung der Subventionen und Senkung der Garantiepreise zu verringern, blieben bisher ergebnislos. Lediglich bei den Milchprodukten beschränkte man über die Garantiemengenregelung die Preisgarantie auf vorgeschriebene Mengen.

## Merkmale einer industrialisierten Landwirtschaft West

Auf die Landwirtschaft wurden Produktionsweisen übertragen, deren Herkunft aus der Industrie nicht zu verkennen ist:

▶ **Spezialisierung auf ein Produkt:** An Stelle einer Mischwirtschaft mit Viehzucht, Acker- und Obstbau gibt es heute nur noch landwirtschaftliche Betriebe, die sich entweder auf den Getreidebau oder auf die Tierhaltung spezialisieren.

▶ **Massenproduktion:** Während es früher Höfe mit durchschnittlich 7–8 ha gab, geht die Entwicklung zu Betriebsgrößen über 40 ha. Früher hatte ein Bauer eine Vielzahl an Feldern (bis zu 50), heute sind es nur noch wenige. Aus der Tierhaltung auf vielen Höfen wurde eine →Massentierhaltung. Ein Schweinehalter z. B. hatte 1950 durchschnittlich 5 Schweine, auf den «Viehfarmen» sind es heute 50 und mehr. Es wurde möglich, immer mehr Fleisch mit immer weniger Fett und in immer kürzerer Zeit zu produzieren (→Tierzucht). Ein Schwein erreicht bereits in 6 Monaten die Schlachtreife von rund 2 Zentnern.

▶ **Rationalisierung und Technisierung:** Die Arbeit wird von immer weniger Bauern mit einem großen und teuren Maschinenpark und mit Hilfe der «chemischen Hacke» (→Pestizide) geleistet. Eine Arbeitskraft bewirtschaftete früher 3,5 ha, heute sind es ca. 35 ha. Auch der Arbeitsbedarf hat sich verringert. Vor 30 Jahren waren 100 Arbeitsstunden pro Hektar Getreide und 400 Arbeitsstunden pro Hektar Zuckerrüben erforderlich, heute sind es 10 bzw. 50 Arbeitsstunden. Dafür ist ein Bauernhof sehr kapitalintensiv, d.h. es wird viel Geld für Maschinen und Gebäude (jährliche Investitionen 1989/90: 35 299 DM/Unternehmen), Düngemittel (1989/90: 256 DM/ha), Schädlingsbekämpfungsmittel (1989/90: 128 DM/ha) und Futtermittel (1989/90: 894 DM/ha) ausgegeben.

## Industrialisierte Nahrungsmittelproduktion

Neben der industriellen Umgestaltung der Landwirtschaft hatte auch die Lebensmittelindustrie einen nicht unerheblichen Einfluß, insbesondere durch die Schaffung von →Handelsklassen. Sie legen bestimmte Merkmale wie z.B. das Aussehen, äußere Makellosigkeit und die Eignung zur mechanischen Ernte fest. Durch diese Klassifizierung werden die Bauern jedoch gezwungen, z.B. gegen Schorfbefall auf einem Apfel zu spritzen (→Pestizide). Im Alten Land bei Hamburg gibt es von ursprünglich 80 Apfelsorten heute nur noch 6 Sorten, die den Handelsklassen entsprechen.

Die Veränderungen in der Landwirtschaft haben zweifelsohne auch Fortschritte gebracht:

▶ Die Nahrungsversorgung ist bei uns gesichert; Ernteverluste durch Schädlinge sind im Vergleich zu früheren Jahrhunderten geringer.

▶ Der Anteil unseres Einkommens für die Lebensmittel hat sich im Vergleich zu früher verringert. Im Jahre 1960 mußten 38 % des Einkommens und 1989 nur noch 18 % (4 Personenhaushalt; mittleres Einkommen) für Nahrungsmittel ausgegeben werden.

▶ Die Bauern wurden z.T. von mühsamer Arbeit (z.B. Melken) entlastet.

Auch dieser Fortschritt hat die berühmte andere Seite der Medaille. Auf dieser Seite sind die ökologischen Belastungen durch die Landwirtschaft zu verzeichnen.

## Auswirkungen des Maschineneinsatzes und der Bewirtschaftung

Der Einsatz von Maschinen verlangt großflächige Monokulturen und möglichst ebene Flächen. Naturnahe Biotope wie Hecken, Tümpel oder Sträucher stören dann und wurden vielerorts beseitigt (→Landschaftsnutzung). Damit ging aber auch die Lebensgrundlage für viele wildlebende Pflanzen- und Tierarten verloren, auch von natürlichen Feinden der Ackerschädlinge. Die Landwirtschaft gilt als einer der Hauptverursacher des →Artensterbens.

Der Einsatz von schwerem landwirtschaftlichem Gerät (Schlepper, Akkerwagen) führt ferner zu einer Verdichtung des Bodens, die den oberflächlichen Wasserabfluß und damit die →Bodenerosion begünstigt. Auch der ausgedehnte Anbau von sogenannten Reihenfrüchten (Mais, Rüben), bei denen der Boden bis zur dichten Pflanzenbedeckung wochenlang ungeschützt ist, hat die Erosion durch Wind und Wasser erheblich verstärkt. Jede Erosion bedingt einen irreversiblen Bodenverlust.

### Belastungen durch Düngemittel

Durch den fortlaufenden Anbau meist nur einiger Pflanzensorten besteht ein hoher Bedarf an →Düngemitteln. Dieser Bedarf wird durch stickstoff- oder phosphathaltigen Mineraldünger, durch Gülle – eine Mischung aus Tierkot, Harn und Wasser –, Stallmist oder →Klärschlamm gedeckt.

Aus dem Stickstoff-Handelsdünger und aus der Gülle können sich im →Boden →Nitrate bilden, die in das →Grundwasser gelangen können und in zunehmendem Maße die Trinkwasserversorgung gefährden (→Trinkwasser). Besonders in Gemüse wie Spinat, Kopfsalat oder Radieschen können Nitrate dann auch in unsere Nahrung gelangen (→Fremdstoffe in Nahrungsmitteln). Phosphat-Handelsdünger enthalten teilweise →Cadmium, das sich im Boden anreichert und von den Pflanzen aufgenommen werden kann (→biologische Anreicherung).

Die im Dünger enthaltenen Phosphate werden mit dem Regen in die Gewässer geschwemmt. Zusammen mit den Phosphaten aus dem →Abwasser können sie zur →Eutrophierung eines Gewässers führen. In Schleswig-Holstein ist die Landwirtschaft einer der Hauptverursacher der belasteten Binnengewässer.

Eine weitere unerwünschte Folge der starken Düngung ist die größere Anfälligkeit der Pflanzen (Verweichlichung des Gewebes) gegenüber Schädlingen, was wiederum mit Hilfe von →Pestiziden bekämpft wird.

### Belastungen durch Pestizide

Die steigende Produktion in der Landwirtschaft und ein steigender Pestizideinsatz gingen Hand in Hand. Der Anbau von Hochertragssorten in Monokulturen und die starke Düngung haben die Pflanzen gegenüber Schädlingen anfällig gemacht. Mit den Pestiziden werden aber nicht nur die Schädlinge vernichtet, sondern in vielen Fällen auch natürliche Schädlingsvertilger und andere Nützlinge. Viele einheimische Pflanzen und Tiere sind auf Grund des Pestizidregens ausgestorben (→Rote Listen, →Artensterben). Da aber inzwischen ca. 400 Schädlinge gegen Pestizide resistent (→Resistenz) sind, erfordert die →Schädlingsbekämpfung immer mehr und neuen Chemieeinsatz.

Pestizide sind eine ökologische →Zeitbombe, da sie teilweise in der Umwelt verbleiben, sich über die →Nahrungskette anreichern und sich im Körper von Menschen und Tieren speichern können.

Auch im →Grundwasser sind inzwischen Pestizide gefunden worden, insbesondere Atrazin, Simazin und Dichlorpropen.

### Auswirkungen der Massentierhaltung

Die moderne Tierproduktion am Fließband hat für die Tiere häufig Verhaltensstörungen, Streß, Krankheiten und vorzeitiges Verenden zur Folge. Die Betreiber dieser «Agrarfabriken» begegnen diesen «Störungen» mit Tierarzneimitteln wie z. B. Psychopharmaka. Um den Gewichtszuwachs zu beschleunigen, setzen einige Landwirte dem Futter verbotene Tierarzneimittel, z. B. Sexualhormone, zu. Nach Schätzungen wurden allein 1980 Tierarzneimittel im Wert von rund 185 Mio. DM entgegen den Vorschriften verabreicht. Mit dem

Fleisch, der Milch oder den Eiern können ihre Rückstände in den menschlichen Organismus gelangen (→Fremdstoffe in Nahrungsmitteln). Die haltungsbedingten Tierkrankheiten machen sich auch in einer schlechteren Qualität des Fleisches bemerkbar. Wird ein Stück Schweinefleisch beim Braten immer kleiner und schwimmt es in Wasser, dann handelt es sich um sog. PSE-Fleisch. PSE ist die Abkürzung für pale (blaß), soft (weich), exudativ (wäßrig). Die Tierproduktion ist ferner eine Ressourcenverschwendung. Für die Erzeugung einer einzigen Fleischkalorie sind nämlich durchschnittlich ca. 7 pflanzliche Kalorien erforderlich. Dieser Sachverhalt erhält eine besondere Brisanz, wenn man sich vor Augen führt, daß ein großer Anteil der Futtermittel aus den Ländern der →Dritten Welt zu uns kommt.

## Landwirtschaft Ost

In der ehemaligen DDR beschritt man andere Wege in der Landwirtschaft. Die Phase, in der man «Junkerland» – alle Höfe mit mehr als 100 ha wurden enteignet – in «Bauernhand» gab, wurde 1967 abgelöst durch das Programm der großindustriellen Produktion. Merkmale dieser Agrarpolitik waren – ähnlich wie im Westen – **Konzentration, Spezialisierung, Intensivierung** und komplexe **Mechanisierung**, jedoch mit unterschiedlichen Ausprägungen. Als Folge entstanden gigantische Volkseigene Agrarbetriebe (VEB) oder Landwirtschaftliche Produktionsgenossenschaften (LPG), die sich entweder auf die Pflanzenproduktion (4500 ha im Durchschnitt) oder die Tierproduktion (z. B. 8700 Schweine, 4760 Rinder, 800 000 Geflügel) spezialisierten. Aus ehemals kleinen Feldern (3–7 ha) entstanden solche mit bis zu 200 ha,

**Landwirtschaft in der DDR 1989**

| Betriebe | Zahl der Betriebe | Beschäftigte (1000) | Fläche (1000 ha) | Viehbestand (1000) |
|---|---|---|---|---|
| Pflanzenproduktionsgenossenschaften | 1164 | 307 | 4967 | 69 |
| Tierproduktionsgenossenschaften | 2851 | 344 | 73 | 4273 |
| Gärtnerische Genossenschaften | 199 | 28 | 15 | 1 |
| Genossenschaften insgesamt | 4530 | 695 | 5075 | 4343 |
| Volkseigene Güter zur Pflanzenproduktion | 152 | 46 | 408 | 36 |
| Volkseigene Güter zur Tierproduktion | 312 | 49 | 39 | 443 |
| Volkseigene Betriebe | 116 | 30 | 17 | 492 |
| Volkseigene Güter und Betriebe insgesamt | 580 | 125 | 464 | 971 |
| Staatliche Landwirtschaft insgesamt | 5110 | 820 | 5539 | 5314 |
| Private Landwirtschaft | 3558 | 5 | 335 | 165 |
| Landwirtschaft insgesamt | 8668 | 825 | 6171 | 5830 |

Quelle: Harenberg Aktuell '92, Dortmund, S. 297

die in Monokultur und mit Hilfe eines großen, tonnenschweren Maschinenparks bewirtschaftet wurden. Diese Großproduktion erforderte einen hohen Einsatz von Agrochemikalien, für die sogenannte Agrochemische Zentren (ACZ) zuständig waren.

Auch die Veränderungen in der Landwirtschaft Ost brachten einige Vorteile mit sich:

– Sicherung der Nahrungsgrundlage ohne Überproduktion,

– Milcherzeugung mit hiesigen Futtermitteln und nicht mit Substituten aus der →Dritten Welt,

– einen geregelten 8-Stunden-Tag für die Beschäftigten,

– Kantinen und Kinderkrippen in den LPG-Zentralen,

– genossenschaftliche Prinzipien, die die Mitbestimmung der Arbeitnehmer zum Ziel hatten.

Auch in der Landwirtschaft Ost gibt es die Kehrseite der Medaille in Form von gravierenden ökologischen Folgen. Ähnlich wie im Westen legte die Flurbereinigung den Grundstein für die Ausräumung und Monotisierung der Landschaft mit den direkten ökologischen Folgen der Bodenerosion, der Verschlechterung der Bodenqualität, der Grundwassergefährdung durch →Düngemittel und →Pestizide und der Biotopverluste und des Artensterbens. Die ACZ – ca. ein Drittel lag im Bereich von Trinkwasserschutzzonen –, deren größtenteils (zu 70% war die Sicherheit nicht- bzw. unzureichend) mangelhafte Infrastruktur und Lagerung der Chemikalien und die großen Güllemengen aus den Großviehanlagen, die wegen mangelnder Lagerkapazitäten nahezu ganzjährig ausgebracht wurden, führten zu starken regionalen →Bodenbelastungen und Gefährdung der Trinkwasserversorgung.

Ferner wurden über viele Jahre hinweg die höchsten landwirtschaftlichen Erträge im Lee bekannter Großemittenten in Halle, Bitterfeld, Wolfen etc. erzielt. Eine starke Belastung der Lebensmittel mit →Schwermetallen, →chlorierten Kohlenwasserstoffen und →Quecksilber war die Folge (→Fremdstoffe in Lebensmitteln).

## Und die Zukunft?

Die negativen Auswirkungen der industrialisierten Landwirtschaft, die auf mehr als der Hälfte der BRD betrieben wird, erfordern, daß anstelle der «subventionierten Naturzerstörung» eine ökologische Neuorientierung (→ökologischer Landbau) tritt. Im Gegensatz zur Industrie bleibt die Agrarproduktion an biologische Vorgänge gebunden. Es steht zu befürchten, daß das Motto «Wachsen oder Weichen» – forciert durch den Ausbau einiger Großbetriebe in der ehemaligen DDR – den Konzentrationsprozeß vorantreibt und diese Prämisse in den Hintergrund treten läßt.

**TiP** Schon aus Protest gegen die zunehmende Industrialisierung der Landwirtschaft sollten Sie bei Bauern kaufen, die Landwirtschaft im ökologischen Einklang mit der Natur und der Gesundheit betreiben. Ökobauern verwenden keine synthetischen Dünger und Pestizide und halten die Tiere artgerecht. Wer in der Stadt wohnt, kann Bioprodukte von Milch über Fleisch bis hin zu den Kartoffeln in Ökoläden beziehen.

## Luft

Luft ist für Pflanzen, Tiere und Menschen neben →Wasser die wichtigste Grundlage des Lebens. Luft ist das Gasgemisch, das die Erdatmosphäre (→Atmosphäre) bildet. Sie besteht aus rund 78 % Stickstoff, 21 % Sauerstoff, 0,9 % Edelgasen wie Argon, Helium, Krypton u. a. Daneben kommen zahlreiche Spurengase vor wie →Kohlendioxid, Methan (→Kohlenwasserstoffe), Distickstoffoxid (→Stickoxide) und →Ozon. Obwohl diese Spurengase nur ca. 0,1 % der Atmosphäre ausmachen, sind sie wesentlich für das →Klima der Erde verantwortlich. Geringe Konzentrationsänderungen aufgrund anthropogener →Emissionen führen daher zu einschneidenden Veränderungen in der Atmosphäre wie Erhöhung des →Treibhauseffektes sowie die Zerstörung der Ozonschicht (→Ozon).

Neben den Gasen enthält die Luft sogenannte **Aerosole**. Das sind fein verteilte Schwebstoffe, die als Nebel, Rauch, Dunst oder Staub auftreten können.

**Chemische Zusammensetzung nicht verunreinigter Luft in Bodennähe**

| Gas | | % bzw. ppm * |
|---|---|---|
| Stickstoff | $N_2$ | 78,1 % |
| Sauerstoff | $O_2$ | 20,9 % |
| Argon | Ar | 0,93 % |
| Kohlendioxid | $CO_2$ | 350 ppm |
| Methan | $CH_4$ | 2 ppm |
| Wasserstoff | $H_2$ | 0,5 ppm |
| Distickstoffoxid | $N_2O$ | 0,5 ppm |
| Ozon | $O_3$ | 0,09 ppm |

* Millionstel Teile

Quelle: Schönwiese/Diekmann: Der Treibhauseffekt, Rowohlt 1989

Für die Gehalte an Sauerstoff und Kohlendioxid der Luft sind die grünen Pflanzen von großer Bedeutung. Alle grünen Pflanzen – von der Alge bis zum Baum – erzeugen den für uns lebenswichtigen Sauerstoff und binden das →Kohlendioxid bei der **Photosynthese** (Umwandlung von Lichtenergie in chemische Energie): Das über die Spaltöffnungen der Blätter aus der Luft aufgenommene Kohlendioxid wird zusammen mit Wasser, das über die Wurzeln aufgenommen wird, mit Hilfe des Sonnenlichts und des Blattgrüns in Traubenzucker umgewandelt. Bei dieser biochemischen Reaktion entsteht Sauerstoff, der an die Atmosphäre abgegeben wird. Die Photosynthese ist der auf der Erde wichtigste biochemische Vorgang, der die Grundlage des Aufbaus von Pflanzenmaterie liefert und bei dem Sauerstoff freigesetzt und Kohlendioxid gebunden wird. Ein Kartoffelakker von 1 Hektar Größe bindet an einem Sommertag 765 000 kg Kohlendioxid und bildet dabei 520 kg Traubenzucker.
Für den Kohlendioxidkreislauf sind insbesondere die →tropischen Regenwälder von Bedeutung. Insofern stellt deren Rodung wie auch das →Waldsterben in Europa und Amerika einen gravierenden Eingriff in die Zusammensetzung der Atmosphäre dar.

### Da bleibt einem die Luft weg!

Daß die bundesdeutsche Luftqualität große Probleme bereitet, lesen wir fast täglich in der Zeitung. Die →Luftverschmutzung vor allem in den →Ballungsgebieten hat in den letzten Jahren stark zugenommen; daneben sind zunehmend auch sogenannte Reinluftgebiete betroffen. Die

→Emission von →Schwefeldioxid ($SO_2$) aus den Schornsteinen von Kraftwerken (→Kohlekraftwerk) und →Industrie ist hauptsächlich für den →sauren Regen verantwortlich, der wiederum eine der Ursachen für das bundesweite →Waldsterben darstellt. Der →Autoverkehr als Quelle von →Stickoxiden ($NO_x$) führt in Verbindung mit anderen Luftschadstoffen immer wieder zu →Smog (→Ozon) in Großstädten wie Berlin, Frankfurt u. a. Dadurch werden →Gesundheit und Leben vor allem von Kranken und alten Menschen, aber auch von Kindern bedroht (→Umweltkrankheiten).
Längst begnügt sich der Mensch nicht mehr mit der Veränderung der bodennahen Luft. Durch Emissionen von →FCKW und Spurengasen wird die Zusammensetzung der →Atmosphäre in globalem Maßstab verändert. Eine Erhöhung des →Treibhauseffektes und die Zerstörung der schützenden Ozonschicht (→Ozon) sind die Folgen.
Um die →Immission der verschiedenen Luftschadstoffe wie $SO_2$, $NO_x$, Ozon, Staub u. a. und ihre negativen Folgen für Menschen und Natur zu verringern, werden verschiedenartige Maßnahmen der →Luftreinhaltung nach dem Bundes-Immissionsschutzgesetz durchgeführt. Allerdings haben gesetzliche Regelungen wie die Technische Anleitung zur Reinhaltung der Luft, die Großfeuerungsanlagen-Verordnung (→Luftreinhaltung), Smogalarmpläne und die Ausweisung von Luft-Belastungsgebieten wie Ruhrgebiet, Rhein-Main, Berlin, Halle, Bitterfeld u. a. noch keine wesentliche Verbesserung der Luftqualität bewirken können.

## Luftreinhaltung

Angesichts der starken →Luftverschmutzung in der Bundesrepublik und ihrer schwerwiegenden Folgen wie →Waldsterben, Gesundheitsschäden und Beschädigungen von Gebäuden, →Smog, →Bodenbelastung, →Treibhauseffekt und Ozonloch (→Ozon) bleibt manchem die →Luft weg. Die bisher von der Bundesregierung und teilweise von der Privatwirtschaft eingeleiteten Maßnahmen zur Reinhaltung der Luft haben jedoch abgesehen von einigen Fortschritten im industriellen Bereich keine Verbesserungen der Luftqualität bewirkt. Außerdem müßten auch andere europäische Länder wie England, Frankreich, die Tschechoslowakei u. a. vor allem die →Emissionen ihrer →Kohlekraftwerke von →Schadstoffen weitgehend befreien, da Luftverunreinigungen nicht an Landesgrenzen haltmachen.

### Verfahren zur Reinhaltung der Luft

Die Luftverschmutzung kann durch den Einbau von Abgasreinigungsanlagen, den Einsatz emissionsarmer Produktionsverfahren und Anlagen sowie durch die Verwendung schadstoffarmer Stoffe und Produkte wirksam bekämpft werden. Ebenso wichtig ist allerdings auch die Kontrolle der Wirksamkeit dieser Maßnahmen durch die ständige Messung und Überwachung der Emissionen von Luftschadstoffen und die frühzeitige Warnung bei Störfällen.
▶ Abgasreinigung geschieht durch elektrische Staubabscheider, durch die Anbindung von Schadstoffen z. B. an Aktivkohle (Adsorptionsverfahren), durch die Auswaschung von

Schadstoffen (Absorptionsverfahren), durch das Abscheiden von Schadstoffen durch chemische Reaktionen (Chemieresorption) und durch biologische Abgasreinigungsverfahren wie Biofilter und Biowäschen. Jedoch bringt jedes Abgasreinigungsverfahren neue Deponieprobleme mit sich.

▶ Beispiele für umweltschonende Anlagen und Produktionsverfahren sind Stufenbrenner für Kohle-, Öl- und Gasfeuerungen, die Anwendung der Abgasentschwefelung in Verbindung mit der Entstaubung bei Kohlekraftwerken, Entschwefelung von Apparaten zur Herstellung von Viskose (Kunststoff), Verfahren zur Senkung der →Blei- und →Schwefeldioxid-Emissionen bei der Bleiverhüttung. Auch bei den Haushaltsfeuerungen wurden die Brennstoffqualität und die Verbrennung im Heizkessel verbessert.

▶ Beispiele für schadstoffverringernde Maßnahmen sind die Entschwefelung von Brenn- und Treibstoffen, die Senkung des Vinylchloridanteils in Polyvinylchlorid, der Ersatz von →Schwermetallen durch umweltunschädliche Stoffe, die Entwicklung von Ersatzstoffen für →Polychlorierte Biphenyle (PCB), der Ersatz von →Fluorchlorkohlenwasserstoffen (FCKW) durch treibgasfreie Pumpensprüher, der Ersatz von Asbestprodukten (→Asbest) und die Vergabe des Umweltzeichens an Produkte, die verschiedene umweltfreundliche Eigenschaften haben.

### Gesetzliche Grundlagen der Luftreinhaltung

Die gesetzlichen Grundlagen für vorbeugende Maßnahmen zur Luftreinhaltung bilden das **Bundes-Immissionsschutzgesetz (BImSchG)** von 1974 und ergänzende Regelungen und Verordnungen (→Umweltpolitik, →Umweltrecht). § 1 lautet: «Zweck des Gesetzes ist es, Menschen sowie Tiere, Pflanzen und andere Sachen vor schädlichen Umwelteinwirkungen... auch vor Gefahren, erheblichen Nachteilen und erheblichen Belästigungen... zu schützen und dem Entstehen schädlicher Umwelteinwirkungen vorzubeugen.» § 3 lautet: «Schädliche Umwelteinwirkungen im Sinne dieses Gesetzes sind Immissionen...», und «Immissionen im Sinne des Gesetzes sind... Luftverunreinigungen, Geräusche, Erschütterungen, Licht, Wärme, Strahlen und ähnliche Umwelteinwirkungen» (→Immission). Zum BImSchG gibt es seit 1974 die Verwaltungsvorschrift **Technische Anleitung zur Reinhaltung der Luft (TA Luft)**, die es der Verwaltung ermöglichen soll, mit Hilfe von technischen Vorschriften, Immissionswerten u.ä. das BImSchG in die Praxis umzusetzen, z.B. welche →Grenzwerte für einen bestimmten Schadstoff eingehalten werden müssen, wie hoch der Schornstein gebaut werden muß u.ä. Unter ihren Regelungsbereich fallen u.a. →Müllverbrennung, Raffinerien, chemische Fabriken und Nahrungsmittelherstellung.

Am 1. Februar 1983 trat eine neue TA Luft in Kraft. Allerdings wurden die Grenzwerte für Schwefeldioxid ($SO_2$), einen der Hauptverursacher des Waldsterbens, aus der alten Fassung der TA Luft von 1974 unverändert übernommen: über einen längeren Zeitraum gemessener Wert für $SO_2$: 140 Mikrogramm (µg)/cbm Luft; und über einen kurzen Zeit-

raum gemessener Wert für $SO_2$: 400 µg/cbm Luft.
Diese Werte stehen im krassen Gegensatz zu der von der WHO geforderten Höchstgrenze von 60 µg/m³. 1986 wurde die TA Luft erneut novelliert, wobei ein Sanierungskonzept für die ca. 30000 Altanlagen aufgenommen wurde. Diese sollen in einer Frist von 3–8 Jahren auf den Stand der Neuanlagen nachgerüstet werden.
Die Großfeuerungsanlagen-Verordnung (GrofAnV) trat am 1. Juli 1983 in Kraft. Sie betrifft vor allem Kraftwerke zur Stromerzeugung sowie Fernheizwerke. Der Wert für $SO_2$-Emissionen wurde auf 400 Milligramm/cbm Luft herabgesetzt. Dieser Grenzwert gilt zunächst nur für Neuanlagen, d. h. solche Anlagen, die ab 1.7.1983 genehmigt wurden. Die Werte für die 1500 Altanlagen, d. h. solche, die vor dem 1. Juli 1983 geplant oder genehmigt oder in Bau oder in Betrieb sind, werden in der GrofAnV gesondert geregelt. Ab 1993 müssen alle Altanlagen den für Neuanlagen geltenden Anforderungen entsprechen oder aber stillgelegt sein. Die Großfeuerungsanlagen-Verordnung löst das $SO_2$-Problem jedoch nur unzureichend, da die Emissionsreduzierung zu gering ausgefallen ist. In Japan z. B. liegen vergleichbare Grenzwerte deutlich niedriger.
Das BImSchG sieht auch gebietsbezogene Maßnahmen zur Luftreinhaltung vor wie die Festlegung von Belastungsgebieten, Smoggebieten und Schongebieten. Für Belastungsgebiete müssen Verzeichnisse der Emissionsquellen, sog. Emissionskataster, aufgestellt und Luftreinhaltepläne zur Verbesserung der Luftqualität erarbeitet werden. In den meisten Bundesländern gibt es Smog-Verordnungen, mit denen bei Smogsituationen Verkehrsbeschränkungen, Betriebsbeschränkungen bei Industrieanlagen und Kraftwerken sowie Beschränkungen bei der Verwendung von schwefelhaltigen Brennstoffen wie Kohle oder Öl angeordnet werden können.

## Abgasreduzierung bei Kraftfahrzeugen

1990 waren 44 Mill. Pkw in der BRD zugelassen. Auf ihre Kosten gehen ca. 53 % der emittierten Stickoxide und etwa 45 % der Kohlenwasserstoffe. Bereits eingeleitete Maßnahmen zur Schadstoffreduzierung sind die Einführung bleifreien Benzins sowie die Abgaskatalysatoren. Gesetzliche Begleitmaßnahmen sind Steuererleich-

| | Wichtigste Luftschadstoffe | Emission in 1000 t/Jahr in der BRD 1984 | Grenzwert mg/m³ nach TA Luft (Gewichtung) |
|---|---|---|---|
| Stickoxide | NOx | 2747 | 80 |
| Kohlenwasserstoffe | Cx Hy | 1700 | 100 |
| Kohlenmonoxid | CO | 7800 | 10000 |
| Schwefeldioxid | $SO_2$ | 2978 | 140 |
| Blei | Pb | 5,5 | 2 |
| Staub | | 780 | 150 |

Quelle: Ökologische Briefe, 1989

terungen für schadstoffarme Pkw, Steuernachlaß für bleifreies Benzin sowie die seit 1985 vorgeschriebene Abgassonderuntersuchung (ASU). Allerdings steigen trotz dieser Maßnahmen zur Emissionsbegrenzung von Einzelfahrzeugen die Gesamtemissionen weiter an, und zwar deshalb, weil der Pkw-Bestand um ca. 4 Mill. pro Jahr zunimmt und die Gesamtfahrleistung (Kilometer/Jahr) ansteigt.

### Maßnahmen im Rahmen internationaler Zusammenarbeit

Um die europaweite Luftverschmutzung zu verringern, erfordert die internationale Zusammenarbeit die Verbesserung des wissenschaftlichen Erkenntnisstandes, des Informationsaustauschs und der Vorbereitung nationaler Vorschriften sowie internationaler Vereinbarungen. An der internationalen Zusammenarbeit sind die Europäische Gemeinschaft (EG), die NATO, das Umweltprogramm der Vereinten Nationen u. a. beteiligt.

Die Schwerpunkte der Kooperation sind die Verringerung grenzüberschreitender →Luftverschmutzung, die Erhaltung der →Ozonschicht und ein verminderter Anstieg des →Treibhauseffektes, die Verringerung der Luftbelastung durch Feinstäube und die Entgiftung der Kraftfahrzeugabgase.

**TiP** Wenn schon ein Auto, dann auf jeden Fall eins mit geregeltem Katalysator. Die Schadstoffreduktion durch einen Kat ist erheblich, deshalb lohnt sich auch eine Nachrüstung für Altautos. Ein Verzicht aufs Autofahren in den hochbelasteten Innenstädten trägt sofort zur Luftreinhaltung bei. Statt dessen den umweltfreundlicheren öffentlichen Nahverkehr benutzen. Eine Bahnfahrt ist die ökologischere Alternative zu Inlandsflügen.

## Luftverschmutzung

«Dicke» →Luft hat sich fast überall in der Bundesrepublik ausgebreitet. Es gibt kaum noch sog. Reinluftgebiete. Die zunehmende Industrialisierung nach dem Zweiten Weltkrieg, die Bildung von →Ballungsgebieten und der wachsende →Autoverkehr führten zu einer bisher nicht dagewesenen Verschmutzung der Luft. →Emissionen von →Schwefeldioxid ($SO_2$), →Stickoxiden ($No_x$), →Kohlendioxid ($CO_2$), Kohlenmonoxid, →Kohlenwasserstoffen, →Fluorchlorkohlenwasserstoffen (FCKW), Staub, →Schwermetallen u. a. verursachen bei uns zahlreiche Umweltprobleme.

Diese Schadstoffe können als trockene Deposition, d. h. als trockene Ablagerung auf Oberflächen von Pflanzen und Gebäuden wirken oder in Form von nasser Deposition, d. h. in Wasser gelöster Form als →saurer Regen. Andere Schadstoffe werden in höhere Zonen der →Atmosphäre verlagert und ändern deren chemische Zusammensetzung. Aufgrund der weiträumigen Verbreitung der Luftschadstoffe werden die gesamte Biosphäre und Atmosphäre beeinträchtigt: Die Folgen sind →Bodenversauerung und →Bodenbelastungen, Gewässerversauerung (→Saurer Regen), Meeresverschmutzung (→Meer), →Waldsterben, →Smog, →Umweltkrankheiten des Menschen sowie Veränderungen des →Klimas durch die Verstärkung des →Treibhauseffektes und ein Abbau der →Ozonschicht.

### Luftverschmutzung hat Geschichte

Wirklich reine Luft hat es wohl noch nie gegeben, denn bereits in grauer Vorzeit wurde die Atmosphäre durch Vulkanausbrüche und Waldbrände mit Staub, Asche und Schwefel verunreinigt. Seit der Entdeckung des Feuers gibt es rauchende Schlote und damit auch Klagen über die Belästigung durch Rauch, Abgase und Gerüche: in Rom waren es die Eisenschmiede, im Mittelalter wurde Kohle in Erzhütten verbrannt. Die von Menschen verursachte Luftverschmutzung war damals nur von lokaler Bedeutung. Dies änderte sich im 18. Jh., als zuerst in England, dann in den übrigen europäischen Ländern die erste industrielle Revolution einsetzte. Sie war gekennzeichnet durch eine große Steigerung des Rohstoff- und Energieverbrauchs, der Güterproduktion, verbunden mit einem explosionsartigen Wachstum der Bevölkerung und der Entstehung von Städten und industriellen Ballungsräumen. Der Kohleverbrauch verdreizehnfachte sich zwischen 1861 und 1912 von 14 Mio. t auf 187 Mio. t. Bereits im vorigen Jahrhundert galten der oberschlesische Bezirk Kattowitz, die Juliushütte im Harz und die Stadt Eschweiler im Rheinland als typische «Hüttenrauch-Schadensgebiete» (→Waldsterben). 1895 wurde die erste «Technische Anleitung» zur Gewerbeordnung verabschiedet, mit der luftverschmutzende →Kohlekraftwerke und Industriebetriebe bestimmten Auflagen unterworfen wurden.

In den fünfziger Jahren erreichten die Produktions- und Konsumsteigerungen in der Bundesrepublik ein gewaltiges Ausmaß: Der gesamte Energieverbrauch (→Energie) nahm etwa um das Dreifache zu, wobei sich allein der Verbrauch an Erdöl bis zur sog. Ölkrise 1974 fast verdreißigfachte. 1950 gab es rund eine Mio. Kraftfahrzeuge, 1984 waren es bereits 29 Mio. Im Ruhrgebiet, dem größten deutschen Ballungsraum, wollte man dem Problem der regionalen Luftverschmutzung mit der «Politik der hohen Schornsteine» (Hochschornsteinpolitik) begegnen (im Landtagswahlkampf in Nordrhein-Westfalen gab es 1961 die Losung «Blauer Himmel über der Ruhr»). Einerseits wurden dadurch die Ballungsgebiete mit dem Bau höherer Schornsteine entlastet, andererseits aber die Luftschadstoffe weiträumig und über ganz Europa verteilt.

Durch Luftschadstoffe besonders belastet sind die ostdeutschen Bundesländer, insbesondere in den Gebieten Leipzig, Halle, Cottbus und Bitterfeld. Bitterfeld ist «Umwelt-Notstandsgebiet», wie ein Zusatz am Ortsschild verrät, und die schmutzigste Stadt Europas. Die Bitterfelder Kinder erkranken nach einer Gesundheitsstudie zwei- bis dreimal häufiger als andere an Bronchitis und anderen Erkrankungen der Atemwege. Auch ihr Knochenwuchs ist um zwei bis acht Monate gegenüber den Altersgenossen zurückgeblieben. Der alles überragende Luftschadstoff in den ostdeutschen Bundesländern ist das →Schwefeldioxid. Aufgrund des sehr hohen Anteils von →Braunkohle bei der Energiegewinnung sowie fehlender Rauchgasentschwefelung, wie sie in Westdeutschland vorgeschrieben ist, gingen 1989 rund 5,5 Mio. t davon über den Ländern der ehemaligen DDR nieder. Umgerechnet sind dies 334 kg pro Einwohner. In der Flächen- und Personenbelastung stand damit die DDR an der Spitze Europas.

## Ursachen und Folgen der Luftverschmutzung

Hauptverursacher und Emittenten von Luftschadstoffen sind Industriebetriebe, Kraftwerke für die →Energieversorgung, der →Autoverkehr und private Heizungsanlagen.

**▶ Kraftwerke**

Kraftwerke, die fossile Brennstoffe wie Kohle, Öl, Gas verwenden, emittieren Rauchgase, die die Luft mit $SO_2$, →$NO_x$, Staub und →Kohlenwasserstoffen verschmutzen (→Kohlekraftwerk, →Rauchgasreinigung).

Die säurebildenden Gase $SO_2$ und $NO_x$ verwandeln sich in →sauren Regen, der für das Waldsterben, die →Bodenversauerung und die Versauerung von Gewässern (→saurer

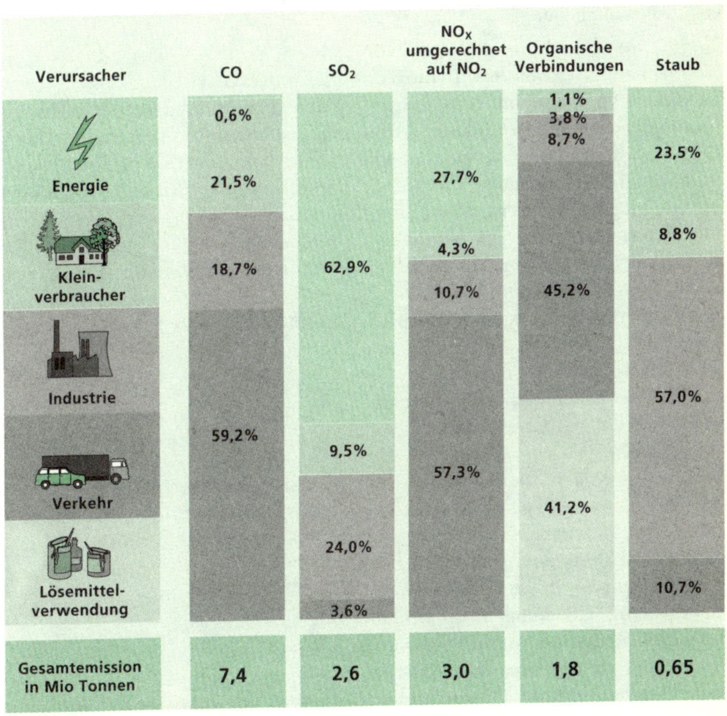


**Anthropogene (von Menschen verursachte) atmosphärische Emissionen in der (alten) Bundesrepublik Deutschland**

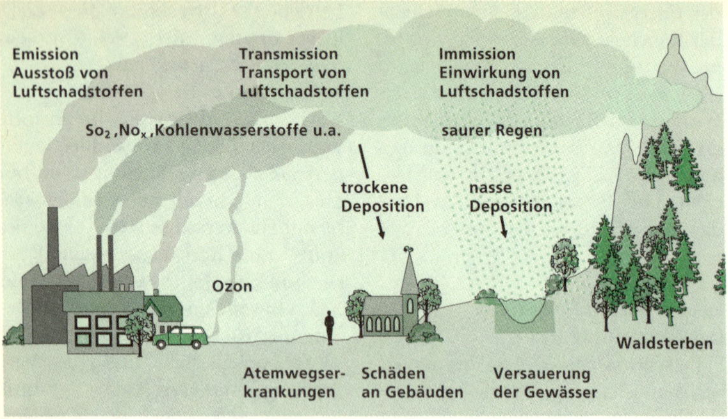


**Die räumliche Trennung der Emission, Transmission und Deposition von Luftverunreinigungen**

Regen) hauptsächlich verantwortlich ist. Bereits 50 % des bundesdeutschen Waldbestandes ist geschädigt. Anfang der siebziger Jahre kam es in kalkarmen Gewässern Skandinaviens zu einem großen Fischsterben, und viele Seen sind heute «tot». Versauerte Böden führen bei uns zu Schäden an landwirtschaftlichen Produkten im Wert von rund 125 Mio. DM pro Jahr.

▶ **Müllverbrennung**

Bei der →Müllverbrennung werden $SO_2$, $NO_x$, $CO_2$, Chlor- und Fluorwasserstoffe (HCL, HF), →Schwermetalle, →polychlorierte Biphenyle (PCB), →Dioxine (TCDD) und Staub an die Luft abgegeben.

Stabile Kohlenwasserstoffe wie PCB's sind sehr giftige, von der Natur kaum abzubauende Chemikalien, die sich in der Nahrungskette anreichern und weltweit Tiere und Menschen schädigen. In der →Muttermilch wurden besonders hohe Werte dieser Stoffe gefunden.

▶ **Autoverkehr**

Der Anteil der Abgase aus Kraftfahrzeugen beträgt im Bereich innerstädtischer Straßen bei einzelnen Schadstoffen zwischen 80 und 99 % an der Gesamtluftverschmutzung. Bei der Verbrennung von 1000 l Benzin im Motor eines Autos ohne Katalysator werden ungefähr folgende Schadstoffmengen abgegeben:

**6–18 kg $NO_x$,**
**300 kg Kohlenmonoxid,**
**24–48 kg Kohlenwasserstoffe,**
**0,6–1,2 kg $SO_2$,**
**0,36 kg feste Stäube,**
**0,061–0,305 kg Blei.**
**1980 gaben 27 Mio. Kraftfahrzeuge ca.**
**1,4 Mio. t $NO_x$,**
**6 Mio. t Kohlenmonoxid,**
**0,7 Mio. t Kohlenwasserstoffe,**
**65 000 t $SO_2$,**
**37 000 t Ruß,**
**3500 t Blei an die Umwelt ab.**

1990 waren 44 Mill. Pkw in der BRD zugelassen; pro Jahr kommen ca. 4 Mill. hinzu. Dementsprechend beziehen sich zahlreiche Maßnahmen der →Luftreinhaltung auf die Abgasminderung bei Pkws.

▶ **Private Heizungsanlagen**

Von den insgesamt pro Jahr in die Luft emittierten Schadstoffen beträgt der Anteil der privaten Heizungsanlagen

bei organischen Verbindungen 4 %,
bei Kohlenmonoxid 22 %,
bei $SO_2$ 10 %,
bei Staub 9 %,
bei $NO_x$ 4 %.

Die Luftschadstoffe, die von Kraftfahrzeugen und privaten Heizungsanlagen in der Stadt abgegeben werden, beeinflussen das Stadtklima negativ. Am gefährlichsten ist die Bildung von →Smog, der für Alte, für Herz- und Kreislaufkranke und Asthmatiker Gesundheitsschäden oder Tod mit sich bringt. Immer häufiger erkranken Kleinkinder in Ballungsgebieten an Erstickungshusten, der in vielen Fällen zum Tod führt (→Umweltkrankheiten). Eingeatmetes Kohlenmonoxid blockiert die Stauerstoffaufnahme in das Blut. Die Folgen sind Kopfschmerzen, Schwindel und Übelkeit.

Die säurebildenden Stoffe $SO_2$ und $NO_x$ rufen bei fast allen Materialien Verwitterung und Korrosion hervor. In der Bundesrepublik werden die Ge-

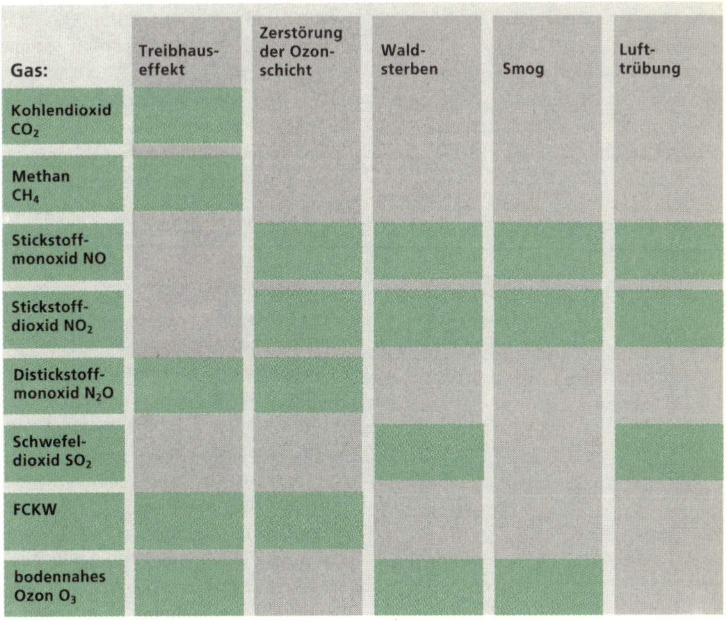


**Beteiligung von Luftschadstoffen und Spurengasen an Umweltproblemen**

**bäudeschäden** durch Luftverschmutzung auf 2,3 Mrd. DM pro Jahr geschätzt. Die Instandsetzungsarbeiten am Kölner Dom z. B. kosten 5 Mio. DM pro Jahr.
In den letzten Jahren sind die Niederschläge von Grobstaub durch die Elektrofilter in den Kraft- und Stahlwerken, in den Aluminiumhütten und Baubetrieben erheblich zurückgegangen. Beim Feinstaub ist dies nicht der Fall. Feinstäube dringen in die Lungen ein und können die an der Oberfläche der Staubkörner anhaftenden Schadstoffe, wie z. B. das krebserregende Benz(a)pyren (→Krebs), in die Lunge transportieren.

## Raumluftverschmutzung

Zur Luftverschmutzung gehören nicht nur Emissionen in die Außenluft, sondern auch die Raumluftverschmutzung.
Etwa 70 % seiner Zeit verbringt der Mensch in Gebäuden, nur 30 % im Freien. Die wichtigste Quelle der Innenluftverschmutzung ist der Tabakrauch. Er enthält neben Nikotin weitere toxische Substanzen wie Kohlenmonoxid, →Stickoxide, Cadmium (→Schwermetalle), →Formaldehyd, Blausäure, →Kohlenwasserstoffe und Nitrosamine (→Nitrat/Nitrit/Nitrosamine). Weitere Quellen für eine Verschmutzung der Innenraumluft sind Heizungen und Kochstellen, die →Kohlendioxid, →Stickoxide und →Schwefeldioxid abgeben können. Daneben können auch Materialien zur Raumausstattung Schadstoff emittieren: Spanplatten geben →Formaldehyd ab, mit Schutzmitteln behandeltes Holz toxisches Dentachlorphenol und Dämmaterialien →Asbest. Als weitere Quellen der Innenluftverschmutzung kommen Lösungsmittel, Klebstoffe, Reinigungs- und Desinfektionsmittel, Desodorantien, Haarsprays sowie Behandlungsmittel für Zimmerpflanzen in Frage.
Die rechenbaren Kosten der Luftverschmutzung belaufen sich nach Schätzungen des Umweltbundesamtes auf 11–18 Mrd. DM jährlich. Die monetäre Bewertung der subjektiv wahrgenommenen Verschlechterung der Luftqualität – ermittelt über die Zahlungsbereitschaft von Personen für saubere Luft – wird mit 53 Mrd. DM angegeben.
Um die Luftqualität in der Bundesrepublik zu verbessern, müssen die →Immissionen der verschiedenen Luftschadstoffe wie $SO_2$, $NO_x$, Kohlenwasserstoffe, Staub usw. verringert werden. Doch die verschiedenartigen Maßnahmen zur →Luftreinhaltung nach dem Bundes-Immissionsschutzgesetz haben bisher wenig bewirkt. Die Probleme wurden eher verschoben, d. h., die Ursachen der

**Kosten der Luftverschmutzung (Basisjahr 1984)**

| Schadensposition | jährliche Kosten in Mrd. DM mindestens |
|---|---|
| Gesundheitsschäden | 2,3– 5,8 |
| Materialschäden | 2,3 |
| Tierschäden | 0,1 |
| Vegetationsschäden | 1,0 |
| Waldschäden | 5,5– 8,8 |
| Summe rechenbare Schäden | 11,2–12,8 |
| Bewertete Qualitätsverschlechterung (Zahlungsbreitschaft) | 48,0 |
| Inflationiert auf 1988 | 53,0 |

Quelle: Ökologische Briefe 1989

Luftschadstoffe wurden nicht beseitigt, sondern sie wurden weiträumig und über ganz Europa verteilt. Erst wenn die →Grenzwerte, vor allem für $SO_2$ und $NO_x$, in den gesetzlichen Regelungen wie die Technische Anleitung zur Reinhaltung der Luft stark herabgesetzt werden, wenn zur →Energieversorgung umweltfreundliche Technologien eingesetzt werden (→Umwelttechnik) und wenn der private Autoverkehr eingeschränkt wird, können das Waldsterben eingedämmt, Smogalarm verhindert, Gebäudeschäden verringert sowie die globalen Veränderungen der Erdatmosphäre gebremst werden.

**TiP** Abgase aus Hausfeuerungsanlagen belasten die Atemluft besonders in Wohngebieten. Lassen Sie Ihre Feuerungsanlage regelmäßig vom Schornsteinfeger überprüfen und Rußablagerungen entfernen. Gas ist umweltfreundlicher als Kohle oder Öl.
Auf keinen Fall dürfen Sie Ihre Anlage mit Kunststoffen, Altpapier oder anderem Abfall beheizen. Diese «Ersatzbrennstoffe» verpesten die Umwelt und schädigen die Gesundheit.

Für sperrige Abfälle gibt es eine meist kostenlose Sperrmüllsammlung.

Äste aus dem Garten können für die Beete zu Rindenmulch gehäckselt werden.

Gartenabfälle können kompostiert werden. Der Kompost ist zudem ein wertvoller Bodenverbesserer für den Garten.

# M

## Massentierhaltung

Massentierhaltung gilt den einen als unverzichtbare Errungenschaft der modernen →Landwirtschaft und den anderen als Wurzel allen Übels. Sowohl die der Landwirtschaft vorgelagerte Industrie zur Herstellung von →Düngemitteln, Futtermitteln, Mitteln zur →Schädlingsbekämpfung oder Landmaschinen als auch die ihr nachgelagerte Industrie, d.h. Nahrungsmittelkonzerne und Großschlachtereien, sind stark zentralisiert. Das erfordert eine ähnliche Struktur auch bei der Erzeugung der Lebensmittel: einheitliche Märkte, kalkulierbare Produktmengen, eben Massenproduktion. Eine auf Massenproduktion ausgerichtete →Tierzucht setzt eine entsprechende Tierhaltung voraus.

Die Befürworter der Massentierhaltung können einige beachtliche Erfolge verbuchen:

– Weniger Arbeitskräfte sind für die Versorgung von immer mehr Tieren ausreichend (z.B. 15000 Legehennen oder 2000 Mastschweine pro Arbeitskraft).

– Die Produktionszahlen sind angestiegen, d.h., große Mengen Fleisch, Milch und Eier werden in viel kürzerer Zeit als früher mit immer weniger Futter erzeugt. Früher benötigte ein Schwein ein Jahr und 14 Zentner Futter bis zur Schlachtreife, heute 5 Monate und 6 Zentner Futter, und eine Henne legte im Jahr 160 Eier, heute dagegen 300–400 Stück. Nach 14 Monaten wandert eine Legehenne in die Tiefkühltruhe oder in den Suppentopf.

Diese sog. Intensiv- oder Massentierhaltung hat den «Lebenslauf» von Hühnern, Rindern und Schweinen grundlegend geändert.

### Beispiel Hühnerhaltung

Die weitverbreitetste Haltungsart ist die Batteriehaltung, bei der die Hühner (Legehennen) in Käfigen gehalten werden. Ein Käfig, in dem meist 3–5 Legehennen gehalten werden, läßt 450 cm² Grundfläche pro Tier (das ist 3/4 einer Schreibmaschinenseite) und ist 35–40 cm hoch. Die Futtertroglänge muß 10 cm pro Tier betragen. Am Boden des Troges läuft eine Futterkette, die das Futter aus einem Futtersilo immer weiterführt. Über Nippeltränken werden (4–5 Hennen/Nippel) die Tiere mit Wasser versorgt. Die Eier fallen durch die Gitter auf ein Transportband, der Kot fällt in eine Kotgrube. Drei Käfigreihen sind übereinander angeordnet. Alle Arbeitsgänge wie Kotentfernung, Fütterung und Eientnahme sind automatisiert. Ein künstliches Licht und Klima sorgen für einen langen Legetag von 16–20 Stunden.

Im Unterschied zu Schweden, wo die Käfighaltung verboten wurde und bis zum Jahre 2000 ganz aufgehoben werden soll, kämpften die Tierschützer bei uns bisher vergeblich gegen diese Form der Tierhaltung.

Die Bodenhaltung kommt den natürlichen Bedürfnissen der Legehennen weiter entgegen als die Batteriehaltung. In künstlich beleuchteten Ställen können die Legehennen frei herumlaufen. Viel Raum bleibt meistens trotzdem nicht, da bis zu 7 Tiere pro $m^2$ gehalten werden können. In den Ställen gibt es zwei Ebenen, die übergitterte und mit einem Lattenrost versehene Kotgrube und eine mit Sand unterlegte und mit Stroh bestreute Fläche, die das Scharren ermöglicht. Zum Eiablegen können die Hühner Legenester aufsuchen, in denen sie Dämmerlicht und Ruhe haben. Schwebetröge und Rundtränken versorgen die Tiere mit Futter und Wasser. Hennen in der Bodenhaltung leben Aggressionen gegen ihre Artgenossen aus, was nicht selten tödlich endet. Um solche «Hakeleien» zu verhindern, werden den Küken oftmals die Schnäbel gekappt. In der Bodenhaltung können ferner vermehrt Parasiten und Krankheiten auftreten, so daß die Tiere und der Stall dementsprechend behandelt werden müssen.

Die Auslaufhaltung entspricht dem natürlichen Verhalten der Hennen am meisten. Eine Henne hat bei der intensiven Auslaufhaltung 2,5 $m^2$ Platz. Ein Stallgebäude ist für die Eiablage und als Schlafplatz vorhanden. Die Auslauffläche bietet die Möglichkeit für ein Sandbad, nach Würmern zu scharren oder Gras zu fressen. Ein Schattenbaum und ein Windschutz müssen ebenfalls vorhanden sein. Da die Hennen scharren und der Kot der Tiere sehr ätzend ist, wird der Auslauf stark beansprucht. Mehrere Auslaufflächen sind deswegen erforderlich. Die Hennen werden gegen Parasiten behandelt und gegen Krankheiten geimpft.

### Beispiel Schweinemast

Mastschweine werden meist in vollklimatisierten Ställen in Gruppenbuchten (10–15 Tiere) und bei Dunkelheit oder Dämmerlicht gehalten. Der Zementboden ist strohlos und mit Spalten versehen, durch die Kot und Harn in die Güllegrube fallen. Das Dämmerlicht bzw. die Dunkelheit soll die Tiere beruhigen.

Während in der alten BRD Betriebe mit durchschnittlich 60–70 Tieren üblich sind, gab es in der damaligen DDR Großbetriebe, in denen bis zu 190000 Schweine, sogenannte «Borstenvieh-Einheiten», gehalten wurden. Zu den LPGs Tierzucht gehörten durchschnittlich 8700 Schweine neben 4760 Rindern und 800000 Stück Geflügel.

### Beispiel Kälbermast

Kälber (1–2 Wochen alt) werden in Einzelboxen in Mastanlagen ca. 22–23 Wochen lang mit Magermilch oder Milchaustauscher gemästet. Die Boxen messen ca. 80 cm × 160 cm. Anfangs können sich die Tiere noch umdrehen. Mit zunehmendem Gewicht ist dies nicht mehr möglich, auch das Hinlegen und Aufstehen wird zunehmend schwieriger. Der Kopf muß entweder ständig überstreckt oder gebeugt gehalten werden. Die Tiere werden 2mal am Tag getränkt und dürfen dann ihren Kopf durch ein Gitter in den Tränkeimer stecken. Die Tiere stehen auf Holzlattenrosten. Kot und Harn fallen in die Güllegrube.

Durch die flüssige Nahrung (Milchaustauscher- bzw. Magermilchtränke) wird die Entwicklung des Wiederkäuermagens (Pansen) verhindert. Die Tränke enthält im Gegensatz zum Grünfutter nur minimale Eisenmengen, so daß das Muskelfleisch weiß bleibt. Die Kälbermast ist sehr kapitalintensiv (Kälberkosten, Futterkosten; Erlös ein halbes Jahr später). Aus diesem Grunde setzt sich die Lohnmast immer mehr durch. Ein Landwirt stellt nur seinen Stall und die Arbeitskraft zur Verfügung und erhält dafür einen monatlichen Lohn vom Eigentümer der Kälber. Der Eigentümer (oft Großbauer, Futtermittelfabrikant oder Schlachthofbesitzer) liefert die Kälber und das Futter und bestimmt den Einsatz von legalen Tierarzneimitteln bzw. illegalen Masthilfsmitteln (meist Hormoncocktails).

Neben den unbestreitbaren Erfolgen bringt die Massentierhaltung jedoch eine Anzahl gravierender Probleme mit sich.

## Massentierhaltung macht die Tiere krank

Die klassischen Tierseuchen wie Rotlauf, Brucellose, Leukose und Tuberkulose konnten weitgehend zurückgedrängt werden; trotzdem sind die Nutztiere heute nicht gesünder. Heute nehmen solche Krankeiten zu, deren Ursache deutlich in der Art der modernen Tierhaltung und im Management des Betriebes zu suchen sind. Trotz aller Umzüchtungen bleiben Nutztiere Lebewesen, die sich nicht beliebig an Haltungsformen anpassen lassen. Sie reagieren mit schweren Verhaltensstörungen und z. T. auch mit Leistungseinbußen darauf.

Die räumliche Enge führt bei Hühnern zu Verhaltensstörungen wie panikartigem Fluchtverhalten, Federpicken und ständiger Unruhe. Dazu kommen Krankheiten wie Störung des Mineralstoffwechsels und Vergrößerung der Schilddrüse. Bis zu 20 % der Käfighühner pro Jahr ster-

**Ich wollt', ich wär kein Huhn!**
**In einer Voliere dürfen sich heute bis zu 25 Hühner auf einem Quadratmeter drängeln (links). Immerhin können sie die Raumhöhe nutzen. Zum Vergleich: In Käfigen muß 1 Quadratmeter für 22 Tiere reichen. Bei der Bodenhaltung scharren bis zu 7 Hennen pro m². Die intensive Auslaufhaltung gewährt jedem Huhn 2,5 m² Platz, die Freilandhaltung gar 10m².**

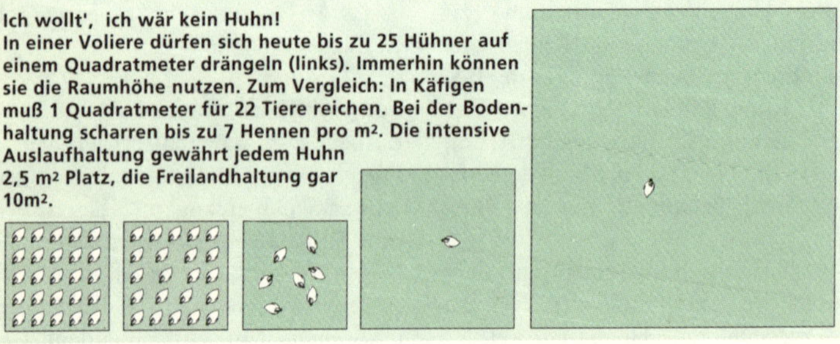

Legebatterie: Etwa 18 Stunden täglich simulieren dämmrige Glühbirnen Tag. Unten: Freilebende Hühnerfamilie

## Chronik der Kalbfleisch-Skandale

**1980**
Erste große Untersuchungen, bei der Östrogene im Kalbfleisch und in der Babynahrung gefunden wurden. In fast der Hälfte aller gezogenen Proben konnten Östrogene nachgewiesen werden.

**1981–1987**
Ständig wurden neue Hormoncocktails nachgewiesen, z. B. Chloramphenicol, Tenbolon, Nortesteron und natürliche Hormone wie Testosteronpropionat usw. Die Untersuchungsämter wurden hauptsächlich in großen Mastbetrieben mit Hunderten von Kälbern fündig. Diese großen Betriebe sind in den Ländern Nordrhein-Westfalen, Niedersachsen und Bayern ansässig.

**1988**
Kälberskandal in Nordrhein-Westfalen! 9000 Kälber waren mit verbotenen Wachstumshormonen vollgepumpt worden. Auf Anweisung des damaligen Umweltministers Klaus Matthiesen wurden die meisten Kälber getötet.

**1989**
Weitverbreiteter illegaler Einsatz von Salbutamol als Masthilfsmittel. Salbutamol ist ein Arzneimittel, das für den Menschen zur Behandlung von akuten und chronischen Atemwegserkrankungen eingesetzt wird. Es kann bei Tieren Gewichtszunahmen bis zu 20 % bewirken.

**18. 8. 1990**
Bei 61 nordrhein-westfälischen Kälbern wurden die illegal eingesetzten Hormone Östradiolbenzoat, Testosteron-Cypionat und Testosteron-Propionat nachgewiesen. NRW-Landwirtschaftsminister Matthiesen sprach von einem «schweren Rückschlag für das Vertrauen der Verbraucher».

**19. 9. 1990**
In einem niedersächsischen Kälbermastbetrieb wurde der Bestand von 1200 Kälbern sichergestellt. Bei einer Routineuntersuchung war das verbotene und krebserregende Diäthylstilböstrol (DES) entdeckt worden.

Quelle: Phillipeit, U./Schwartau, S.: Zuviel Chemie im Kochtopf?

ben vorzeitig oder müssen notgeschlachtet werden.
Bei Schweinen ist die Einschränkung der Bewegung für Beinkrankheiten und Lähmungen, aber auch für Todesfälle verantwortlich. Der strohlose Spaltenboden führt zu Blasen- und Gebärmutterinfektionen und zu Erkrankungen der Lunge. Der prozentuale Anteil verendeter Schweine ist hier doppelt so hoch wie bei Schweinen, denen Stroh eingestreut wird. In der Schweinezucht in Neustadt/Orla (ehem. DDR) gab es eine Verlustquo-

te von 13,5 %, in der BRD-Mast von 2,3 %. Schweine sind sehr streßempfindlich. Licht, Geräusche oder das Eintreten einer fremden Person kann Erschrecken der Tiere (Kreislauftote) oder Rangordnungskämpfe auslösen. Aufgrund der räumlichen Enge können die rangniedrigen Tiere nicht ausweichen und verletzt werden. Ihre Suche nach Beschäftigung «befriedigen» die Schweine in Form von Schwanzbeißen bei den Nachbartieren. Aus diesem Grunde werden die Schwänze meistens kupiert.

### Tierarzneimittel und Futterzusatzstoffe belasten die Lebensmittel

Chemische Hilfsstoffe, insbesondere Arzneimittel wie Antibiotika, Hormone und Tranquilizer (Beruhigungsmittel) sind aus der Massentierhaltung nicht mehr wegzudenken. Die Entwicklungsbedigungen für viele Krankheitserreger sind in großen Beständen günstiger als in kleinen, d.h., die Tiere werden leichter krank und stecken sich schneller an. Aus diesem Grund werden die Tiere vorbeugend mit Antibiotika behandelt. Psychopharmaka werden zur Ruhigstellung der nervösen Tiere (besonders bei Schweinen) eingesetzt. Oft erhalten die Tiere zur Gewichtssteigerung verbotenerweise Sexualhormone (Kälbermast) oder Schilddrüsenhemmer (Bullenmast) verabreicht. Daß es sich dabei nicht um geringe Mengen handeln kann, zeigen Schätzungen über den verbotenen Einsatz von Tierarzneimitteln in der EG von mehreren hundert Millionen DM jährlich. Nicht nur bei den verbotenen Arzneimitteln bestehen Bedenken wegen der gesundheitlichen Risiken für den Verbraucher, sondern auch bei den erlaubten. Zwar gibt es gesetzlich vorgeschriebene Wartezeiten, nach denen ein Produkt geschlachtet oder verkauft werden darf. Das Beispiel der bei der Eierproduktion verwendeten Arzneimittel, für die je nach Medikament 5–60 Tage Wartezeiten vorgeschrieben sind, zeigt deutlich, daß sie oftmals aus ökonomischen Gründen nicht eingehalten werden. Nach Berechnungen der Deutschen Forschungsgemeinschaft entspräche das Verwerfen aller innerhalb der Wartezeit produzierten Eier in der alten BRD einem jährlichen Verlust von 20 Millionen DM. Ferner wird die Einhaltung der Wartezeiten nicht bzw. ungenügend kontrolliert, und praktikable Nachweisverfahren existieren vielfach noch nicht.
Auch die spektakulären Kälbermastskandale in Nordrhein-Westfalen und Niedersachsen machten die Öffentlichkeit auf das Ausmaß des illegalen Einsatzes von Arzneimitteln in der Tierhaltung aufmerksam.

### Die Tierexkremente belasten die Umwelt

In der Massentierhaltung fallen große Mengen an Kot und Harn an, für die oft nicht genügend Ackerfläche zur Verfügung stehen. Im Landkreis Vechta (Niedersachsen) gibt es z.B. etwa 12 Mio. Hühner, 120000 Rinder und 750000 Schweine. Für die hier jährlich anfallenden Güllemengen stehen aber nur 65000 ha Austragungsfläche zur Verfügung. Erforderlich wären aber weit über 80000 ha. Es wird also überdüngt, mit dem Erfolg, daß Gehalte weit über dem derzeit gültigen Grenzwert im →Trinkwasser nachgewiesen wurden (→Grundwasser).

Ein Teil der Tierexkremente gelangt aber auch in das →Abwasser. Wird beispielsweise der gesamte Abfall aus einer Legehennenhaltung mit 2–4 Mio. Tieren eingeleitet, so entsteht eine Abwassermenge, die der einer Großstadt von 100000 Einwohnern entspricht. Plötzlich eingeleitete Gülle kann Fischsterben verursachen und über einen längeren Zeitraum zur →Eutrophierung eines Gewässers beitragen.
Das gasförmige Ammoniak, das bei der Massentierhaltung sowie der Güllelagerung und Ausbringung entweicht, wird auch über größere Entfernungen in andere →Ökosysteme transportiert. So trägt beispielsweise die Massentierhaltung in Norddeutschland in einem nicht unerheblichen Maße zur Eutrophierung der Ostsee bei (→Meeresverschmutzung). Auch am →Waldsterben haben die Ammoniak-Emissionen aus der Massentierhaltung einen gewissen Anteil. Die Massentierhaltung in der ehema-

**Massentierhaltung**

| Tierarzneimittel, auch als Futterzusatzstoffe | Anwendungszweck – Wirkungsweise beim Tier | Gesundheitsgefahr für den Menschen |
|---|---|---|
| Antibiotika, z. B. Tylosin, Spiramycin und Chloramphenicol | Schutz bei Krankheiten, Vorbeugung gegen Ansteckung. Gewichtszunahme durch bessere Futterausnutzung. Alle Tiere werden vorbeugend behandelt. | Allergien gegen best. Antibiotika; Nachlassen der Wirkung der Antibiotika bei Krankheiten (Resistenz). |
| Thyreostatika (Schilddrüsenhemmer), z. B. Thioharnstoff und Methylhiouracil | Gewichtszunahme durch Erhöhung des Wassergehalts. Verboten | Schilddrüsenstörungen, Kropf, Blutkrankheiten, Allergien. |
| Psychopharmaka, z. B. Valium®, Stresnil® und Beta-Blocker | Vermeidung von Transportstreß und frühzeitigem Herztod während des Transports zum Schlachthof. Auch Anwendung bei der Intensivhaltung zur Ruhigstellung und geringeren Streßanfälligkeit. | Beta-Blocker können für herzkranke und kreislaufschwache Menschen gefährlich und u. U. zu einer akuten Todesgefahr werden. Rückstände von Beruhigungsmitteln können im Zusammenhang mit Alkoholgenuß zu erheblichen Reaktionsschwächen führen. |
| Sexualhormone, z. B. DES (Diäthylstilböstrol) | Verbesserung der Gewichtszunahme, z. B. bei Kälbern, von 10 bis 20 Prozent. Verboten | Krebserregende und erbschädigende Wirkung. Bei Babys und Kleinkindern Störungen des Hormonhaushalts und des Wachstums. Zyklusstörungen bei Frauen. |

Quelle: Leicht verändert übernommen aus: Philippeit, U./Schwartau, S.: Zuviel Chemie im Kochtopf? Reinbek 1983, rororo Sachbuch 7670, S. 94 f.

ligen DDR brachte ebenfalls erhebliche Umweltprobleme mit sich. Dazu gehören die →Emissionen von Ammoniak und Schwefelwasserstoff und die unzureichenden Lagerkapazitäten für die Gülle insbesondere in den Bezirken Potsdam, Magdeburg, Erfurt, Dresden, Neubrandenburg und Leipzig.
In der ehemaligen Schweineproduktion in Neustadt/Orla fielen jährlich über eine Million m³ Gülle an, die nicht umweltgerecht beseitigt werden konnte. Auf 680 ha Ackerland der benachbarten LPG Pflanze wurden seit Jahren statt der zugelassenen 5 Tonnen insgesamt 170000 Tonnen – zum Teil über unterirdische Pipelines – verteilt. Der Gülle fielen 650 ha Wald zum Opfer, und 30 ha Ackerland ringsum sind unbrauchbar. Allein 400000 m³ Gülle gelangten mangelhaft gereinigt in die Saale. Die Anlage blies zudem 3500 Tonnen Stickstoff in die Luft. Die Arbeiter der Anlage und Bewohner in der Umgebung leiden unter chronischer Bronchitis, →Allergien und Ekzemen.

### Massentierhaltung contra Tierschutz

Um die Massentierhaltung wird heftig gestritten. Befürworter und Gegner berufen sich auf wissenschaftliche Untersuchungen. Es bleibt noch festzuhalten, daß ein Teil der genannten Probleme nicht durch die Massentierhaltung an sich, sondern durch ihre unangemessene Handhabung verursacht sind.
Trotzdem scheint aus ökonomischen, ökologischen und ethischen Gründen die Förderung tiergerechter Alternativen auf längere Sicht dringend erforderlich. Auch die Verbraucher lehnen mehrheitlich nach Umfragen bestimmte Formen der Massentierhaltung (z. B. Legebatterien) ab und sind bereit, lieber etwas mehr für ein tiergerecht erzeugtes und rückstandsfreies Ei zu zahlen (→ökologischer Landbau).

### Rückstände in Eiern

«1984 wurden in Eiern aus Baden-Württemberg bis zu 66 Milligramm Nicarbazin pro Kilo gemessen. Nicarbazin, ein für Legehennen verbotenes Mittel gegen Darminfektionen, gilt als krebsverdächtig.
1985 und 1987 entdeckten die baden-württembergischen Lebensmittelfahnder Nudeln, die mit chloramphenicolhaltigem Flüssigei verseucht waren. Chloramphenicol ist seit 1985 für Legehennen verboten, da es beim Menschen zu tödlichen Blutkrankheiten führen kann. Für andere Tierarten ist es noch erlaubt. Weil billig und leicht anzuwenden, ist es auf dem Grauen Markt sehr beliebt.»

(Natur, 4, 88, 94)

**TiP** Massentierhaltung ist Tierquälerei. Achten Sie beispielsweise beim Eierkauf auf die Aufschrift «aus Bodenhaltung» oder «Freilandhaltung». Die Tierhaltung ist auch für die Fleischqualität ein wichtiges Kennzeichen. Nur Tiere, die sich frei bewegen können, setzen schmackhaftes Muskelfleisch an. Wenn Sie einen Bauern (Ökobauern) in Ihrer Umgebung haben, können Sie sich vor Ort ein eigenes Bild über die Tierhaltung machen. Artgerechte Tierhaltung ist aufwendig und teuer, das macht sich auch beim Fleischpreis bemerkbar. Fleisch zu Discountpreisen wie im Supermarkt gibt es nur aus Massentierhaltung.

## Medizin

Der Mensch kann nicht gesünder sein als die Umwelt, in der er lebt. Die moderne Medizin sieht sich heute mehr denn je Krankheiten gegenüber, die als Folgen der Lebensbedingungen in den Industriestaaten auftreten. Beschwerden, die durch das Einwirken der Umwelt auf den Menschen entstehen, sind der gravierendste Faktor, mit dem sich das Gesundheitssystem auseinandersetzen muß.

Belastungen entstehen durch das Einwirken von →Schadstoffen aus der →Luft, dem →Wasser, dem →Boden, aber auch aus dem Lebensstil und den Arbeitsbedingungen der modernen Industriegesellschaft (Streß, Lärm, Mobilität etc.). Zwei Drittel der Bundesbürger leiden heute unter unklaren Beschwerden wie Kopfschmerzen, Müdigkeit und verringerter Leistungsfähigkeit, für die es keine klare Diagnose gibt. Diese Beschwerden resultieren aus physischen, psychischen, psychosozialen und geistigen Belastungen. Die psychosomatischen oder streßbedingten Erkrankungen zeigen seit der Jahrhundertwende keine Tendenz zu seltenerem Auftreten, obwohl medizinische Forschung und Behandlung sich gemeinsam bemühen. In den letzten Jahrzehnten kam es zu einer eklatanten Zunahme von «Zivilisationskrankheiten» wie Herz-Kreislauf-Erkrankungen, Krebs, Arthritis, Erkrankungen der Atemwege und zu einer weiten Verbreitung der Depression.

### Umweltmedizin

Solange es eine Medizin gibt, sind umweltbedingte Erkrankungen bekannt. Erst seit wenigen Jahren werden sie ausdrücklich als →Umweltkrankheiten bezeichnet. Umweltmedizin hat in dem schwierig zu definierenden Grenzbereich zwischen gesund und krank zu differenzieren. Zugleich hat sie zu prüfen, ob und welche Einflüsse von der Umwelt auf diesen Grenzbereich ausgehen.

Da alle Krankheiten letzten Endes auf genetische Ursachen oder solche aus der Umwelt zurückgehen, muß stets abgeschätzt werden, welchen Beitrag Umweltfaktoren zu Entstehung und Verlauf einer Krankheit leisten.

Umweltfaktoren beeinflussen auch sogenannte schicksalhafte Krankheitsverläufe. Denn gerade chronisch Kranke oder Personen mit besonderer Disposition können durch Umweltfaktoren stärker als andere belastet werden. Dies hat gesundheitlicher Umweltschutz zu berücksichtigen, wenn Belastungssituationen bewertet und →Grenzwerte empfohlen werden.

### Das Fehlen ganzheitlicher Ansätze

Das Prinzip der Schulmedizin ist die Allopathie. Es besteht in der gegensätzlichen Wirkung von Medikamenten, z.B. Beruhigungsmittel gegen Aufregung, stopfende Arzneien gegen Durchfall, was die Symptome oft unterdrückt und nicht die Krankheit heilt. Dabei bestehen Risiken wie Suchtgefahr und Nebenwirkungen der →Arzneimittel. Der z.B. mit Cortison behandelte Hautausschlag kehrt um so stärker wieder zurück, oder Schmerzmittel, die auf Dauer mehr Schmerzen verursachen und die Nieren angreifen. Der Mensch wird «in einzelne Teile zerlegt» und nicht in seiner physischen, psychischen und geistigen Ganzheit gesehen. Zur Er-

forschung von immer mehr und immer stärkeren Medikamenten bedient man sich Methoden wie →Tierversuchen, deren Übertragbarkeit auf den Menschen ohnehin fragwürdig ist.
Im 18. und 19. Jahrhundert entwickelte sich die Medizin auf den Grundlagen der aufstrebenden Naturwissenschaften. Es entstand eine Medizin mit einem Modell des Organismus als Mechanismus, an dem heute noch festgehalten wird. Über die eigentliche Entstehung von Krankheiten, die Rolle des Immunsystems und die es beeinflussenden Faktoren ist noch wenig bekannt. Neuere Forschungsprojekte und ihre Ergebnisse zeigen, daß der Körper sich nicht in unabhängige Funktionskreise wie Nerven und Immunsystem einteilen läßt, sondern ein biochemisches Netzwerk ist.

## Reformunwilligkeit des Gesundheitssystems

Zu der Schwierigkeit, grundsätzlich neue und ganzheitliche Ansätze in der Medizin zu finden und zu einem komplexeren Verständnis von Gesundheit und Krankheit, kommt, daß der politische Einfluß pharmazeutischer Unternehmen und ärztlicher Organisationen den Medizinbetrieb weitgehend unempfänglich für Reformen macht.
Der «Hausarzt» hat nicht die Möglichkeit, mit der schnellen Entwicklung medizinischer Forschung Schritt zu halten, von der riesigen Fülle neuer Techniken und Technologien ganz zu schweigen. Spezialisierung veränderte die medizinische Praxis, und der Patient fühlte sich in wachsendem Maße beunruhigt. In den Großkliniken und Bettenburgen wird die Krankheit therapiert («die Niere von Zimmer 16»), aber nicht der Mensch behandelt. Wo der Arzt einen beruhigenden Einfluß auf den Kranken haben sollte, bekommt der Patient oft nur eine chemische statt einer persönlichen Zuwendung.
Forschungsbereiche der neuen Großtechnologien wie die →Gentechnik und Reproduktionstechnologie und ihre Gefahren für den Menschen werfen die Frage auf, ob Forschung im Dienste medizinischen Fortschritts auch Forschung im Dienste des Menschen ist.

## «Außenseitermedizin»

Neben der klassischen Schulmedizin bestehen alternative Heilweisen, die zum Teil älter sind als die allopathische Medizin: die Naturheilkunde, die Homöopathie und die Erfahrungsheilkunde. Diese →Naturheilverfahren, als Außenseitermedizin diskriminiert, gewinnen in der Bevölkerung angesichts des Unbehagens gegenüber der Apparatemedizin an wachsender Bedeutung. Die Bedeutung der Naturheilweisen liegt in ihrem ganzheitlichen Ansatz, d. h., sie trennen nicht körperliches von seelisch-geistigem Geschehen. Sie arbeiten mit den Selbstheilungskräften des Organismus, und sie sehen in der Beziehung Arzt–Patient einen wesentlichen Faktor für den Verlauf der Behandlung. Darüber hinaus können sie eine wichtige Rolle in der Vorbeugung und Früherkennung von Krankheiten spielen.

## Gesundheitsvorsorge

In die Gesundheitsvorsorge, d. i. die Erforschung und Bekämpfung von Krankheitsursachen, die Aufklärung der Bevölkerung über Gesundheitsrisiken und die Gesundheitserziehung, fließen heute lediglich sechs Prozent der Gesundheitsausgaben. Der Schwerpunkt im Gesundheitswesen muß von der Krisenpathologie weg und hin zur Vorbeugung und Erhaltung der Gesundheit verlagert werden. Schließlich gehört zu einer Lösung der gegenwärtigen Krise unserer Gesundheitsvorsorge die persönliche Verantwortung in der Vermeidung von Gesundheitsrisiken.

**TiP** Je früher eine Krankheit vom Arzt erkannt wird, desto besser sind die Heilungschancen. Deshalb ist es wichtig, an Vorsorgeuntersuchungen teilzunehmen. Die Krankenkassen gewähren kostenlose Vorsorgeuntersuchungen für werdende Mütter, Untersuchungen und Impfungen speziell für Säuglinge und Kleinkinder, Vorsorgeuntersuchungen am Arbeitsplatz sowie die Vorsorgeuntersuchungen gegen Krebs für Frauen ab 30 Jahren und für Männer ab 45 Jahren. Auf Wunsch gewähren die Krankenkassen jedem/r, unabhängig vom Alter, eine Krebsvorsorgeuntersuchung.

## Meeresverschmutzung

Möwengeschrei, das gleichmäßige Rauschen der Wellen, barfuß durch den Sand laufen… viele Menschen verbinden solche Vorstellungen mit einem Ferienaufenthalt an Nord- und Ostsee oder am Mittelmeer. Aber auch diese Ferienwelten sind nicht von der Umweltverschmutzung verschont geblieben: Teerablagerungen im Sand, Schaumbildung im Strandbereich, Plastikmüll und sogar Fäkalien trüben nicht nur das Wasser, sondern auch die Urlaubsfreuden. Daneben rücken Tankerunglücke und die sommerliche Algenmassenvermehrung sowie das Robbensterben den desolaten Zustand unserer Meere ins Bewußtsein. Viele Folgen des fatalen Umgangs der Menschen mit den Meeren entziehen sich dagegen der direkten Wahrnehmung des Urlaubers: die Überfischung einzelner Meeresabschnitte, die Ausrottung von Fischbeständen und von Meeressäugern (→Artensterben), Absterben der Meeresbodenvegetation, Mißbildungen und Schadstoffbelastungen bei Fischen sowie ölverseuchte Seevögel.

### Mord am Meer!

Die Quellen der Meeresverschmutzung sind vielfältig: Ein großer Teil der Schad- und Belastungsstoffe gelangt durch den Zufluß der Flüsse in das Meer (→Gewässerverschmutzung). Daneben gelangen insbesondere Schwermetalle und radioaktive- und Nährstoffe über die Luft (→Luftverschmutzung) in die Gewässer. In Küstennähe kommt die Einleitung kommunaler und industrieller Abwässer (→Abwasser) hinzu. Weitere Schadstoffquellen sind die Öl- und Gasförderung auf See sowie Einträge durch den Schiffsbetrieb, inklusive der Tankerunglücke (→Ölpest). Letztendlich noch die Abfallbeseitigung auf See, wie die →Verklappung von Abfällen.

Genauso zahlreich wie die Quellen sind die Schadstoffe selbst: Nährstoffe wie →Nitrat, →Stickoxide und Phosphat, →Schwermetalle, Erdölkohlenwasserstoffe, →chlorierte Kohlenwasserstoffe, →polychlorierte Biphenyle (PCBs), DDT, Schwefelsäure und Erze (Verklappung), Radionuklide (→Radioaktivität) und

**Müll am Flutsaum der Nordsee vor Nordfriesland**

alle Arten von Schiffsmüll werden in die Meere eingebracht.
Obwohl die spektakulären Tankerunglücke in den Medien große Beachtung finden (→Ölpest), sind es eher die «alltäglichen», zum großen Teil genehmigten Schadstoffeinleitungen, die unsere Meere verschmutzen.

## Rettet die Nordsee!

Die Nordsee gehört zu den Seegebieten mit der höchsten Verkehrsdichte auf der Welt. Sie wird neben der internationalen Schiffahrt insbesondere von den europäischen Nordseeanrainerstaaten BRD, Niederlande, Belgien, Frankreich, Dänemark, Norwegen, Schweden und Großbritannien als Transportweg zwischen den europäischen und überseeischen Häfen genutzt. Zwei der fünf größten Seehäfen der Welt liegen im Bereich der Nordsee. Insbesondere in der Nähe der Häfen und im Bereich der Flüsse haben sich große Industrien angesiedelt. In der Nordsee werden Öl, Gas und Kies gefördert. Von den Anrainerstaaten wird sie zudem als Müllkippe benutzt. Viele Küstenregionen sind intensiv genutzte Feriengebiete. Zugleich ist die Nordsee ein Randmeer von besonderer ökologischer Bedeutung mit dem besonders empfindlichen und ökologisch wertvollen →Wattenmeer. Sie ist zudem eines der artenreichsten Gewässer der Welt. Rund 170 Fischarten und minde-

**Abb. nächste Seiten: Von den Wellen zu meterhohem Eiweißschnee geschlagene Phaeozystis-Algen an der Nordsee**

1823

stens 30 Arten von Walen und Delphinen bevölkern die Nordsee; an ihren Küsten brüten ca. 70 Seevogelarten.

Die Artenvielfalt und die ökologischen Funktionen sowie die ökonomische Nutzung der Nordsee ist jedoch dadurch in Gefahr, daß sie als Mülleimer für jährlich ca.:
50 000 Tonnen Schwermetalle,
108 000 Tonnen Phosphor,
150 000 Tonnen Öl, und
1,6 Mill. Tonnen Stickstoff benutzt wird.

Daneben wurden bis vor einigen Jahren jährlich ca. 80 Mill. Tonnen Baggergut und Klärschlamm, 100 000 Tonnen Giftmüll zur Verbrennung und 2 Mill. Tonnen Dünnsäure in die Nordsee eingebracht (→Verklappung).

Die Quellen der Schadstoffbelastungen sind vielfältig und je nach Stoff sehr unterschiedlich. Der überwiegende Teil der Schadstoffe gelangt mit den Flüssen – vor allem Rhein und Elbe – in die Nordsee (→Gewässerverschmutzung). Dies betrifft insbesondere Stickstoff und Phosphat aus der Landwirtschaft und den kommunalen Abwässern sowie vielfältige Stoffe aus den Abwässern der chemischen Industrie. Die Schwermetalle Blei, Cadmium und Quecksilber sowie Kohlenwasserstoffverbindungen werden insbesondere durch die Atmosphäre eingetragen. So gelangen über 90 % der →PCBs, des Trichloräthan und des →Pestizids Lindan über die →Luft in das Meer. Daneben werden auch Stickoxide aus Fahrzeugen sowie Ammoniak aus der →Massentierhaltung über die Atmosphäre in die Nordsee eingetragen.

Da →Schwermetalle nicht abbaubar sind, kommt es zu einer →Anreicherung in den Organismen. Die Schwermetallbelastung der Nordsee hat mittlerweile zu Veränderungen der Tier- und Pflanzenwelt und zu besorgniserregender Zunahme von **Fischkrankheiten** geführt. Für den Menschen sind jedoch eher diejenigen Fische gefährlich, die noch keine äußerlichen Schädigungen aufweisen, jedoch – wie bereits der gesamte Nordseefisch – schadstoffbelastet sind. Auf die Weise gelangen Schwermetalle, PCBs, DDT und andere giftige Stoffe über die →Nahrungskette wieder zum Verursacher – dem Menschen.

Die erhöhte Belastung der Nordsee mit radioaktiven Stoffen (→Radioaktivität) ist im wesentlichen auf →Emissionen der →Wiederaufbereitungsanlagen in La Hague (Frankreich) und Sellafield (GB) zurückzuführen. Von dort werden sie mit der Meeresströmung in die gesamte Nordsee verbreitet. Auch durch den Reaktorunfall in →Tschernobyl ist der Radioaktivitätseintrag der Nordsee deutlich angestiegen.

### Robben sterben!

Anders als bei der Algenvermehrung und dem Fischsterben nahm die Öffentlichkeit am Robbensterben im Sommer 1988 regen Anteil. Allabendlich erschütterten die Fernsehbilder von toten Robben die Zuschauer. An den Küsten Europas wurden im Zeitraum von April bis Mitte November an die 18 000 Robben bzw. Seehunde tot aufgefunden – davon allein im Wattenmeer ca. 8300. Über die Todesursache entbrannte ein Expertenstreit. Als Ursachen wurden zum einen Viren, zum anderen Schadstoffe, insbesondere PCBs, angesehen. Heute gilt als allgemein erwiesen, daß das Immunsystem der Robben aufgrund der Schadstoffe derart geschwächt ist, daß sie letztlich Virus-Erkrankungen erliegen.

### Mülleimer Nordsee

Das Meer wird als Mülleimer benutzt, der Strand als Müllkippe. Bei einer Auszählung von angeschwemmtem Müll wurden an den Stränden Helgolands umgerechnet auf eine Zählung und 1000 Meter Strand u. a. gefunden:

- 25 Textilien
- 53 Teile von Fischgeräten
- 93 Metallstücke
- 158 Glas- und Porzellanscherben
- 360 Plastik-, Gummi- oder Schaumstoffreste
- 580 Hölzer und Holzprodukte.

Weitaus mehr, insbesondere Plastikmüll, wurde bei Untersuchungen auf dem Meeresboden gefunden. Opfer des Seemülls sind überwiegend Seevögel, aber auch Seehunde.

**Todesursache: Müll**

### Die Ostsee: Ein Binnenmeer droht umzukippen!

Die Ostsee leidet in tieferen Wasserzonen unter Sauerstoffmangel. Dabei ist sie schon aufgrund ihrer natürlichen Voraussetzungen nicht mit Sauerstoff gesegnet. Dem einem Binnengewässer ähnlichen Meer fehlt es nämlich an Zufuhr von frischem Salzwasser und einer Durchmischung durch die Gezeiten. Die eingeleiteten →Abwässer, insbesondere der Landwirtschaft und der Haushalte, führen zu einem Anstieg des Nährstoffgehalts. Die Ostsee wird also eutrophiert (→Eutrophierung). Dadurch kommt es zu einem gesteigerten Algenwachstum; abgestorbene Algen sinken zu Boden und verursachen dort bei ihrer bakteriellen Zersetzung einen Sauerstoffmangel. Beim sich anschließenden sauerstoffreien Abbau der Algen wird giftiger Schwefelwasserstoff gebildet. Daher ist die Ostsee in tieferen Zonen vielfach biologisch tot. Wird das Tiefenwasser bei bestimmten Windverhältnissen an die Oberfläche gedrückt, kommt es aufgrund des Sauerstoffmangels und des giftigen Schwefelwasserstoffs zum **Fischsterben.**

Ursache für die Eutrophierung der Ostsee sind die eingespülten Nährstoffe Nitrat und Phosphat sowie die Stickoxide aus der Luft. Die Gesamteinträge über Flüsse haben sich von 1900–1980 beim Stickstoff vervierfacht und beim Phosphat versiebenfacht. Die Einträge mit Abwässern und Flüssen werden auf jährlich 500000 t Stickstoff und 50000 t Phosphor geschätzt. Der Anteil der

Landwirtschaft wird dabei auf 75 bis 85 % geschätzt. Ursache sind die Überdüngung (→Düngemittel) der landwirtschaftlich genutzten Flächen sowie die Gülle-«Entsorgung» in die Böden. Zu den Einträgen über Flüsse kommen ca. 410 000 t Stickstoff-Einträge pro Jahr aus der →Atmosphäre, die vor allem aus dem Verkehr und der Landwirtschaft stammen. Dies dient alles als Dünger für die Algen.

### «Killeralgen» schlagen zurück

Aufgrund der übermäßigen Nährstoffeinträge ist es nicht verwunderlich, daß alljährlich in Nord- und Ostsee eine massenhafte **Algenvermehrung**, eine sogenannte **Algenblüte**, auftritt. In die Schlagzeilen geriet diese Algenvermehrung erstmals im Frühjahr 1988. Vor der südnorwegischen Küste waren vom Wasserflugzeug aus große blaugrüne Verfärbungen sichtbar, Algenteppiche der Goldalge **Chrysochromulina polylepsis** – später auch **Killeralge** genannt. Sie vergiftet ihre Umwelt, wenn sie in großen Mengen auftritt. Der Teppich war 50 Kilometer lang und neun Meter dick. Unter ihm war der Meeresboden übersät mit toten Fischen und toten Schalentieren.

Diese Alge ist nicht die einzige und auch nicht die einzig giftige, bei der nun alljährlich eine Massenvermehrung zu beobachten ist. Schlagzeilen machte auch die Algenpest an der Adria im Sommer 1989. Von Ravenna bis Rimini schwappte eine schleimige braune Brühe an den Strand. Ursache sind auch hier die Überdüngung der landwirtschaftlichen Flächen, insbesondere in der Po-Ebene, sowie die Millionenstädte Turin und Mailand, die Po und Adria de facto als Toilette mißbrauchen. Algenvermehrungen treten jedoch nicht nur in Nord- und Ostsee und der Adria auf, sondern können – wie Satellitenbilder zeigen – auf den Weltmeeren überall dort beobachtet werden, wo die Gewässerbelastungen besonders hoch sind.

### Urlaubsziel Adria-«Kloake»

Das Mittelmeer ist noch immer Reiseziel Nummer eins bei den Europäern. Eine UNO-Studie aus dem Jahr 1988 gibt jedoch dem Mittelmeer nicht einmal mehr 40 Jahre, bis die Küsten völlig zerstört sein werden – es sei denn, man einigte sich möglichst bald auf ein Rettungsprogramm. Die großen in der Studie prognostizierten Probleme des Mittelmeerraums werden das Ansteigen der Zahl der Küstenbewohner und Urlauber, die Verknappung der Lebensmittel, die Verschmutzung des Trinkwassers und die Abfallbeseitigung sein. Schon heute werden jährlich über 430 Milliarden Tonnen Giftstoffe, Abfälle und Abwässer ins Mittelmeer geleitet. Nach einer Mitteilung des Europaparlamentes (1988) setzt sich die jährliche Mittelmeerverschmutzung aus folgenden Faktoren zusammen: Abwässer von ca. 140 000 Fabriken, etwa 1 Mill. t Öl und Treibstoff aus dem Schiffsbetrieb, 60 Mill. t Reinigungsmittel, 100 t Quecksilber, 320 000 t Phosphor und 800 000 t Nitrate. Dazu kommen die Abwässer von 135 Mill. Einwohnern und im Sommer von 100 Mill. Urlaubern. Dabei gelangen 85 % aller kommunalen Abwässer ungeklärt in die Adria. Angesichts dieser Schadstoffmengen ist es nicht verwunderlich, daß in der Pressemitteilung des Europaparlaments darauf hingewiesen wurde, daß der Zustand des Mittelmeers weit besorgniserregender sei als jener der Nord- und Ostsee.

### Lernen wir aus den Katastrophen?

Wenn auch die Folgen der Meeresverschmutzung scheinbar plötzlich über uns, über Robben, Fische und andere Lebewesen hereinbrechen, vermittelt dies jedoch ein falsches Bild. Die meisten Ursachen für Algenpest, Fisch- und Robbensterben waren Wissenschaftlern und Politikern lange bekannt. Die Folgen wurden von Wissenschaftlern prognostiziert und konnten diese in der Regel nicht überraschen. Leider waren bisher alle Maßnahmen zur Rettung von Nord- und Ostsee halbherzig.

So haben die **Internationalen Nordseeschutzkonferenzen** 1984 in Bremen, 1987 in London und 1990 in Den Haag bisher keine spürbaren Verbesserungen für die Nordsee gebracht.

Die Belastung der Ostsee mit organischen Stoffen soll bis zum Jahre 1995 um 50% reduziert werden – so eine Deklaration der **Helsinki-Kommission** aus dem Jahr 1988. An ähnlichen Absichtserklärungen fehlte es auch auf der ersten **internationalen Ostseeschutz-Konferenz** (Lübeck 1991) nicht. Viele Wissenschaftler und Umweltschützer bezweifeln jedoch, ob z. B. eine Halbierung der Schadstoffe ausreicht, da die verbleibenden 50% immer noch mehr sind, als die Ostsee verkraften kann. Vielmehr scheinen drastische Maßnahmen notwendig, bei denen allerdings einige «heilige Kühe» wie →Autoverkehr, Industrie und →Landwirtschaft angetastet werden müßten.

**TiP** Segler und Motorbootfahrer behandeln ihre Schiffe mit Unterwasserbewuchsschutzfarben, sogenannten Antifoulings. Sie sind in jedem Fall giftig für die Umwelt, deshalb sollte zunächst geprüft werden, ob der Einsatz notwendig ist. Die wenigsten Probleme gibt es mit zinnfreiem Antifouling, da hier das für die Gesundheit und die Umwelt schädliche Schleifen entfällt. Wenn Sie schleifen müssen, schützen Sie sich mit Schutzhandschuhen und Atemschutz. Der Schleifstaub muß auf einer Plane aufgefangen und als Sondermüll, in Spezialcontainern, entsorgt werden.

## Militärische Umweltbelastungen

Das Thema «Umweltzerstörung durch das Militär» ist erst in den letzten Jahren auf ein größeres Interesse in der Öffentlichkeit gestoßen. Durch die unermüdliche Aufklärungsarbeit der Ökologie- und der Friedensbewegung ist deutlicher geworden, daß nicht nur ein Krieg selbst, sondern auch Militär und Rüstung in sogenannten Friedenszeiten die Umwelt belasten und zerstören und Menschenleben fordern. Über das tatsächliche Ausmaß der Umweltbelastungen durch die Bundeswehr und die ausländischen Stationierungsstreitkräfte in Deutschland existieren wegen Geheimhaltungsvorschriften und militärischer Sonderrechte nur verhältnismäßig wenige veröffentlichte Daten. Trotzdem können Umwelt- und Militärfachleute und Wissenschaftler/innen ein ziemlich umfassendes Bild militärischer Umweltbelastungen zeichnen. Die Bundeswehr versucht sich in letzter Zeit als «Umwelttruppe» zu profilieren. Aber auch solche Aktivitäten können nicht darüber hinwegtäuschen, daß Militär und Rüstung grundsätzlich Umweltbelastung und -zerstörung bedeuten. Unter Umweltgesichtspunkten werden Militär und Rüstung am Ende des 20. Jahrhunderts vollends fragwürdig:

Das Militär wird, wenn es zum Einsatz kommt, das vernichten, was es verteidigen und schützen oder erobern soll: Menschen, Natur, Rohstoffe, Wohnungen, Fabriken... Das Militär belastet und zerstört bereits in der Vorbereitung auf die Verteidigung nachhaltig Regionen, Menschen und Natur.

Mit militärischen Mitteln, mit Waffen und Befehlen, kann der Umwelt nicht geholfen werden. Nur durch konsequente und tiefgreifende Umweltschutzmaßnahmen und durch die Bereitstellung ausreichender Gelder, die u. a. wegen fortgesetzt hoher Militärausgaben nicht zur Verfügung stehen, sind verseuchte Meere, Seen und Flüsse, vergiftete Böden und sterbende Wälder – wenn überhaupt noch – zu retten. Der tatsächliche Umfang militärischer Umweltbelastungen wird in einer Bundeswehr-Geheimstudie zur Umweltlage sichtbar, die im April 1987 von der Zeitschrift «natur» veröffentlicht wurde. Aus ihr ergibt sich ein bedrückendes Militärbelastungsbild für die Bundesrepublik

Deutschland, deren Militärdichte bis zum Jahr 1991 die höchste der Welt war.

### Ausländische Truppen in Deutschland

In den Bereichen der ausländischen Truppen ist es so gut wie unmöglich, deutsches Recht, insbesondere das Umweltrecht, durchzusetzen. Dementsprechend hoch sind die Luft- und Wasserverschmutzungen von Einrichtungen der ausländischen Streitkräfte (z. B. Heizwerke, Werkstätten, Tanklager, Flugplätze), die Unfallzahlen ihrer Fahrzeuge (kein TÜV!) auf den öffentlichen Straßen und die von ihnen angerichteten Manöverschäden. Allein zur Reduzierung von Luftverschmutzung und Beseitigung von Wasservergiftungen, die in Europa von US-Truppen verursacht wurden, wären nach offiziellen Berechnungen der USA über eine halbe Mrd. US-Dollar notwendig.

### Lärmbelastung

Die Lärmeinwirkung ist die militärische Belastungsart, der die meisten Menschen ausgesetzt sind. Zwei Drittel der Fläche Westdeutschlands sind Tieffluggebiet, das jetzt auf Ostdeutschland ausgedehnt wird (s. Belastung durch Tiefflug). Von rund 70 % der Liegenschaften der Bundeswehr gehen Verkehrslärm, Schießlärm oder Betriebslärm aus, bei der Hälfte dieser Liegenschaften auch nachts.
Gesundheitsschäden durch Lärmbelästigung treten etwa ab 80 dB(A) auf. Der →Lärm von Panzermotoren mit 110 dB(A) grenzt schon an den Schmerzbereich, der Lärm von Flugzeugbetriebswerken mit 140 dB(A), Gewehren mit 155 dB(A) oder Haubitzen mit 180 dB(A) liegt deutlich darüber. Von vielen Gemeinden wurden wegen der ständigen Lärmbelästigungen Petitionen an den Deutschen Bundestag gerichtet, und es haben sich vielerorts Bürgerinitiativen gebildet, um sich gegen die Belästigungen durch das Militär zu wehren. Der Truppenübungsplatz Bergen (Niedersachsen) mit seinen Panzerschießbahnen z. B. ist nur 800 Meter vom Ortsrand von Dorfmark entfernt. Für die etwa 1100 Einwohner wird das Leben dort «zur Hölle»: nervöse Erkrankungen häufen sich, Schaufensterscheiben zerspringen, Gebäude haben Risse.

### Belastungen durch Tiefflug

Alle Flüge von Kampfflugzeugen unterhalb einer Höhe von 1500 Fuß (ca. 450 m) über Grund (d. h. senkrecht nach unten gemessen) werden als Tiefflüge bezeichnet. Zwischen 150 und 450 Metern liegt das Tiefflugband der BRD, das etwa 2/3 des Bundesgebietes umfaßt. Eine Ausdehnung des Gebietes auf die neuen Bundesländer wurde bereits vorgenommen und hat heftige Proteste der Bevölkerung hervorgerufen. Zwischen 75 und 150 Metern darf in sieben sogenannten «Areas» geflogen werden. Der Tiefstflug (zwischen 30 und 75 Metern) ist über der BRD verboten. Besonders von Kampfhubschraubern, die diesen Regelungen nach Ansicht der Bürgerinitiativen auch unterliegen müßten, wird in diesem Höhenbereich geflogen. Bürgerinitiativen setzen sich vor allem dafür ein, daß die genehmigte Flughöhe vom Grad der Lärmbelästigung des Flugzeuges oder Hubschraubers abhängig gemacht wird.

Pro Jahr gehen auf die Tieffluggebiete 10 Mio. kg Luftschadstoffe (Kohlenmonoxid, Stickoxid, Schwefelwasserstoff, Schwefeldioxid) nieder, und in der Nähe von Flugplätzen wird von Flugzeugen in Notfällen direkt Kerosin abgelassen.

Die größten Schäden verursacht der →Lärm der Flugzeuge. Durch Tierversuche bei der Bundeswehr (!) und durch die täglichen, unfreiwilligen Menschenversuche sind die gesundheitlichen Schäden durch Fluglärm dokumentiert: Schreck- und Angstreaktionen, Hörschäden, Schlafstörungen. Besonders schädlich sind der überfallartige Charakter des Lärms und seine Stärke: etwa 125 dB(A). Zum Vergleich: Die Geräusche eines Preßlufthammers betragen zwischen 90 und 100 dB(A). Tieffluglärm ist um ein Vielfaches lauter, weil vom Menschen eine Erhöhung um 10 dB(A) als Verdopplung der Lautstärke empfunden wird.

**Studie des Bundesgesundheitsamtes**

**«Insgesamt zeigt sich ein Bild, das zu Zweifeln Anlaß gibt, ob die Belastungssituation in Tieffluggebieten noch mit der vom Grundgesetz gebotenen Norm der körperlichen Unversehrtheit oder der politischen Norm der Gleichwertigkeit von Lebensverhältnissen in Einklang steht. Zumindestens erscheint der Tiefflugbetrieb als Faktor, der die Lebensqualität einer Region schmälert.»**

Angesichts solcher Aussagen kann die aufgrund anhaltender Proteste aus der Bevölkerung vom Verteidigungsministerium verfügte Ausweitung der Tiefflüge auf weitere, bisher nicht betroffene Gebiete mit der Begründung einer gerechteren Verteilung der Belastungen von vielen Menschen nur als Hohn empfunden werden. Auch durch eine Auslagerung der Tiefflüge ins Ausland werden die gesundheitlichen und ökologischen Schäden nur verlagert. Es soll der Soldaten und Zivilisten gedacht werden, die bei Abstürzen von Militärflugzeugen ums Leben gekommen sind. In Deutschland waren es in den letzten 10 Jahren über 200 Menschen. Insgesamt sind bisher Schäden in Höhe von ca. 5 Mrd. DM entstanden (Flugzeuge, Häuser, Fahrzeuge, Hochspannungsleitungen, Wälder...).

## Luftbelastung

Ein großer Teil der Heizanlagen in militärischen Anlagen ist veraltet und entspricht nicht mehr den Vorschriften. Da die Zuständigkeit für die Überprüfung der Einhaltung von Immisssionsschutzvorschriften im Militärbereich der Bundeswehr selbst übertragen wurde, verwundert es nicht, daß die Bundeswehr weiterhin – nicht nur in Ostdeutschland – eine Vielzahl von «Dreckschleudern» und sogar nicht genehmigter Anlagen betreibt bzw. jahrelang betrieben hat.

Zur →Luftverschmutzung, die von den ca. 150000 Fahrzeugen der Bundeswehr ausgeht, liegen verwertbare Daten nicht vor. Der Anteil der Bundeswehr an den Schadstoffemissionen wurde für das Jahr 1987 von einem Fachmann auf rund 4% geschätzt. Nicht eingerechnet ist der BW-Verbrauch von Lacken und Lösungsmitteln (ca. 500 Tonnen jährlich).

### Wasserbelastung

Die Abwasserbeseitigung in mindestens 25 % aller Bundeswehranlagen geschieht ohne entsprechende Genehmigung. Ca. 30 Millionen Kubikmeter Abwasser muß die Bundeswehr jährlich beseitigen. 1981 leitete sie 62 % davon ins öffentliche Kanalnetz ein, 18 % kam in Vorfluter (z. B. kleine Bäche), 12 % versickerte im Untergrund, 8 % belasteten gleichzeitig Vorfluter und Untergrund. Trotz erheblicher Anstrengungen in den letzten 10 Jahren werden an vielen Standorten Öle, Fette, Benzin, Säuren und Farben gar nicht oder nur unzureichend entsorgt und gelangen in den Boden, häufig im Nahbereich von Wasserschutzgebieten.

Die Bundeswehr setzt auf ihren Liegenschaften Herbizide, Insektizide und andere chemische Vernichtungsmittel ein; in der Vergangenheit etwa 50–60 Tonnen im Jahr.

Ein weiteres Umweltproblem stellt das europäische NATO-Pipeline-Netz für Flug- und Bodenkraftstoffe dar. Zu dem ca. 6500 km langen Netz (BRD: 3000 km) gehören Depots, Pump- und Übergabestationen; die davon ausgehenden Umweltgefahren können nur erahnt werden.

### Bodenbelastung und Abfallbeseitigung

Militärische Abfälle werden in Hausmüll/Sperrmüll, VS-Material (geheim) und Sondermüll eingeteilt. Für Sonderabfälle steht eine BW-eigene Sondermüllverbrennungsanlage in Munster zur Verfügung. Die Bundeswehr hält weitestgehend geheim, wie Chemikalien, Arzneimittel, Sanitätsmaterial, Rückstände von Geschossen, aus Öl-, Benzin-, Fett- und Stärkeabscheidern und Waschanlagen, Batterien, Altöl, Farben, Lösungs- und Reinigungsmittel entsorgt werden. Die Bodenbelastung durch das Verschießen von ca. 900 verschiedenen Munitionsarten ist enorm. Allein auf dem Truppenübungsplatz Bergen werden jährlich über 1,4 Mrd. Schuß abgegeben. Bei Messungen auf dem Panzerübungsplatz Wildflecken wurden an der Abschußstelle der Panzer 500 mg Blei pro Kilogramm Boden gemessen; der höchstzulässige Wert ist 100 mg pro kg. Bei Boden- und Pflanzenproben rund um den Übungsplatz (z. B. in Kleingärten) wiesen Blattgemüse einen weit über den zulässigen Werten liegenden Bleigehalt auf, der vor allem für Kinder nicht unbedenklich ist.

### Rohstoffverbrauch

Es kann davon ausgegangen werden, daß das Militär einen riesigen Verbrauch an Rohstoffen hat. In den USA existiert eine Liste der vom Militär am meisten gebrauchten Rohstoffe wie Thallium, Germanium, Thorium, Kobalt, Beryllium und Cadmium (zwischen 5 % und 40 % für militärische Zwecke). Eine andere Quelle geht von 11 % der Schlüsselrohstoffe (Aluminium, Kupfer, Platin, Nickel) aus, die für die Rüstungsproduktion gebraucht werden. Besondere Bedeutung erhält der Militäranteil am Rohstoffverbrauch im Zusammenhang mit der Verschuldungskrise der Rohstoffländer, in der Regel Länder der →Dritten Welt, die für ihre Abhängigkeit von den Industrieländern in dreifacher Weise bezahlen müssen: durch niedrige Rohstofferlöse, hohe Zinslasten und hohe Preise für Importwaren.

Zahlen über den Verbrauch von Treibstoffen bei der Bundeswehr liegen vor. Die Luftwaffe z.B. verbraucht ca. 600000 Tonnen Flugkraftstoff; zusammen mit den Flugzeugen der Stationierungskräfte liegt der Verbrauch bei jährlich 1,5 Mio. Tonnen, das ist mehr als das Doppelte des zivilen Flugtreibstoffverbrauches in und über Deutschland.

### Truppenabbau

Der Kalte Krieg zwischen den beiden großen Militärblöcken USA und UdSSR ist beendet. Für die vereinigte Bundesrepublik Deutschland hat diese Entwicklung einen massiven Abbau von Soldaten und Zivilbeschäftigten der deutschen und ausländischen Streitkräfte zur Folge. Vor der Vereinigung beschäftigte die Bundeswehr 495000 und die Nationale Volksarmee 168000 Soldaten, hinzu kamen 184000 bzw. 50000 Zivilbeschäftigte. Bis Ende 1994 muß gemäß dem Zwei-plus-vier-Vertrag die Zahl der deutschen Soldaten auf 370000 abgebaut werden, von denen zunächst 60000, später 68000 in den neuen Bundesländern stationiert sein sollen. Die Zahl der Zivilbeschäftigten wird auf 131000 in den alten und 23000 in den neuen Bundesländern reduziert.

Ebenfalls bis Ende 1994 sollen die 380000 Soldaten und Zivilbeschäftigten der Westgruppe der sowjetischen Streitkräfte mit ihren 164000 Familienangehörigen ihre Standorte in der ehemaligen DDR verlassen haben. Vor dem Ende des Kalten Krieges waren 403000 Soldaten der USA, Großbritanniens, Frankreichs, Kanadas, Belgiens und der Niederlande in der alten Bundesrepublik (ohne Westberlin) stationiert. Hinzu kamen 428000 Familienangehörige sowie 46000 zivile Angestellte aus den Entsendestaaten und 96000 deutsche Zivilbeschäftigte. Die Anzahl der westlichen Stationierungskräfte wird erheblich reduziert werden

Während für den Abbau der Zivilbeschäftigten der Bundeswehr keine Entlassungen vorgesehen sind (allerdings nur in den alten Bundesländern), werden die Stationierungsstreitkräfte Entlassungen vornehmen. Da das Militär nicht nur Arbeitgeber, sondern auch Auftraggeber für militärische und zivile Güter ist und auch die Militärbeschäftigten Konsumenten sind, gilt es, die hierdurch entstehenden indirekten Beschäftigungsauswirkungen zu berücksichtigen. In den achtziger Jahren waren etwa fünf Prozent der Arbeitsplätze in der alten Bundesrepublik von militärischer Sicherheitspolitik (Militär, Rüstungsproduktion und zivile Aufträge/Konsum) abhängig.

Der abrüstungsbedingte Personalabbau stellt gesamtwirtschaftlich gesehen kein unlösbares Problem dar. Hinsichtlich der Regionen, in denen Militärstandorte konzentriert sind (bspw. US-Streitkräfte in der Westpfalz, Bundeswehr im Nordwesten Schleswig-Holsteins), kann es jedoch zu wirtschaftlichen Problemen kommen, wenn nicht rechtzeitig Ausgleichsmaßnahmen eingeleitet werden. Für entsprechende Programme zur Rüstungskonversion, wie sie für einige Regionen vornehmlich in Zusammenarbeit von Friedenswissenschaften und Gewerkschaften entwickelt wurden, sind die notwendigen Grundlagen zu schaffen.

Da Abrüstung auch Geld kostet (z. B.

Vernichtung von Waffen) und zivilwirtschaftliche Strukturen mit Ersatzarbeitsplätzen aufgebaut werden müssen, sind weitere Kürzungen im Verteidigungshaushalt notwendig, damit von einer echten «Friedensdividende» gesprochen werden kann.

### Militärische Infrastruktur

In Westdeutschland besitzt die Bundeswehr ca. 7000 Liegenschaften mit ca. 400000 Bauwerken; die Erfassung der entsprechenden Daten in Ostdeutschland ist z. Z. noch nicht abgeschlossen. Im Jahre 1990 waren für Neu-, Aus- und Umbauten von Truppenunterkünften, Dienstgebäuden, Schießplätzen, Depots, Lagern, Erprobungsstellen und Flugplätzen 3,5 Mrd. DM eingeplant, weitere ca. 2 Mrd. DM von den Stationierungsstreitkräften. Die erfolgreichen Abrüstungsverhandlungen, das Ende des Ost-West-Konfliktes, die deutsche Vereinigung und der damit verbundene Truppenabbau in Deutschland haben bisher weder Veränderungen der NATO-Strategie für Europa bewirkt noch sind Einsparungen im Bundeswehretat zu verzeichnen. Vermutlich soll der Bau von militärischen Einrichtungen und von Verkehrswegen aus militärischem Interesse fortgesetzt werden. Die Regierungsvorstellungen von einem beschleunigten, umweltfeindlichen Durchsetzungsverfahren von Straßenbaumaßnahmen in Ostdeutschland (z. B. Wegfall von Umweltverträglichkeitsprüfungen und Bürgerbeteiligung) orientieren sich offensichtlich sowohl an militärischen Problemlösungsmustern («Schnellschüsse») als auch an der unveränderten militärischen Intressenlage («Der Feind ist im Osten!»). In offiziellen Regierungsverlautbarungen zum Straßenbau in Ostdeutschland ist von diesen Interessen keine Rede, aber sie haben Bedeutung für die Militärplanung und für die Umwelt. Jede Autobahn und Bundesstraße wird heute nach militärischen Straßenbauanforderungen gebaut. Das bisher größte militärische Straßenbauprojekt einer Gemeinde ist der Ausbau der B 41 in Idar-Oberstein für 265 Mio. DM gewesen. Es ist zugleich das wohl abschreckendste Beispiel militärischer Umweltbelastung und -zerstörung: Zunächst haben die Bewohner/innen von Idar-Oberstein jahrzehntelang Tag und Nacht in den schmalen Straßen der Stadt zusätzlich zu den zivilen Fahrzeugen den Lärm und die Abgase von Unmengen durchfahrender Militärfahrzeuge ertragen müssen. Dann wurde auch auf Drängen des Militärs Abhilfe geschaffen und der Fluß Nahe im Stadtgebiet zubetoniert. Zu Lasten der Natur kommen nun auf vier Spuren auch Militärfahrzeuge «auf dem Fluß» zügig zu ihrem Einsatzort!

### Landverbrauch

Werden alle militärisch genutzten Flächen und die sie umgebenden «Schutzbereiche», von denen 8 % an Naturschutzgebiete, 29 % an Wasserschutzgebiete und 25 % an Landschaftsschutzgebiete grenzen, zusammengerechnet, ergibt sich eine militärische Landnutzung von etwa 5,6 % der Fläche der BRD (alle Angaben ohne ehemalige DDR). Zum Vergleich: Die Siedlungsfläche der BRD beträgt ca. 11,3 %; die Fläche des Saarlandes ca. 1 %, einen Flächenanteil von 1,5 % haben auch die Naturschutzgebiete in der BRD. Trotz beschlossener Truppenreduzierungen ist ungeklärt, ob der Bund überhaupt militärische Flächen für eine zivile Nutzung oder als Naturschutzgebiete abgeben wird, und auch in den neuen Bundesländern ist der Zugriff der Bundeswehr auf militärische Flächen rasch und umfassend, ohne einer zivilen Nutzung auch nur eine Chance einzuräumen (s. Übungsplätze).

### Belastung durch Manöver

Nach Angaben der Bundeswehr (1983) finden jährlich etwa 3–4 Korpsgefechtsübungen mit je etwa 40000 Soldaten und 10000 Fahrzeugen, etwa 10 Divisionsgefechtsübungen mit 10000 Soldaten, etwa 80 Übungen mit jeweils mehr als 2000 Soldaten von mehr als 4 Tagen Dauer und ca. 5000 Übungen mit bis zu 2000 Soldaten statt. Dabei entstehen zum einen ökologische Schäden wie z. B. Zerstörung natürlicher und landwirtschaftlicher Vegetation, Bodenerosion, Grundwasserverseuchungen, Rohstoffverbrauch, Lärmbelästigungen von Tieren und Menschen, Vernichtung von Tier- und Menschenleben. Zum anderen müssen die materiellen Schäden gesehen werden, z. B. Ernteschäden, Straßenschäden, Boden- und Gewässerschäden, Zerstörungen von zivilen Einrichtungen, Beeinträchtigung des Tourismus. Die Manöverkosten liegen bei ca. 30 Mio. DM jährlich; und für ca. 100000 Entschädigungsfälle werden im Jahr über 200 Mio. DM aufgebracht. Nicht aufgerechnet werden können die immateriellen Schäden wie z. B. Verkehrsbehinderungen, Belästigungen und Angstzustände der Bevölkerung. Einwohner und kommunale Behörden aus den betroffenen Manövergebieten berichten z. B. von Verletzungen, besonders von Kindern, durch Munition (Eifel), von niedergewalzten Bäumen, Müllbergen von Batterien und Ölkanistern und vom Befahren einer denkmalgeschützten Brücke (Hessen), von Panzerverwüstungen im Naturschutzgebiet mit einer seltenen Grasart (Vogelsberg).

### Übungsplätze

Im Militärbereich wird zwischen Truppen-, Standort- und Pionierübungsplätzen unterschieden, außerdem gibt es sieben Erprobungsstellen für militärisches Gerät. Von den 19 Truppenübungsplätzen (TÜP) in der BRD (ohne ehem. DDR) gehören der Bundeswehr 12, die anderen werden von den Stationierungskräften benutzt. Im Privatbesitz der Rüstungsfirma Rheinmetall ist der TÜP Unterlüß (Niedersachsen).

Für einige Truppenübungsplätze, deren Mehrzahl während der Nazi-Diktatur entstanden ist, ist eine Erweiterung vorgesehen. Wegen der Truppenreduzierungen und der zusätzlichen TÜP im Gebiet der ehemaligen DDR ist z. Z. noch offen, ob es dazu kommen wird. In fast allen Fällen handelt es sich bei den für die Erweiterung vorgesehenen Flächen um schützenswerte Gebiete. In Nußdorf im Inntal hat eine Bürgerinitiative verschiedene Flächen in einem Landschaftsschutzgebiet und in angrenzenden Gebieten der Bundeswehr «vor der Nase weggekauft», um auf diese Weise die Erweiterung des TÜP zu verhindern.

Unter der Überschrift «Bundeswehr will im Bodden ballern» berichteten die «Kieler Nachrichten» vom 25. Juli

1991 über die Pläne der Bundeswehr, mitten in der Kernzone des 1990 eingerichteten Nationalparkes «Vorpommersche Boddenlandschaft», in der die selten gewordenen Seeadler, Kraniche und Kampfläufer nisten und Zehntausende von Zugvögeln rasten und überwintern, einen Raketenschießplatz einzurichten. Begründung: Der schon von der Nationalen Volksarmee genutzte Schießplatz hat eine ausreichende Sicherheitszone in der Ostsee, so daß Raketenschießübungen von Kreta hierher verlegt werden können.

Die Beispiele militärischer Umweltbelastungen, zu denen u. a. auch die Schießübungen im Nationalpark «Schleswig-Holsteinisches Wattenmeer» gehören, könnten endlos fortgeführt werden. Eine umfassende militär-ökologische Belastungsanalyse Deutschlands muß endlich erstellt und veröffentlicht werden. Eine friedliche Zukunft in einer friedlichen Gesellschaft ist ohne umfassende Informations- und Beteiligungsmöglichkeiten für Bürger/innen und ohne einen Schutz der Menschen und der Natur vor militärischer Belastung und Zerstörung undenkbar.

### Mülldeponie

Über Dreiviertel des Mülls wird in der Bundesrepublik zur Zeit auf Deponien abgelagert. Bis zum Inkrafttreten des Abfall-Beseitigungsgesetzes im Jahr 1972 gab es noch an die 5000 Müllkippen. Fast vor jeder Stadt gab es einen Platz, an dem alles, was keiner mehr gebrauchen konnte, mehr oder weniger wild abgeladen wurde. Anwohner wurden häufig vom Gestank belästigt. Keiner konnte ausschließen, daß irgendwelche Giftstoffe mit eingelagert und im Boden bis ins →Grundwasser versickern würden. Deshalb schrieb das Gesetz den Übergang zu geordneten Zentraldeponien vor, z. Z. etwa 500 für Hausmüll in der Bundesrepublik. Diese müssen nach unten zum Grundwasser hin durch Tonschichten, Kunststoffolien oder Bitumenbahnen abgedichtet werden (Basisabdichtung). Über Dränagerohre (spezielle Abflußleitungen im Boden) soll das Sickerwasser aufgefangen und gereinigt werden. Der Müll wird mit Spezialfahrzeugen und -geräten verdichtet und täglich mit Sand oder Bauschutt abgedeckt. Über Beobachtungsbrunnen werden ständig Proben entnommen und auf Schadstoffe kontrolliert. Auch Grundwasserbohrungen im Umfeld der Deponie dienen dazu. Eine solche geordnete Zentraldeponie ist sicher teurer als die alten Müllkippen, aber sie bietet wesentlich mehr Sicherheit vor Umweltschäden. Die Deponie ist zur Zeit noch immer das preiswerteste Verfahren, um mit dem Müll fertig zu werden. Zwar wird bei der →Müllverbrennung das Müllvolumen verkleinert, doch bleiben am Ende Stoffe übrig, die wiederum auf einer Deponie gelagert werden müssen. Sehr wichtig wäre es, möglichst wenig Müll zu erzeugen und möglichst viel davon wiederzuverwerten (→Abfallverwertung, →Recycling). Damit würde erreicht, daß die vorhandenen Deponien viele Jahrzehnte ausreichen. Sonst ist zu befürchten, daß für ständig anwachsende Müllmengen immer neue Deponien mit jeweils großem Landschaftsverbrauch benötigt werden. Häufig wehren sich die Anwohner von geplanten Deponiestandorten zu Recht gegen diesen gewaltigen Eingriff in die Natur. Niemand kann die von den Kritikern im Rahmen des Planfeststellungsverfahrens (→Umweltrecht) vorgebrachten Bedenken und Einwände restlos entkräften, und niemand kann die Dichtigkeit der Basisdichtung, z. B. gegen alle Chemikalien, garantieren.

Die Erfahrungen mit der Rekultivierung von geschlossenen Deponien sind recht unterschiedlich. Häufig treten noch über längere Zeit Gase aus, die den für die Wurzelatmung der Pflanzen notwendigen Sauerstoff verdrängen. Weil das auf Grund der Zersetzung organischer Abfälle entstehende Methan eine Explosionsgefahr heraufbeschwört, müssen die Deponien entgast werden, und da Deponiegas u. a. nach Schwefelwasserstoff stinkt, muß es abgefackelt oder gefiltert werden. Häufig ist es sogar sinnvoll, das Deponiegas mit einem Heizwert von 20000 kJ/cbm wirtschaftlich zu nutzen. Im Laufe der Zeit entstehen pro Tonne abgelagertem Hausmüll etwa 120 cbm Deponiegas. Davon können im Zeitraum von 10–20 Jahren etwa 10–30% durch entsprechende Entgasungssysteme genutzt werden. Das bedeutet, daß man pro Tonne Müll soviel Energie gewinnen kann wie in 20 l Heizöl steckt.

Die Deponiegasnutzung kann auf unterschiedliche Weise erfolgen:

– Verbrennung zur Erzeugung von Heißdampf,
– Erzeugung von elektrischem Strom und Nutzung der Abwärme (→Fernwärme),
– Einspeisung in das öffentliche Gasversorgungsnetz,
– Herstellung von reinem Methan bzw. Methanol.

Die Nutzung von Deponiegas ist bundesweit noch nicht sehr verbreitet, obwohl damit erhebliche Energiemengen verschenkt werden. Es gibt allerdings einige Versuchsanlagen.

Auf der Deponie «Am Lemberg» im Landkreis Ludwigsburg hofft man, innerhalb der nächsten 15–18 Jahre aus den 3 Millionen Tonnen Hausmüll etwa 150 Millionen $m^3$ Deponiegas wirtschaftlich zu erfassen. Mit dem Deponiegas wird eine Großgärtnerei beheizt, die jährlich etwa eine halbe Million Liter Heizöl einspart. Über einen Gas-Ottomotor und einen Generator wird der Rest des Gases zur Stromerzeugung genutzt. Im Jahr erhält man so eine elektrische Energiemenge von 2 Millionen kWh. Auf diese Weise ist durchaus ein wirtschaftlicher Betrieb der Anlagen zur Nutzung des Deponiegases möglich.

Ohne jeden Zweifel muß die Nutzung des Deponiegases in den derzeit bestehenden Zentraldeponien aus wirtschaftlichen und ökologischen Gründen als sinnvoll betrachtet werden. Allerdings gerät dieses Verfahren in Widerspruch zu einer ökologischen Müllverwertung (→Abfallverwertung, →Kompostierung, →Recycling). Denn wenn man durch eine intensive Verwertung des Mülls zum Beispiel die organischen Bestandteile der Kompostierung zuführt, so wird die Menge des in einer Deponie entstehenden Gases wesentlich reduziert. Aus Umweltgründen muß die Müllverwertung aber jeder Form der direkten Deponierung vorgezogen werden. Insofern ist die Deponiegasnutzung nur eine Übergangslösung.

Abfalldeponien werden nach der Ge-

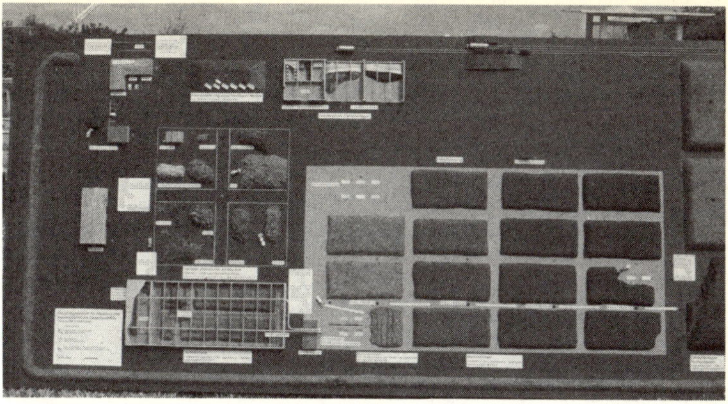

**Modernes Abfallwirtschaftszentrum im Modell. Entsorgungszentren als «Müllfabriken» der Zukunft**

fährlichkeit der auf ihnen abgelagerten Müllarten in 5 Klassen eingeteilt.

▶ Bodenablagerung (Deponieklasse 1)
Zugelassene Abfallarten sind mineralische Stoffe (z. B. Steine, Erden, Aschen), die keinen schädlichen Einfluß im Sinne vorgegebener Zulassungskriterien auf Umgebung und Gewässer ausüben können. Es handelt sich im wesentlichen um das Auffüllen von Bodenvertiefungen.

▶ Bauschuttdeponie (Deponieklasse 2)
Es gibt über 2000 Bauschuttdeponien in der Bundesrepublik, bei denen geringfügige Veränderungen des Wasserhaushalts zugelassen sind. Dabei dürfen vorgegebene Grenzwerte nicht überschritten werden (→Bauschuttverwertung).

▶ Hausmülldeponie – Deponie für Siedlungsabfälle (Deponieklasse 3)
Hier gelangt unser Hausmüll hin sowie alle hausmüllähnlichen Abfälle aus dem gewerblichen Bereich. Zugleich dürfen auch die für die Deponieklassen 1 und 2 zugelassenen Abfallarten abgelagert werden, sofern dadurch nicht Störungen des Deponiebetriebs verursacht werden. Auch entwässerte →Klärschlämme aus kommunalen →Kläranlagen sind ohne Untersuchung zugelassen.

▶ Eine Reihe von Abfällen, z. B. Galvanikschlämme (Galvanisierung: elektrische Beschichtung von Metallen) oder Salze und alle Arten von →Sonderabfall dürfen nicht auf Hausmülldeponien abgelagert werden. Dazu gibt es Deponien für Gewerbe- und Industrieabfälle bzw. Sonderabfälle (Deponieklassen 4 und 5). Auf ihnen lagert man alle Abfälle, die giftig, geruchsbelästigend oder gewässerschädigend sind, u. a. Lösungsmittelrückstände, Industrieschlämme, Säuren, spezielle Krankenhausabfälle, Rückstände von Pflanzenbehandlungsmitteln, tierische Reststoffe, Autowracks und Altreifen. Bei Herfa-Neurode (Nord-Hessen) gibt es in einem ausgedienten

Salzbergwerk eine Unter-Tage-Deponie für Sondermüll.
Durch die ungeordnete Mischung von Abfällen aller Art auf den bestehenden Deponien entstehen unvorhersehbare Risiken. Ferner ist eine Verwertung einzelner Stoffarten dann nicht mehr möglich. Deshalb sind in Zukunft Reststofflager im Mehrkammersystem anzustreben. Dort können getrennt gesammelte Müllfraktionen, die nicht unmittelbar verwertbar sind, gelagert werden, bis technische und wirtschaftliche Entwicklungen deren Nutzung ermöglichen.

## Müllverbrennung

Fast ein Viertel des Hausmülls wird in der Bundesrepublik in etwa 50 Müllverbrennungsanlagen (MVA) verbrannt. Der Heizwert von Müll entspricht immerhin fast dem der Braunkohle. Deshalb ist es auch nicht verwunderlich, daß in fast allen Müllverbrennungsanlagen die Wärme zur Einspeisung in Fernwärmenetze →Fernwärme) genutzt wird. Die Müllverbrennung hat zur Zeit einen Anteil von 0,5 % am gesamten Primärenergieeinsatz.
Der Müll wird zunächst im Müllbunker zwischengelagert. Von dort bringt ihn ein Greiferkran gleichmäßig verteilt in den Aufgabetrichter, von wo er über den Rost im Verbrennungsraum des Ofens befördert wird. Bei 800 °C–1000 °C wird von unten her Luft zugeführt, wodurch im wesentlichen der Müll zu Kohlendioxid und Wasser verbrennt, doch leider ist das nicht alles. Aus dem ständig wachsenden Anteil von Kunststoff im Müll (Verdreifachung in den letzten 20 Jahren) entsteht eine Reihe von Giftstoffen. Aus dem Polyvinylchlorid (PVC) z. B. wird Chlor frei, woraus aggressive Salzsäuretröpfchen entstehen. Diese können über Rauchgaswäscher aus der Abluft herausgefiltert werden. Ebenso können →Schwefeldioxid und Fluorkohlenwasserstoffe (→Kohlenwasserstoffe) (aus Treibmitteln in Spraydosen) aus den Verbrennungsgasen herausgeholt werden. Aber viele unserer Müllverbrennungsanlagen werden immer noch ohne solche Schadgasabscheider betrieben.
Staubartige Schadstoffe hingegen werden über Elektrofilter zu 95 % zurückgehalten. Am Ende verbleiben etwa 15–30 % des ursprünglichen Müllvolumens als Schlacke. Diese wird im Straßen- und Wegebau wiederverwendet bzw. als Schrott der Stahlerzeugung zugeführt. Reste wandern auf →Mülldeponien. Durch die Müllverbrennung erreicht man keine thermische Verwertung, sondern lediglich eine Volumenverminderung. So ist es besser, von Müllbehandlung zu sprechen. Ferner bekommt man auch nur 10 % der in den Stoffen enthaltenen Energien. Die Energie, die in den Stoffsynthesen und -formungen stecken, gehen verloren. Nur bei einer stofflichen Verwertung würden sie nutzbar.
Rein theoretisch, so haben Fachleute zunächst behauptet, könnten weitere giftige Substanzen kaum entstehen, da bei Temperaturen über 800–1000 °C alle organischen Verbindungen zerstört und aufgeknackt würden (zu $H_2O$ und $CO_2$). Aber neuere Messungen und Überlegungen belegen, daß →Schwermetalle wie die hochgiftigen Elemente →Cadmium und →Blei in Stäuben aus Müllver-

brennungsanlagen nachweisbar sind. Egal, ob die Gifte mit der Schlacke auf Wege oder Hartsportplätze gelangen oder über den Schornstein von oben auf uns herabrieseln, gefährlich sind sie in jeder Form. Es wurden auch Kohlenwasserstoffe und →Dioxine, z.T. extrem giftige Verbindungen, in den Abgasen und der Flugasche von Müllverbrennungsanlagen festgestellt.

Das Umweltbundesamt beschreibt die Situation so: «Die noch weitgehend ungeklärte Situation in bezug auf die →Emission von Schwermetallverbindungen und chlorierten organischen Verbindungen aus **Abfallverbrennungsanlagen** erfordert eingehende Untersuchungen, um zuverlässige und repräsentative Meßergebnisse zu erhalten, die eine objektive Beurteilung des Gefährdungspotentials zulassen und Grundlagen für evtl. erforderliche Minderungsmaßnahmen liefern.»

Das heißt im Klartext: Gesundheitliche Schäden durch Müllverbrennungsanlagen sind sehr wahrscheinlich, doch werden sie unverändert weiter betrieben. Im Vergleich zu möglichen Umweltrisiken bei Mülldeponien, z.B. für das →Grundwasser, ist kaum belegbar, welche Art der Müllbeseitigung das geringere Übel ist. Eins steht jedoch fest: Solange das Müllproblem nicht an seiner Wurzel gepackt wird, d.h. Müllvermeidung, Abfallwiederverwertung (→Recycling) und radikale Produktionsverbote für alle Stoffe, die zu Schwermetallen, Chlorkohlenwasserstoffen, PVC usw. im Müll führen, solange werden Techniker, Ingenieure und die verantwortlichen Politiker dem Kern des Problems hilflos hinterherlaufen. Immer neu entdeckten Giften wird man mit immer neuen Techniken Einhalt gebieten wollen, wohl wissend, daß noch Tausende weiterer toxischer (giftiger) Verbindungen nicht unter Kontrolle zu bringen sind.

Durch den Bau immer höherer

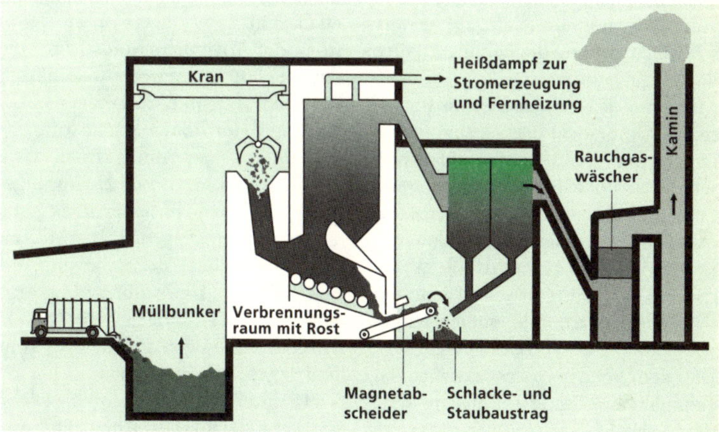


**Schema einer Müllverbrennungsanlage**

Schornsteine wird das Problem nicht gelöst. Nur werden die Gifte auf diese Weise über eine weitere Region verteilt (→Luft). Dadurch verschwinden die Schadstoffe nicht. Über Müllverbrennungsanlagen verwenden wir die Atmosphäre als Deponie.
Eines darf nicht vergessen werden: Alle Filtertechniken führen zu enorm hohen Baukosten für Müllverbrennungsanlagen. Ferner sind die Filterrückstände und die Filter hochgiftiger Sondermüll. Das $CO_2$-Problem wird durch Müllverbrennungsanlagen verschärft (→Treibhauseffekt). Deshalb liegt die Zukunft der →Abfallentsorgung nicht in der Abfallverbrennung.

## Muttermilch

«Der nächste Kinder-Werbespot des Familienministeriums müßte so aussehen: ‹Stillen gefährdet die Gesundheit des Kindes!›» Ist dieses Zitat eine journalistisch pointierte Beschreibung der Realität oder eine düstere Zukunftsprognose? Die Vorstellung von der Muttermilch als Inbegriff für gute und gesunde Nahrung gehört schon seit Anfang der achtziger Jahre der Vergangenheit an.
Muttermilch – so das Ergebnis zahlreicher Untersuchungen – ist vor allen Dingen mit →chlorierten Kohlenwasserstoffen hoch belastet. In Muttermilchproben hat man vor allen Dingen →Pestizide wie DDT, Lindan und Dieldrin und die z. B. als Weichmacher für Kunststoffe verwandten →polychlorierten Biphenyle nachgewiesen.
Daß man bei den in der Muttermilch gefundenen →Schadstoffen vor alarmierenden Überraschungen nie sicher sein kann, mußten einige Frauen in der BRD schon 1984 erfahren, als in ihrer Muttermilch erstmals →Dioxine und Furane nachgewiesen wurden. Leider blieben diese ersten Funde keine Einzelfälle, wie weitere Untersuchungen an Muttermilchproben aus der alten BRD ergaben. Nach Berechnungen nimmt ein Säugling mit 5 kg Körpergewicht und täglich 800 ml Muttermilch im Mittel 73 Picogramm TEq (BGA) des 2,3,7,8-TCDD pro Kilogramm Körpergewicht auf. Das Bundesgesundheitsamt (BGA) geht aufgrund von Tierversuchen davon aus, daß ein Mensch nur zwischen einem und zehn Picogramm 2,3,7,8-TCDD pro Kilogramm Körpergewicht pro Tag aufnehmen darf, wenn Schäden ausgeschlossen werden sollen.
Chlorierte Kohlenwasserstoffe, Dioxine und Furane reichern sich über die →Nahrungskette an und gelangen so auch in den menschlichen Körper. Dort lagern sie sich bevorzugt im menschlichen Fettgewebe und in der Leber an. Mit dem Fett in der Muttermilch gelangen diese Schadstoffe auch zum Baby. Ihre Konzentration ist in der Vormilch (**Kolostrum**), die der Säugling in den ersten Tagen nach der Geburt trinkt, besonders hoch. Aufgrund der hohen Schadstoffbelastung der Muttermilch raten viele Ärzte, Toxikologen und Ernährungswissenschaftler von einer über 4 bis 6 Monate hinausgehenden Stillzeit ab. Insbesondere die Belastung mit den giftigen Chlordibenzodioxinen und -furanen (PCDD; PCDF) legt für einige Toxikologen sogar nahe, vom Stillen gänzlich abzuraten.
Viele Eltern werden durch solche Empfehlungen verunsichert, und insbesondere den Müttern wird die Ent-

scheidung zum Stillen schwer gemacht.
Dabei haben sich in den letzten Jahren – ausgelöst um die Diskussionen um eine natürliche Geburt – wieder mehr Frauen für das Stillen entschieden. Für das Stillen sprechen vor allen Dingen die folgenden Gründe:

- Es ermöglicht einen intensiven Kontakt zwischen Mutter und Kind, der für die soziale und psychische Entwicklung eines Kindes von großer Bedeutung ist. Die abrupte Trennung von Mutter und Kind durch die Entbindung kann gemildert werden, da das Kind über die Geburt hinaus vom Körper versorgt wird.
- Muttermilch ist die unkomplizierteste und billigste Säuglingsnahrung, da sie nicht angerührt, erwärmt und abgekühlt werden muß, sondern jederzeit verfügbar ist. Ein Baby kann nach Bedarf gestillt werden, da die Gefahr der Überernährung durch Muttermilch nicht besteht.
- Muttermilch enthält Wirkstoffe, Enzyme, Abwehrstoffe, Minerale, Vitamine, Spurenelemente und ein Spektrum an Fettsäuren und Eiweißen, die nicht künstlich herstellbar sind. Sie ist in optimaler Weise auf die Bedürfnisse eines Babys abgestimmt.
- Erst nach neun Monaten Stillzeit ist das Immunsystems des Säuglings voll ausgebildet und selbständig. Gestillte Kinder haben weniger Magen-Darm-Infektionen, Erkrankungen der Atemwege und einen gewissen Schutz gegen →Allergien.

Die Lösung des Dilemmas um das Stillen kann nicht darin bestehen, den Müttern den «Schwarzen Peter» zuzuschieben. Stillen sie, setzen sie ihr Baby einem Schadstoffrisiko aus, stillen sie nicht, so entziehen sie ihrem Baby eine wichtige soziale Kontaktaufnahme. Es ist sicherlich sinnvoll, das Angebot vieler Gesundheitsämter und Lebensmitteluntersuchungsämter zu nutzen, die Muttermilch nach 4–6 Monaten untersuchen zu lassen und aufgrund der eigenen individuellen Daten über das Ab- bzw. Weiterstillen zu entscheiden. Dabei bleibt aber zu bedenken, daß die toxikologische Bewertung der Untersuchungsergebnisse nicht nur für Laien ein Problem darstellt, da z. B. die Analysemethoden noch uneinheitlich sind und Langzeitstudien fehlen.
Die hohe Schadstoffbelastung der Muttermilch kann jedoch nicht nur ein Problem von Eltern bleiben, sondern sollte als warnendes Signal für die Belastung des menschlichen Körpers mit Schadstoffen von den verantwortlichen Verursachern und Politikern sehr ernst genommen werden.

**TiP** Ob Sie stillen oder auch wie lange Sie stillen ist nicht nur eine Frage der Rückstände in der Muttermilch, sondern auch abhängig von dem Allergierisiko, das ihr Kind hat. Lassen Sie unmittelbar nach der Geburt einen Immunglobulin-E-Test bei Ihrem Kind machen, gerade wenn eine/r oder beide Eltern eine Allergie haben. Längeres Stillen von mindestens sechs Monaten kann den Ausbruch einer allergischen Erkrankung verhindern oder zumindest das Erkrankungsrisiko senken.
Eltern können sich auch an die Arbeitsgemeinschaft Freier Stillgruppen (AFS) wenden, die in vielen Städten Stillgruppen anbieten, in denen Sie gute Beratung und Unterstützung erhalten können.

# N

**Nahrungskette**

Nur grüne Pflanzen und die meisten Algen können unter der Einwirkung des Sonnenlichts aus →Kohlendioxid ($CO_2$), Wasser ($H_2O$) und Mineralstoffen, wie z. B. →Nitrat, organische Verbindungen herstellen. Die zu diesem Vorgang der Photosynthese fähigen Pflanzen nennt man autotroph (sich ausschließlich von anorganischen Stoffen ernährend). Alle übrigen Lebewesen, Tiere und Menschen (heterotroph: auf organische Nahrung angewiesen) könnten ohne die grünen Pflanzen und die von ihnen produzierten organischen Stoffe nicht existieren. Diese werden nämlich von Tieren und Menschen zu den lebensnotwendigen Eiweißstoffen, Fetten und Kohlehydraten umgebaut, die zum Aufbau von Zellen und Geweben und als Energiequelle erforderlich sind.

Grüne Pflanzen stellen als Produzenten das erste Glied einer Nahrungskette dar. Alle nachfolgenden Glieder der Nahrungskette nehmen die pflanzlichen Nährstoffe entweder direkt als Pflanzenfresser (Herbivoren) oder indirekt als Pflanzenfresser (Karnivoren) auf, wobei Fleischfresser auch von Fleischfressern leben können. Pflanzenfresser bezeichnet man als Primärkonsumenten (Erstkonsumenten). Alle nachfolgenden Fleischfresser, die sich von Tieren und auch von Pflanzen ernähren können, werden je nach ihrer Stellung in der Nahrungskette als Sekundär- bzw. Tertiärkonsumenten (Zweit- bzw. Drittkonsumenten) eingeordnet.

An vielen Stellen in einer Nahrungskette gibt es auch sogenannte Allesfresser (Omnivoren), die sich sowohl von tierischer als auch von pflanzlicher Kost ernähren wie z. B. das Schwein. Geschlossen wird die Nahrungskette durch Zersetzer (Destruenten) wie Bakterien, Pilze und viele Bodenbewohner, die sich von den Exkrementen von organischer Streu oder von toten Lebewesen ernähren (→Boden). Sie bauen die organische Substanz in anorganische Bestandteile (→Kohlendioxid, Wasser) um, die jetzt wieder von den Pflanzen aufgenommen werden. Der Kreislauf beginnt von neuem. Es entstehen also mehr oder weniger lange Nahrungsketten.

Der Begriff Nahrungskette stellt eine starke Vereinfachung dar, denn in der Wirklichkeit kommen solche linearen Abhängigkeiten im Sinne des Fressens

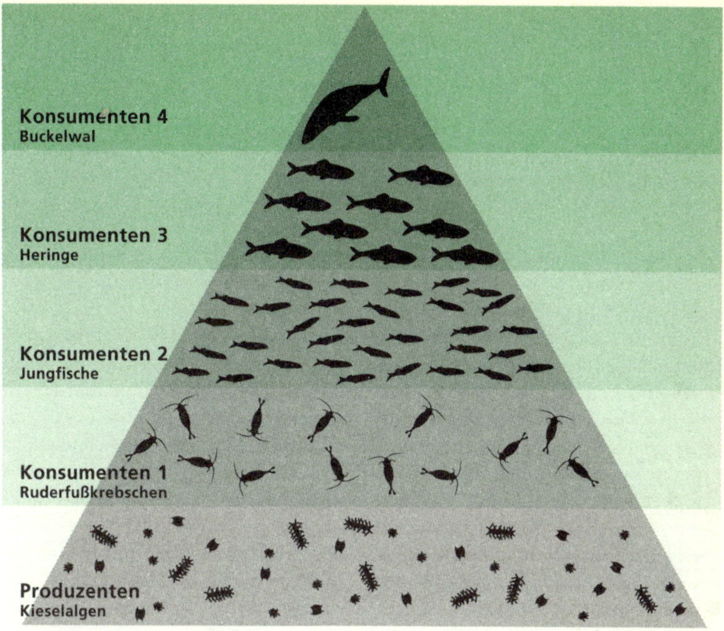


**Nahrungspyramide im Meer**
**nach Klötzli: Unsere Umwelt und wir, 1980**

(Räuber) und Gefressenwerdens (Beute) sehr selten, nämlich nur in artenarmen Lebensgemeinschaften, vor. In der Natur gibt es vielfältige gegenseitige Abhängigkeiten derjenigen Pflanzen und Tiere untereinander, die wiederum einer Art als Futter dienen. Es gibt also ein komplexes Nahrungsnetz in einem →Ökosystem.

Der größte Teil der Nahrung dient der Energiegewinnung, ein anderer Teil wird als unverwertbar wieder ausgeschieden. Ein Lebewesen nimmt nach grober Schätzung nur um ein Zehntel des Gewichts der aufgenommenen Nahrungsmenge zu. Angenommen, ein Mensch ließe sich die riesige Menge eines 10 kg schweren Hechtes schmecken, würde er nur 1 kg zunehmen. Der Hecht müßte für seine 10 kg Gewicht 100 kg Karpfen fressen, die Karpfen 1000 kg Algen, damit der Hecht auf sein Gewicht kommen könnte.

Auf einen Konsumenten höherer Ordnung kommt eine sehr große Anzahl von Produzenten. Bei der graphischen Darstellung der Mengenverhältnisse erhält man eine Nahrungspyramide. In einer Nahrungskette ist das gefressene Lebewesen meistens kleiner als der Verzehrer: Ein Getreidekorn ist kleiner als die Maus, die es frißt, die Maus ist kleiner als die auf sie lauernde Katze. Ferner gibt es um so mehr Individuen einer Art, je tiefer

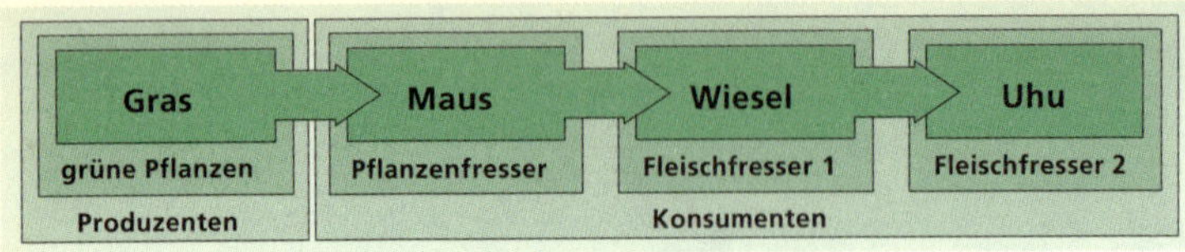


**Produzenten und Konsumenten einer Nahrungskette**

sie in der Nahrungskette stehen. Kleinere Arten entwickeln und vermehren sich schneller, da sie in direkter Nähe der Produzenten stehen und ein umfangreicheres Nahrungsangebot zur Verfügung haben.

Mit der Nahrungskette können sich auch →Schadstoffe anreichern (→biologische Anreicherung, →Radioaktivität).

**TiP** Aufgrund der biologischen Anreicherung in der Nahrungskette ist die Konzentration an langlebigen Schadstoffen im Fleisch in der Regel wesentlich höher als in Pflanzen. Die Schadstoffe werden im Fettgewebe gespeichert. Wer nicht aufs Fleisch verzichten möchte, sollte wenigstens den Fleischkonsum reduzieren und mageres Fleisch bevorzugen.

## Natur

«Am Sonntag fahren wir aber mal raus in die Natur.» – «Da kann man nichts machen, das ist so meine Natur.» – «Dieser Fruchtsaft ist eingefangene Natur.» Das Wort Natur hat Konjunktur, es wird häufig verwendet. Aber…

### Was ist Natur?

Zunächst einmal bleibt festzustellen, daß sich die Bedeutung des Begriffes Natur im Verlauf der Geschichte gewandelt hat und daß er in verschiedenen Kulturen unterschiedlich verwendet wird.

Natur, von lateinisch «natura», umfaßt die ganze Welt, den Kosmos mit all seinen Stoffen, Kräften und Veränderungen. Natur ist, kurz gesagt, alles, was es gibt und was sich nach ihr innewohnenden Gesetzen entwickelt und bewegt. Die Gesamtheit aller Atome und Moleküle, die sich im Raum vorfinden und in der Zeit verändern, bilden die Wirklichkeit der Natur. Sie ist zunächst ohne das menschliche Zutun einfach vorhanden.

Der Mensch, wie die Tiere, Pflanzen und Gesteine selbst Teil der Natur, tritt dieser als Einzelwesen und als Gesellschaft gegenüber. Der Mensch geht ein Naturverhältnis ein. Dieses Naturverhältnis äußert sich dann z.B. in der →Technik. Der Umgang mit der Natur, ob er sich ausbeuterisch oder friedlich und harmonisch vollzieht, ist eine Schlüsselfrage zur Entstehung und Behebung von Umweltproblemen (→Umweltbewußtsein).

### Frieden mit der Natur

Seit Jahrtausenden hat die Menschheit sich die Natur zunutze gemacht, um zu essen, sich zu kleiden, ein Dach über dem Kopf zu haben. Vor allen Dingen zwei Bilder der Natur begleiteten die Menschheit von Anfang an: das Sinnbild der Natur als gütige, nahrungspendende Mutter Erde, das eine enge verwandtschaftliche Beziehung zwischen den Menschen und der sie umgebenden Natur ausdrückt, und das Bild der wilden, unbezähmbaren Natur, die Gewalt, Aufruhr, Stürme, Trockenzeiten und allgemeine Auflösung bringen konnte. Die Metapher von der Erde als nahrungspendender Mutter verschwand in unserem Kulturkreis in dem Maße, wie es der wissenschaftlichen Revolution gelang, das Bild der Welt zu rationalisieren und mechanisieren. Die andere Metapher der Natur als Störung und Gesetzlosigkeit brachte den Gedanken der Gewalt über die Natur auf den Plan.

Je mehr →Wissenschaft und →Technik sich entwickelten, desto mehr empfand sich der Mensch als Beherrscher der Natur. Diese Einstellung des kompromißlosen Ausbeutens von Natur herrscht in den industriellen Staaten bis heute vor. Dabei wird Natur zum Materiallager oder Steinbruch, werden Tiere und Pflanzen zu Dingen ohne Eigenwert, die nur in ihrem Wert für den Menschen gesehen werden. Während jedoch früher die Folgen solchen Denkens für Natur und Umwelt begrenzt blieben, weil noch die Machtmittel fehlten, Natur in einem Umfang zu zerstören, der die Gattung Mensch selbst gefährdet hätte, wird diese nur auf Ausbeutung zielende Haltung heute global lebensbedrohend. Die Motorsäge ermöglicht es, binnen kurzem Wälder hektarweise zu vernichten. Mit dem Fließbandprodukt Auto, das zur Asphaltierung und Betonierung ganzer Landstriche führte, werden massenhaft Giftstoffe aller Art freigesetzt. Das Zerstörungspotential hat sich vor allem infolge der gewinnorientierten Produktionsweise in wahnwitziger Weise vervielfacht. Die Frage des Schutzes der Natur ist zu einer Überlebensfrage für die Menschen geworden.

In unserer Industriegesellschaft leben viele davon, daß den Dingen und den Lebewesen Gewalt angetan wird (→Massentierhaltung, →Tierversuche, →Meeresverschmutzung, →Verklappung). Man kann über sie beliebig verfügen, sie als Bestandteil einer Wegwerfwirtschaft behandeln, sie als Objekt ausbeuten (→Wirtschaft). Die Verantwortungslosigkeit, mit der die Ausbeutung der Natur geschieht, ist eng damit verknüpft, daß auch Menschen ausgebeutet werden. Eine Partnerschaft mit der Natur, Frieden mit der Natur, wie es viele Umweltschützer fordern, ist deshalb nur im Einklang mit einer Veränderung der Bedingungen zu erreichen, unter denen heute Menschen als abhängig Beschäftigte arbeiten müssen (→Alternativprojekte).

→Naturschutz ist mehr als die Erhaltung seltener Tiere und Pflanzen. Nur wenn der Mensch im Zeitalter der Industrie in seinem Bewußtsein die strikte Trennung von Mensch und Natur aufhebt und daraus politische und wirtschaftliche Folgerungen zieht, kann ein wirklicher Schutz der Natur, und das heißt auch der Menschen, erfolgen.

Um zu illustrieren, in welcher Weise solche andersartigen und historisch alten Naturvorstellungen noch heute eine ganze Kultur prägen, soll aus der Rede eines Indianers zitiert werden, um den Verlust spürbar zu machen, den unsere Lebensweise in unserem

Denken und Fühlen bewirkt hat: «Wir sind ein Teil der Erde, und sie ist ein Teil von uns. Die duftenden Blumen sind unsere Schwestern, die Rehe, das Pferd, der große Adler – sind unsere Brüder.
Die felsigen Höhen, die saftigen Wiesen, die Körperwärme der Ponies und des Menschen – sie alle gehören zur gleichen Familie.
Alle Dinge sind miteinander verbunden. Ihr müßt Eure Kinder lehren, daß der Boden unter ihren Füßen die Asche unserer Großväter ist. Damit sie das Land achten, erzählt ihnen, daß die Erde erfüllt ist von den Seelen unserer Vorfahren.
Lehrt Eure Kinder, was wir unsere Kinder lehrten: Die Erde ist unsere Mutter. Was die Erde befällt, befällt auch die Söhne der Erde. Wenn Menschen auf die Erde spucken, bespeien sie sich selbst. Denn das wissen wir – die Erde gehört nicht den Menschen, der Mensch gehört zur Erde. Alles ist miteinander verbunden, wie das Blut, das eine Familie vereint. Alles ist verbunden. Was die Erde befällt, befällt auch die Söhne der Erde. Der Mensch schuf nicht das Gewebe des Lebens, er ist darin nur eine Faser. Was immer ihr dem Gewebe antut, das tut Ihr Euch selber an.» (Dezentrale: Alternativkatalog 3. Köniz 1977, S. 557)
Aber wir müssen nicht nach Amerika zu den Indianern blicken, um eine andere Sichtweise von Natur zu entdecken. Goethe wird bei Festreden häufig zitiert und in der Schule gelesen. Dabei wird seine Rolle als Naturforscher und Naturphilosoph aber meistens nicht beachtet. Er hat sich zeitlebens gegen die exakte Naturwissenschaft eines Newton gewandt und selbst in seinen Studien zur Botanik, Zoologie und Farbenlehre eine andere ganzheitliche Naturauffassung entwickelt und praktiziert. «Natur! Wir sind von ihr umgeben und umschlungen – unvermögend aus ihr herauszutreten, und unvermögend tiefer in sie hineinzukommen. Ungebeten und ungewarnt nimmt sie uns in den Kreislauf ihres Tanzes auf und treibt sich mit uns fort, bis wir ermüdet sind und ihrem Arme entfallen.
Sie schafft ewig neue Gestalten; was da ist war noch nie, was war kommt nicht wieder – Alles ist neu und doch immer das Alte.
Wir leben mitten in ihr und sind ihr fremde. Sie spricht unaufhörlich mit uns und verrät uns ihr Geheimnis nicht. Wir wirken beständig auf sie und haben doch keine Gewalt über sie.» (J. W. Goethe: Die Natur. Zit. n.: Werke Bd. 13, Hamburg 1966, S. 45.) In der heutigen Ökologiediskussion, wo es zentral um die Frage des Verhältnisses zur Natur geht, spielt Goethes Sichtweise eine an Bedeutung zunehmende Rolle.

## Naturgarten

Ist nicht jeder Garten mit Rasen, Blumen, Sträuchern, Bäumen, Salat, Gemüse und Kartoffeln ein Naturgarten? All diese Pflanzen sind doch Teil der →Natur. Ein zweiter Blick in den Alltag eines Gartenbesitzers zeigt jedoch, daß in Haus- und Schrebergärten in großem Umfang Mineraldünger und Chemikalien gestreut und versprüht werden. Diese z. T. hochgiftigen Schädlingsbekämpfungsmittel führen zu Rückständen in den angebauten Lebensmitteln und gefährden →Boden, →Wasser, →Luft, Tier- und Pflanzenwelt. Hier wird ein

K A U F H O F
FRANKFURT HAUPTWACHE

| | |
|---|---|
| Buecher | 24.90 E |
| | ============ |
| T O T A L : | 24.90 |
| B A R : | 25.00 |
| R U E C K G E L D : | 0.10 |

VIELEN DANK
FUER IHREN EINKAUF

0052 010012 510 04.03.93 12:39

Teil der Natur vergiftet und geopfert, um vermeintlich höhere Erträge zu erzielen. Betonierte Gartenwege, wo jedes →Unkraut totgespritzt wird und wo eine vordergründige Ordnung über eine freie Entfaltung der natürlichen Wachstumsvorgänge dominiert.

Ein wirklicher Naturgarten gibt Lebensraum für viele einheimische Tier- und Pflanzenarten. Die steuernden Eingriffe erfolgen behutsam und mit Methoden, die keine Vergewaltigung der Natur, sondern eine Harmonie mit ihr anstreben.

### Nutzgarten

Das Ziel ist die Erzeugung gesunder Nahrungsmittel (→Fremdstoffe in Nahrungsmitteln). Deshalb sollte auf Mineraldünger, Insekten- und Pflanzengifte völlig verzichtet werden. Das muß nicht zu verminderten Erträgen führen, wie häufig behauptet wird. Dazu sind jedoch einige besondere Methoden, wie beim →ökologischen Landbau, anzuwenden:

- Den Ertrag steigert man durch Einsatz von **Kompost** und durch einen geplanten Fruchtwechsel. Stickstoffbindende Pflanzen wie Lupinen ersetzen Stickstoffdüngung und bedecken den Boden, der möglichst niemals nackt liegen sollte.
- Zur Abwehr von «Schädlingen» benutzt man **Jauchen** (z. B. aus Brennnesseln) und baut Mischkulturen an (z. B. Möhren und Zwiebeln). Außerdem lassen sich manche Insekten, Käfer oder Schnecken von Hand ablesen. Auch die Begünstigung ihrer natürlichen Feinde, mancher Vogelarten, durch Aufstellen von Nistkästen bringt viele Vorteile (→Schädlingsbekämpfungsmittel).
- Zur Unterdrückung von «Unkraut» und zur Förderung der Humusbildung dient die Methode des Mulchens. **Mulchen** bedeutet Abdecken nackten Bodens mit Rasenschnitt, Laub, Küchenabfällen usw.

Es gibt eine Vielzahl von Büchern, die Ratschläge zum ökologischen Gartenbau geben und über viele Einzelheiten für den Praktiker informieren.

### Wiese

Der meist noch vorzufindende Zierrasen, kurz geschoren, ein Halm wie der andere, dieser grüne Teppich ist eher ein Leichentuch als ein natürlicher Lebensraum. Eine Wiese ist vielfältig, lebendig und pflegeleicht, wenn auch nicht ganz so strapazierfähig wie ein Rasen. Die Wiese ist um so artenreicher und bunter, je sonniger, trockener, nährstoffärmer und kalkreicher sie gehalten wird (Magerwiese). Eine solche Wiese bietet Lebensraum für viele Insekten- und Spinnenarten. Sie bilden wiederum die Nahrungsgrundlage für viele Vögel, Amphibien, Reptilien und Säugetiere. Auf diese Weise wird ein Artengleichgewicht ermöglicht, das in seiner Vielfalt ästhetisch und ökologisch wertvoll ist (→Ökosystem). Samenmischungen aus Blumen und Gräsern sind im Fachhandel erhältlich. Um wirklich eine bunte Wiese zu erhalten, sollte nur ein- bis zweimal im Jahr gemäht werden, damit die Pflanzen auch die Möglichkeit haben, zu reifen und sich auszusäen. Zu empfehlen ist ein Schnitt im Mai und einer im Herbst. Die Umstellung vom Rasen auf eine Wiese kann bis zu zehn Jahren dauern. Zur intensiven Freizeitnutzung (z. B. Ballspielen) kann man eine Teilfläche häufiger mähen.

### Hecken, Bäume, Sträucher, Stauden und Blumen

Hierbei ist es wichtig, vor allem auf einheimische Arten zurückzugreifen, die nicht so krankheitsanfällig sind und wenig Düngung verlangen. Dicht wachsende und dornenreiche Arten bieten Vögeln die besten, ungestörten Brutplätze.

### Gartenweiher

Eine Wasserfläche gehört in jeden Naturgarten. Solch ein Weiher oder Tümpel ist Lebensraum u. a. für Wasserkäfer, Wasserläufer, Wasserflöhe, Libellenlarven, Schnecken, Kaulquappen, Schwertlilien, Rohrkolben, Laichplatz für Frösche, Kröten und Molche und Tränke für Insekten, Vögel und Säugetiere. Der Tümpel sollte eine Sumpfzone haben, und Steinhaufen und Baumstümpfe sollten in seiner Nähe liegen. Häufig wird man Plastikfolien zur Abdichtung des Teiches verwenden müssen, es sei denn, das Erdreich ist sehr lehmig.

Ein Naturgarten sollte also unterschiedlichste Lebensräume für eine Vielfalt von Pflanzen- und Tierarten enthalten. Dabei sind eine Reihe von gewohnten Vorstellungen und Gewohnheiten zu überdenken und aufzugeben. Letztlich bietet ein Naturgarten für seine Nutzer mehr Reize und Vorteile, und er ist ein Beitrag zum Umweltschutz (→Umwelt).

**TiP** Im Naturgarten gibt es kein Unkraut, sondern nur Wildkräuter. Sie sind unentbehrlich für unsere heimischen Tierarten. Vögel, Schmetterlinge, Schmetterlingsraupen und andere Insekten brauchen Gänseblümchen, Brennessel, Weißklee, Holunder, Huflattich, Spitzwegerich. Reservieren Sie wenigstens eine Gartenecke für die Wildpflanzen, und verzichten Sie auf den Einsatz von Pestiziden.

## Naturheilverfahren

«Gegen jede Krankheit ist ein Kraut gewachsen» und «Natura curat – Medicus sanat» (Die Natur heilt, der Arzt behandelt). Mit diesen alten Weisheiten lassen sich die Naturheilverfahren am besten charakterisieren. Sie sind die älteste Form der Heilkunde überhaupt (→Gesundheit, →Medizin).

Naturheilweise oder auch Naturheilmedizin bedeutet, daß sowohl Naturheilmittel als auch Naturheilverfahren angewendet werden. Grundlagen hierfür bieten die jahrhundertealten Erfahrungen mit den Heilkräften der →Natur und den Selbstheilungskräften des Körpers. Der griechische Ärztevater Hippokrates, auf den angehende Ärzte heute noch den hippokratischen Eid schwören (Schweigepflicht, Behandlung von Krankheiten, Leben erhalten), entdeckte und erforschte die Grundsätze der biologischen oder natürlichen Heilkunde. Bis heute umfaßt die Naturheilmedizin eine Fülle von Heilmethoden. Sie basieren auf der klassischen, hippokratischen Medizin, die eine Motivierung des Patienten zur Mitarbeit an seiner Lebensgestaltung fordert. Zu den derzeit populärsten zählen die Naturheilkunde, die Homöopathie, die anthroposophische Medizin und die Akupunktur.

### Die wissenschaftliche Naturheilkunde

Die antiken Ärzte Hippokrates und Galen waren schon Anhänger der

Naturheilkunde. Ihr eigentlicher Begründer aber war Paracelsus (Th. Bombastus von Hohenheim, 1493–1541). Als Grundlage allen Lebens und Heilens bezeichnet er die Lebenskraft oder Naturheilkraft, durch die sich der lebendige Organismus vom unbelebten Stoff unterscheidet. Sie ist der innere Arzt, der die Gesundheit bewirkt und die Krankheit heilt. Die Heilmethoden entstehen durch die Beobachtung des Kranken und der Natur. Daraus entwickelte sich die Wasserbehandlung unter Hahn, Prießnitz, Hufeland und Kneipp. Hufeland (1762–1836) und seine vorbeugende Heilkunde war bahnbrechend. Er wußte auch um die Bedeutung der geistig-seelischen Gesundheit. Lebens- und Heilreize der Naturheilkunde erschöpfen sich nicht in Wasseranwendungen. Weitere Grundpfeiler sind die Ernährung und das Fasten. Hier sind es Joh. Schroth (Schrothkuren), M.O. Bircher-Benner (Rohkost-Diät, Bircher-Müsli) und Kollath (Kollath-Frühstück), die den größten Einfluß auf die Ernährungsreform haben. Dazu kommen im 19. und 20. Jahrhundert Lehmkuren, körperliche Anstrengung und passive Bewegung, Licht- und Luftbäder, Massage, Gymnastik, Hypnose und biochemische Arzneien. Der Arzt Fr. A. Messmer (1734–1815) lehrte, die Kraft eines Menschen lasse sich auf den anderen übertragen. Er war der Vorläufer der späteren Hypnose. Heutige Verfahren der Naturheilkunde sind die Arznei-Behandlung auf biologischer Grundlage, z. B. Kräuter (Phytotherapie), Fasten und Heildiäten wie die Schroth-Kuren, Magnetfeld-Therapie, Sauerstoff-Therapie, Entspannungs- und Bewegungstherapie, wechselwarme Badeverfahren, Massage und Balneotherapie (Bäderbehandlung).

## Die Homöopathie

Die Homöopathie (griech. homois- = ähnlich) fußt auf dem Ähnlichkeitsprinzip «similia similibus curantur» (Ähnliches wird Ähnliches heilen). Samuel Hahnemann (1755 bis 1843) ist 1790 auf das Ähnlichkeitsprinzip gestoßen, von dem schon Hippokrates gewußt hatte. Eine Arznei, die beim Gesunden Symptome hervorruft, vermag genau diese Leiden beim Kranken zu heilen. Die Krankheit ist eine ganzheitliche Störung der Lebenskraft und betrifft immer den ganzen Menschen. Das Gesamtbild seiner Symptome entspricht dem Bild der Symptome, die eine bestimmte Arznei bei einem Gesunden hervorrufen kann. Z. B. reizt die Zwiebel Nasenschleimhäute und Augen. Die Zwiebel kann, zu einem Medikament verarbeitet, von Schnupfen befreien. Für Hahnemann zählte allein die Erfahrung am Kranken. Protokolle über Arzneimittelprüfungen an Gesunden und Heilungen Kranker wurden zu Arzneimittellehren zusammengefaßt. Da sich unter den Arzneien auch giftige Substanzen befanden, verdünnte Hahnemann diese immer mehr, um unerwünschte Nebenwirkungen oder zu starke Reaktionen auf die Arznei zu vermeiden. So fand er zu dem Verfahren der Potenzierung. Die flüssigen Stoffe wurden immer stärker verdünnt, zum Teil so weit, bis chemisch-analytisch kein einziges Molekül mehr nachzuweisen ist. Aus diesem Grunde scheint eine arzneiliche Wirkung zunächst zweifelhaft. Die Erfahrung zeigt jedoch seit 150 Jahren, daß solche Hochpotenzen besonders gut wirken, wenn sie genau auf das individuelle Symptombild passend verabreicht werden.

### Die anthroposophische Medizin

Die anthroposophische Medizin ist ein praktischer Zweig der von Rudolf Steiner begründeten Anthroposophie (Menschenkunde). 1920 wurde ein Ärztekurs mit 20 Vorträgen abgehalten. Fachkurse folgten, die die methodischen Grundlagen legten. Bald wurden zwei kleine Privatkliniken in Stuttgart und Arlesheim/Schweiz eingerichtet. Dies erforderte wiederum eigene pharmazeutische Produkte. Die Firmen Weleda, Wala und Helixor entstanden. Heute sind die anthroposophisch orientierten Ärzte in der «Arbeitsgemeinschaft anthroposophischer Ärzte» (Stuttgart) zusammengeschlossen. Steiners Medizin geht aus von naturgemäßen, biologischen oder homöopathischen Heilweisen. Der anthroposophische Arzt baut ebenso auf den Grundlagen der Schulmedizin auf, erweitert sie aber und bezieht die von der Anthroposophie erforschte geistige Seite von Natur und Menschen mit ein. Ziel sind die Vermenschlichung der Heilkunst und ein menschengemäßes ärztliches Handeln.

### Akupunktur

Akupunktur und Akupressur sind Teil einer jahrtausendealten chinesischen Volksmedizin, die seit wenigen Jahrzehnten auch in Europa als moderne Heilkunst anerkannt und angewendet wird. Akupunktur ermöglicht z. B. Operationen ohne Medikamenten-Narkose. Akupunktur ist ein bewährtes Heilmittel für zahlreiche Erkrankungen, z. B. Störungen der inneren Organe, aber sie lindert auch Schmerzen und beeinflußt nervliche und seelische Krankheitszustände positiv. Akupunktur unterstützt die herkömmlichen medizinischen Behandlungs- und Diagnosemethoden und ergänzt das therapeutische Rüstzeug der Ärzte.
Heilung bewirken winzige Metallnadeln, die an genau bezeichneten Hautpunkten des Körpers eingestochen werden. Eine zuverlässige Methode der Schmerzbehandlung ist die Akupressur, d. h. die massierende Beeinflussung von Hautpunkten mit dem Finger. Bei fachgerechter Anwendung zeigen beide Methoden praktisch keine Nebenwirkungen. Chinesische Heilkunst beachtet immer den Grundsatz: Dem Patienten darf nicht geschadet werden.

### Renaissance der Naturmedizin

Drei Viertel aller Deutschen haben mittlerweile praktische Erfahrungen mit Naturheilmitteln. Die Hälfte der Bevölkerung ist von der guten Wirkung dieser Mittel überzeugt. Nur vier Prozent der Bundesbürger halten Naturheilmittel für gänzlich wirkungslos. Die Renaissance der Naturheilmittel ist verbunden mit der Einsicht, daß Gesundheit nicht machbar ist und die medizinische Behandlung ihre Grenzen hat.

**TiP** Naturheilverfahren werden von Ärzten mit der Zusatzbezeichnung «Naturheilverfahren» und von Heilpraktikern angewendet. Die Kosten werden von der gesetzlichen Krankenkasse nur bei anerkannten Verfahren über-

nommen und auch nur bei ärztlicher Behandlung.
Bei den privaten Kassen gibt es unterschiedliche Regelungen, die meisten Kassen erstatten zumindestens einen Teil der Kosten für den Heilpraktiker.
Für den Heilpraktikerberuf gibt es keine staatlich anerkannte Ausbildung. Der Heilpraktikerverband wacht über die Seriosität seiner Mitglieder.

## Naturschutz

Unter Naturschutz versteht man alle Maßnahmen zur Erhaltung und Pflege von besonderen Landschaftsteilen (→Ökosystem), Tier- und Pflanzenarten sowie einzelne Gebilde der →Natur (Naturdenkmäler), die wissenschaftlich oder kulturell bedeutsam sind. In engem Zusammenhang mit dem Naturschutz steht die **Landschaftspflege**.
Naturschutz und Landschaftspflege bestehen aus drei Aufgabenbereichen:
1. den bewahrenden, erhaltenden Naturschutz durch Verwaltungs- und praktische Schutzmaßnahmen;
2. der Landschaftspflege mit dem Ziel, Eingriffe in Natur und Landschaft zu verhindern bzw. auszugleichen und geschädigte Gebiete zu rekultivieren oder zu renaturieren;
3. der **Landschaftsplanung**, die vorbeugend Ziele und Maßnahmen des Naturschutzes und der Landschaftspflege darstellt.
Die übliche Art, Naturschutz und Landschaftspflege zu praktizieren, besteht darin, Landschafts- und Naturschutzgebiete auszuweisen und Ausgleichsmaßnahmen bei Landschaftszerstörung z. B. durch Kiesabbau (→Rekultivierung) durchzuführen mit dem Ziel, bedrohte Lebensräume zu schützen und neue →Biotope als Rückzugsgebiete für wildwachsende Pflanzen und wildlebende Tiere anzulegen (→Rote Listen, →Artenschutz). Zu den besonders wertvollen und schützenswerten Landschaftsteilen gehören Feuchtgebiete (Moore, Sümpfe, Brüche), Heideflächen, Vogelbrutgebiete, Trokkenrasen u. a.

### Naturschutzgesetze

Die Naturschutzgesetzgebung zeichnet sich durch besondere Komplexität und auch Unübersichtlichkeit aus. Für Naturschutzbelange sind internationale Vereinbarungen, EG-Recht, das Bundesnaturschutzgesetz (BNatSchG), die Naturschutzgesetze und -verordnungen der Länder sowie andere Gesetze wie das Jagdgesetz, Fischereigesetz, Waldgesetz u. a. relevant.
Das **Bundesnaturschutzgesetz** (BNatSchG) nennt allgemeine Ziele des Naturschutzes und der Landespflege; es regelt die Landschaftsplanung, den →Artenschutz, den Flächenschutz und die Mitwirkung von Naturschutzverbänden (→Umweltverbände). Seit seiner Veröffentlichung im Jahre 1976 üben Naturschützer Kritik an dem Gesetz, besonders wegen seiner anthropozentrischen Zielsetzung (→Umweltethik) des Schutzes und wegen der sogenannten «**Landwirtschaftsklausel**», die besagt, daß die ordnungsgemäße land-, forst- und fischereiwirtschaftliche Landschaftsnutzung mit den Zielen des Gesetzes in Einklang steht.
Schutzgebietskategorien nach dem

### § 13 Naturschutzgebiet (NSG)

Wichtigste und strengste Schutzgebietskategorie ist das Naturschutzgebiet. Es dient dem besonderen Schutz von Lebensgemeinschaften oder Biotopen bestimmter wildlebender Tier- und Pflanzenarten aus wissenschaftlichen oder naturgeschichtlichen Gründen, wegen ihrer Seltenheit, Eigenart oder Schönheit. Das Gebiet ist in der Regel eine größere, landesweit bedeutsame Fläche, etwa eine Dünenlandschaft, ein Hochmoor oder ein Bachsystem.

### § 14 Nationalpark (NP)

Der Nationalpark ist eine auch international eingeführte Schutzkategorie. Er muß eine Mindestgröße von 1000 ha haben, rechtlich abgesichert und personell ausgestattet sein. Er dient vornehmlich der Erhaltung eines möglichst artenreichen heimischen Tier- und Pflanzenbestandes und daneben der Bildung und Erbauung von Besuchern.

### § 15 Landschaftsschutzgebiet (LSG)

Einen geringeren Schutz erfahren die Landschaftsschutzgebiete, die rund ein Viertel der Fläche des Bundesgebietes ausmachen. Sie sollen die natürlichen Lebensgrundlagen sichern, die Schönheit des Landschaftsbildes erhalten, aber auch der Erholung der Menschen dienen. Nur die wenigsten erfüllen dabei aber ökologische Funktionen.

### § 16 Naturpark

Naturparks dienen vorwiegend als Erholungslandschaft. Sie sollten gleichzeitig Landschaftsschutzgebiet oder Naturschutzgebiet sein. Für den Naturschutz sind die Naturparks praktisch ohne Bedeutung, da die vorrangigen Erholungsziele den Zielen des Naturschutzes meist zuwiderlaufen.

### § 17 Naturdenkmal (ND)

Naturdenkmale sind Einzelschöpfungen der Natur, wie Bäume, Quellen, Felsen u. ä., die aus wissenschaftlichen, naturgeschichtlichen oder landeskundlichen Gründen oder wegen ihrer Seltenheit, Eigenart oder Schönheit ausgewiesen werden. Die Schutzintensität entspricht der des Naturschutzgebietes.

### § 18 geschützte Landschaftsbestandteile (LB)

Zur Sicherung der Leistungsfähigkeit des Naturhaushaltes sowie zur Belebung, Gliederung oder Pflege des Orts- und Landschaftsbildes können Landschaftsbestandteile, z. B. Hecken, unter Schutz gestellt werden. Beseitigung, Zerstörung oder Veränderungen sind verboten.

Bundesnaturschutzgesetz sind: Naturschutzgebiet, Nationalpark, Landschaftsschutzgebiet, Naturpark, Naturdenkmal und geschützte Landschaftsbestandteile. Ein neues Bundesnaturschutzgesetz ist in Vorbereitung und soll 1993/94 verabschiedet werden.

Daneben gibt es **Internationale Schutzgebietskategorien** wie Feuchtgebiete internationaler Bedeutung, Europareservate und **Biosphärenreservate.**

Doch allein mit der Festlegung von Schutzkategorien auf dem Papier ist für →Natur und →Umwelt noch nicht viel gewonnen.

Das Versagen von Politik und Verwaltung bei der Verwirklichung der gesetzlich garantierten Ansprüche des Naturschutzes ist zurückzuführen auf das dauerhafte Finanzdefizit und den chronischen Personalmangel. Das Naturschutz-Personal ist zudem schlecht ausgebildet.

Wirklich geschützte Gebiete wird es erst geben, wenn die Ausnahmeregelungen in der Naturschutzgesetzgebung für wirtschaftliche Nutzung durch Land- und Forstwirtschaft, Tourismus usw. abgeschafft, mehr Geld und Fachkräfte zur Verfügung gestellt und die bestehenden Schutzgebiete in ihrer Fläche wesentlich vergrößert werden (→Biotop).

Insgesamt steht nach den Kategorien des BNatSchG ein Drittel der bundesdeutschen Fläche unter Schutz oder ist gleichzeitig als Natur- oder Nationalpark ausgewiesen. Doch Naturschützer machen eine andere Rechnung auf. Rund 97% dieser Flächen sind Schutzgebiete, in denen →Tourismus oder Land- und Forstwirtschaft im Zweifel Vorrang vor dem Naturschutz haben. Unter vergleichsweise strengem Naturschutz stehen nur ca. 1% (einschl. Wasserflächen 1,7%) des Bundesgebiets. Selbst auf dieser winzigen Fläche, die in viele Einzelgebiete zerstückelt ist, hat nicht immer der Schutz von selten gewordenen Tier- und Pflanzenarten (→Rote Listen, →Artenschutz) Vorrang vor Erholung, Jagd, Fischerei, Holzwirtschaft, →Landwirtschaft und Militär.

Um dieser unhaltbaren Situation abzuhelfen, fordern Naturschutzgruppen →Umweltverbände, die bestehenden Naturschutzgebiete um das Zehnfache, d.h. auf 9% der bundesdeutschen Fläche, zu vergrößern. Auf diese Weise könnten wahrscheinlich gefährdete Pflanzenarten, die auf spezielle Lebensräume angewiesen sind, erhalten werden.

**TiP** In Naturschutzgebieten haben Pflanzen und Tiere Vorrang vor unserer Erholung:

– Die Wege dürfen nicht verlassen werden.

– Farbtafeln mit besonders geschützten Pflanzen beachten, sie dürfen nicht gepflückt werden.

– Pilze nicht zertreten, sie sind Nahrung für Wildtiere.

– Tiere dürfen nicht verjagt oder gejagt werden, Hunde unbedingt anleinen.

– Auf keinen Fall die Tiere beim Brüten stören.

– Jungtiere nicht berühren, sonst nimmt das Muttertier sie nicht mehr an.

– Besonders geschützt sind folgende Tiere: Reptilien, Amphibien, Schlangen, Frösche, Kröten und Molche, die meisten heimischen Vögel,

Säugetiere und viele Insekten wie Bienen, Hummeln, Schmetterlinge und Käfer.

## Nitrat/Nitrit/Nitrosamine

**Nitrate** sind chemische Verbindungen zwischen Stickstoff und Sauerstoff. Für die Pflanze sind sie lebenswichtige Nährstoffe, die ihnen mit stickstoffhaltigen →Düngemitteln zugesetzt werden. In vielen landwirtschaftlichen Gebieten bei uns wird jedoch überdüngt (→Massentierhaltung). Insbesondere im Gemüseanbau kommt es teilweise zum Einsatz hoher Stickstoff- bzw. Nitratmengen, um Massenerträge zu erzielen. Dieses Überangebot wird von einigen Gemüsesorten wie z. B. Salat, Spinat, Rote Rüben, Rettich und Radieschen besonders stark gespeichert. Wird Gemüse in Unterglaskulturen angebaut und in Wintermonaten geerntet, steigt der Nitratgehalt, da eine hohe Lichteinstrahlung fehlt, die den Abbau von Nitrat in Pflanzen begünstigt. Bei einer Untersuchung des Bundesgesundheitsamtes (1990) von Kopfsalat lagen beispielsweise 30% über dem Richtwert von 3000 mg Nitrat/kg. Beim Verzehr besonders belasteter Gemüsearten kann der von der Weltgesundheitsorganisation festgelegte ADI-Wert (maximale tägliche Aufnahme) von 220 mg Nitrat pro Person und Tag leicht überschritten werden.

Nitrat stellt ferner ein zunehmendes Problem für die Trinkwasserversorgung dar, da es gut wasserlöslich ist und bei Überangebot aus dem →Boden in das →Grundwasser gelangen kann.

Die Aufnahme von Nitrat aus dem →Trinkwasser (20–30%) und aus

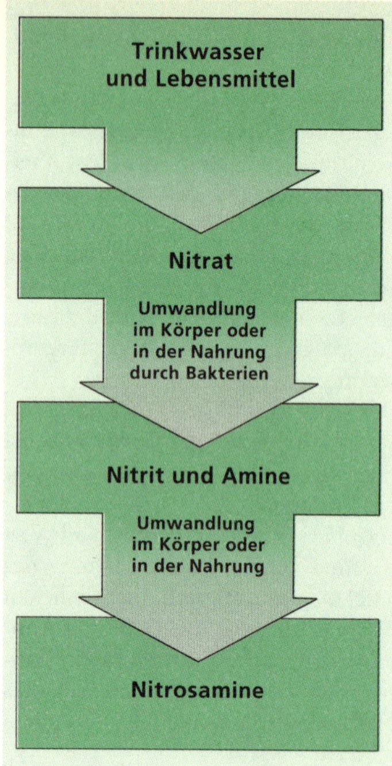


dem Gemüse (70%) stellt eine Gesundheitsgefahr dar. Aus Nitrat kann sich nämlich im Trinkwasser, in den Lebensmitteln oder im Körper des Menschen (Speichel) Nitrit bilden.

Bei Säuglingen bis etwas zum sechsten Lebensmonat können hohe Dosen Nitrit die sogenannte Blausucht auslösen. Dabei verfärben sich die Lippen und die Haut eines Babys bläulich. Es bekommt keine Luft mehr, weil das Nitrit den Sauerstofftransport von den Lungen zu den Organen und den Muskeln blockiert. Das Baby kann «innerlich erstikken».

Erwachsene besitzen einen Mechanismus, der diese Blockierung rückgängig machen kann.

**Nitrite** bilden sich nicht nur in unserem Körper, sondern sie werden auch zur Konservierung von Lebensmitteln verwendet. Nitritpökelsalz (Mischung aus Natriumnitrit und Speisesalz) wird bei uns dazu benutzt, um Fleisch und Wurstwaren haltbar zu machen und die rote Farbe zu erhalten (→Fremdstoffe in Nahrungsmitteln). Die gesetzlich zugelassene Nitritmenge in diesen Lebensmitteln gilt als ungiftig.

Die größte Gefahr stellen jedoch die **Nitrosamine** dar, die zu den stärksten bekannten krebserregenden Substanzen gehören. Sie können sich aus den Nitriten entweder in den Lebensmitteln selbst oder im menschlichen Darm bilden, wenn Nitrite und Amine aufeinandertreffen. Amine – Bausteine der Eiweiße – bilden sich z. B. bei deren Zersetzung.

Nitrate und Nitrite in einigen Lebensmitteln und im Trinkwasser stellen also auch für Erwachsene eine Gesundheitsgefahr dar. Ein Zusammenhang zwischen nitratbelastetem Trinkwasser und Magenkrebserkrankungen läßt sich zwar nicht beweisen, aber die sehr hohe Magenkrebssterblichkeit in den niedersächsischen Landkreisen wie z. B. Aurich, Vechta und Cloppenburg – Hochburgen der →Massentierhaltung – legt einen Zusammenhang nahe (→Krebs, →Grundwasser).

Die gefährlichen Nitrosamine sind auch im Tabakrauch und in bestimmten Kosmetika enthalten. In der metallverarbeitenden Industrie fand man in Bohrölen und Schneidölen bis zu 3 % Nitrosamine.

**TiP** In Gemeinden, in denen das Trinkwasser stark nitrathaltig ist, sollte die Babynahrung mit natrium- und nitratarmem Mineralwasser zubereitet werden. Bei den ersten Gemüsemahlzeiten (Möhren, Kartoffeln) für das Baby sollte auf streng kontrollierte Gläschenkost zurückgegriffen werden. Spinat darf nicht wieder aufgewärmt werden. Nitratarme Gemüsesorten und Früchte aus kontrolliert biologischem Anbau in der täglichen Ernährung bevorzugen. Gemüse der Saison ist nitratärmer als Gewächshausgemüse. Im Winter auf grünen Salat verzichten. Machen Sie den Nitrat-Test mit einem Nitratteststäbchen aus der Apotheke oder aus dem Gartenfachhandel.

# O

## Öffentlicher Personennahverkehr

S-Bahnen, U-Bahnen, Stadt- und Straßenbahnen sowie Linienbusse sind die wesentlichen Verkehrsmittel des Nahverkehrs, also von Fahrten bis zu 50 km Entfernung. Hier werden jährlich rund 7 Mrd. Menschen befördert; die Verkehrsleistung beträgt 56 Mrd. Personenkilometer (alte Bundesländer).

Die Bedeutung des ÖPNV am Verkehrsmarkt schwankt regional sehr stark. Vereinfacht gilt: Je größer eine Stadt und je besser ihre ÖPNV-Erschließung, desto höher der ÖPNV-Anteil. Während in Ballungszentren (→Ballungsgebiete) für rund ein Viertel aller Ortsveränderungen ein öffentliches Verkehrsmittel genutzt wird, sind es in Mittelstädten nur noch ein Zehntel; im ländlichen Raum liegt der ÖPNV-Anteil noch darunter.

Infolge der jahrelangen Bevorzugung des →Autoverkehrs durch Politik und Planung ist der ÖPNV regelrecht «unter die Räder gekommen». Demgegenüber sind in vielen Städten der neuen Bundesländer – bei traditionell niedrigerer Motorisierung – erheblich höhere ÖPNV-Anteile zu verzeichnen (ca. ein Drittel). Ebensolche und noch höhere Werte weisen Städte auf, die in den letzten Jahren ihre Verkehrsplanung umgesteuert haben (z. B. Zürich: 42 %).

Wesentliches Motiv für die Förderung des ÖPNV ist die bessere Umweltbilanz gegenüber dem motorisierten Individualverkehr. So verbraucht der ÖPNV je beförderter Person deutlich weniger Energie, stößt weniger Abgase aus und benötigt weniger Verkehrsfläche. Beispielsweise würde in Hamburg eine Verlagerung von 20 % der Pkw-Verkehrsleistung auf den ÖPNV die Emissionen und den Primärenergieverbrauch im Verkehr um 17 bis 32 % verringern.

Nachdem der ÖPNV jahrelang in der Defensive war, in den Städten zugunsten der freien Fahrt mit dem Automobil unter die Erde verbannt wurde (U-Bahn-Bau) und auf dem Land bis zur Bedeutungslosigkeit «gesundgeschrumpft» ist, kann seit kurzem ein Umdenken beobachtet werden. Untersuchungen zeigen, daß die Bürger/innen in der Mehrheit – und viel häufiger als von den Verantwortlichen geglaubt – bereit sind, verkehrsplanerische Konflikte zugun-

sten des ÖPNV-Ausbaus zu entscheiden und Beschränkungen für das Auto in der Stadt in Kauf zu nehmen (→Verkehrsberuhigung).
Dementsprechend ist es vielerorts möglich geworden, Verkehrsnetze auszubauen und mit günstigen Tarif-Angeboten («Umwelttickets») attraktiver zu gestalten. Statt teurer U-Bahn-Tunnel erlebt die ebenerdig fahrende Straßenbahn als moderne «Stadtbahn» eine Renaissance (z. B. in Karlsruhe, Kassel, Freiburg, Würzburg). Bahnen und Busse können sich unbehindert auf eigenen Gleiskörper und Fahrspuren bewegen, wenn Verkehrsflächen des Autoverkehrs umgewidmet werden; an Kreuzungen bestehen «Vorrangschaltungen». So gelingt es, den ÖPNV ohne Staus und Parksuchprobleme zur schnelleren und komfortableren Alternative weiter zu entwickeln. Neben den traditionellen «Schnittstellen» zum Auto («Park + Ride») gilt es, das Gesamtsystem «Umweltverbund» ÖPNV/Fahrrad/Fußwege zu stärken, indem Kombinationen («Bike + Ride»), Zugangs- und Umsteigemöglichkeiten geschaffen und verbessert werden.
Auch die technische Entwicklung ist im ÖPNV stark vorangeschritten. Neben mehr betriebsintern wirksamen Techniken wie Betriebsleitsystemen kommen zunehmend Innovationen zum Einsatz, die unmittelbar dem Fahrgast nutzen, wie z. B. elektronische Fahrplan-Informationssysteme.
Mit dem Rufbus-System steht für Zeiten und Regionen mit geringer Nachfrage ein Verkehrssystem zur Verfügung, in dem die Fahrtwünsche per Telefon an eine Leitzentrale gerichtet werden, welche automatisch die nötigen Fahrzeugeinsätze ermittelt und steuert.
In der Fahrzeugtechnik ist die Entwicklung von «Niederflur»-Straßenbahnen und -Bussen zu nennen, die einen nahezu ebenerdigen Einstieg ermöglichen und damit einen höheren Komfort nicht nur für Behinderte und Menschen mit Kinderwagen bieten.
Für den ÖPNV gibt es keine klare gesetzlich geregelte Zuständigkeit. Vielmehr hat sich die Personenbeförderung historisch von der unternehmerischen Betätigung zur freiwilligen Aufgabe der Gemeinden und Kreise entwickelt. Die heute überwiegend kommunalen Verkehrsunternehmen sind im Verband deutscher Verkehrsbetriebe (VDV) zusammengeschlossen. Hinzu kommt die Deutsche Bundesbahn mit ihrem Schienenpersonennahverkehr (SPNV, dies sind vor allem die S-Bahnen; →Bahnverkehr). Diese verschiedenen Träger in immer mehr Verkehrsregionen zu Verkehrsverbünden oder Tarif- und Verkehrsgemeinschaften zusammenzuschließen ist erst in letzter Zeit gelungen.
Die Städte, Kreise und Gemeinden als Träger des ÖPNV erhalten staatliche Zuschüsse für die Beförderung von Schülern und Auszubildenden sowie Schwerbehinderten. Dennoch verbleibt ihnen – bzw. den VDV-Betrieben, die die Hälfte des ÖPNV in der (alten) BRD abwickeln – ein jährlicher Zuschußbedarf von 3 Mrd. DM (1988). Bereits eine Erhöhung der Mineralölsteuer um 0,06 DM/Liter würde diesen Betrag auffangen können. Für Investitionen (Verkehrswege, Haltestellen, Betriebsleitsysteme und Busse) gibt es 60prozentige Fördermittel nach dem Gemeindeverkehrs-Finanzierungsgesetz (GVFG)

des Bundes, die aus einem Teil des Mineralölsteuer-Aufkommens gespeist werden. Wegen des Sanierungsbedarfs der maroden ÖPNV-Betriebe in den neuen Ländern ist eine Erhöhung dieser Förderung derzeit dringend geboten. Darüber hinaus haben die Bundesländer unterschiedliche Förderprogramme z. B. für den Stadtbahnbau oder die Verkehrsnetze im ländlichen Raum aufgelegt.

## Ökologie

«Ökologie und Ökonomie müssen zusammenkommen» oder «das ist nicht ökologisch»... Das Wort «Ökologie» hat inzwischen einen festen Platz auch in unserem alltäglichen Sprachgebrauch. Wir benutzen es immer dann, wenn wir von der →Natur oder unserer →Umwelt reden.

Als wissenschaftlichen Begriff gibt es das Wort Ökologie schon seit dem letzten Jahrhundert. Der Biologe Haeckel (E. Haeckel: Generelle Morphologie der Organismen. 1866, Bd. II, S. 286) definierte ihn wie folgt:

«Unter Oecologie verstehen wir die gesamte Wissenschaft von den Beziehungen des Organismus zur umgebenden Außenwelt, wohin wir im weiteren Sinne alle ‹Existenz-Bedingungen› rechnen können. Diese sind theils organischer, theils anorganischer Natur...»

Wörtlich übersetzt bedeutet der aus dem Griechischen stammende Begriff (oikos – Haus, logos – Lehre oder Wissenschaft) so etwas wie «Hauswirtschaftslehre». Gemeint ist die Lehre vom Haushalt der Natur, die die Beziehungen der Lebewesen zueinander und zu ihrer Umwelt umfaßt. Mikroorganismen, Tiere, Pflanzen und Menschen gehören zu diesem Naturhaushalt, indem sie systemhaft untereinander verbunden sind. Darüber hinaus schließt der Naturhaushalt auch Energieeinflüsse und Stoffkreisläufe ein, die ständig auf und im →Boden, in der →Luft oder im →Wasser ablaufen (→Ökosystem, →Nahrungskette). Ökologie kann daher auch umfassend als Wissenschaft von den Beziehungen der Organismen untereinander und mit ihrer Umwelt verstanden werden, wobei auch der Mensch Teil dieser Natur ist.

Obwohl der Einfluß der Menschen auf die Natur in den wissenschaftlichen Definitionen des Begriffs Ökologie miteinbezogen ist, wurden zunächst die technischen und Humanwissenschaften bei der Bearbeitung ökologischer Probleme fast völlig vernachlässigt. Es ist daher nicht verwunderlich, daß die Ökologen bei Akutwerden der Umweltprobleme (Ende der sechziger Jahre) nicht in der Lage waren, die brennenden Fragen z. B. über die möglichen Folgen der industriellen Umwelteinwirkungen zu beantworten. Angesichts der zunehmenden Umweltzerstörung und einer breiten Ökologiebewegung hat sich inzwischen ein erweitertes Ökologieverständnis entwickelt: Ökologie als eine neue Herangehensweise an die Erforschung der Naturzusammenhänge sowie des Verhältnisses zwischen Mensch und Natur, die sich die verschiedenen Natur- und Sozialwissenschaften zu eigen machen (Humanökologie). Eine solche neue Herangehensweise bringt das folgende öko-ethische Leitprinzip zum Ausdruck: Ziel der Ökologie ist die «eigenständige Entfaltung heutiger und zukünftiger Teilglieder des ökologischen Gemeinwesens in Partnerschaft und unter haushälterischem Umgang mit allen Ressourcen» (→Natur).

## Ökologische Ethik

Längst hat es sich herumgesprochen: die Ursachen der Umweltverschmutzung liegen nicht allein in der Wirtschaftsweise und den Produktionsbedingungen der modernen Industriegesellschaft, sondern auch in der ethischen Grundhaltung, die der Mensch gegenüber der →Natur einnimmt. Die ökologisch-ethischen Wertvorstellungen haben Einfluß auf die →Umweltwahrnehmung und das →Umweltbewußtsein und bestimmen maßgeblich die →Umweltpolitik. Durch →Umwelterziehung wird seitens der Umweltpolitik wiederum versucht, auf umweltethische Wertvorstellungen Einfluß zu nehmen.

### Die Umweltkrise, eine Wertekrise des Menschen?

Um eine Klärung und Begründung von Wertvorstellungen und Verhaltensnormen (Moral), die sich auf den menschlichen Umgang mit der Natur beziehen, bemüht sich die ökologische Ethik, auch Umweltethik genannt. Die grundsätzliche Kritik einer ökologischen Ethik liegt darin, daß die bisherige neuzeitlich-abendländische Ethik die Belange von Tieren und Pflanzen sowie der gesamten Natur weithin ausgeklammert hatte. Dies änderte sich, als die Umweltkrise einen veränderten Umgang des Menschen mit der Natur auf der Grundlage geänderter Wertvorstellungen notwendig machte. Es begann eine intensive Diskussion, wie denn der Schutz der Natur überhaupt ethisch zu begründen sei. Dabei zeichneten sich verschiedene Ansätze ab:

Der **anthropozentrische Ansatz** begründet den Schutz der Natur mit deren Wert für die gegenwärtige und zukünftige Menschheit. Letzter Verweisgrund ist hier also nicht die Natur selbst, sondern der Mensch. Der Wert der Natur für den Menschen bezieht sich dabei z. B. auf ökonomische, kulturhistorische, ästhetische und wissenschaftliche Aspekte. Die anthropozentrische Ethik ist charakteristisch für die philosophische Tradition des Abendlandes.

Der **pathozentrische Ansatz** geht bei seiner Argumentation von allen empfindungsfähigen Lebewesen, d. h. Menschen und Tieren, aus. Richtschnur der Argumentation ist vor allem die Leidensbegrenzung, aus der ein Verbot abgeleitet wird, empfindungsfähigen Tieren Schmerzen, Angst und Streß zuzufügen. Diese ethische Haltung ist eng mit dem →Tierschutz-Gedanken verbunden und wurde in Deutschland insbesondere durch den Philosophen Schopenhauer vertreten.

Der **biozentrische Ansatz** geht vom eigenständigen Wert aller Lebewesen, d. h. Pflanzen, Tieren und Menschen, aus. Neben dem Leben selbst geht es dabei um Werte wie Schönheit, Ordnung und Vielfalt der Lebewesen. Bekanntester Vertreter dieser Richtung in Deutschland ist Albert Schweitzer, der eine «Ehrfurcht vor dem Leben» forderte.

Der **holistische Ansatz** erweitert die ethischen Werte auf die gesamte, also auch auf die unbelebte Natur, soweit ihr bestimmte Werteigenschaften zukommen.

## Ökologischer Landbau

Auf den ersten Blick unterscheidet sich ein Ökohof kaum von einem herkömmlichen Bauernhof. Zugmaschinen, Mähdrescher und funktionell gebaute Stallungen vermitteln den Eindruck eines modernen landwirtschaftlichen Betriebs. Schaut man sich genauer um, so fallen die Artenvielfalt der Tiere wie z. B. Enten, Gänse, Hühner, Schafe und Kühe und je nach Jahreszeit auch die verschieden angebauten Getreide- und Gemüsefelder auf, zwischen denen es vielleicht noch Klatschmohn und Kornblumen gibt.

Damit sind schon einige typische Merkmale des ökologischen Landbaus, der auch als alternativer, biologischer, organischer oder naturnaher Landbau bezeichnet wird, angegeben.

### Merkmale ökologischen Landbaus

Eine flächenunabhängige Tierhaltung oder eine tierlose →Landwirtschaft widersprechen dem Kreislaufprinzip in der Natur. Die Tiere werden mit den Futterpflanzen des Hofes (Weiden, Feldfutter, Abfall und Reste aus der Marktfruchtproduktion) ernährt. Die Tierhaltung dient neben der Fleischproduktion dazu, die kreislaufgemäße Düngemittelversorgung für die Grünland- und Ackerwirtschaft zu gewährleisten.

In Anlehnung an die →Ökosysteme in der Natur (natürliche Stoff- und Energiekreisläufe) werden möglichst geschlossene betriebliche Stoff- und Energiekreisläufe angestrebt. Der landwirtschaftliche Betrieb ist also als ein System zu verstehen, dessen Lebensprozesse sich im Kreislauf vollziehen und in dem jedes Einzelgeschehen an das Ganze gebunden und darin rückgekoppelt ist. In dieses empfindliche System will der Landwirt nicht mit systemfremden Mitteln wie z. B. →Pestiziden oder leichtlöslichem Dünger eingreifen, sondern mit systemkonformen. Ökonomische Daten werden stets im Zusammenhang mit ökologischen Gegebenheiten und Folgen gesehen.

Die Pflege des →Bodens ist von besonderer Bedeutung, da das Bodenleben und die Mineralisation die Grundlagen für die Nährstoffversorgung der Pflanzen sind. Die Kleinorganismen des Bodens, Bakterien, Pilze, Insekten und Regenwürmer werden gefördert, der Dauerhumus wird vermehrt und bei allen Gär- und Zersetzungsprozessen für ausreichende Luftzufuhr gesorgt (aerobe Rotte). Tiefes Pflügen oder zu geringe Bodenbedeckung vermeidet der Ökobauer, um die Schichtung des Bodenlebens und die Wasserführung nicht zu schädigen.

Der Boden ernährt die Pflanze, und die Pflanze nährt den Boden. Organisch düngen bedeutet für den Ökobauern, daß er dem Boden organische Substanz zuführt, damit das Bodenleben daraus wiederum Nährstoffe für die Pflanze aufbereiten und verfügbar machen kann. Zur Versorgung mit Mineralstoffen werden langsam wirkende Düngemittel wie z. B. Gesteinsmehl oder Rohphosphate eingesetzt. Die Versorgung des Bodens mit Stickstoff geschieht mit Jauche, Stalldung oder Kompost oder mit organischem Handelsdünger wie Horn- oder Knochenmehl. Die Gründüngung mit Leguminosen (Schmetterlingsblütler wie z. B. Klee, Erbsen oder Lupinen) trägt ebenfalls zur Stickstoffversor-

gung bei. Leguminosen sind mit Hilfe von Knöllchenbakterien an ihren Wurzeln in der Lage, Luftstickstoff zu binden.

Unkräuter (→Unkraut) und Schädlinge bekämpft ein Ökobauer nicht um jeden Preis, sondern er beobachtet ihre Entwicklung und ihre Ausbreitung sorgfältig, um gegebenenfalls regulierend einzugreifen (→Schädlingsbekämpfung). Bei einem Boden, der einen guten Humusgehalt und eine gute Humusqualität hat, bei einer geeigneten Auswahl widerstandsfähiger Kultursorten (→Resistenz) und bei einer vielseitigen Fruchtfolge entstehen meist geringe Unkraut- und Schädlingsprobleme. Besonders günstig ist z. B. ein Wechsel zwischen frühen und späten Kartoffel- und Rübensorten oder Winter- und Sommergetreiden im Ablauf mehrerer Jahre. Eine gute organische Düngung erhöht zusätzlich die Konkurrrenzfähigkeit der Kulturpflanzen.

Ferner verbessert ein Ökobauer die Lebensbedingugen für die natürlichen Feinde von Schädlingen, indem er Nistgelegenheiten für Vögel in Hecken schafft, Vogelnistkästen aufhängt und Unterschlupf für Kleinsäuger und Nutzinsekten bereitstellt.

Unkräuter und Schädlinge werden jedoch auch direkt bekämpft. Unkräuter z. B. durch Abflammen oder durch Abmähen vor der Blüte von Samenunkräutern, Schädlinge durch Abklopfen oder mit Pflanzenschutzmitteln auf pflanzlicher Basis wie z. B. Schmierseife, Netzschwefel oder Brennesseljauche oder durch Bestäuben mit Gesteinsmehl.

### Richtungen des ökologischen Anbaus

In der Bundesrepublik besitzen im wesentlichen drei Anbaurichtungen Bedeutung: die biologisch-dynamische Richtung (Vertriebszeichen der Produkte: DEMETER), die organisch-biologische Richtung (Vertriebszeichen: BIOLAND) und die Arbeitsgemeinschaft für Naturnahen Obst- und Gemüseanbau (ANOG).

Der **biologisch-dynamische Anbau**, der auf Rudolf Steiner und die von ihm entwickelte Weltanschauung der Anthroposophie zurückgeht, unterscheidet sich von den beiden anderen Methoden durch den Einbezug des kosmischen Bereichs, z. B. der Mondrhythmen bei den Aussaat- und Pflanzzeiten und durch sog. biologisch-dynamische Präparate (z. B. Kompostpräparate). Im naturnahen Anbau der ANOG, der hauptsächlich im Obst- und Gemüseanbau betrieben wird, sind zur Schädlings- und Krankheitsbekämpfung (je nach Standort und Kultur) nützlingschonendere Insektizide und Fungizide wie Grünkupfer und Netzschwefel zugelassen.

Obwohl in zunehmendem Maße Bauern ihre Höfe nach ökologischen Prinzipien bewirtschaften, ist die bewirtschaftete Fläche mit 0,6 % der landwirtschaftlichen Nutzfläche in der Bundesrepublik und die Zahl der Höfe (ca. 59734 ha; ca. 3028 Betriebe) noch relativ klein. In den neuen Bundesländern wird zur Zeit auf einer Fläche von 200 Hektar ökologischer Landbau betrieben. Die Biohöfe treffen jedoch auf eine wachsende Zahl von Verbrauchern, die auf die äußerlich makellosen «Gemüse- und Obstattrappen» des herkömmlichen Landbaus zugunsten weniger belasteter Lebensmittel verzichten (→Fremdstoffe in Nahrungsmitteln, →Ernährung).

### Pro und Contra des ökologischen Anbaus

Die öffentliche Diskussion über die Bedeutung ökologischer Landbaumethoden und die Qualität solcher Naturkost wird z. T. heftig geführt. Dies ist nicht verwunderlich, denn es steht einiges auf dem Spiel: für den Verbraucher eine weniger belastete Umwelt und weniger belastete Lebensmittel, für die chemische Industrie ein sicherer Absatzmarkt. Die verschiedenen vergleichenden Untersuchungen zwischen konventionellem und ökologischem Landbau sind deshalb auch sehr sorgfältig zu bewerten. Dazu kommt, daß die Aussagekraft von solchen vergleichenden Untersuchungen eingeschränkt ist, da etwas verglichen wird, was auf Grund unterschiedlicher Voraussetzungen nur schwer vergleichbar ist.

Als Vorteile des ökologischen Landbaus sind zu nennen:

▶ **Umweltschonende Produktion:** Die Nitratbelastung (→Nitrat/Nitrit/Nitrosamine) des →Grundwassers und die Belastung der Oberflächengewässer mit Phosphor und →chlorierten Kohlenwasserstoffen aus der Landwirtschaft ist meist geringer. Die dauernde Bedeckung des Bodens verringert die →Bodenerosion.

▶ **Ressourcen- und energiesparende Produktion:** Im herkömmlichen Landbau machen Chemikalien (zu 98 % →Düngemittel) ungefähr ein Drittel der bei der Produktion landwirtschaftlicher Güter verbrauchten →Energie aus. Die Düngung mit organischen Abfällen und Gründung verringert den Energieverbrauch dagegen erheblich.

▶ **Weniger belastete Lebensmittel:** Im ökologischen Landbau werden keine →Pestizide oder verbotenen und umstrittenen Tierarzneimittel und Futterzusatzstoffe (→Massentierhaltung) benutzt, so daß die Nahrungsmittel nur noch Rückstände der allgegenwärtigen Umweltgifte aufweisen können.

Als Nachteile ökologischen Landbaus werden geringere Erträge, ein höherer Arbeitsaufwand, die höheren Preise der Naturkost und eine geringere Wirtschaftlichkeit genannt.

Trotz der vorgebrachten Einwände muß der ökologische Landbau als Alternative zur herkömmlichen industrialisierten Landwirtschaft und zur Beseitigung des Welthungers ernst genommen werden (→Dritte Welt). Ökologischer Landbau im vollen Umfang ist aber erst dann eine wirkliche gesellschaftliche Alternative, wenn die derzeitige, an Profit und Überfluß orientierte Lebensmittelproduktion abgelöst wird (→Landwirtschaft).

**TiP** Bei den Landes- und Kreisverbänden des Bundes für Umwelt- und Naturschutz Deutschland e. V. gibt es in vielen Bundesländern und Kommunen eine Zusammenstellung von Ökobauern in Ihrer Nähe, die landwirtschaftliche Erzeugnisse direkt vom Hof oder auch auf dem Wochenmarkt verkaufen. Auch Adressen von Naturkostläden in Ihrer Umgebung erfahren Sie bei den Umwelt- und Naturschutzverbänden.

## Ökologisches Bauen

Mit wachsender Kritik an der heute üblichen Bauweise haben sich verschiedene Alternativen entwickelt, in denen versucht wird, gesundes, umwelt-, energie- und rohstoffschonendes Wohnen und Leben zu verwirklichen: grünes Bauen, Solararchitektur oder biologisches Bauen. Als ein Sammelbegriff für diese unterschiedlichen Richtungen scheint sich «ökologisches Bauen» durchzusetzen.

Ökologisches Bauen bedeutet, ein Haus so zu bauen, daß

▶ der Energie-, Wasser- und Materialbedarf für die Herstellung und spätere Nutzung möglichst klein sind;

▶ die am Ort verfügbaren Baustoffe und Energien, z. B. die Sonnenenergie (→Solarzellen, →Sonnenkollektoren), →Windenergie oder →Bioenergie und die standortbedingten Vorzüge (z. B. Bäume zur Klimaverbesserung oder eine bestimmte Geländeform) intelligent genutzt werden;

▶ Abfälle, Luft- und Gewässerverunreinigung und die Versiegelung der Bodenfläche durch Straßen und Parkplätze möglichst gering gehalten werden (→Abfallentsorgung, →Luft, →Abwasser),

▶ die Bewohner in die Planung, Bauausführung und Instandhaltung einbezogen werden, und daß schließlich

▶ gesundes und ungestörtes Wohnen und Arbeiten möglich sind.

Ein Haus, in dem diese Prinzipien verwirklicht sind, unterscheidet sich sehr grundsätzlich von einem heute üblichen. An Stelle einer Verbrauchswirtschaft, bei der der Natur erschöpfbare Rohstoffe entnommen werden und ihr dafür Abwässer, Ab-

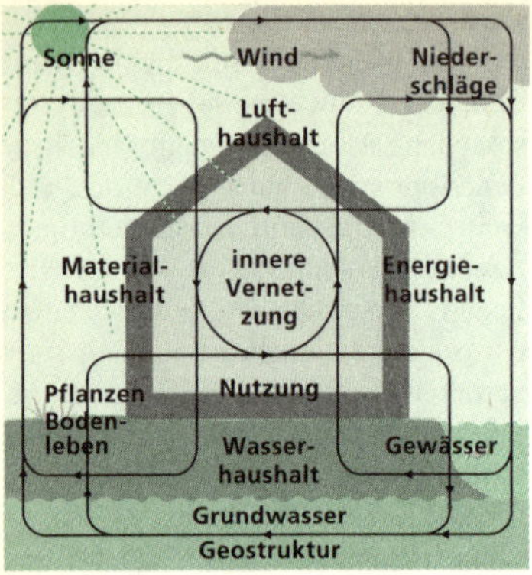


**Verbrauchswirtschaft im Normalhaus**

gase und Berge von Müll zurückgegeben werden, treten vielfach vernetzte Energie- und Materialkreisläufe, ohne Umweltschäden zu verursachen.
Zur technischen Realisierung der Prinzipien ökologischen Bauens stehen viele Einzeltechniken zur Verfügung, von denen hier die wichtigsten genannt seien:

- Das Haus wird in seiner Formgebung und Ausrichtung so gestaltet, daß sich im jahreszeitlichen Wandel eine optimale Nutzung der eingestrahlten Sonnenenergie ergibt (→Solararchitektur).
- Der Wärmeverlust durch die Gebäudeoberfläche wird durch Techniken der Energiebewahrung im Haus klein gehalten.
- Durch Wärmerückgewinnung wird der verbrauchten Luft Wärme entzogen und der Frischluft wieder zugeführt.
- Durch die Wahl geeigneter Baustoffe und durch eine umweltfreundliche Klimatechnik kann ein gesundes und angenehmes Raumklima geschaffen werden.
- Durch eine Fassaden- und Dachbegrünung kann ein günstiges Außenklima geschaffen werden.
- Durch →Kompostierung wird ein Teil der organischen Abfälle in einen natürlichen Kreislauf eingebunden.

In der Abbildung sind einige dieser Möglichkeiten schematisch verdeutlicht.
Ökologisches Bauen ist aber nicht auf die Errichtung von Einzelhäusern beschränkt. Im Gegenteil, die Anwendung ökologischer Prinzipien auf einen größeren Wohnblock, eine kleinere Siedlung oder auf eine ganze Stadt bietet die Möglichkeit einer noch vielfältigeren Vernetzung der einzelnen Teile miteinander. So kann man versuchen, sich solche Ökosiedlungen so entwickeln zu lassen, daß die heute übliche räumliche Trennung von Arbeiten und Wohnen weitgehend aufgehoben ist. Auch könnte in ihnen ein großer Teil des Energie- und Nahrungsbedarfs produziert und eine regionale Entsorgung durchgeführt werden. Siedlungen dieser Art entstehen zur Zeit an vielen Orten in

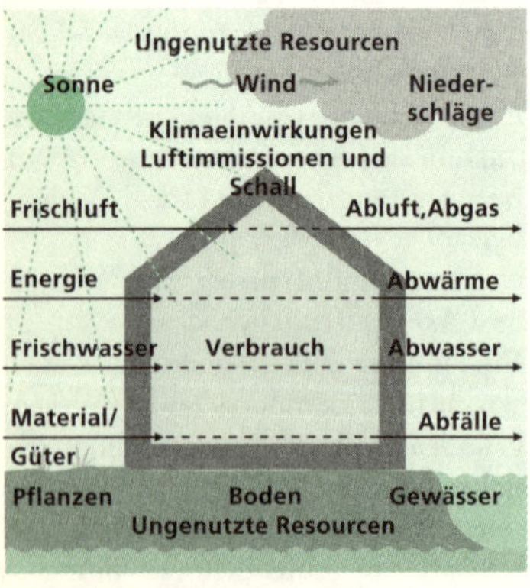


**Vernetzung im Ökohaus**

der Bundesrepublik, so z. B. die Ökosiedlung in Herford, die Ortserweiterung von Sternenfels bei Pforzheim oder die Ökologisch-Baubiologische Siedlung in Friebertshausen (Hessen).

Eine besondere Herausforderung an die Stadtplaner stellt die ökologische Stadterneuerung dar. Auch hier sind interessante Projekte im Entstehen, z. B. in Bremen und Berlin.

Ökologisches Bauen wird heute erst vereinzelt praktiziert und muß sich gegen eine Reihe von Widerständen und Vorurteilen durchsetzen. Häufig wird auch befürchtet, daß solche Häuser teurer sein würden als konventionelle. Bei einem fairen Vergleich darf man jedoch nicht nur die Baukosten den eingesparten Energiekosten gegenüberstellen, sondern sollte den volkswirtschaftlichen Gesamtnutzen betrachten. Und der kann beträchtlich sein:

– Schonung von Energie und Rohstoffreserven,
– Entlastung von Luft, Wasser und Boden durch geringere Schadstoff- und Müllproduktion,
– durch diese Entlastung eingesparte Krankheitskosten.

Eine Computersimulation zeigt deutlich, daß es bei Berücksichtigung dieses Gesamtnutzens von Vorteil wäre, wenn alle Baumaßnahmen ab sofort nach ökologischen Prinzipien durchgeführt würden. Von seiten des Gesetzgebers könnten dazu finanzielle Hilfen, etwa in Form von Steuererleichterungen, gewährt werden.

## Ökosystem

Auf der Erde gibt es eine Vielzahl verschiedener Lebensräume (→Biotop) wie z. B. Wüsten, Wälder, Wiesen, Flüsse usw. Die in diesen Lebensräumen vorkommenden Lebewesen werden von unbelebten (sog. abiotischen) Faktoren wie z. B. Feuchtigkeit, Temperatur und Licht und von belebten (sog. biotischen) Faktoren wie z. B. Feinde und Konkurrenz beeinflußt. Typisch für einen Lebensraum ist eine ganz bestimmte Gruppe von Pflanzen und Tieren, die zusammen eine Lebensgemeinschaft (Biozönose) bilden. Werden Lebensraum und Lebensgemeinschaft als Einheit betrachtet, so spricht man von einem Ökosystem.

Natürliche Ökosysteme, d. h. Ökosysteme ohne direkten oder indirekten Einfluß von Menschen, gibt es heute nicht mehr. Schon immer waren Ökosysteme dem Einfluß von Menschen ausgesetzt. In der Bronzezeit wurden beispielsweise in Norddeutschland riesige Waldflächen abgeholzt, um Bauholz und Brennholz zu gewinnen. Auf den abgeholzten Flächen entwickelte sich u. a. Heide.

Es gibt jedoch naturnahe Ökosysteme, wie sie ein großer Teil unserer Gewässer und Laubwaldbestände darstellen. Kennzeichnend für solche naturnahen Ökosysteme sind Stoffkreisläufe, Energiedurchfluß, Gleichgewicht und Stabilität.

### Stoffkreislauf und Energiedurchfluß

In Ökosystemen gibt es vielfältige Nahrungsnetze (→Nahrungskette). Organismen nehmen Nahrung auf, scheiden Stoffe aus, sterben ganz oder teilweise ab oder werden von anderen Organismen erbeutet. Die vielfältigen Nahrungsbeziehungen der Organismenwelt sind mit Stoff- und Energie-

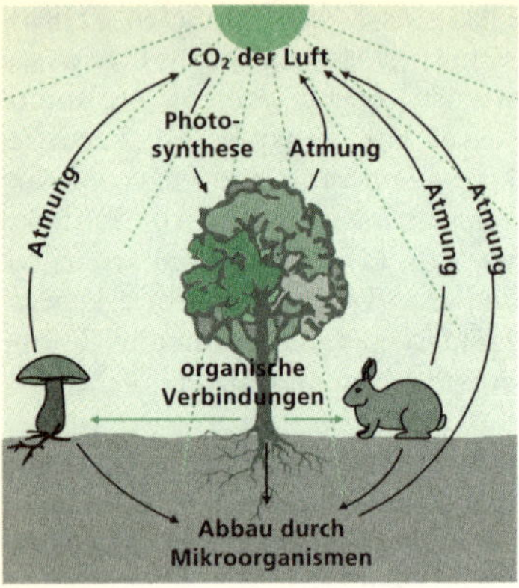


Kreislauf des Kohlenstoffs

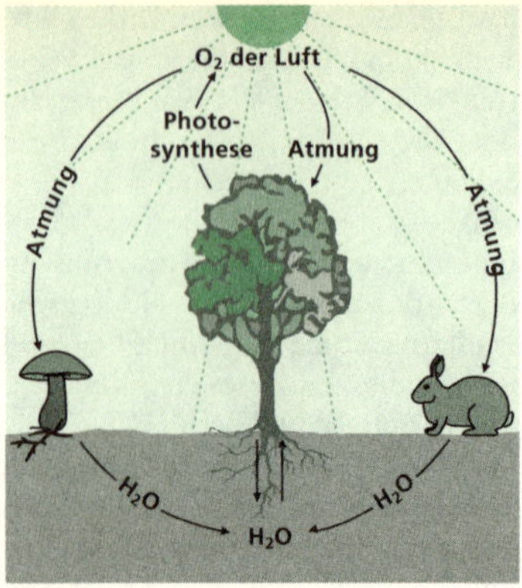


Kreislauf des Sauerstoffs

transporten verbunden. Am Anfang des Nahrungsnetzes stehen die grünen Pflanzen (Produzenten), die beim Vorgang der Photosynthese (→Luft) mit Hilfe der Sonne als Energiequelle aus →Kohlendioxid ($CO_2$), Wasser ($H_2O$) und Mineralstoffen (z. B. →Nitrat) organische Verbindungen herstellen. Konsumenten (Tiere, Menschen) verzehren die von den Pflanzen erzeugten Stoffe und setzen sie um. Produzenten und Konsumenten sterben ab und hinterlassen energiereiches organisches Material, das von den zersetzenden Kleintieren und Mikroorganismen (Destruenten) wieder in anorganische, für Pflanzen verfügbare Materie (Mineralstoffe, Kohlendioxid, Wasser) überführt wird. Der Kreislauf beginnt von neuem.

Im Rahmen solcher natürlichen Stoffkreisläufe zirkulieren die biologisch wichtigen Mineralstoffe, z. B. Kalium, Phosphor und Stickstoff, überwiegend innerhalb eines Ökosystems. Die für den Gaswechsel der Organismen wichtigen Elemente wie Kohlenstoff und Sauerstoff werden aus dem weltweiten Reservoir der Atmosphäre entnommen bzw. in diese abgegeben.

Hinsichtlich ihrer Energiebilanz sind Ökosysteme offene Systeme, da sie die Energie für den Antrieb der Lebensprozesse von der Sonne beziehen und Wärmeenergie wieder abgeben.

## Gleichgewicht und Stabilität

Ökosysteme haben die Fähigkeit zur Selbstregulierung, d. h. sie können auf von außen kommende Einflüsse und Störungen innerhalb gewisser Grenzen reagieren und ein Gleichgewicht im System wiederherstellen. Das Gleichgewicht ist jedoch nicht konstant, sondern es erfolgen Schwingungen um die Gleichgewichtslage. Ein solches ökologisches Gleichgewicht (auch biologisches Gleichgewicht genannt) bedeutet, daß Arten, Artengruppen und/oder abiotische Elemente in einem annähernd konstanten Verhältnis zuein-

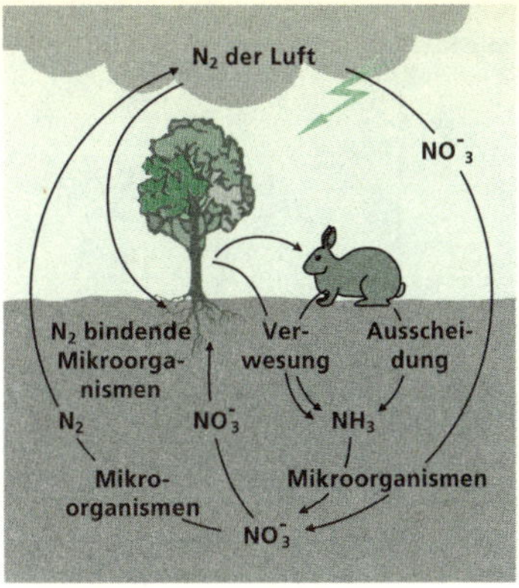


**Kreislauf des Stickstoffs**

ander stehen. Das folgende Beispiel zeigt ein solches Gleichgewicht zwischen Vegetation, Beute und Räubern. Große Weidegänger wie Gnus, Zebras und Antilopen beweiden die afrikanische Grassteppe. Tritt eine Trockenperiode auf, wird die pflanzliche Nahrung knapp. Die verschiedenen Weidegängerarten konkurrieren untereinander und miteinander um den geringeren Futtervorrat. Das knappe Nahrungsangebot schwächt die Weidegänger. Die schwachen Tiere werden zu einer leichten Beute für Hyänen und Löwen (Räuber). Diese reißen jeweils nur die schwächsten Tiere. Je mehr Pflanzenfresser geschwächt sind, um so mehr fallen den Hyänen und Löwen zum Opfer. Dadurch können jedoch mehr junge Hyänen und Löwen als sonst heranwachsen, weil für sie die Nahrung zunimmt. Bei den Weidegängern dagegen nimmt die Zahl der Nachkommen ab, so daß weniger Beute für die Löwen und Hyänen zur Verfügung steht. Auch die Zahl der Räuber geht zurück. Die verringerte Zahl der Weidegänger führt ferner dazu, daß sich die Grasnarbe erholen kann. Dadurch und durch die Abnahme der Zahl der Freßfeinde kann sich die Population der Weidegänger erholen, so daß die Ausgangslage annähernd wieder erreicht ist.

Kann ein Ökosystem nach einer Störung wieder zur gleichen Ausgangssituation zurückkehren, spricht man von der ökologischen Stabilität. Als Maß für die Stabilität kann man die Geschwindigkeit ansehen, mit der sich der Artenbestand sowie der Stoff- und Energiehaushalt wieder normalisieren.

Nicht immer kann jedoch ein Ökosystem in die Ausgangssituation zurückfinden. Dies wäre z. B. in dem obigen Beispiel der Fall, wenn die Zahl der Hyänen oder Löwen (z. B. durch Abschuß) sich verringerte. In einer Trockenperiode würden dann auch die geschwächten Pflanzenfresser weiter mitäsen (mitfressen), und zwar so stark, daß sich die Vegetation auch in der folgenden Regenzeit nicht mehr erholen könnte. Ein Massensterben der Tiere wäre die Folge. Auch die →Eutrophierung eines ehemals nährstoffarmen (oligotrophen) Sees stellt eine Überschreitung der Elastizität dieses Ökosystems dar. Das ursprüngliche ökologische Gleichgewicht des oligotrophen Sees weicht dabei einer veränderten Arten- und Faktorenkombination und geht in ein neues Gleichgewicht (des eutrophen Sees) über, oder es bricht infolge der Überversorgung mit Nährstoffen gänzlich zusammen. In dem sauerstofffrei gewordenen Wasser kann trotz des reichlichen Nahrungsangebotes kein Leben mehr existieren.

**Modell eines mensch-organisierten Ökosystems**

Legende siehe Grundmodell. Hier nicht dargestellt sind der $CO_2$- Austausch sowie die Betriebsenergie des mensch-organisierten Ökosystems, die hauptsächlich aus fossiler Biomasse (Erdöl, Erdgas) gewonnen wird.

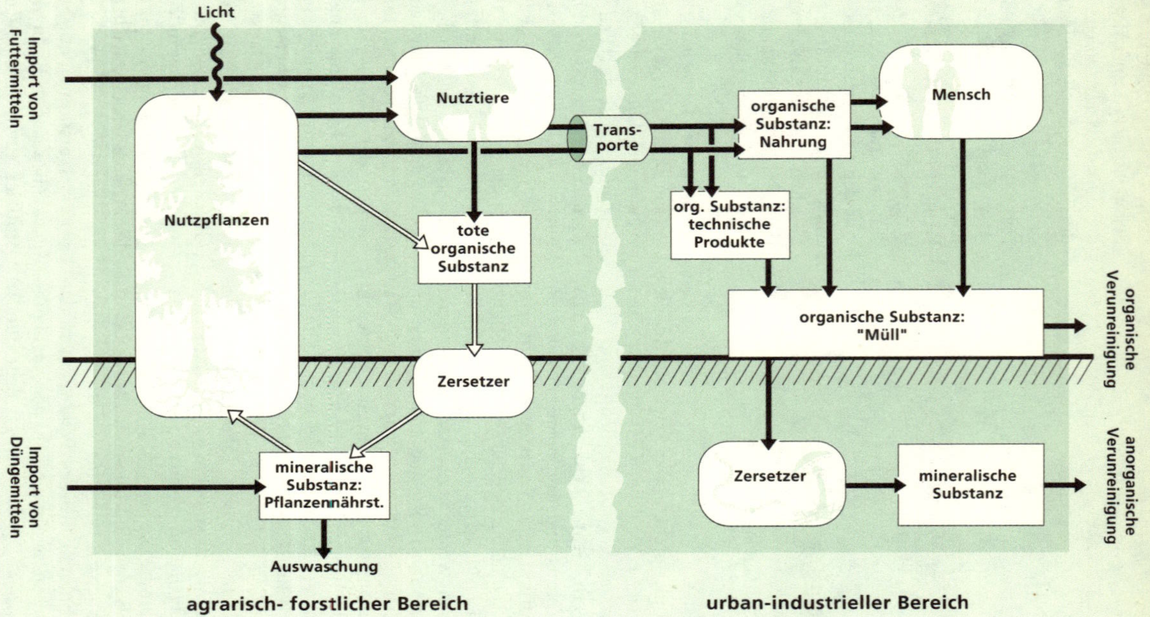

Grundmodell eines naturnahen ("selbstorganisierenden") Ökosystems:

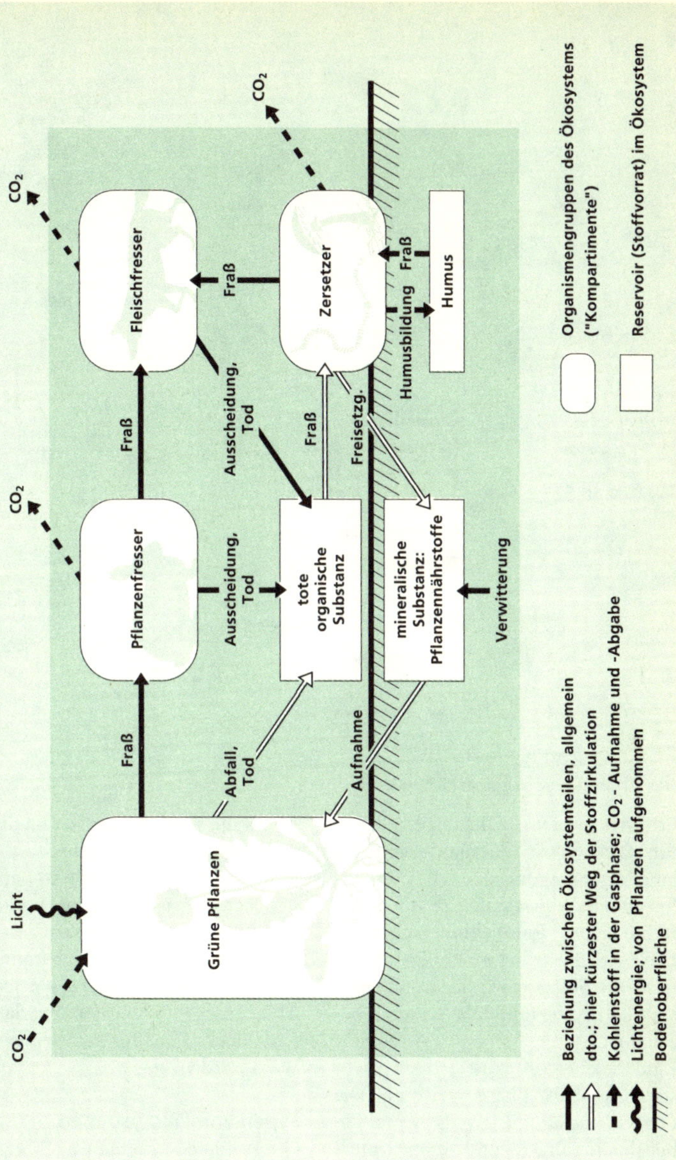


Quelle: F. Zacharias (1992)

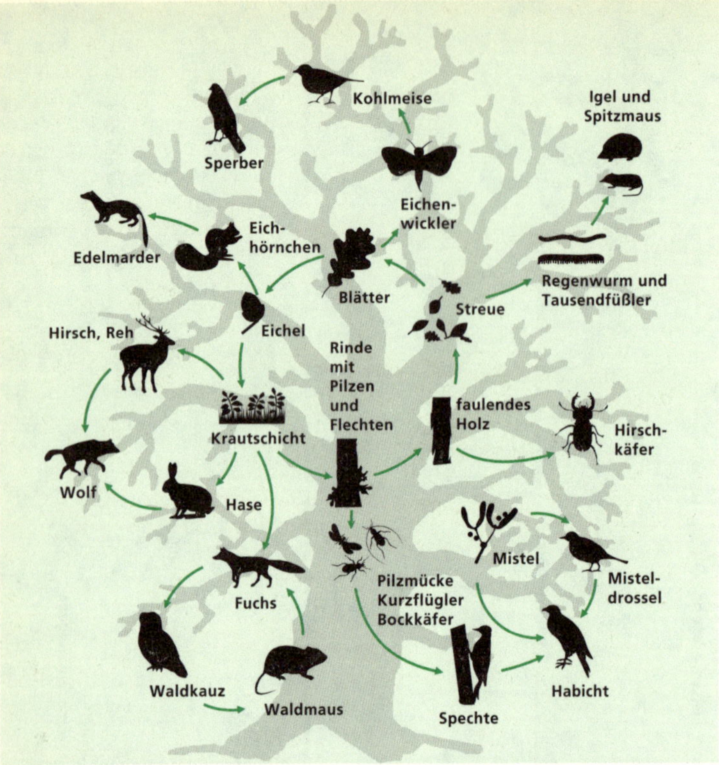


**Das Artengefüge in einem Eichenwald**

## Entwicklung von Ökosystemen

Ein Ökosystem durchläuft von Beginn der Belebung des →Biotops bis hin zum nahezu stabilen Zustand eine Reihe von Entwicklungsschritten. Die Folge dieser Entwicklungsschritte wird als Sukzession, der annähernd stabile Endzustand als Klimax bezeichnet.

Eine Sukzession läuft jedoch nicht stetig, sondern phasenweise ab. Die Phasen sind durch jeweils eigene Lebensbedingungen und damit auch durch eigene Lebensgemeinschaften gekennzeichnet. Eine neue Sukzessionsstufe wird erreicht, wenn die bestehende Lebensgemeinschaft das Biotop soweit verändert hat, daß diese neuen Lebensbedingungen nun für eine andere Lebensgemeinschaft besser geeignet sind. Ein Teich kann beispielsweise durch Pflanzenwuchs und Ablagerungen langsam verlanden und über Grasflur schließlich zu Wald werden.

## Typen von Ökosystemen

Ökosysteme kann man nach der Art ihrer wichtigsten Ökofaktoren (z. B. Klima, Pflanzen), nach dem Einwirkungsgrad des Menschen und nach der Energieversorgung unterscheiden:

**1. Natürliche und naturnahe Ökosysteme (ihr Haushalt ist in erster Linie von der Sonnenenergie abhängig)**
**1.1. Gewässer- oder aquatische Ökosysteme**
**1.1.1. Marine Ökosysteme (Meeresökosysteme; z. B. Ozean, Korallenriff)**
**1.1.2. Limnische Ökosysteme (Süßwasserökosysteme; z. B. See, Tümpel, Fluß)**
**1.2. Land- oder terrestrische Ökosysteme**
**1.2.1. Halbterrestrische Ökosysteme (Moore)**
**1.2.2. Rein terrestrische Ökosysteme (Wälder, Gebüsche, Tundra)**
**2. Urban-industrielle Ökosysteme (städtisch-industrielle Ökosysteme; ihr Haushalt ist in erster Linie von zusätzlichen, erschöpflichen Energiequellen abhängig)**

Urban-industrielle Ökosysteme sowie die hieran anschließenden, gleichfalls auf zusätzliche Energiequellen angewiesenen agrarisch-forstlichen Ökosysteme werden zur Unterscheidung von den selbstorganisierenden, naturnahen Ökosystemen als menschorganisiert bezeichnet.
Während z. B. in einem naturnahen Ökosystem die Zersetzer den überwiegenden Teil der Stoffe wieder in den Kreislauf zurückführen, gibt es solche geschlossenen Kreisläufe in einem urban-industriellen Ökosystem nicht mehr. Auch in den heute überwiegend industrialisierten agrarischen Ökosystemen liegen halbgeschlossene Stoffkreisläufe vor, wobei der Hauptteil der organischen Substanz (sog. Biomasse) geerntet, wegtransportiert und der Mineralverlust durch →Düngemittel ausgeglichen wird (→Landwirtschaft).
Im menschorganisierten Ökosystem liegen die Orte der Produktion und des Verbrauchs von organischer Substanz (z. B. Ackerland/Großstadt) oft weit voneinander entfernt. Die Komponenten eines vollständigen Ökosystems (Produzenten, Konsumenten, Destruenten) sind gleichsam auseinandergerissen. Damit das System dennoch funktioniert, muß ein Transportsystem den ökologischen «Stoffwechsel» gewährleisten. Dafür wird zusätzlich Energie benötigt, vor allem Erdöl. Dennoch übertrifft im menschorganisierten Ökosystem der Stoffdurchfluß bei weitem den Anteil der im System zirkulierenden Stoffe. So wird z. B. Phosphat (als Pflanzendünger) importiert und in Form von Müll und →Abwasser wieder aus dem System entlassen. Diese und andere umweltschädigenden Stoffexporte belasten in den benachbarten, z. T. noch naturnahen Systemen Böden und Gewässer sowie weltweit die →Atmosphäre (→Luftverschmutzung).

## Ökotechnik

oder Umwelttechnik bezeichnet sowohl Technologien, die eine weitere Umweltverschmutzung und Naturzerstörung von vornherein vermeiden, als auch Verfahren, die Umweltschäden und -belastungen abbauen oder abschwächen sollen. Die ersteren sind vorbeugender Art im Sinne des Vorsorgeprinzips, indem sie versuchen, die Ursachen von Umweltschäden zu beseitigen. Die letzteren versuchen, die Symptome zu bekämpfen und im nachhinein die schlimmsten Umweltschäden zu reparieren, schlimmstenfalls kosmetisch zu verkleistern. Man nennt sie auch «End-of-the-pipe»-Technologien. Staatlicherseits hat die →Umweltforschung im Rahmen einer vorsorgenden →Umweltpolitik verschiedene umweltfreundliche Technologien entwickelt und z. T. in Pilotprojekten getestet. Z. B. sollen technische Verfahren die schädlichen →Emissionen bei Kraftwerken durch Rauchgasentschwefelung verringern, in wirtschaftlicher Weise die erneuerbaren Energiequellen Sonne und Wind als Alternative zu den fossilen Brennstoffen nutzen (→Regenerative Energien) oder in einem umfassenden Abfallwirtschaftsprogramm den →Abfall verringern oder durch Wiederverwertung Rohstoffe einsparen (→Recycling). Neben umweltfreundlichen Herstellungs- und Verarbeitungsverfahren werden →umweltfreundliche Produkte gefördert und mit dem Umweltzeichen (Umweltengel) des →Umweltbundesamtes ausgezeichnet. Es gibt sie in fast allen Produktgruppen: Kraftfahrzeuge, Haushalts- und Heimwerkerartikel und Recycling-Produkte. Umweltfreundlich sind diese Produkte, weil sie lärmarm, schadstoffarm und emissionsarm sind, weil sie →Energie und Rohstoffe sparen helfen oder weil sie z. B. aus Altpapier hergestellt sind und damit den Gedanken der Müllwiederverwertung (→Abfall) fördern. Das heißt jedoch nicht, daß das Umweltzeichen eine völlige Unbedenklichkeit für die Umwelt bedeutet. Im privaten Bereich ist die Umweltschutzindustrie zu einer sich ausweitenden und gewinnträchtigen Branche geworden. Je größer die Umweltverschmutzung, desto größer ist ihr Markt für den technischen Umweltschutz. Die Umweltschutzfirmen betreiben →Recycling, also Wieder- oder Weiterverwertung von Altmaterialien und Abfallprodukten, Weiterverwendung von →Abwärme aus Kraftwerken und Industrieanlagen (die sog. Kraft-Wärme-Koppelung). Sie filtern Abgase (→Luftverschmutzung) und →Abwässer, entwickeln Methoden zur Verringerung von →Schadstoffen am Arbeitsplatz, bauen Lärmschutzwände an Autobahnen (→Lärmschutz) und vieles andere mehr. Selbst wenn aber Folgeschäden an →Umwelt, →Gesundheit und Sachgütern verringert werden können, so brauchen auch die Umweltschutz-Unternehmen zusätzliche Materialien, teure Energie und belasten durch ihre Produktion die Umwelt.

Außer Staat und Industrie beschäftigt sich noch eine dritte Gruppe, die wissenschaftlichen Institutionen, mit der Frage, welchen Beitrag bestimmte Technologien für ein menschenwürdiges Überleben in einer begrenzten und gefährdeten Umwelt leisten können. Sie sehen die Ökotechnologie oder mittlere Technologie als den zukunftsweisenden Weg der Industrialisierung. Oft ist auch die Rede von sanfter, alternativer oder angepaßter Technik. Nach der 1975 gegründeten Stiftung Mittlere Technologie ist das Ziel dieser Art von →Technik, lang-

fristig die auf Großtechnologien beruhende Produktionsweise zu ersetzen. Mittlere Technologie soll menschengemäß, umweltschonend, energie- und rohstoffsparend und wirtschaftlich sein. Ausgangspunkt ist eine Technik in kleinen, dezentralisierten Einheiten nach Menschenmaß, die zu einem Gleichgewicht zwischen den Menschen und ihrer natürlichen Umgebung führt.
Ökotechnik kann in Zeiten steigender Arbeitslosigkeit auch einen sozialpolitischen Beitrag leisten. Sie erfordert in der Regel viele Arbeitsplätze, d. h. sie ist arbeitsintensiv und verwendet nicht nur Maschinen. Gleichzeitig sind die Kosten für diese Arbeitsplätze und ihre Einrichtung billiger, als dies im Durchschnitt bei Arbeitsplätzen in der Industrie der Fall ist. Die Zahl der Arbeitsplätze in der Umweltschutzindustrie wird auf viele 100000 geschätzt und wächst ständig.
Ökotechnologie nutzt die Erkenntnisse über die Naturzusammenhänge und den Naturhaushalt (Ökologie) und regt zu weiteren Forschungen an. Ihr Ziel ist in einer «Allianztechnik», die die Mitproduktivität der Natur zur Entfaltung kommen läßt, ihre Beschädigung meidet und Vielfalt fördert. Ernst Bloch nennt die Allianztechnik eine Technik ohne Gewalt und erhofft von ihr die Renaturalisierung des Menschen wie die Humanisierung der Natur: «Natur ist kein Vorbei, sondern der noch gar nicht geräumte Bauplatz, das noch gar nicht adäquat vorhandene Bauzeug für das noch gar nicht adäquat vorhandene menschliche Haus.»

## Ölpest

Verendende oder tote Vögel mit ölverklebtem Gefieder – Bilder, die im allgemeinen nur bei einem großen Tankerunglück über die Bildschirme flimmern, gehören jedoch längst zum Alltag. Ursache für das Vogelsterben von Tausenden von Seevögeln wie Trottellumme und Tordalken an der Nordsee (→Meeresverschmutzung) ist jedoch nicht immer ein Tankerunglück, sondern es sind Ölrückstände aus der Schiffahrt: Rückstände aus der Reinigung der Treibstofftanks und Schiffsbilge. Bilge ist ein Gemisch aus Maschinenöl, Verbrennungsrückständen und Wasser, das sich im tiefst gelegenen Teil eines Schiffes, dem Kielraum, sammelt. Diese Ölrückstände werden noch immer verbotenerweise auf hoher See abgelassen. Bis heute findet man jedoch in vielen deutschen Nordseehäfen keine Entsorgungseinrichtungen für Altöl, Ölrückstände und andere Abfälle.
Neben diesen Ölrückständen aus der Schiffahrt (→Schiffsverkehr) gibt es noch andere Belastungsquellen der Meere, wie die Tabelle zeigt:

| Quellen | t/Jahr |
|---|---|
| Atmosphärischer Eintrag | 300000 |
| Natürliche Quellen | 250000 |
| Bilgenöl | 240000 |
| Tankerunfälle | 160000 |
| Tankerbetrieb | 150000 |
| Ölförderung | 130000 |
| Abwässer und Zuflüsse | 120000 |

Geschätzte jährliche Einträge von Öl in die Weltmeere (verändert nach Howarth/Marino/Greenpeace: Oil in the Oceans, 1991)

In die Schlagzeilen der Medien gerieten so große Tankerunglücke wie z. B. das der «Torrey Canyon» (1967), der

«Amoco Cadiz» (1978) oder der «Exxon Valdéz» (1989). Am 16.3.1978 strandete der liberianische Tanker «**Amoco Cadiz**», beladen mit 100000 Tonnen leichtem arabischem, 123000 Tonnen leichtem persischem Rohöl und 4000 Tonnen Treibstoff vor der bretonischen Küste. In den ersten zwei Wochen nach dem Unfall wurde das Öl an eine 72 km lange Küstenlinie getrieben, später verteilte es sich auf 393 km Küstenlinie. Nach vier Wochen waren über 20% des angetriebenen Öls durch Verdunstung und durch die intensiven Aufräumungsarbeiten beseitigt. Der Rest verteilte sich im Wasser oder wurde am Meeresboden abgelagert. Die Folgen der Katastrophe waren erheblich:

- Das Öl setzte sich bis zu einer Wassertiefe von 70 m in den Sedimenten, d. h. den Ablagerungen am Boden der Buchten und Flußeinmündungen ab. Dadurch wurde die →biologische Selbstreinigungskraft eingeschränkt, was als Spätfolge noch lange andauern wird.
- Es setzte ein Massensterben von Herzseeigeln, Meeresmuscheln und Strandkrabben ein.
- 4500 Vögel (Papageientaucher, Tordalk, Trottellumme, Krähenscharbe) verendeten qualvoll.
- Tourismus und Fischerei, insbesondere die Muschelkulturen, waren erheblich beeinträchtigt.

Die ökologischen Auswirkungen einer Ölkatastrophe sind sehr unterschiedlich. Gelangen Öl oder Ölprodukte auf hoher See in die →Umwelt und erreichen – wenn überhaupt – erst in gealterter Form die Küste, so richten sie im allgemeinen geringeren Schaden an als solche, die im Küstenbereich freigesetzt werden. Die schädigende Wirkung hängt von der Größe der Ölmenge ab. Bei leichtem Öl beruht sie auf der akuten Giftigkeit der toxischen (giftigen) Bestandteile, bei schwerem Rohöl auf der Überschichtung von Organismen an der Küste.

Die Schäden hängen auch noch davon ab, ob es sich um eine dicke oder dünne Ölschicht und ob es sich um eine Wasser-in-Öl-Emulsion (mousse) oder um eine Öl-in-Wasser-Emulsion (z. B. nach dem Einsatz von Dispergatoren) handelt.

Ein Verfahren zur **Ölbekämpfung** ist die mechanische Beseitigung des Wasser-Öl-Gemisches z. B. durch Schläuche, Luftblasenbarrieren und Absaugen.

Die **chemische Ölbekämpfung** geht mit Hilfe von Emulgatoren (auch Dispergatoren genannt) vor sich. Als Emulgatoren benutzt man z. B. Detergentien, die die sonst nicht miteinander mischbaren Phasen Wasser und Öl verbinden. Dadurch soll das Öl zum Absinken gebracht werden. Dieses Verfahren ist aber sehr bedenklich, da das giftige Potential des Rohöls mit erhöhtem Vermischungsgrad (Dispersionsgrad) steigt und die Emulgatoren ebenfalls schädliche Auswirkungen auf die Meereslebewesen haben (→Wasch- und Reinigungsmittel).

Bei der **biologischen Ölbekämpfung** werden ölabbauende Bakterein auf das Öl ausgebracht. Prinzipiell bleibt die Ölbeseitigung ungenügend und bringt meist neue ökologische Probleme mit sich. Viele Maßnahmen erscheinen als reiner Aktionismus, der bestenfalls das Ohnmachtsgefühl der

Menschen gegenüber der Ölkatastrophe mildern kann.
**Ursachen für Schiffsunfälle** sind oft die ungenügende Ausbildung der Mannschaft (z. B. fehlendes Sicherheitstraining) und die schlechte Sicherheitsausrüstung und Wartung der Schiffe. Die hohe Zahl der Überstunden hat oft eine übermüdete Mannschaft zur Folge. Aber auch die hohe Verkehrsdichte auf der Nordsee stellt eine ständige Bedrohung dar. Im Seegebiet vor der deutschen Nordseeküste treffen sämtliche Schiffe, die aus Hamburg, dem Nord-Ostsee-Kanal, Bremen und Bremerhaven kommen, mit denen aus der Deutschen Bucht oder vom englischen Kanal zusammen.

### «Chronische Ölpest»

Aufgrund der immensen Verkehrs- und Industriedichte ist die Nordsee (→Meeresverschmutzung) ein Gebiet mit besonders hoher Ölbelastung. Gesamtschätzungen des jährlichen Öleintrags variieren zwischen 80000 und 200000 Tonnen. Die großen Tankerunfälle, die in der Öffentlichkeit viel Aufmerksamkeit erhalten, liefern davon eine relativ «geringe» Menge.

| Eintragsquellen | t/pro Jahr |
|---|---|
| Flüsse | 50000 |
| Direkte Einleitungen | 35000 |
| Öl- und Gasgewinnung | 30000 |
| Schiffsbetrieb | 30000 |
| Atmosphäre | 15000 |

Öleinträge in die Nordsee (nach Lozan, J. L. u. a.: Warnsignale aus der Nordsee. Parey, 1990)

Der größte Teil des Öles wird durch die Flüsse eingetragen, die ölbelastete Abwässer der Küstenstädte, Industrieabwässer und Abwässer der Raffinerien enthalten. Die Verschmutzung aus der Atmosphäre stammt aus der unvollständigen Verbrennung in Autos, Kraftwerken u. a. Bei der Ölgewinnung gelangt bei den sogenannten Offshore-Installationen auf verschiedene Weise Öl ins Meer: durch zufälliges Auslaufen, durch Arbeitsabwässer und als Bohrschlamm.
Hinweise auf die chronische Verölung der Meere sind verölte Tierleichen und Teerklumpen an den Spülsäumen der Strände. Die Teerklumpen gehören für den aufmerksamen Nordseeurlauber mittlerweile zum Alltagsbild. Die chronische Verölung ist jedoch nicht nur eine Belästigung des Fremdenverkehrs und eine Existenzbedrohung der Fischerei, sondern ebenso eine Belastung des Ökosystems, der jährlich 150000 bis 450000 Seevögel zum Opfer fallen.

## Ozon

«Vor körperlicher Anstrengung im Freien wird wegen hoher Ozonkonzentration gewarnt.» Diese Radiomeldung begleitet und betrübt unser aller Sommerfreuden. Daneben melden die Medien, daß die «Zerstörung der Ozonschicht» den Menschen zunehmend mit Hautkrebs bedroht. Was hat es mit diesem Gas auf sich, das einmal zuviel, ein andermal zuwenig vorhanden ist?

### Ozon: Ein Sauerstoffgas, das es in sich hat!

Ozon ist ein Spurengas, das zu 0,03 ppm (Millionstel Teile) natürlicherweise in der →Luft vorkommt. Es ist ein dreiatomiges Sauerstoffgas ($O_3$) – im Gegensatz zu «normalem» Sauerstoff, der aus zwei Sauerstoffatomen besteht ($O_2$). Diese anscheinend geringe Änderung im chemischen Aufbau hat jedoch Konsequenzen für die Eigenschaften: Ozon ist ein stechend riechendes Gas. Es hemmt das Wachstum von Mikroorganismen; deshalb wird es in der sogenannten **Ozonisierung** zur Reinigung des →Trinkwassers eingesetzt. Es reizt bei Mensch und Tier die Schleimhäute. Bei empfindlichen Personen wie Asthmatikern, Herz-Kreislauf-Kranken und Allergikern können sich Tränenreiz, Kopfschmerzen und Atembeschwerden einstellen (→Umweltkrankheiten). Bei Pflanzen führt Ozon zu Bleichflecken – insbesondere bei ozonempfindlichen wie Spinat, Bohnen, Kartoffeln und Tomaten. Daneben ist das Ozon auch für das →Waldsterben mitverantwortlich.

## Die schützende Ozonschicht schwindet

Etwa 90% des Ozons der →Atmosphäre befindet sich in der sogenannten Stratosphäre (→Atmosphäre), in einer Höhe von 10–50 km; es ist besonders konzentriert in einer Höhe von 15–30 km, der sogenannten Ozonschicht. Es absorbiert dort die äußerst schädliche Ultraviolett-Strahlung (UV) der Sonne und schützt damit die Biosphäre. Somit entscheidet der Ozongehalt mit nur einem Millionstel Anteil am Luftvolumen der Stratosphäre über die Lebensbedingungen auf der Erde. Es ist daher naheliegend, daß geringe Änderungen der Ozonkonzentration schwerwiegende Auswirkungen haben.

Diese Ozon-Schutzhülle der oberen Atmosphäre wird jedoch durch →FCKW, durch →Stickoxide aus Abgasen hochfliegender Flugzeuge und aus Nebenprodukten der Stickstoffdüngung in ihrer Dichte verringert. Diese Stoffe bauen das Ozon zu Sauerstoff ab. Neben der Emissionsmenge der jeweiligen ozonabbauenden Schadstoffe bestimmen deren chemische Reaktionsfreudigkeit, ihre Verweildauer in der Atmosphäre, insbesondere in der Ozonschicht, sowie die Emissionshöhe innerhalb der Atmosphäre über deren «ozonabbauendes Potential». Ein aus den →FCKW freigesetztes Chlormolekül kann z. B. 10000 Ozonmoleküle zerstören; daher genügen geringe FCKW-Anteile zur Zerstörung der Ozonschicht. Die Stickoxide aus Flugzeug- und Raketentriebwerken sind deshalb besonders gefährlich, da sie direkt in die Ozonschicht emittiert werden.

## Das Ozonloch wächst

Im Jahr 1979 wurde über der Antarktis ein derartig niedriger Ozongehalt festgestellt, daß die Wissenschaftler zunächst an einen Meßfehler glaubten. Doch bald wurde es zur traurigen Gewißheit: Über der Antarktis tut sich ein **Ozonloch** von der Größe der Vereinigten Staaten auf, das von Jahr zu Jahr wächst. Neben seiner Kernzone über dem antarktischen Festland überdeckt sein Randbereich die gesamte Südhalbkugel bis zum Äquator. In Australien und Neuseeland verbreiten die Rundfunksender inzwischen Hautkrebswarnungen wie hierzulande Verkehrsmeldungen. Australien hat die höchste Hautkrebsrate der Welt. Jährlich kommen 140000 neue Fälle hinzu. 1000 Australier sterben pro Jahr an Hautkrebs. Die Radioempfehlungen, wie lange man sich über Mittag ohne Son-

**Durchschnittliche Veränderung der Gesamtozonmenge in verschiedenen geographischen Regionen**

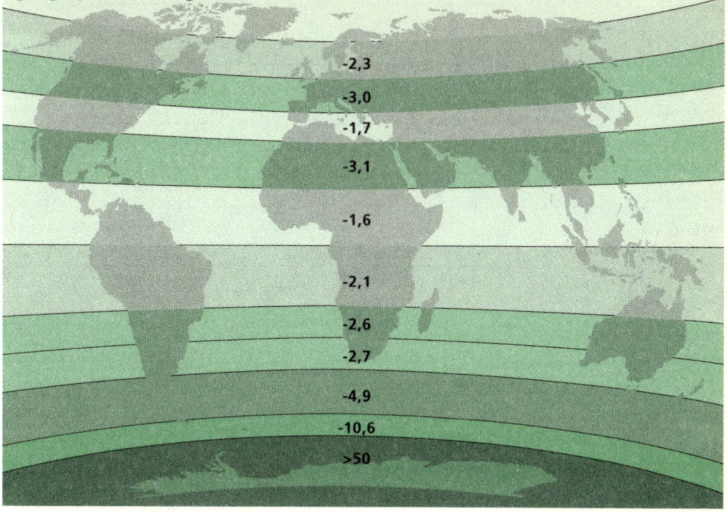


Quelle: Enquete-Kommission 1991

nenbrandrisiko im Freien aufhalten kann, liegen meist unterhalb einer Stunde. Straßenarbeiter erhalten mittlerweile eine Grundausstattung an Sonnencreme, -hüten und -brillen. Aber auch auf der nördlichen Halbkugel ist ein Ozonschwund zu beobachten.

Die Folgen des schwindenden Ozonschutzschildes sind eine zunehmende Gesundheitsgefährdung des Menschen durch Hautkrebs und grauen Star. Zu erwarten sind außerdem Schäden an Feldfrüchten und dem Phytoplankton, das die Basis der →Nahrungskette im Meer bildet.

### Am Himmel zuwenig, am Boden zuviel

Ozon ist in geringen Mengen ein natürlicher Bestandteil der →Luft. Der natürliche Ozongehalt in Bodennähe ist allerdings äußerst gering und lag vor ca. 100 Jahren in Europa bei etwa zehn Milliardsteln. Die heutigen Konzentrationen in Mitteleuropa sind etwa zwei- bis viermal so hoch. Oft wird wie in Kalifornien und Australien mehr als das Zehnfache dieses Wertes registriert. Ursache sind Stickoxide aus Autoabgasen, unter deren Einfluß sich aus Sauerstoff ($O_2$) Ozon ($O_3$) bildet. Die dadurch entstehende Luftbelastung durch gesundheitsschädigendes Ozon wird als photochemischer Smog, auch Ozonsmog bezeichnet (→Smog). Bei einem Ozongehalt von 180 Mikrogramm pro Kubikmeter Luft wird in der BRD Ozonwarnung ausgelöst. Bei diesem Wert besteht eine deutliche Gesundheitsbeeinträchtigung bei empfindlichen Personen. Im Sommer sind Konzentrationsspitzen von 200–400 Mi-

| Grenzwerte | Ozonkonzentration Mikrogramm (µg) Ozon/m³ | Wirkung |
|---|---|---|
| | 360 | Beschwerden bei gesunden Personen |
| MAK-Wert (achtstündiger Mittelwert) | 200 | |
| Ozonwarnung BRD (zweistündiger Mittelwert) | 180 | Tränenreiz, Kopfschmerz, Atembeschwerden bei empfindlichen Personen |
| MIK-Wert (einstündiger Mittelwert) | 150 | |
| Luftreinhalteverordnung Schweiz | 120 | |
| | 100 | Beeinträchtigung von Pflanzen |

krogramm nicht selten. Die Folgen sind gesundheitliche Schäden beim Menschen, Schädigung von Kulturpflanzen sowie das →Waldsterben.

## Was kann getan werden?

Selbst wenn die FCKW-Emissionen heute schlagartig aufhörten, würde die Zerstörung der Ozonschicht noch ein weiteres Jahrhundert weiterlaufen. So lange bleiben die heute emittierten Verbindungen in der →Atmosphäre und bauen weiterhin Ozon ab. Jedoch sind wir selbst von diesem – angesichts der Lage – kleinen Schritt noch weit entfernt. Im **Montrealer Abkommen** (1987) und den Folgekonferenzen in Helsinki (1989) und London (1990) sind zahlreiche Industrienationen und Entwicklungsländer übereingekommen, ihre FCKW-Emissionen bis zum Ende des Jahrhunderts lediglich um 50 % (bezogen auf 1986) zu reduzieren. →Umweltverbände und zahlreiche Wissenschaftler bezweifeln die Wirksamkeit dieser Maßnahme, zumal etliche FCKW-Arten nicht in das Montrealer Protokoll aufgenommen wurden, z. B. Tetrachlorkohlenstoff und Halone. Sie fordern dagegen einen sofortigen Stopp der FCKW-Produktion. Auch die **Enquete-Kommission «Vorsorge zum Schutz der Erdatmosphäre»** des Deutschen Bundestages, die 1989 ihren Bericht vorlegte, hält das Montrealer Abkommen für unzureichend. Dort wird eine weltweite Einstellung von Verbrauch und Produktion aller FCKW spätestens bis zum Jahr 1997 gefordert. Die Entdekkung eines Ozonlochs über Nordamerika im Jahre 1992 hat die Regierungen einiger Staaten beflügelt, nun doch früher auf FCKW zu verzichten.

**TiP** Schutz vor niedrigen Ozonmengen in der Atmosphäre:
– Vermeiden Sie ungeschützte Sonnenbäder.
Beim Skifahren oder beim Strandurlaub unter südlicher Sonne Sonnencremes mit einem hohen Lichtschutzfaktor benutzen. Routinemäßig, aber spätestens bei Hautveränderungen, besonders an Muttermalen und Leberflecken, den Hautarzt aufsuchen;
– Verzicht auf Produkte mit FCKW (wie Sprays, Schaumstoffe, Kühlschränke).
Schutz vor hohen Ozonmengen auf der Erde:
– bei Ozonwarnung sportliche Aktivitäten und körperliche Anstrengungen meiden. Gesundheitlich geschwächte Personen wie Kinder, Senioren, Kranke müssen notfalls in Räumen bleiben;
– Verzicht aufs Autofahren, speziell im Sommer.

# P

## Pestizide

Pestizide – auch Biozide genannt – sind Stoffe, die Nutzpflanzen während ihres Wachstums vor tierischem Schädlingsbefall, vor Krankheiten und die eingebrachte Erntemenge vor Verlusten schützen sollen. Sie unterbinden ferner die Konkurrenz von Nutzpflanzen zu Unkräutern um Nährstoffe, Wasser und Licht, indem sie die Unkräuter vernichten. Pestizide ist der Sammelbegriff für Schädlingsbekämpfungsmittel. Als Synonyme werden auch die Begriffe «Pflanzenschutzmittel» oder «Pflanzenbehandlungsmittel» verwandt.

Die am häufigsten benutzten Pestizide sind mit fast 95 % des weltweiten Verbrauchs Herbizide, Insektizide und Fungizide. Pestizide lassen sich auf Grund ihrer Stabilität in zwei Gruppen einteilen: in leicht abbaubare Verbindungen und dauerhafte (persistente) Verbindungen, die in ihrer ursprünglichen oder auch umgewandelten Form lange Zeit im Ökosystem nachweisbar sind. Die Herbizide lassen sich in Totalherbizide (Unkrautex) und solche mit selektiver Wirkung (nur gegen Ackerwildkräuter) einteilen. Weltweit sind ca. 550 Pflanzenschutzwirkstoffe verfügbar. Seit der Industrialisierung der →Landwirtschaft ist der Einsatz von Pestiziden stark angestiegen.

Während sich der Pestizidverbrauch in der BRD seit Beginn der 80er Jahre auf einen Wert von jährlich etwa 30000 t Wirkstoffmenge eingependelt hat, ist er in Ländern der →Dritten Welt steigend. Für die chemische Industrie stellen sie einen interessanten Absatzmarkt dar, da sich ca. 3/4 der Weltanbaufläche dort befinden, bisher hier aber nur 28 % des weltweiten Pestizidverbrauchs anfallen. In Ländern der Dritten Welt gehen etwa 50 % der theoretisch möglichen Erträge vor der Ernte und bei der Lagerhaltung durch Krankheiten und Schädlingsbefall verloren.

Von den Herstellerfirmen wie BASF oder Hoechst werden Pestizide immer noch als die einzig sinnvolle und auch ungefährliche Methode zur →Schädlingsbekämpfung angepriesen. Auch die →Gentechnik wird dazu eingesetzt, um die Pestizidanwendung zu effektivieren. Gelingt es z. B., Nutzpflanzen zu züchten, die gegen Totalherbizide resistent sind, erhöhen sich deren Absatzchancen. Demgegenüber stehen zahlreiche Untersuchungen, die die negativen Fol-

**Einteilung der wichtigsten Biozidgruppen, Anwendungsbereiche und den Wirkstoffen zugrundeliegenden Stoffklassen**

| Biozidgruppe | Anwendung | Stoffklasse (Beispiele) |
|---|---|---|
| Insektizide | Insektenabtötung | halogenierte Kohlenwasserstoffe (Aldrin, Dieldrin, Heptachlor, DDT, Lindan); Pyrethroide; Phosphorsäureester (Malathion, Parathion, Systox); Carbamate (Pyramat) |
| Akarizide | Milbenabtötung | unterschiedliche Stoffklassen |
| Molluskizide | Schneckenabtötung | substituierte Phenole (Pentachlorphenol) |
| Rodentizide | Nagetierabtötung | Kumarinderivate (Racumin) |
| Fungizide | Pilzvernichtung | unterschiedliche Stoffklassen, häufig metallorganische Verbindungen (mit Sn, Zn, Hg) |
| Herbizide | Unkrautvernichtung | Phenoxycarbonsäuren (2,4-D, 2,4,5-T); heterocyclische Verbindungen (Atrazin, Paraquat) |
| Ovizide | Vernichtung von Insekteneiern | substituierte Phenole (Sinox, Dinoseb) |
| Sterilantien | Schädlingssterilisation | organische Phosphorstickstoffverbindungen |
| Repellents | Schädlingsvertreibung | ätherische Öle, Alkohole und cyclische Ester (Dimethylphthalat) |

Quelle: Odzuck: Umweltbelastungen. 1982

gen der Pestizidanwendung hervorheben:

▶ nicht abbaubare Pestizide oder deren Abbauprodukte verbleiben in der Umwelt, können sich über die →Nahrungskette anreichern (→biologische Anreicherung) und im Körper von Menschen und Tieren speichern (→Fremdstoffe in Nahrungsmitteln, →Muttermilch);

▶ durch unsachgemäße Anwendung, Winddriftung oder Wassertransport können Pestizide auch in andere →Ökosysteme gelangen (→Grundwasser, →Trinkwasser);

▶ das Gleichgewicht der Kleinstlebewesen (Destruenten) im →Boden wird gestört;

▶ immer mehr Schädlinge werden resistent gegen Pestizide (→Resistenz);

▶ Pestizide wirken nicht nur gegen die Schädlinge, sondern in vielen Fällen auch gegen natürliche Schädlingsvertilger (→Schädlingsbekämpfung, →Artensterben).

▶ In Ländern der →Dritten Welt kommt es nach Angaben der Weltgesundheitsorganisation (WHO) bei der Produktion und unsachgemäßen Anwendung von Pestiziden zu zwischen einer halben und zwei Millio-

**Weltweiter Biozidverbrauch in 1000 t Wirkstoffmenge**

| Präparategruppe | 1965/69 | 1980 | 1995* |
|---|---|---|---|
| Herbizide | 767 | 1590 | 2225 |
| Insektizide | 1086 | 1590 | 2235 |
| Fungizide | 742 | 1094 | 1485 |
| sonstige | 157 | 297 | 500 |
| Summe | 2752 | 4571 | 6445 |

* geschätzt

Quelle: Die Grünen im Bundestag/AK Umwelt (Hg.): Pestizide, Köln 1985

nen Unfällen mit 10000–40000 Toten pro Jahr.
Insbesondere Herbizide mit dem Wirkstoff 2,4,5-T (Trichlorphenoxyessigsäure) sind in Verruf geraten, weil bei der Herstellung 2,3,7,8-TCDD (→Dioxine) als Verunreinigung anfällt. Aber auch durch Einwirkung des Sonnenlichts und bei Verbrennung unter 1200 °C kann sich aus 2,4,5-T dieses Supergift bilden, z. B. wenn ein Stoppelfeld abgebrannt wird, das mit 2,4,5-T behandelt wurde. Aber auch der Wirkstoff 2,4,5-T selber ist giftig und erbgutschädigend. Im US-Staat Oregon war drei Monate nach einem Besprühungsflug die Zahl der Fehlgeburten drastisch angestiegen. Auch als Abfall sind diese Herbizide ein Problem.
Die Novellierung der Pflanzenschutzmittelverordnung (1989) hat die Anwendung bestimmter Pflanzenschutz-Wirkstoffe in Wasserschutz- und Naturschutzgebieten beschränkt. Ferner wird die Bedeutung der integrierten Schädlingsbekämpfung hervorgehoben, die die Anwendung von Pestiziden auf das erforderliche Mindestmaß beschränken soll.
Pestizide haben eine unrühmliche Vergangenheit. Die meisten verdanken ihre Entdeckung nämlich den Forschungen der chemischen Industrie nach Chemiewaffen vor dem Zweiten Weltkrieg.

## Polychlorierte Biphenyle (PCB)

Polychlorierte Biphenyle, kurz PCBs, gehören zu der Stoffklasse der chlorierten →Kohlenwasserstoffe. Sie haben ringförmige Moleküle aus Kohlenstoff, Wasserstoff und Chlor. Es gibt etwa 200 ähnliche Substanzen.
PCBs sind Flüssigkeiten, die sich als gegen Säuren und Laugen unempfindlich, schwer entflammbar und kaum wasserlöslich erweisen und einen hohen elektrischen Widerstand haben. Nicht zuletzt wegen dieser Eigenschaften fanden sie seit 1930 Anwendung als Transformatorenöle, Hydraulikflüssigkeit oder als Weichmacher für Kunststoffe und als Imprägniermittel für Holz. Unter dem Markennamen «**Clophen**» wurden PCBs als Kühlmittel für Transformatoren benutzt.
Da die PCBs sich schon früh als umweltbelastende →Schadstoffe herausstellten, boten die vier PCB-Produzenten der westlichen Welt sie seit 1971/72 nur noch für geschlossene Systeme (Kondensatoren, Transformatoren, Hydraulikflüssigkeit, Kühlmittel) an. Während die übrigen PCB-Hersteller schließlich ihre Produktion auch ganz einstellten (MONSANTO in den USA 1976), benötigte der einzige bundesdeutsche Hersteller Bayer dazu bis Ende 1983. Die Bayer AG vollzog den Produktionsstopp erst zu dem Zeitpunkt, als sie den Markt selbst nahtlos mit einem Ersatzstoff für Clophen beliefern konnte. Ersatzstoffe wie z. B. Silikonöle waren aber schon Jahre vorher im Handel! Seit 1986 ist auch die Anwendung in geschlossenen Systemen verboten.
Mit der Einstellung der PCB-Produktion ist zwar schon ein bedeutsamer umweltschonender Schritt getan, das PCB-Problem ist aber keineswegs entschärft.
Nach Schätzungen wurden weltweit ca. 1 Mio. t PCB produziert. Da sie zu den schwer abbaubaren und sich anreichernden Verbindungen zählen, belasten sie die Umwelt weiter (→biologische Anreicherung).

Lange Zeit herrschte Unklarheit über den Weg der PCBs in die Umwelt. Obwohl PCBs im Oberflächenwasser der Weltmeere nur in Bruchteilen eines Milligramms vorkommen, reichern sie sich an. PCBs sind schon überall gefunden worden: im Meeresplankton, in Muscheln, Fischen, Seevögeln, im Fettgewebe arktischer Pinguine und Seehunde (→Nahrungskette). Vögel wie Sperber und Seeadler sind durch PCBs, die ihre Eier zerbrechlich machen, vom Aussterben bedroht.

Aber auch im menschlichen Fettgewebe (bis zu 52 mg PCB/kg) und in der →Muttermilch (bis zu 8 mg PCB/kg) sind PCBs gefunden worden. Vom Menschen werden sie im wesentlichen durch belastete Lebensmittel aufgenommen (→Fremdstoffe in Nahrungsmitteln). Ein Erwachsener nimmt täglich rund 35 Mikrogramm PCB mit der Nahrung auf.

Ferner stellen die bei uns noch mit PCBs betriebenen Transformatoren eine ständige Gefahrenquelle dar. Gefahr droht, wenn ein solcher Transformator in Brand gerät, wie z. B. 1981 in einem Verwaltungsgebäude in New York. Aus den PCBs bildet sich nämlich dann das giftige →Dioxin.

Ein großes Problem stellt auch die allmählich in Angriff genommene Entsorgung der Trafos dar, denn sie sind Giftmüll. PCBs werden nämlich nur bei einer Verbrennung oberhalb von 1200 °C und bei einer Verweilzeit von mehreren Sekunden in der heißesten Zone vollständig zerstört. Nur einige Sondermüllverbrennungsanlagen erreichen jedoch diese Temperaturen. PCB-haltiger →Müll muß auch erst seit 1974 bei solch hohen Temperaturen verbrannt werden. Man kann also annehmen, daß aus →Müllverbrennungsanlagen in der Vergangenheit reichlich PCBs in die Umwelt rieselten, durchschnittlich pro Kubikmeter Abgas rund 0,4 mg PCB.

Ein Unfall in Japan machte schon 1968 auf die möglichen schrecklichen Gesundheitsschäden durch PCBs aufmerksam. Aus der Kühlanlage einer lebensmittelverarbeitenden Fabrik waren PCBs in einen großen Tank mit Reisöl geflossen. Schon nach einigen Tagen zeigten sich bei den Reisölkonsumenten die Folgen: zunächst Hautveränderungen, Chlorakne, Dunkelung der Pigmente (Yusho-Krankheit), später Schäden der Leber, Nieren, Schwellungen der Lymphknoten und des Herzbeutels, Jahre danach →Krebs. Schwangere Frauen, die das Reisöl verzehrt hatten, brachten «schwarze Babys» mit Hautschäden zur Welt.

**TiP** Kondensatoren von Leuchtstofflampen, die vor 1983 hergestellt wurden, enthalten in der Regel etwa 100 Gramm PCB. Zwar sehen die kleinen, quadratischen oder runden Aluminiumkondensatoren harmlos aus, aber bei defekten oder undichten Stellen besteht akute Gefahr. Nicht flackernde Lampen, sondern ölige Flüssigkeiten oder gelbe Flecke an der Innenseite der Lampenschirme sind ein Indiz für Korrosionen. PCB-haltige Kondensatoren sind an folgenden Aufdrucken zu erkennen: Cp, CD, C, CP, CP25, CP40, CP50, CPA30, CPA40, CPA50, Clp30, Clp40, P, P25, 3CD, 4CD. Ratsam ist es, alle Leuchtstofflampen, die älter als 15 Jahre sind, auszutauschen. PCB-haltige Kondensatoren gehören auf den Sondermüll.

**Polycyclische aromatische Kohlenwasserstoffe (PAK)**
Benzolringe sind Grundbausteine zahlreicher komplexer Umweltchemikalien wie z. B. des Naphthalins, bestehend aus zwei verknüpften Benzolringen. Für derartige Verbindungen hat sich auch der Begriff der polycyclischen aromatischen →Kohlenwasserstoffe, kurz PAK, eingebürgert.
Solche PAK, z. B. das 3,4-Benzpyren (auch Benzo[a]pyren genannt), entstehen immer dann, wenn organisches Material unvollständig verbrennt: in →Müllverbrennungsanlagen, in Feuerungsanlagen der Industrie, in Heizungen, im Motor unseres Autos, beim Rauchen einer Zigarette, beim Grillen durch verbrennendes Fett oder beim Räuchern von Fleisch- und Fischwaren. Für die alte BRD werden die Einträge auf 500–1000 t PAK und 20 t Benzypren pro Jahr geschätzt. In der Luft sind PAKs ausschließlich an Staub gebunden und werden so auf den Boden deponiert (→Bodenbelastung). PAK belasten unsere Gesundheit. Es besteht ein starker Verdacht, daß die Lungenkrebshäufigkeit beim Menschen von der PAK-Konzentration in der →Atmosphäre abhängig ist. Bei Arbeitern, die mit Teerdämpfen, Ruß oder bestimmten Mineralölen in Berührung kamen, wurde vermehrt Hautkrebs festgestellt (→Berufskrankheiten).
PAK werden auch mit der Nahrung beim Verzehr von schwarzgeräucherten Fleischwaren oder von Kopfsalat aufgenommen (→Fremdstoffe in Nahrungsmitteln). Eine zu hohe Dosis kann zu →Krebs im Magen-Darm-Trakt führen.

**TiP** Damit beim Grillen im Freien keine krebserregenden Kohlenwasserstoffe entstehen, müssen einige Vorkehrungen getroffen werden: Das Fett darf nicht in die glühenden Kohlen tropfen. Deftiges sollte auf Aluschalen mit Fettrillen gegart oder in Alufolie gewickelt werden. Für Gepökeltes, beispielsweise Kaßler, sollte der Grill tabu sein, da sich hier außerdem schädliche →Nitrosamine bilden können. Achten Sie auf einen genügend großen Abstand zwischen Glut und Grillgut.

**Pseudokrupp**
Von Pseudokrupp – einer bedrohlichen Kehlkopfentzündung oder -schwellung mit Atembeschwerden und Hustenanfällen – sind vorwiegend Säuglinge und Kinder betroffen.
Besonders in stark belasteten Wohngebieten wie z. B. Essen oder Duisburg kommt es immer häufiger vor, daß Eltern nachts von ihren Kleinkindern mit schrecklichen Lauten geweckt werden. «Zischen und Pfeifen, Keuchen und Ächzen», die Kinder strampeln «wie ums Leben», «japsen und bellen und brechen wie verrückt», so betroffene Eltern.
An diesen bedrohlichen Erstickungsanfällen können die Kinder sterben, falls nicht rechtzeitig Hilfe kommt. Man schätzt, daß zur Zeit jährlich 10 000 Kinder in Krankenhäusern behandelt werden müssen. Über die Zahl der von Hausärzten betreuten kleinen Patienten mit mittelschweren Atemnot-Anfällen gibt es keine Angaben.
Die Frage, welche Faktoren bei der Auslösung eines Pseudokrupp-Anfalls eine Rolle spielen, ist umstritten.

Zum einen werden eine virale und bakterielle Infektion dafür hauptverantwortlich gemacht, zum anderen legen Untersuchungen aus den USA und der BRD einen Zusammenhang mit →Luftschadstoffen, insbesondere →Schwefeldioxid ($SO_2$) und →Stickoxiden ($NO_x$), nahe. Bei einer Gegenüberstellung der $SO_2$-Konzentration und der Pseudokruppanfälle zeigte sich, daß die Spitzen der $SO_2$-Belastung mit gehäuften Anfällen einhergingen.

**Zusammenhang zwischen Schwefeldioxid-Belastung ($SO_2$) und Pseudo-Krupp (Spitzenwerte) in Frankfurt:**

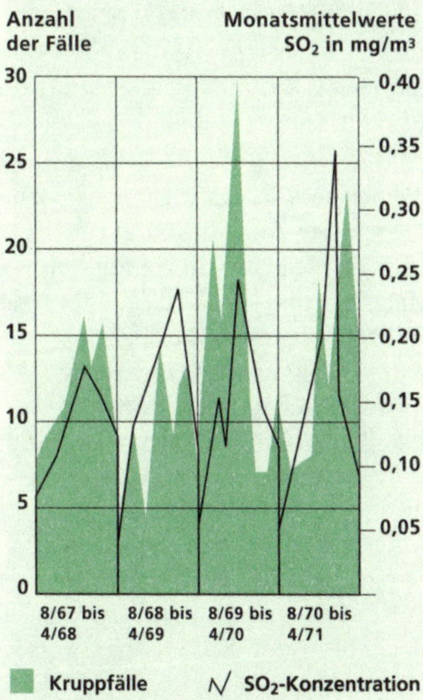


**Bei der Gegenüberstellung von $SO_2$-Konzentration und Krupp-Häufigkeit in monatlichen Intervallen zeigte sich: Spitzen der $SO_2$-Belastung bedeuteten Häufung von Erstickungshusten. Die Krupp-Schwelle liegt deutlich niedriger als man gemeinhin annimmt.**

Es gibt ferner die Annahme, daß die Luftschadstoffe indirekt einen Einfluß auf die Entstehung von Pseudokrupp haben. Sie können offenbar die Konzentration des körpereigenen Abwehrstoffs Immunglobulin A (IgA) herabsetzen und so eine zeitweilige Immunschwäche auslösen. Die Schleimhäute und Atemwege werden anfälliger für Entzündungen. Ungeklärt ist noch die Frage, in welchem Ausmaß die Reizgase dazu beitragen, daß es zu einem Pseudokrupp-Anfall kommt.

**TiP** Im Kinderzimmer trockene Heizungsluft vermeiden. Bei einem Pseudokrupp-Anfall für feucht-kalte Luftzufuhr sorgen: Aufdrehen der Heißwasserbrause, dann der Kaltwasserbrause.

## Pyrolyse

Unter Pyrolyse versteht man die Zersetzung flüssiger und fester Stoffe unter Abschluß von Luft bei Temperaturen von etwa 400–700 °C. Dadurch wird das Volumen der Ausgangsstoffe erheblich verringert, und es kann brennbares Schwelgas gewonnen werden.

Im Prinzip können alle brennbaren Stoffe aus dem Hausmüll auf diese Weise verarbeitet werden. In verschiedenen Demonstrationsanlagen sind eine Reihe unterschiedlicher Technologien entwickelt worden. Allerdings stellt die Hausmüllpyrolyse – wie die normale →Müllverbrennung – bisher eine Vielzahl von Problemen durch die Abgabe von Schadstoffen an die Umwelt dar. Ferner haben die unterschiedliche Zusammensetzung

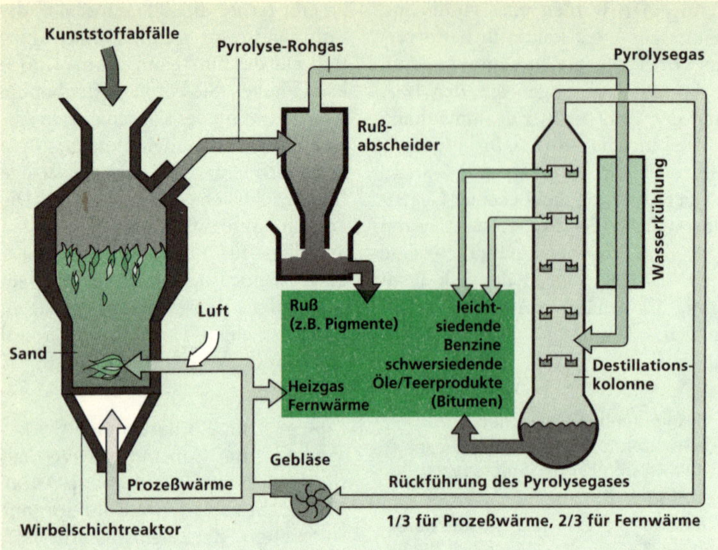


**Prinzipschema eines technischen Wirbelschichtprozesses zur Pyrolyse von Kunststoffabfällen**

des Mülls und die dadurch bedingten wechselnden Heizwerte zu technischen Problemen geführt.

Zur Aufarbeitung von Kunststoffabfällen aller Art und Altreifen stellt die Pyrolyse allerdings zur Zeit ein sinnvolles Verfahren dar. Das Ziel der Pyrolyse ist die Gewinnung von Öl als chemischem Rohstoff, von Gas zum Betrieb der Anlage und zur Verwertung als Heizgas sowie eventuell von Metallen und Ruß. Gegenüber der Verbrennung hat die Pyrolyse den Vorteil, daß aus den eingesetzten Abfallstoffen chemische Rohstoffe hergestellt werden können.

# Q

**Quecksilber**
Quecksilber (Hg) ist ein flüssiges und silberglänzendes →Schwermetall, das andere Metalle löst und mit ihnen sehr leicht **Amalgame** (Metallgemische) bildet. Das metallische Quecksilber ist besonders gefährlich, da es leichtflüchtig ist und bereits bei Zimmertemperatur verdampft. Anorganische Quecksilberverbindungen (z. B. in Zahnfüllungen) sind zwar weit weniger flüchtig, sie können aber von Mikroorganismen (Kleinstlebewesen) im Wasser in hochgiftiges Methyl-Quecksilber verwandelt werden.

Quecksilber ist in Fieberthermometern, in Quecksilberbatterien (Knopfzellen z. B. für Uhren), Gasdruckmessern oder in Leuchtstoffröhren enthalten. Aus organischen Quecksilberverbindungen werden u. a. →Pestizide und →Kosmetika hergestellt. Zur Zeit liegt die in der alten Bundesrepublik insgesamt verwendete Menge bei etwa 300 t pro Jahr.

Wegen seiner besonderen Flüchtigkeit ist Quecksilber überall in der →Atmosphäre verbreitet. Es gelangt mit den Abgasen der Kraftwerke, →Müllverbrennungsanlagen und industriellen Anlagen in die →Luft. Quecksilberdämpfe sind äußerst giftig; sie können Kopfschmerzen bis hin zu Gedächtnisschwächen und Nervenschäden bewirken. Mit den industriellen →Abwässern, mit dem →Klärschlamm und den Saatgutbeizmitteln (→Pestizide) gelangt Quecksilber auch in unsere Gewässer und Böden (→Bodenbelastung). Quecksilberverbindungen reichern sich in →Nahrungsketten an. So hat man schon hohe Konzentrationen in Speisepilzen und Speisefischen gefunden (→Fremdstoffe in Nahrungsmitteln). Nimmt man mit der Nahrung zuviel Quecksilber auf, so kann es zu schweren Vergiftungen kommen, wie die traurigen Erfahrungen der Menschen in Minamata in Japan zeigen. Eine Fabrik hatte dort ihre ungeklärten Abwässer in den Pazifik geleitet. Viele Menschen in Minamata, die verseuchten Thunfisch gegessen hatten, wurden krank: Sie verloren den Verstand, litten unter schrecklichen Muskelkrämpfen, viele starben. Bis 1982 waren 1850 Menschen offiziell als Minamata-Opfer anerkannt. Von ihnen sind bereits 521 gestorben. Man schätzt die Gesamtzahl der geschädigten Menschen auf 15 000.

Nicht nur über die Nahrung, sondern

auch am Arbeitsplatz z. B. von Zahnärzten und Zahnarzthelferinnen stellt Quecksilber eine Belastungsquelle dar. Nach Untersuchungen haben sie in den Haaren, Finger- und Zehennägeln und in der Hirnanhangdrüse bis zu siebzigmal höhere Werte an Quecksilber als Vergleichsgruppen. In 10–15 % der zahnärztlichen Praxen lagen die Quecksilberkonzentrationen sogar über dem MAK-Wert (von 01, $mg/m^3$). In bundesdeutschen Zahnarztpraxen werden jährlich etwa 45–50 Tonnen Amalgame als Zahnfüllungen gebraucht. Zur Zeit ist ein Silberamalgam üblich, das zu etwa gleichen Teilen metallisches Quecksilber und eine Metallmischung aus Silber, Zinn und geringen Mengen Kupfer und Zink enthält.

Die gesundheitliche Unbedenklichkeit quecksilberhaltiger Amalgame in der Zahnheilkunde, d. h. insbesondere die Frage, ob sich das Quecksilber aus den Zahnfüllungen lösen kann, ist umstritten. Die Sozialbehörde in Schweden geht von einem klaren Zusammenhang zwischen dem Quecksilbergehalt im Gehirn und in den Nieren und der Anzahl der Amalgamfüllungen aus. Sie empfiehlt aus diesem Grunde, daß bei Schwangeren und stillenden Müttern Füllungen mit Ersatzstoffen (z. B. Gold) vorgenommen werden sollen.

Die Amalgamfüllungen stellen auch ein Entsorgungsproblem dar. In Zahnarztpraxen bleiben jährlich etwa 20 Tonnen Quecksilber aus gezogenen Zähnen, ausgebohrten Füllungen oder als Abfall übrig. So enthält z. B. eine einzige verschmutzte Watterolle, die zum Zurückhalten des Speichels verwandt wird, nach der Behandlung soviel Quecksilber wie 10 Kohle-Zink-Batterien. In der BRD sind ab 1989 in den neu eröffneten Zahnarztpraxen Amalgamabscheider vorgeschrieben, die 95 % des Metallgemisches aus dem Abwasser zurückhalten können.

**TiP** Ausgediente quecksilberhaltige Batterien werden in allen Verkaufsgeschäften zurückgenommen. Besser sind quecksilberarme Alternativen, wie Zink-Luft-Knopfzellen, Silberoxid-Knopfzellen oder Alkali-Mangan-Zellen. Quecksilber aus einem zerbrochenen Fieberthermometer muß mit besonderer Sorgfalt entfernt werden. Da die Dämpfe sehr giftig sind, dürfen keine Rückstände zurückbleiben. Notfalls muß die betroffene Stelle aus dem Teppichboden herausgeschnitten werden, beispielsweise im Kinderzimmer. Auf rauhen Oberflächen kann auch Schwefelpulver helfen, das giftige Metall zu binden. Der quecksilberhaltige Abfall darf auf keinen Fall in den Hausmüll, sondern muß zur Schadstoffsammelstelle. Ungefährlicher sind digitale Fieberthermometer.

# R

## Radioaktivität

Wohl kaum eine andere Umweltbedrohung ist für uns Menschen so gefährlich wie jene durch Radioaktivität, durch radioaktive Strahlung. Beim Abwurf einer Atombombe oder beim größten denkbaren Katastrophenfall in einem →Atomkraftwerk (GAU) oder einer →Wiederaufarbeitungsanlage würden solche Mengen von Radioaktivität freigesetzt, daß innerhalb von Stunden und Tagen Tausende von Menschen in der Umgebung qualvoll sterben müßten. Noch über Jahre und Jahrzehnte würden Menschen daran zu Tode kommen. Bevor auf weitere Gefahren durch radioaktive Strahlen, auch solche viel geringerer Stärke, eingegangen wird, sollen einige grundsätzliche Fragen geklärt werden.

### Was ist Radioaktivität?

Die Bausteine aller Stoffe und Materialien um uns herum sind die Atome. Atome der gleichen Art bilden die Elemente wie Eisen, Wasserstoff oder Jod. Das einzelne Atom setzt sich zusammen aus dem Atomkern, der sich aus Protonen und Neutronen aufbaut, und der Atomhülle, die von Elektronen gebildet wird. Protonen, Neutronen und Elektronen sind die Elementarteilchen. Elektronen sind negativ elektrisch geladen, Neutronen sind neutral. Bei stabilen, d. h. den normalen Atomkernen vollziehen sich keine Veränderungen, etwa in Form von Aufnahme oder Abgabe irgendwelcher Teilchen.

Aber es gibt auch nicht stabile Atomkerne, die sich von selbst, ohne jede äußere Beeinflussung, nach einer bestimmten Zeit verändern, die Radionuklide. Sie verwandeln sich unter Aussendung von Strahlung in einen anderen Kern. Sie senden von sich aus («-aktiv») Strahlen («radio-») ab. Sie sind radioaktiv. Den gesamten Vorgang der Aussendung von Strahlen durch Atomkerne nennt man Radioaktivität. Man spricht auch von radioaktiven Stoffen, Nukliden oder Isotopen. Radioaktive Strahlung hat eine Reihe durchaus ungewöhnlicher Eigenschaften, woraus sich auch ihre tückische Gefährlichkeit erklärt:

- unsichtbar,
- geruchlos,
- geräuschlos,
- schwärzt fotografische Platten und Filme,
- trennt elektrische Ladungen (ionisiert),

- beeinflußt chemische Reaktionen,
- schädigt lebende Zellen.

### Wie kann man Radioaktivität messen?

Nach dieser Aufzählung liegt die Frage nahe, wie man Radioaktivität feststellen, wahrnehmen oder gar messen kann. Das Gerät, das dafür gebaut wurde, ist der Geigerzähler. In ihm macht man sich die Eigenschaft der Radioaktivität zunutze, elektrische Ladungen in Plus und Minus zu trennen, zu ionisieren. Es entsteht ein elektrischer Strom, den der Geigerzähler anzeigt. Hat man eine Probe, etwa 1 g eines radioaktiven Stoffes, und zerfallen dort pro Sekunde $4 \times 10^{13}$ Atome, so hat der Stoff (hier Kobalt-60) eine Aktivität von $4 \times 10^{13}$ Bq (**Becquerel**, Name eines französischen Physikers). Natururan hat eine Aktivität von $4 \times 10^{4}$ (= 40000) Bq, ist also viel, viel schwächer radioaktiv. (Früher hat man die Aktivität in **Curie** [Ci] angegeben: 1 Ci = $3{,}7 \times 10^{10}$ Bq.)

Will man die Strahlung, die z. B. auf einen Menschen trifft, in ihrer Stärke und Gefährlichkeit angeben und beurteilen, so ist die Aktivität in der Einheit Becquerel, die ja nur eine Beschreibung des radioaktiv strahlenden Stoffes ist, nicht geeignet. Dazu muß man die tatsächlich einfallende Strahlungsenergie auf die Masse des Körpers beziehen, also die empfangene Strahlendosis (Äquivalentdosis) betrachten. Dafür ist als Einheit

1 **Sievert** (Sv) = $1 \frac{\mathrm{J}}{\mathrm{kg}}$ (Joule pro kg)

üblich (nach einem schwedischen Physiker benannt).

**Joule** ist die Maßeinheit der Energie. 1 Sv = 1000 mSv (Millisievert). Früher war für die Äquivalentdosis die Einheit rem bzw. mrem üblich (1 Sv = 100 rem). Pro Jahr werden wir Bundesbürger mit etwa 2,4 mSv aus natürlichen Quellen radioaktiv bestrahlt.

Mittlere jährliche Strahlenbelastung aus natürlichen Quellen:

**Effektive Dosis in mSv pro Jahr**

| | | |
|---|---|---|
| Kosmische Strahlung | | 0,38 |
| Terrestrische Strahlung | | 2,02 |
| Kalium 40 | 0,33 | |
| Uran/Radium | 0,24 | |
| Radon | 1,27 | |
| Thorium | 0,18 | |
| Gesamt | | 2,4 |

**Radioaktive Stoffe in der Umwelt: Aktivitätskonzentration Bq/kg**

| | Kalium 40 | Radium 226 | Uran 238 | Tritium H-3 |
|---|---|---|---|---|
| Boden | 400 | 40 | 25 | |
| Granit | 1000 | 100 | 60 | |
| Meerwasser | 10 | < 1 | 0,04 | 0,1 |
| Trinkwasser | 0,2 | < 1 | 0,004 | ~ 1 |
| Milch | 47 | 0,003 | | |
| Lebensmittel | 40–300 | 0,01–100 | | |
| Mensch | ~ 60 | 0,03 | 0,1 | |

Neben der natürlichen Strahlenbelastung von durchschnittlich 2,4 mSv beträgt die mittlere effektive Dosis der zivilisatorischen Strahlenbelastung 1,6 mSv pro Jahr. Sie kommt aus
- dem Fallout von Kernwaffentests,
- dem Betrieb kerntechnischer Anlagen,
- medizinischen und technischen Anwendungen.

Eine Reihe von Personen, etwa die Beschäftigten eines Atomkraftwerks, sind z. T. einer wesentlich höheren Belastung ausgesetzt. Gesetzlich erlaubt sind für den einzelnen Menschen in der Umgebung von Atomanlagen 0,6 mSv zusätzlich pro Jahr. Diese Toleranzdosis geht davon aus, daß unterhalb dieses Grenzwerts keine Schäden auftreten können. Allerdings betrug die Toleranzdosis im Jahre 1925 500 mSv und wurde von da an, auf Grund neuerer wissenschaftlicher Erkenntnisse, ständig gesenkt. Insofern darf man skeptisch sein, ob 0,6 mSv wirklich unbedenklich sind (→Strahlenschutz).

## Wie wirkt radioaktive Strahlung?

Radioaktivität kann aus Alpha-, Beta- oder Gammastrahlen bestehen. Diese Strahlen unterscheiden sich in der Reichweite und im Durchdringungsvermögen. Gammastrahlung kann sogar Betonwände durchdringen und strahlt sehr weit. Alphastrahlung reicht selbst in der Luft nur einige Zentimeter weit. Verschluckt man aber etwa mit der Nahrung einen Alphastrahler (z. B. Plutonium, →Atomkraftwerk), so kann dessen Strahlung sehr große Schäden anrichten. Betastrahlen sind energiereiche Elektronen. Beim Durchtritt durch lebende Zellen kann einer dieser radioaktiven Strahlen Tausende von chemischen Verbindungen sprengen. Wie ein Ge-

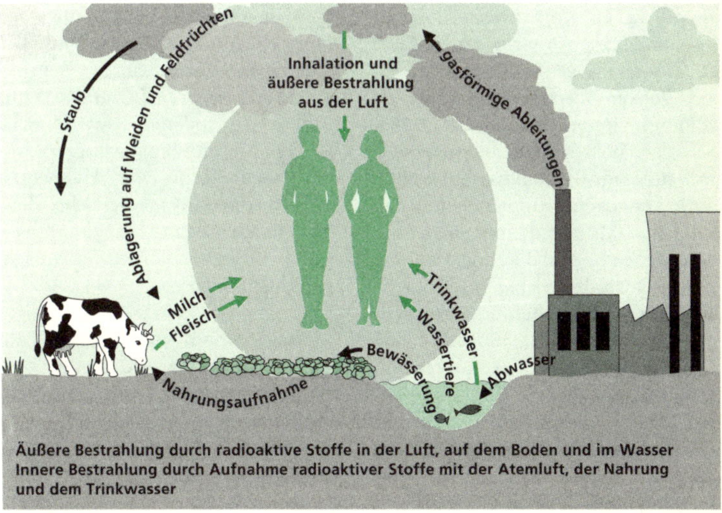


Äußere Bestrahlung durch radioaktive Stoffe in der Luft, auf dem Boden und im Wasser
Innere Bestrahlung durch Aufnahme radioaktiver Stoffe mit der Atemluft, der Nahrung und dem Trinkwasser

schoßhagel zerstört er Moleküle und biologische Strukturen. Das hat schlimme Folgen:

- Auslösung von →Krebs, z. T. erst 5–30 Jahre nach dem Kontakt, d. h. der radioaktiven Verseuchung (Kontamination),
- genetische Schäden. Bei Bestrahlung von Ei- bzw. Samenzellen können Erbschäden entstehen.

Selbst bei der gesetzlich erlaubten Toleranzdosis von 0,6 mSv sind nach Berechnungen amerikanischer Wissenschaftler in der Bundesrepublik 40–700 Erbschäden pro Jahr in der ersten Generation und 200–5000 pro Jahr in zukünftigen Generationen möglich. Für Krebs, insbesondere Leukämie, sind pro Jahr 300–12000 zusätzliche Fälle zu erwarten.

Die Gefährlichkeit bestimmter Radionuklide von Jod, von Strontium, Kohlenstoff, Cäsium, Tritium, Krypton und Plutonium liegt auch darin begründet, daß sie sich in manchen Pflanzen und Tieren, die uns als Nahrung dienen, anreichern können (→biologische Anreicherung). Auch in unserem eigenen Körper bilden sich solche Anreicherungen, die als ständige innere Strahlungsquellen Schäden hervorrufen können. Die Debatten um Radioaktivität beruhen auf verwirrend unübersichtlichen Zahlenangaben und einem Gestrüpp von Maßeinheiten, die zudem ständig geändert werden. Sicher ist jedoch:

- Radioaktive Strahlung verursacht gesundheitliche Schäden, z. B. auch Leukämie und andere Krebsarten und Schäden am Erbgut.
- Es gibt keine untere Grenze der Dosis, unterhalb deren Radioaktivität wirkungslos ist. Man kann sich höchstens auf eine Dosis einigen, unterhalb deren man die Schäden in Kauf nehmen, dulden will (gesetzliche Toleranzdosis).
- Durch Anreicherungen über die →Nahrungskette (z. B. Atomkraftwerk – Weide – Kuh – Milch – Mensch) können einzelne Organe des Menschen mit einem Vielfachen der ursprünglichen Dosis belastet werden.

Ansonsten ist das Wissen über radioaktive Schäden noch sehr lückenhaft. Mit Überraschungen muß jederzeit gerechnet werden. Es fragt sich, ob man im Zweifel nicht eher vorsichtiger sein sollte! (→Strahlenschutz)

### Halbwertszeit

Radioaktive Stoffe zerfallen in einem gewissen Zeitraum, manche langsamer, manche schneller. Als charakteristische Größe für die Zerfallgeschwindigkeit einer Substanz (Radionuklid) gibt man dessen Halbwertszeit an. Jod-131 hat eine Halbwertszeit von 8 Tagen. Das bedeutet, daß von 1 kg nach 8 Tagen nur noch 500 g Jod-131 vorhanden sind. Die anderen 500 g bestehen aus einem anderen Stoff. Nach 16 Tagen sind es nur noch 250 g Jod-131 usw. Manche Stoffe, wie Plutonium mit 24400 Jahren, haben eine so lange Halbwertszeit, daß sie für menschliche Zeitvorstellungen ewig erhalten bleiben (→Wiederaufarbeitungsanlage, →Strahlenschutz).

**TiP** Einem radioaktiven Fallout kann sich keiner entziehen, aber jeder kann versuchen, seine individuelle Strahlendosis zu reduzieren.

– Hausbau: Damit das krebserregende Gas Radon nicht aus den Wänden kommt, müssen wasser- und feuchtigkeitsdurchlässige Mauern abgedichtet werden. Ein Neubau sollte zur Sicherheit ein mindestens zehn Zentimeter dickes Betonfundament erhalten, damit das Edelgas nicht aus dem Erdreich eindringt. Ausgiebiges Lüften vertreibt Radon aus Wohnungen und Büros.

– Im Innenausbau strahlungsarme Materialien verwenden. Naturgips ist geringer belastet als technisch erzeugter Gips. Viele Natursteine erhöhen die radioaktive Belastung einer Wohnung, während Holz sie sogar senkt. Ältere dunkle Keramikkacheln aus Italien enthalten häufig hohe Mengen radioaktives Uran.

– Gesunde Lebensführung: Zigarettenrauch enthält radioaktives Polonium. Wildfleisch und Wildpilze können stark mit radioaktivem Cäsium belastet sein. Jede Untersuchung mit Röntgenstrahlen in einen Röntgenpaß eintragen lassen. Die Pässe gibt es bei der Krankenkasse.

## Rauchgasreinigung

Smogalarm! Bei Inversionswetterlagen, wenn höhere, warme Luftschichten all die Giftstoffe in der kühleren Luft am Boden nicht abziehen lassen, erstickt eine Stadt, eine Region (→Smog). Das bedeutet Gefahr für die Menschen. Gegenmaßnahmen müssen ergriffen werden: Beschränkung des Pkw-Verkehrs und Drosselung der Industrieproduktion mit Schadstoffemissionen und des Betriebes von Kraftwerken und Hausheizungen.

Kraftwerke, Industrie, Haushalte und Autos, viele unserer Errungenschaften des technischen Fortschritts zeigen dann ihre Kehrseite: Sie verpesten die Luft. Das führt zu Krankheiten der Atemwege (Bronchitis, Pseudokrupp u. a.). Das →Waldsterben, der Zerfall von historischen Gebäuden und Kunstwerken sind nur erste Zeichen einer lebensbedrohenden Gefahr.

Es gibt fünf Hauptgruppen von Schadstoffen in der Luft: Kohlenmonoxid (CO), Stickstoffoxide (u. a. $NO_2$), Schwefeldioxid ($SO_2$), organische Verbindungen (Kohlenwasserstoffe aller Art) und Stäube (Ruß, Aerosole).

Was die Kraft- und Heizwerke, die mit Kohle befeuert werden, betrifft, gibt es einige technische Entwicklungen, um aus den alten Luftverpestern umweltfreundlichere Anlagen zu machen.

Dabei geht es vor allem darum, die Stickoxide, den Staub und das Schwefeldioxid herauszufiltern.

Organische Verbindungen sind zwar rein mengenmäßig unbedeutend, aber es handelt sich zum Teil um hochgiftige →Kohlenwasserstoffe. Ihr Anteil in den Abgasen hängt von den Brennstoffen ab und läßt sich technisch etwa durch Erhöhung der Verbrennungstemperaturen senken. Sie sind aber insgesamt nicht völlig zu vermeiden.

Das mengenmäßig größte Abgasprodukt ist →Kohlendioxid ($CO_2$). Es entsteht bei jeder Art von Verbrennung. Ein Großteil davon wird von den Ozeanen, Wäldern und Böden aufgenommen. Der Rest führt zu einer Anreicherung in der Erdatmosphäre. In den letzten 100 Jahren stieg der durchschnittliche $CO_2$-Gehalt von 290 ppm auf 340 ppm (parts per million). Weil die Wärmeabstrahlung in den Weltraum durch Kohlendioxid behindert wird, besteht die Gefahr eines globalen Temperaturanstiegs.

Über dessen Folgen streiten sich allerdings die Experten.
Die nachfolgend beschriebene Entstickung, Entstaubung und Entschwefelung der Rauchgase bezieht sich auf Block fünf des Heizkraftwerks Neckar in Altbach/Deizisau. Der 1985 in Betrieb gegangene Kohleblock hat eine elektrische Nettoleistung von 420 Megawatt und kostete ca. 880 Millionen DM. Für 280 Millionen DM sollen 280 MW als Fernwärme für 45 000 Haushalte ausgekoppelt werden (→Fernwärme). Etwa ein Drittel der Kosten wurde für die Umweltschutzeinrichtungen ausgegeben, die den modernsten technologischen Stand haben.

## Rauchgasentstickung

Bei der Verbrennung von Kohle unter Luftzufuhr entstehen neben anderen Stoffen auch Stickoxide ($NO$, $NO_2$, zusammengefaßt als $NO_x$). Niedrigere Kesseltemperaturen (1300 bis 1400 °C) vermindern das Reaktionsvermögen von Stickstoff mit Sauerstoff zu Stickoxid im Flammenbereich. Dadurch entsteht weniger Stickoxid. Weiter wird die Stickoxidentstehung durch den Einsatz besonderer Kohlestaubbrenner verringert. Diese sogenannten Stufen-Mischbrenner führen dem Verbrennungsprozeß genau dosiert in verschiedenen Stufen die Verbrennungsluft so zu, daß bereits die Bildung von Stickoxiden vermindert wird.
Als erster großer Kohleblock in der Bundesrepublik verfügt Block fünf außerdem über eine katalytische Anlage zur Reduzierung der im Rauchgas enthaltenen Stickoxide. Diese sogenannte $DeNO_x$-Anlage arbeitet nach dem Prinzip der «Selektiven Katalytischen Reduktion». Die Technologie dafür kommt aus Japan. Mit dieser beispielhaften Anlage kommen die Neckarwerke der Forderung nach, beim Betrieb des Kraftwerks einen $NO_x$-Grenzwert von 200 mg/m³ zu erreichen.
Das Grundprinzip des katalytischen Reduktionsverfahrens ist es, Stickoxide, die bei der Verbrennung entstehen, unter Zugabe von Ammoniak ($NH_3$) durch den Katalysator zu Stickstoff und Wasser chemisch umzuwandeln. Vom Prinzip her handelt es sich um ein Verfahren, das ohne schädliche Rückstände arbeitet, da Wasser und Stickstoff natürliche Bestandteile der Luft sind.
Dazu wird in den Rauchgasweg zwischen Kesselende und Luftvorwärmer der Reaktor mit den Katalysatorelementen eingebaut. Vor dem Katalysator wird Ammoniak zudosiert. An dem Katalysator läuft dann die chemische Umwandlung ab.

## Rauchgasentstaubung

Ein Elektrofilter gewährleistet eine nahezu 100prozentige Entstaubung der Rauchgase.
Die Rauchgase gehen vom Kessel nach $DeNO_x$-Anlage und Luftvorwärmer direkt in den Filter. Dort wird der in den Rauchgasen enthaltene Staub elektrostatisch aufgeladen und abgeschieden, so daß am Austritt der Filteranlage der Reingasstaubgehalt die Anforderungen der Großfeuerungsanlagenverordnung erfüllt.
Der im Elektrofilter abgeschiedene Staub wird pneumatisch den Flugaschebunkern zugeführt. Im Jahr fallen je nach Einsatz des Blocks etwa 40 000 Tonnen Staub an. So ist zwar die Luft sauberer, aber es entsteht ein

Lagerungsproblem für die gewaltigen Mengen an Filterstaub.

### Rauchgasentschwefelung

Die Rauchgasentschwefelungsanlage arbeitet im Naßwaschverfahren auf Kalksteinbasis. Vom Elektrofilter gehen die entstaubten Rauchgase in sogenannte Wäscher. Dort werden sie intensiv mit einer Kalksteinsuspension besprüht. In vereinfachter Form dargestellt, reagiert das im Rauchgas enthaltene Schwefeldioxid ($SO_2$) mit dem Einsatzstoff Kalkstein ($CaCO_3$) zu Kalziumsulfit ($CaSO_3$). Das Kalziumsulfit wird durch Einblasen von Luft zu Kalziumsulfat (Gips, $CaSO_4 \cdot 2H_2O$) oxidiert. Ein Teil der Suspension wird ausgeschleust und entwässert. Über weitere Verarbeitungsschritte entstehen schließlich Gipsbriketts. Pro Stunde fallen ca. sieben Tonnen Gips an. Im Endausbau werden mindestens 85 Prozent des mit der Kohle eingebrachten Schwefels bzw. $SO_2$ zurückgehalten, die Grenzkonzentration von 400 mg $SO_2/m^3$ darf nicht überschritten werden. Die Rauchgasentschwefelung belastet die Stromerzeugung mit ca. 2 Pfennig/kWh.

Die Grenzwerte der Großfeuerungsanlagenverordnung müssen weiter gesenkt werden. Dazu sind die Techniken der Rauchgasreinigung weiterzuentwickeln. Bei Verzicht auf →Atomkraftwerke wird auf den Beitrag der Kohle zur Energieversorgung so lange noch nicht verzichtet werden können, solange die →regenerativen Energien noch nicht hinreichend ausgebaut sind.

## Raumplanung

Raumplanung hat die Aufgabe, die verschiedenartigen Interessen bei der Flächen- und →Landschaftsnutzung durch Bebauung, Industrialisierung, Verkehr, →Landwirtschaft usw. zu berücksichtigen und zu koordinieren. Raumplanung befaßt sich auch mit der Frage der Nutzung von natürlichen Gütern wie →Wasser, →Boden, →Luft und im ursprünglichen Zustand erhaltene Landschaften. Seit 1972 sollen im Rahmen der Raumplanung die Erfordernisse des Umweltschutzes (→Umweltpolitik) verstärkt einbezogen werden. Bei der Raumplanung sollen vor allem folgende Probleme berücksichtigt werden:

- Unterschiede zwischen den →Ballungsgebieten und den ländlichen Regionen hinsichtlich der Wirtschaft und Umweltqualität;
- Überbelastung der Ballungszentren durch →Luftverschmutzung, →Bodenbelastungen, →Gewässerbelastungen, →Lärm, Mangel an Grünflächen und Naherholungsgebieten;
- Zunahme der Umweltverschmutzung, z. B. wachsende Mengen an Abfällen und →Abwässern und die Zunahme ihrer Giftigkeit, aber auch Lärmbelästigungen.

Zu den Aufgaben der Raumplanung gehört in diesem Zusammenhang die Überwachung der verschiedenen →Immissionen, der Emissionskataster (→Emission) und der Luftreinhaltepläne (→Luftreinhaltung). So lebenswichtig Umweltschutz auch ist, so hat er im Bereich der Raumplanung doch keine absolute Vorrangstellung, sondern wird nicht selten durch «zwingend notwendige» Pro-

jekte wie Verkehrsbauten auf Platz 2 verwiesen. Man muß davon ausgehen, daß Raumplanung in der Praxis als Planungsinstrument oft wenig wirkungsvoll ist, weil im Konfliktfall sich Interessen der →Wirtschaft und Industrie oder verwaltungstechnische «Sachzwänge» durchsetzen.
Die Entwicklung des Verhältnisses zwischen städtischen Zentren und dem ländlichen Raum zeigt dies deutlich.
Die beiden Raumtypen →«Ballungsgebiet» und «ländlicher Raum» sind durch ihre jeweiligen Funktionen aufeinander angewiesen. Der ländliche Raum muß ökologische Ausgleichsfunktionen für die Ballungsgebiete übernehmen, z. B. in Form der landwirtschaftlichen Produktion zur Versorgung der Städte mit Nahrungsmitteln oder in Form von Ferien- und Erholungsgebieten als Ausgleich für die schlechten Lebens- und Arbeitsbedingungen und der gesunkenen Umweltqualität in Industriezentren. Und schließlich in Form einer natürlichen Lebensgrundlage für die Ballungsgebiete, indem ständig Wasser, Frischluft, Bodenschätze u. a. bereitgestellt werden.
Die gegenwärtige Raumentwicklung führt aber zu einer wachsenden Benachteiligung ländlicher Gebiete. Selbst eine gezielte Förderung der Wirtschaft solcher Gebiete, z. B. der früheren Zonenrandgebiete entlang der Grenze zur ehemaligen DDR, konnte keinen Ausgleich schaffen. Zwar verlagern Industrieunternehmen der hochindustrialisierten Zentren ihre Produktion teilweise in ländliche Regionen, weil dies infolge niedriger Lohnkosten gewinnbringend ist; diese schnell geschaffenen Arbeitsplätze werden jedoch in wirtschaftlichen Krisenzeiten zuerst wieder aufgegeben. Hinzu kommt, daß die weniger belastete →Natur durch geringe oder fehlende Umweltschutzauflagen ausgenutzt wird zugunsten der Erhaltung der wenigen Arbeitsplätze.

**TiP** Großprojekte wie Straßen, Müllverbrennungsanlagen oder Industrieanlagen werden nicht plötzlich gebaut, sondern langfristig geplant (Flächennutzungsplan, Bebauungspläne). Die →Genehmigungsverfahren sind öffentlich. Informieren Sie sich in der Lokalpresse über die Planungen vor Ort, und gehen Sie mit Kritik an die Öffentlichkeit.

## Reproduktionstechniken

Am 25. Juli 1978 kam in England Louise Braun als erstes Retortenbaby zur Welt; es war zugleich der «Geburtstag» der Reproduktionstechnologie. Mittlerweile ist die sogenannte «In-vitro-Fertilisation», also die Befruchtung im Reagenzglas, zur «Routinetechnik» geworden. Die ersten Erfolge dieser Technik liegen jedoch weiter zurück und wurden vor allem in der Tierproduktion erreicht.

### Moderne Tier-«Produktion»

Reproduktionstechniken sind schon heute aus der Nutztierhaltung bzw. der Tierproduktion nicht mehr wegzudenken. So gibt es geradezu eine Vielfalt von unterschiedlichen Verfahren:

▶ **Künstliche Besamung:** Bei dieser Methode wird Samen vom männlichen Tier gewonnen und mittels einer Spritze in die Scheide des Muttertiers eingeführt. In der Rinderzucht ist die natürliche Paarung heute eine Ausnahme; Kühe werden fast ausschließlich künstlich besamt.

▶ **Samenbank**: Samenproben können für den zukünftigen Gebrauch eingefroren und in einer Samenbank gelagert werden.

▶ **In-vitro-Befruchtung**: Bei dieser Methode erfolgt die Befruchtung im Reagenzglas. Dazu wird das weibliche Tier mit Hormonen behandelt, die mehrere Eisprünge auslösen (Superovulation). Die Eier werden dem Tier entnommen und mit einer Samenprobe im Reagenzglas befruchtet. In einer Nährlösung reifen die befruchteten Eizellen zu mehrzelligen Embryonen heran.

▶ **Embryotransfer**: Ein mehrzelliger Embryo wird mit einer Kanüle in die Scheide eines weiblichen Tieres eingeführt und in die Gebärmutter gespült. Dort kann er sich in die Gebärmutterwand einnisten und von dem weiblichen Tier ausgetragen werden. Die Embryonen können aus einer In-vitro-Befruchtung stammen oder dem ursprünglichen Muttertier entnommen worden sein.

▶ **Einfrieren von Embryonen**: Embryonen können für eine spätere Übertragung eingefroren werden. Heute ist es üblich, statt erwachsener Tiere tiefgefrorene Embryonen in andere Länder zu transportieren.

▶ **Ammentiere**: Die befruchtete Eizelle kann auf ein anderes weibliches Tier, ein sogenanntes Ammentier, übertragen werden.

▶ **Klonen**: Mit dieser Technik kann eine Vielzahl genetisch gleichartiger Tiere erzeugt werden, also Zwillinge, Drillinge usw. Man erhält somit eine Vielzahl hochwertiger Zuchttiere.

▶ **Genetische Qualitätskontrolle**: Zellen des Embryos werden entnommen und daraufhin untersucht, ob die gewünschten Eigenschaften vorliegen.

▶ **Chimären**: Die Zellen von Embryonen verschiedener, relativ nah verwandter Lebewesen werden zu einem «Mischembryo» zusammengefügt. Aus diesem wächst ein Mischwesen heran, eine Chimäre. Auf diese Weise ist z. B. eine «Schiege» erzeugt worden, ein Mischwesen zwischen Schaf und Ziege.

## Menschen aus der Retorte?

Künstliche Besamung, In-vitro-Befruchtung und Embryonentransfer werden auch beim Menschen angewendet, wenn Paare auf anderem Weg keine Kinder zeugen können. Während die Durchführung der künstlichen Besamung relativ problemlos ist, sind In-vitro-Befruchtung und Embryonentransfer beim Menschen sehr langwierige, psychisch belastende und oft schmerzhafte Verfahren von nur geringem Erfolg. Bei 10000 Eientnahmen im Jahre 1985 wurden nur 590 Kinder geboren; nur 6% der behandelten Frauen konnten auf diese Weise ein Kind bekommen.

Der Einsatz anderer, in der Tierzucht übliche Verfahren ist in der Bundesrepublik eingeschränkt oder verboten. Verboten sind insbesondere die Leihmutterschaft, das Klonen (Verdoppelung eines Lebewesens) von Menschen, die Erzeugung menschlicher Chimären sowie die Züchtung von Embryonen zu medizinischen oder Forschungszwecken.

### Pro und Kontra Reproduktionstechniken

Der Vorteil der Anwendung von Reproduktionstechniken bei Tieren liegt nach den Befürwortern darin, die Tierzucht und Tierproduktion zu optimieren. Die Fortpflanzung wird nicht mehr der Natur und ihren Zyklen überlassen, sondern kann vom Menschen nahezu beliebig gesteuert werden. Die Notwendigkeit der Reproduktionstechniken mag mit Blick auf die künftige Welternährungssituation plausibel erscheinen, muß jedoch kritisch hinterfragt werden. Wie die Erfahrungen mit der «grünen Revolution» (→Landwirtschaft) in Ländern der →Dritten Welt zeigten, sind die Techniken der industriellen Landwirtschaft nicht auf Entwicklungsländer übertragbar. Die Kritik bei uns richtet sich dagegen weniger auf die Technik an sich, sondern eher auf ihren Einsatz zur Optimierung bestimmter Zuchtziele, die fragwürdig erscheinen. Bisher wurden Nutztiere einseitig auf hohe Leistung gezüchtet, d. h. auf hohe Milch- oder Fleischproduktion. Diese Tiere sind aber meist besonders anfällig für Krankheiten und häufig auch unfruchtbar. Letzteres macht wiederum den Einsatz von Reproduktionstechniken notwendig. Zusammen mit der meist nicht artgerechten →Massentierhaltung und den gentechnischen Züchtungsmethoden (→Gentechnik, →Tierzucht) führen die Reproduktionstechniken dazu, Tiere allein nach ökonomischen Gesichtspunkten «herzustellen», zu manipulieren und zu halten. Die Würde und die Rechte der Tiere und unsere Verantwortung gegenüber unserer Mitwelt werden dabei weitgehend außer acht gelassen (→Ökologische Ethik).

## Recycling

ist ein Modewort der letzten Jahre geworden. Dahinter steht das Prinzip des Umgangs mit Rohstoffen und Müll, das den Kreislauf (Zyklus, cyclus) der Güterverwendung berücksichtigt. Das Wort «Recycling» ist durchweg positiv belegt. Recycling gilt als gut, weil es sich an Kreisprozesse anlehnt, wie sie in der Natur ablaufen. Allerdings muß man der Anreicherung von Schadstoffen durchaus Aufmerksamkeit schenken. Man könnte das Wort mit «Rohstoffkreislauf» übersetzen und darunter eine Handhabung von Gütern und Stoffen verstehen, die sich an folgenden Prinzipien orientiert:

- **Wiederverwendung**, das heißt Reparatur und Reinigung soweit wie irgend möglich, um Wegwerfen und Neukauf zu vermeiden,
- **Weiterverwendung**, das heißt etwa, einen Verpackungskarton als Behälter für ein Postpaket nehmen,
- **Wiederverwertung**, das heißt, den Rohstoff für einen anderen Zweck nutzen als den ursprünglichen. So kann man etwa zermahlene Autoreifen als Fußbodenbeläge oder Altglas zu neuen Glasgefäßen verarbeiten.

### Altpapier

In der Bundesrepublik werden pro Jahr etwa 10 Millionen Tonnen Papier aller Art verbraucht. Davon wird etwa ein Drittel als Altpapier wieder eingesammelt, sozusagen recycliert. Für die Neuherstellung von 8 Millionen Tonnen Papier und Pappe (ca. 2 Millionen Tonnen werden eingeführt) werden 4 Millionen Tonnen Altpapier, das entspricht 40 %, eingesetzt. Verpackungspapiere und Pappen werden zu fast 100 % aus Altpapier hergestellt. Bei Hygienepapieren (Toilettenpapier, Taschentücher usw.) liegt der Altpapieranteil noch bei 30%, bei Schreib- und Druckpapier bei knapp 10%. Hier gibt es noch erhebliche Steigerungsmöglichkeiten (→Umweltschutzpapier).

## Altglas

Altglas wird entweder in Standcontainern oder in Wertstofftonnen oder -säcken gesammelt. Über eine Million Tonnen Glas, vorwiegend Flaschen, kommen so pro Jahr zusammen, womit etwa 40% aller neuen Glasbehälter produziert werden. Allerdings muß betont werden, daß Altglas zu sammeln und wiederzuverwerten zwar günstiger ist, als es einfach auf die Mülldeponie zu bringen, aber das umweltfreundlichste Verfahren ist der Gebrauch von Mehrwegflaschen, wo es irgend geht. Um die gleiche Menge Getränke abzufüllen, benötigt man für die Einwegflasche neunmal mehr Energie als für eine Mehrwegflasche (Pfandflasche). Eine Weißblechdose benötigt sogar elfmal soviel Energie wie eine Pfandflasche.

## Altmetalle

Die Weltvorräte an metallischen Rohstoffen wie Silber, Zink, Quecksilber, Blei, Zinn, Kupfer oder Nickel werden in wenigen Jahrzehnten erschöpft sein. Bei steigenden Weltmarktpreisen wird die Rückgewinnung von Metallen aus Abfällen immer wichtiger. Zur Zeit liegt die Recyclingquote für

**Eisen bei 90%,**
**Zinn bei 49%,**
**Blei bei 48%,**
**Kupfer bei 40%,**
**Aluminium bei 30%,**
**Zink bei 25%.**

Der größte Teil der Metalle wird über die Autowrackverwertung gewonnen.

## Kunststoffverwertung

Über 7 Millionen Tonnen Kunststoffe aller Art werden pro Jahr in der Bundesrepublik erzeugt. Im Industriebereich, wo zum Teil einheitliche Kunststoffabfälle anfallen, kann die Recyclingquote auf 50% gebracht werden. Das Problem der Kunststoffe im Hausmüll liegt in ihrer hohen Vermischung. Allerdings gibt es auch bereits hier erste Versuche der Kunststoffwiederverwertung.
Von den über 300000 Tonnen Altreifen werden ungefähr 80000 Tonnen runderneuert und 45000 Tonnen zu Kunststoffbodenbelägen oder Lärmschutzplatten verarbeitet. Eine Art Recyclingwirtschaft ist zur Zeit im Entstehen. Aus Gründen des Umweltschutzes ist es notwendig, wirtschaftliche Formen des Recycling zu entwickeln und etwa über sogenannte Abfallbörsen Angebot und Nachfrage unterschiedlicher Wertstoffe zu regeln.

**TiP** Zur Erleichterung der getrennten Müllsammlung im Haushalt gibt es ansprechende Behälter aus Pappe, Metall oder Plastik, die sich auch nachträglich in jede Küche einbauen lassen. Einige Küchenhersteller haben inzwischen die Getrenntsammlung in ihren neuen Küchenmodellen berücksichtigt und

bieten praktische Lösungsmöglichkeiten an.
Doch Sammeln alleine genügt nicht. Um den Kreislauf zu schließen, müssen beispielsweise auch Produkte aus Altpapier gekauft werden. Die Angebotspalette ist groß: Klopapier, Taschentücher, Schulhefte, Briefpapier oder Geschenkpapier. Für viele Zwecke ist graues Papier ausreichend, es muß nicht noch umweltbelastend gebleicht werden. Wenn weißes Papier gekauft wird, sollte wenigstens kein chlorgebleichtes Papier verwendet werden, da es Dioxinspuren (→Dioxin) enthalten kann. Besser ist sauerstoffgebleichtes.

## Regenerative Energien

Der Bau von →Atomkraftwerken ist heftig umstritten. Kritiker führen an, sie seien zu teuer und zu gefährlich (→Radioaktivität, →Tschernobyl). Zweifellos gibt es zur Sicherung der Energieversorgung eine Reihe von Alternativen, die man unter dem Sammelbegriff regenerative Energien zusammenfaßt. Regenerativ bedeutet soviel wie erneuerbar. Man nennt sie auch **Alternativenergien**, sanfte, umweltfreundliche oder **angepaßte Energien**.
Die Gewinnung von Elektrizität und anderen Formen der Nutzung von →Energie, die auf dem Einsatz von Kohle, Erdöl, Erdgas, Holz oder Uran (→Atomkraftwerk) beruhen, haben eines gemeinsam: Sie verbrauchen einen auf unserer Erde nur begrenzt vorhandenen Rohstoff (→Energieversorgung). Es ist vorhersehbar, wann diese über Jahrmillionen im Boden entstandenen fossilen Brennstoffvorräte zur Neige gehen.
Der Grundgedanke der regenerativen Energien zielt in eine völlig andere Richtung. Hier werden nur Primärenergien (→Energie) berücksichtigt, die sich immer wieder erneuern (regenerieren) und damit unerschöpflich sind. Die wichtigste dieser regenerativen Energiequellen ist die Sonne.
Die →Sonnenenergie läßt sich auf vielfältige Art und Weise nutzen. Weitere regenerative Energien, deren Ursache letztlich gleichfalls die unerschöpfliche Strahlung der Sonne ist, sind: →Windenergie, Energiegewinnung in →Wasserkraftwerken, Nutzung der Umgebungswärme durch →Wärmepumpen, →Bioenergie, →Gezeitenkraftwerke und →Wellenenergie. Ferner kann man die geothermische Energie (→Erdwärme) auch noch zu den regenerativen Energien zählen. All diesen Energien ist gemeinsam, daß man sie umweltfreundlich und gefahrlos einsetzen kann und daß sie eine langfristig gesicherte Versorgung ermöglichen. Dabei wird man nicht darauf aussein, mit einer regenerativen Energieform alle Energieversorgungsprobleme zu lösen. Vielmehr bieten sie sich gerade in ihrer Vielfalt in Kombination für ein angepaßtes Energieversorgungssystem an.
In der Bundesrepublik liegt der Anteil an regenerativen Energien, gemessen am Aufkommen der gesamten Primärenergie, nur bei etwa 3%, fast ausschließlich →Wasserkraftwerke.
Eine Kommission des Deutschen Bundestags hat es in ihrem Bericht 1980 für möglich gehalten, daß sich in den nächsten 50 Jahren der Anteil der regenerativen Energien auf 25% des Bedarfs an Primärenergien steigern ließe. Manche Fachleute glauben sogar, daß man die →Energieversor-

gung völlig auf solche umweltfreundlichen Energien umstellen könnte. Eines ist sicher: Von alleine kommt eine alternative Energieversorgung nicht zustande. Der Anteil, mit dem die Bundesregierung im Rahmen ihres Energieforschungshaushalts die Weiterentwicklung von regenerativen Energien fördert, ist immer noch zu gering. Die Sachzwänge heutiger Großtechnik und mächtige, auf zentrale Einheiten setzende Wirtschaftsinteressen verhindern noch den Weg in eine umweltfreundliche, Energiequellen schonende, regenerative Energieversorgung. Doch viele Bürger haben umzudenken begonnen und wehren sich. In Parteien, Gewerkschaften und →Bürgerinitiativen formieren sie sich, formulieren ihre Interessen und können so zu einem politischen Machtfaktor werden, der letztlich auch den naturverträglichen und menschengerechten Energien zum Durchbruch verhelfen kann.

## Rekultivierung

Durch intensive →Landschaftsnutzung wie z. B. Abbau von Kies, Sand, Kalkstein, Braunkohle usw. entstehen nicht nur häßliche Veränderungen des Landschaftsbildes, sondern solche Eingriffe zerstören die gewachsene Bodenstruktur (→Boden), Waldflächen und Erholungsflächen; wertvolles →Grundwasser wird auf Nimmerwiedersehen abgepumpt; naturnahe Lebensräume von Tieren und Pflanzen werden zerstört. Zurück bleiben oft viele Quadratkilometer verwüsteter Brachflächen und Abraumhalden. Diese «Mondlandschaften» werden heute in der Regel zurückverwandelt in Acker- oder Grünland, werden aufgeforstet oder als Badeseen oder Fischteiche angelegt. Diese Ausgleichsmaßnahmen, z. B. in ehemaligen Kiesgruben, nennt man Rekultivierung oder Landschaftserneuerung. Vereinzelt werden Kiesgruben u. ä. auch als →Mülldeponien benutzt. Ist ihre Aufnahmefähigkeit für Abfälle erschöpft, werden sie meistens bepflanzt. Durch die Verrottung des Mülls entstehen schädliche Gase, die sehr oft zum Absterben der bepflanzten Flächen auf der Deponie führen.

Im Gegensatz zur Rekultivierung von Abbauflächen versteht man unter **Renaturierung** die gezielte Gestaltung von Sand- oder Kiesgruben zu ökologisch wertvollen Lebensräumen (→Biotop) für die wildwachsende Pflanzenwelt. Die Voraussetzungen zur Schaffung von solchen «**Lebensräumen aus zweiter Hand**» sind in den Abbaugruben häufig recht günstig: Sie bieten magere, nährstoffarme Böden – im Gegensatz zu den meistens überdüngten landwirtschaftlichen Nutzflächen – und weisen eine große Zahl unterschiedlicher Standortbedingungen auf kleinem Raum auf.

Nach dem Naturschutzgesetz unterliegt die Gewinnung oberflächennaher Rohstoffe wie Kies, Sand usw. einem Genehmigungsverfahren mit der Verpflichtung zur Rekultivierung oder Renaturierung.

Im rheinischen Braunkohlegebiet z. B. entstanden durch die Rekultivierungsmaßnahmen 40 Seen, Wälder, landwirtschaftliche Nutzfläche und ein Naturpark. Doch trotz dieses positiven Erscheinungsbildes bleibt es fraglich, ob die einschneidenden ökologischen Schäden jemals von der Natur ausgeglichen werden können.

## Resistenz

Resistenz bedeutet die erblich bedingte Widerstandsfähigkeit eines Lebewesens gegenüber Einwirkungen wie z. B. Klima, Medikamenten, Infektionen oder Giften. Jährlich rieseln gewaltige Mengen →Pestizide auf Wildkräuter, allgemein →Unkraut genannt, und schädliche Insekten herab (→Schädlingsbekämpfung). Die ständige Anwendung hat bei den Schädlingen zu resistenten Stämmen geführt, die auf Wirkstoffe nicht mehr ansprechen.
Innerhalb einer Schädlingsart sind deren Individuen unterschiedlich widerstandsfähig gegenüber Pestiziden. Zunächst werden die hochempfindlichen Tiere getötet. Die widerstandsfähigeren überleben und vererben ihre Giftfestigkeit von Generation zu Generation weiter. Zu Beginn sind die Schädlinge gegenüber der ursprünglich gespritzten Menge resistent, innerhalb weniger Generationen auch gegen immer höhere Konzentrationen, schließlich auch gegenüber anderen Pestiziden.
Schadorganismen (z. B. Fliegen, Blattläuse, Spinnmilben), die innerhalb einer Vegetationszeit mehrere Generationsfolgen hervorbringen und somit über ein hohes Ausgangspotential an Inidviduen verfügen, werden am ehesten resistent. Heute sind es schon fast 400 Insektenarten.
Auch bei Wildkräutern wie z. B. beim gemeinen Kreuzkraut, bei Gänsefuß-, Fuchsschwanz- und Knötericharten oder bei Ackerkratzdisteln hat man eine Resistenz gegenüber Pflanzenschutzmitteln (Herbiziden) beobachtet.
Das Phänomen der Resistenzbildung wird auch dazu genutzt, um gegenüber den Umweltbelastungen resistente Pflanzen zu züchten, beispielsweise gegen den →sauren Regen weniger anfällige Bäume.

## Rote Liste

Die Farbe Rot soll unsere Aufmerksamkeit auf sich ziehen. Die «Roten Listen der gefährdeten Tiere und Pflanzen in der Bundesrepublik Deutschland» sind Übersichten über gefährdete Tier- und Pflanzenarten eines Gebiets mit der Kennzeichnung ihres Gefährdungsgrades. Als Bilanz des →Artensterbens in der Bundesrepublik sind die Roten Listen nicht abgeschlossen, sondern werden von Fachwissenschaftlern laufend ergänzt. Die Unterscheidung der Gefährdungsgrade «ausgestorben oder verschollen», «vom Aussterben bedroht», «stark gefährdet», «gefährdet» oder «potentiell gefährdet» bildet eine wichtige Grundlage für den praktischen →Naturschutz und den →Artenschutz. Die systematische Zusammenstellung über das Ausmaß der Gefährdung der einheimischen Tier- und Pflanzenwelt stellt überdies eine Entscheidungshilfe für die →Umweltpolitik dar. Ohne die Roten Listen, die auch in den einzelnen Bundesländern aufgestellt werden, könnten Artenschutzprogramme kaum erfolgreich durchgeführt werden.

### Gefährdete Tier- und Pflanzenarten

Die Zahl der in der Bundesrepublik nachgewiesenen Tierarten liegt zwischen 45 000 und 50 000 Arten.
Der Bestand der Tierarten verringert sich kontinuierlich, und bei dem anhaltenden Verbrauch naturnaher Flä-

chen (→Landschaftsnutzung), d. h. den Lebensräumen (→Biotop) der Tiere, wird sich diese Tendenz fortsetzen. Mit Hilfe privater Naturschutzverbände ist es gelungen, einige in Deutschland bereits ausgestorbene Arten, wie Luchs, Alpensteinbock und Biber, unter großem finanziellem und personellem Aufwand in wenigen ausgewählten Biotopen wieder einzubürgern. Um Horste und Gelege bedrohter Vogelarten vor Nestplündereien und Fotografen zu schützen, ist der mühevolle Einsatz freiwilliger Helfer notwendig.
Die Gesamtzahl der in der Bundesrepublik lebenden Pflanzen wird auf etwa 8000–9000 Arten geschätzt. Bei den Samenpflanzen und farnartigen Gewächsen, z. T. bei Moosen und Flechten, ist eine Abnahme der Artenzahl unverkennbar.

### Ursachen des Artenrückgangs

Die Ursachen des Artenrückgangs sind in erster Linie Biotopveränderungen wie Änderung der Nutzung, Aufgabe der Nutzung, Beseitigung, Bebauung und Entwässerung von Biotopen. Die Verursacher sind vor allem die Landwirtschaft, die Forstwirtschaft und die Jagd (→Artensterben).

**TiP** Mit der Anlage eines Gartenteiches leisten Sie einen wertvollen Beitrag zum Naturschutz, indem Sie Schutzräume für bedrohte Tiere schaffen. Viele Tier- und Pflanzenarten der Kleingewässer sind auf der «Roten Liste». So ein Feuchtbiotop bereichert den Garten um eine ganze Palette neuer Tiere und Pflanzen wie Frösche, Libellen, Schmetterlinge oder Seerosen.

**Gefährdung der Tier- und Pflanzenwelt in der Bundesrepublik Deutschland**

| Untersuchte Organismengruppen | Zahl der einheimischen Arten (ca.) | Ausgestorbene Arten Anzahl | % | Gefährdete Arten Anzahl | % |
|---|---|---|---|---|---|
| Tiere (Auswahl) | | | | | |
| Wirbeltiere | 449 | 31 | 7 | 222 | 49 |
| Säugetiere | 93 | 7 | 8 | 43 | 46 |
| Vögel | 255 | 20 | 8 | 113 | 44 |
| Kriechtiere | 12 | – | – | 9 | 75 |
| Lurche | 19 | – | – | 11 | 58 |
| Süßwasserfische | 70 | 4 | 6 | 46 | 66 |
| Wirbellose Tiere | 38000 | ? | ? | ? | ? |
| Großschmetterlinge | 1330 | 27 | 2 | 507 | 38 |
| Käfer | 4000 | 96 | 2 | 1590 | 40 |
| Webspinnen | 803 | 17 | 2 | 97 | 12 |
| Weichtiere | 301 | 3 | 1 | 142 | 47 |
| Pflanzen (Auswahl) | | | | | |
| Farn- und Blütenpflanzen | 2476 | 60 | 2 | 862 | 35 |
| Großpilze | 2337 | 23 | 1 | 691 | 30 |
| Moose | 1000 | 15 | 2 | 124 | 12 |
| Flechten | 1850 | 26 | 1 | 390 | 21 |

Quelle: AIP, Schutz der Tier- und Pflanzenwelt, 1989

## Rüstungskonversion

Die Umwidmung militärischer Mittel, Kräfte, Leistungen und Fähigkeiten für zivile Zwecke wird als Rüstungskonversion bezeichnet. Dabei können folgende Konversionsarten unterschieden werden:

1. die Umstellung der Produktion von Waffen, Munition und anderen Kriegsgeräten auf die Herstellung ziviler Güter (industrielle Rüstungskonversion);
2. die Umstellung militärischer Güter für eine zivile Verwendung, z. B. aus Panzern werden Feuerwehrfahrzeuge (Produktkonversion);
3. die Umstellung von militärisch genutzten Grundstücken und Anlagen sowie von militärischen Dienstleistungen auf zivile Nutzungen und Leistungen (Streitkräfte- oder Standortkonversion);
4. die Umstellung von militärischen Einrichtungen und der von ihnen abhängigen regionalen und kommunalen Wirtschaft (regionale Konversion);
5. die Umstellung von Rüstungsforschung auf zivile Forschung (Forschungskonversion).

**Rüstungsforschung**

**BRD 1991: Ausgaben für militärische Forschung und Entwicklung 4,4 Mrd. DM; das sind über 1300 mal mehr, als für Friedens- und Konfliktforschung ausgegeben wird.**

In Deutschland bestehen gute Aussichten, daß Vorhaben zur Rüstungskonversion in den 90er Jahren in einigen Bereichen verwirklicht werden können, weil beschlossen wurde, die Bundeswehr bis 1994 auf 370000 Soldaten zu verringern. Aufgrund des sich aus dem Golfkrieg ergebenden Nachrüstungsbedarfes sowie wegen der von der Bundeswehr weiter aufrechterhaltenen Modernisierungswünsche besteht allerdings die Gefahr eines Rückschlages bei den Konversionsbemühungen.

**Rüstungsmodernisierung z. B.:**

**U-Boot 211: ca. 5,4 Mrd. DM;**
**Fregatte 90: ca. 4,4 Mrd. DM;**
**gepanzerter Kampfwagen: ca. 12,1 Mrd. DM**

Daran wird die Notwendigkeit deutlich, Rüstungskonversion nicht nur als Teil eines wirtschaftlichen **Strukturwandels** zu verstehen, sondern als Baustein bei den Bemühungen zur Gestaltung einer friedlichen Welt. Die Zukunftsperspektive, alle Lebensbereiche zu entmilitarisieren und zu zivilisieren, darf eine Gesellschaft nicht aus den Augen verlieren.

Der Konversionsgedanke hatte in Deutschland nach dem Ersten und Zweiten Weltkrieg Hochkonjunktur. Auf Verlangen der Siegermächte wurde die Anzahl der Soldaten auf 100000 Mann (ab 1918) oder sogar auf Null (ab 1945 bis zur Gründung der Bundeswehr [1956] und der Nationalen Volksarmee) verringert. Umstellungsprozesse von Rüstungsbetrieben auf **Friedensproduktion** wurden vorangetrieben. Doch waren von diesen Umstellungen jedesmal – ähnlich wie in den USA nach dem Korea- und dem Vietnamkrieg – nur wenige Rüstungsbereiche betroffen, und schon nach kurzer Zeit entwickelten sich Rüstungsproduktion und -ex-

port wieder zu gewinnbringenden Geschäftszweigen.
Die 50er und 60er Jahre waren von der Diskussion geprägt, über Abrüstung und Konversion wirtschafltiche Ungerechtigkeiten und Entwicklungsrückstände der →Dritten Welt zu beheben. Die Hoffnungen blieben unerfüllt; statt dessen gerieten diese Länder in den «Militarisierungskreislauf».
In den 70er Jahren wurde die Konversionsdiskussion neu belebt. Von einem gewerkschaftlichen Arbeitskreis im britischen Rüstungskonzern Lucas Aerospace, dem Rüstungsaufträge fehlten, so daß Massenentlassungen drohten, wurden Vorschläge für zivile Produkte erarbeitet, mit denen die Auftragslücken hätten gefüllt werden können. Es kam nicht dazu, aber für alle folgenden Konversionsanstrengungen in Europa und den USA wurde diese gewerkschaftliche Initiative zum Vorbild.
In den 80er Jahren griffen z. B. die deutschen Gewerkschaften mit Unterstützung der Friedensbewegung den Konversionsgedanken auf. In Rüstungsbetrieben entstanden «Arbeitskreise Alternative Produktion», die im Laufe der Jahre in vielen Regionen zu einem vernetzten, überbetrieblichen System ausgebaut wurden. Eine Vielzahl von zivilen Produktvorschlägen wurden z. T. bis zur Serienreife entwickelt und in einigen Betrieben auch verwirklicht, ohne allerdings die Rüstungsgüter zu ersetzen. Eine solche **Diversifikation** (Ergänzung der Produktpalette) stellt im strengen Sinne keine echte Konversionsmaßnahme dar, ist aber ein Schritt in die richtige Richtung.

**Erfolgreiche Beispiele für Diversifikation**

**1. Varianten für zivile Anwendung (AEG/TST: ziviles statt militärisches Radar);**
**2. neue zivile Produkte mit vorhandener Technologie (MBB: Airbag, Krauss-Maffai: Flugzeugschlepper);**
**3. Verstärkung vorhandener ziviler Bereiche (MBB: Airbus, Krauss-Maffai: Kunststofftechnik, Dornier: Medizintechnik);**
**4. neue Geschäftsbereiche (MTU: EDV-Software, Siemens: betrieblicher Umweltschutz)**

Für Unternehmen sind Rüstungsaufträge ein gutes Geschäft mit hohem Gewinn und wegen der Abnahmegarantie ohne großes Risiko. Im Gegensatz zu zivilen Produkten, die sich am Markt durchsetzen müssen, werden im Rüstungsbereich meistens sogar Entwicklungs- und Erprobungsarbeiten vom Bund bezahlt, auch wenn das Militärgerät nie in Serie geht. Internationale Großkonzerne teilen den Rüstungsmarkt der ganzen Welt fast ausschließlich unter sich auf und bestimmen die Preise.
Für die 90er Jahre zeichnet sich ab, daß die Forderung, ökologisch und gesellschaftlich sinnvolle Produkte und Dienstleistungen zu entwickeln, in Deutschland neues Gewicht erhält. Langsam setzt sich die Einsicht durch, daß die Sicherung von Arbeitsplätzen letztlich nur durch eine zivile und weniger umweltbelastende Produktion zu erreichen ist. Und die Behauptung, Rüstungsproduktion sichere das Wirtschaftswachstum, die Arbeitsplätze und den technischen Fort-

schritt auch im zivilen Bereich, ist inzwischen widerlegt. Rüstungsproduktion wird ausschließlich vom Staat aus Steuermitteln finanziert, wobei die Produkte – wenn sie nicht zu geplantem Tod und Vernichtung bringendem Einsatz gelangen – völlig unproduktiv eingesetzt werden, d. h. die meiste Zeit nutzlos herumliegen oder in Manövern verschlissen werden. Sie werden nicht, wie z. B. eine Werkzeugmaschine oder ein ziviler LKW, wieder im Rahmen einer weiteren produktiven Tätigkeit eingesetzt.

**Gesellschaftliche Bedarfsfelder für zivile Produktion und Dienstleistungen**

**ökologischer Bereich: Lärmschutzmaßnahmen, Abwasserreinigung, Recycling, Entschwefelungsanlagen für Kraftwerke;**
**sozialer Bereich: Verbesserung des Bildungswesens, des Gesundheitswesens und sonstiger sozialer Dienste;**
**Wohnungsbau: Wohnungsneubau, Altbaumodernisierung, Stadtsanierung;**
**Verkehr: Ausbau des Radwegenetzes, des öffentlichen Personennahverkehrs und des Streckennetzes der Bahn;**
**Energie: verbesserte Energienutzung, Ausbau der Alternativenergien;**
**Entwicklungshilfe: Schuldenerlaß, Erhöhung der Entwicklungshilfe für die ärmsten Völker der Erde**

Die berühmte Teflonpfanne, ein für zivile Zwecke nutzbar gemachtes Rüstungsprodukt, wird immer wieder als Beispiel für gesellschaftlich sinnvolle Rüstungsausgaben angeführt. Wirtschaftlichkeitsberechnungen haben ergeben, daß die gezielte Förderung ziviler Techniken erheblich kostengünstiger ist als die Umweg-Entwicklung über Rüstungstechnik. Es wäre beispielsweise wirtschaftlich und technologisch unsinnig, zunächst eine Laserkanone zur Zerstörung von Raketen im Weltraum (Entwicklungs- und Herstellungskosten: mehrere Mrd. DM) zu bauen, um dann daraus einen «Dental Laser», ein medizinisches Lasergerät zur schmerzfreien Zahnbehandlung (Entwicklungs- und Herstellungskosten: einige Mio. DM), herzustellen.
Allgemein läßt sich sagen, daß jede Produktion in der Regel mit einer Belastung der Umwelt durch eine Reihe von Schadstoffen verbunden ist. Boden, Luft und Wasser werden verschmutzt, teilweise sogar hochgradig vergiftet. In unserer hochindustrialisierten Gesellschaft wird die Menge jener Waren und Güter immer größer, die über den eigentlichen Bedarf hinausgehen und zu einem erheblichen Teil eine Rohstoff verschwendende **Überproduktion** darstellen. Zivilen Ersatz für Rüstungsprodukte zu finden bedeutet, nach dem Nutzen, der Umweltverträglichkeit, den gesellschaftlichen Folgekosten und den kommunalen und regionalen Bedürfnissen für die Produkte zu fragen.

# S

## Saurer Regen

«Der Wald im Erzgebirge hat hier aufgehört zu existieren. Die Hochflächen sind zu einer leblosen Kulisse wie aus einen apokalyptischen Alptraum geworden. 60000 ha sind in den letzten Jahren abgestorben. Auf Kahlflächen lassen nur verstreut umherliegende Wurzelstücke vermuten, daß früher hier Bäume standen.» (Hubert Weiger, zit. n.: Natur und Umwelt, Sonderdruck, 1982.) Dieses Zitat stammt nicht aus einem Science-fiction-Roman, sondern von einem Augenzeugen, der 1982 durch das Erzgebirge wanderte. Eine wesentliche Ursache für das →Waldsterben ist der «saure» Regen.

Völlig unbeeinflußtes Regenwasser ist von Natur aus schwach sauer und hat einen Säuremeßwert (pH-Wert) von etwa 5,6. In der Bundesrepublik hat Regenwasser jedoch einen pH-Wert von etwa 4,3.

Dies entspricht ungefähr einer zehn- bis zwanzigfachen Säuremenge gegenüber natürlichen Säureverhältnissen! Diese Übersäuerung ist auf den Gehalt von Schwefel- und Salpetersäure in der Luft zurückzuführen. Diese Säuren bilden sich in der →Atmosphäre durch Oxidation von →Schwefeldioxid und →Stickoxiden und lösen sich im Wasser oder in der →Luft. Sie gehen als saurer Regen, saurer Schnee, Nebel oder Tau nieder.

Die Folgen sind die Versauerung von Gewässern und Böden (→Bodenversauerung), →Waldsterben sowie Schäden an Gebäuden, Denkmälern und Kunstwerken.

### Gewässerversauerung – nicht nur in Schweden

Die Folgen der sauren Niederschläge wurden zuerst in Skandinavien sichtbar. Dort wurde bereits in den sechziger Jahren eine Gewässerversauerung beobachtet, die zum Sterben der Tiere und Pflanzen führte. Die Gewässer waren klar, jedoch tot. Niederschlagsbedingte Versauerung der Gewässer kommt jedoch nicht nur in Skandinavien vor. Während das Quellwasser der Eder im Jahre 1929 noch einen pH-Wert von 6,6 hatte, liegt er heute bei 4,6. Zahlreiche Seen, die für die Trinkwasserversorgung von Bedeutung sind, weisen Versauerung auf. Wie bereits in Skandinavien und Kanada zeigt sich, daß damit weitreichende biologische Veränderungen verbunden sind. Weist ein See mit neutralem Wasser noch etwa 30 bis 80 verschiedene Algenarten auf, können in Seen mit einem pH um 5 nur noch 10, in extrem sauren Seen nur noch drei Arten leben. Daneben nimmt die Aktivität der wasserreinigenden Bakterien ab. Wie bei den Böden (→Bodenversauerng) haben die Gewässer aufgrund der Versauerung einen erhöhten Gehalt an giftigem Aluminium: Schnecken, Muscheln und Fische sterben. Neben der Versauerung sind die höheren Aluminiumgehalte des sauren Wassers für die Trinkwassergewinnung von Bedeutung. Schon heute liegen die Aluminiumkonzentrationen im Spessart sowie in Ostbayern meist über dem in der EG-Richtlinie festgelegten Richtwert.

In der Bundesrepublik ist der saure Regen insbesondere im Zusammenhang mit dem →Waldsterben in die Schlagzeilen geraten. Saurer Regen wirkt direkt auf Pflanzen ein, indem er in die Nadeln oder Blätter eindringt, Nährstoffe auswäscht und so das Wachstum beeinträchtigt. Eine indirekte Schädigung erfolgt durch →Bodenversauerung.

Der Regen, der durch die Kronen der Bäume auf den Waldboden fällt, hat meist einen niedrigeren pH-Wert (= saurer) als derjenige im Freiland, da er die →Schadstoffe, die auf den Blättern lagern, abwäscht. Diese abgelagerten Schadstoffe werden als trockene Niederschläge (Depositionen) bezeichnet und gehen selbst bei strahlend blauem Himmel als Stäube, Gase und Aerosole (→Luftverschmutzung) nieder.

Bodenversauerung durch jahrelange saure Niederschläge führt zu einer verstärkten Auswaschung von Nährstoffen, zu Schäden im Wurzelbereich und zu Störungen bei der Wasseraufnahme (→Waldsterben).

**TiP** Hauptverursacher für die Säure im Regen sind Kohlekraftwerke, besonders Braunkohlekraftwerke, mit ihren Schwefeldioxid-Abgasen. Abhilfe schafft eine Entschwefelungsanalge.
Wenn Sie Nachbarn so einer «Dreckschleuder» sind, organisieren Sie sich in Bürgerinitiativen und verlangen Sie eine Rauchgasreinigungsanlage.

## Schadstoffe

Chemische Substanzen, einstmals Garant für den Fortschritt, z. B. in der →Landwirtschaft oder in der →Medizin, sind in Verruf geraten. Von den 60000 chemischen Stoffen, die bereits 1984 den Markt überschwemmten und zu denen jährlich einige Hunderte neu hinzugekommen sind, erweisen sich die wenigsten als für die Umwelt oder die →Gesundheit des Menschen ungefährlich.

Die gefährlichen Stoffe unter ihnen werden als Umweltschadstoffe bezeichnet, wenn sie das Potential haben, auf den Menschen, auf andere Lebewesen, auf →Ökosysteme und auf Sachgüter schädlich zu wirken. Schadstoffe können in der Umwelt einerseits auf natürliche Weise vorkommen wie z. B. manche →Schwermetalle. Andererseits gibt es Schadstoffe, die als Folge menschlicher Aktivitäten in die Umwelt gelangen; diese bezeichnet man auch als Umweltchemikalien oder als anthropogene Schadstoffe.

Die Beurteilung einer Umweltchemikalie ist meistens sehr schwierig. Sie ist u. a. davon abhängig,

- welche besonderen chemischen Eigenschaften sie hat,
- wie sie sich in der Umwelt verteilt und ausbreitet,
- wie stabil sie in der Umwelt ist,
- ob und wie sie abgebaut oder umgewandelt wird,
- ob sie sich anreichert,
- welche Auswirkungen sie auf verschiedene Lebewesen oder ein Ökosystem hat.

### Chemische Struktur

Aus dem chemischen Aufbau eines Stoffes lassen sich in manchen Fällen Rückschlüsse auf seine Wirkung ziehen.
Wertet man beispielsweise Beziehungen zwischen der chemischen Struktur der Ausgangssubstanz und Art und Menge der Umwandlungsprodukte aus, so ist in gewissem Umfang eine Voraussage für das Umweltverhalten ähnlicher Substanzen möglich. Bei →PCBs nimmt z. B. die Möglichkeit des biologischen Abbaus mit steigendem Chlorierungsgrad ab.
Auch das krebsauslösende (→Krebs) oder erbgutverändernde (mutagene) Potential (Vermögen) einer Umweltchemikalie läßt sich bei einigen Verbindungen aus der Molekularstruktur ablesen. Ist bei chlorierten Äthylenen das Molekül symmetrisch aufgebaut, wird keine mutagene Wirkung beobachtet, ist es aber asymmetrisch strukturiert, erzeugen solche Substanzen Änderungen im Erbgut.
Solche **Struktur-Wirkungs-Beziehungen** sind aber nicht immer aus der Anordnung der verschiedenen Atome in einem Molekül abzuleiten (→Dioxine).

### Ausbreitung

Umweltchemikalien treten überall auf, oft gleichzeitig in der →Luft, im →Boden und im →Wasser. Sie breiten sich auf Grund physikalischer, chemischer und biologischer Vorgänge entweder unmittelbar oder über Stoffflüsse (→Nahrungskette) in der Umwelt und in den Lebewesen aus.
Zu den **Transportvorgängen** z. B. in der Hydrosphäre (Wasserhülle der Erde) und im Boden gehören das Auswaschen wasserlöslicher Stoffe im Regen aus der →Atmosphäre, der Transport in der Bodenlösung, im Oberflächenwasser und im →Grundwasser und eventuell Anbindung an feste Partikel (Teilchen) und deren Ablagerungen. Umgekehrt können aus dem Boden und aus dem Oberflächenwasser durch Wind oder Verdampfen Stoffe in die Atmosphäre gelangen (→Bodenbelastung).
Die Dispersionsneigung von Chemikalien ist eine Ursache für die unkontrollierbare, überregionale und oftmals globale Ausbreitung einiger Schadstoffe. Unter **Dispersion** ist die feine Verteilung eines Stoffes in einem anderen zu verstehen, ohne daß dabei eine Lösung entsteht. Beispiel: Fett ist nicht in Wasser löslich, kann jedoch eine Dispersion wie die Milch bilden.
Für die Konzentration eines Schadstoffs ist ferner nicht gleichgültig, ob er an Partikel gebunden oder gasförmig vorkommt. In Partikeln ist die Konzentration nämlich meist höher als im gasförmigen Zustand.
Manche Schadstoffe werden aber auch gespeichert, z. B. im Boden. Der Boden ist ein Speicher für die meisten schwer oder nicht abbaubaren Stoffe.

### Stabilität

Chemikalien sind in der Umwelt unterschiedlich stabil, man kann auch sagen persistent.

Bei manchen Stoffen wie z. B. Lacken ist eine hohe **Persistenz** beabsichtigt, d. h. sie sollen sich unter Umweltbedingungen möglichst wenig verändern. Unter ökologischen Gesichtspunkten müßte eine optimale Chemikalie jedoch eine solche Stabilität besitzen, die gerade ausreicht, ihre Funktion zu erfüllen, oder sie müßte sich leicht wieder abbauen lassen (die neuen Plastiktragetüten aus Polyäthylen sind beständig, lassen sich jedoch nahezu rückstandsfrei verbrennen). Danach dürfte die optimale Chemikalie keine belastenden Rückstände hinterlassen. Gerade dies trifft aber für die meisten Schadstoffe nicht zu.

Ferner haben zwar manche Schadstoffe selbst eine verhältnismäßig geringe Persistenz, dafür aber ihre Umwandlungsprodukte (Metaboliten).

### Abbau und Umwandlung

Umweltchemikalien unterliegen in dem jeweiligen Umweltmedium (→Wasser, →Boden, →Luft) biologisch oder chemisch bewirkten Ab- und Umbaureaktionen.

Ökologisch erwünschte Endprodukte sind dabei Substanzen mit geringer oder gar keiner Giftigkeit. Bei organischen Chemikalien wäre das also entweder ein totaler Abbau zu $CO_2$ und $H_2O$, d. h. eine Rückführung in die natürlichen Stoffkreisläufe (→Ökosystem). Den biologischen Abbau organischer Verbindungen übernehmen die Mikroorganismen (Kleinstlebewesen) im →Boden oder im Wasser (→biologische Selbstreinigung). Bei persistenten Stoffen ist jedoch die Abbaufähigkeit der Mikroorganismen gering.

Der chemische Ab- und Umbau erfolgt hauptsächlich über die Oxidation (Verbrennung = Verbindung mit Sauerstoff), Hydrolyse (Spaltung durch Wasser) und über photochemische Prozesse (Veränderung durch Licht, radioaktive oder Röntgenstrahlen).

Eine Maßzahl für die Abbaugeschwindigkeit ist die Halbwertszeit (→Radioaktivität). Das ist der Zeitraum, in dem die Konzentration der Ausgangssubstanz auf die Hälft reduziert wird.

### Anreicherung

Gelangt ein Schadstoff über die Atmung oder die Nahrung in ein Lebewesen, so kann er entweder umgewandelt und ausgeschieden, aber auch gespeichert werden. Wie ein Schadstoff aufgenommen wird, hängt von seinen chemischen Eigenschaften und der Ausstattung eines Lebewesens ab.

Persistente Stoffe reichern sich z. B. im Organismus ab, wenn sie dort besser löslich sind als im Wasser und wenn der Organismus keine Ausscheidungsmechanismen für diese Stoffe besitzt. Bei Tieren kann die gespeicherte Menge an Schadstoffen mit dem Körpergewicht und dem Alter zunehmen.

Schadstoffe reichern sich bei Tieren und Menschen in den stoffwechselaktiven Organen wie Leber, Nieren und Milz, aber auch im Fettgewebe, im Gehirn (→chlorierte Kohlenwasserstoffe, →PCB's, organische Schwermetallverbindungen), in Knochen (→Blei, Fluor), Zähnen (Fluor), Haa-

ren (Blei) und im Muskelgewebe an.
In Streßsituationen (z.B. Hunger) werden die Fettreserven angegriffen, und die dort gespeicherten Schadstoffe gelangen in den Körperkreislauf zurück und können Vergiftungserscheinungen hervorrufen.
In →Ökosystemen reichert sich ein Schadstoff zunächst nur in einem Glied der Lebensgemeinschaft an. Über den Weg der →Nahrungskette werden Schadstoffe jedoch auch von Glied zu Glied weitergegeben und damit ihre Konzentration erhöht (→biologische Anreicherung).

### Schäden im menschlichen Körper

Manche Chemikalien, z.B. →Dioxine, haben eine akut giftige Wirkung (akute Toxizität), d.h. die Schäden treten sofort oder nach einem sehr kurzen Zeitraum auf. Andere Stoffe verursachen dagegen erst Schäden, wenn sie über längere Zeiträume hinweg aufgenommen werden (chronische Toxizität) (→Krebs, →Schadstoffe am Arbeitsplatz). Spätschäden können sich in der Schädigung des Erbguts (Mutagenität), durch Mißbildungen des Kindes im Mutterleib (Teratogenität) oder an Krebserkrankungen zeigen (Cancerogenität).
Es ist üblich, von einer Schwellenkonzentration auszugehen, d.h., man ermittelt durch →Tierversuche diejenige Höchstmenge, die ohne Schaden aufgenommen werden kann. Dieses Schwellenwert-Prinzip ist jedoch umstritten, da besonders bei krebsauslösenden Stoffen auch nicht die geringsten Mengen vorkommen dürften. Außerdem ist zu berücksichtigen, daß ein Organismus meistens mehreren Umweltchemikalien zugleich ausgesetzt ist (→Kombinationswirkungen) und erst dadurch eine schädigende Wirkung hervorgerufen wird.

### Schädigung des Ökosystems

Ökosysteme haben die Fähigkeit, die Belastungen durch Umweltchemikalien bis zu einem gewissen Grad abzufangen. Ein Beispiel dafür ist die biologische Selbstreinigkungskraft (→biologische Selbstreinigung) eines Gewässers oder die Pufferkapazität eines →Bodens. Die Summe der Schadwirkungen durch Umweltchemikalien ist jedoch in vielen Ökosystemen so groß, daß sich erhebliche Schädigungen, z.B. eine große Verminderung der Artenzahl bei Pflanzen und Tieren, eingestellt haben.
Schadstoffe können auf die Teile eines Ökosystems verschiedene Auswirkungen haben. Für das Ökosystem insgesamt hätte die Schädigung von Mikroorganismen (Zersetzer) besonders ernste Folgen, da sie sehr wichtig für seine Funktionsfähigkeit sind.
Wegen der vielfältigen Verflechtungen von Lebensgemeinschaften innerhalb eines Ökosystems ist es sehr schwierig, die schädliche Auswirkung einer Umweltchemikalie in ihrer ganzen Komplexität festzustellen (→Bioindikatoren).

**TiP** Jede(r) kann den Schadstoffverbrauch im Haushalt reduzieren: 1. Verzicht auf Chemikalien, wo es auch mechanische Möglichkeiten gibt, das heißt konkret: Bürste statt Chemie. 2. Häufig gibt es auf dem Markt auch schadstoffarme Alternativen, zum Beispiel im handwerklichen Bereich: schadstoffarme Lacke und Farben, lösemittelfreie Kleber, formaldehydfreie Spanplatten oder asbestfreie Fußbodenbeläge.

## Schadstoffe am Arbeitsplatz

Mehr als 100000 chemische Verbindungen werden weltweit produziert. Jedes Jahr entstehen 1000 bis 2000 neue Stoffe. Toxikologische oder ökologische Auswirkungen sind nur von wenigen bekannt. Rund 600 Arbeitsstoffe und ihre höchstzulässige Konzentration am Arbeitsplatz (Maximale-Arbeitsplatz-Konzentration) sind in der sogenannten MAK-Werte-Liste aufgenommen (Bezugsadresse im Anhang). Doch damit ist die Gesundheit am Arbeitsplatz längst nicht umfassend geschützt. Für viele Arbeitsstoffe, die zur Zeit verwendet werden, gibt es gar keine →Grenzwerte, da noch keine ausreichenden Erkenntnisse über sie gesammelt wurden. Das gilt auch für die Ersatzstoffe, die beispielsweise krebserzeugende Stoffe (→Asbest) ersetzen sollen. Es muß davon ausgegangen werden, daß das tatsächliche Gesundheitsrisiko am Arbeitsplatz wesentlich höher ist, als die offiziellen Statistiken es ausweisen. Daran haben auch der technische Fortschritt und →Arbeitsschutz nicht viel geändert. Wo Lärm, Hitze, Kälte, Gestank, Staub und Schmutz die Arbeitsplätze kennzeichnen, sind die Arbeitnehmer und Arbeitnehmerinnen hohen Umweltbelastungen ausgesetzt. Je nach Arbeitsplatz werden die Beschäftigten mit unterschiedlichen Arbeitsstoffen konfrontiert. Stoffe werden als Gefahrstoffe bezeichnet, wenn sie eine der folgenden Eigenschaften haben: giftig, ätzend, reizend, explosionsgefährlich, brandfördernd, entzündlich, krebserzeugend (→Krebs), fruchtschädigend (Gesundheitsschädigungen für das ungeborene Kind), erbgutverändernd. Am Arbeitsplatz unterscheidet man feste, flüssige Schad- und Schwebstoffe in der Luft (→Luftverschmutzung). Diese können als Stäube, Dämpfe oder Gase auftreten. Schadstoffe gelangen im wesentlichen auf drei Wegen in den menschlichen Körper: über die Atmung in die Atemwege und in die Lunge, über die Haut ins Blut und über Verschlucken in den Magen-Darm-Bereich. Schadstoffe können örtlich begrenzte (lokale) Wirkungen haben, auf die Augen, die Lunge, die Haut oder die Nase. Z.B. trat Hautkrebs bei Teerarbeitern, Blasenkrebs bei Anilinarbeitern oder Lungenkrebs bei Asbestarbeitern auf. Sie können aber auch, wie Lösemittel aus Farben und Lacken, das Nervensystem zerstören. Viele giftige Arbeitsstoffe können akute Vergiftungen hervorrufen oder haben eine chronische oder Langzeitwirkung. Wenn sie erst nach Jahren oder

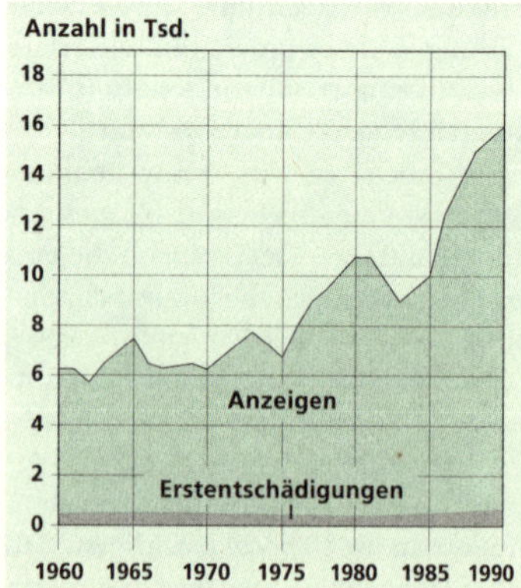


Hauterkrankungen

Jahrzehnten zu Schädigungen führen, ist es schwer, beim Auftreten der Erkrankungen einen Nachweis zwischen Arbeitsplatz und Erkrankung (→Berufskrankheit) zu führen.

Anders als in der chemischen Industrie oder der Metallverarbeitung gilt der **Arbeitsplatz im Büro** als relativ ungefährlich. Im Vergleich zu Fabrikhallen ist es hier sauber, hygienisch und sogar gemütlich. Doch die Idylle trügt. Auch das Büro ist keine chemiefreie Zone. Doch anders als in der Fabrik sind es hier nicht die hohen Konzentrationen, die krank machen können, sondern die vielen unterschiedlichen Schadstoffe in relativ geringen Konzentrationen, die sich in Kombinationswirkung gegenseitig verstärken oder auch neue giftigere Verbindungen eingehen können.

Anfang 1991 beschrieben deutsche Toxikologen die sogenannte «**Neubaukrankheit**», die auf Arbeitsplatzgifte in Büro-Neubauten zurückzuführen ist. Aufgrund von Chemikalien beispielsweise in Möbeln, Farben und Lacken aber auch in Bürogeräten sowie in der Klimaanlage ist die Büroluft so stark belastet, daß Arbeitnehmer an Kopfschmerzen, Ekzemen, Augenbrennen, Atemnot und trockener Haut leiden. Die Belastungen werden schleichend erhöht, bis eines Tages eine Krankheit ausbricht oder sich ein chronisches Dauerleiden einstellt (→Berufskrankheiten).

Doch auch in alten Büros herrscht schlechte Luft, denn die zeitgemäße Arbeitsausstattung setzt auf Technik und Chemie wie bei Fotokopierern, Computern oder Arbeitsgeräten. Doch erst wenn sich chemische, physikalische und psychische Belastungen summieren, kommt es zum Ef-

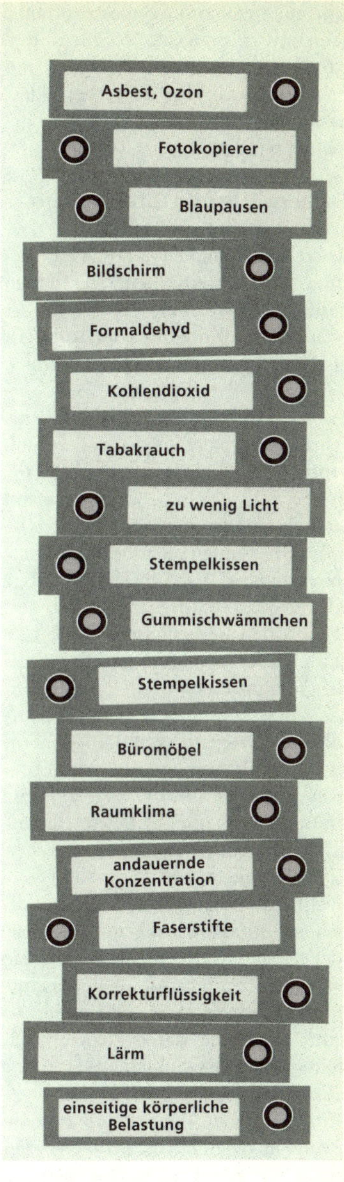


Belastungen im Büro

fekt, die sogenannte **Belastungszange** schnappt zu. Kein Wunder, daß Kreislaufkrankheiten, Allergien und Erkältungskrankheiten besonders häufig aus EDV-Beratungsbüros gemeldet werden.

## Gefahrstoffe und Gifte im Büro

**Lösemittel am Arbeitsplatz**

Korrekturflüssigkeiten zur Ausbesserung von Schreibarbeiten enthalten häufig 1.1.1-Tetrachlorethan. Dieser →chlorierte Kohlenwasserstoff gilt als Nervengift und ist klimaschädlich (→Klima).

Einige Folienstifte für Tageslichtschreiber enthalten Xylol und Toluol, aromatische Kohlenwasserstoffe, die in Verdacht stehen, fruchtschädigend zu sein. Aber auch «normale» Filzschreiber können schädliche Lösemittel enthalten. Auch lösemittelhaltige Kleber sind häufig nicht frei von schädlichen Nervengasen. Für Kinder sind Kleber die häufigste Einstiegsdroge zum «Schnüffeln», einem oft tödlichen Mißbrauch von Lösemitteln als Droge. Zweikomponentenkleber enthalten zwar keine Lösemittel, dafür aber hochgefährliche Epoxidharze, die schwere Hautschäden und Allergien verursachen können. Zudem stehen sie unter Verdacht, die Fortpflanzung zu schädigen und Krebs zu erregen. Sekundenkleber sind auch nicht besser, sie enthalten Cyanacrylat, das bei Hautkontakt Finger oder Augenlider so stark verbindet, daß sie chirurgisch getrennt werden müssen.

**Büromaschinen**

«Erst kopieren, dann lesen», ist die Devise in vielen Büros. Dabei werden bei jeder Kopie hohe Mengen an Schadstoffen freigesetzt, zum Beispiel das Reizgas →Ozon. Je nach Raumgröße und Lüftungsmöglichkeiten, je nach Anzahl der gefertigten Kopien sowie abhängig von dem Vorhandensein eines Ozonfilters, können die eingeatmeten Ozonwerte medizinisch bedenkliche Ausmaße erreichen. Auch die Toner von Kopierern enthalten schädliche Inhaltsstoffe. Zwar sind die Nitropyrene und andere Nitroverbindungen, die Erbgut verändern können, inzwischen nach Herstellerangaben als Inhaltsstoffe entfernt, doch der Tonerstaub kann, wenn er eingeatmet wird, Bronchien und Lungenbläschen schädigen.

Aber auch erhebliche Lärmimmissionen von mehr als 75 dB(A) können bei Dauerbetrieb der Kopierer verursacht werden (→Lärm).

**Bildschirmarbeitsgeräte**

Noch immer ist die Diskussion um die schädliche Strahlenbelastung bei Bildschirmarbeitsplätzen nicht abgeschlossen. Im Mittelpunkt der Diskussionen stehen mögliche Fruchtschädigungen bei schwangeren Frauen. Dagegen sind Augenbelastungen und Hautreizungen inzwischen unbestritten. Außerdem können Computer Furane als Flammenschutzmittel enthalten, die wie →Dioxine schon in winzigsten Mengen gesundheitsschädlich sein können.

**Raumklima**

Eine mangelhafte Durchlüftung der Büroräume verursacht hohe Kohlendioxidwerte. Der MAK-Wert von 0,5 Prozent wird schon von zwei Personen in einem 20 qm großen Raum nach zwei Stunden erreicht. Nicht nur für Raucher, auch für Mitraucher steigen die Schadstoffimmissionen bei Tabakqualm sprunghaft an. Je nach Raumgröße kann der Formaldehydgehalt schon nach sechs Zigaretten den Richtwert des Bundesgesundheitsamtes für die krebsverdächtige und allergieauslösende Chemikalie überschreiten (→Formaldehyd). Aber auch Emissionen aus Büromöbeln (Spanplatten, Plastik, Holzschutzmitteln) können zu Beschwerden am Arbeitsplatz führen (→Luftverschmutzung).

**Klimaanlagen**
Eine gute Durchlüftung kann die Innenraumluft erheblich verbessern und Beschwerden vermeiden. Klimaanlagen eignen sich dafür nicht, sie scheinen eher die verbrauchte Luft zu verteilen. Klagen kommen über schlechte Luft, zu hohe oder zu niedrige Temperaturen, Verkeimungen, Erkältungen, Müdigkeit oder Rheuma. Erfahrungen zeigen, daß die Anlagen so viele technische Mängel aufweisen, daß eine Durchlüftung mit Fenstern auf jeden Fall die bessere und vor allem die ökologischere Lösung ist.

**TiP** Gesundheitlich unbedenklicher für den Schreibtisch sind Klebstoffe ohne Lösemittel sowie Leime oder Klebestifte. Für Korrekturlacke gibt es nur schlechten Ersatz, nämlich wasserhaltige Mittel, die kaum kleben und nicht trocknen. Auf jeden Fall beim Korrigieren nicht rauchen. Es gibt eine ganze Reihe von Faserstiften ohne Lösemittel, selbst für Tageslichtschreiber gibt es wasserlösliche Produkte. Wenn möglich sollte auf nachfüllbare Stifte, wie Kulis oder Füller, umgestiegen werden, da die Einmalschreiber den Plastikmüll vergrößern.

## Schädlingsbekämpfung

Heuschreckenschwärme, die ein Feld überfallen und alles vernichten, galten als eine der sieben biblischen Plagen. Solange Menschen Ackerbau betreiben, versuchen sie, der Schädlinge Herr zu werden. In Deutschland wurde noch 1916 durch den Pilzbefall der Kartoffeln eine Hungersnot ausgelöst. Zwar sind solche Gefahren bei uns gebannt, aber weltweit geht noch immer ca. ein Drittel der Ernteerträge durch Schädlinge verloren.

### Was sind Schädlinge?

Als Schädlinge werden solche Wildplanzen (→Unkraut), Bakterien, Pilze oder Insekten bezeichnet, die mit den von Menschen gepflanzten sog. Kulturpflanzen oder von ihm gehaltenen Tieren um Raum, Licht, Nährstoffe etc. konkurrieren und dadurch erheblichen Schaden anrichten können. In der Natur gibt es jedoch keine schädlichen und guten Pflanzen oder Tiere. In natürlichen Lebensgemeinschaften herrscht vielmehr ein dynamisches Gleichgewicht. Die einzelnen Lebewesen werden durch die Begrenzungen der Umwelt (z.B. natürliche Feinde) stets in einer für den Gesamtbestand der Lebensgemeinschaft ungefährlichen Individuendichte gehalten. Auf einem Acker in der →Landwirtschaft entfällt aber dieses Gleichgewicht (→Ökosystem).

### Chemische Schädlingsbekämpfung

In der Landwirtschaft herrscht die chemische Schädlingsbekämpfung mit Hilfe von →Pestiziden vor. Während sie der Landwirtschaft seit den vierziger Jahren erhebliche Zuwachsraten und geringe Ernteverluste durch

Schädlinge und Krankheiten bescherten, nehmen inzwischen die Verluste trotz eines zunehmenden Einsatzes der «chemischen Sense» wieder zu. Dies ist nicht zuletzt auf eine steigende Widerstandsfähigkeit (→Resistenz) der Schädlinge gegenüber den Pestiziden zurückzuführen. Pestizide haben ferner auf die Umwelt und die →Gesundheit des Menschen negative Auswirkungen:

▶ ihre Anreicherung in →Nahrungsketten,

▶ die Ausrottung vieler Pflanzen und Schädlingsvertilger (→Fremdstoffe in Nahrungsmitteln, →Muttermilch, →Naturschutz).

## Biologische Schädlingsbekämpfung

Die biologische Schädlingsbekämpfung macht sich die Beziehungen von Pflanzen und Tieren in natürlichen →Ökosystemen zunutze. Natürliche Feinde wie Räuber, Schmarotzer oder Krankheitserreger werden gezielt gegen die Schädlinge eingesetzt.

Die meisten heimischen Marienkäfer und ihre Larven fressen Blattläuse. Die Larve des «Siebenpunktes» läßt sich pro Tag etwa 50, ein jüngerer Käfer 10 und ein älterer 40 Blattläuse schmecken.

Schlupfwespen bringen ihre Eier mit Hilfe eines Legestachels an oder in die Eier, Larven oder Puppen z.B. von Läusen ein. Aus den Schlupfwespeneiern schlüpfen Larven, die sich von den Körpersäften, dem Fettgewebe und auch den Organen der Läuse ernähren. Diese sterben schließlich.

Viele Bakterien- und Virusarten können bei schädlichen Insekten- und Säugetieren tödlich verlaufende Erkrankungen bewirken. Solche Bakterien werden in industrieller Herstellung vermehrt und sind als Spritzpulver käuflich. In Wasser aufgelöst wirkt es tödlich.

Der Pflege der natürlichen Lebensräume der Nützlinge kommt ebenfalls große Bedeutung zu: Gebüschgruppen, Ackerraine etc. bleiben erhalten.

Das wohl bekannteste Verfahren der biologischen Schädlingsbekämpfung ist die nachträgliche Einbürgerung von Nützlingen. Beispielsweise wurde die San-José-Schildlaus aus Nordamerika nach Europa eingeschleppt und richtete in den Obstanbaugebieten große Schäden an. Der natürliche Feind, eine Schlupfwespenart, wurde nun nach Europa gebracht und in besonderen Anlagen gezüchtet. Inzwischen sind alle Schadensgebiete der San-José-Schildlaus bei uns von Schlupfwespen besiedelt, die eine spürbare Verringerung des Schädlings bewirkt haben.

Bei der Selbstvernichtungsmethode wird der zu bekämpfende Schädling in Laboratorien in großer Zahl gezüchtet, aber durch →radioaktive Bestrahlung oder durch Futterzusatzstoffe unfruchtbar gemacht. Die freigelassenen unfruchtbaren Männchen paaren sich zwar mit den gesunden Weibchen, diese können aber nur unbefruchtete Eier ablegen.

## Integrierte Schädlingsbekämpfung

Bei der integrierten Schädlingsbekämpfung werden die chemische und biologische Behandlung sowie unterstützende Kulturmaßnahmen aufeinander abgestimmt und miteinander verbunden.

Ein Schädling soll erst dann bekämpft

**Pflanzenschutzmittel werden mit dem Hubschrauber über die Weinberge versprüht. Makelloses Obst wächst im Sprühnebel der Pestizide und Fungizide heran. Zwanzig Spritzgänge in einem Jahr sind keine Seltenheit.**

werden, wenn die wirtschaftliche Schadensschwelle überschritten wird, d. h. der durch den Schädling verursachte Schaden mindestens den gleichen Geldbetrag ausmacht wie die direkten und indirekten Kosten der Behandlung.

Die chemische Bekämpfung erfolgt nicht vorbeugend nach den Spritzplänen der Herstellerfirmen, sondern ein amtlicher Pflanzenschutzdienst stellt die tatsächliche Notwendigkeit fest. Falls die Behandlung eines Schädlings mit einem Pestizid unumgänglich ist, soll ein selektives Präparat, das nur den Schädling angreift, in geringen Mengen zur Anwendung kommen. Der Warndienst berät die Landwirte auch über den Zeitpunkt der Maßnahme, um besonders empfindliche Entwicklungsstadien von Nützlingen nicht zu gefährden. Bei der integrierten Schädlingsbekämpfung kommt der Förderung der natürlichen Feinde ebenfalls eine große Bedeutung zu. Ferner sollen durch standortgerechten Anbau, geeigneten Fruchtwechsel, Düngung, Zucht und Anbau von widerstandsfähigen Pflanzensorten die natürlichen Abwehrkräfte der Pflanzen gestärkt werden.

Angesichts der umweltbelastenden und möglichen gesundheitsgefährdenden Auswirkungen der chemischen Schädlingsbekämpfung ist der biologischen und integrierten Behandlungsweise Vorrang zu geben. Besonders im Obstanbau haben sich diese Methoden in der Praxis bewährt. Eine völlige Umstellung auf diese Methoden wird nicht von heute auf morgen und ohne Änderung der Agrarpolitik erfolgen können (→Landwirtschaft, →Handelsklassen). Außerdem gibt es noch eine Reihe ungelöster Probleme bei der integrierten Schädlingsbekämpfung:

- sie verlangt vom Landwirt einen hohen Ausbildungsstand, z. B. Kenntnisse über die wichtigsten Schädlinge und Nützlinge sowie deren Lebensweise;
- es gibt erst wenige selektiv wirkende Pestizide;
- die amtlichen Beratungsstellen sind personell ungenügend ausgestattet.

Eine andere Lösung des Schädlingsproblems versucht der →ökologische Landbau.

**TiP** Wenn einige Insekten im Garten zur Plage werden, muß nicht gleich zur Giftspritze gegriffen werden. Es gibt auch wirkungsvolle Mittel aus der Natur: Brennesselbrühe wirkt gegen Blattläuse, Ameisen und Milben. Und so wird sie angesetzt: 600 Gramm Brennessel (mit Handschuhen pflükken) mit fünf Litern Wasser begießen. Warten, bis die Brühe zu gären beginnt. Je nach Temperatur kann das zwischen einer knappen und zwei vollen Wochen dauern. Vor der Anwendung ein Liter Brühe mit zehn Litern Wasser verdünnen.

Gut gegen Blattläuse ist auch Seifenlauge: 10–25 Gramm grüne Seife in 2,5 Liter Wasser auflösen. Dann die Pflanzen damit besprühen.

## Schiffsverkehr

Die großen Flüsse und Kanäle in der Bundesrepublik werden als Transportwege für Frachten genutzt. Die Personenbeförderung, insbesondere für touristische Ausflugsfahrten, spielt hierbei eine geringere Rolle. Das gilt auch für die deutsche Seeschiffahrt auf Nord- und Ostsee. Die Seeschiffahrt verursacht gewaltige Umweltschäden, weil einerseits nach alter Tradition das Meer als Müllkippe benutzt wird und zudem die Gefahr von Unfällen durch Tanker oder Frachter mit Giftstoffen groß ist (→Meeresverschmutzung, →Ölpest). An vielen Orten sind Häfen gebaut und erweitert worden, um die steigenden Umschlagzahlen zu bewältigen. Das hat häufig zur Zerstörung von intakten Landschaften oder historisch gewachsenen Siedlungsräumen geführt. Ein Beispiel dafür ist die Erweiterung des Hamburger Hafens zum Bau eines großen Container-Terminals. Die Förderung des Schiffsverkehrs führte zur Begradigung von Flußläufen, Errichtung von Staustufen und Beseitigung natürlicher, sumpfiger und schilfbewachsener Uferzonen. Aus einstmals sich durch die Landschaft schlängelnden, lebenden Gewässern wurden schnell fließende, durch Schadstoffe zusätzlich belastete, tote Schiffahrtskanäle (→Flußregulierung, →Gewässerverschmutzung). Neben den Einleitungen der Industrie und Haushalte führten der Schiffsverkehr und die Häfen zu zusätzlichen Verschmutzungen.

Ein Kanalneubau hat in den achtziger Jahren zu heftigen Diskussionen zwischen den verantwortlichen Verkehrspolitikern und Umweltschützern geführt: der Rhein-Main-Donau-Kanal. Dieses «Jahrtausendbauwerk» soll den durchgehenden Schiffsverkehr zwischen Rotterdam und dem Schwarzen Meer ermöglichen. Dazu mußte u.a. ein 171 km langer Kanal zwischen Bamberg am Main und Kehlheim an der Donau (westlich von Regensburg) gebaut werden, und man mußte auch das Tal der Altmühl, einem Nebenfluß der Donau, in eine 55 m breite Betonrinne umgestalten – mit Staustufen, Brücken und Straßen für das erwartete Industriegebiet. 90 % der Feuchtwiesen in einem der letzten landschaftlich noch großräumig intakten Gebiete verschwanden. Im Donautal fielen die meisten Altwasserarme und drei Viertel der Bäume der Verbreiterung des Flußbettes zum Opfer. In anderen Regionen entlang des Rhein-Main-Donau-Kanals wurden Auwiesen und Moore zerstört. All diese Eingriffe in intakte →Biotope nehmen vielen z.T. vom Aussterben bedrohten Vogelarten ihre Lebens- und Bruträume und vernichten seltene Pflanzenarten.

Viele Natur- und Umweltschützer haben vor der optischen und ökologischen Zerstörung einer der letzten noch intakten Lebensräume und einer wertvollen Kulturlandschaft gewarnt. Wie sinnlos wird das quadratmeterweise Schützen von Natur durch einzelne private Initiativen angesichts der hektarweise mit staatlichen Millionen zerstörten Gebiete! Wie lächerlich wird das Bundesnaturschutzgesetz (→Naturschutz), das das Ausreißen einer einzelnen gefährdeten Blume unter Strafe stellt, wenn der Staat ungestraft ganze Landschaften niederwalzen und für die Schifffahrtsinteressen einbetonieren und kanalisieren darf!

Und das alles, obwohl der Schiffstransport etwa genauso energieaufwendig ist wie die Bahn und obwohl die gleiche Fracht per Schiff zehnmal länger unterwegs ist als auf Schienen. Nur mit staatlichen Subventionen werden die Schiffe «rentabel» fahren. Und der Kanal wird der Bundesbahn jährlich ein zusätzliches Defizit von um die 300 Mio. DM bescheren (→Bahnverkehr). Auch das müssen die Steuerzahler aufbringen. Der Rhein-Main-Donau-Kanal stellt somit nicht nur eine ökologische, sondern auch eine ökonomische Katastrophe dar.

Allerdings spricht nichts gegen eine ökologisch angepaßte Nutzung bestehender Wasserstraßen auf Flüssen, Seen und Meeren durch den Schiffsverkehr. Insbesondere, wenn dadurch der →Güterverkehr auf den Straßen vermindert wird.

## Smog

Smog ist eine englische Wortkombination aus smoke (Rauch) und fog (Nebel). Als Smog bezeichnet man starke Anreicherungen von Luftschadstoffen (→Luftverschmutzung) in →Ballungsgebieten. Smog entsteht, wenn die in der →Luft enthaltenen →Schadstoffe wie →Schwefeldioxid, →Stickoxide u.a. aufgrund austauscharmer Wetterlagen, sog. Inversions-, d.h. Umkehrwetterlagen, verbunden mit langanhaltendem Hochdruck und geringer Luftbewegung, nicht mehr in die höheren Luftschichten entweichen können. In wenigen 100 m Höhe entsteht eine

Sperrschicht aus warmer Luft, die die Schadstoffe in den unteren kalten Luftschichten hält. Die Konzentration der Schadstoffe kann schnell ein gesundheitsgefährdendes Ausmaß erreichen und zu Beeinträchtigungen der Atmung, zur Reizung der Schleimhäute und zu Herz- und Kreislaufstörungen führen. Je nach Jahreszeit und Art der Schadstoffe kann es zu unterschiedlichen Arten von Smog kommen: Hohe Konzentrationen von Schwefeldioxid und Staub führen vor allem im Winter zum «**Londoner Smog**», während es im Sommer durch Konzentration von Photooxidantien, wie →Ozon, zum **photochemischen Smog** (**Los Angeles-Smog**) kommt. Gefährdet sind neben älteren und kranken Menschen vor allem Kinder. 1952 starben an den Folgen einer Smog-Katastrophe in London innerhalb von zwei Wochen mehrere tausend Menschen. 1962 starben an einer Smog-Katastrophe im Ruhrgebiet innerhalb von drei Tagen mehr als 150 Menschen. Aufgrund des Bundes-Immissionsschutzgesetzes haben verschiedene Bundesländer, z.B. Berlin und Nordrhein-Westfalen, für besonders gefährdete Gebiete **Smog-Alarm-Pläne** erarbeitet, die bei Smog-Gefahr bestimmte Gegenmaßnahmen wie Verkehrsbeschränkungen und die Umstellung auf schwefelarmes Heizöl vorsehen. Die von den Landesregierungen erlassenen **Smog-Verordnungen** enthalten entsprechend der Höhe der Schadstoffkonzentrationen drei Alarmstufen: 1 = Vorwarnung, 2 = Gesundheitsgefahren zu befürchten, 3 = katastrophenähnlicher Zustand. Gegenmaßnahmen werden aber erst ergriffen, wenn mehr als die Hälfte aller Meßstellen in einem Ballungsgebiet die Summe der →Grenzwerte für die Hauptschadstoffe anzeigen. Werden an wenigen Meßstellen Grenzwerte nur für einzelne Schadstoffe überschritten, wird kein Smog-Alarm ausgelöst.

Um die Probleme des Smog und der Luftverschmutzung in Ballungsgebieten und Großstädten zu verringern, muß die →Luftreinhaltung wesentlich verbessert werden. Z.B. müssen die Grenzwerte für Luftschadstoffe in den gesetzlichen Regelungen (TA Luft, Großfeuerungsanlagen-Verordnung, Smog-Verordnung) stark herabgesetzt und das System der Meßstellen erweitert werden. Außerdem müssen alle Quellen von Luftschadstoffen wie Kraftfahrzeuge, Kraftwerke, Industrieanlagen und private Hausheizungen mit wirksamen Filtern zur Abgasreinigung ausgestattet werden. Vor allem aber sollte der Individualverkehr in den Städten zugunsten des →öffentlichen Personennahverkehrs verringert werden.

**TiP** Wird die Vorwarnstufe für Smog-Alarm ausgerufen, sollte sofort freiwillig das Autofahren eingestellt und die Hausfeuerungsanlagen gedrosselt werden. Kamine und offene Feuer ganz ausstellen. Solche Beschränkungen sind gesetzlich vorgeschrieben bei Alarmstufe 1 und 2. Ausgenommen sind wichtige Einsatzfahrzeuge, Transporte lebenswichtiger Güter oder Solarmobile.

Bei Alarmstufe 3 kommt fast alles zum Stehen.

## Schwefeldioxid

Schwefeldioxid ($SO_2$) ist ein farbloses, stechend riechendes und wasserlösliches Gas. Fossile Brennstoffe wie Kohle, Erdöl und Erdgas enthalten in unterschiedlichem Ausmaß auch Schwefelverbindungen, die sich bei der Verbrennung zu gasförmigem Schwefeldioxid verbinden.

**Schwefelgehalt verschiedener fossiler Brennstoffe in kg, bezogen auf die Menge an Brennstoff, die einem Brennwert von einem GJ (1 GJ = 1 Gigajoule = $10^9$ J) entspricht**

| Brennstoff | Schwefelgehalt |
|---|---|
| Steinkohle | 10,9 |
| Braunkohle | 8,0 |
| schweres Heizöl | 6,7 |
| leichtes Heizöl | 1,7 |
| Kraftstoffe | 0,8 |
| Erdgas | 0,2 |

Quelle: Menig, H.: Abgasentschwefelung und -entstickung, Deutscher Fachschriftenverlag 1987

Die →Emissionen von $SO_2$ stammen vor allen Dingen aus den Kraftwerken, aber auch aus den Schornsteinen von Industrieanlagen und Wohnhäusern und den Auspuffgasen der Autos.

**Jährliche $SO_2$-Emission (ca. 3 Millionen Tonnen) in der alten BRD**

| | |
|---|---|
| Kohle- und Heizölkraftwerke | 63 % |
| Industrie | 24 % |
| Kleinverbraucher (Hausbrand) | 9,5 % |
| Verkehr | 3,6 % |

Quelle: Zusammengestellt nach Strubelt, O.: Gifte in unserer Umwelt, 1989, S. 89

Die Gefährlichkeit des gesundheitsschädlichen $SO_2$ besteht darin, daß es sich in der →Atmosphäre mit Sauerstoff zu Schwefeltrioxid und mit der Luftfeuchtigkeit zu schwefliger Säure ($H_2SO_3$) oder Schwefelsäure verbindet und auf diese Weise den Regen (→saurer Regen) versauert. Saure Niederschläge greifen Pflanzen und Gebäude an, übersäuern Gewässer, so daß die Fische sterben (Seensterben in Schweden), und dringen in die Böden ein. Die Übersäuerung des →Bodens zerstört sein biologisches Gleichgewicht (→Ökosystem), so daß z. B. Bäume durch Wurzelschäden krank werden (→Waldsterben). $SO_2$ wirkt vor allem in Verbindung mit Staub auf die menschlichen Atemwege ein, reizt Haut und Schleimhäute und führt in höheren Konzentrationen zu Atembeschwerden. Stark gefährdet sind Asthmatiker und Kinder (→Umweltkrankheiten).

Die WHO (Weltgesundheitsorganisation) empfiehlt bei $SO_2$ als Grenzwert für die menschliche Gesundheit bei Langzeitbelastung 40–60 μg/m³ in der Luft; in der BRD geht man von einem Langzeit-Höchstwert von 140 μg/m³ Luft aus.

| Besonders belastete Gebiete | $SO_2$-Konzentration (μg/m³) Jahresdurchschnitt 1989 |
|---|---|
| Leipzig | 160–310 |
| Raum Borna, Böhlen, Altenburg | 160–250 |
| Raum Halle, Bitterfeld | 220–300 |
| Raum Zeitz, Weißenfels, Merseburg | 270–380 |
| Raum Erfurt, Weimar | 210–300 |
| Raum Dresden, Pirna, Freital | 60– 80 |
| Raum Cottbus | 110 |
| Raum Görlitz, Zittau | 100 |
| Raum Zwickau, Glauchau, Meerane | 170–220 |
| Raum Karl-Marx-Stadt | 100–140 |
| Raum Berlin | 90–125 |
| Raum Magdeburg, Stendal | 60– 70 |

Quelle: Umweltbericht der DDR, 1990, S. 20

| BRD (alte Bundesländer) | $SO_2$-Konzentration (µg/m³) im Jahresdurchschnitt ca. |
|---|---|
| Reinluftgebiete | 5 |
| ländliche Gebiete | 5– 40 |
| Ballungsräume | 30–100 |
| Innenstadtbereiche | 140 |

Quelle: Umweltgutachten, 1987, S. 204

Insbesondere in den Ballungsgebieten und in den Innenstadtbereichen werden diese Werte oftmals um ein Vielfaches überschritten.

## Schwermetalle

Schwermetalle sind Metalle mit einer Dichte von mehr als 5 g/cm³ wie

| | | | |
|---|---|---|---|
| Eisen | Fe | Cadmium | Cd |
| Kupfer | Cu | Blei | Pb |
| Zink | Zn | Thallium | Tl |
| Chrom | Cr | Quecksilber | Hg |
| Nickel | Ni | | |

Während z.B. Eisen, Kupfer und Zink für viele Lebewesen in Spuren lebensnotwendige (essentielle) Metalle sind, trifft dies für →Cadmium, →Blei, →Quecksilber oder Thallium (nichtessentielle Metalle) nicht zu. Schwermetalle sind chemisch und biologisch nicht abbaubar und können in leicht erhöhten Konzentrationen für Pflanzen, Tiere und Menschen schädlich sein.
In der Biosphäre und im biologischen Kreislauf kommen die Schwermetalle von Natur aus nur in Spuren vor. Durch ihre vielfältige industrielle und technische Nutzung oder beim Verbrennen von Heizöl, Holz, Kohle, Benzin oder Müll gelangen sie in die →Luft und von dort auf den →Boden und in Gewässer. Aber auch durch →Klärschlamm, Müll oder →Düngemittel und →Pestizide wird der Boden mit Schwermetallen belastet (→Bodenbelastung). Sie reichern sich dort an. Der Boden ist eine Senke für die Schwermetalle. Sie bleiben nicht dort, sondern können remobilisiert und von den Pflanzen aufgenommen werden. Über die →Nahrungskette Pflanze, Tier, aber auch direkt über die pflanzliche Nahrung, gelangen die Schwermetalle in den menschlichen Körper. Sie können zu einem geringen Anteil von Pflanzen, Tieren und Menschen direkt aus Stäuben in der Luft aufgenommen werden.
Neben dem Boden sind auch die Sedimente der Flüsse Senken für die Schwermetalle. Mit dem Trinkwasser oder über die →Nahrungskette können sie von dort zum Menschen gelangen.
Die vom Menschen aufgenommenen Schwermetalle stammen zu

**75 % aus der pflanzlichen, zu**
**20 % aus der tierischen Nahrung und zu**
**5 % aus der Atemluft.**

Schwermetalle wie z.B. Cadmium und Blei nimmt die Magen-Darm-Wand zu etwa 10 % auf. Den Rest scheidet der Körper über den Darm oder die Niere wieder aus. Etwa die Hälfte der aus der Atemluft aufgenommenen Schwermetallmenge resorbiert der Körper. Etwa 12 % der insgesamt vom Menschen aufgenommenen Schwermetalle gelangen mit dem Blut in Knochen, Zähne, aber auch in Niere und Leber, wo sie Langzeitschäden hervorrufen können. Im Laufe seines Lebens reichert der Mensch die aufgenommenen Schwermetalle an, da sie 10 bis 30 Jahre im Körper verbleiben. Abhängig z.B.

vom Lebensalter oder Gesundheitszustand eines Menschen, können die Schwermetalle aus den körpereigenen Depots remobilisiert werden. Meistens führt die langsame Anreicherung von Schwermetallen zu keinen feststellbaren Erkrankungen. Sind Menschen jedoch über einen langen Zeitraum hohen Belastungen mit Schwermetallen ausgesetzt, können sie an einer chronischen Schwermetallvergiftung erkranken.

**TiP** Personen mit Mangelerscheinungen an Vitaminen und Spurenelementen lagern leichter den Mineralstoffen verwandte Schwermetalle im Körper ein: zum Beispiel Blei statt Calcium. Deshalb schützt am besten noch vor den Schadstoffbelastungen eine ausgewogene, schadstoffarme Ernährung, zum Beispiel aus biologischem Anbau, sowie der weitgehende Verzicht auf Nikotin und Fett.

## Solararchitektur

Solararchitektur ist eine Bauweise, die die Sonnenenergie auf vielfältige Weise nutzt. Sie ist in den siebziger Jahren zunächst einmal dort entstanden, wo es viel Sonne gibt: im Süden der Vereinigten Staaten. Architekten gingen von indianischen Vorbildern aus und bauten wieder Häuser aus wärmespeichernden Lehmziegeln. Diese historischen Bauformen verknüpften sie mit den Möglichkeiten modernen Bauens, z. B. der Verwendung von Glas zum Bau von Wärmefallen.

Solararchitektur ist aber auch in einem kälteren Klima möglich und sinnvoll, wie mehrere Bauprojekte in der Bundesrepublik zeigen. Das Grundprinzip ist einfach: Im Winter soll die tiefstehende Sonne die möglichst große ausgebildete Südfassade des Hauses ungehindert besonnen, durch große Fenster tief in das Hausinnere eindringen und dieses erwärmen, wie im Gewächshaus. Im Sommer dagegen sorgen laubtragende Bäume, überstehende Dächer oder Sonnenrollos für eine ausreichende Beschattung, um eine Überhitzung zu vermeiden. Der Unterschied in der eingestrahlten Sonnenenergie zwischen Winter und Sommer ist allerdings beträchtlich. Auf dem 50. Breitengrad (Mainz) werden an einem durchschnittlichen Januartag pro Quadratmeter etwa 500 Wattstunden (direkte Sonnenstrahlung und diffuser Anteil zusammengenommen) eingestrahlt. Im Februar ist es dann schon mehr als doppelt, im Juni etwa 13mal soviel (→Sonnenkollektoren). Soll also die spärliche Wintersonne zur Raumheizung während der Wintermonate in nennenswertem Umfang beitragen, so ist für eine gute Energiebewahrung im Haus zu sorgen, insbesondere für eine gute Wärmedämmung und für die Anlage von Wärmespeichern und Pufferzonen. Je nach dem Grad der Technisierung unterscheidet man dabei zwischen passiven und aktiven Systemen.

### Passive Solar-Systeme

Bei der passiven Sonnenenergienutzung fällt die Sonnenstrahlung von nach Südosten bis Südwesten orientierten Fenstern oder Glasanbauten in das Hausinnere und wird dort von massiven Bauteilen (Wände, Fußböden, Decken) in Wärme verwandelt und gespeichert. Wärmeüberschüsse können durch natürliche Luftzirkulation oder mit Ventilatoren in unbesonnte Räume verteilt werden. Den Wärmedämmeigenschaften der Glasflächen kommt dabei eine besondere Bedeutung zu. Bei einer Doppelglasscheibe (k-Wert 3.0, Wärmeschutzverordnung), die nachts mit einem gut gedämmten Laden (k = 1) abgedeckt wird, ist der Wärmeverlust an einem durchschnittlichen Januartag etwa 700 Wattstunden/$m^2$. Bei einer mittleren Sonneneinstrahlung von 500 Wattstunden/$m^2$ ergibt sich ein Wärmeverlust von 200 Wattstunden/$m^2$, was in etwa einer gutgedämmten Mauer entspricht (k = 0.4). Im Februar ergibt sich jedoch schon ein kleiner Wärmeüberschuß gegenüber einer fensterlosen Außenwand und erst recht, wenn man die gesamte Heizperiode betrachtet. Es ist deshalb von Vorteil, den Fensteranteil auf der Südseite möglichst groß, auf der Nordseite möglichst klein zu halten.

### Aktive Solar-Systeme

Aktive Systeme zur Sonnenenergienutzung im Hausbereich sind technische Einrichtungen, die die Sonnenenergie absorbieren (→Sonnenkollektoren), in Wärmespeichern speichern (deren Dimensionierung Energiebewahrung im Haus) oder in elektrischen Strom (→Solarzellen) umwandeln. Um höhere Temperaturen zu erzielen, z. B. für die Warmwasserbereitung, werden auch →Wärmepumpen eingesetzt.
Häufig werden auch passive und aktive Systeme im Verbund benutzt.

## Solarzellen

Das Ausgangsmaterial zur Herstellung einer Solarzelle ist Silizium, ein sehr verbreitetes chemisches Element. So besteht zum Beispiel der Sand am Meer aus einer Siliziumverbindung ($SiO_2$). Durch Reinigen und Schmelzen wird billiger Quarzsand mit Hilfe von Kohlenstoff in hochreines Silizium (Si) umgewandelt. Durch Einfügen, man nennt das «Dotieren», eines Elements der fünften Hauptgruppe des periodischen Systems der Elemente, zum Beispiel Arsen oder Phosphor, erzeugt man einen Elektronenüberschuß im Siliziumkristallgitter. Dieses mit Phosphor oder Arsen dotierte Silizium nennt man dann n-Silizium (n steht für «negativ» wegen des Überschusses der negativ geladenen Elektronen). Dotiert man Silizium mit Bor oder Indium (oder einem anderen Element der dritten Hauptgruppe), so entsteht ein Elektronenmangel im Kristallgitter, und man erhält p-Silizium (positive Ladung, auch «Löcher» genannt). Eine übliche kristalline Silizium-Solarzelle ist eine etwa 0,5mm dicke p-leitende Scheibe von etwa 10 cm Durchmesser. Die Oberflächenschicht von weniger als einem tausendstel mm Dicke ist n-leitend. Zum Anschluß von Kabeln trägt die Vorderseite der Siliziumscheibe einen fingerförmigen, metallischen Kontakt, die Rückseite einen ganzflächigen Metallkontakt. Im Übergangsbereich zwischen der p- und der n-Schicht entsteht eine Schicht, die man «Raumladungszone» nennt, wo sich ein elektrisches Feld bildet. Bei diesem Aufbau der Zelle bewirkt nun einfallendes Licht einen Fluß von Elektronen vom negativen Frontkontakt über einen außen anliegenden Verbraucher zum positiven rückseitigen Kontakt. Die vom Sonnenlicht erzeugte elektrische Leistung kann als

Strom und Spannung am Verbraucher gemessen werden. Sie hängt ab von der Intensität der Sonneneinstrahlung und der Größe der Solarzelle.
Bei klarem Himmel strahlt die Sonne mit einer maximalen Leistung von 1400 W/m² auf die Erdoberfläche. Wenn man diesen Wert über Tag und Nacht, über alle Jahreszeiten und über alle Wetterverhältnisse mittelt, so erreicht man in der Sahara bis zu 300 W/m². In Mitteleuropa liegt die durchschnittliche Strahlungsleistung bei höchstens 120 W/m². Bei dem durch das Sonnenlicht in der Solarzelle ausgelösten Prozeß werden beim derzeitigen technologischen Entwicklungsstand etwa 10 % der Sonnenenergie in elektrische Energie umgewandelt. Das bedeutet, daß man in Deutschland über die Zeit gemittelt etwa 12 W an elektrischer Leistung pro m² Solarzellenfläche erzeugen kann. Ausgehend von diesem Mittelwert bedeutet das eine erzeugbare Jahresenergiemenge von etwa 100 kWh pro m² aufgestellter Solarzellenfläche.

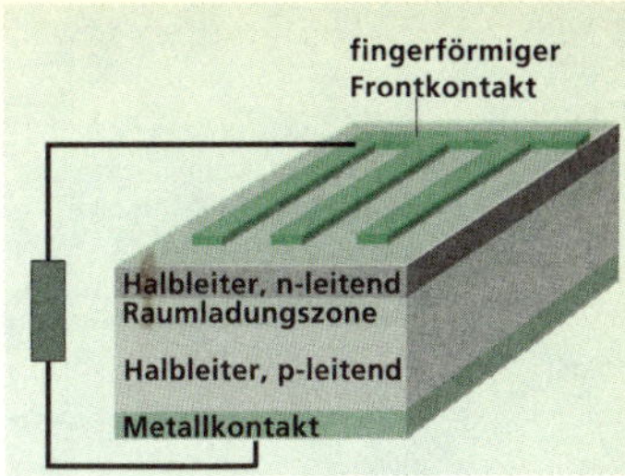

**Aufbau einer Siliziumsolarzelle**

Ein m² Solarzellenmodul kostet etwa 1000–2000 DM. Bei einer erwarteten Lebensdauer von 20 Jahren bedeutet allein dieser Anschaffungspreis einen Kostenfaktor von bis zu 1 DM pro erzeugter kWh. Und so kalkuliert man auch in Wirklichkeit – alle Nebenkosten für Bau und Wartung

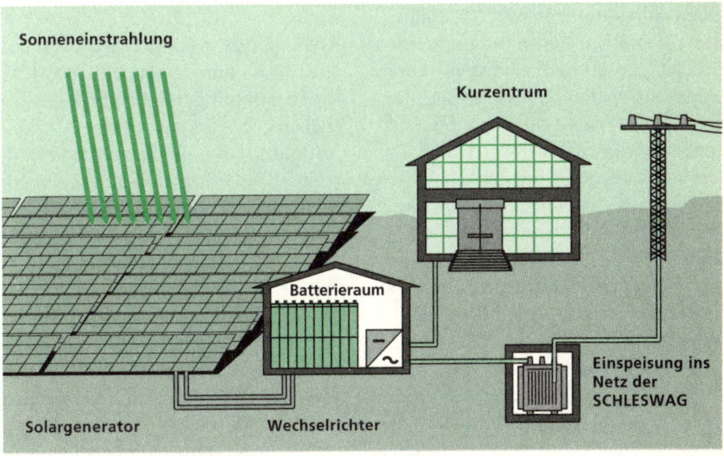

**Schema des Solarkraftwerks auf der nordfriesischen Insel Pellworm**

**Solarversuchsfeld Pellworm (Schemazeichnung s. vorhergehende Seite)**

der Solaranlage inbegriffen – bei derzeit bestehenden Anlagen etwa mit 2 DM pro kWh. Moderne Fertigungstechniken, die Verwendung amorphen Siliziums statt des kristallinen lassen eine Kostensenkung um einen Faktor 10 in den nächsten Jahren durchaus realistisch erscheinen. Damit könnte Elektrizität aus Solarzellen konkurrenzfähig werden. Die Preissenkungen in den letzten Jahren lassen auch eine positive Entwicklung für die Zukunft erwarten.

Eine Vielzahl photovoltaischer Systeme ist jedoch schon heute, auch was den Preis betrifft, konkurrenzfähig. Beispiele dafür sind die Elektrizitätsversorgung von Leuchttürmen, abgelegenen Fernmeldestationen oder von Berghütten. Mittlerweile gibt es auch in einigen afrikanischen Dörfern Versuchsanlagen mit Solarzellen. So steht in Gabun eine 12,1-kW-Anlage, die unter anderem für Schulen, zur Straßenbeleuchtung und zur Trinkwasserversorgung genutzt wird.

Auf der griechischen Insel Kythnos wird seit Juni 1983 ein 100-kW-Kraftwerk mit guten Erfahrungen betrieben.

Im Jahre 1983 wurde auf der Nordseeinsel Pellworm ein Solarkraftwerk in Betrieb genommen, mit dem die Stromversorgung des Kurzentrums und umliegender Häuser gedeckt wird. Auf einer Fläche von 16 000 m², das entspricht zwei Fußballfeldern, errichtete die Firma AEG-Telefunken Solarzellen mit einer Leistung von 300 kW. Das 11-Millionen-Projekt wurde vom Forschungsministerium und von der Europäischen Gemeinschaft finanziert. Die insgesamt

15 840 Moduln sind im Winkel von 40° auf Gerüsten aufgestellt. Die entstehende elektrische Spannung wird entweder direkt an Verbraucher oder auf Batterien geleitet, die eine Speicherkapazität von 3000 Amperestunden (Ah) haben. Damit können sonnenarme Tage überbrückt werden. Zusätzlich ist eine Einspeisung in das öffentliche Stromversorgungsnetz möglich. Die gesamte Regelung geschieht über einen Rechner. Die Anlage wurde 1992 erweitert und mit Windrotoren ergänzt.
Von den Befürwortern der Atomenergie und anderer Elektrizitätserzeugungsarten in Großkraftwerken wird gegen die Solarzellen häufig eingewandt, daß man eine so große Fläche benötige, um die erforderliche Elektrizitätsmenge zu erzeugen. Auf den ersten Blick scheint dieser Einwand, auch im Hinblick auf das 300-kW-Kraftwerk von Pellworm, einsichtig. Aber selbst wenn man die gesamte Elektrizitätsversorgung in Deutschland auf Solarzellen umstellen würde, benötigte man nur etwa 1,7 % der Gesamtfläche unseres Landes. Das ist aber nur etwa ein Drittel der zur Zeit bestehenden Dachflächen. Und so gibt es bereits erste Vorschläge und Entwicklungen, durch die Verwendung sogenannter Solarziegel die photovoltaischen Elemente in die Hausdächer zu integrieren.
Wenn durch die Einführung von Serienfertigung erst einmal der Preis weiter gesunken sein wird und auch leistungsfähigere und preiswertere aufladbare Batterien zur Verfügung stehen werden, ist die Solarzelle eine umweltfreundliche Alternative zu einer Vielzahl der heute bestehenden Elektrizitätserzeugungsarten.

## Sonderabfall

Der Begriff «Sonderabfall» wird im weiteren Sinne für jene Abfälle verwendet, die nach dem Abfallgesetz nicht mit den in Haushaltungen anfallenden Abfällen auf →Mülldeponien oder →Müllverbrennungsanlagen entsorgt werden können. Als Sonderabfall im engeren Sinne werden die Abfälle verstanden, die nach Art, Beschaffenheit oder Menge in besonderem Maße gesundheits-, luft- oder wassergefährdend, explosiv oder brennbar sind. Als Sonderabfälle gelten auch Abfälle, die Erreger übertragbarer Krankheiten enthalten können. Derzeit werden pro Jahr 10 Millionen Tonnen als begleitscheinpflichtiger Sonderabfall deklariert. Aber die Menge der Sonderabfälle wird weiterhin ständig steigen.
Sonderabfall wird häufig als Problemmüll bezeichnet. Aber beide Begriffe verschleiern eigentlich das Problem, daß es um gefährliche Stoffe, um Gifte geht, um Giftmüll.
Die größten Mengen solcher **Sonderabfälle** stammen aus dem produzierenden Gewerbe, z. B.:

**Abscheideöle**
**Fettabscheidungen**
**Papierschlämme**
**Galvanikschlämme**
**Gießereisände**
**Lösemittel**
**Metallurgische Schlacken**
**Filterstäube**
**Laborabfälle und Chemikalien**
**Krankenhausabfälle**
**Autowracks**

Aber auch in Haushaltungen fallen solche **Problemabfälle** an. Sie müssen in festen Sammelstellen, über mobile

Schadstoffsammelfahrzeuge oder durch Holsystem gesondert erfaßt werden. Nicht in die normale Mülltonne gehören:

**Altöl**
**Schädlingsbekämpfungsmittel**
**Holzschutzmittel**
**Reinigungsmittel**
**Farbreste**
**Lösemittel**
**Säuren und Laugen**
**Altmedikamente**
**Autobatterien**
**Kleinbatterien**
**Spraydosen**
**Leuchtstoffröhren**

Aber wohin mit den Sonderabfällen nach ihrer getrennten Einsammlung?
Am Anfang steht eine Aufbereitung und Verwertung. Die Reste werden in Sonderabfallverbrennungsanlagen behandelt oder in Untertage- oder Übertagedeponien gelagert. An diese Anlagen müssen besonders hohe Sicherheitsanforderungen gestellt werden. Das führt zu enormen Kosten. (→Mülldeponie)
Durch unsere Art und Weise, die Umwelt zu verschmutzen, werden auch solche Dinge zu Sondermüll, die ursprünglich völlig ungefährlich waren, so z. B. das Baggergut aus Flüssen, Seen und Häfen. Aus Wasserstraßen müssen in der Bundesrepublik alljährlich etwa 60 Mio. m³ Sedimente umgesetzt werden. Was nicht durch Umlagerung im Gewässer verbleiben kann (etwa ein Fünftel der Gesamtmenge), muß an Land deponiert werden. So ist etwa Hafenschlick derart mit Schadstoffen belastet, daß eine unkontrollierte Ablagerung nicht möglich ist. Verfahren zur Aufbereitung und Volumenverminderung sind in der Erprobung. Ihre Einführung ist notwendig, weil Deponieflächen kaum verfügbar und von der Bevölkerung zunehmend abgelehnt werden. Die beste Lösung des Schadstoffproblems wäre jedoch die konsequente Gewässerreinhaltung.

**TiP** Sondermüllvermeidung beginnt schon beim Einkauf. Ätzende Reinigungschemikalien, Desinfektionsmittel, Holzschutzanstriche oder chemische Schädlingsbekämpfungsmittel gehören nicht in die umweltfreundliche Einkaufstasche. Statt Quecksilberthermometer gibt es digitale Fiebermeßgeräte. Mit einem Akkugerät lassen sich Hunderte von Kleinbatterien einsparen, da sie sich bis zu 1000mal nachladen lassen. Danach müssen die Akkus zur Schadstoffsammlung.

## Sonnenenergie

Grundlage allen Lebens auf unserer Erde ist das Sonnenlicht. Seit Milliarden von Jahren strahlt die Sonne Energie ab, und das wird auch weitere Milliarden Jahre so bleiben. Grundlage dafür ist die →Fusionsenergie. Solange Leben und Menschen auf der Erde existieren, steht uns die Sonnenenergie zur Verfügung. Wir wollen im folgenden darstellen, ob und wie man sie zur Lösung unserer Energieversorgungsprobleme als Wärmeenergie oder Strahlungsenergie direkt nutzen kann. Indirekt ist die Sonne ja auch die Ursache für andere Energieformen. So bewirkt die unterschiedliche Sonneneinstrahlung die Luftbewegungen, die wir als Wind kennen (→Windenergie). Die grünen Pflanzen fangen Sonnenenergie auf und wandeln sie in Biomasse um, die den Ausgangspunkt für die →Bioenergie darstellt. Aufgrund der Sonneneinstrahlung verdampft Wasser, das wieder abregnet und die Voraussetzung für die →Wasserkraftwerke schafft.

Die Gesamtmenge der auf die Erde eingestrahlten Sonnenenergie ist mehr als 10000mal größer als der derzeitige gesamte Weltenergieverbrauch. Das klingt gigantisch und nach Schlaraffenland. Aber zunächst muß man die Sonnenenergie einmal so umwandeln, daß man sie auch nutzen kann, und das geht häufig nicht ohne technischen Aufwand, der sehr teuer ist. Außerdem ist die Sonneneinstrahlung auf der Erde ungleichmäßig verteilt. In Afrika sind es beispielsweise bis zu 2300 Kilowattstunden (kWh) pro Quadratmeter im Jahr. In Deutschland kann man im Mittel pro Jahr mit 1000 kWh pro Quadratmeter rechnen. Immerhin würde knapp 1 % der Fläche der Bundesrepublik ausreichen, um mit heutiger Technik unseren gesamten Stromverbrauch aus Sonnenenergie zu decken. (→Solarzellen) Zum Vergleich: 4,6 % der Fläche sind mit Straßen, 5,5 % mit Gebäuden überbaut.

Die direkte Sonnenstrahlung, aber auch das diffuse Licht bei Bewölkung, läßt sich für unterschiedliche Verwendungszwecke einsetzen:

▶ Gewinnung von Niedertemperaturwärme (ca. 30–100 °C; (→Sonnenkollektoren),

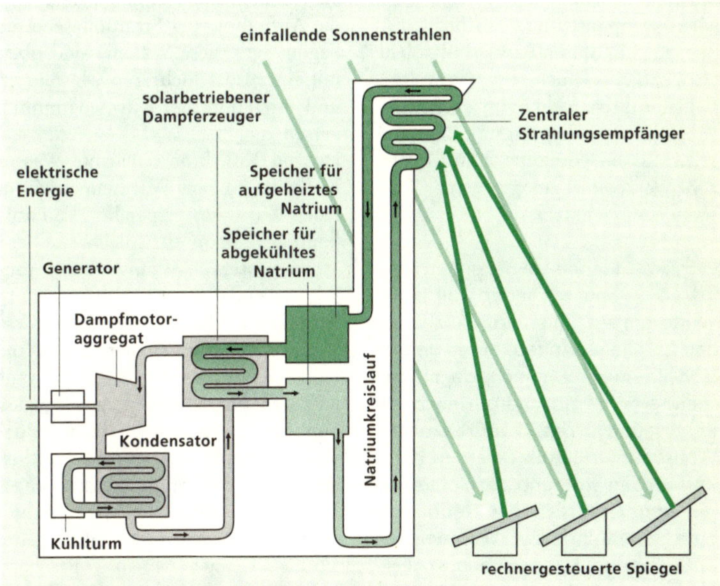


**Funktionsprinzip des Sonnenkraftwerks Almeia (Spanien)**

- Erzeugung von elektrischem Strom (→Solarzellen),
- Gewinnung von Hochtemperaturwärme (ca. 100–1000 °C).

Sonnenkraftwerke

Will man höhere Temperaturen von mehreren hundert Grad erzeugen, z. B. auch, um aus der Wärme dann mit Turbinen und Generatoren Elektrizität herzustellen, muß man die Sonnenenergie auf einer viel größeren Fläche sammeln. Stellt man mehrere tausend Spiegel auf einer Fläche von einigen tausend Quadratmetern so auf, daß sie von einem Computer gesteuert, die Sonnenstrahlung auf eine relativ kleine Fläche an der Spitze eines hohen Turmes umlenken, so entstehen dort sehr hohe Temperaturen. Erste solche Solarturmanlagen oder Solarfarmen sind in den USA, Mexiko, Spanien und auf Sizilien in Betrieb. Für unser Land sind solche Großprojekte auch aus Umweltgesichtspunkten nicht wünschenswert. Möglicherweise eignen sie sich jedoch etwa für afrikanische Länder, um z. B. Wasserstoff zu erzeugen (→Wasserstoffwirtschaft).

**TiP** Planen Sie bei einem Neubau auf jeden Fall einen Wintergarten mit ein. Auch der nachträgliche Anbau eines verglasten Raumes lohnt sich, da die gespeicherte Wärmeenergie auch zur Erwärmung des angrenzenden Wohnraumes genutzt werden kann. Zur aktiven Nutzung der Solarenergie empfiehlt sich bei Neubauten eine Solaranlage zur Warmwasseraufbereitung. Mit den neuen Kollektorensystemen lassen sich schon günstigere Warmwasserpreise als mit Elektrodurchlauferhitzern erzielen. Die Stromerzeugung mit Solarzellen ist noch weit entfernt von einer Wirtschaftlichkeit. Doch wer für den Einbau einer Solaranlage Steuervorteile und öffentliche Fördermittel in Anspruch nimmt, kann mehr als die Hälfte der Investitionskosten wieder zurückerhalten.

## Sonnenkollektoren

Sonnenkollektoren sammeln die Sonnenwärme, um sie vor allem zur Warmwasserbereitung zu nutzen. Jeder weiß, wie heiß es in einem Auto wird, das einige Zeit in der Sonne steht. Bei den Sonnenkollektoren, die man auf den Dächern der Häuser finden kann, handelt es sich meistens um flache Plattenhohlkörper oder Röhrensysteme, in denen Wasser fließt. Sie sind schwarz angestrichen, was die Aufnahme der Strahlungsenergie begünstigt. Diese Systeme sind oben mit einer oder mehreren Glasplatten und unten mit einer Wärmedämmung versehen.

Das im Kollektor erwärmte Wasser fließt über einen Wärmetauscher in einen Warmwasserspeicher. Von dort kann es dann beispielsweise zur Warmwasserversorgung eines Hauses verwendet werden.

An einem klaren Tag treffen ca. 1000 W/m² Sonnenenergie auf die wolkenfreie Erdoberfläche. Daraus läßt sich für jeden Ort, je nach den Sonnenstunden im Jahr, die pro Quadratmeter und Tag durchschnittlich anfallende Strahlungsenergie angeben.

Kann die Sonnenenergie unter diesen Voraussetzungen einen wirtschaftlichen Ersatz für Öl oder Gas darstellen? In der Bundesrepublik hat die

Entwicklung von Sonnenkollektoren erst 1973/74 eingesetzt. Bis Ende 1978 waren rund 50000 m² Sonnenkollektorflächen installiert. Die Entwicklung der Inlandsabsatzzahlen in den Jahren danach zeigt den Niedergang des Solarmarktes:

| | |
|---|---|
| **1979** | **82000 m²** |
| **1981** | **19000 m²** |
| **1983** | **5000 m²** |

Die Gründe für diese Entwicklung liegen auf rein wirtschaftlicher Ebene. Die Einsparungen an Energiekosten für Elektrizität, Heizöl oder Gas für die konventionelle Warmwasserbereitung müssen die Anschaffungs- und Betriebskosten einer Solaranlage decken. Ist das nicht der Fall, so zahlt ihr Besitzer drauf. Eine Modellrechnung veranschaulicht die Kostensituation:

Wenn man folgende Annahmen macht:

| | |
|---|---|
| Zinssatz: | 4 % |
| Amortisationsdauer (entspricht der erwarteten Lebensdauer der Kollektoren): | 10 Jahre |
| Heizölpreis pro Liter: | 0,90 DM |
| Nutzungsgrad der Ölheizung: | 70 % |
| Solarenergiegewinn pro Jahr: | 500 kWh/m² |

dann müßten die Investitionskosten unter 450 DM pro Quadratmeter Sonnenkollektor liegen, damit die Sonnenenergie billiger als die Heizölenergie ist. Die Anlagekosten sind aber derzeit mit 1400 DM pro Quadratmeter installiertem Kollektor viel höher. Keine Zukunft für Sonnenkollektoren? Im Gegenteil:

- ▶ Wenn andere Brennstoffe immer knapper und teurer werden, bleibt nur die Sonne,
- ▶ wenn aus Gründen der Umweltfreundlichkeit die Nutzung der Sonnenenergie vom Staat durch Zuschüsse honoriert wird,
- ▶ wenn eine neue Generation von Vakuumkollektoren einen besseren Wirkungsgrad hat,
- ▶ wenn durch Großserien und vereinfachte Montage größere Kosteneinsparungen möglich werden,

dann können Sonnenkollektoren zur Warmwasserversorgung wirtschaftlich werden. Keine andere Energieform bietet von der Menge und der Umweltfreundlichkeit her eine solche Zukunftschance wie die Sonnenstrahlung (→regenerative Energien, →Sonnenenergie, →Solarzellen).

## Stadtklima

Nichts ist so «wetterwendisch» wie das Wetter. Trotzdem lassen sich für jeden Ort allgemeine Züge des Wettergeschehens angeben – durch den Vergleich von Beobachtungsergebnissen und Meßwerten vieler Jahre und zu allen Jahreszeiten. Der so ermittelte allgemeine Wettercharakter eines Ortes wird auch sein →Klima genannt. Es bezieht sich auf mehr oder weniger frei gelegene Gebiete und Ortsrandlagen. Größere Gebäudeansammlungen, Straßen mit Autoverkehr sowie Industrie, wie sie in Städten vorherrschen, bewirken Veränderungen des Klimas, und zwar vor allem für das Stadtgebiet selbst. Gegenüber freien Lagen ist z.B. die Windgeschwindigkeit verringert, ganz besonders auf dem Grund der Gebäudeschluchten, also dort, wo sich viele Menschen aufhalten und wo zugleich der größte Teil der

Schadstoffe (→Luftverschmutzung) produziert bzw. aufgewirbelt wird. Dadurch erreicht die Konzentration dieser gesundheitsschädlichen Substanzen hier oft besonders hohe Werte. Nebel tritt trotz der hier im Mittel etwas trockeneren Luft häufiger auf als in freien Lagen.

Nebel, aber auch starke Sonneneinstrahlung, können die schädlichen Wirkungen von Luftverunreinigungen auf den Menschen wesentlich steigern (→Smog).

In der Stadt ist es meistens um ½ bis 1 Grad wärmer als im Umland. Der Unterschied kann aber gelegentlich, besonders in wolkenarmen Nächten, auf bis zu 10 Grad ansteigen. Das Ausbleiben der nächtlichen Abkühlung wird im Sommer oft als unangenehm empfunden. Viele Menschen können dann kaum Schlaf finden.

Falsch ist die verbreitete Meinung, auch der Sauerstoffgehalt der Atemluft sei in Städten merklich verringert. Die betreffenden Meßwerte schwanken nur minimal. Die Unterschiede sind ohne Bedeutung für das Befinden der Menschen.

Das hygienische Problem beim Stadtklima ist also wesentlich ein Problem der Luftschadstoffe. Diese kamen früher hauptsächlich von Industriebetrieben. Hier konnte aber in den vergangenen Jahrzehnten eine deutliche Besserung erreicht werden. Mehr als aufgewogen wurde dieser Fortschritt für die Stadtbewohner jedoch durch die gleichzeitige Zunahme der Autoabgase und anderer mit dem Straßenverkehr verknüpfter Schad- und Streßfaktoren. Die Einführung des →Katalysators brachte keine durchgreifende Verbesserung der Gesamtsituation, da sich gleichzeitig die Fahrzeugmenge vergrößerte (→Autoverkehr).

Um ein Problem zu lösen, setzt man am besten bei den Ursachen an. Für unser Problem würde dies bedeuten: Verringerung des Autoverkehrs durch «Bündelung». In den Geschäftsvierteln und Wohngebieten der Städte sollte daher der →Öffentliche Personennahverkehr (→ÖPNV) Vorrang vor dem Individualverkehr erhalten. Einige Städte, z. B. Bologna, haben gute Erfahrungen mit einer radikalen Lösung gemacht: In der Innenstadt wurde der Individualverkehr ganz unterbunden; öffentliche Verkehrsmittel können dort kostenlos benutzt werden.

**Stadtbegrünung** kommt erst als Mittel zweiter Wahl in Frage. Dabei ist vor einer allgemeinen Bepflanzungseuphorie zu warnen. Nicht grüne Dekoration der Stadt tut not, sondern eine Gliederung des «Stadtkörpers» in kompakte bebaute Flächen einerseits und die sie durchziehenden Grünbereiche andererseits. Nicht Abschaffung der Stadt, aber Milderung ihrer schädlichen Auswirkungen

**Stadttypische Klimabesonderheiten**

| Klimafaktor | Vergleich mit ländlichen Gegenden |
|---|---|
| Temperatur (Jahresmittelwert) | 1,0–1,5° F höher |
| Relative Feuchtigkeit (Mittelwert) | 6% niedriger |
| Staubpartikeln | zehnmal mehr |
| Wolken | 5–10% mehr |
| Strahlung | 15–20% weniger |
| Windgeschwindigkeit (Mittelwert) | 20–30% niedriger |
| Niederschläge | 5–10% mehr |

Quelle: nach Landsberg, 1962; aus Peterson, J. T.: The climate of cities, 1969

durch planvolles Einfügen von Flächen, die als «Schadstoffsenken» in einem Meer von Schadstoffquellen fungieren!
Hier sprechen nicht nur stadtklimatische Gründe, sondern auch Erfordernisse der Naherholung eindeutig für die Erhaltung bestehender Grünflächen, insbesondere auch von Kleingartenanlagen, die immer noch vielerorts leichtfertig für «großzügige» Verkehrsprojekte aufgeopfert werden. Das Entfallen von wohnungsnahen Erholungsmöglichkeiten schafft dabei sogleich neue Verkehrsbedürfnisse!

## Stadtplanung

Als Stadtplanung sind die Aktivitäten von Städten und Gemeinden zu bezeichnen, die sich auf eine gezielte Gestaltung und Entwicklung der städtischen Zukunft richten. Stadtplanung hat eine koordinierende und abwägende Aufgabe, indem zwischen den Nutzungsabsichten und Zielvorstellungen der öffentlichen und privaten Belange abzuwägen ist.
Zu häufig wurden in der Vergangenheit Belange des Autoverkehrs, der Industrie und des Gewerbes zu Lasten gesunder und natürlicher Lebens- und Wohnbedingungen bevorzugt. An den Hauptverkehrsstraßen der Städte ist das Öffnen der Fenster wegen des Straßenlärms nicht mehr möglich. Parks und Grünanlagen oder Kleingärten werden zugunsten von Gewerbegebieten oder Umgehungsstraßen betoniert.
Als Planungsinstrumente stehen die im **Baugesetzbuch** vorgegebenen Planungsarten zur Verfügung: Die Flächennutzungsplanung stellt die beabsichtigten Nutzungsarten des gesamten Stadtgebiets dar, z. B. Wohn-, Grün-, Gewerbe-, Verkehrs-, Wald- und Wasserflächen sowie Flächen für soziale Infrastruktureinrichtungen wie Schulen und Kindergärten. Der Flächennutzungsplan hat behördeninterne Bindungswirkung und verpflichtet die öffentlichen Planungsträger.
Der **Bebauungsplan** hat für seinen Geltungsbereich, meist ein kleiner Teil einer Stadt, eine geordnete städtebauliche Entwicklung zu gewährleisten. Durch ihn können Nutzungsarten und -dichten und eine Vielzahl an städtebaulichen Details festgelegt werden, z. B. eine offene oder geschlossene Bebauung, Geschoßzahlen, Bebauungstiefe, Dacharten, Dachneigungen, die Erschließung u. a. m. Der Bebauungsplan ist rechtsverbindliche Ortssatzung, also ein Ortsgesetz nach Inkrafttreten.
Für beide Planungsinstrumente ist eine zweistufige Bürgerbeteiligung obligatorisch: Der Inhalt der Pläne ist möglichst frühzeitig als Entwurf bekanntzumachen und in öffentlichen Versammlungen vorzustellen; in der zweiten Stufe können zum Planentwurf Bedenken und Anregungen eingereicht werden, die in einem Abwägungsverfahren zu berücksichtigen sind.
Zur Durchsetzung von Planzielen stehen der Kommune als Träger der Planungshoheit sog. Planverwirklichungsinstrumente zur Verfügung. Neben der Aussprache von z. B. Veränderungssperren können Bau-, Abbruch- oder Modernisierungsgebote oder auch ein Pflanzgebot ausgesprochen werden. Das härteste Instrument stellt die Enteignung dar.
Weiterhin wird bei der Stadtsanie-

rung z. B. durch Rahmenpläne Stadterneuerungsplanung für Gebiete mit städtebaulichen Mißständen betrieben. In Dörfern werden mit Maßnahmen der Dorferneuerung Gebäude modernisiert, Gemeinschaftshäuser gebaut oder Straßen begrünt.

Neben diesen umfassenden Planungen existiert eine Reihe an Fachplanungen für einzelne Belange wie z. B. für den Verkehr, die Energie- und Wasserversorgung oder den Wohnungsbau. Zu häufig werden diese Fachpläne nicht mit stadtplanerischen Erwägungen ausreichend genug abgestimmt.

Ziel einer zukunftsorientierten Stadtplanung hat es zu sein, ökologisch und sozial gerecht zu wirken. Das heißt, die Bevölkerung sollte ausreichend mit öffentlichen Einrichtungen (Schulen, Büchereien, Kindergärten, Krankenhaus etc.) versorgt werden, und zwar möglichst dezentral und stadtteilnah, um weite Wege zu vermeiden. Daneben sollten im Rahmen von Landschaftsplanungen die Belange von Natur und Umwelt berücksichtigt werden.

Ökologische oder ökologisch orientierte Stadtplanung zeichnet sich dadurch aus, daß sie die Umweltbelastungen der Stadt nicht erhöht, sondern nach Möglichkeit vermindert. Dazu zählen Maßnahmen des →Naturschutzes und der Landschaftspflege, der →Verkehrsberuhigung, der Entsiegelung von Flächen, der ökologischen Stadterneuerung u. v. a. m. Eine Reihe von Städten hat hierzu bereits beispielhafte Projekte realisiert (z. B. Fassadenbegrünung, Flächenentsiegelung, Unterschutzstellung von Landschaftsteilen und Ausweisung von Natur- und Landschaftsschutzgebieten, Erlaß einer Baumschutzsatzung u. ä.)

## Stickoxide

Zu den Stickoxiden ($NO_x$) gehören u. a. Stickstoffmonoxid (NO), das farblos ist, und Stickstoffdioxid ($NO_2$), das rotbraun gefärbt ist und unangenehm riecht.

Bei allen Verbrennungsvorgängen entstehen Stickoxide ($NO_x$) als Verbindung zwischen dem Stickstoff der Luft und dem Sauerstoff. Für die →Emission von Stickoxiden ist hauptsächlich der Kraftfahrzeugverkehr verantwortlich. Aber auch aus den Schornsteinen von Kraftwerken, den Feuerungsanlagen der Industrie und der Häuser gelangen Stickoxide ($NO_x$) in die Luft, die besonders in →Ballungsgebieten und in der Nähe stark befahrener Verkehrswege belastet ist.

Bei Verbrennungsprozessen wird in erster Linie Stickstoffmonoxid gebildet, das in der →Atmosphäre zu dem gesundheitsschädlicheren Stickstoffdioxid umgesetzt wird. Aus Stickstoffdioxid kann sich weiterhin Salpetersäure bilden, die eine der wesentlichen Ursachen für die Entstehung des →sauren Regens darstellt.

$NO_x$ spielen vor allem bei der Bildung

**Stickoxidemission in 1988 in der DDR**

| | |
|---|---|
| Verkehr | 300 000 Tonnen |
| Energieerzeugungsanlagen | 296 300 Tonnen |
| Produktionsanlagen | 71 000 Tonnen |
| Hausbrand und Kleinverbraucher | 10 600 Tonnen |
| sonstige luftverunr. Anlagen | 30 200 Tonnen |
| insgesamt | 708 100 Tonnen |

Quelle: zusammengestellt nach Umweltgutachten der DDR, 1990, S. 18

**Stickoxid-Jahresemissionen (berechnet als $NO_2$) in der BRD**

| | 1966 | 1970 | 1974 | 1978 | 1982 |
|---|---|---|---|---|---|
| Gesamtemissionen in Mio. t pro Jahr | 2,0 | 2,4 | 2,7 | 3,1 | 3,1 |
| Anteile der Emittentengruppen in % | | | | | |
| Kraftwerke/Fernheizwerke | 23,6 | 26,5 | 30,0 | 27,8 | 27,7 |
| Industrie | 30,6 | 25,5 | 21,0 | 16,7 | 14,0 |
| Haushalte/Kleinverbraucher | 5,8 | 6,0 | 5,0 | 4,5 | 3,7 |
| Verkehr | 40,0 | 42,0 | 44,0 | 51,0 | 54,6 |

Quelle: 3. Immissionsschutzbericht der Bundesregierung, Bonn 1984

des photochemischen →Smog eine große Rolle. Wird stickoxidhaltige Luft von Sonnenlicht bestrahlt, entstehen infolge photochemischer Umsetzungen →Schadstoffe mit oxidierenden Eigenschaften: die Photooxidantien. Ein Hauptbestandteil ist das giftige →Ozon. Besonders in den Sommermonaten entsteht in den →Ballungsgebieten mit hohem Verkehrsaufkommen der photochemische Smog.

Bei höheren Stickstoffdioxidbelastungen ab 150 μg/m³ Atemluft (Tagesmittelwert) können akute Erkrankungen der Atemwege auftreten, z. B. ein Lungenödem.

Bei einer chronischen Vergiftung stellen sich Kopfschmerzen, Schlaflosigkeit oder Geschwüre der Schleimhäute ein.

Die Lösung liegt in der Verschärfung der technischen Anleitung zur Reinhaltung der Luft (TA Luft) durch niedrigere →Grenzwerte für $NO_x$ (→Luftreinhaltung). Die Reinigung der Autoabgase mit Hilfe von →Abgaskatalysatoren bringt eine Verringerung der $NO_x$ von über 90 % (→Autoverkehr).

**TiP** Die Stickoxidbelastung in den Städten kann jeder vermindern durch den Umstieg vom Auto auf die umweltfreundlichen Alternativen: öffentlicher Nahverkehr, →Fahrrad oder Fußverkehr, nicht erst bei Smog-Alarm.

Ist der Smog-Alarm erst ausgerufen, muß das Auto stehen bleiben, der Hausbrand und abgasverursachende Betriebsanlagen müssen gedrosselt werden.

**$NO_x$-Konzentrationen (μg/m³) im Jahresdurchschnitt BRD**

| | NO | $NO_2$ |
|---|---|---|
| Reinluftgebiete | 1 μg/m³ | 3– 5 μg/m³ |
| ländliche Gebiete | 2 μg/m³ | 10–20 μg/m³ |
| Ballungsgebiete (Rhein-Main-Ruhr) | 20–60 μg/m³ | 40–80 μg/m³ |
| Innenstadtbereiche | 70 μg/m³ | 70 μg/m³ |

Quelle: Umweltgutachten 1987, S. 204

## Strahlenschutz

Radioaktivität aus Boden, Wasser und Luft gelangt über die Atmung oder die Nahrung in unseren Körper. Dort reichern sich die Radionuklide in bestimmten Organen und Geweben an. Durch Atombomben oder bei Reaktorkatastrophen ist auch eine direkte Bestrahlung des Körpers aus der Umgebung möglich. So kann die mittlere Dosis von 1,7 mSv, die uns in Deutschland durchschnittlich belastet, erheblich überschritten werden.

Bei der Reaktorkatastrophe von →Tschernobyl sind solche hohen Strahlendosen aufgetreten, die zur **Strahlenkrankheit** führen. Übelkeit, Durchfall und Erbrechen sind die ersten Symptome. Nach einer Latenzzeit von einigen Tagen treten dann schwere Schäden auf:

**Dosis 1–3 Sv: Blutungen, Haarausfall, Gewichtsverlust. Erholung nach einigen Monaten möglich, Spätschäden sind nicht auszuschließen.**
**Dosis: 3–6 Sv: Zusätzlich Fieber, Entzündungen. Hohe Todesrate bis zur 4. Woche.**
**Dosis ab 7 Sv: Fast alle sterben nach 1–2 Wochen durch schwere Schäden am Immunsystem und Störungen des Stoffwechsels.**

Kommt es zu atomaren Katastrophen, so ist ein Schutz vor der Radioaktivität meist nicht mehr möglich. Der beste Strahlenschutz ist der Verzicht auf Atomanlagen aller Art.

Für den alltäglichen Umgang mit der Radioaktivität bildet die Strahlenschutzverordnung die gesetzliche Grundlage. Sie trat 1976 in Kraft und wurde 1989 novelliert. Die Strahlenschutzverordnung enthält Dosisgrenzwerte für technische Anlagen und Einrichtungen. Danach darf die zusätzliche Strahlenbelastung der Bevölkerung 0,3 mSv nicht überschreiten. Die zulässige Strahlenbelastung von Personen, die beruflich mit radioaktiven Stoffen arbeiten, wird für das gesamte Berufsleben auf 400 mSv = 0,4 Sv begrenzt.

Nach der Reaktorkatastrophe von Tschernobyl wurde 1989 in Salzgitter das Bundesamt für Strahlenschutz gegründet, um wissenschaftliche Grundlagen, die Umweltradioaktivität zu überwachen und ein Endlager für radioaktive Abfälle zu betreiben.

Oberstes Prinzip eines wirkungsvollen Strahlenschutzes muß immer die Vermeidung von Strahlenbelastungen sein. Die Überwachung geschieht mit Hilfe von **Dosimetern** und Geigerzählern (→Radioaktivität). Ist der Umgang mit Radionukliden nicht vermeidbar, so muß durch Abschirmung und Schutzanzüge der Kontakt mit Menschen möglichst vermindert werden.

Eine akute Strahlengefährdung geht von riesigen, radioaktiv verseuchten Abraumhalden des Uranbergbaus im Städtedreieck Gera, Zwickau und Chemnitz aus. 1200 Quadratkilometer radioaktives Verdachtsgebiet hat die sowjetisch-deutsche Wismut AG hinterlassen. Radioaktives Haldenmaterial wurde ferner zum Straßen- und Wohnungsbau verwendet. Über die Hälfte der Wohnhäuser im sächsischen Schneeberg und rund 15 % der Wohngebäude im thüringischen Ronneburg überschreiten die Grenzwerte

Entstrahlungsarbeiten im Kernforschungszentrum Karlsruhe

von 250 Becquerel Strahlung pro Kubikmeter Luft. Spitzenwerte von über 100000 Becquerel wurden gemessen. Viele Menschen müßten Haus und Hof verlassen, weil das krebserregende Radon viel zu gefährlich ist.

## Systemdenken

Der Begriff des Systemdenkens ist mit der Diskussion über die Umweltbelastungen immer wichtiger geworden. Er existierte allerdings schon vor ihr. Gemeint war damit zunächst ganz grob etwas, was die meisten Menschen, wenn sie denken oder handelnd denken, häufig tun: Nämlich bei der Erreichung eines Zieles verschiedene Umstände und deren Verknüpfung miteinander bewußt in Rechnung zu stellen.

Wenn ein Student zum Beispiel eine gute Examensnote erreichen will, kann er zum Professor gehen und sagen, er wolle eine gute Note haben. Dies würde wenig Systemdenken verraten. Systematischer wäre es, sich zu überlegen, welche Bücher er sich zum Thema besorgen soll, welche Vorgespräche er mit dem Professor über das Thema führen will usw. Denn Hochschullehrer, Bücher, Note usw. bilden ein System. Dieses ist nicht abgeschlossen. Denn Hochschullehrer haben mit anderen Professoren oder Studenten ja auch Beziehungen. Es ist also offen. Es existiert auch nicht an sich, sondern wird von Handelnden oder Denkenden konstruiert. Professoren oder Bücher wären in diesem System-Elemente oder Variablen, die gute Note Zielvariable, der Einfluß des Bücherlesens auf die Note eine Systembeziehung.

Meistens handelt man, ohne im Zuge

einer denkerischen Planung Ziele, Elemente und Beziehungen bewußt zu bestimmen oder sogar auf ein Blatt Papier zu schreiben. Man hat irgendwie gelernt, was dazugehört, um eine gute Note zu bekommen. Ein solches ungeplantes Verfahren versagt aber immer, wenn große Probleme entstehen.

## Die Umweltkrise, eine Krise des Denkens?

Mit den Umweltbelastungen kamen für viele Wissenschaftler und Politiker Probleme sehr komplexen Ausmaßes ins Spiel. Man begriff zunehmend, daß mit der Erreichung geplanter Ziele (z. B. Steigerung des Autoverkehrs) viele ungeplante und ungewollte Nebenfolgen wie Lärm, Emissionen von $CO_2$, Staus usw. eintraten. Man hatte bislang kein Systemdenken praktiziert, zu dem auch gehört, daß man über alle möglichen Folgen vorher nachdenkt und dann erst entscheidet. Das Hauptproblem dabei ist, daß viele Variablen und Beziehungen dabei zum Zeitpunkt der Planung noch unbekannt sind. Psychologen konnten zeigen, daß viele Menschen im bewußten Denken in größeren Systemen unerfahren sind. Man konzentriert sich lieber auf weniger oder sogar nur auf eine Methode, z. B. die Säuberung des Abwassers statt Reinhaltung des gesamten Wassers. Oder man konzentriert sich auf kurzfristige Ziele, wie Verhinderung von Staus durch eine neue Straße, anstatt langfristige, vielleicht viel wichtigere zu verfolgen wie eine gesunde Umwelt durch Verhinderung des $CO_2$-Ausstoßes.

## Die Zukunft liegt im Systemdenken!

Das Systemdenken wird immer wichtiger bei der Veränderung oder Erhaltung von →Ökosystemen. Denn Ökosysteme sind nicht nur besonders komplexe Systeme, d. h., nicht nur sie bestehen aus sehr vielen Variablen und Beziehungen, sondern sie reagieren sehr empfindlich auf Störungen, und zwar um so mehr, je instabiler sie geworden sind. Ist ein Ökosystem erst einmal zerstört (z. B. eine Orchideenwiese), ist seine Entwicklung weitgehend irreversibel (unumkehrbar), d. h., es würde selbst nach Einstellung der Störung erst nach Jahrhunderten – wenn überhaupt – gelingen, die Orchideen wieder anzusiedeln.

Diese weitgehende Unumkehrbarkeit der Entwicklung ist eine hervorstechende Eigenschaft von Ökosystemen, und sie macht das Systemdenken in der Zukunft besonders notwendig.

Umstritten ist allerdings, inwieweit Menschen nicht nur bereit, sondern auch fähig sind, das notwendige Systemdenken aufzunehmen. Es könnte sein, daß kurzfristige Ziele menschliches Denken und Handeln so entscheidend bestimmen, daß in Zukunft ökologische Katastrophen unvermeidbar sind.

# T

**Technik**
Technik ist die Beherrschung der Naturkräfte durch Anwendung der Naturgesetze. Wenn man nicht nur den Gebrauch und die Herstellung von Werkzeugen und Maschinen im engeren Sinne meint, sondern auch übergeordnete, theoretische Zusammenhänge miteinbezieht, spricht man häufig statt von Technik von **Technologie**. Im Verlaufe der Menschheitsgeschichte wurden unzählige Werkzeuge, Geräte, Verfahren und Maschinen erfunden, um mit Hilfe dieser Mittel bestimmte Zwecke zu verwirklichen. Hauptzweck war immer die Befriedigung der menschlichen Grundbedürfnisse wie Ernährung, Kleidung und Behausung. Aber immer schon war die Verfügung über Technik auch mit der Ausübung politischer Macht über Menschen verbunden. Für viele Menschen in den hochindustrialisierten Ländern sind über die Grundbedürfnisse hinausgehende Ziele, wie Formen der Freizeitgestaltung oder die Versorgung mit Luxusgütern, dazugekommen. Parallel zur Entwicklung der →Wissenschaft, insbesondere der Naturwissenschaften, war die Entwicklung der Technik ein Motor zum Ausbau des Industriesystems (→Wirtschaft). Andererseits ermöglichte die industrielle Produktion wiederum die Entfaltung der technischen Möglichkeiten. Wohlstand und →Wirtschaftswachstum in den Industriestaaten waren stets eng verknüpft mit dem technischen Fortschritt. Lange Zeit waren die Errungenschaften der Technik weitgehend unumstritten, sieht man von der Kriegstechnik einmal ab. Autos, Flugzeuge, Fernsehgeräte, medizinische Apparate und viele andere Maschinen waren die Erfolgszeichen unseres technischen Zeitalters. Und diese optimistische Fortschrittssicht erlebt mit der derzeitigen Einführung und Verbreitung der sog. neuen Technologien (→Computer, Bildschirmgeräte aller Art, Industrieroboter und →Biotechnologie) einen neuen Höhepunkt.

**Kritik der Technik**
Die Einschätzung von Technik und Technologie wandte sich von jenem begeisterten Zukunftsoptimismus hin zu einer Technikkritik. Dabei könnte man die Gründe und Gesichtspunkte etwa folgendermaßen zusammenfassen:

- Technik, einst bestimmt, dem

Menschen zu dienen, hat sich mittlerweile häufig so verselbständigt, daß der Mensch sich an die Maschinen anpassen muß. Die Bedingungen im Produktionsprozeß führten und führen zu entfremdeter, sinnentleerter Arbeit und zu einem unmenschlichen und unsozialen Gebrauch von Technik.

▶ Technik, unter dem Antrieb des Profitstrebens eingesetzt, führt zu einer Überschwemmung des Marktes mit vielen unnötigen und teilweise minderwertigen Produkten. Die Ermöglichung von Massenproduktion begünstigt die Herstellung von Wegwerfartikeln.

▶ Immer größere, z. T. gigantische technische Anlagen (wie Ölraffinerien, Chemiefabriken oder →Atomkraftwerke) vergeuden Rohstoffe und führen zu einer schleichenden Vergiftung der →Umwelt und gefährden das ökologische Gleichgewicht der Erde (→Ökologie).

▶ Technik tritt immer mehr als Großtechnik in der Großindustrie in Erscheinung. Dadurch entstehen zentrale Machtanhäufungen, deren Kontrolle durch den einzelnen, aber auch durch die gewählten Politiker in den Parlamenten, immer schwieriger oder gar unmöglich wird.

▶ Technik entwickelt sich zu einer Art Ersatzreligion. Im Bewußtsein vieler Menschen setzt sich der Glaube fest, alles nur Erdenkliche sei technisch machbar und alles technisch Machbare müsse auch verwirklicht werden. Viele negative Auswirkungen müßten wie ein Sachzwang hingenommen werden. In der öffentlichen politischen Diskussion werden all diejenigen, die berechtigte Kritikpunkte an den Auswüchsen der Technik vorbringen, gerne als Technikfeinde verteufelt. Dabei kann von einer generellen Technikfeindlichkeit meistens gar nicht die Rede sein. Vielmehr kommt es den Kritikern darauf an, Technik wirklich wieder in den Dienst der Menschen zu stellen.

### Alternative Technik

Technik steht in der →Natur wie eine «Besatzungsarmee». Sie richtet sich häufig auch gegen die Menschen. Aber es ist nicht die Technik als solche, die zu den negativen Auswirkungen führt, es sind die Bedingungen des Einsatzes im Rahmen eines politischen und industriellen Systems. Viele Technikkritiker beschränken sich nicht auf ablehnende Äußerungen. Sie entwickeln Perspektiven einer alternativen Technik.

Häufig werden dafür auch andere Begriffe gewählt, u. a.: demokratische Technik, angepaßte Technik, mittlere Technik, sanfte Technik oder ökologische Technik.

Es lassen sich Merkmale einer alternativen Technik angeben, die für alle Ausrichtungen mehr oder weniger zutreffend sind:

▶ Behutsamer Umgang mit der →Natur mit möglichst niedriger oder keiner Umweltverschmutzung;

▶ ökologisch in die natürlichen Kreislaufprozesse eingepaßt mit möglichst geringem Energiebedarf und Schonung der Rohstoffreserven;

▶ Herstellung von langlebigen, qualitativ hochwertigen Produkten und Wiederverwendung (→Recycling) möglichst aller Bestandteile;

▶ Arbeit als befriedigende, nicht hochspezialisierte Tätigkeit, mit handwerklichen Akzenten; durchschaubare Produktionsverfahren und allgemein verständliche Bedienung und Wartung der Geräte und Maschinen;

- demokratischer Einsatz der Technik in überschaubaren, dezentralen Einheiten unter Mitwirkung der Betroffenen; Vermeidung von Arbeitslosigkeit durch gerechte Verteilung der Arbeit auf alle, z.B. durch Arbeitszeitverkürzung;
- Orientierung des Technikeinsatzes an den Bedürfnissen der Menschen und Erhaltung lokaler Kultur;
- Technik für alle Menschen auf der Erde, ohne Beschränkung auf die reichen hochindustrialisierten Staaten (→Dritte Welt).

Technik spielte und spielt ihre unrühmlichste Rolle im Zusammenhang mit der menschenverachtenden Entwicklung von Waffen aller Art. Rüstung war und ist eng verbunden mit der Entwicklung von Technologien. Viele technische Verfahren wurden zuerst für den Krieg entwickelt (→Atomwaffen, →Computer). Die heutigen technischen «Spitzenleistungen» wie Raumfahrttechnik, Atomenergietechnologie oder Computertechnologie sind zunächst nahezu ausschließlich aus militärischen Gründen finanziert und entwickelt worden.

Aber es gibt heute auch bereits Ansatzpunkte für eine Abkehr von der Großtechnik hin zur alternativen Technik: Die Alternativenergien wie →Sonnenenergie und →Windenergie, →ökologisches Bauen, alternative Produktion, Alternativprojekte und die Herstellung →umweltfreundlicher Produkte sowie die Entwicklung einer speziellen Ökotechnik geben Anlaß zur Hoffnung. Ob und wie sie sich durchsetzen werden, hängt von der →Umweltpolitik der nächsten Jahre ab. Die Entscheidung, ob die Technik einmal zum Segen oder zum Fluch für die Menschheit wird, ist offen.

## Tierschutz

Tierhandel, die Haltung von Haustieren, →Tierversuche und die →Massentierhaltung sind Themen des Tierschutzes, der alle Maßnahmen zum Schutz des Lebens und des Wohlergehens von Tieren umfaßt. Das Tierschutzgesetz regelt den Schutz von Haus- und Nutztieren, während freilebende Tiere durch Gesetze des →Arten- und →Naturschutzes geschützt werden.

Das derzeit gültige **Tierschutzgesetz** ist seit 1987 in Kraft. In Paragraph 1 des Tierschutzgesetzes heißt es: «Niemand darf einem Tier ohne vernünftigen Grund Schmerzen, Leiden oder Schäden zufügen.» Leider wissen →Landwirtschaft, →Wissenschaft, aber auch viele Tierzüchter und -halter allzu viele «vernünftige Gründe» anzuführen, die letztlich zu Leiden, Schmerzen und nicht selten zum Tod der Tiere führen (→Massentierhaltung, →Tierversuche). In den weiteren Paragraphen des Tierschutzgesetzes sind u.a. Tierhaltung, Tiertransport, das Töten von Tieren, Eingriffe an Tieren, Tierversuche sowie Zucht und Handel von Tieren geregelt. Nach Ansicht der Tierschützer wurde bei der Novellierung des alten Gesetzes aus dem Jahr 1972 die Chance für eine Verbesserung des Tierschutzes weitgehend vertan. Wesentliche Forderungen der Tierschutzorganisationen wurden nicht in das Tierschutzgesetz aufgenommen, wie

- konkrete Bestimmungen zur Haltung landwirtschaftlicher Nutztiere,
- Verbot der Kastration von jungen Nutztieren ohne Betäubung,
- Verbot, landwirtschaftliche Nutztiere für die nicht tiergerechte Haltung zurechtzuamputieren,
- Verbot der Versendung von Tieren per Nachnahme, und
- Verbot der Haltung von exotischen Tieren im Privathaushalt.

## Tierversuche

«Mitleid ist zu wenig», «Hände weg von den Versuchskaninchen», «Tiere sterben für unsere Gesundheit», «Tierversuche – eine grausame und zweifelhafte Forschung». Die Reihe der Zitate und Schlagzeilen ist schier endlos. Kaum ein Thema wurde öffentlich in solcher Schärfe und mit so vielen Emotionen der Gegner bzw. Befürworter von Tierversuchen geführt. Eine Million Bundesbürger haben beim Gesundheitsministerium mit ihren Unterschriften gegen Tierversuche protestiert. Horst Stern bemühte sich mit seiner dreiteiligen Fernsehserie «Die Stellvertreter – Tiere in der Pharmaforschung», das Thema Tierversuche zu versachlichen. Doch sein Versuch scheiterte. Die Mehrheit der Reaktionen auf seinen Film waren von Ablehnung auf beiden Seiten geprägt. Die Situation ist immer noch zerfahren. Tierschützer, Befürworter aus Forschung und Wissenschaft und kritische Kommentatoren beider Seiten haben sich nicht angenähert.

Nach Darstellung des Bundesministeriums für Ernährung, Landwirtschaft und Forsten wurden im Jahr 1989 2,64 Millionen Tierversuche durchgeführt. Tierversuche im Sinne des Tierschutzgesetzes sind Eingriffe, die mit Schmerzen, Leiden oder Schäden verbunden sein können. Allerdings werden die Organentnahme für wissenschaftliche Zwecke, Behandlungen zur Herstellung von Produkten wie Impfstoffen sowie Eingriffe zu Demonstrationszwecken, z. B. an Universitäten, dabei nicht berücksichtigt.

Der **Deutsche Tierschutzbund** bezeichnet deshalb die offiziellen Zahlen als geschönt; schätzt die Zahl der qualvollen Eingriffe auf 14 bis 20 Millionen.

Die im **Tierschutzbericht** angegebenen Tierversuche verteilen sich wie folgt:

| Versuchszwecke | Anzahl der Tiere |
|---|---|
| Grundlagenforschung | 331 348 |
| Gesetzlich erforderliche Prüfung von Stoffen oder Produkten | 454 014 |
| Prüfung zur Erkennung von Umweltgefährdung | 204 492 |
| Stoffprüfung | 122 342 |
| Pflanzenschutz | 68 620 |
| Arzneimittel | 1 411 681 |
| Medizinische Methoden | 372 763 |
| Gesamt | 2 641 522 |

Der bekannteste Tiertest ist der **LD-50-Test.** L ist die Abkürzung für letal (tödlich), D steht für Dosis. Die Zahl 50 besagt, daß die Dosis der zu prüfenden Substanz so lange verabreicht und dabei erhöht wird, bis 50 % der Tiere tot sind.

Am umstrittensten sind die Tierversuche der Pharmaforschung. Als marktabhängige →Wissenschaft hat sie weltweit den größten Tierverbrauch.

Kranke Menschen sind die Nutznießer (→Gesundheit). Sie nehmen Medikamente gegen Herzbeschwerden, gegen Zuckerkrankheit, gegen Depressionen, zur Regulierung der Verdauung und des Blutdrucks usw. Sollen zuviel rauchende, zuviel trinkende, zuviel essende und zuviel im Auto sitzende Menschen zugunsten der Tiere auf blutdrucksenkende Medikamente verzichten?

Umstritten sind auch die Tierversuche in der medizinischen Ausbildung und Forschung. Befürworter wehren sich: Ohne Tierversuche hätte sich die Herz-, Säuglings- und Transplantationschirurgie nicht auf den heutigen Stand entwickeln können. Unsinnige Experimente würden nicht durchgeführt. Das alleinige Ziel sei, Verfahren zu entwickeln, um den vorzeitigen Tod einer Vielzahl von Patienten abzuwehren. Oder man verdankt z. B. Versuchen am Gehirn von Katzen, daß spastisch gelähmte Menschen trotz ihrer schweren Behinderung ein halbwegs normales Leben führen können.

Tiere leiden und sterben für Luxus und «Schönheit» (→Kosmetika). Es gibt kaum ein kosmetisches Produkt (außer Naturkosmetika), das nicht im Tierversuch getestet wird: Cremes, Deodorants, Haarwaschmittel, Rasierwasser, Make-up, Lippenstifte, Nagellacke u. v. a. Tierversuche werden durchgeführt zum Test von Tabakwaren, Spirituosen, →Wasch- und Reinigungsmitteln, Sicherheitsgurten. Tierversuche dienen auch den wissenschaftlichen Karrieren von Forschern. An Tieren wird getestet in der Rüstungsindustrie (Strahlentests, Tests für →biologische und →Chemie-Waffen).

Eine typische Position gegen Tierversuche wird vom Deutschen Tierschutzbund (DTB) vertreten, der hier stellvertretend für viele Tierschutzorganisationen zitiert sei. Er ist der Ansicht, daß Tierversuche nutzlos sind. Er führt anerkannte Wissenschaftler an: «Die Neugierde, der kommerzielle Profit und der Ehrgeiz sind die einzigen Gründe für die große Mehrheit der Tierversuche» (Prof. Ryder, Oxford, in einem Flugblatt des DTB). Es habe sich erwiesen, daß an Tieren gewonnene Ergebnisse nicht auf Menschen übertragbar sind.

Auch die Sicherheit notwendiger Medikamente kann der Tierversuch nicht garantieren. Das zeigen die jährlichen 60000 bis 100000 Arzneimittelopfer schwersten Grades in der Bundesrepublik. Allein im Jahr 1988 nahm das Bundesgesundheitsamt die Zulassung von 1040 Medikamenten zurück. Es ist daher dringend erforderlich, die in den Arzneimittelprüfrichtlinien vorgeschriebenen Tierversuche durch andere, bessere Prüfverfahren zu ersetzen.

Trauriges Beispiel hierfür ist Contergan, ein durch Tierversuche getestetes Schlafmittel. Frauen, die es während der Schwangerschaft eingenommen hatten, brachten verkrüppelte Kinder zur Welt.

Abgesehen von Firmenvertretern der Kosmetik-, Pharmaindustrie u. a. sagen die ernst zu nehmenden Verteidiger von Tierversuchen aus Wissenschaft und Forschung, daß Tierversuche notwendig seien, um Menschen und →Umwelt vor gefährlichen Stoffen zu bewahren oder Krankheiten zu bekämpfen. Schließlich sei für die Zulassung neuer Stoffe eine Reihe von

Untersuchungen vorgeschrieben, einschließlich der Tierversuche.
Die Verteidiger von Tierversuchen wehren sich gegen Beschimpfungen und den Vorwurf, sie seien Sadisten. Horst Stern befürwortet Tierversuche nicht, er verteidigt sie nicht einmal. Er relativiert sie am menschlichen Leiden. Welche Gesundheitskatastrophen verursacht z. B. die Automobilindustrie mit 15 000 Verkehrstoten pro Jahr in der Bundesrepublik? Wie steht es mit dem Tierschutz bei der →Massentierhaltung und bei der Schweinezüchtung für besonders mageres Fleisch?
Gibt es Auswege und Alternativen? Im medizinisch-pharmazeutischen Bereich werden Kompromisse gesehen. Allerdings gebe es nur ergänzende Methoden, aber keinen vollständigen Ersatz von Tierversuchen. Man sollte z. B. nicht mehr mit der stärksten, sondern mit der niedrigsten Dosierung einer zu untersuchenden Substanz beginnen oder das Hühnerei statt des Kaninchenauges als Modell verwenden, um Schäden von Chemikalien zu untersuchen.
Durch eine sinnvollere Verteilung staatlicher Forschungsgelder könnten alternative Testmethoden entwickelt und erprobt werden. Solche Methoden gibt es bereits, sie werden aber vom Staat nicht anerkannt. Ein Beispiel wäre der sog. **Ames-Test**. Er verwendet Bakterien, die bei kleinsten Mengen krebserzeugender Stoffe (→Krebs) sichtbare Schäden anzeigen, und zwar in sehr kurzer Zeit (Vermeidung von Langzeittests). Andere Tests benutzen Seeigeleier oder Zellkulturen. Allerdings handelt es sich auch hier um Lebewesen. Wo sollen die Grenzen zwischen den Tierarten gezogen werden, und wer darf sie festlegen? Noch immer mangelt es an einer eindeutigen Gesetzgebung mit klaren Verboten oder Beschränkungen. Zu fordern sind der Verkauf und die Anwendung von Arzneimitteln, Kosmetika und vieler anderer Produkte aus natürlichen Grundstoffen, die Tierversuche überflüssig machen. Denn reicht es aus zu sagen, sinnvoller Tierschutz beschränkt sich auf das absolut notwendige Minimum an Tierversuchen?

**TiP** Keine Creme, kein Lidschatten und kein Duschmittel ist es wert, daß dafür nur ein Tier zu Schaden kommt.
Kaufen Sie deshalb nur Kosmetikprodukte von Firmen, die keine Tierversuche für die Herstellung ihrer Produkte machen. Herstelleradressen über tierversuchsfreie Kosmetika erhalten Sie vom
Deutschen Tierschutzbund e. V.
Baumallee 15, 5300 Bonn 1

### Tierzucht

Die heutige Tierzucht ist auf die Steigerung der Produktion ausgerichtet, d. h. hohe Milchleistung, Frühreife der Tiere, hoher Anteil wertvoller Teilstücke, günstiges Fleisch-Fett-Verhältnis usw. Die größten Erfolge konnten die Tierzüchter beim Schwein verbuchen. Es wurde fettarm, um zwei Rippen länger, und es erhielt einen größeren Rückenmuskel.
Die Zuchtergebnisse haben aber auch Nachteile mit sich gebracht. Die Schweine wurden krank. Die längere Wirbelsäule verlagert das Gewicht auf die Beine, was zu Beinschäden führte. Eine weitere Folge sind Kreis-

laufschäden, die neben den Beinschäden die meisten Todesfälle verursachen. Auch die Streßanfälligkeit der Tiere und eine geringere Fleischqualität sind auf die «Überzüchtung» zurückzuführen. Nach einer Untersuchung sind nur noch ein Viertel der Mastschweine der «Deutschen Landrasse» nicht streßanfällig und weisen eine einwandfreie Fleischqualität auf.

Die Tierzucht hat wegen der eindeutig auf Produktionssteigerung ausgerichteten Zuchtziele andere Merkmale vernachlässigt, die für die heute selten gewordenen Rassen typisch sind: u.a. große Würfe (Zahl der Ferkel pro Wurf), geringe Komplikationen bei der Geburt, geringe Anfälligkeit für Krankheiten, gute Anpassung an standortspezifische Umweltbedingungen. Inzwischen gibt es Bestrebungen, diese wertvollen Eigenschaften durch die Erhaltung alter und vom Aussterben bedrohter Haustierrassen zu retten. (→Massentierhaltung)

In der Tierzucht macht man sich in zunehmendem Maße die Methoden der →Gentechnik zunutze. Mit Wachstumshormonen aus gentechnisch veränderten Bakterien kann die Milchproduktion von Rindern um bis zu 40% gesteigert werden. Damit wird aus der normalen Milchkuh die Turbokuh! Durch die höhere Leistung verbrauchen die Tiere aber viel Energie und werden anfälliger für Krankheiten und oft unfruchtbar. Weil die meisten Industrieländer sowieso zuviel Milch produzieren, und die Nutztiere auch ohne Gentechnik durch Überzüchtung strapaziert sind, lehnen viele diese Nutzungsmöglichkeiten ab. In verschiedenen Fällen ist auch versucht worden, Gene aus anderen Lebewesen in Nutztiere zu implantieren. So hat man ein Gen für Riesenwuchs auf Schweine übertragen, um damit die Fleischproduktion zu steigern. Der Stand der Technik ist aber noch sehr unvollkommen, und der Einbau von Fremdgenen in diese Tiere ist noch sehr schlecht zu steuern. Meistens kommt es zum fehlerhaften Einbau des Gens und zu schwerwiegenden Folgen für das Tier. «Riesenschweine» sind z.B. herzkrank und leiden an Augen- und Gelenkerkrankungen. Deswegen werden solche Versuche aus Gründen des Tierschutzes abgelehnt.

Auch in der Fortpflanzung der Tiere wird mit Hilfe der →Reproduktionstechniken eingegriffen. Dazu gehören die:

- Übertragung von befruchteten Eiern auf andere Muttertiere (Embryotransfer) zur Züchtung von Hochleistungstieren,
- künstliche Zellteilung einer befruchteten Eizelle (Blastomerenteilung) zur Gewinnung «eineiiger» Zwillinge,
- Manipulationen am Zellkern zur Gewinnung von Nachkommen mit nur einem Elternteil (homozygote Nachkommen).

Die verstärkte Nutzung von Reproduktionstechniken zusammen mit gentechnischen Züchtungsmethoden widerspiegelt das problematische Verhältnis der Menschen zur geschöpflichen Umwelt: Tiere gelten als beliebig manipulierbar, um die Bedürfnisse von Menschen zu befriedigen (→Natur, →ökologische Ethik).

## Tourismus

Als Tourismus bzw. Fremdenverkehr können alle Erscheinungen und Beziehungen bezeichnet werden, die sich aus der Reise und dem Aufenthalt von Personen an Orten ergeben, an denen sie keinen ständigen Wohn- oder Arbeitsort haben.

So sind z. B. sowohl die Urlaubsreisen mit mehr als 5 Tagen Dauer als auch Kurzreisen von 2 bis 4 Tagen, Tagungs- und Geschäftsreisen, Kururlaube und der Tagestourismus als Fremdenverkehr anzusehen.

Eine wahre Reiseexplosion setzte nach dem Zweiten Weltkrieg ein. Verbrachten vorher noch 80 % der Bevölkerung ihre wenigen arbeitsfreien Stunden und Urlaubstage zu Hause und betrachteten Reisen als Luxus einiger Privilegierter, so hat sich die Situation bis heute drastisch verändert. Unter anderem bedingt durch sozialpolitische Errungenschaften, unternahmen im Jahr 1989 laut Reiseanalyse des Starnberger Studienkreises für Tourismus 81 % der Bundesbürger (alte Bundesländer) im Alter über 14 Jahren mindestens einen Tagesausflug, über 70 % machten mindestens eine Urlaubsreise ab 5 Tagen, und knapp 40 % führten mindestens eine Kurzreise bis zu 5 Tagen, durch.

31 % der Urlaubsreisen hatten das Inland zum Ziel, und 68 % führten ins Ausland. Insgesamt wurden 1989 in den alten Bundesländern über 40 Millionen Urlaubsreisen, knapp 60 Millionen Kurzreisen und schätzungsweise 1,2 Milliarden Ausflüge unternommen.

Diese Zahlen verdeutlichen: Das Reisen hat inzwischen Massencharakter angenommen.

Die zentralen Boomfaktoren für diese Entwicklung im Tourismus sind bis heute wirksam:

- die Steigerung des Wohlstands, die Bürger können sich das Reisen leisten,
- die zunehmende Verstädterung mit sinkender Lebensqualität in den →Ballungsgebieten,
- die Automobilisierung der Gesellschaft (→Autoverkehr),
- die Zunahme der Freizeit als Folge der kontinuierlichen Arbeitszeitverkürzung; dadurch sind weitere zeitliche Spielräume für Ausflüge, mehrere jährliche Urlaubsreisen und Kurzurlaube gegeben.

Parallel zur Zunahme des Tourismus expandierte die Freizeit- und Fremdenverkehrsindustrie. Sie vermarktet und weckt Träume, die die Sehnsucht nach Abenteuer, Spaß und grenzenloser Freiheit in unberührter Natur zum Ziel hat.

Anfang der 70er Jahre wurde der Fremdenverkehr als wirtschaftlicher Hoffnungsträger für strukturschwache ländliche Gebiete entdeckt. Unter dem Slogan «Weiße Industrie aufs Land» schossen besonders in den damaligen Zonenrandgebieten Freizeit- und Ferienzentren aus dem Boden.

Voller Optimismus im Hinblick auf ökonomische Effekte betrachten und fördern viele Länder der →Dritten Welt den Ferntourismus. Er bringt zwar Devisen und niedrig qualifizierte Arbeitsplätze und auch Infrastrukturmaßnahmen, trägt jedoch inzwischen wenig zur Völkerverständigung bei und zerstört gewachsene eigenständige Regionen und Kulturen.

### Ökologische und soziale Folgen des Massentourismus

Erstmals drangen Mitte der 70er Jahre verstärkt kritische Stimmen an die Öffentlichkeit: Das Buch «Die Landschaftsfresser» von Krippendorf zeigte die zerstörerischen Wirkungen eines ungelenkten Massentourismus nach nah und fern auf.

Im folgenden ist die Vielzahl der möglichen Belastungserscheinungen des Tourismus zusammengefaßt:

▶ **Ökologische Belastungen:**
Flächenversiegelung, Landschaftsverbrauch,
Zerstörung von Tier- und Pflanzenwelt,
Lärm- und Luftbelastungen durch erhöhtes Verkehrsaufkommen, motorisierte Sportarten,
Wasserverbrauch, Wasserverschmutzung,
Wind- und Wassererosion durch falsche Standortplanung, Trittbelastung, Eingriffe in die Bodendecke und Bodenverdichtungen,
Abfallprobleme;

▶ **soziokulturelle Belastungen:**
Zerstörung gewachsener Sozial- und Wertordnungen,
Kulturverlust durch Überfremdung und Vermarktung;

▶ **ökonomische Belastungen:**
Verschuldung der Gemeinden,
Herausbildung ungünstiger Arbeitsmarktsituationen bei touristischer Monokultur,
wirtschaftliche Belastung der einheimischen Bevölkerung durch Anstieg der Miet- und Baulandpreise, Erhöhung der Einzelhandelspreise,
Verlust der Selbstbestimmung, Abhängigkeit von auswärtigen Investoren.

### Sanfter Tourismus als umwelt- und sozialverträgliche Alternative

Der Begriff «**sanfter Tourismus**» ist in den letzten Jahren sehr strapaziert worden und als bloße Worthülse, Alibi, Nischenpolitik und auch reine Marketinglüge in Verruf geraten. Nach intensiver Diskussion ist in Fachkreisen inzwischen jedoch eine weitgehende Einigung bezüglich der Ziele und Inhalte eines sanften Tourismus erreicht worden. Die vier Hauptziele lauten:

▶ **Umweltverträglichkeit:**
Natur- und Landschaftsschutz, schonender Einsatz der Ressourcen (Wasser, Energie, Boden), Verringerung der Verkehrsbelastungen, Abfallvermeidung und -verwertung, Aufklärungskampagnen;

▶ **Sozialverträglichkeit:**
Vorrang der Bedürfnisse der einheimischen Bevölkerung (Lebensraum vor Erholungsraum), Selbstbestimmung der Ortsansässigen, Erhaltung und Stärkung der soziokulturellen Identität;

▶ **optimale wirtschaftliche Wertschöpfung:**
wirtschaftlicher Nutzen vor allem für die Einheimischen, breite Streuung des wirtschaftlichen Nutzens in der Region, langfristige Fremdenverkehrsplanung, Festlegung von Wachstumsgrenzen;

▶ **optimale Erholung und Entfaltung für die Gäste:**
Ziel kann es dabei nicht sein, den Tourismus vollständig abzuschaffen. Statt dessen sind Forderungen nach einer Qualifizierung des Reisens einzulösen: weg von einem sogenannten «harten» Tourismus mit einseitiger wirtschaftlicher Ausrichtung, hin zu einem «sanften» Tourismus, der die

Aspekte Umwelt, Gesellschaft und Wirtschaft gleichwertig berücksichtigt.

Eine breite Verwirklichung dieses Konzeptes setzt jedoch auch eine «Humanisierung» unserer Alltagswelt voraus. Die Lebens- und Arbeitsbedingungen müssen am Wohnort verbessert werden. Erst dann wird es den «sanften» Touristen geben können, der umweltbewußt und sozial verantwortlich reist und der auch hin und wieder seine Freizeit und seinen Urlaub zu Hause verbringt.

Die Umsetzung von Konzepten eines sanften Tourismus hat erst langsam begonnen und ist noch nicht auf breiter Ebene erfolgt. Beispielhaft zu nennen sind vereinzelte Aktivitäten und Maßnahmen, die jedoch rege Nachahmung finden und bei Urlaubern auf große Resonanz stoßen.

Bei Übernachtungsbetrieben waren die ersten umwelt- und sozialverträglichen Vorstöße zu beobachten; inzwischen mehren sich Initiativen im Gastronomiesektor, die sich in den Bereichen Abfallvermeidung- und -verwertung, Energie- und Wassereinsparung, beim Einsatz regionaler Produkte, mit dem Angebot von Vollwertkost und mit regionaltypischer, ökologischer Bauausführung hervortun. Im Kleinen Walsertal werden seit 1990 Umweltsiegel an Beherbergungsbetriebe verliehen.

In der Gemeinde Hindelang im Allgäu existiert das Projekt «Öko-Modell Hindelang», das eine ökologische Landwirtschaft, die Pflege der Kulturlandschaft und den Fremdenverkehr miteinander verknüpfen soll.

Auch einzelne Bundesländer wie Schleswig-Holstein und das Saarland konkretisieren und fördern in ihren Fremdenverkehrsprogrammen landesweit den sanften Tourismus.

## Treibhauseffekt

Die Menschheit wagt ein globales Experiment mit ungewissem Ausgang. Sie erhöht stetig die Temperatur auf der Erde und ändert damit das Klima. Die achtziger Jahre unseres Jahrhunderts sind die wärmste Dekade seit der Temperaturaufzeichnung. Welche Folgen werden sich einstellen? In wenigen Jahrzehnten wird das Ergebnis dieses Experimentes vorliegen.

### Die Biosphäre: ein Treibhaus

Die Situation der Biosphäre ist mit einem Treibhaus zu vergleichen. Ähnlich einem Glasdach lassen die Wolken und Spurengase (→Luft), wie Kohlendioxid, das sichtbare Sonnenlicht auf die Erde unbehindert einstrahlen, behindern jedoch die Wärmeabstrahlung von der Erde in den Weltraum. Ohne diesen **natürlichen Treibhauseffekt** betrüge die Oberflächentemperatur der Erde minus 17 °C, sie liegt jedoch tatsächlich um ca. 33 °C höher. Bestimmte Spurengase bewirken so mit nur einem Anteil am Luftvolumen von der Größenordnung eines Promille eine um 33 °C höhere Temperatur auf der Erde. Es ist daher offensichtlich, daß die geringsten Konzentrationsänderungen dieser Spurengase merkliche Klimaänderungen zur Folge haben.

Um so schlimmer ist es daher, daß der Mensch die Konzentrationen der **Treibhausgase** in großem Maßstab verändert: →Kohlendioxid wird zum einen bei der Verbrennung von Kohle, Erdöl und Erdgas freigesetzt, zum anderen durch Entwaldung – insbesondere der →tropischen Regenwälder. Dadurch ist der Kohlendioxidgehalt der Erde seit der Industrialisierung um ca. 25 % gestiegen. Noch stärkere Zuwachsraten zeigen andere Spurengase: so ist der Methangehalt (→Kohlenwasserstoffe) um das Dreifache gestiegen; die Emissionsquellen des **Methans** sind vor allem Reisanbau, Rinderzucht, Brandrodung der tropischen Regenwälder, mikrobiologische Fäulnisprozesse in Mülldeponien sowie Entweichen des Gases bei der Gewinnung von Kohle, Erdöl und Erdgas. **Distickstoffoxid** (→Stickoxide) wird beim Einsatz von Kunstdüngern, beim Abflammen von Getreidefeldern und beim Verbrauch von fossilen Brennstoffen mit einer derzeitigen Steigerungsrate von 0,25 % pro Jahr freigesetzt. Daneben verstärken →FCKW und bodennahes →Ozon den Treibhauseffekt.

All diese Gase haben einen bedeutsamen Anteil an der zunehmenden, d. h. an der über den natürlichen Treibhauseffekt hinausgehenden Erwärmung der Erde.

## Wie warm wird es?

In den letzten 100 Jahren stieg die Erdtemperatur um einen halben Grad Celsius, am stärksten in den letzten zehn Jahren. Die zukünftige Temperatur bzw. das Klima wird mit sogenannten **Klimamodellen** errechnet. Das sind Computerprogramme, die die derzeitigen Klimadaten aufgrund von angenommenen Steigerungsraten der Spurengase hochrechnen. Das Standardmodell geht von einer Verdoppelung des Kohlendioxidgehaltes bzw. einem äquivalenten Anstieg der anderen Spurengase bis zum Jahre 2025 bis 2080 aus.

Dies wird einen Anstieg der globalen Durchschnittstemperatur von 3 bis 5,5 Grad zur Folge haben. Diese Temperaturänderung erscheint zunächst gering, ist aber in der Geschichte der Menschheit beispiellos. Sie entspricht dem Temperaturanstieg seit der letzten Eiszeit – allerdings mit der hundertfachen Geschwindigkeit.

Es gibt jedoch keinen Grund anzunehmen, daß es bei einer Verdoppelung des Kohlendioxidgehaltes bleibt. Allein die geschätzten Vorräte an abbaubaren fossilen Brennstoffen würden ausreichen, den Kohlendioxidgehalt der Atmosphäre auf das Fünf- bis Zehnfache zu erhöhen.

## Globales Experiment mit ungewissem Ausgang

Mit welchen globalen Auswirkungen der Temperaturerhöhung ist zu rechnen? Ein Temperaturunterschied von einem Grad entspricht einer Verschiebung des an der jeweiligen geogra-

| Treibhausgase | Anteil am Treibhauseffekt | Klimaeffekt pro Molekül | Zunahme pro Jahr | Verweilzeit in der Atmosphäre |
|---|---|---|---|---|
| Kohlendioxid | 50 % | 1 | 0,5 % | 120 Jahre |
| Methan | 19 % | 32 | 1,0 % | 10 Jahre |
| FCKW | 17 % | 15000 | 5,0 % | 60–130 Jahre |
| Ozon | 8 % | 2000 | 0,5 % | 0,1 Jahr |
| Distickstoffoxid | 4 % | 150 | 0,25 % | 150 Jahre |

Quelle: Enquete 1991

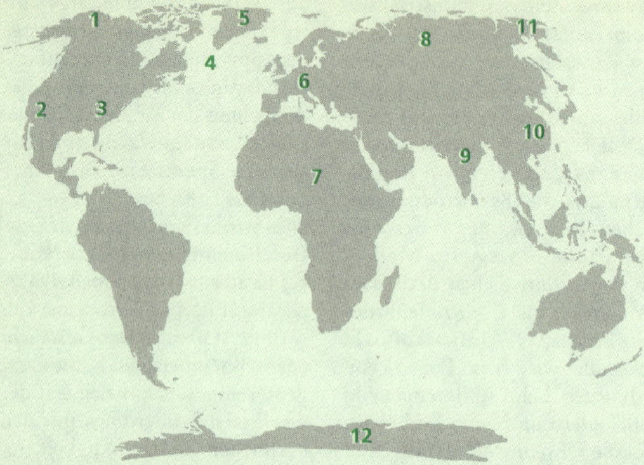


1 Kanada: Ein Nachlassen der Niederschläge führt in der Kornkammer Ontario zu Ernteeinbußen

2 Colorado: Durch den sinkenden Wasserstand des Flusses wird die Landwirtschaft, der Wasserhaushalt und die Energieversorgung von Kalifornien und acht anderen Staaten der USA zusammenbrechen.

3 Der Mittlere Westen der USA: Das Ackerland wird durch heißere, trockenere Sommer zusehends geschädigt.

4 Neufundland und Neuschottland: Eisberge wachsen und gefährden die Schiffahrt

5 Grönland: Die schmelzende Eisdecke läßt den Meeresspiegel um 20 bis 40 Zentimeter steigen und führt zur Überflutung verschiedener Küstenregionen.

6 Westeuropa: Überflutungsgefahren für die niederländische und norddeutsche Küste. Das übrige Westeuropa kann dem schlimmsten Übel entgehen, vorausgesetzt, daß der warme Golfstrom durch den Treibhauseffekt nicht beeinflußt wird.

7 Äquatorial-Afrika: Die tropische Regenzone verlagert sich nordwärts und bringt Feuchtigkeit in ausgedörrte Länder wie den Tschad, Sudan und Äthiopien.

8 Sowjetunion: Die jährliche Anbauzeit verlängert sich um 40 Tage: häufige Dürreperioden erfordern indessen neue, teure Bewässerungsprojekte.

9 Indien und Bangladesch: Die beiden Länder werden zunehmend von Taifunen und Überschwemmungen heimgesucht.

10 China: Karges Ackerland in Zentral-China wird durch höhere Niederschläge ertragreicher.

11 Der Polarkreis: Die Häfen Sibiriens, Alaskas, der Beringsee und des kanadischen Archipels werden die meiste Zeit des Jahres eisfrei sein. Die kommerzielle Schiffahrt nimmt zu, während amerikanische und sowjetische Atom-U-Boote ihr Versteck unter dem Eis verlieren.

12 Antarktis: Kalte Regenschauer und Schnee lassen die Eisschicht wachsen und kompensieren einen Teil des Wasserspiegels, der durch den Treibhauseffekt gestiegen ist.

**Die zwölf wichtigsten Auswirkungen des Treibhaus-Effekts, hochgerechnet für das Jahr 2050. Leicht verändert nach «Die Zeit», Nr. 20, 15.7.88**

phischen Breite herrschenden →Klimas um 100 bis 150 Kilometer. Dadurch kommt es zu einer Verschiebung der Klima- und Vegetationszonen: Die subtropischen Wüstenregionen werden sich nach Norden verschieben. Wichtige Anbauzonen der gemäßigten Breiten werden nach Norden in Gebiete mit schlechten Böden verlagert. Die Auswirkungen auf die Welternährungssituation sind kaum auszumalen.
Das Abschmelzen großer Eisflächen sowie insbesondere die Wärmeausdehnung des Wassers wird einen **Meeresspiegelanstieg** und dadurch die Überflutung von Küstengebieten zur Folge haben. Völkerwanderungen in großem Umfang werden die Folgen sein. Diese Veränderungen werden, gemessen am Zeitmaßstab der Natur, so rasch vor sich gehen, daß es für die Ökosysteme und die Menschheit sehr schwer oder in vielen Gebieten gar unmöglich sein wird, sich ihnen anzupassen.

### Was ist zu tun?

Nach Meinung vieler Experten ist die Lösung der globalen Treibhauserwärmung nur möglich, wenn sich die Menschheit in noch nie dagewesener Weise zu einer weltweiten gemeinsamen Anstrengung zusammenfindet. Dabei kommt es insbesondere auf die Zusammenarbeit der reichen Länder mit den Entwicklungsländern an. Die Industrieländer müssen ihren überproportionalen Verbrauch an Ressourcen einschränken, den Entwicklungsländern muß geholfen werden, den Lebensstandard ihrer Bevölkerungen zu heben. Nur im gemeinsamen Vorgehen können die Verringerung der $CO_2$-Emission durch bessere Energienutzung, einen geringeren Energieverbrauch und Nutzung regenerativer Energiequellen, die Verringerung der Schadstoffemissionen sowie die Beendigung der Tropenabholzung und Wiederaufforstung erreicht werden.

**TiP** Jede Einsparung (→Energiesparen) von Energie wie Strom, Wärme, Gas, Heizöl vermindert die Freisetzung des Treibhausgases Kohlendioxid. Auch bei der Beleuchtung im Haushalt können Strom und sogar Kosten eingespart werden. Der Austausch einer einfachen Glühlampe gegen eine Energiesparlampe vermehrt während ihrer Lebensdauer (rund 8000 Stunden) das Haushaltsbudget um etwa 130 Mark und vermindert den $CO_2$-Ausstoß um 250 bis 500 Kilogramm, da rund 2 bis 4,5 Zentner Kohle weniger zur Stromproduktion gebraucht werden.

## Trinkwasser

Wie das Wasser schmeckt, welche Stoffe es enthält, ob es →Grundwasser ist oder z.B. aus einem verschmutzten Fluß wie dem Rhein aufbereitet wurde, darüber macht man sich beim Aufdrehen des Wasserhahns meist keine Gedanken. Sauberes Wasser aus dem Leitungshahn ist für uns eine Selbstverständlichkeit. Daß sich dies jedoch schnell ändern kann, erfuhren die Bewohner von Wachtendonk (Niederrhein) im April 1982 am eigenen Leib. Ihr Trinkwasser mußte mit Tankwagen herangebracht werden, da das Wasser aus dem Leitungsnetz einen zu hohen →Nitratgehalt hatte. War dies nur eine Ausnahme, oder ist die Trinkwasserversorgung insgesamt gefährdet?

### Woher stammt das Trinkwasser?

Das Trinkwasser kann je nachdem, ob es aus Grundwasser oder Flußwasser aufbereitet wurde, unterschiedlich gefährdet sein.
Grundwasser ist derzeit der Hauptlieferant für das Trinkwasser in der Bundesrepublik.
Trinkwasser wird in der alten BRD zu etwa
75 % aus Grundwasser,
10 % aus angereichertem Grundwasser,
9 % aus See- und Talsperrenwasser,
5 % aus Uferfiltrat und
1 % aus Flußwasser gewonnen.
Regional gibt es jedoch erhebliche Unterschiede.

### Konkurrenz um das Grundwasser

Früher dienten Oberflächengewässer der Trinkwasserversorgung und der Brauchwasserversorgung der Industrie. Mit zunehmender Belastung der Flüsse, vor allen Dingen durch die →Abwässer der Industrie, ist Flußwasser auch als Brauchwasser nur noch bei erhöhtem Reinigungsaufwand nutzbar (→Gewässerverschmutzung). Die Industrie ging deswegen in zunehmendem Maße dazu über, Grundwasser zu fördern (→Wasserbedarf). Dies ist wesentlich billiger, als das Flußwasser aufzubereiten. Zur Zeit fördert die Industrie etwa genausoviel Grundwasser wie die öffentlichen Wasserversorgungsunternehmen (WVU). Insbesondere in industriellen →Ballungsgebieten hat sich eine massive Konkurrenz um das Grundwasser zwischen WVU und der Industrie entwickelt. Während im Bundesdurchschnitt ca. 75 % des durch die öffentlichen Wasserversorgungsunternehmen geförderten Wassers Grund- und Quellwasser sind, liegt dieser Anteil in Nordrhein-Westfalen nur bei ca. 40 %. Die WVU sehen sich gezwungen, auf immer aufwendigere Verfahren zur →Trinkwasseraufbereitung zurückzugreifen, neue **Talsperren** zu bauen oder in entlegenere Wasservorranggebiete vorzudringen. Für Großstädte wie Hamburg, Bremen und Hannover sind das die Naturschutzgebiete Lüneburger Heide und der Harz (→Grundwasser).

### Auch das Grundwasser ist belastet

Grundwasser galt einst als das am besten vor Verunreinigungen geschützte Wasser. Umwelt-«Sünden» lassen sich jedoch zunehmend auch im Grundwasser feststellen.
Eine solche «Sünde» ist die übermäßige Düngung mit Stickstoffdünger in der →Landwirtschaft und im Weinbau sowie mit Gülle in den Hochburgen der →Massentierhaltung (→Düngemittel). Als Endprodukt des Düngers bilden sich im Boden →Nitrate. Sie sind leicht wasserlöslich, werden daher nicht lange im Boden gespeichert und gelangen mehr oder weniger schnell – meist erst nach mehreren Jahren – in das Grundwasser. Die Nitratbelastung des Grundwassers ist dementsprechend in den landwirtschaftlich genutzten Gebieten besonders hoch (bis zu über 300 mg/l). Nitratarmes Trinkwasser kann nicht einmal jedes zweite westdeutsche Wasserwerk seinen Kunden bieten.
Seit der **Trinkwasserverordnung** von 1989, die den Grenzwert für Nitrat

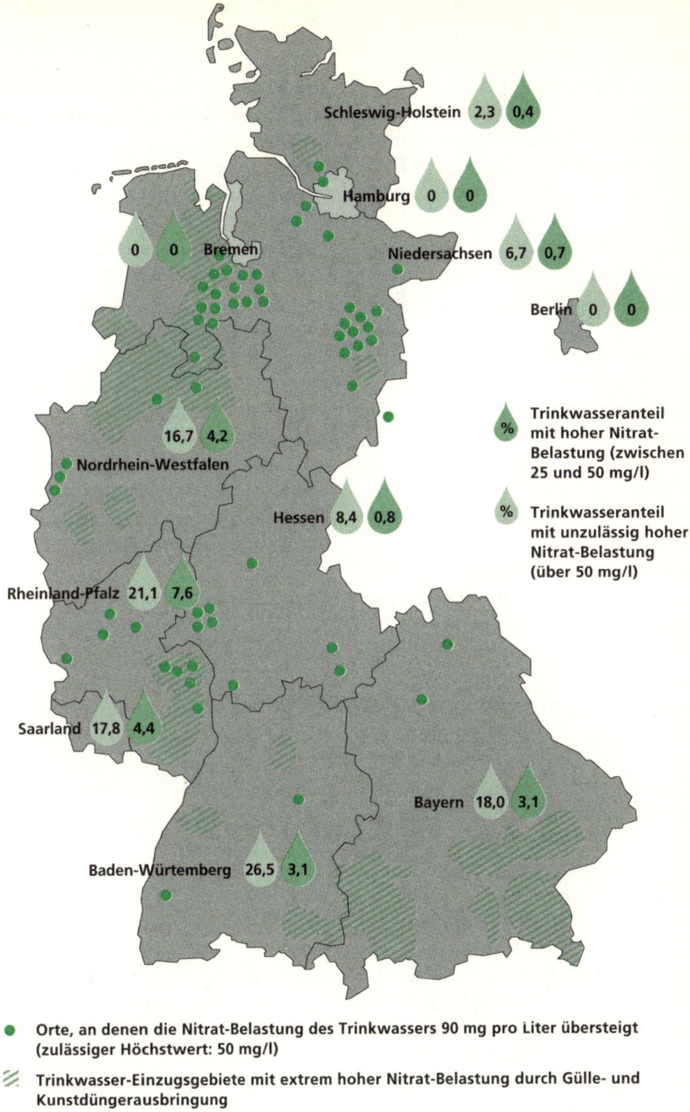


**Nitrat-Belastung des Trinkwassers**

von 90 mg/l auf 50 mg/l gesenkt hat, können viele Wasserwerke diesen neuen Grenzwert nur einhalten, indem sie Wasser mit verschiedenen Nitratkonzentrationen vermischen. Es ist damit zu rechnen, daß eine noch nicht abschätzbare Zahl von Brunnen mit ansonsten ausgezeichnetem Grundwasser stillgelegt werden müssen.
In der ehemaligen DDR wurden 1989 im Rahmen der öffentlichen Wasserversorgung 1,180 bzw. 0,176 Mio. Menschen aus Fassungen mit Nitratgehalten von über 40 bzw. 80 mg/l versorgt, hinzu kamen weitere 0,239 bzw. 0,222 Mio. mit Eigenversorgungsanlagen. Die Problemgebiete sind vor allen Dingen die Länder Sachsen und Thüringen.
Eine weitere Belastung des Grundwassers stellen die →Pestizide dar. Sie gelangen nicht nur bei unsachgemäßer, sondern auch bei sachgemäßer Anwendung in das Grundwasser und verändern seine Beschaffenheit nachteilig. Bisher sind von den Wasserwerken 50 Wirkstoffe und deren Abbauprodukte gemessen worden, insbesondere die Wirkstoffe Atrazin (Herbizid), Simazin und Dichlorpropen (Nematodenbekämpfung im Boden). Zur Zeit können etwa 20 % der bundesdeutschen Wasserwerke die Pestizidgrenzwerte (0,1 µg/l je Einzelsubstanz; 0,5 µg/l für die Summe aller Pestizide) der Trinkwasserverordnung von 1989 nicht einhalten.
Nach einer Erhebung des Dortmunder Instituts für Wasserforschung über Pestizidrückstände in 300 Wasserwerken meldeten 60 % belastete Proben, 34 % der kleineren und 59 % der größeren Wasserwerke überschritten den Grenzwert. Neben Nitraten und Pestiziden belasten auch →Schadstoffe von Deponien oder aus der →Luft das Grundwasser.

## Die Überwachung des Trinkwassers ist noch nicht ausreichend

Eine ständige Überwachung des Rohwassers auf alle zur Zeit eingeleiteten →Schadstoffe ist nicht gewährleistet. Dies geschieht u. a. aus Personal- und Kostengründen nicht. Wasserwerke und staatliche Überwachungsbehörden entnehmen derzeit nur Stichproben. Nur ca. 30 % der Schadstoffe, die sich in Spuren in den Flüssen befinden, werden häufig, ca. 100 dagegen selten analysiert. Untersuchungen auf einen Pestizidgehalt des Trinkwassers werden auch nach der Trinkwasserverordnung nur im Verdachtsfalle vorgenommen.

## Die Kosten steigen

Für die Trinkwasserversorgung sind in zunehmendem Maße Gelder erforderlich, die der Verbraucher zahlt. Grundwasser ist in den meisten Fällen nur für die Industrie ein «freies Gut» zum Nulltarif, nicht aber für die Öffentlichkeit. So verlangt beispielsweise die Anlage von Talsperren und Fernleitungssystemen, als Ausweg aus der Grundwasserknappheit in den industriellen Ballungsgebieten geplant, hohe Investitionen.
Dabei entstehen aber zusätzlich Kosten, die sich schwer berechnen lassen. Würde die Lüneburger Heide in großem Maßstab als Wasserreservoir für das industrielle Umland genutzt, ist die Zerstörung dieses einmaligen Naturschutzgebietes zu befürchten. Dies wäre wohl kaum mit Geld aufzuwiegen (→Grundwasser).

Die Kosten der Trinkwasseraufbereitung aus Flußwasser lassen sich jedoch schon jetzt berechnen. Die Gesamtkosten vervierfachen sich nämlich, wenn an Stelle einwandfreien Grundwassers belastetes Oberflächenwasser genommen wird. Für die Entfernung langlebiger Industriechemikalien sind jährlich mehr als 100 Mio. DM aufzubringen.

Für Abhilfe bei der Trinkwassermisere sollten nicht nur die WVU (mehr Aufbereitungsstufen, Ausweichen in unbelastete Gebiete) sorgen. Dies kuriert nur Symptome und schafft sogar neue Probleme.

Die Problemlösung müßte vielmehr bei den Hauptverursachern Industrie und Landwirtschaft direkt ansetzen. Eine Studie (im Auftrag des Bundesministers für Forschung und Technologie) hat bereits vor Jahren nachgewiesen, daß die Entfernung von Schadstoffen am Entstehungsort, wo ihre Konzentration noch hoch ist, meistens viel billiger und wirkungsvoller geschehen könnte als in →Kläranlagen und Wasserwerken. Eine Gebührenpflicht auch für das von der Industrie geförderte Grundwasser würde zudem dem Trend entgegenwirken, daß sie dieses hochwertige Naß z. T. nur für Kühlzwecke verwendet (→Wasserbedarf).

## Trinkwasseraufbereitung

Das aus Seen, Talsperren und dem angereicherten →Grundwasser entnommene **Rohwasser** muß aufbereitet werden. Dabei entfernt man diejenigen Schadstoffe, die in der Umwelt natürlicherweise vorkommen, wie z. B. Fluoride, Sulfate oder geschmacks- und geruchsbeeinträchtigende Stoffe, die z. B. beim Massenabbau von Algen entstehen (→Eutrophierung).

Die größten Anforderungen an die Trinkwasseraufbereitung kommen jedoch von solchen Schadstoffen, die auf menschliche Einflüsse zurückzuführen sind (→Abwasser, →wassergefährdende Stoffe). Das →Trinkwasser muß ferner so beschaffen sein, daß es auch bei längerem Transport in Leitungssystemen und beim Aufenthalt in Vorratsbehältern seine Qualität behält.

In der **Trinkwasserverordnung** sind Qualitätsanforderungen für das Rohwasser und das fertige Trinkwasser festgelegt. Die Grenzwerte beziehen sich auf das fertige Trinkwasser bei der Abgabe an das Versorgungsnetz. Mögliche nachträgliche Verunreinigungen z. B. durch Asbestzementrohre (→ Asbest) oder durch →Blei aus alten Hausinstallationen sind dabei nicht berücksichtigt.

Grundwasser kann oft ohne komplizierte Aufbereitung verwendet werden. In Hamburg und München ist sogar eine Entkeimung mit Chlor oder entsprechenden Chemikalien überflüssig. Bei der Trinkwasseraufbereitung aus Grundwasser braucht häufig nur noch der Säuregrad reguliert zu werden, um Rohrablagerungen und Korrosionen (z. B. Rosten) zu vermeiden.

Außer dem Bodensee sind nur noch wenige Seen (→Eutrophierung) für die Gewinnung des Trinkwassers nutzbar. Aber auch bei den künstlich angelegten Trinkwassertalsperren – z. B. der Riveristalsperre bei Trier oder der Wahnbachtalsperre bei Bonn – sind Verfahren erforderlich (z. B. Belüftung), um eine Eutrophierung zu verhindern.

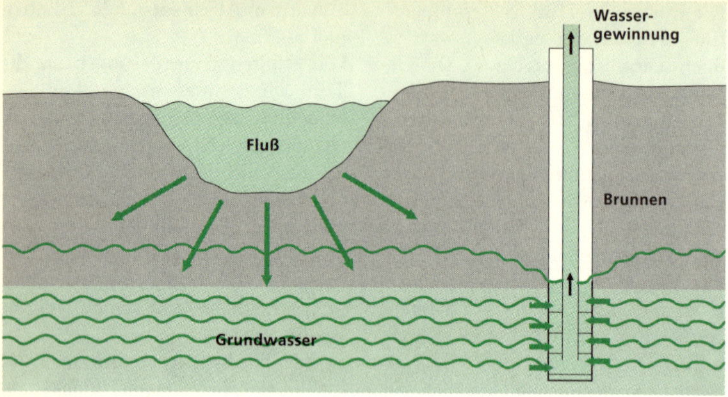


**Uferfiltration (Schema)**

Die Trinkwassergewinnung aus Flußwasser ist sehr aufwendig und kostspielig. Teilweise sind Aufbereitungsvorgänge bis zu zwölf Stufen nötig.

Der erste Reinigungsschritt ist meist eine Bodenpassage des Rohwassers (Uferfiltration, künstliche Grundwasseranreicherung). Dabei wird die Temperatur des Wassers auf ca. 10–14 °C ausgeglichen, und es erfolgt ein natürlicher biologischer Abbau von organischen Verbindungen (→Schadstoffe). Dieses Wasser wird zusammen mit dem natürlichen Grundwasser in ein Wasserwerk gepumpt.

Das Rohwasser wird belüftet. Sauerstoff oxidiert mit dem im Rohwasser enthaltenen Eisen und Mangan. Das nun in ungelöster Form enthaltene Eisen und Mangan lagert sich zu schneeflockenartigen Teilchen zusammen. Diese können wiederum organische Wasserinhaltsstoffe an sich binden. Die Flocken sinken zu Boden und werden abfiltriert. Dieser Vorgang, auch als Flockung bezeichnet, wird durch den Zusatz von Flockungsmitteln wie z. B. Eisen- oder Aluminiumsalzen gefördert.

In einer Ozonanlage bläst man Ozon ($O_3$) – ein Gas – ein, das das Wasser entkeimt. Ferner können durch Oxidation gelöste organische Stoffe entfernt werden. Weitere gelöste organische Verbindungen sind mit Hilfe von Filtern (Kiesfilter, Sandfilter, Aktivkohlefilter) entfernbar. In der letzten Stufe wird das Wasser gechlort, um es von krankheitserregenden Organismen zu befreien.

Die Verfahren der Trinkwassergewinnung sind keineswegs unproblematisch. Durch die Verwendung von Chemikalien wie Chlor und Chlordioxid können sich neue Schadstoffe, wie z. B. halogenierte →Kohlenwasserstoffe, im Wasser bilden.

Bei vielen dieser Stoffe besteht der begründete Verdacht, daß sie Krebs erregen können.

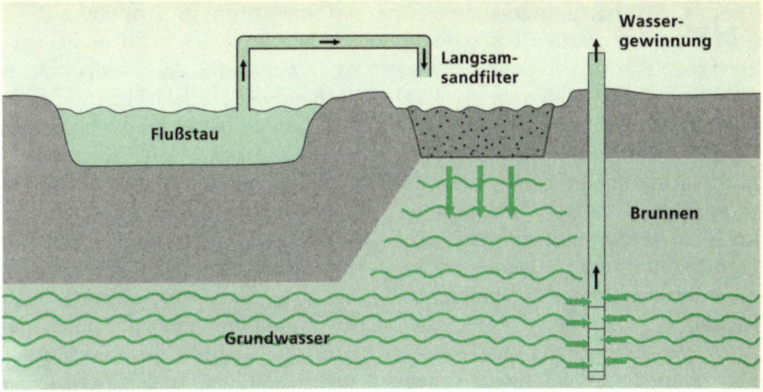


**Künstliche Grundwasseranreicherung (Schema)**

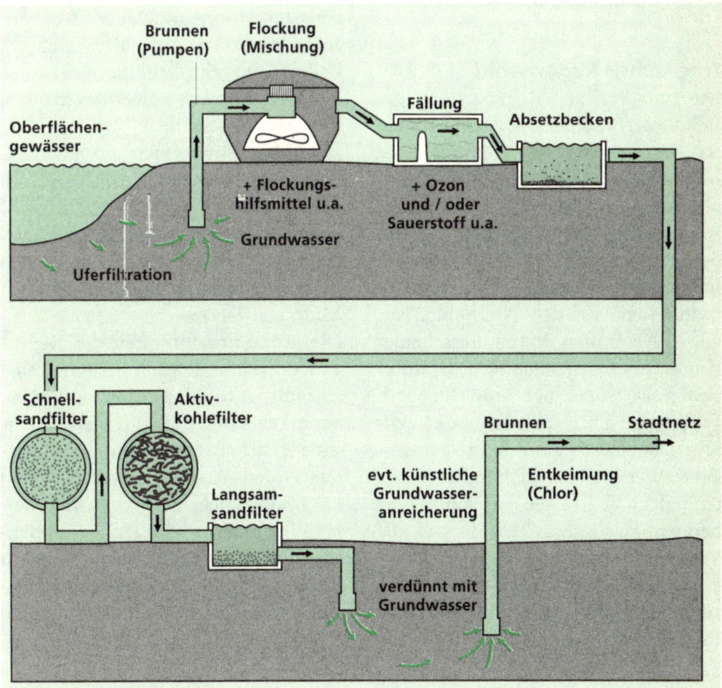


**Schematische Darstellung eines Wasserwerks mit Oberflächennutzung**

**TiP** Enthärtungsanlagen für das ganze Haus schonen zwar die Küchengeräte und die Wasserhähne vor Verkalkung, sie können aber das Trinkwasser wesentlich verschlechtern, wenn sie das Wasser mit Natriumionen aufsalzen. Natriumchlorid, besser bekannt als Kochsalz, fördert Bluthochdruck. Zudem belasten die notwendigen Regeneriersalze für die Anlage das Abwasser.
Auch von Tischgeräten zur Wasserenthärtung ist im allgemeinen abzuraten, da sie die Wasserqualität verschlechtern. Stehendes Wasser oder ein zu spät gewechselter Filter bewirken schnell eine Aufkeimung des Trinkwassers.

## Tropischer Regenwald

Die immergrünen Regenwälder, die sich, unterbrochen von den Weltmeeren, wie ein grünes Band um die Erde spannen, sind das tier- und pflanzenreichste Gebiet der Erde. Tropische Regenwälder gibt es in Brasilien, an der afrikanischen Elfenbeinküste, in Indien, auf Sri Lanka, in Malaysia, in Indonesien, auf den Philippinen sowie in Australien. Man unterscheidet heute 40 verschiedene Regenwaldtypen. Die Übergänge sind fließend. Eindeutige Unterschiede gibt es zwischen Tiefland- und Bergregenwäldern: Wer in einen Tieflandwald erst einmal eingedrungen ist, kann dort bequem spazierengehen, da sich die Vegetation in den oberen Stockwerken abspielt. Der Bergregenwald zeigt sich dagegen als unpassierbarer Dschungel.

### Artenreichtum im Tropenwald

Die Feuchtwaldzonen bedecken nur ein Zwanzigstel der Erdoberfläche, doch auf der Fläche leben rund 50 % aller Organismenarten der Erde. Nirgendwo auf der Welt wachsen so viele unterschiedliche Pflanzen auf so engem Raum. In Borneo kann man auf 10 Hektar Waldfläche 700 verschiedene Baumarten zählen. Diese Artenvielfalt (→Artenschutz) entspricht der von ganz Nordamerika. Im ecuadorianischen Pazifikregenwald wurden auf 1,7 Quadratkilometern über 1000 verschiedene Pflanzenarten gezählt. Die große Vielfalt an Pflanzen ist auch Ursache für die unzähligen Insektenarten. Auf einer Pflanze leben oft mehrere Insektenarten nebeneinander. Allein auf einem einzigen Baum fand ein Wissenschaftler 43 Ameisenarten aus 26 Gattungen. Um so viele verschiedene Ameisenarten zu finden, müßte man die gesamten Britischen Inseln bereisen. Die Anzahl der Tierarten im Regenwald wird zwischen drei und dreißig Millionen geschätzt. Einen wissenschaftlichen Namen haben von ihnen erst ca. 1,4 Millionen Tiere.
Die große Fruchtbarkeit der Regenwälder ist allerdings in der Regel eine irrtümliche Interpretation der vielfältigen Vegetation. Die meisten Regenwälder stehen auf extrem ausgelaugtem Boden. Anders als unser →Wald hat und braucht der Regenwald keinen Humus (→Boden, →Bodenschutz). Was der Regenwald zum Überleben braucht, holt er sich im allgemeinen aus der →Luft. Deshalb strecken diese gewaltigen Tropenbäume auch ihre Blätter 30, 40, 50 Meter in die Höhe. Um nicht zu verbrennen, verdunsten diese grünen

«Dächer» unablässig Feuchtigkeit. Der Regen bringt dem Regenwald Nährstoffe und Kühlung. Als Wasserspeicher und Stabilisator des regionalen tropischen Klimas schützen die Wälder außerdem vor Überschwemmungen und Trockenheit.
Die Tropenwälder sind unerläßlich für das ökologische Gleichgewicht der Erde, da sie weltweit das →Klima beeinflussen. Rund 500 Milliarden Tonnen →Kohlenstoff wird von den Tropenwäldern aufgenommen und in Sauerstoff umgewandelt. Freigesetzt, beschleunigt Kohlendioxid die Aufheizung der Atmosphäre und die damit verbundene Klimaveränderung. Tropische Regenwälder und die mit ihnen verbundenen Ökosysteme emittieren (→Emissionen) und deponieren eine Vielzahl von Spurengasen und beeinflussen somit auch die Zusammensetzung der Erdatmosphäre. Außerdem fällt die Hälfte des weltweiten Niederschlags auf die Regenwälder, steigt dort als Dunst in die →Atmosphäre auf und wird dann von den Winden als Regen in die Welt getragen.

## Geheimnisse des Tropenwalds

Die Geheimnisse dieses →Ökosystems sind noch längst nicht enträtselt. Immer wieder stößt man auf neue, wundersame Zusammenhänge. So gibt es männliche und weibliche Bäume, die kilometerweise auseinander stehen und auf die Fremdbestäubung von Fledermäusen angewiesen sind. Fehlen männliche Bäume in der Nachbarschaft, ist diese Art biologisch tot. Der weibliche Baum kann zwar noch Jahrzehnte grünen, aber er trägt nie wieder Früchte. In Westafrika sind etwa 30 Baumarten von Waldelefanten abhängig. Sie müssen die Früchte der Bäume verschlucken und deren Hülle verdauen, damit die Samen der Bäume keimen können.
Biologen gehen davon aus, daß im Tropenwald rund 500 Individuen notwendig sind, um für den Fortbestand einer Art zu sorgen. Die Komplexität der Lebenszusammenhänge im Regenwald, die amerikanische und europäische Wissenschaftler erst mühsam lernen müssen, sind den Waldbewohnern der Tropenwälder schon lange bekannt. Zwei Millionen Menschen leben weltweit in den Tropenwäldern: Waldvölker in Afrika, Indianer in Südamerika, Penan auf Borneo sowie Hunderte von verschiedenen Völkern auf Neuguinea und anderen Inseln. Sie alle haben sich dem Leben im Wald angepaßt. Der Wald versorgt seine Bewohner mit einer Fülle von Früchten, Gewürzen, Baumaterial, Feuerholz und Medizin. Doch das Leben im Wald ist hart, und die Menschen sind auf zusätzliche Nahrungsquellen angewiesen. Sie betreiben deshalb auch Ackerbau auf Flächen, die je nach Sitte in Flußnähe aus den Wäldern mit der Axt oder mit Feuer gerodet werden.

## Zerstörung des Tropenwalds

Jedes Jahr werden nach Angaben der UN-Landwirtschafts- und Ernährungsorganisation (FAO) 17 Millionen Hektar Tropenwald vernichtet. Damit verlor der Tropenwald in den letzten 30 Jahren die Hälfte seiner Fläche. Auf die Minute berechnet, werden weltweit in 60 Sekunden fünf Fußballfelder Tropenholz abgeholzt. Am stärksten betroffen ist Afrika mit 4,8 Hektar pro Jahr, gefolgt von Asien und Lateinamerika mit jeweils

4,7 Hektar. Die Abholzungen verursachen Überschwemmungen, →Bodenerosionen, Wasserverschlechterung (→Wasserverschmutzung) und Klimaveränderungen.

Letzteres hat globale Folgen: Vom Tropenwald kann immer weniger Kohlendioxid aufgenommen und in Sauerstoff umgesetzt werden. Zusätzliches $CO_2$ wird noch durch die Brandrodung freigesetzt. Die Halbierung des Tropenwaldes bedingte die Hälfte der zusätzlichen Kohlendioxidbelastung der Atmosphäre. Derzeit trägt die Vernichtung der tropischen Regenwälder zu etwa 15 Prozent zum →Treibhauseffekt bei. Die Erhöhung des Treibhauseffektes bewirkt eine gefährliche Veränderung des Weltklimas.

Mit jedem Quadratmeter Tropenwald wird auch der Lebensraum für Pflanzen und Tiere vernichtet (→Artensterben). Viele Arten verschwinden, bevor wir sie kennengelernt haben. Pro Tag werden rund 50 Tierarten ausgerottet. Auf Madagaskar verlieren die einzigartigen einheimischen Reptilien, Vögel und Halbaffen ihren Lebensraum. 95 Prozent dieser Tiere gibt es nur auf dieser Insel. Auch große Tiere sind der Zerstörung hilflos ausgeliefert. In Brasilien stirbt der Jaguar. In Westafrika verringerte sich der Bestand der Waldelefanten um die Hälfte. Derzeit leben nur noch 1500 Tiere in den Tieflandregenwäldern. 1979 waren es noch über 3000.

Die Rodungen bedeuten aber auch den «kulturellen Tod» (Ethnozid) von ca. 140 Mio. Menschen, die als Jäger, Sammler oder Bauern in und mit den Wäldern leben. Viele dieser Waldbewohner werden mit Gewalt vertrieben, getötet oder von eingeschleppten Krankheiten und Seuchen infiziert. Wer sich gegen die «Eroberer» wehrt, wird vernichtet. Die Liste der Toten, die auf das Konto von bezahlten Killerkommandos gehen, ist lang. Beispielhaft sei nur an den heldenhaften Widerstand des brasilianischen Kautschukzapfers Chico Mendes erinnert. Er wurde am 9. Dezember 1988 brutal ermordet.

### Regenwaldvernichtung für Profit

Es sind fast ausschließlich wirtschaftliche Gründe, die zur Rodung des Tropenwaldes führen. Häufig gibt es sogar finanzielle Rodungsanreize von der Regierung zur Zerstörung des tropischen Regenwaldes, beispielsweise zur:

- ▶ Erschließung von neuen landwirtschaftlichen Flächen oder Siedlungsland für eine rapide wachsende Bevölkerung,
- ▶ Ansiedlung von Industrien, zum Bau von entwicklungspolitischen Großprojekten sowie zum Abbau von Erzvorkommen,
- ▶ Anlage von riesigen Rinderfarmen, Monokulturen für Soja oder Mais, zum Wanderfeldbau von Kleinbauern oder zur Beschaffung von Brennholz,
- ▶ kommerziellen Holzwirtschaft.

Die Gewinnung von tropischen Edelhölzern durch den internationalen Holzhandel ist einer der Hauptgründe für die Abholzung der Tropenwälder. Im Auftrag von internationalen Handelsunternehmen werden jährlich 5 Millionen ha Regenwald vernichtet. Seit 1950 ist die Nachfrage nach Tropenholz, wie Mahagoni, Ramin oder Teak, in den Industrieländern um das 18fache gestiegen. Die gute Qualität und der niedrige Preis sind die Hauptgründe, daß Tropenholz in den Industrieländern für die Herstellung von Möbeln, als Baumaterial, für Fensterrahmen oder zur Produktion von Papier und Pappe verwendet wird. 70 % der deutschen Holzfenster sind aus Tropenholz, meistens aus Meranti. Das Tropenholz wird meistens unverarbeitet als sogenanntes Rundholz aus den Erzeugerländern ausgeführt und erst in den Industriestaaten bearbeitet. Das heißt, von den Arbeitsplätzen, die mit der Holzverarbeitung zusammenhängen, profitieren nicht die Erzeugerländer, sondern die Importländer. Beim Schlagen der wertvollen Harthölzer werden nicht nur einige Baumarten total ausgerottet, sondern auch noch ein Großteil des umliegenden Waldes total zerstört. Bei Wiederaufforstung, Schonung des Jungwuchses, Schlagen von reifen Bäumen und nicht zuletzt auch bei gerechteren Löhnen für die Waldarbeiter wäre der Preis für das Tropenholz mindestens doppelt so hoch wie jetzt. Um überhaupt zu Geld zu kommen, akzeptieren die Erzeugerländer jeden Preis, der ihnen von den Industrienationen diktiert wird. Bisher stammt nur ca. 1 % des im Handel befindlichen Tropenholzes aus kontrollierter, naturverträglicher Waldnutzung.

### Schonende Nutzung des Tropenwaldes

Der Handel mit Früchten, Harzen oder Heilpflanzen wäre für die einheimische Bevölkerung gewinnträchtiger als die Holzwirtschaft. Amerikanische Untersuchungen haben gezeigt, daß mit dem Handel von Holznebenprodukten wesentlich höhere Preise und Löhne erzielt werden könnten. Außerdem würde diese schonende Nutzung den Tropenwald und somit die Lebens- und Wirtschaftsgrundlage erhalten.

### Maßnahmen zum Schutz der Tropenwälder

Die internationalen Maßnahmen zum Schutz der Tropenwälder bestehen bisher nur auf dem Papier.
Das internationale Tropenholzabkommen von 1983 war die erste multinationale Vereinbarung, die sich mit dem Schicksal tropischer Regenwälder befaßte. Doch wichtige Beschlüsse fehlen noch. Zwar sollen bis zum Jahr 2000 Tropenhölzer nur noch aus bewirtschafteten Wäldern abgeholzt werden, aber über eine Aufforstung von geschädigten Gebieten oder über verträgliche Nutzungsarten von Holznebenprodukten wird in dem Papier nichts gesagt. 1990 wurde von den sieben führenden Industrienationen in Houston, Texas, beschlossen, ein Programm zum Schutz der Regenwälder in Angriff zu nehmen. Im gleichen Jahr beschloß der Deutsche Bundestag auf internationaler Ebene, einen 3-Stufen-Plan zur Rettung des Tropenwalds vorzuschlagen:

- Bis zum Jahr 2000 sollen die Rodungen durch Sofortmaßnahmen verringert werden.
- Bis 2010 sollen sie gestoppt werden.
- Bis 2030 soll der Bestand von 1990 durch Aufforstung wieder hergestellt werden.

Die Forderung der Umweltschützer nach einem Importstopp für Tropenholz wurde von der Regierung abgelehnt.

**TiP** «Hände weg vom Tropenholz.» Statt auf internationale Beschlüsse zu warten, können wir sofort handeln: In der Kommune oder zu Hause sollte Tropenholz tabu sein. Für alle Holzprodukte, ob im Hafen, auf dem Spielplatz oder beim Häuserbau, gibt es einheimischen Ersatz. Statt Mahagonifenstern eignen sich auch Eiche, Kiefer oder Fichte für die Rahmen. Zum Möbelbau sind fast alle einheimischen Arten – je nach Portemonnaie – geeignet: Das Abc des heimischen Holzes beginnt bei A wie Ahorn und endet bei Z wie Zeder. Vorsicht ist auch bei Holzfurnieren, Fußleisten oder Tischplatten geboten. Lassen Sie sich den Tropenholzverzicht schriftlich bestätigen.
Fördern Sie den Handel von Holznebenprodukten, indem Sie Rattan, Paranüsse oder Latexprodukte kaufen. Diese Produkte wachsen nur im unzerstörten Tropenwald.
Essen Sie nur Rindfleisch aus heimischer Produktion. Wenn Sie das Fleisch direkt vom Bauern kaufen oder aus dem Naturkostladen, wissen Sie sicher, daß das Fleisch nicht von Rindern aus tropischen Gebieten stammt.

### Tschernobyl

Atomkraftwerke enthalten unvorstellbar große Mengen radioaktiver Stoffe. Sie aus der Umwelt unter allen Umständen möglichst fernzuhalten ist das Ziel unterschiedlichster Sicherheitsvorkehrungen.

Die Techniker haben die Sicherheitssysteme so angelegt, daß bei einem größten anzunehmenden Unfall (GAU) der Austritt von Radioaktivität in die Umwelt verhindert wird.

Das größte Risiko liegt im Verlust von Kühlmittel aus dem Reaktorbehälter. Notkühlsysteme sollen das beim GAU stets verhindern. Die Unfälle in Harrisburg (USA) 1979 und Tschernobyl (UdSSR) 1986 haben jedoch die Unzuverlässigkeit der angeblich absolut sicheren Schutzmaßnahmen drastisch veranschaulicht. Es kam zur **Kernschmelze** mit 3000 °C und der Zerstörung des Reaktors. Ein solcher Super-GAU soll nach Meinung von Experten statistisch gesehen einmal innerhalb von 1 Million Reaktorbetriebsjahren auftreten können, d. h. bei 400 Reaktoren weltweit alle 2500 Jahre. Andere Experten rechnen die Wahrscheinlichkeit 10mal häufiger aus. Egal, statistisch heißt das, der Reaktorunfall kann heute, morgen, nächstes Jahr oder in 100 oder 1000 Jahren eintreten. Die Realität hat uns schneller eingeholt als befürchtet.

Mitte der 50er Jahre wurden die ersten Atomkraftwerke zur Elektrizitätserzeugung in der UdSSR, in GB und den USA in Betrieb genommen. Knapp 30 Jahre danach hielt die Welt den Atem an, als es im amerikanischen Atomkraftwerk Three Mile Island bei **Harrisburg** durch menschliches Versagen zum Schmelzen von einem Viertel der Brennelemente kam. Das Reaktorgebäude wurde verseucht, und Radioaktivität gelangte ins Freie. Es drohte über 4 Tage eine Explosion. Tausende von Menschen flüchteten aus dem Umkreis von Harrisburg. Die Reinigung und Entseuchung des Kraftwerks dauerte Jahre und kostete viele hunderttausend Dollar.

Hatten nach dem Harrisburg-Unfall viele Kraftwerkbetreiber und Ingenieure noch Anlaß, auf die Zuverlässigkeit der Technik auch in schwierigen Situationen hinzuweisen, weil größere Schäden bei Menschen nicht direkt auftraten, änderte sich die Situation sieben Jahre später.

Am 26. April 1986 um 1.32 Uhr Ortszeit kam es im Block 4 des Atomkraftwerks Tschernobyl (Ukraine) zu einem Super-GAU:

▶ Für Versuche mit dem Generator wurde der Reaktor abgestellt und dazu die automatische Reaktorregelung samt Notkühlung unerlaubt außer Betrieb gesetzt.

▶ Nach mehreren Fehlbedienungen geriet der Reaktor außer Kontrolle. Schlagartiger Leistungsanstieg führte zu Explosionen, so daß Brennelemente durch das Reaktorgebäude geschleudert wurden und dessen Dach zum Einsturz brachten.

▶ Der Moderator-Graphit begann zu brennen und riß radioaktive Stoffe kilometerhoch in die Luft.

▶ Erst nach 14 Tagen, durch den Abwurf von 5000 t Sand, Bor und Blei aus Hubschraubern, war der Graphitbrand gelöscht.

▶ Danach wurde der Reaktor mit Beton umhüllt – ein Zustand, in dem er für Jahrzehnte verbleiben wird.

Durch die freigesetzte →Radioaktivität wurden über 30 Menschen durch akute Strahlenschäden direkt getötet. Viele sind erkrankt oder werden an Langzeitfolgen sterben. In den Regionen um den Reaktor mußten 120 000 Menschen evakuiert werden. Die Verseuchung macht die Gebiete für immer unbewohnbar.

Die radioaktive Wolke breitete sich über weite Teile Europas aus. Besonders betroffen neben der UdSSR waren Polen, Rumänien, Finnland und Schweden. Je nach Windrichtung und Niederschlägen fanden sich die Radionuklide im Boden und in der Nahrung. Lebensmittel mußten tonnenweise vernichtet werden. Kinder durften nicht im Sand spielen. Cäsium, Strontium und Jod werden noch Jahrzehnte nachweisbar sein.

Man kalkuliert allein 10 000 zusätzliche Krebstote als Folge von Tschernobyl in Deutschland in den nächsten Jahrzehnten, insgesamt über 100 000. Die zusätzliche Strahlenbelastung durch Tschernobyl beträgt in Norddeutschland 2 mSv, in Süddeutschland 10 mSv.

So waren die Aktivitätsablagerungen von Cäsium-137 durch Tschernobyl in Münschen 1986 viermal größer als aus allen Kernwaffenversuchen der 50er und 60er Jahre. Und sie bleiben wegen der großen Halbwertszeiten noch lange in unserer Umwelt, insbesondere der Nahrung.

Aktivitätskonzentrationen von Cäsium-137 (Bq/kg) in Nahrungsmitteln (nach Angaben des Bundesumweltministers 1990):

| | **1983** | **Herbst 1986 München** | **1988** |
|---|---|---|---|
| **Milchprodukte** | **0,15** | **6–30** | **1** |
| **Getreide** | **<0,5** | **5–200** | **3** |
| **Rindfleisch** | **0,4** | **6–150** | **10** |
| **Gemüse** | **<0,4** | **<7** | **1–2** |
| **Obst** | **<1** | **5–300** | **1–10** |
| **Pilze** | **<170** | **bis 16000** | **k. A.** |

Niemand kann das «Restrisiko» ähnlicher oder noch folgenschwererer Atomkraftwerksunfälle ausschließen. Mag es auch statistisch noch so gering sein, immer bleibt ein Risikorest.

Restrisiko ist ein verharmlosender Begriff, hinter dem sich zum Teil tödliche Gefahren für Menschen verbergen. Das Risiko kann groß oder klein, gefährlich oder weniger gefährlich sein, aber es ist kein «Rest».

Schon 1992 gab es wieder einen schweren Störfall in einem russischen Atomkraftwerk bei St. Petersburg. Wann wird der nächste Unfall kommen?

Es bleibt nur eine sichere Konsequenz aus der Tschernobyl-Katastrophe: Der Ausstieg aus der Atomenergie!

# U

## Umwelt

Umweltschutz, Umweltverschmutzung, Umweltminister, →Umweltbewußtsein, →Umwelterziehung, →Umweltforschung, Umweltlexikon... das Wort «Umwelt» hat Hochkonjunktur, es ist in aller Munde. Und je häufiger es verwendet wird, um so mehr hat jeder den Eindruck, schon zu wissen, was damit gemeint ist. Und dennoch: Vor zwanzig Jahren noch kaum bekannt, muß der Begriff «Umwelt» heute für so allerlei Verschiedenes herhalten. Bezieht man «Umwelt» auf den Menschen, und zwar sowohl als einzelnes wie als gesellschaftlich organisiertes Wesen verstanden, so läßt der Begriff sich nach unterschiedlichen Gesichtspunkten fassen.

Umwelt läßt sich unter dem Blickwinkel von Nähe und Ferne näher bestimmen. Die Nahumwelt umfaßt unsere Wohnung, die Luft, die wir atmen, unsere nächsten Mitmenschen oder die Nahrung, die wir zu uns nehmen. Unsere weitere Umwelt sind der Stadtteil, in dem wir wohnen, arbeiten oder zur Schule gehen, die Straßen, Fabriken und die Verkehrsmittel. Und so läßt sich Umwelt immer weiter fassen: die Bundesrepublik, Europa und letztlich die ganze Welt. Wichtig ist, den Umweltbegriff immer als Wechselwirkung zwischen dem, was ich als einzelner Mensch unmittelbar wahrnehme und erlebe, und den globalen Zusammenhängen zu fassen. Denn die Ursachen für Veränderungen und Verschmutzungen von →Luft, →Boden oder →Wasser in meiner Nahumwelt sind oft weit entfernt zu suchen.

Bei einer Beschreibung von Umwelt lassen sich aber noch andere Unterscheidungen finden:

Die **biologische Umwelt**, auch belebte oder biotische Umwelt genannt, gibt dem Menschen die materiellen Voraussetzungen seiner Lebensvorgänge. Zum anderen verändert sich die biologische Umwelt ständig als Folge menschlicher Produktion.

Eng verknüpft mit der biologischen ist die **physikalische Umwelt**, die zusammen mit der technischen Umwelt auch als unbelebte Umwelt bezeichnet wird. Innerhalb der traditionellen →Ökologie wird der Umweltbegriff häufig auf die bisher angeführten Umweltgesichtspunkte beschränkt. Diese Verengung ist deshalb abzulehnen, weil ihr die Perspektive einer politischen Verbesserung der Umweltsituation fehlt. Hinzu kommen müssen die zwischenmenschlichen Beziehungen in und zwischen sozialen Gruppen wie Familie, Arbeitswelt und Gesellschaft insgesamt, d. h., die **soziale** und **kulturelle Umwelt** muß mitberücksichtigt werden. Gerade auch die kulturelle Umwelt spielt etwa bei der Entwicklung von Umweltbewußtsein eine entscheidende Rolle. Der Umweltbegriff sollte nie eng auf einen Bereich bezogen werden. Nur im Zusammenwirken biologischer, physikalischer, technischer, sozialer und kultureller Aspekte, nur innerhalb eines komplexen Beziehungsgefüges läßt sich eine wirksame →Umweltpolitik ansetzen (→Natur).

## Umweltberatung

Über 500 hauptamtliche und ehrenamtliche Umweltberatungen sind inzwischen bei Kommunen, Verbraucherzentralen und →Umweltschutzverbänden angesiedelt. Gegründet wurde die Umweltberatung 1983 auf Initiative von Maximilian Gege, dem Gründer und Vorsitzenden von A.U.G.E., der Aktionsgemeinschaft Umwelt, Gesundheit und Ernährung, Hamburg. Zusammen mit dem Wirtschaftsforschungsinstitut PROGNOS, Basel, wurde seit 1986 diese Einrichtung bundesweit institutionalisiert sowie das Berufsbild des Umweltberaters (→Umweltberufe) entwickelt. Die beiden Schwerpunkte der Umweltberatung sind die Beratung der Gemeinde und die allgemeine Öffentlichkeitsarbeit.

Die Tätigkeit von Umweltberaterinnen in der Gemeinde ist weiter ausbaufähig. Hier hat sich in den Rathäusern ein Tätigkeitsprofil in Richtung Umweltbeauftragter oder Umweltkoordinator ausgeprägt. Mit ihrem Engagement im Umweltbereich verfolgt die Kommune zwei Ziele. Zum einen ist die öffentliche Hand als Nachfolger für umweltfreundliche Produkte ein bedeutender Wirtschaftsfaktor auf dem Markt, zum anderen muß die Kommune selbst, um glaubwürdig zu sein, vorbildlich in ihrem eigenen Umwelthandeln sein.

Durch ein gezieltes bürgernahes Angebot, wie die Einzelberatung in Privathaushalten vor Ort, sollte das Umweltbewußtsein der Verbraucher und Verbraucherinnen wirkungsvoller gefördert werden. Der Grund: Auch die vielen kleinen Umweltsünden im Haushalt, auf der Straße oder im Garten summieren sich bei einer Bevölkerung von 80 Millionen, denn jede(r) von uns trägt mit dem individuellen Verhalten erheblich zur Umweltverschmutzung bei.

Trotzdem scheiterte die Idee der «Umweltberatung für Haushalte», da der direkte Kontakt in den eigenen vier Wänden von der Bevölkerung nicht angenommen wurde. Doch das Interesse an Beratung ist vorhanden. Steigende Nachfrage hat die Bevölkerung an einer anonymeren Form der Umweltberatung, die die «Intimsphäre» der eigenen Wohnung respektiert, wie einem Beratungsservice am **Umwelttelefon**, das in vielen Gemeinden als 24-Stunden-Service eingerichtet wurde. Hier können Umweltvergehen, wilde Müllkippen oder Unfälle gemeldet werden, die dann an die zuständigen Stellen weitergeleitet werden. Aber auch für Fragen nach der nächsten Schadstoffsammlung, nach der Sperrmüllabholung oder Shredderaktionen ist das Umwelttelefon zuständig.

Die Umweltberater wurden in der Re-

gel nicht arbeitslos, sondern sie betreuen das Umwelttelefon, arrangieren Veranstaltungen, beraten im Büro oder im Rathaus, halten Vorträge in Schulen, Kindergärten oder in der Erwachsenenbildung und produzieren Broschüren oder Verhaltenstips zu Umweltthemen in Tageszeitungen.
Fast alle Bürger, die eine Umweltberatung aufsuchen, setzen die dort erfahrenen Tips und Ratschläge in die Tat um, ermittelte die Universität Bielefeld 1990. Die Bereitschaft, eine Umweltberatung zu honorieren, ist gering, damit ist eine selbständige Umweltberatung auf dem Markt zur Zeit chancenlos.
Die Idee der «Umweltberatung» fand auch im Ausland viel Anklang: Im Auftrag der Europäischen Gemeinschaft ist das Modellprojekt «Umweltberatung in der Kommune» auch auf die europäischen Nachbarstaaten Spanien, England und Frankreich ausgedehnt worden. Aber auch in Belgien, Luxemburg, Italien, der Schweiz, Dänemark und Österreich wurden Umweltberater aktiv. Selbst bis nach Kanada hat sich die neue Einrichtung durchgesetzt.

**TiP** Welches Waschmittel wäscht umweltfreundlicher? Wohin mit dem Quecksilber aus dem defekten Fieberthermometer? Gibt es Spanplatten auch ohne Formaldehyd? Enthalten Desinfektionsmittel schädliche Inhaltsstoffe? Oder, wozu dient der blaue Engel? Neben Antworten zu allen Fragen aus dem Umweltbereich gibt die Umweltberatung auch Umwelttips, Informationen, Analyseergebnisse, Adressen von Umweltlabors oder von umweltrelevanten Behörden.

## Umweltberufe

Rund 440000 Arbeitsplätze hängen am Umweltschutz. Gerade bei jungen Leuten sind Berufe, in denen man sich hauptberuflich dem Schutz von Wasser, Boden, Luft, Wald oder Klima widmen kann, sehr beliebt. An den Universitäten und Fachhochschulen gibt es rund 170 Vollstudiengänge und über 20 Aufbaustudiengänge, um Umweltprobleme zu erforschen. Späterer Arbeitgeber ist für viele Absolventen der öffentliche Dienst mit seinen neugeschaffenen Umweltschutzämtern, Umweltministerien oder Landesbehörden. Aber auch Tiefbauämter, Stadtplanungsämter oder Fuhrämter verlangen neuerdings immer häufiger Umweltschutzqualifikationen von ihren neuen MitarbeiterInnen. Seit das **Umweltmanagement** auch in der Wirtschaft sein Schattendasein beendet hat und die Umsetzung der Umweltschutzmaßnahmen in Betrieb und Produktion von vielen Firmen zur Chefsache erklärt wurde, werden Arbeitsbereiche im Umweltschutz auch von der Industrie, dem Handel und – wenn auch noch selten – im Handwerk angeboten. Neue Ausbildungsberufe mit umweltbezogenem Schwerpunkt sind noch rar gesät. Doch auch in vielen herkömmlichen Ausbildungsberufen kann man im Umweltschutz arbeiten: Laborant(in), Gärtner(in). Förster(in) oder Mechaniker(in). Auch an der Berufsschule werden die Kenntnisse zum Umweltschutz in die Ausbildung einbezogen. Zwar sind nun Umweltschutzthemen in Zwischen- und Hauptprüfungen für viele Jugendliche obligatorisch, doch in vielen Betrieben wird das Wissen nicht verlangt.

Neugeschaffen wurde der Lehrberuf des Ver- und Entsorgers. Die Nachfolger des «Klärwärters» durchlaufen heute eine dreijährige Ausbildungszeit und absolvieren eine staatlich anerkannte Prüfung. Eine Spezialisierung während der Ausbildung ist in einer der drei Fachrichtungen Wasserversorgung, Abwasser- oder Abfallentsorgung nötig. Dementsprechend ist der Arbeitsplatz später im Wasserwerk, im Klärwerk oder auf der Mülldeponie.

### Berufsausbildung an Hochschulen

Der übliche Weg für einen «grünen» Einstieg ins Berufsleben ist immer noch ein abgeschlossenes naturwissenschaftliches Hoch- oder Fachhochschulstudium mit einer Weiterqualifikation in einem Umweltbereich. Schon im Studium haben beispielsweise Biologen, Geographen, Ökotrophologen, Bauingenieure oder Verfahrenstechniker eine ganze Reihe von Berührungspunkten zur Ökologie oder zum Umweltschutz. An verschiedenen Hochschulen zwischen Landshut und Lübeck werden Umweltschutz, Umwelttechnik, Umwelt- und Hygienetechnik, Ökologie, Raum- und Umweltplanung, Umweltrecht und Sicherheitsrecht angeboten. Ein Praktikum beispielsweise in einer Behörde oder einem Betrieb ist fast immer Voraussetzung und erhöht nach der Studienzeit die Einstellungschancen. Ansonsten gibt es kaum einheitliche Regelungen in den einzelnen Bundesländern.

### Berufliche Weiterbildung

Wie Pilze schießen inzwischen die Umweltakademien aus dem Boden, auch in den neuen Bundesländern. Die Maßnahmen dauern je nach Veranstalter und Kursziel zwischen einem Tag und mehreren Semestern. Die Kosten variieren bei den verschiedenen Angeboten zwischen Null und 10 000 Mark. Eine Kostenübernahme durch die Arbeitsverwaltung ist in einigen Fällen möglich. Je nach Berufszweig werden an die beruflichen und schulischen Voraussetzungen unterschiedliche Anforderungen gestellt: Hauptschulabschluß oder abgeschlossenes Studium. So unterschiedliche Anforderungen werden von den Veranstaltern auch für eine Weiterbildung als Berater/in in Umweltfragen (→Umweltberatung) verlangt, obwohl hier komplexes Wissen gefragt ist.

Umweltberater werden in allen Bereichen eingestellt: in Kommunen, Vereinen, Industrie, Handwerk oder Handel.

Auch Abfallberater, die sich schwerpunktmäßig mit Abfallvermeidungs- und Abfallrecyclingsstrategien befassen, haben Konjunktur, seit Wirtschaft und Kommunen den Kampf mit dem Müll aufgenommen haben.

### Freiwilliges ökologisches Jahr

In einigen Bundesländern (Berlin, Niedersachsen und Schleswig-Holstein) gibt es für Jugendliche die Möglichkeit, ein freiwilliges ökologisches Jahr im Umweltschutz, beispielsweise bei Umweltverbänden oder in Naturschutzgebieten, zu absolvieren. Diese Arbeit wird als Praktikum anerkannt. Eine bundesgesetzlich einheitliche Regelung und Anerkennung soll 1993 in Kraft treten.

**TiP** Da für Lehrgänge und Weiterbildungen im Umweltbereich von den Veranstaltern sehr unterschiedliche Angebote gemacht werden, ist eine eingehende Beratung beim Arbeitsamt dringend geboten. Dort sollte auch eine eventuelle Kostenübernahme nach dem Arbeitsförderungsgesetz angesprochen werden. Kurzlehrgänge von wenigen Stunden oder Tagen können als Fortbildung für Personen im Job gut geeignet sein, um Spezialkenntnisse zu erwerben. Als Qualifikation für einen Umweltberuf müssen mindestens zwei Semester investiert werden, um später Chancen auf dem Arbeitsmarkt zu haben.

## Umweltbewußtsein

Viele Bundesbürger bezeichnen sich zwar als umweltbewußt, aber in ihrem tagtäglichen Verhalten läßt sich das häufig nicht erkennen. Denn unter Umweltbewußtsein versteht man die Einsicht in die Gefährdung der natürlichen Lebensgrundlagen der Menschen durch diese selbst, verbunden mit der Bereitschaft, Abhilfe zu schaffen. Jedoch gerade an der Bereitschaft, Abhilfe zu schaffen und dafür gegebenenfalls auch persönliche Einbußen hinzunehmen, mangelt es leider meist.

### Ein Wertewandel vollzieht sich

Die Nachkriegsjahre waren bis Ende der sechziger Jahre vom Wirtschaftswunder und Fortschrittsglauben geprägt. Die Konsumgüterindustrie warf in kurzen Abständen immer wieder neue, modische oder schnell unbrauchbar gewordene Produkte auf den Markt. Der künstlich geweckte Bedarf ließ die Bürger in einen Konsumrausch hineintaumeln und führte schließlich bei vielen Verbrauchern zur «Ex-und-Hopp-Mentalität».
Doch die Wegwerfgesellschaft geriet bald in Schwierigkeiten, als die Umweltverschmutzung durch →Schadstoffe und Abfälle zunahm, →Energie teurer und Rohstoffe knapper wurden. Angesichts der sinkenden Lebensqualität entwickelte sich parallel zu einem Rückgang des wirtschaftlichen Wachstums in den siebziger Jahren ein ständig empfindlicher werdendes Umweltbewußtsein. Kaum eine gesellschaftliche Gruppe in der Bundesrepublik konnte sich dieser Entwicklung entziehen. Das Thema «Umweltschutz» wurde in der Öffentlichkeit populär. Dies ist vor allem der stetigen Öffentlichkeitsarbeit und den vielfältigen Aktionen der Bürgerinitiativen und der privaten Naturschutzgruppen zu verdanken (→Umweltverbände). Die Ökologiebewegung hat es geschafft, daß in vielen gesellschaftlichen Bereichen wie Politik, Wirtschaft, Erziehung der Natur- und Umweltschutz nicht mehr das fünfte Rad am Wagen ist.
Daß die Bedeutung des Umweltschutzes zugenommen hat, ist abzulesen an den bescheidenen Ansätzen von →Umwelterziehung an den Schulen, an der vermehrten Umweltberichterstattung in den Massenmedien, an Maßnahmen der Regierung, wie z. B. die Förderung von Umwelttechnik, Ausweitung des →Umweltrechts, Verstärkung der Umweltforschung u. a. Trotzdem zeigt die staatliche Umweltpolitik noch Mängel in der Durchführung und Überwachung der oft unzureichenden Gesetze (Vollzugsdefizit).
Umweltbewußtsein gründet sich aber

bei vielen Bürgern nicht unbedingt auf genaue Kenntnisse der Zusammenhänge, sondern ist vielmehr Ausdruck eines allgemeinen Unbehagens. Dies rührt daher, daß die Auswirkungen von Umwelt- und Gesundheitsbelastungen oft nicht unmittelbar erkannt oder bewiesen, sondern nur vermutet werden können. Oft waren auch schlechte Erfahrungen oder die persönliche Betroffenheit durch Mißstände die Ursache für die Entstehung von Umweltbewußtsein (→Umweltkrankheiten).

Ein in der Bevölkerung stark ausgeprägtes Umweltbewußtsein kann die Durchsetzung umweltpolitischer Ziele von Parteien oder Bürgerinitiativen erleichtern. Je höher das Umweltbewußtsein entwickelt ist, desto eher ist die Bereitschaft vorhanden, umzudenken und gewohnte Verhaltensweisen zu überprüfen und zu verändern. Viele umweltbewußte Menschen machen sich Gedanken, wie sie auch in den eigenen vier Wänden die Umweltverschmutzung im Alltag verringern können. Andere versuchen, durch den Kauf und den Gebrauch von umweltfreundlichen Produkten als positives Vorbild zu wirken. Darüber hinaus engagieren sich manche in den örtlichen Naturschutzgruppen oder Bürgerinitiativen.

### Umweltbewußtsein: Inflation eines Begriffes

Umweltbewußtsein ist einer der meistgebrauchten Begriffe in der öffentlichen Umweltdiskussion. Alle verwenden ihn, auch wenn sie entgegengesetzte Ziele verfolgen. Kaum eine Anzeige eines wirtschaftlichen Großkonzerns, der nicht für sein Produkt auch damit wirbt, weil es angeblich umweltbewußt produziert worden sein soll. Das kann logisch nicht wahr sein, denn wenn alle Unternehmen, wie sie behaupten, umweltbewußt handeln, müßten die Umweltzerstörungen sichtbar aufhören oder sich mindestens verlangsamen. Die Wahrheit ist aber, daß in immer mehr Bereichen die Zerstörung immer schneller voranschreitet. Nur sehr wenige Umweltprobleme haben sich dagegen wirklich entspannt. Zum Umweltbewußtsein gehört also nicht nur aktives Handeln, sondern auch das genaue Abwägen dessen, wer wirklich und wer nur scheinbar ökologisch handelt.

## Umweltbundesamt

(UBA) Das Umweltbundesamt, in Berlin am Bismarckplatz 1 gelegen, wurde im Jahr 1974 gegründet.

Seine Hauptaufgaben:
– Wissenschaftliche Unterstützung des Bundesinnenministers für Umwelt, Naturschutz und Reaktorsicherheit (BMU), bei allen Angelegenheiten der Luftreinhaltung, Lärmbekämpfung, Abfallwirtschaft, Wasserwirtschaft, Bodenschutz und Umweltchemikalien, insbesondere durch Erarbeitung von Rechts- und Verwaltungsvorschriften,
– Entwicklung von Hilfen für die Umweltplanung und die ökologische Begutachtung umweltbezogener Maßnahmen,
– Unterstützung bei der Prüfung der Umweltverträglichkeit von Maßnahmen des Bundes,
– Aufklärung der Öffentlichkeit in Umweltfragen,
– Bereitstellung von Umweltinformationen und -daten (UMPLIS)

– Abwicklung des Umweltforschungsplanes des Bundesumweltministeriums,
– Bereitstellung zentraler Dienste und Hilfen für die Ressortforschung und für die Koordinierung der Umweltforschung des Bundes,
– Abwicklung des Investitionsprogramms zur Verminderung von Umweltbelastungen.

Auf dem Gebiet der Erfassung, Bewertung und Zulassung chemischer Stoffe nimmt das UBA Vollzugsaufgaben nach dem Chemikaliengesetz, dem Wasch- und Reinigungsmittelgesetz sowie dem Pflanzenschutzgesetz wahr. Das Umweltbundesamt betreibt ein Labor für Abfalltechnik und Wasseranalytik sowie ein Luftmeßnetz.

Das Umweltbundesamt hat selbst keine eigenständigen Weisungs- und Kontrollbefugnisse in Umweltangelegenheiten.

Die Gründung des Umweltbundesamtes und die langjährigen Erfahrungen damit sind sicher positiv zu bewerten. Eine Vielzahl sehr informativer Tagungen und eine Reihe kritischer Veröffentlichungen haben ohne Zweifel zur Entwicklung eines →Umweltbewußtseins in der Bevölkerung beigetragen.

Da das UBA aber eine nachgeordnete Behörde des Bundesumweltministeriums ist, ebenso wie die Bundesforschungsanstalt für Naturschutz Landschaftsökologie (BFANL) in Bonn und das Bundesamt für Strahlenschutz (BfS) in Salzgitter, sind die Spielräume seiner Tätigkeit zwangsläufig begrenzt.

## Umwelterziehung

Schon wieder eine neue Erziehung? Nach der Welle der Sexualerziehung, Verkehrserziehung usw. haben Pädagogen nun die →Umwelt, ihre Zerstörung oder ihren Schutz zu ihrem Thema gemacht. Neue Begriffe tauchen auf: Umwelterziehung, Ökopädagogik, ökologisches Lernen, Umweltbindung u. a.

Unter Umwelterziehung versteht man sowohl das, was gelehrt und gelernt werden soll (Inhalte), als auch z. T. wie gelernt werden soll (Methoden). Umweltlernen findet heute praktisch in jeder Bildungseinrichtung statt, sei es in Schulen, an Volkshochschulen, in der Jugendarbeit, an Bildungsstätten, aber auch in →Umweltverbänden und →Bürgerinitiativen.

Auch im Freundeskreis, aber vor allem in der Familie findet täglich Umwelterziehung statt: Wird Energie gespart? Werden umweltfreundliche Waschmittel verwendet? Werden Pfandflaschen gekauft?

Umwelterziehung ist eine Reaktion auf das sich ständig ausweitende →Umweltbewußtsein in der Bevölkerung, darüber hinaus aber vor allem der Versuch, die wachsende Zerstörung der →Natur und die unaufhörliche Verschmutzung der Umwelt auch über die Erziehung und Ausbildung verringern zu helfen. Man weiß, daß durch ein kritisches Engagement für die Umwelt auch in der Erziehung und Bildungspolitik Kinder und Jugendliche sich zu umweltbewußten Erwachsenen entwickeln können.

### Umwelterziehung – neuer Wein in alten Schläuchen?

Die Stichworte Umwelt oder Umweltschutz tauchen zwar in den Lehrplä-

nen der meisten Schulen auf, das bedeutet aber nicht, daß die Inhalte umfassend und mit dem notwendigen gesellschaftspolitischen Hintergrundwissen behandelt werden, oder daß die Schüler zu umweltbewußtem Handeln befähigt werden. Einige Umweltthemen fehlen ganz in Schulbüchern, manche sind mangelhaft dargestellt. Meistens werden Umweltthemen in den Fächern Biologie, Physik oder Chemie behandelt, mitunter auch in Deutsch, Politik/Wirtschaft, Geographie oder Religion.
Allerdings sollte das Thema Umweltschutz nicht in eine Schublade gesteckt, d.h. als eigenes Schulfach eingerichtet, sondern fächerübergreifend im Unterricht behandelt werden (wie es beim Projektunterricht bereits geschieht).
Selbst engagierten Lehrern fällt es schwer, Natur und Umwelt im Unterricht angemessen anzubieten. Denn es fehlt an Möglichkeiten, Umweltschutz wirklichkeitsnah und praktisch in der Schule umzusetzen. Was der Lehrer in seiner Ausbildung nicht lernt, kann er auch Schülern nicht weitervermitteln. Da die Schulen vom übrigen, «wirklichen» Leben weitgehend abgetrennt sind, haben Lehrer und Schüler kaum eine Chance, sich z.B. in die Kommunalpolitik und in die lokalen Umweltkonflikte einzumischen. Außerdem wird von Staatsbeamten eine gewisse Zurückhaltung bei ihrer politischen Betätigung erwartet. Steht also der mündige, umweltbewußte Bürger nur in den Reklamebroschüren der Regierungen?
Sehr viele umweltbewußte Lehrer und Schüler haben sich aber mit diesem Zustand nicht abgefunden. Was nicht von oben angeboten wird, wird von unten improvisiert. Z.B. werden von Schulklassen Teiche, Wildblumenwiesen oder Gärten angelegt. Schulhöfe werden teilweise vom Asphalt befreit, Patenschaften für Bäume auf dem Schulgelände übernommen oder häßliche Backsteinwände begrünt. Im Rahmen von Projektwochen werden örtliche Gewässer auf ihren Verschmutzungsgrad untersucht (→Gewässerverschmutzung), werden Batterien und Chemikalien gesammelt, um den Müll zu entgiften (→Sonderabfall) oder wird eine Bestandsaufnahme der Fahrradwege (→Fahrrad) an die zuständige Behörde weitergegeben.
Nicht nur in der Schule, auch in der Erwachsenenbildung wurden Natur und Umwelt ins Programm aufgenommen. An den (Fach-)Hochschulen wurden z.T. eigene Studiengänge für die Umweltschutzthematik eingerichtet oder bei verwandten Berufsausbildungen erweitert (→Umweltberufe).

### Ökologisches Lernen

In Umweltschutzorganisationen und ökologischen Bildungsstätten können die Fehler und Mängel der traditionellen Lerninstitutionen wie Schule und Erwachsenenbildung vermieden werden. Hier ist der Umweltschutz kein vorgeschriebener Lernstoff, der innerhalb von 45 Minuten durchgezogen werden muß. In solchen Gruppen und Verbänden wird die Verschulung durch Lehrer-Schüler-Hierarchie und durch Benotung des Umweltwissens vermieden. Das Lernen ist freiwillig und macht Spaß, das Selbstbewußtsein des Jugendlichen wird gestärkt. Neue Lernformen der verschiedensten Art werden als sog. ökologisches Lernen bezeichnet. Im Mittelpunkt steht die Einheit von Lernen und Handeln in der Wirklichkeit. Es gibt einige Schulprojekte, bei denen der Charakter der Spielwiese zugunsten eines Probehandelns aufgehoben werden konnte. Selbst wenn es hier und da mit der Schulverwaltung Ärger gab, wurde wenigstens einmal für das Leben gelernt statt für die Schule.

## Umweltforschung

Umweltforschung wird an Hochschulen, staatlichen oder halbstaatlichen Forschungsinstituten mit jährlich etwa 400 Mio. DM gefördert. Das Bundesumwelt- und das Bundesforschungsministerium vergeben jährlich Forschungs- und Entwicklungsvorhaben. Die staatliche Umweltforschung hat die Aufgabe, alle Umweltbelastungen systematisch zu erfassen. Parallel dazu soll sie geeignete technische Methoden, Verfahren und Geräte zur Verhütung und Bekämpfung von Umweltschäden entwickeln und anwenden. Durch die Erarbeitung von Grundlagen für eine vorbeugende Umweltplanung soll die Umweltforschung die Wirksamkeit des Umweltschutzes steigern (→Umweltpolitik). Mit Hilfe neuer Kenntnisse und Verfahren kann sie künftige Umweltprobleme frühzeitig entdekken und Lösungsmöglichkeiten entwickeln.

Angesichts der Flut der gegenwärtigen und zu erwartenden Umweltschäden muß die Umweltforschung Prioritäten setzen und Arbeitsschwerpunkte festlegen, z. B. die hohen Belastungen von →Luft, →Wasser und →Boden oder die übermäßige Ausbeutung der Rohstoffe. Die eingeleiteten Forschungsarbeiten beschäftigen sich mit der Schaffung kostengünstiger Technologien zur Verminderung von →Emissionen (Luftschadstoffe, →Lärm), mit der Anwendung von Umwelttechnik, mit der Entwicklung von Umwelt-Kontrollmethoden (→Umweltverträglichkeitsprüfung, →Bioindikatoren). Um die Anwendbarkeit der erzielten Forschungsergebnisse zu erproben, werden in vielen Fällen Pilot- oder Demonstrationsanlagen gebaut. Staatliche Umweltforschung stößt jedoch schnell an ihre Grenzen. Nur wenn ihre neuen Verfahren technisch ohne Probleme umsetzbar sind, wenn sie für Industriebetriebe wirtschaftlich sind, d. h. wenn Umweltschutz den Gewinn nicht schmälert und wenn der Staat für größere Investitionen Finanzhilfen gewährt, werden umweltfreundliche Technologien von der Privatwirtschaft eingesetzt.

Größere Industrieunternehmen betreiben auch Umweltforschung, aber mehr im Sinne einer Verringerung ihrer Produktionskosten oder zur Steigerung ihres Umsatzes. Dabei können neue gesetzliche Bestimmungen auch Forschungsaufwendungen in der Industrie erzwingen. Die Entwicklung und Herstellung von Verfahren und Geräten für den technischen Umweltschutz weitet sich aus, und der Markt für Produkte wie Luftfilter, Trinkwasseraufbereitungsanlagen, Lärmschutzeinrichtungen, Ölbekämpfungsschiffe u. a. ist noch nicht gesättigt.

Neben der Umweltforschung durch Staat und Industrie gibt es einige unabhängige Institute und Gruppen, deren Forscher und Wissenschaftler →Bürgerinitiativen und →Umweltver-

bände unterstützen und gegenüber Parteien, Verwaltungen und Industrie ökologische Interessen kompromißlos vertreten (→Wissenschaft).
Z. B. legte das Freiburger Öko-Institut in den letzten Jahren mehrere Studien zur Energiepolitik (die von der Bundesregierung als Orientierungshilfe genutzt wurden), zur Wirtschaftspolitik, zur Landwirtschaft und zu Umweltgiften vor.
Andere Einrichtungen wie das Bremer Umweltinstitut, die Stiftung Mittlere Technologie, das Forschungszentrum für sanfte Technologie arbeiten in ähnlicher Richtung. Für sie stehen nicht →Wirtschaftswachstum und Umsätze im Vordergrund, sondern der Schutz der Menschen und der →Umwelt und eine lebenswerte Zukunft.
Sie haben sich in der «Arbeitsgemeinschaft ökologischer Forschungsinstitute» (AGöF) zusammengeschlossen.
Diese kritische Umweltforschung findet zunehmend Anerkennung bei der Begutachtung von Projekten aller Art.

## Umweltfreundliche Produkte

Kann man in einem Supermarkt umweltfreundlich einkaufen oder nur im Ökoladen? Ist das Spülmittel aus alternativer Produktion besser als das aus der chemischen Industrie? Gibt es überhaupt umweltfreundliche Produkte? Wenn man der Werbung glauben kann, ist inzwischen fast alles, was wir kaufen sollen, umweltfreundlich: «Haushaltsreiniger ohne Chlor, Flüssigwaschmittel ohne Bleichmittel, Weichspüler im Nachfüllpack, Benzin ohne Blei oder Lacke ohne Formaldehyd.» Jede Materialeinsparung und jede Verschlechterung des Produkts wird von cleveren Marketingstrategen schon als ökologisch positiv verkauft. Andererseits ist auch nicht abzustreiten, daß in den letzten Jahren zunehmend umweltfreundlichere Produkte in die Verkaufsregale gestellt wurden.
Doch je mehr umweltfreundliche Produkte miteinander in Konkurrenz treten, desto verwirrender wird das Angebot. Umweltfreundliches Einkaufen wird täglich zu einem neuen Umweltquiz: Was ist besser für die Umwelt? Ungebleichte, braune Papiertaschentücher, sauerstoffgebleichter Zellstoff, Taschentücher aus Altpapier oder Stofftaschentücher? Für eine genaue Beantwortung dieser Fragen müßte eine umfangreiche **Ökobilanz** aufgestellt werden, die jeden einzelnen Schritt im Leben eines Taschentuchs untersucht, von der Produktion über den Gebrauch bis hin zur Entsorgung. Und auch dann ist die Antwort häufig nicht eindeutig, wie beispielsweise bei Milchflaschen und Milchkartons. Wird die Flasche mehr als 20mal wiederbefüllt ist sie umweltfreundlicher, sonst schneidet die Kartonverpackung besser ab. Mit der Einführung des «blauen Engels» sollte für mehr Transparenz auf dem Markt gesorgt werden. Das **Umweltzeichen** wurde 1977 von den für Umweltschutz zuständigen Ministern des Bundes und der Länder geschaffen. Mit dem «blauen Engel» können solche Produkte gekennzeichnet werden, die im Vergleich zu anderen Produkten mit demselben Gebrauchszweck als besonders umweltfreundlich bezeichnet werden können, beispielsweise ein Rasierschaum ohne Treibgase (→Treibhauseffekt,

→Ozon). Damit bezeichnet der blaue Engel eine relative und keine absolute Umweltfreundlichkeit. Die Umweltfreundlichkeit kann verschiedene Gründe haben: Produkte können, wie Rasenmäher, besonders lärmarm sein oder, wie Lacke, vergleichsweise geringe Mengen an Schadstoffen enthalten. Der Grund für die Vergabe des Zeichens muß immer angegeben sein, umweltfreundlich weil... Beispiel: Umweltfreundlich, weil aus 100 % Altpapier. Umweltzeichenprodukte dürfen nicht schlechter sein als andere Produkte, das heißt, die Reifen müssen genauso sicher, die Lacke genauso haltbar und Papier genauso gebrauchstauglich sein wie weniger umweltfreundliche Konkurrenten auf dem Markt. Für den Einkauf soll das Umweltzeichen als eine Art Orientierungshilfe dienen. Das Umweltzeichen will aber auch die Hersteller motivieren, umweltfreundlichere Produkte anzubieten, denn so ein Zeichen hebt das Image des Produkts.

Während es für Nahrungsmittel aus dem →ökologischen Landbau eine ganze Reihe von aussagekräftigen Symbolen gibt, ist der blaue Umweltengel das einzige anerkannte ökologische Zeichen auf dem Non-food-Markt (Nicht-Lebensmittel-Sektor). Inzwischen dient es schon als Vorbild für die Europäische Gemeinschaft, Japan und Kanada. Bei uns wurde es für knapp 4000 Produkte beantragt.

Das Umweltzeichen wird nach festgelegten Kriterien der «Jury Umweltzeichen»; Mitglieder des Umweltbundesamtes, der Bundesländer, des RAL

(Deutsches Institut für Gütesicherung und Kennzeichnung e. V.) und Fachleuten vergeben. Die Vergabegrundlagen sind öffentlich und können von jedermann eingesehen werden.
Die Idee, das Umweltzeichen für Teilaspekte zu vergeben und nicht für das gesamte Produkt, ist dabei gleichzeitig der größte Kritikpunkt an dem Zeichen. Nach Ansicht von Kritikern könnte nach den Vergaberichtlinien auch eine Mittelstreckenrakete ein Umweltzeichen erhalten, wenn sie einen Recycling-Zünder enthielte.
Trotz dieser schweren Kritik geben in der Regel Warenzeichen und Hinweise über Umweltfreundlichkeit größere Gewähr für die Umweltverträglichkeit von Produkten als Waren, die nicht ausgezeichnet sind.

**TiP** Wenn Ihr Geldbeutel es zuläßt, kaufen Sie im →Bioladen ein. Hier bemüht man sich schon seit Jahren um ein ganzheitliches Ökologiebewußtsein: Angefangen von der Mehrwegverpakkung der Produkte bis hin zur umweltfreundlichen Angebotspalette. In konventionellen Geschäften ist der blaue Engel – trotz aller Kritik – ein guter Anhaltspunkt für Ihre Produktauswahl. Den blauen Engel gibt's beispielsweise für das Baukastensystem bei den Waschmitteln, mechanische Rohrreiniger wie Sauggglocke, Vakuumpumpe oder Spirale statt ätzender Chemikalien, für pestizidfreie Insektenmittel, für schadstoffarme Lacke oder für Toilettenpapier aus Altpapier. Ein vollständiges Produktverzeichnis erhalten Sie beim: Umweltbundesamt
Bismarckplatz 1, 1000 Berlin 33

## Umweltkrankheiten

Krankheiten sind die ständigen Begleiter der Menschheit. Mit den Lebensbedingungen und Umwelteinflüssen ändern sich auch ihre Krankheiten. Während früher die Pest die Geißel der Menschheit war, bezeichnet man heute den →Krebs als Pest des 20. Jahrhunderts. Schadstoffe, die Pflanzen, Tiere und deren Lebensräume belasten, stellen auch eine zunehmende Gefahr für die →Gesundheit von Menschen dar. Sie gelangen mit der →Luft, der Nahrung und dem →Trinkwasser in den menschlichen Körper. Neben den →Schadstoffen sind es aber auch →Lärm, Streß und Hektik, die krank machen können (→Medizin).

### Umwelteinflüsse als Krankheitsursache

Bei der Fülle der Umwelteinflüsse, denen wir am Arbeitsplatz (→Berufskrankheiten) oder am jeweiligen Wohnort ausgesetzt sind, und der wachsenden Menge chemischer Stoffe ist es oftmals sehr schwierig, eine klar umrissene Ursache für eine bestimmte Krankheit zu finden.
So kann sich z. B. die Wirkung zweier oder mehrerer Schadstoffe addieren oder potenzieren (→Kombinationswirkungen). Welcher Schadstoff für ein bestimmtes Krankheitsbild verantwortlich ist, läßt sich nur schwer nachweisen. Ferner vergehen nach der Aufnahme der Schadstoffe meist größere Zeiträume, bis körperliche Veränderungen auftreten.
Immer mehr Mosaiksteine in Form von einzelnen Untersuchungen und Befunden erhärten jedoch den Zusammenhang von Umweltgiften und Krankheiten.

## Schadstoffe wirken indirekt

Nur die wenigsten Schadstoffe machen direkt krank, sondern schädigen indirekt, indem sie das menschliche **Immunsystem** (Abwehrsystem) beeinflussen. So untersuchten z. B. österreichische Ärzte die Konzentration des körpereigenen Abwehrstoffs Immunglobulin A (IgA) im Speichel von Kindern aus verschieden stark belasteten Stadtteilen in Graz. Die Konzentration des IgA war um so niedriger, je schmutziger die eingeatmete Luft war. →Luftschadstoffe können offenbar die Bildung des IgA unterdrücken und so eine zeitweilige Immunschwäche auslösen. Auf den Schleimhäuten siedeln sich vermehrt Bakterien an und führen zur Entzündung der Atemwege und zu einer eingeschränkten Lungenfunktion.

Luftschadstoffe haben keine allergene Wirkung, sie können aber durch ihre schädigende Wirkung auf die Schleimhäute das Eindringen allergieauslösender Substanzen erleichtern und die Symptome einer →Allergie verstärken.

In ähnlicher Weise erklärt man sich auch →Pseudokrupp (Erstickungshusten bei Kindern). Die Frage ist noch ungeklärt, in welchem Ausmaß die Reizgase dazu beitragen, daß es zu einer viralen Infektion des Kehlkopfes kommt.

## Ältere Menschen und Kinder sind besonders betroffen

Alte Menschen, Säuglinge und kleine Kinder sind von den Umweltschadstoffen besonders betroffen. Das Statistische Bundesamt Berlin kam zu dem Ergebnis, daß nach Wintertagen mit hoher →Luftverschmutzung (mehr als 0,3 mg →Schwefeldioxid pro Kubikmeter Luft ) 15 % mehr äl-

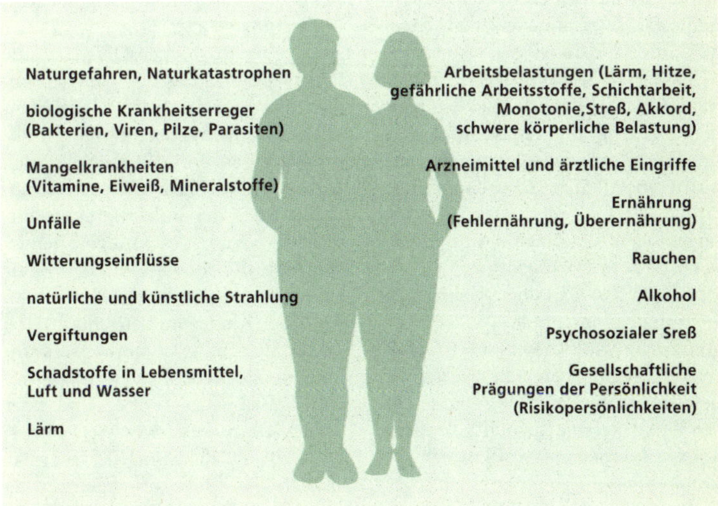


Umweltbedingte Krankheitsfaktoren

tere Menschen über 70 Jahre sterben als an Tagen mit vergleichsweise sauberer Luft (→Smog).
Auch für den plötzlichen und unerwarteten Tod (Krippentod; sudden infant death) mit noch immer ungeklärter Ursache, der nach Schätzungen jährlich zwischen 2000 und 4000 Babys ereilt, hat man ebenfalls Schwefeldioxid, aber auch →Stickoxide im Verdacht.
Die Luftwege eines Säuglings und sein noch nicht ausgebildetes Immunsystem sind solchen aggressiven Stoffen hilflos ausgeliefert. Schon ganz geringe Reizungen der Schleimhäute können bei Säuglingen zu Schwellungen und zum Verschluß der Nase oder des Kehlkopfes (→Pseudokrupp) führen. Nur sehr wenige Säuglinge können auch schon durch den Mund atmen.
Die Schadstoffe, die das →Waldsterben verursachen, können auch direkt auf die Bronchien einwirken. Schwefeldioxid setzt nämlich den Reinigungsmechanismus der Atemwege außer Kraft. Die winzigen Flimmerhärchen in der Bronchialschleimhaut, die abgefangene Fremdkörper über den Rachen wieder nach außen transportieren sollen, werden dadurch gelähmt. Jetzt können sich Giftstoffe ungehindert festsetzen, und Infektionen ist Tür und Tor geöffnet.
Eine ähnliche Wirkung ist auch vom →Ozon bekannt.
Auch im →Trinkwasser lauern Gefahren für Säuglinge bis zum sechsten Lebensmonat. Nehmen sie zu hohe Dosen →Nitrat mit dem Trinkwasser auf, so können sie an Blausucht erkranken.
Dabei verfärben sich die Lippen und die Haut eines Babys bläulich. Es bekommt keine Luft mehr, weil das Nitrit, das sich im Trinkwasser aus Nitrat gebildet hat, den Sauerstofftransport von den Lungen zu den Organen und den Muskeln blockiert. Das Baby kann «innerlich ersticken».

## Der Wohnort entscheidet mit

Ein Arzt in der Nähe von Oker (Harz) verglich die Erkrankungen seiner Patienten mit denen in anderen, wenig belasteten Gebieten. Oker war durch die →Schwermetall ausstoßenden Hütten in Verruf gekommen (→Bodenbelastungen). Die von diesem Arzt überdurchschnittlich oft festgestellten «Herz-Kreislauf-Krankheiten, Krankheiten des Knochen- und Muskelapparates, seelische und Nervensystemkrankheiten, Verdauungssystemkrankheiten sowie Infektionen der oberen Luftwege» lassen sich nach Meinung des Arztes «den vorherrschenden Umweltbelastungen plausibel zuordnen» («Der Spiegel», Nr. 2, 1984, S. 42).
Auch eine Rostocker Umweltstudie (1991) im Auftrag des Umweltbundesamtes zeigt deutlich auf, daß Menschen in industriellen →Ballungszentren besonders von den Umweltgiften bedroht sind. Nach dieser Untersuchung ist in der Industrieregion Bitterfeld – einem der zentralen Chemiestandorte der ehemaligen DDR – nur jedes zehnte Kleinkind gesund. Bis zu 90 % der Kinder im Alter bis zu drei Jahren leiden an Atemwegserkrankungen wie Keuchhusten und Bronchitis. Daß jedes fünfte Kind über Magen-Darm-Beschwerden klagte, wird auf die Belastung des →Trinkwassers mit →Blei zurückgeführt, da es in dieser Gegend noch viele Trinkwasserrohre aus Blei gibt. Ferner wa-

ren die Kinder in ihrer körperlichen und geistigen Entwicklung beeinträchtigt. Auch für die vergleichsweise hohe Zahl von gestörten Schwangerschaftsverläufen – bei 20% der Frauen – stellt die Studie einen Zusammenhang mit den Belastungen in der Umwelt und am Arbeitsplatz her.

### Schadstoffe schädigen die Fortpflanzung

Auch andere Untersuchungen belegen, daß Umweltschadstoffe einen negativen Einfluß auf die Fruchtbarkeit haben können. Schon geringe Mengen →polychlorierte Biphenyle (PCB), die z. B. aus den Schloten der →Müllverbrennungsanlagen entweichen, können die Beweglichkeit der Spermien herabsetzen. In der Eizellenflüssigkeit unfruchtbarer Frauen hat man signifikante Werte der →Pestizide DDT und Dieldrin gefunden. Man vermutet, daß diese Halogen-Kohlenwasserstoffe die Teilungsgeschwindigkeit der Zellen beeinflussen und damit die Weiterentwicklung des Eies verlangsamen. Die Keimzelle kann sich nicht einnisten und wird abgestoßen. Wenn immer mehr Paare ungewollt kinderlos bleiben, hängt dies offenbar – neben psychologischen Faktoren – auch mit der Umweltbelastung zusammen.

## Umweltkriminalität

Umweltdelikte sind Verstöße gegen Gesetze zum Schutz der Umwelt (→Umweltrecht). Sie werden seit 1973 in der Kriminalstatistik erfaßt. 1980 wurde das Strafgesetzbuch um das Umweltstrafrecht erweitert. Bis in den heutigen Tag werden die Umweltgesetze ständig nachgebessert

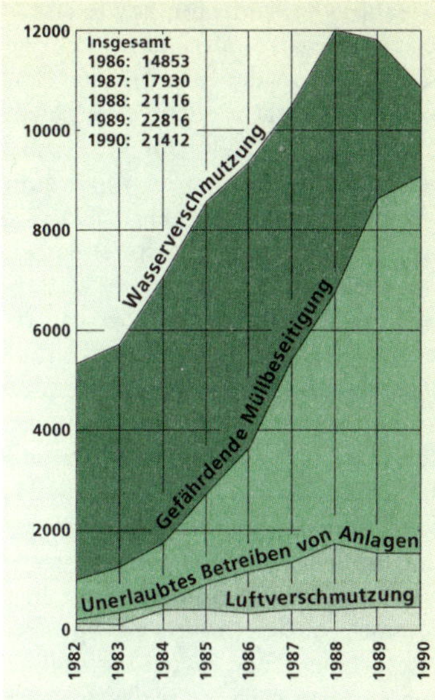


**Umweltstraftaten in den alten Bundesländern 1982–1990**

und verschärft, da die Erfahrung gezeigt hat, daß das Strafmaß nicht abschreckt, sondern eher zur Wiederholungstat animiert. Künftig sind zum Beispiel alle Verstöße gegen die →Luftreinhaltung strafbar und nicht nur eine Ordnungswidrigkeit. Auch die Bodenverunreinigung (→Bodenbelastungen) wird Straftatbestand, und Schäden an →Natur- und →Wasserschutzgebieten sind nicht mehr ordnungsrechtlich mit Bußgeldern, sondern mit Freiheitsstrafen belegt. Mit dieser Gesetzesänderung soll deutlich gemacht werden, daß Umweltvergehen keine Kavaliersdelikte sind. Der Alltag zeigt jedoch, daß es immer noch Verbrechen sind, die sich lohnen: Bei illegalen Müllexporten werden heute Gewinne erzielt wie sonst nur im Waffen- und Drogenhandel.

Im Jahr 1989 wurde mit 22816 erfaßten Umweltstraftaten der bisherige Höhepunkt in der Statistik der Umweltkriminalität erreicht. Mit einem Rückgang der Fälle um 6,2% auf 21412 Straftaten wurde 1990 zum erstenmal der Anstieg gebrochen.
In der Rangfolge der Straftaten stehen Wasserverschmutzungen (→wassergefährdende Stoffe) seit Jahren an erster Stelle. Doch illegale Praktiken auf dem Gebiet der umweltgefährdenden Abfallbeseitigungen haben steigende Tendenz. Luftverschmutzungen und der ungenehmigte Betrieb von Anlagen haben in der Statistik eine geringere Bedeutung, da sie auch technisch schwerer nachweisbar sind. Insgesamt wurden 1990 knapp drei Viertel aller Fälle aufgeklärt. Nicht nur eine intensivere Strafverfolgung ist der Grund für die Zunahme der Umweltkriminalität, sondern auch das gestiegene Umweltbewußtsein der Bevölkerung, das zu einer höheren Bereitschaft führte, Umweltsünder anzuzeigen. Bei Polizei und Gericht wurden vielerorts eigene Umweltabteilungen aufgebaut. Polizisten, sogenannte Umweltschutztrupps, wurden mit Umweltkoffern ausgestattet, um mit Teststäbchen und chemischen Reagenzien →Gewässerverschmutzungen sofort ermitteln zu können. Trotz der Erfolge auf dem Papier rechnet die Polizei mit einer erheblichen Dunkelziffer, besonders bei Straftaten, die über Bagatelldelikte hinausgehen. Weder die personelle oder die technische Ausstattung noch die fachliche Qualifikation der Beamten kann den neuen Aufgaben von Polizei und Staatsanwaltschaft gerecht werden.
Große Kritik der Staatsanwaltschaft gibt es auch an der mangelnden Kooperation mit den zuständigen Behörden. Aus Angst vor der Aufdeckung von Vollzugsdefiziten, und somit einer möglichen Mitschuld an Umweltstraftaten, werden hier Mißstände gerne ignoriert. Die geforderte Anzeigepflicht, das heißt, die Behörde muß bei Kenntnis einer Straftat Anzeige erstatten, wurde bisher vom Gesetzgeber immer abgelehnt. In der Regel macht die Verwaltung nur eine Anzeige, wenn sie selbst betroffen ist. Eine weitere Behinderung für die Verfolgung von Umweltstraftaten ist die Tatsache, daß nicht jeder, der die Umwelt verschmutzt, und seien die Schäden auch noch so groß, ein Straftäter ist. Denn im Umweltstrafrecht wird mit zweierlei Maß gemessen. Viele industrielle und kommunale Anlagen verschmutzen mit behördlicher →Genehmigung. Diese Großverschmutzer sparen auf Kosten der Umwelt teure Nachrüstungen ein und handeln sogar legal. Deshalb spricht das Gesetz auch nur von «unbefugter» Abwasserbeseitigung (→Abwasser). Konkret heißt das, wer sein Feudelwasser (→Wasch- und Reinigungsmittel) auf die Straße kippt, wird wegen unbefugter Abwasserbeseitigung belangt. Die Fabrik, die ihre giftigen Abwässer mit behördlicher Genehmigung in die Kanalisation (→Kläranlage) oder auch in einen Fluß (→Gewässerverschmutzung) einleitet, würde nicht einmal unter Umweltdelikten erfaßt werden. Auch die Verunreinigung der Luft (→Luftverschmutzung) ist nur dann strafbar, wenn dabei «verwaltungsrechtliche Pflichten verletzt» werden. Der Betrieb eines Chemiewerkes oder eines Atomkraftwerkes verstößt nur dann gegen das Umwelt-

strafrecht, wenn die behördliche →Genehmigung zum Betreiben der Anlage fehlt. Das heißt, nur wenn ein Verstoß gegen eine verwaltungsrechtliche Bestimmung nachgewiesen werden kann, hätte der Fall eventuell Chancen, vor Gericht verhandelt zu werden. Ob es zu einer Bestrafung käme, ist fraglich. Statistisch ist die Chance für einen Freispruch groß.

**TiP** Mit einer privaten Anzeige von Umweltsündern sollte jeder vorsichtig umgehen, da es sehr schwierig ist, im Umweltbereich vor Gericht fundierte Beweismittel beizubringen. Schäden an der Umwelt sind häufig erst nach Jahren zu beschreiben. Es birgt das Risiko, daß bei einer am Ende unbegründeten Strafanzeige der Anzeigende sich selbst strafbar machen kann. Geben Sie Hinweise an das kommunale Umwelttelefon, Bürgerinitiativen oder Umweltschutzverbände, sie können gebenenfalls auch die Beweise sichern.
Bei nachbarschaftlichen Umweltsündern, beispielsweise bei Abfallverbrennung im Kamin, bei Autowaschen auf der Straße oder bei Abschlagen von schützenswerten Bäumen, sollte erst versucht werden, auf Einsicht zu bauen. Hilfestellung bei solchen Problemen gibt auch das kommunale Umwelttelefon, das inzwischen in vielen Kommunen eingerichtet wurde.

## Umweltpolitik

Umweltpolitik ist zunächst Aufgabe der gewählten Parlamente und Verwaltungen in Bund, Ländern, Kreisen und Gemeinden. Auf all diesen Ebenen fallen täglich Entscheidungen, die unsere →Umwelt beeinflussen. Den allgemeinen gesetzlichen Rahmen (→Umweltrecht) setzt der Bundestag. Eine Verankerung des Umweltschutzes im Grundgesetz ist bisher an den Mehrheiten im Bundestag gescheitert. Mit der Vorlage eines Umweltprogramms im Jahr 1971 wurde dem Schutz von Natur und Umwelt erstmals eine gleichrangige Bedeutung neben anderen öffentlichen Aufgaben eingeräumt. Vorher gab es praktisch keine eigenständige, so bezeichnete Umweltpolitik.

Umweltpolitik sollte sich an folgenden Prinzipien orientieren:

- Vorsorgeprinzip
- Verursacherprinzip
- Kooperationsprinzip

Neben der Abwehr von Gefahren und Schäden für Mensch und Umwelt sollte verantwortliche Umweltpolitik bereits im Vorfeld Risikovorsorge betreiben.

Umweltpolitik als Zukunftsvorsorge sollte neue umweltverträgliche technische Entwicklungen anstoßen. Ziel der Umweltvorsorge ist es, die natürlichen Lebensgrundlagen zu schützen, zu erhalten und zu entwickeln und im Sinne eines ökologischen Generationenvertrages zu sichern.

Die isolierte Betrachtung und Behandlung von Umweltproblemen in Luft, Wasser, Boden hat vielfach zu Umweltproblemen an anderer Stelle geführt. Nur **integrierter Umweltschutz**, d. h. der Einsatz emissionsarmer Produktionsverfahren und die Entwicklung emissionsarmer Produkte, kann diese unerwünschten Effekte verhindern.

Umweltpolitik hat außerdem häufig erst in einem späten Stadium einer Investitionsentscheidung eingegriffen.

Damit sind Umweltbelastungen entstanden, die anschließend kaum mehr abgebaut werden konnten. Nur die Berücksichtigung der Belange des Umweltschutzes bereits in der Planungsphase kann solche Fehlentwicklungen verhindern.

Die Berücksichtigung der Vernetzung der verschiedenen Umweltbereiche, aber auch der verschiedenen Felder menschlicher Aktivitäten entspricht der Forderung des Sachverständigenrates für Umweltfragen nach einem sektorübergreifenden Umweltschutzkonzept.

Das **Verursacherprinzip** im Umweltschutz ist Kostenzurechnungsprinzip und ökonomisches Effizienzkriterium. Danach müssen grundsätzlich demjenigen die Kosten einer Umweltbelastung angelastet werden, der für ihre Entstehung verantwortlich ist. Das Verursacherprinzip entspricht damit dem Grundgedanken von Marktwirtschaft.

Die Anwendung des Verursacherprinzips ist der entscheidende Anstoß für ökologisch wirksame und zugleich ökonomisch effiziente Maßnahmen. Auf diese Weise werden Eigeninitiative und Kreativität für umweltschonende und zugleich kostengünstige Techniken mobilisiert (→Ökotechnik).

Das Kooperationsprinzip ist ein politisches Verfahrensprinzip, das auf eine möglichst einvernehmliche Verwirklichung umweltpolitischer Ziele gerichtet ist.

Eine möglichst weitgehende Beteiligung der gesellschaftlichen Gruppen bei der Konzeption und Durchsetzung umweltpolitischer Zielsetzungen und Maßnahmen ist sinnvoll. Kooperation ist Einfordern der Umweltverantwortung der Bürger, der Umweltorganisationen, der Wissenschaft, ganz besonders der Wirtschaft. Nachhaltige Erfolge im Umweltschutz können nur erzielt werden, wenn jeder in seinem Bereich seinen Beitrag zum Umweltschutz leistet.

Dem 1986 erstmals gebildeten Bundesministerium für Umwelt, Naturschutz und Reaktorsicherheit (BMU) wurden im wesentlichen alle Umweltschutzaufgaben übertragen.

Das Umweltministerium nimmt folgende Aufgaben wahr: Grundsatzfragen der Umweltpolitik, grenzüberschreitende Zusammenarbeit, Wasserwirtschaft, Abfallwirtschaft, Immissionsschutz, Umwelt und Gesundheit, Schutz vor Gefahrstoffen, Naturschutz, Bodenschutz, Sicherheit kerntechnischer Einrichtungen, Strahlenschutz, nukleare Ver- und Entsorgung.

Das Grundgesetz weist ferner den Bundesländern im Umweltschutz weitreichende Aufgaben zu. So haben die Länder für Naturschutz und Landschaftspflege und beim Wasserhaushalt, wo der Bund lediglich eine Rahmenkompetenz hat, eigene Gesetzgebungskompetenzen. Bei Gesetzgebungsvorhaben, bei denen der Bund die konkurrierende Gesetzgebungskompetenz besitzt, also zum Beispiel im Immissionsschutz, in der Abfallwirtschaft und im Strahlenschutz, wirken die Länder an der Gesetzgebung des Bundes über den Bundesrat mit.

Die Mitverantwortung der Länder für den Umweltschutz ist vor allem durch ihre Zuständigkeit für den Vollzug der Umweltrechtsvorschriften – des Bundes und der Länder – begründet.

Eine Reihe von Arbeitsgemeinschaften, Arbeitskreisen und Ausschüssen, in denen Bund und Länder vertreten sind, befassen sich mit einzelnen Umweltbereichen. In der Umweltministerkonferenz wird eine Vielzahl von Bund und Länder berührenden Themen in der ganzen Breite der Umweltpolitik behandelt.
Die Kommunen haben beim Vollzug der Umweltgesetze von Bund und Ländern, vor allem aber auch im Rahmen ihrer grundgesetzlich garantierten Selbstverwaltung wichtige Aufgaben im Umweltschutz zu erfüllen. Sie gestalten mit ihren Entscheidungen die örtliche Lebenswelt der Menschen und verändern seine soziale wie natürliche Umwelt.

Zu den traditionellen Aufgabenbereichen der Kommunen, wie Bauleitplanung, Verkehrs- und Grünplanung, Stadtreinigung und Abwasserbeseitigung, sind zahlreiche neue Herausforderungen getreten, so:
– der Ausbau der Abfallverwertung,
– die Sanierung von Altlasten,
– die Sanierung alter Kanalisationsnetze,
– Sanierungs- und Vorsorgemaßnahmen im Lärmschutz,
– die Intensivierung von Naturschutz und Landschaftspflege,
– die Beachtung der Umweltverträglichkeit bei der Energieversorgung.
Es gibt eine Vielzahl umweltpolitischer Instrumente, mit denen auf ein umweltschonendes Verhalten aller unmittelbaren und mittelbaren Verursacher von Umweltbelastungen hingewirkt werden kann. Das Instrumentarium der Umweltpolitik umfaßt:
– Gebote und Verbote durch Gesetze und Verordnungen,
– die →Umweltverträglichkeitsprüfung,
– die Technikfolgenabschätzung,
– wirtschaftliche Anreize und Ökosteuern,
– Selbstverpflichtungen und Zusagen,
– Beratungs- und Informationsleistungen,
– Umweltbildung und -aufklärung.
Umweltprobleme machen an Ländergrenzen nicht halt. Die Notwendigkeit zu internationaler Zusammenarbeit ist bei der Umweltpolitik von großer Bedeutung.
Für die grenzüberschreitende Zusammenarbeit im Umweltschutz hat die Europäische Gemeinschaft eine herausragende Bedeutung. Als supranationale Organisation können sie für die Mitgliedstaaten verbindliches Recht setzen. Nahezu auf allen Gebieten des Umweltschutzes hat die Europäische Wirtschaftsgemeinschaft (EWG) gemeinschaftliche Regelungen erlassen, die mit ihrer Umsetzung in nationales Recht die Umweltgesetzgebung in den Mitgliedstaaten wesentlich prägen. Als wichtige umweltrelevante Maßnahmen aus letzter Zeit sind zu nennen:
– die weitgehende Durchsetzung des schadstoffarmen Kraftfahrzeuges,
– die gemeinsamen Bemühungen zur durchgreifenden Bekämpfung der Verschmutzung der Nordsee und der europäischen Binnengewässer,
– das gemeinschaftliche Vorgehen zur Verringerung der die Ozonschicht schädigenden FCKW und der Emissionen aus Großfeuerungsanlagen.
Für die weitere Entwicklung der EG-Umweltpolitik ist das Inkrafttreten

der Einheitlichen Europäischen Akte von besonderer Bedeutung. Ein Ziel der Einheitlichen Europäischen Akte ist es, den Umweltschutz gemeinschaftsweit voranzubringen.
Umweltpolitik kann aber nur organisieren und gestalten, sofern andere gesellschaftliche Interessen dem nicht entgegenstehen. Ständig haben Umweltpolitiker Konflikte mit anderen Nutzungsinteressen aus Wirtschaft, Landwirtschaft oder Fremdenverkehr zu bestehen. Es bedarf eines gesellschaftlich organisierten Druckes der Menschen in →Bürgerinitiativen, →Umweltverbänden und Parteien für eine bessere Umwelt, damit Umweltpolitik vorankommen kann.
Zur Zeit ist Umweltpolitik auf allen Ebenen noch nicht in der Lage, auf die ständig drängenderen ökologischen Probleme angemessen zu reagieren. Aber es wird Zeit dazu, ehe es zu spät ist... Der Wald stirbt weiter, das Ozonloch wächst, die Meere werden zu Kloaken, die Böden verseuchen, die Müllhalden wachsen. Wann kommt eine Umkehr?

## Umweltrecht

Umweltrecht zum Schutz der Umwelt ist keine «Erfindung» der letzten 20 Jahre. Schon im Altertum gab es Erlasse, Gesetze und Verordnungen, um die Umwelt leiser zu machen, das Wasser zu schützen oder die Städte vor Hausmüllbergen zu bewahren. Mit Beginn der Industrialisierung wurden neue Bestimmungen notwendig, die die Menschen vor Schäden durch Rauch, Staub oder giftigen Abwässern schützen sollten. Damals wie heute waren **Umweltgesetze** verspätete Reaktionen auf regelungsbedürftige Verhältnisse.
Bevor →Umweltpolitik und Umweltrecht in den 70er Jahren ausdrücklich thematisiert wurden, war schon eine Reihe von umweltrelevanten Gesetzen in der Bundesrepublik verabschiedet worden: Das Bundesjagdgesetz (1952), das Wasserhaushaltsgesetz (1957), das Atomgesetz (1959), das Detergenziengesetz (1961), das Düngemittelgesetz (1962), das Baulärmgesetz (1965), das Pflanzenschutzgesetz (1968) und das Altölgesetz (1968). In den 70er Jahren wurde gleich eine ganze Serie von Umweltgesetzen rechtskräftig:

| | |
|---|---|
| **1971** | **Fluglärmgesetz**<br>**Benzinbleigesetz** |
| **1972** | **Abfallbeseitigungsgesetz**<br>**DDT-Gesetz**<br>**Tierschutzgesetz** |
| **1974** | **Bundesimmissionsschutzgesetz**<br>**Lebensmittelgesetz** |
| **1975** | **Bundeswaldgesetz**<br>**Waschmittelgesetz**<br>**Umweltstrafrecht** |
| **1976** | **Abwasserabgabengesetz**<br>**Bundesnaturschutzgesetz**<br>**Atomrechtsnovelle** |
| **1977** | **Novellierung des Düngemittelgesetzes** |
| **1980** | **Umweltchemikaliengesetz** |

Dieser Rundumschlag im Umweltschutz täuscht zwar große politische Aktivitäten vor, macht aber auch deutlich, daß es kein umweltpolitisches Gesamtkonzept gegeben hat. Daran krankt der Umweltschutz bis heute (→Umweltkriminalität). Viele Gesetze mußten in den 80er Jahren nachgebessert werden, das heißt, sie wurden wieder den Gegebenheiten angepaßt: Das Immissionsschutzgesetz (1985, 1986) (→Immissionen), auch 1986, das Wasserhaushaltsgesetz (→Grundwasser), das Abwasserabgabengesetz (→Abwasser), das Abfallgesetz, das Pflanzenschutzgesetz (→Pestizide), das Bundesnaturschutzgesetz (→Naturschutz), das Waschmittelgesetz (→Wasch- und Reinigungsmittel) und das Tierschutzgesetz (→Tierversuche). Auch neue Gesetze kamen hinzu: Das Strahlenschutzvorsorgegesetz (1986), das Gesetz zur →Umweltverträglichkeitsprüfung (1990), das Gentechnologiegesetz (1989) (→Gentechnik) sowie verschiedene Gesetzesnovellierungen.

Gerade das Strahlenschutzvorsorgegesetz (→Radioaktivität) ist ein «schlechtes» Beispiel für die Umweltpolitik nach dem «Feuerwehrprinzip». Erst die Auswirkungen von Tschernobyl waren die Auslöser für gesetzliche Vorsorgemaßnahmen, in einem Land, in dem 25 Kernkraftwerke betrieben werden. Die Lücken in der Umweltgesetzgebung finden ihre Fortsetzung in den Verordnungen und Verwaltungsvorschriften der Bundesländer und Kommunen. Von den Verwaltungsbehörden in den Städten, Gemeinden und Landkreisen werden die Vorschriften häufig nicht so streng ausgelegt, wie das Gesetz es zuließe. Das liegt auch daran, daß heute die Behörden Betriebe kontrollieren sollen, denen sie noch vor ein paar Jahren großzügige →Genehmigungen erteilt haben. Und vor Ort rangieren wirtschaftliche Interessen immer noch vor ökologischen Erfordernissen.

Weil feste Vorgaben in den Gesetzen fehlen, beispielsweise beim Lärmschutz, beim Gesundheitsschutz vor schädlichen Immissionen aus Chemiewerken oder Kraftwerken oder bei der notwendigen Abwägung zwischen Ökonomie und Ökologie, ist die Umweltrechtsprechung häufig eine Ermessensentscheidung des zuständigen Richters und seiner Umweltbildung. Durch Richterrecht sind auf diese Weise einige Gesetzgebungsdefizite kompensiert worden.

Eine bedeutende Verbesserung ist der Ausbau des «Drittschutzes». Danach wurde auch «Nachbarn» von Flugplätzen, Atomkraftwerken oder Autobahnen im weiteren Sinne eine **Klagebefugnis** eingeräumt. Während früher nur direkte Nachbarn klagen konnten, deren Eigentum von den Planungen unmittelbar betroffen war, können nun auch Anlieger Einwendungen erheben, die mehrere Kilometer entfernt wohnen, deren Gesundheit aber von den Umweltauswirkungen des geplanten Projekts gefährdet ist. Längst überfällig ist aber noch die Institutionalisierung einer **Verbandsklage**. Danach hätten auch Umweltschutzverbände die Möglichkeit, gegen Behördenwillkür vorzugehen, wenn die Rechte der Allgemeinheit verletzt werden. Diese Ausdehnung der Klagebefugnis wäre gerade im Naturschutzrecht (→Naturschutz) geboten, da es hier nach der allgemeinen Rechtsauffassung praktisch gar keinen betroffenen Dritten gibt, demnach auch kein Bürger oder keine Bürgerinitiative als Anwalt der Natur auftreten kann. Gemessen an der Umweltschutzgesetzgebung hätte die ehemalige DDR vorbildlich in Europa sein können, doch die Umsetzung wurde Opfer der wirtschaftlichen Planerfüllung. Selbst das im Westen von Umweltschützern bisher vergeblich umkämpfte Ziel, den Umweltschutz in der Verfassung zu verankern, wurde noch im Juni 1990 realisiert. Aber nur für einen Monat. Nach Artikel 16 des Staatsvertrags zur deutschen Einheit galt danach das Rahmengesetz zum Umweltschutz. Ab 1.7.90 verpflichtete sich die damalige DDR in der sogenannten Umweltunion zur Übernahme des bundesdeutschen Umweltrechts und damit zur Angleichung ihrer Regelungen an die Umweltregelungen der alten BRD.

## Umweltschutzpapier

Jeder Bundesbürger verbraucht im Durchschnitt pro Jahr eine halbe Tonne Holz und über 50000 l Frischwasser allein für seinen Papierbedarf. Ferner ist ein hoher Energieaufwand nötig, um Papier herzustellen.
Indem die Papierhersteller auf Altpapier als Rohstoff zurückgreifen, kann
– der Frischwasserverbrauch um das 10–20fache;
– die Abwasserbelastung um das 3–30fache;
– der Energieverbrauch um das 2–5fache
verringert werden.
Zur Zeit wird etwa die Hälfte des verwendeten Papiers wieder als Altpapier der Neuproduktion zugeführt. Insbesondere Verpackungen und Hygienepapiere bestehen weitgehend aus Altpapier.
Das Papierrecycling hat jedoch auch Probleme. Bedrucktes Papier würde nach 3–9 Umläufen rabenschwarz. Um die Druckfarben zu entfernen («De-inking») sind wiederum Chemikalien notwendig, die die Umwelt belasten. Als Ausweg bleibt nur der durchgängige Einsatz von recyclinggerechten, de-inkbaren Offsetdruckfarben und der möglichst sparsame Einsatz von chemischen Stoffen bei der Entfärbung. Auf keinen Fall darf Chlor als Bleichmittel eingesetzt werden.
Häufig bezeichnen Hersteller ihre Produkte als **Recyclingpapier,** obwohl sie nicht zu 100 % aus Altpapier bestehen und obwohl reichlich chemische Bleich- und Färbemittel eingesetzt werden.

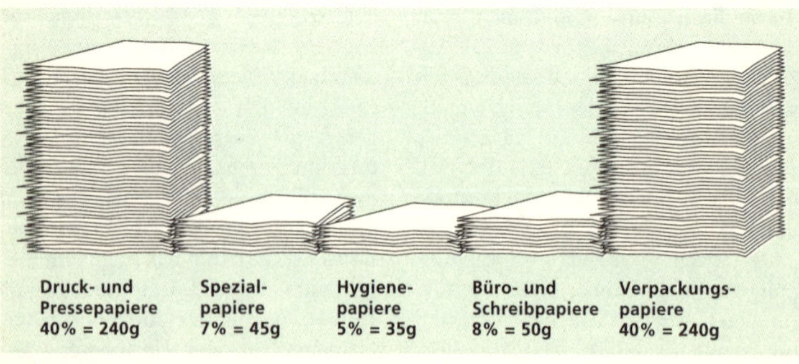


**Papierverbrauch pro Bundesbürger je Tag**

**Verbrauchswerte für 1 kg Papier (ca. 200 Blatt DIN A4)**

Selbst auf den blauen Engel ist nicht immer Verlaß. Zur Zeit bieten die Gütezeichen: «ökopa», «vup», «ap» und «Erdpapier» dem Verbraucher Gewähr für wirkliches Umweltschutzpapier, d. h.:

- **zu 100% aus Altpapier**
- **kein De-inking**
- **nicht gebleicht und gefärbt**
- **mit Naturharzen geleimt**
- **geschlossener Wasserkreislauf**
- **weniger als 10 l Wasserverbrauch pro kg Papier.**

## Umweltstreß

Der aus der englischen Sprache stammende Begriff Streß bezeichnet eine Übererregung des Nervensystems, die bis an eine Schmerzgrenze reichen kann. Alle Sinneswahrnehmungen und alles Handeln von Menschen und vielen Tieren wird von einer Erregung des Nervensystems begleitet oder gesteuert.

Die Erregung auf einem mittleren (oder optimalen) Niveau wird als lustvoll und handlungsanregend empfunden. Menschen suchen oft solche Umwelten (→Umwelt) auf, welche ein mittleres Erregungsniveau des Nervensystems hervorrufen. Man denke nur an Abenteuerfilme, Wett-

kämpfe oder das Aufsuchen neuer Situationen. In der Regel geht es dabei um maßvolle Gefährdungen, Konflikte oder undurchsichtige Situationen oder um die Suche nach Klarheit, welche das Nervensystem auf ein optimales Niveau bringen.
Streß entsteht nun, wenn die Gefährdungen oder Konflikte oder die Unklarheiten so stark werden, daß das Nervensystem übererregt wird und die Menschen dies nur noch mit Mühe oder mit Schädigungen ertragen. Dies geht meist auf Kosten des Wohlbefindens und der Verfügbarkeit über seine Fähigkeiten. Bei Streß versagen zum Beispiel Menschen in Prüfungen, oder man verkriecht sich, schaut weg bis hin zum Schock, der das Nervensystem lange Zeit lähmen kann.
Die Ereignisse oder Quellen, welche Streß auslösen, stammen in der Regel aus der →Umwelt. Mit Umweltstreß ist jedoch gemeint, daß diese Quellen (oder Faktoren) des Stresses aus den gefährdeten oder belasteten oder zerstörten Teilen der Umwelt kommen, und zwar aus den Teilen, die durch Menschen gefährdet sind. Vulkanausbrüche und Gewitter erzeugen bei vielen Menschen zwar auch Streß, aber sie sind in der Regel nicht von Menschen verursacht und haben deshalb nichts mit Umweltstreß zu tun.
Hingegen kann stärkerer Fluglärm (→Lärm), →Smog, durch Kolibakterien verseuchtes Badewasser (→Gewässerverschmutzung) oder Gestank aus Industriewerken (→Luftverschmutzung) durchaus Umweltstreß erzeugen. Diesen streßauslösenden Faktoren können Menschen manchmal dadurch entgehen, daß sie den Ort wechseln oder Schutzmaßnahmen ergreifen. Ein besonders hoher Umweltstreß wird aber dann erzeugt, wenn kaum die Möglichkeit dazu besteht, den Streßfaktoren auszuweichen: So hat die radioaktive Verseuchung von →Luft, →Wasser und →Böden nach den Ereignissen in →Tschernobyl bei vielen Menschen besonders hohen Umweltstreß hervorgerufen.

## Umwelttests

Nitrat im →Trinkwasser, →Schwermetalle in der Nahrung und →Formaldehyd in der Zimmerluft – Schadstoffe umgeben uns in allen Lebensbereichen. Wer möchte da nicht gern die individuelle Belastung seiner persönlichen →Umwelt messen und vermindern. Die Möglichkeiten dazu sind weit besser, als die meisten meinen. Zahlreiche private und staatliche **Umweltlabors** führen – allerdings kostenpflichtig – Schadstoffmessungen an →Wasser, →Boden, →Luft und Nahrungsmitteln durch. Da die Kosten sehr differieren, ist ein Preisvergleich unbedingt angeraten. Umweltberatungen und Rückstandsuntersuchungen führen auch **Wissenschaftsläden** durch, die in einigen Universitätsstädten vorhanden sind. Wissenschaftsläden sind nicht kommerzielle, verbrauchernahe Einrichtungen. Daneben können einige Schadstoffe auch mit einfachen **Umwelttests** selbst gemessen werden. Dies sind in der Regel Teststäbchen, die nach Kontakt mit dem zu messenden Stoff eine Farbveränderung zeigen. Durch Vergleich mit einer beigefügten Farbtabelle kann die Schadstoffbelastung quantitativ abgelesen werden. Teststäbchen sind im Laborhandel oder einer Apotheke erhältlich.

### Schadstoffe in Lebensmitteln

sind wohl eine der direktesten Umweltbeeinträchtigungen, mit der jeder konfrontiert ist. Die Überwachung der Lebensmittelqualität obliegt den Lebensmittelüberwachungsbehörden und **Untersuchungsanstalten**. Letztere führen auch Untersuchungen im Privatauftrag durch. Untersucht wird dabei z.B. auf Krankheitskeime, Schwermetalle, Pestizide, Tierarzneimittel und Radioaktivität. →Muttermilch-Untersuchungen sind vielfach kostenlos. Daneben führen auch private Gruppen, wie der «Verein Eltern für unbelastete Nahrung» Messungen durch. Die Nitratbelastung, die insbesondere für Kleinkinder sehr gefährlich ist (→Nitrat / Nitrit / Nitrosamine), kann auch auf einfache Weise selbst gemessen werden, mit sogenannten Nitratteststäbchen, die sehr einfach zu handhaben sind (der Test dauert zwei Minuten).

### Kann man Trinkwasser trinken?

Für die Überwachung der →Trinkwasserqualität sind die Wasserversorgungsunternehmen zuständig. Bei Wasserbeeinträchtigungen, die in deren Verantwortungsbereich liegen, müssen Untersuchungen der Wasserproben kostenlos durchgeführt werden. Daneben können Wasserproben zur Untersuchung von Nitrat, Bleigehalt und Lösungsmitteln an ein privates Untersuchungslabor gegeben werden. Nitrat kann auch mit Nitratteststäbchen selbst getestet werden. Für die Dosierung des Waschmittels ist der Härtebereich des Wassers wichtig. Dieser kann bei den Wasserversorgungsunternehmen erfragt oder mit Teststäbchen selbst gemessen werden.

### Schadstoffbelastungen im Boden

Obwohl der Garten vielfach als «grüne Idylle» angesehen wird, sind Gartenböden nicht frei von Schadstoffen (→Bodenbelastungen). Daneben gehört die Bodenuntersuchung zur Vorbereitung der Düngung auch zur allgemeinen gärtnerischen Praxis. Für Bodenuntersuchungen sind die **Landwirtschaftlichen Untersuchungs- und Forschungsanstalten** (**LUFA**) zuständig. Diese nehmen auch private Aufträge zur Schadstoffuntersuchung sowie zur Düngebedarfsermittlung entgegen. Gleiche Dienste bieten zahlreiche private Untersuchungslabors, die meist in Gartenzeitschriften inserieren. Im Gartenfachhandel gibt es zur Ermittlung des Düngebedarfs Teststäbchen oder umfangreichere Testsets, mit denen die wichtigsten Nährstoffe sowie der pH-Wert selbst gemessen werden können. Insbesondere der pH-Wert zur Abschätzung des Kalkbedarfs ist mit pH-Stäbchen einfach zu bestimmen.

### Raumluft – oft schlechter als draußen!

Umweltbelastungen machen auch vor den heimischen vier Wänden nicht Halt. Oft ist die Belastung der Raumluft sogar höher als die der Außenluft (→Luftbelastungen). Schadstoffe sind vor allem →Asbest, →Formaldehyd, Holzschutz- und Verdünnungsmittel. Da die Untersuchung der Luft einen gewissen apparativen Aufwand erfordert, muß diese durch Behörden, wissenschaftliche Einrichtungen und private Labors durchgeführt werden.

## Umweltverbände

Den Schutz der Natur haben sich zahlreiche Gruppen und Organisationen zum Ziel gesetzt. Neben vielen örtlichen →Bürgerinitiativen und Aktionsgruppen, die zum Teil im Bundesverband Bürgerinitiativen Umweltschutz (BBU) organisiert sind, gibt es als Dachverband den Deutschen **Naturschutzring** (DNR).

1950 gründeten zahlreiche Vereine, die sich mit dem Naturschutz befaßten, den Deutschen Naturschutzring e.V. (DNR). Ihm gehören derzeit 92 Mitgliedsverbände an, die zusammen ca. 2,5 Millionen Mitglieder haben. Die eigentlichen Naturschützer, die uneigennützig den Schutz der Natur um ihrer selbst willen betreiben, sind allerdings in der Minderheit. Allein der Deutsche Alpenverein, die anderen organisierten Wandervereine und Reiter stellen 1,5 Millionen Mitglieder. Weitere Vereine, die die Natur eher nutzen als sie selbstlos zu schützen, sind die Kanufahrer oder die Sporttaucher. Ausgeschlossen wurden allerdings bereits vor einigen Jahren der Deutsche Jagdschutzverband und die Sportfischer, die zu den Gründungsmitgliedern gehört hatten. Weitere Mitgliedsverbände sind z.B. der →Bund für Umwelt und Naturschutz Deutschland, Deutscher Bund für Vogelschutz, Deutscher Imkerbund, Deutscher Tierschutzbund und die Schutzgemeinschaft Deutscher Wald.

Der DNR versucht, als Dachverband seiner Mitgliedsorganisationen vor allem Einfluß auf die Politik der Bundesregierung und der Fachbehörden auf Bundesebene zu nehmen.

Der Deutsche Bund für Vogelschutz (DBV) / **Naturschutzbund** Deutschland engagiert sich ebenso für den Naturschutz wie der →Bund für Umwelt und Naturschutz Deutschland (BUND), die Naturfreunde Deutschland, aber auch →Greenpeace Deutschland, Robin Wood und wissenschaftliche Institute wie das Öko-Institut (→Umweltforschung). Die Naturschutzverbände setzen sich uneigennützig für den Erhalt und die Wiederherstellung unserer Natur ein, sie schützen die Natur um ihrer selbst willen. Mit rund 150000 Mitgliedern zählt der Naturschutzbund Deutschland (DBV) – früher: Deutscher Bund für Vogelschutz – zu den größten Naturschutzverbänden. Er ist in allen Bundesländern mit eigenen Landesverbänden vertreten und hat insgesamt über 1200 Kreisverbände und Ortsgruppen. Nach dem Hinzukommen der neuen Bundesländer benannte sich der DBV 1990 in «Naturschutzbund Deutschland» (DBV) um.

Bereits 1899 wurde der «Bund für Vogelschutz» gegründet, nachdem es bereits vorher den «Schwäbischen Bund der Vogelfreunde» gab. Hauptzielsetzung des DBV ist der Schutz der Vögel vor ihrer Verfolgung und der Beseitigung ihrer Lebensräume durch den Menschen. Eine der wesentlichen Aktivitäten des DBV besteht daher in dem Kauf oder der Anpachtung von gefährdeten Lebensräumen und deren Betreuung. So besitzt der DBV zahlreiche eigene Schutzgebiete oder betreut große Naturschutzflächen. Das 300 ha große Vogelschutzgebiet «Wallnau» vor der Insel Fehmarn ist das größte Gebiet im Besitz des DBV.

Viele Mitglieder engagieren sich ehrenamtlich durch Vogelbeobachtung, praktische Maßnahmen wie das Aufhängen und Reinigen von Vogelnistkästen und die Pflege von Biotopen.

Als Interessenvertreter für den Vogelschutz betreibt der DBV eine intensive Öffentlichkeitsarbeit, beteiligt sich an Stellungnahmen zu Gesetzesentwürfen und Gesetzesvorhaben und betreibt eine Lobbyarbeit bei Regierungen und Behörden. Finanziert wird der DBV durch die Beiträge seiner Mitglieder, durch Spenden sowie Gelder und Sachleistungen von Sponsoren. Für den Ankauf von Flächen erhält er zumeist eine Förderung durch öffentliche Mittel.

Eine eigene Jugendorganisation mit rund 45000 Mitgliedern in über 1000 Kinder- und Jugendgruppen engagiert sich im praktischen Naturschutz. Die «Naturschutzjugend im DBV», der alle Mitglieder des Verbandes unter 25 Jahren angehören, hat eine eigene Satzung und arbeitet selbstverantwortlich. Zahlreiche Initiativen, wie Pflege von Kopfweiden, Wiesenmahd, die Anlage von Hecken und Teichen oder die Betreuung von Nistkästen gehören ebenso zu ihren Aktivitäten wie die Durchführung von Seminaren und Jugendfreizeiten.

Ebenfalls im praktischen Naturschutz tätig sind Verbände wie Jäger, Sportfischer und Wanderer, denen es vor allem aber auch um die Durchsetzung ihrer eigenen Interessen bei der Nutzung der Natur geht.

Während sich einige Gruppen auf den Schutz einzelner Tier- und Pflanzenarten oder deren Lebensräume beschränken, indem sie z. B. ein Biotop betreuen, weisen die auch umweltpolitischen Organisationen darauf hin, daß ein Naturschutz – losgelöst von der Politik – nicht möglich ist. Ein Verbandsklagerecht der Naturschutzverbände ist notwendig, kann aber nur zum Teil helfen. Unerläßlich für den Erhalt der Natur ist der Widerstand der Bürger in ihren Lebensbereichen gegen Naturzerstörung und Umweltfrevel. Durch Anschluß an eine aktive Naturschutzgruppe oder einen Umweltverband kann durch gemeinsames Handeln und ein wirksames Auftreten in der Öffentlichkeit der Schutz der Natur vor Ort am besten erreicht werden.

## Umweltverträglichkeitsprüfung

Jedes größere Bauvorhaben, wie eine neue Autobahn, ein Flugplatz (→Lärm), ein Kraftwerk, die Erweiterung einer Müllverbrennungsanlage (→Müllverbrennung), die Errichtung einer Abfallentsorgungsanlage (→Abfallverwertung) oder auch Ställe zur →Massentierhaltung, hat unmittelbare Auswirkungen auf Mensch, Fauna, Flora, →Boden, →Wasser, →Luft und Landschaft (→Landschaftsnutzung).

Diese Folgen wissenschaftlich zu ermitteln und zu beschreiben und hinsichtlich ihrer Schädlichkeit auf die Umwelt zu bewerten (→Bioindikatoren) ist die Aufgabe der seit dem 1. 8. 90 gesetzlich vorgeschriebenen Umweltverträglichkeitsprüfung (UVP). Ziel der UVP ist es, so früh wie möglich die negativen Umweltauswirkungen eines Projektes zu kennen und abzuwenden. Eine Umweltverträglichkeitsprüfung muß bei allen Anlagen gemacht werden, bei denen erhebliche Umweltauswirkungen zu erwarten sind:

Die UVP ist kein selbständiges Verfahren, sondern sie wird in bestehende →Genehmigungsverfahren integriert und innerhalb dieser Zulassungsverfahren durchgeführt. Der sogenannte «Umwelt-TÜV» vollzieht sich in drei Phasen:

1. Der Antragsteller selbst muß alle Unterlagen über die Umweltauswirkungen seines Vorhabens der zuständigen Behörde vorlegen.
2. Im UVP-Gesetz ist eine Beteiligung der Öffentlichkeit vorgesehen und erwünscht. Die Beteiligung bezieht sich nur auf natürliche Personen, die von dem Antrag betroffen sind, nicht auf Umweltverbände und Bürgerinitiativen.
3. Die Ergebnisse der UVP müssen im Zulassungsverfahren berücksichtigt werden.

In den USA gibt es dieses Instrument zur Umweltschutzvorsorge schon seit 1969. Jenseits des Atlantiks machte man gute Erfahrungen mit diesem Gesetz: Die Genehmigungsverfahren wurden durch eine gut vorbereitete UVP im allgemeinen verkürzt. Die Kosten betrugen für den öffentlichen oder privaten Träger rund ein Prozent der Projektkosten. Dafür konnte aber Zeit und Geld für die Beseitigung von entstehenden Umweltschäden eingespart werden.

In Europa wurde die UVP erst 1985 in einer EG-Richtlinie verankert. Damit mußte sie in der Bundesrepublik bis 1988 in nationales Recht (→Umweltrecht) umgesetzt werden. Bis zum Inkrafttreten hat es zwei Jahre länger gedauert, da 16 bestehende Verwaltungsbereiche sowie die entsprechenden Bundesgesetze geändert werden mußten, damit die UVP alle Umweltsektoren erfassen und in ihrem Zusammenwirken beurteilen kann. Betrifft die Zulassung eines Projektes mehrere Kompetenzbereiche von Behörden, muß ein Amt zur federführenden Behörde erklärt werden, das die nötigen Untersuchungen zur UVP festlegt und am Ende auch die Gesamtbewertung des Vorhabens erarbeitet. Die UVP gibt der Öffentlichkeit genauso wie den betroffenen Behörden Gelegenheit zur Stellungnahme. Alle Zwischenergebnisse müssen am Ende im Entscheidungsprozeß berücksichtigt werden. Über den Erfolg der UVP gehen die Meinungen auseinander. Naturschützer beklagen nicht nur, daß sie selbst, als Anwälte der Natur, keine Klagemöglichkeiten haben, sondern auch, daß ökologische Bedenken gegen ein Bauvorhaben häufig mit Ersatzmaßnahmen «bezahlt» werden, auch wenn gutachterlich festgestellt wurde, daß die →Natur, die nun zerstört werden soll, unter ökologischen Kriterien gar nicht zu ersetzen sei. Wenn beispielsweise 100 alte Eichen einer Straße weichen müssen, kann der ökologische Schaden nicht mit Neuanpflanzungen behoben werden. Daß der Abwägungsprozeß keiner gerichtlichen Nachprüfung unterliegt, ist ein weiterer Schwachpunkt der UVP.

**TiP** Wenn Ihnen durch ein Projekt ein Nachteil droht, nutzen Sie das Gesetz, und wehren Sie sich. Sie können die Unterlagen zum Antrag in den normalen Dienstzeiten der Behörde einsehen. Dort müssen sie einen Monat ausliegen. Machen Sie Ihre Einwendungen bis zwei Wochen nach Auslagefrist geltend. Maßgebend für die Gültigkeit des Einwandes ist der Eingangsstempel, nicht der Poststempel. Nur fristgerechte Einwendungen werden berücksichtigt.

## Umweltwahrnehmung

Die Wahrnehmung der →Umwelt ist – wie Bewegung, Handeln oder Lernen – eine ganz elementare Komponente menschlichen Lebens. Wahrnehmung heißt aber nicht einfach sehen, hören, riechen, tasten oder schmecken von Dingen außerhalb, sondern schließt die Verarbeitung und Interpretation solcher Sinneseindrücke ein. So sieht ein Kind zum Beispiel eine Frau nicht nur, sondern nimmt sie als Mutter wahr. Ein großer Teil der Psychologie beschäftigt sich mit dieser Umwelt als Außenwelt.

Mit Umweltwahrnehmung ist nun nicht so sehr die allgemeine Wahrnehmung der Außenwelt, sondern die der zunehmend belasteten Umwelt gemeint. Wichtig wurde der Begriff hauptsächlich deswegen, weil Menschen sehr unterschiedliche Wahrnehmungen dieser Belastungen haben.

Es ist also durchaus häufig der Fall, daß eine Menschengruppe das gleiche Ereignis wie z. B. Motorsportveranstaltung als Umweltbelastung wahrnehmen wegen Lärm, Abgasen, Schädigung von Tieren und Pflanzen, die anderen es aber als lange erwartetes Vergnügen, für das man hohe Eintrittspreise zu zahlen bereit ist. Die Umweltwahrnehmung hängt also ganz entscheidend davon ab, was Menschen als hohe Lebensqualität betrachten, wie sehr sie →Systemdenken eingeübt haben oder, kurz gesagt, wie umweltbewußt sie sind (→Umweltbewußtsein). Sie hängt im hohen Ausmaße davon ab, in welchem Beruf oder welcher beruflichen Lage sich eine Person befindet. Ein Torfabbauunternehmer hat meist eine andere Wahrnehmung der ökologischen Bedeutung eines Torfhochmoors als zum Beispiel ein Förster. Die Aufgabe des Torfabbaus hätte in der Tat auch gravierendere Konsequenzen für ihn als für den Förster.

Die Umweltwahrnehmung ist also von vielem abhängig: Sie ist anders beim Städter als beim Landbewohner, sie unterscheidet sich, je nachdem ob jemand Autofahrer oder Fußgänger ist, sie ist bei Kindern anders als bei Erwachsenen. Untersuchungen in jüngster Zeit haben beispielsweise gezeigt, daß Umweltbelastungen mehr Kindern in viel düstererem Licht erscheinen als Erwachsenen. Und das, obwohl die Erwachsenen ja viel mehr Erfahrungen mit den Umweltproblemen besitzen als Kinder. Das zeigt schon, daß die Umweltwahrnehmung nur zum Teil abhängig ist von einem sinnlichen Kontakt mit dem Umweltproblem.

Die meisten Umweltprobleme kennen wir nicht vom Sehen oder (direktem) Hören oder Schmecken. Die radioaktive Verseuchung nach Tschernobyl kann niemand mit den Sinnen wahrnehmen, trotzdem ist sie in der Wahrnehmung der meisten Menschen ein sehr gefährliches Umweltproblem.

## Unkraut

In der Natur gibt es keine schädlichen oder nützlichen Pflanzen. Diese Einteilung beruht auf einer menschlichen Bewertung von Pflanzen.

Als Unkraut werden alle typischerweise auf Kulturland, insbesondere Äckern und Gärten, spontan siedelnden Wildkräuter zusammengefaßt. Schon die Vorsilbe «Un» legt nahe, daß es sich beim Unkraut um etwas Schädliches handelt.

Bei einer solchen Einteilung in schädliche und «gute» Pflanzen wird die Natur jedoch nur danach betrachtet, was Menschen vermeintlich nützt und was nicht. Die Tatsache, daß z. B. auch ehemalige Kulturpflanzen wie Kamille oder Ehrenpreis zu Unkräutern wurden, nachdem sie aus anderen Erdteilen eingeschleppt waren, zeigt ebenfalls die Fragwürdigkeit des Begriffs. Unter ökologischen Gesichtspunkten ist es sinnvoller, an Stelle von Unkräutern von Ackerwildkräutern zu sprechen.

Deren Eigenschaften sind:

- sie sind auf Bodenbearbeitung angewiesen,
- sie sind oft an spezielle Kulturen und Bewirtschaftungsformen angepaßt,
- sie haben eine schnelle Produktion sehr großer Samenmengen mit flächendeckender Verbreitung.

Diese Eigenschaften führen dazu, daß die Ackerwildkräuter/Unkräuter in Lebensgemeinschaften mit Kulturpflanzen auftreten. Dort konkurrieren sie mit den Kulturpflanzen um Raum, Licht, Nährstoffe etc. und können die Entwicklung der Kulturpflanzen beeinträchtigen. Aus diesem Grunde werden solche Pflanzen als Unkräuter bezeichnet. Obwohl sie in der →Landwirtschaft Schaden anrichten können, ist es doch fraglich, ob sie immer z. B. durch den Einsatz von →Pestiziden beseitigt werden müssen. Ackerwildkräuter sind nämlich Ausdruck der biologischen Artenvielfalt und Bestandteil unserer Kulturlandschaft. Auch für sie gelten daher der →Arten- und →Naturschutz, insbesondere, da einige Ackerwildkräuter bereits vom Aussterben bedroht sind (→Rote Liste).

Im Sinne einer pfleglichen Naturbewirtschaftung sollte das Ziel vielmehr in einer kontrollierten Duldung von Ackerwildkräutern liegen. Dies ist am ehesten durch Anbaumethoden des →ökologischen Landbaus zu erreichen. Erst wenn die Ackerwildkräuter eine Schadschwelle überschreiten, ab der die Ernteeinbußen deutlich größer sind als die Kosten der «Unkraut»-Bekämpfung, sollte zu «unkrautregulierenden Maßnahmen» – jedoch ohne den Einsatz von Pestiziden – gegriffen werden (→Schädlingsbekämpfung).

**TiP** Einige Wildkräuter sind eine wahre Delikatesse. Brennessel beispielsweise ist ein ausgezeichnetes Wildgemüse und schmeckt gedämpft mit Butter, Salz und geriebenem Muskat vorzüglich. Vor dem Servieren noch Sahne und Eigelb unterziehen. Löwenzahn eignet sich gut für einen Salat, und aus getrockneten Huflattichblättern läßt sich Tee herstellen.

# V

## Verkehrsberuhigung

Als Verkehrsberuhigung werden Aktivitäten und Maßnahmen der Städte und Gemeinden bezeichnet, mit denen der Kfz-Verkehr verlangsamt und menschenverträglicher abgewickelt werden soll.

Seit 15–20 Jahren werden in einer Reihe von größeren und kleineren Städten der Bundesrepublik Maßnahmen der Verkehrsberuhigung realisiert.

Diese verkehrsberuhigenden Maßnahmen haben positive Effekte bezüglich Geschwindigkeitsdämpfung des Kfz-Verkehrs, Erhöhung der Verkehrssicherheit, Reduzierung der Kfz-Immissionen (Lärm, Abgasbestandteile), Gestaltung des Wohnumfelds und für den örtlichen Handel und das Gewerbe, wie das Bundesforschungsvorhaben «Flächenhafte Verkehrsberuhigung» inzwischen nachgewiesen hat. Verkehrsberuhigung bis hin zur Realisierung von Konzepten einer «autofreien» oder «autoarmen» Innenstadt wird immer mehr zu einem «weichen» Standortgunstfaktor.

Lokale Erfolgsrezepte zur Realisierung der Verkehrsberuhigung sind keinesfalls uneingeschränkt übertragbar und anwendbar. Verkehrsberuhigende Maßnahmen sind jeweils auf Basis ortsspezifischer Problemanalysen zu entwickeln.

Zur Realisierung ist das Vorhandensein eines politischen und administrativen Konsenses vor Ort erforderlich, insbesondere über die anzustrebenden Ziele der Maßnahmen (z. B. Verbesserung der Verkehrsverhältnisse für Fußgänger, Radfahrer und den öffentlichen Verkehr, Erhöhung der Verkehrssicherheit).

Eine intensive Bürgerbeteiligung sichert ebenso wie eine hochwertige stadtgestalterische und städtebauliche Qualität der Maßnahmen eine hohe Akzeptanz in der Bevölkerung.

Maßnahmen der Verkehrsberuhigung sollten flächenhaft unter Einbezug der örtlichen Hauptverkehrsstraßen realisiert werden, um problemverlagernde Verdrängungseffekte des Kfz-Verkehrs auszuschließen. Das heißt, sie sollten das gesamte Stadt- oder Gemeindegebiet umfassen und ursachenbezogene Maßnahmen umsetzen.

Zu unterscheiden sind zwei Möglichkeiten:

– die Einrichtung von Tempo-30-

Zonen, wobei neben dem Aufstellen von Schildern auch begleitende bauliche Maßnahmen erfolgen sollten («Zonengeschwindigkeitsbeschränkung») und

– der Umbau der Straßen zum «verkehrsberuhigten Bereich» nach Kennzeichen 325 der Straßenverkehrsordnung, wonach Fußgänger die Straße in der ganzen Breite benutzen können und von Kraftfahrzeugen Schrittgeschwindigkeit einzuhalten ist (oftmals nicht ganz korrekt als «Spielstraße» bezeichnet).

**Tempo 30 km/h** und seine flächenhafte Anwendung hat eine Reihe von Vorteilen. Dazu zählen u. a.:

- die gefahrenen Kfz-Geschwindigkeiten sinken. Die unerwünschten und gefährlichen Spitzengeschwindigkeiten reduzieren sich deutlich;
- flankierende bauliche Maßnahmen verbessern die Wirkung von Tempo-30-Zonen erheblich;
- der durchschnittliche Zeitaufwand für einen Weg erhöht sich für den Kfz-Verkehr nur geringfügig;
- die Leistungsfähigkeit des Straßennetzes für den Kfz-Verkehr wird nicht beeinträchtigt;
- die Unfallhäufigkeit geht kaum zurück, wohl aber die Schwere der Unfälle, gemessen an der Zahl der (Schwer-)Verletzten und der Unfallfolgekosten;
- wegen der verringerten Fahrgeschwindigkeiten und damit auch geringeren Geschwindigkeitsdifferenzen zwischen dem Kfz- und Radverkehr sinkt das Unfallrisiko von Radfahrern; auf gesonderte Radwege könnte dann in Teilbereichen verzichtet werden;
- Tempo 30 km/h hat städtebaulich und stadtgestalterisch positive Effekte: Die Umfeldbedingungen für das Wohnen werden verbessert (weniger Lärm, dessen Reduzierung etwa einer Halbierung der Verkehrsmenge entspricht, während der Abgasausstoß sich insgesamt kaum verringert, aber auch nicht erhöht; der Energieverbrauch wird nur gering positiv beeinflußt).

Es ist deshalb sinnvoll, aufgrund dieser Erfahrungen flächendeckend Tempo-30-Konzepte zu realisieren mit flankierenden baulichen Maßnahmen, wobei gleichzeitig die Hauptverkehrsstraßen mit einzubeziehen sind.

Positive Beispiele sind aus der Stadt Buxtehude (Landkreis Stade) und Berlin-Moabit bekannt. In Buxtehude wurde die Hälfte des Stadtgebiets als Tempo-30-Gebiet umgebaut. Die Hansestadt Lübeck hat damit begonnen, ihre Innenstadt durch Sperrungen an verkaufsoffenen Samstagen vom Autoverkehr zu befreien.

Künftig wird es darauf ankommen, flächenhaft wirksame Konzepte umzusetzen: ganzstädtisch geltende Tempo-30-Konzepte bis hin zur Einrichtung autofreier Innenstädte.

## Verklappung

Verklappung ist die Beseitigung von Abfällen, die an Land angefallen sind, im Meer (→Abfallentsorgung). Schiffe wie z.B. die «Titan» wurden bis 1989 in Nordenham/Weser mit Dünnsäure beladen, fuhren damit zu den dafür vorgesehenen Gebieten in der Nordsee und leiteten ihre Ladung in das Meer ein. Bis 1975 brachte man auch Hamburgs →Klärschlamm in die Nordsee (→Meeresverschmutzung). Dies geschah ursprünglich einfach durch das Öffnen der Ladeklappen, daher der Begriff «Verklappung». Später wurde die Dünnsäure abgepumpt und mit der Schiffsschraube verwirbelt.

Seit 1969 wurde **Dünnsäure** in der Nordsee verklappt. Sie ist ein Abfallprodukt bei der Herstellung von Titandioxid ($TiO_2$). Reines Titandioxid ist völlig harmlos. Es wird als Weißmacher in der Farbindustrie verwandt und ist z. B. auch in unserer Zahnpasta. Aus Titandioxid kann man aber auch Titan-Legierungen herstellen, die in der Luft- und Raumfahrt, aber auch in zunehmendem Maße in der Rüstungsindustrie benötigt werden. Titandioxid wird aus Erzen herausgelöst. Je nach dem Titananteil des Erzes fallen mehr oder weniger große Abfallmengen an. Aus einem schwachen Erz herausgelöst, sind das für 1 t Titandioxid 8 t Dünnsäure.

Die sog. Dünnsäure ist gar nicht so dünn, sondern enthält Schwefelsäure, →Schwermetalle, Eisensulfat (Grünsalz) und Erzrückstände. Von dieser Dünnsäure wurden bis 1989 jährlich ca. 2 Mill. Tonnen eingeleitet. Allein auf die Firma Kronos Titan kommen zwischen 1969 und 1989 12 Mill. Tonnen. Heute wird Dünnsäure nur noch von England eingeleitet, was bis 1992 eingestellt werden soll. Weiterhin werden von England ca. 7–8 Mill. Tonnen Klärschlamm in die Nordsee verklappt.

# W

**Wärmepumpe**
Daß man Wasser pumpen kann, ist allgemein bekannt. Wie man Wärme pumpt, kann man sich sicher nicht so leicht vorstellen. Und das ist auch wirklich komplizierter. Die Maschine, die das kann, ist die Wärmepumpe.
Die Wärmepumpe soll ihren Benutzern helfen, ein warmes Zimmer, einen warmen Arbeitsraum oder warmes Wasser zu schaffen. Während man bei der normalen Heizung Kohlen, Öl, Gas oder Holz verfeuert, entnimmt man die Wärme bei Anwendung der Wärmepumpe der Umgebung: der Luft, dem Grundwasser, einem Fluß oder dem Erdreich. Wie aber kann Wärme aus dem kalten Erdreich in das viel wärmere Zimmer

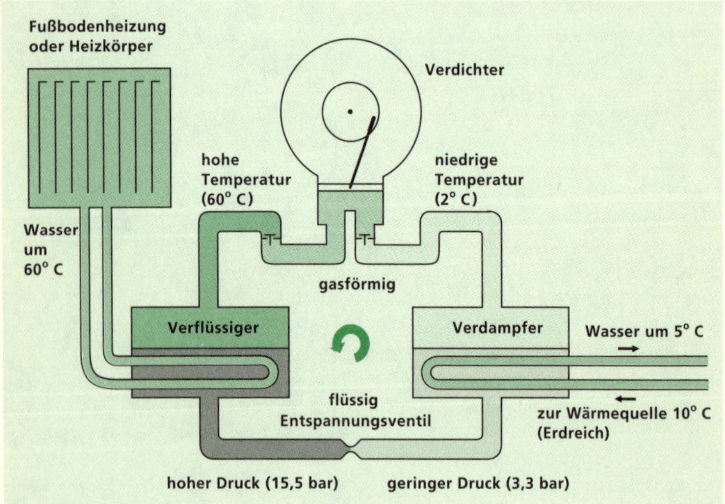


**Aufbau einer Wärmepumpe (Erdreichwärmepumpe für eine Fußbodenheizung)**

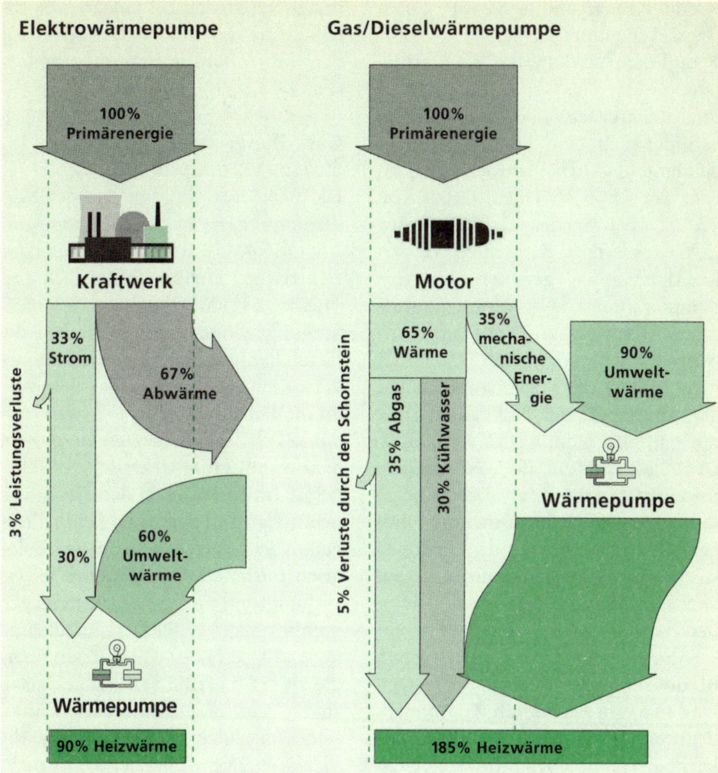


fließen? Normalerweise passiert das doch immer umgekehrt: z. B. kühlt sich die heiße Tasse Tee in der kühleren Zimmerluft ab. Um das zu verstehen, müssen wir uns die Wirkungsweise der Wärmepumpe genauer ansehen. Zuvor denke man allerdings einmal an den Kühlschrank. Der macht im Grunde genau das gleiche wie die Wärmepumpe: Er transportiert Wärme aus dem kühlen Innenraum in die wärmere Luft des Zimmers. Dazu hat er einen Motor, der elektrischen Strom oder Gas benötigt. Durch ein Röhrensystem wird innen gekühlt und durch das Gerippe an der Rückseite das Zimmer geheizt.

Die Wärmepumpe kühlt das Erdreich ab und heizt das Haus. Die Wärmepumpe besteht aus vier Hauptteilen:

- ▶ dem Verdichter (auch Kompressor genannt),
- ▶ dem Verflüssiger (als Wärmetauscher),

- dem Entspannungsventil (auch Drossel genannt)
- und dem Verdampfer (als Wärmetauscher).

Im Rohrkreislauf der Wärmepumpe befindet sich eine Flüssigkeit, man nennt sie das Arbeitsmittel, z. B. Frigen, das schon bei einem Druck von 3,3 bar bei niedriger Temperatur (2 °C) verdampft. Betrachten wir den Kreislauf etwas genauer: Im Verdampfer nimmt das kühle (2 °C), flüssige Arbeitsmittel Verdampfungswärme aus dem Erdreich (ca. 10 °C) (der Außenluft, dem Grundwasser, der Abwärme oder anderen Wärmequellen) auf, wodurch es verdampft. Der Übergang vom flüssigen zum gasförmigen Zustand ermöglicht eine sehr große Wärmeaufnahme. Die Umgebungsenergie aus dem Erdreich steckt nun im Frigendampf. Der hat allerdings immer noch nur eine Temperatur von um 2 °C. Der Verdichter erhöht nun den Druck auf 15,5 bar, bis die Temperatur bei ca. 60 °C liegt. Daß man ein Gas durch Zusammendrücken erwärmen kann, läßt sich leicht an einer Fahrradpumpe feststellen.

Der Betrieb des Verdichters erfordert Energie. Entweder wird er elektrisch oder mit einem Diesel- oder Gasmotor betrieben.

Im Verflüssiger wird die Energie dann an das Wasser des Heizsystems abgegeben. Das flüssige Frigen, unter hohem Druck stehend, wird nun über eine Engstelle, das Entspannungsventil, auf geringeren Druck gebracht (entspannt) und beginnt nun bei 2 °C wieder zu verdampfen. Diesen Effekt der Abkühlung durch plötzliche Druckverminderung (Entspannung) kennt man auch von Spraydosen, an deren Düsen sich bei längerem Sprühen sogar Reif bildet. Der Kreislauf der Wärmepumpe ist nun geschlossen.

### Gas-, Diesel- oder Elektro-Wärmepumpe?

Die heute verbreitetste Art des Verdichterantriebs ist der Elektromotor. Aus einer Kilowattstunde eingesetzter elektrischer Energie lassen sich tatsächlich 2 ½ kWh nutzbarer Wärmeenergie gewinnen. Damit werben die Hersteller und besonders die Energieversorgungsunternehmen, allen voran die Befürworter der →Atomkraftwerke. Sie sehen hier einen großen Markt, mit Hilfe elektrisch betriebener Wärmepumpen in den Heizungs- und Warmwassersektor einzudringen. Aber heizen mit Strom ist ökologisch unsinnig! Die Elektrizitätsversorgungsunternehmen verschweigen nämlich, daß bei der Stromerzeugung ja bereits 70 % der eingesetzten Energie als →Abwärme verlorengegangen sind. Wenn man das berücksichtigt, nutzt die Elektrowärmepumpe die Primärenergie (→Energie) nicht besser aus als eine gewöhnliche Ölheizung. Der Vergleich mit der gas- oder dieselbetriebenen Wärmepumpe zeigt, daß dort ein ganz erheblicher Nutzenergiebetrag herauskommt.

Gegenüber der Ölheizung ergibt sich eine doppelt so gute Ausnutzung der Energie.

Im Rahmen eines auf →regenerativen Energien aufbauenden Energieversorgungskonzepts sollten die noch weiter zu entwickelnden Gas- und Dieselwärmepumpen eine wichtige Rolle spielen. Darüber hinaus gibt es die sog. Absorptionswärmepumpe, die nach einer anderen Technik ohne Motor auskommt und ohne Geräuschbelästigung eine lange Lebensdauer hat. Bei ihr werden aus 100 % Primärenergie ca. 130 % Nutzenergie.

**TiP** Wärmepumpen lohnen sich in der Regel für einen Hausneubau, nicht für eine Modernisierung. Lassen Sie sich aber nicht zum Einbau einer elektrischen Wärmepumpe überreden. Diese Investition amortisiert sich erst nach mehr als 12 Jahren. Wesentlich ökologischer als elektrische Wärmepumpen sind Aggregate mit diesel- oder gasangetriebenem Motor, da sie geringere Energieverluste haben. Außerdem kann sich ihr Einbau schon nach fünf Jahren bezahlt machen.

## Waldsterben

«Rettet unsere Wälder!» So und ähnlich lauteten bundesdeutsche Appelle von Natur- und Umweltschützern, als Anfang der 70er Jahre Erkrankungen der Tanne im Fichtelgebirge, Frankenwald, Bayerischen Wald und Schwarzwald auftraten. Die damaligen Warnungen der Naturschützer wurden als die übliche Panikmache abgetan. Die 1970/71 aufgestellten Tafeln «Hier stirbt der Wald» mußten durch behördliche Anordnung entfernt werden. Viele dieser Wälder stehen heute nicht mehr.

In den folgenden Jahren konnten jedoch die Schäden nicht mehr ignoriert werden: 1978 und verstärkt ab 1981 beobachtete man in den Hochlagen der Mittelgebirge Ostbayerns und wenig später im Schwarzwald, Harz, Sauerland und Rothaargebirge,

Nicht Sturm oder Feuer ... das alltägliche Waldsterben, Harz 1984

daß auch die Fichte vom Waldsterben betroffen war. 1983 wurden Schäden an Laubbäumen, wie Buche und Eiche, beobachtet. Mittlerweile sind nahezu alle Baumarten betroffen. Damit traten zum erstenmal großflächige Waldschäden auf, die nicht allein einzelne Bäume oder Standorte, sondern ganze Waldökosysteme in Europa und Nordamerika erfaßten. Es handelt sich also nicht um ein Baumsterben, dem mit Aufforstungen begegnet werden könnte, sondern das →Ökosystem Wald ist hochgradig gestört. Aus diesem Grund sprechen Wissenschaftler von «neuartigen Waldschäden». Allerdings sind diese Schäden nicht ganz so neu, da die Schädigung der Bäume durch Luftverunreinigungen, sogenannte Rauchschäden, bereits seit der Industrialisierung im 19. Jahrhundert bekannt war. Jahresringanalysen machten schließlich deutlich, daß die heute geschädigten Bäume seit 30 Jahren deutliche Verluste an den jährlichen Zuwachsraten aufweisen.

## Stand der Waldschäden

Die Endphase des Waldsterbens, die Steppenbildung, findet man in nahezu allen Mittelgebirgshochlagen. Paradoxerweise werden diese Flächen bei der Waldschadenserhebung gerade nicht berücksichtigt, da die jeweils abgestorbenen Bäume aus dem Wald und damit aus der Statistik «entfernt» werden. Das Schadensausmaß wird von den Forstverwaltungen der Länder in der **Waldschadenserhebung** mit einer fünfteiligen Skala ermittelt und vom Bundesministerium für Ernährung, Landwirtschaft und Forsten jährlich im **Waldschadensbericht** veröffentlicht.

| Schadstufe | Bezeichnung der Schadstufe | Nadel- bzw. Blattverlust |
|---|---|---|
| 0 | ohne Schadmerkmale | bis 10 % |
| 1 | schwach geschädigt | 11–25 % |
| 2 | mittelstark geschädigt | 26–59 % |
| 3 | stark geschädigt | über 60 % |
| 4 | abgestorben | 100 % |

Seit Beginn der Erhebungen 1983 stiegen die Waldschäden bis 1986 kontinuierlich an und stagnieren seitdem auf relativ hohem Schadensniveau. Die Waldschadenserhebung 1990 ergab, daß 58,8 % der Bäume in der gesamten Bundesrepublik geschädigt sind. Damit ist der bisherige Höchststand von 1986 (53,7 %) übertroffen. Diese neuerliche Steigerung ergibt sich aufgrund der hohen Waldschäden der Ost-Bundesländer: Dort sind 65,7 % der Waldfläche geschädigt. Am stärksten betroffen sind die Flächen in Sachsen-Anhalt, die zu 76,5 % Schäden aufweisen. Besonders hoch sind die Schäden bei den über 60jährigen Bäumen. Diese sind z. B. im Harz, in der Rhön und den Bayerischen Alpen zu über 90 % geschädigt. Während in den frühen Jahren des Waldsterbens die Nadelbäume am stärksten betroffen waren – zunächst die Tanne, dann die Fichte –, holen in den letzten Jahren die Laubbäume, an erster Stelle die Eiche, stark auf.

## Woran erkennt man die Schäden?

Als Waldspaziergänger haben nur wenige den Eindruck, daß der Wald «sterbenskrank» ist. Man kommt deshalb leicht zu der Ansicht, daß die Schreckensmeldungen übertrieben sind. Das Waldsterben ist jedoch ein

**Schadstufen**

| Jahr | | 1 schwach | 2–4 mittel und stark | 1–4 Schäden insgesamt |
|---|---|---|---|---|
| | | in % der Waldfläche | | |
| 1983[1] | | 24,7 | 9,7 | 34,4 |
| 1984 | | 32,9 | 17,3 | 50,2 |
| 1985 | | 32,7 | 19,2 | 51,9 |
| 1986 | | 38,8 | 18,9 | 53,7 |
| 1987 | | 35,0 | 17,3 | 52,3 |
| 1988 | West-Länder | 37,3 | 15,1 | 52,4 |
| | Ost-Länder | 30,6 | 13,8 | 44,4 |
| 1989 | West-Länder | 37,0 | 15,9 | 52,9 |
| | Ost-Länder | 37,9 | 16,4 | 54,3 |
| 1990 | West-Länder[2] | 37,0 | 14,8 | 51,8 |
| | Ost-Länder | 29,8 | 35,9 | 65,7 |
| 1991[3] | West-Länder | 37 | 13 | 50 |
| | Ost-Länder | 35 | 38 | 73 |

1 Erhebungen 1983 nur bedingt vergleichbar mit den späteren Erhebungen
2 1990 keine Erhebungen in Bayern und Saarland
3 Beginn der Waldschadenserhebung mit gleichen Verfahren in Ost- und Westdeutschland

Quelle: Bundesminister für Ernährung, Landwirtschaft und Forsten: Waldzustandsberichte 1989, 1990, 1991

viele Jahre ablaufender Prozeß, der den einzelnen Baum sowie das gesamte Ökosystem erfaßt; nur ein Teil der Schäden ist als Symptom, insbesondere für den Laien, äußerlich sichtbar. Man muß schon genau hinsehen, um die Krankheitssymptome zu erkennen: Merkmale aller geschädigter Bäume sind braungelbe Verfärbungen der Blätter und Nadeln, Blatt- und Nadelverluste, die sich insbesondere im Kronenbereich als Auslichtung der Krone zeigen.

Bei der **Tanne** tritt eine abgeflachte Krone auf, eine sogenannte **Storchennestkrone**, die durch ein gehemmtes Spitzenwachstum und die Bildung von «Angsttrieben» im oberen Stammbereich zustande kommt. Bei **Fichten** hängen die Zweige schlaff herab und haben meist die älteren Nadeljahrgänge verloren (**Lamettasyndrom**); an der Oberseite der Äste bilden sich Angsttriebe; weiterhin sind büschelartig vom Stamm abstehende Zweige, sogenannte **Wasserreiser**, zu beobachten.

Bei der **Buche** zeigt sich die Erkrankung an unnatürlich langen, sogenannten **Peitschentrieben**; daneben bei Buche und Eiche an lederartigen kleinen Blättern mit Randschädigungen.

Weiterhin treten zahlreiche, nicht unmittelbar sichtbare Schädigungen auf, wie Naßkern, Deformationen der Wurzeln und kontinuierlicher Rückgang der Jahresringbreite.

### Woran stirbt der Wald?

Zur Zeit existieren ca. 200 wissenschaftliche Hypothesen zu den Ursachenfaktoren und Wirkungsmechanismen der Waldschäden, die sich allerdings oft nur in Nuancen unterscheiden. Da die erste Erklärungshypothese, →Luftverschmutzungen seien die Ursache des Waldsterbens,

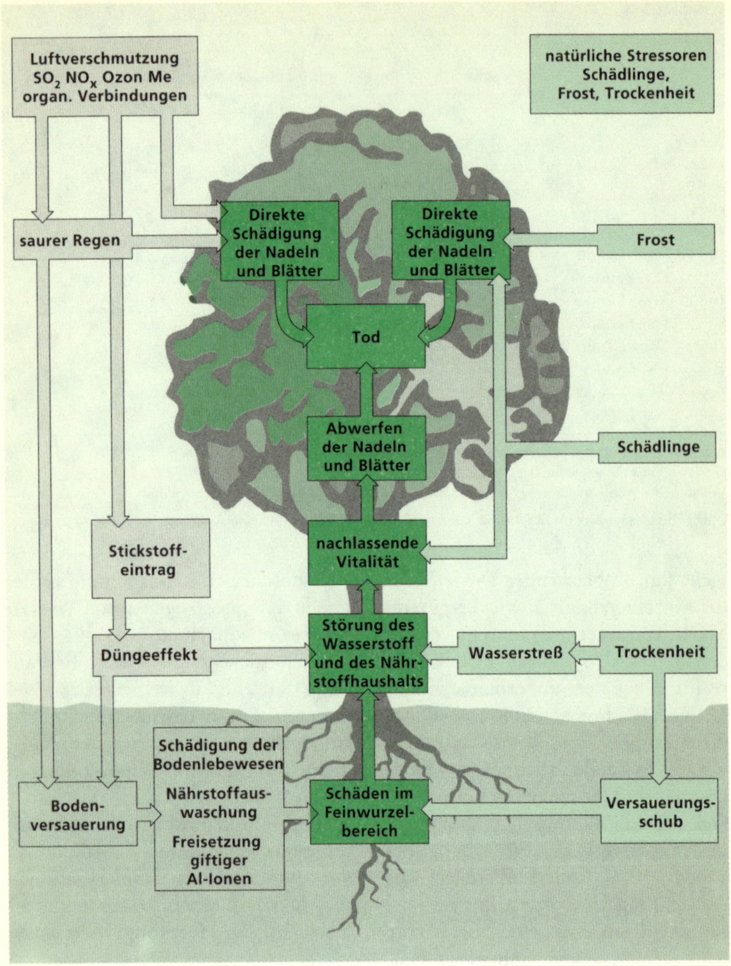


**Ursachen und Wirkungszusammenhänge des Waldsterbens**

Konsequenzen für Wirtschaft und Politik hatte, fehlte es anfänglich nicht an Gegenhypothesen. Einige Wissenschaftler sahen Epidemien von noch unbekannten Waldschädlingen, Witterungsextreme wie Trockenheit und Spätfröste oder waldbauliche Fehler, wie Anpflanzung von Monokulturen und fehlende Düngung, als Ursachen des Waldsterbens an. Heute ist jedoch bei nahezu allen Wissenschaftlern unbestritten, daß die Luftverunreinigungen (→Luftverschmutzung) als primäre Ursache des Waldsterbens anzusehen sind. Diese schwächen als primäre Faktoren den Baum in seiner Vitalität derart, daß andere Faktoren wie Trockenheit, Frost und Baumschädlinge dann als sekundäre Faktoren zum schnellem Verfall eines Waldbestandes führen können. So wird auch im Waldschadensbericht der Bundesregierung formuliert, daß die Waldschäden auf einen «Ursachenkomplex aus biotischen und abiotischen Faktoren zurückgehen, bei denen Luftverunreinigungen aus Industrieanlagen, Kraftwerken, Verkehr, Haushalt und Landwirtschaft eine Schlüsselrolle spielen».

An erster Stelle der Luftverunreinigungen ist das →Schwefeldioxid aus der Energieerzeugung, der Industrie und dem Hausbrand zu nennen. Blattschädigungen durch Schwefeldioxid sind seit langem bekannt und wissenschaftlich gut untersucht. Die zweitgefährlichste Stoffgruppe, die →Stickoxide, werden vor allem von Autos ausgestoßen. Daneben spielen sogenannte Photooxidantien, wie bodennahes →Ozon, sowie →Kohlenwasserstoffe, →Schwermetalle und Schwebstaubteilchen eine Rolle.

## Wie wirken die Luftverunreinigungen?

Obwohl sich die Wissenschaftler darüber einig sind, daß den Luftverunreinigungen eine Schlüsselrolle beim Waldsterben zukommt, herrscht über die genauen Wirkungsmechanismen und deren Zusammenspiel keine letztendliche Klarheit. Dies liegt auch daran, daß die Beteiligung immer neuer Schadstoffe am Waldsterben entdeckt wird. Die erste Hypothese zur Erklärung der Wirkungsmechanismen war die **Saure-Regen-Hypothese**. Bei dieser wird davon ausgegangen, daß die →Bodenversauerung durch →sauren Regen die wesentliche Ursache der Waldschäden ist: Der saure Niederschlag führt durch die Versauerung des Bodens zu Nährstoffmangel und einer Freisetzung giftiger Aluminium-Ionen aus den Bodenmineralen. Dadurch werden die Feinwurzeln der Bäume sowie Mikroorganismen geschädigt. Insbesondere die Schädigung von **Mykorrhiza-Pilzen**, das sind Bodenpilze, die in Symbiose mit Bäumen leben (Gemeinschaft zu beiderseitigem Nutzen der Partner), wirkt sich direkt negativ auf die Bäume aus. Diese Mykorrhiza-Pilze bilden nämlich im Boden ein feines weitverzweigtes Geflecht, nehmen Nährstoffe auf und geben diese an den «Baum-Partner» weiter. Die Schädigung der Bäume erfolgt also einerseits durch Nährstoffmangel und Toxizität der Aluminium-Ionen, andererseits durch die gestörte Wasser- und Nährstoffaufnahme der Feinwurzlen und der Mykorrhiza-Symbiose.

Die **Rauchschaden-Hypothese** (auch **Ozon-Hypothese**) knüpft an die bereits im 19. Jahrhundert gemachte Beobachtung an, daß in den Rauchfahnen von Industrieschloten sogenannte Rauchschäden an den Bäumen auftraten. Bei dieser Hypothese wird davon ausgegangen, daß die Waldschäden primär auf die direkte Einwirkung der Schadstoffe auf Nadeln und Blätter zurückzuführen sind. Insbesondere die schädigende Wirkung von Schwefeldioxid auf Blätter und Nadeln ist seit langem bekannt. Die gasförmigen Schadstoffe wie →Schwefeldioxid und →Ozon schädigen die schützende Wachsschicht der Nadeln und Blätter. Sie gelangen außerdem durch die Spaltöffnungen der Blätter, die den Gasaustausch der Blätter regulieren, in das Blattinnere. Sie führen dort u. a. zu einer **Spaltöffnungsstarre**, d. h., die Spaltöffnungen können nicht mehr geschlossen werden, wodurch der Baum seine Wassertranspiration nicht mehr regulieren kann. Daneben beeinflussen sie die Photosynthese sowie den Wasser- und Hormonhaushalt des Baumes negativ.

Bei der **Stickstoff-Hypothese** werden die Waldschäden mit den Düngeeffekten der Stickoxide aus dem Straßenverkehr und dem Ammoniak aus der Massentierhaltung erklärt. Durch das Überangebot an Stickstoff kommt es zu einer unausgewogenen Nährstoffversorgung, zur Verringerung der Frosthärte, zur Schädigung der Mykorrhiza-Symbiose und zur Anfälligkeit gegen Baumschädlinge.

Die **Streß-Hypothese** geht davon aus, daß die Bäume von einer Vielzahl verschiedenartiger Streßfaktoren belastet werden, die insbesondere ihr hormonelles Regulierungssystem durcheinanderbringen. Die Anfälligkeit gegenüber Insektenbefall, extremen Klimabedingungen sowie Windwurf wird dadurch erhöht.

Neben diesen Hypothesen gibt es weitere, die die Ursachen für die Waldschäden z. B. im Elektrosmog oder in radioaktiven Emissionen sehen. So wurden z. B. Baumschädigungen in Abluftfahnen deutscher Kraftwerke sowie in der Umgebung von Uranminen beobachtet. Diese Hypothesen sind jedoch bisher nur wenig erforscht.

Während in den ersten Jahren der Waldschadensforschung diese Hypothesen überaus kontrovers diskutiert wurden, sind die Wissenschaftler nunmehr der Meinung, daß je nach den konkreten Bedingungen eines Waldstandortes jeweils verschiedene Hypothesen zur Erklärung der Waldschäden herangezogen werden müssen. Welche Hypothese das Waldsterben auf einem Standort auch jeweils erklärt, so sind doch jeweils die Luftverunreinigungen als dessen Ursache anzusehen. Die Unklarheit über die letztendliche wissenschaftliche Klärung darf deshalb nicht dazu verleiten, mit Maßnahmen gegen das Waldsterben zögerlich zu sein.

### Erst stirbt der Wald und dann...!

Die Folgen des Waldsterbens sind eng mit der Funktion der Wälder im Naturhaushalt verknüpft. Wälder fungieren zunächst als Grundwasserspeicher, daneben als Filter für →Luftverschmutzung, was ihnen bei den derzeitigen Immissionen zum Verhängnis wird. Weiterhin sind sie Sauerstoffproduzent bzw. binden das $CO_2$ durch Photosynthese (→Luft) und wirken somit dem →Treibhauseffekt entgegen. Sie bedecken den Boden, was insbesondere im Mittel- und Hochgebirge von Bedeutung ist, und wirken der →Bodenerosion entgegen. Waldgürtel und Parks in und um die Städte verbessern das →Stadtklima, indem sie Frischluft liefern, den Staub filtern und Temperaturschwankungen ausgleichen. Der Wald ist Lebensraum zahlreicher Pflanzen und Tiere, Erholungsort vieler Menschen sowie ein nicht unerheblicher Wirtschaftsbereich. Entsprechend der zahlreichen Funktionen des Waldes sind die gesamtgesellschaftlichen Kosten, die durch die Waldschäden anfallen, mit 5,5–8,8 Milliarden DM sehr hoch.

### Wirksame Gegenmaßnahmen oder Symptomkurierung?

Die einzig wirksame Maßnahme gegen die Waldschäden – darüber sind sich alle Wissenschaftler einig – ist die Reduktion der →Luftverschmutzung durch Industrie und Autoabgase. Kurzfristig kann die →Bodenversauerung durch eine **Kompensationskalkung** aufgehalten werden, wie sie z. Z. schon angewandt wird. Dabei wird Kalk auf die Böden aufgebracht, um der Bodenversauerung entgegenzuwirken. Daneben können waldbauliche Maßnahmen, wie Neupflanzungen und das schnelle Entfernen erkrankter Bäume, vor einem möglichen Schädlingsbefall über kurze Zeit kompensatorisch wirken. Die Züchtung bis zu einem gewissen Grad immissionstoleranter Bäume muß wegen der damit verbundenen Einengung des genetischen Potentials als problematisch angesehen werden.

**TiP** Neben der Industrie ist der Straßenverkehr mit seinen hohen Mengen an Stickoxiden der Hauptverursacher des Waldsterbens. Wer dem Wald wirklich helfen will, muß seinen Fuß vom Gaspedal nehmen und schon vor Einführung eines gesetzlichen Tempolimits seine Geschwindigkeit reduzieren.

### Wasch- und Reinigungsmittel

Großmutters Wäsche hatte zwar, wenn man der Werbung von Waschmittelfirmen folgt, einen «Grauschleier», dafür wurden aber die Gewässer durch die Seife weniger belastet. Seit der «Weißer als weiß»-Werbung stellen jedoch Wasch- und Reinigungsmittel eine erhebliche Belastungsquelle für die Umwelt dar. Im Unterschied zu früheren Jahren ist ein langsamerer Anstieg bei deren Produktion zu verzeichnen. Sie liegt aber immer noch bei 650000 Tonnen oder 11 Kilo pro Kopf und Jahr allein bei den Waschmitteln. Die zunehmende Ökologiedebatte und ein wachsendes →Umweltbewußtsein der Bevölkerung (85 % verlangen ein umweltfreundliches Putzmittel) gingen nicht spurlos an den Hersteller-Konzernen für Wasch- und Reinigungsmittel vorbei. Eine Untersuchung (1988) im Auftrag des Berliner Verbraucherinstituts von 285 gängigen Haushaltsreinigern zeigt, daß die

**Rezeptur des Vollwaschmittels:**

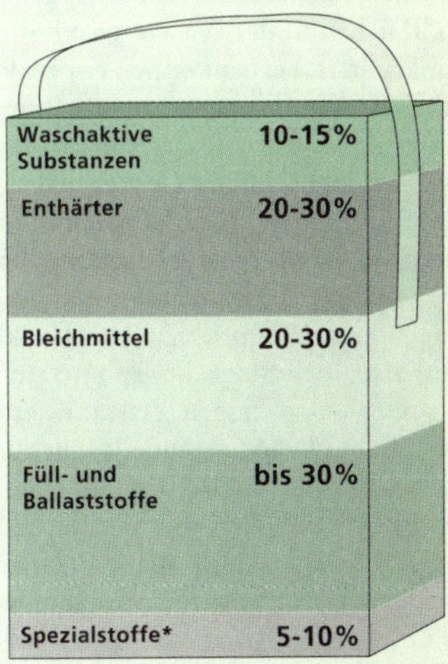


* Farbstoffe, Stabilisatoren, Schmutzträger, Weißmacher, Eiweißlöser, Duftstoffe, Schaumregulatoren

Werbung mit der Umwelt nicht immer «Augenwischerei» ist. Immerhin konnte nach ökologischen und gesundheitlichen Gesichtspunkten nur ca. ein Drittel der Produkte als «nicht zufriedenstellend» eingestuft werden. Bei Waschmitteln läßt sich eine ähnliche Tendenz feststellen. Nach Öko-Test bekamen 1988 noch 18% der Waschmittel das Gesamturteil «stark umweltbelastend», 1989 waren es 8%. Der Anteil der als «schwach umweltbelastend» eingestuften Waschmittel stieg von 41% auf 61%. Aber dennoch stellen Wasch- und Reinigungsmittel eine ernsthafte Umweltgefährdung dar. Sie sorgen nicht nur dafür, daß die Wäsche und in Küche, Bad und WC «alles o. k. ist», sondern gelangen nach getaner «Arbeit» in das Abwasser. Circa 30% der Belastung des kommunalen Abwassers mit organischen Stoffen und 40% mit gelösten mineralischen Stoffen gehen auf das Konto der Wasch- und Reinigungsmittel. Ferner können einige der Inhaltsstoffe der Wasch- und Reinigungsmittel die Wasserorganismen und die menschliche Gesundheit gefährden. Auch die Verpackungen (Karton, Plastik) der unüberschaubar großen Fülle dieser «Saubermänner» tragen zum Müllproblem bei. Die als Enthärter benutzten Phosphate stellten über einen langen Zeitraum eine erhebliche Belastungsquelle für die Gewässer dar. Die Phosphate konnten in den üblichen mechanisch-biologischen →Kläranlagen nur zu einem Drittel entfernt werden und gelangten so mit dem →Abwasser in die Gewässer. Besonders in stehenden oder langsam fließenden Gewässern kam es u. a. deshalb zur →Eutrophierung. Seit dem 1.1.1984 muß laut der Höchstmengenverordnung für Phosphate in Wasch- und Reinigungsmitteln der Phosphatgehalt bis zu 50% gesenkt werden. Seit dieser Verordnung wurden die Phosphate in den meisten Waschmitteln reduziert und schließlich ganz vermieden und durch sogenannte Phosphatersatzstoffe abgelöst. Dieser Prozeß hätte aber schon wesentlich früher beginnen können, denn bereits 1973 meldeten Henkel und Proctor & Gamble ein Patent auf den Phosphatersatzstoff Zeolith A an, und die Firma Henkel benutzt ihn seit 1981 in ihren Produkten. Während dieser Stoff als unbedenklich für die Umwelt gilt, kamen auch schädliche Ersatzstoffe wie NTA (Nitrilotriacetat) oder EDTA (Ethylendiamin-tetraacetat) auf den Markt. Sie können in den Sedimenten der Gewässer →Schwermetalle reaktivieren und zu ufernahen Trinkwasserbrunnen durchbrechen. Inzwischen werden diese Stoffe in den Waschmitteln nicht mehr verwendet. Dem Zeolith A werden oftmals noch Polycarboxylate oder Citrate zugefügt, um dessen Wirkung zu unterstützen. Nach dem derzeitigen Wissensstand sind Polycarboxylate zwar kaum giftig, aber sie lassen sich in Kläranlagen schlecht abbauen und reichern sich im →Klärschlamm an. Bisher fehlen die analytischen Methoden, um sie im →Boden oder in Gewässern nachzuweisen.

Die Seife als klassische waschaktive Substanz wurde durch Tenside, auch Detergentien genannt, verdrängt.

Die Tensideverordnung von 1977 (danach mehrfach geändert) schreibt eine Mindestabbaubarkeit anionischer und nichtionischer Tenside in

Höhe von 90 % vor. Die anfänglich bei der Waschmittelherstellung benutzten harten Tenside bauten sich nur sehr langsam biologisch ab, so daß es zu Schaumbergen auf den Flüssen kam. Seit dem Detergentiengesetz von 1972, das den Einsatz nur noch weicher, biologisch schneller abbaubarer (innerhalb von 24 Stunden bis zu 80 %) Tenside erlaubte, gingen diese Schaumberge zurück. Das heute gebräuchlichste Tensid LAS (Lineares Alkylbenzolsulfonat) wird von Kläranlagen zu 70–93 % abgebaut. Gelangen die Tenside ungeklärt in die Flüsse, reagieren insbesondere Wasserflöhe und Fische empfindlich darauf. Schon Konzentrationen von wenigen tausendstel Gramm pro Liter sind für diese Wasserorganismen tödlich. Auch mit dem Klärschlamm können Tenside auf die Äcker gelangen. Welche Wirkungen sie dort haben ist noch unbekannt. Tenside können ferner den schützenden Wasser-Lipid-Film der menschlichen Haut angreifen und dort entzündliche Prozesse hervorrufen.

Bei den Bleichmitteln ist es das aus dem Natriumperborat anfallende Bor, das sich in Kläranlagen nicht abbauen läßt und Wasser- und Kulturpflanzen und Fischembryonen schädigen kann. Die als Stabilisatoren eingesetzten Phosphonate sind ebenfalls schwer abbaubar und können die Wasserorganismen belasten. Bei den Füll- und Ballaststoffen sind es die Glaubersalze, die eine unnötige Belastungsquelle für die Gewässer darstellen.

Die menschliche Gesundheit belastenden Waschmittelinhaltsstoffe sind neben den Tensiden die Weißmacher und die Duftstoffe. Während die als Weißmacher benutzten Fluoreszenzstoffe u. a. eine Röntgenresistenz und eine verlangsamte Blutgerinnung bewirken und in dem Verdacht stehen, das Wachstum von Turmozellen (→Krebs) zu fördern, können die synthetischen Parfums in den Duftstoffen Hautreizungen und →Allergien hervorrufen.

Im Unterschied zu den Vollwaschmitteln sind die Feinwaschmittel und Alternativwaschmittel auf Seifenbasis für die Umwelt weniger belastend.

Die sogenannten **Baukastenwaschmittel** gelten als am umweltfreundlichsten. Sie bestehen aus drei getrennten Komponenten. Zu einem Basiswaschmittel (Pulver mit hohem Tensidanteil) kommen ein Enthärter und ein Bleichmittel hinzu. Aus diesen drei Teilen läßt sich ein Waschmittel mit denjenigen Stoffen zusammensetzen, die für die jeweilige Wäsche und beim jeweiligen Härtegrad des Wassers erforderlich sind.

Nicht nur der Wäsche wird mit viel Chemie zu Leibe gerückt, auch Haushaltsreiniger (Allzweckreiniger, Scheuermittel, Spezialreiniger) nehmen den Kampf mit jedem kleinsten Schmutzfleck und jeder kleinsten Bakterie auf. Immer mehr Spezialprodukte kommen auf dem Markt. Sie enthalten meistens völlig unnötig desinfizierende Bestandteile wie Phenolverbindungen, Formaldehyd (→Kohlenwasserstoffe) und Chlorverbindungen. Diese Stoffe haben aber schon schwerwiegende →Allergien ausgelöst.

Besonders aggressive Mittel wurden bei den Spezialreinigern zusammengebraut. Man muß nur die Gebrauchsanweisungen z. B. von Abflußreinigern oder WC-Reinigern wie

| Inhaltsstoffe und ihre Bedeutung | chemische Bezeichnungen / Wirkstoffgruppe | Auswirkungen auf Gewässer und Boden, Pflanzen und Tiere | Gesundheit | Wäsche |
|---|---|---|---|---|
| Farbstoffe (geben dem Pulver Farbe) | synthetische Farbstoffe | | entsprechend der chemischen Struktur gibt es krebsverdächtige Farben und harmlose Farben | |
| Stabilisatoren sollen verhindern, daß die Perborate in der Packung zerfallen und die bei der Waschmittelproduktion anfallenden Schwermetalle unwirksam machen | – Phosponate<br>– Magnesiumsilikat | sind schwer abbaubar, beeinträchtigen die Phosphatfällung in Kläranlagen, stören in geringen Konzentrationen die chemische Orientierung von Wasserorganismen<br>– | | |
| Bleichsystem Bleiche durch freiwerdenden aktiven Sauerstoff: entfernt Flecke von Rotwein, Obst, Kakao, Tee etc. | Natriumperborat Wirkungsoptimum erst ab 60° | läßt sich nicht in Kläranlagen abbauen, hoher Borgehalt schädigt Kulturpflanzen (z. B. Obstbäume, Tomaten), Wasserpflanzen und Fischembryonen; borhaltiges Wasser kann bei Bewässerung von Weiden in Konzentrationen von 0,2 bis 2,0 mg/l zu Lungen- und Magenerkrankungen bei Schafen führen | | greift Fasern und Farbe an, fixieren eiweißhaltige Verschmutzungen (z. B. Blutflecken) auf den Geweben und machen sie schwer auswaschbar |
| Bleichmittelaktivator Aktivieren Perborate bei niedrigen Temperaturen | TAED – Tetraacetylendiamin | | | |
| Füll-, Stell-, Ballaststoffe schaffen Gewicht, Volumen, Rieselfähigkeit des Pulvers | Natriumsulfat (Glaubersalze) | belasten die Gewässer mit Salz | | können durch Ablagerungen die Wäsche schädigen |

| Inhaltsstoffe und ihre Bedeutung | chemische Bezeichnungen / Wirkstoffgruppe | Auswirkungen auf Gewässer und Boden, Pflanzen und Tiere | Gesundheit | Wäsche |
|---|---|---|---|---|
| Schmutzträger (Vergrauungsinhibitoren) verhindern die Ablagerung des ausgewaschenen Schmutzes auf der Wäsche | Wirkstoffgruppe chemisch veränderte Zellulosen (CMC – Carboxymethylcellulose), kleisterähnlicher Stoff | biologisch schwer abbaubar, setzen sich im Klärschlamm ab | | |
| Eiweißlöser<br>lösen eiweißhaltige Flecken | Enzyme (Proteasen, Amylasen, Lipasen)<br>ab 50° nicht mehr wirksam | | können bei Handwäsche zu Hautunverträglichkeiten führen und bei manchen Menschen Allergien hervorrufen | |
| Weißmacher (optische Aufheller)<br>Ultravioletter Anteil des Tageslichts wird in sichtbares blaues Licht verwandelt | Fluoreszenzstoffe (Stilbendisulfonsäure-Derivate) | schwer abbaubar, reichern sich in Klärschlamm und Gewässersedimenten an | bewirken Röntgenresistenz. Blutgerinnung stark verlangsamt bis aufgehoben. Bildung von Stoffwechselprodukten (Metaboliten), die strahlenabsorbierend wirken. Fördern Wachstum von Tumorzellen | verfälscht wirkliches Waschresultat. Wäsche kann in der Sonne gelb werden |
| Duftstoffe<br>überdecken den Waschlaugengeruch | synthetische Parfums | behindern die chemische Orientierung von Wasserorganismen | starker Verdacht auf Hautreizungen und Allergien | |
| Schauminhibitoren (Schaumbremse) | Silikonöle | sind nur langsam abbaubar, bleiben am Klärschlamm hängen | | |

| Inhaltsstoffe und ihre Bedeutung | chemische Bezeichnungen / Wirkstoffgruppe | Auswirkungen auf Gewässer und Boden, Pflanzen und Tiere | Gesundheit | Wäsche |
|---|---|---|---|---|
| waschaktive Substanzen «entspannen» das Wasser, machen es «flüssig» | Tenside<br>LAS = Lineares Alkylbenzolsulfonat ist ein anionisches Tensid und am meisten gebräuchlich | wird in Kläranlagen zu 70–93 % abgebaut; gelangen sie ungeklärt in Gewässer, sind sie schon in geringen Konzentrationen für Wasserflöhe und Fische tödlich; können sich im Klärschlamm festsetzen und auf Äcker gelangen, mögliche schädliche Auswirkungen sind zur Zeit noch unbekannt | können den Wasser-Lipid-Film der Haut angreifen und entzündliche Prozesse hervorrufen | |
| | nichtionische Tenside, amphotere Tenside, kationische Tenside = Fettalkoholäthoxylate | Insbesondere die kationischen Tenside reichern sich in Galle und Darm der Fische an und wirken giftig auf Wasserlebewesen. Umwandlungen in Sedimenten sind nicht erforscht. Langzeituntersuchungen zur chronischen Toxizität der Tenside fehlen. Wenig bekannt ist über ihre Wirkung im Verein mit anderen Substanzen (Synergismus). Anionische und nichtionische Tenside müssen zwar zu 80 % biologisch abbaubar sein, was jedoch mit dem Rest geschieht ist unklar. Eine Reihe von Tensiden (zum Beispiel Seife) schädigt die Schleimhaut der Fische, mindert die Sauerstoff-Aufnahmefähigkeit der Kiemen. | | |

| Inhaltsstoffe und ihre Bedeutung | chemische Bezeichnungen / Wirkstoffgruppe | Auswirkungen auf Gewässer und Boden, Pflanzen und Tiere | Gesundheit | Wäsche |
|---|---|---|---|---|
| Enthärter (Komplexbildner, Gerüststoffe) Enthärten das Wasser, verhindern Niederschläge auf Geweben und Maschinenteilen, brechen den Schmutz auf, verhindern die Wiederablagerung des Schmutzes und steigern durch Zusammenwirkung mit Tensiden die Waschwirkung | – Phosphate | verursachen Überdüngung (→ Eutrophierung) der Gewässer | | |
| | – Zeolith A Natrium-Aluminium Silikat (eingetragener Markenname Sasil) | – | | |
| | – Polycarboxylate (Polycarbonsäuren) | sind schlecht abbaubar und reichern sich im Klärschlamm an, sind kaum giftig nach dem derzeitigen Wissensstand | | |
| | – Citrate (Salze der Zitronensäure) | – | | |
| | – NTA (Nitrilotriacetat) EDTA (Ethylensiamintetraacetat) | können in den Sedimenten der Gewässer die Schwermetalle reaktivieren und zu ufernahen Trinkwasserbrunnen durchbrechen | | |
| | – Phosphonate | sind schwer abbaubar, beeinträchtigen die Phosphatfällung in Kläranlagen, stören in geringen Konzentrationen die chemische Orientierung von Wasserorganismen | | |

**Quelle: Verändert nach Wingert, H.: Der Haushaltsknigge. Reinkek: Rowohlt, 1991, S. 104 f**

«Vorsicht ätzend» oder «Von Kindern fernhalten» lesen, um zu erfahren, daß es sich wohl um sehr gefährliche Stoffe (u. a. konzentrierte Laugen; starke Säuren) handeln muß, die wir in den Ausguß oder das WC streuen. Schon einige Spritzer dieser Reiniger können verätzte Finger, brennende Augen und eine entzündete Haut zur Folge haben. Behörden schätzen, daß es pro Jahr bis zu 30000 Unfällen mit ätzenden Haushaltschemikalien kommt. Eine besondere Gefahrenquelle stellt die gleichzeitige Anwendung verschiedener Reinigungsmittel (z. B. WC-Reiniger, Abflußreiniger) dar, da dabei unverträgliche Chemikalien wie z. B. Natriumhypochlorit und Natriumhydroxid zu gefährlichen Mixturen wie z. B. Chlorgas zusammengerührt werden können. Chlorgas wurde im Ersten Weltkrieg als →Chemiewaffe eingesetzt. Einige Abflußreiniger enthalten an Stelle solcher aggressiven Substanzen chlorierte →Kohlenwasserstoffe. Diese belasten jedoch unsere Flüsse, da sie nur schwer abbaubar sind (→wassergefährdende Stoffe).

Wenn man nicht mit «Kanonen auf Spatzen schießen» will, kann man auch harmlose, genauso wirksame und umweltfreundliche Mittel einsetzen.

**TiP** Im ökologischen Putzschrank werden nur vier Putzmittel benötigt: 1. Ein milder Allzweckreiniger, beispielsweise ein Handspülmittel oder eine neutrale Seife für alles Abwischbare. 2. Ein Scheuermittel für stärkere Verschmutzungen, z. B. im Bad. 3. Essig für Verkalkungen in der Kaffeemaschine oder auf den Armaturen. 4. Brennspiritus fürs Wischwasser beim Fensterputzen. Mit diesen vier Mitteln sind Sauberkeit und Hygiene im ganzen Haushalt gewährleistet.

## Wasser

Wasser ist nicht nur ein Nahrungsmittel für Menschen, Pflanzen und Tiere, sondern ist gleichzeitig auch Lebensraum für Pflanzen und Tiere und dient zur Erholung, als Verkehrsweg, als Produktionsmittel und als «Abfallbehälter».

An die täglichen Alarmmeldungen über den gefährdeten Zustand unserer Gewässer, Fischsterben, an die Tatsache, daß man in den meisten Flüssen nicht mehr baden kann, haben wir uns längst gewöhnt. Die Fragen:

– Was bedeutet Wasser für mich?
– Wann habe ich Wasser bewußt erlebt?

können dazu anregen, das Phänomen Wasser auch einmal mit den Sinnen zu erfassen.

### Wieviel Wasser gibt es überhaupt auf der Erde?

Ungefähr drei Viertel der Erdoberfläche sind mit Wasser (bzw. Eis) bedeckt.

Die Gesamtheit aller Wasservorräte auf der Erde ist seit Jahrmillionen konstant. Von der tatsächlichen Wassermenge (ohne Polar- und Gletschereis sowie zu tief liegendem →Grundwasser) stehen jedoch nur etwa 8% als Süßwasser zur Verfügung.

### Wie werden die Wasservorräte belastet?

Der Zustand der meisten Flüsse, Seen und Meere ist besorgniserregend

(→Gewässerverschmutzung, →Meeresverschmutzung). Die Belastung der Flüsse und Bäche durch industrielle und häusliche →Abwässer, abgeschwemmte Mineraldünger, →Pestizide und wasserbauliche Maßnahmen hält unvermindert an (→Landwirtschaft, →Flußregulierung). Meere sind neben den eingeleiteten Abwässern vor allem durch Einträge aus der Atmosphäre (→Luftverschmutzung) und dem Versenken von →Schadstoffen oder durch Ölunfälle gefährdet (→Ölpest). Robben-, Fisch- und Vogelsterben sind einige der besonders deutlichen Anzeichen für die gefährdete Situation.

Aber neben diesen besonders offensichtlichen Folgen der Gewässerbelastungen lauern andere, noch nicht in vollem Ausmaß abzusehende Gefahren.

Heute beziehen bereits ca. 20 % der Bevölkerung in der Bundesrepublik ihr →Trinkwasser aus Flußwasser, Uferfiltrat oder aus mit Trinkwasser angereichertem Grundwasser. Da aber nicht nur die Oberflächengewässer mit Schadstoffen belastet sind, sondern in zunehmendem Maße auch das →Grundwasser, ist die Trinkwasserversorgung gefährdet.

**Die Wasservorkommen der Erde**

| | km³ | % |
|---|---|---|
| Wasservorkommen der Erde | 1 384 000 000 | 100,00 |
| Ozeane, Randmeere (Salzwasser) | 1 348 000 000 | 97,40 |
| Polareis, Hochgebirgsgletscher | 27 800 000 | 2,01 |
| Grundwasser, Bodenfeuchte | 8 060 000 | 0,58 |
| Flüsse und Seen | 124 000 | 0,009 |
| Atmosphäre | 15 000 | 0,001 (Atmosphäre und Biomasse) |
| Biomasse | 1 000 | |

Quelle: Schweizer Vereinigung für Gewässerschutz und Lufthygiene (Hg.): Lehrerdokumentation Wasser, 1982, S. 55

**Süßwasserreserven**

| | km³ | % |
|---|---|---|
| Süßwasservorkommen | 36 000 000 | 100,00 |
| Polareis, Hochgebirgsgletscher | 27 800 000 | 77,22 |
| Grundwasser, Bodenfeuchte | 8 060 000 | 22,39 |
| Flüsse und Seen | 124 000 | 0,35 |
| Atmosphäre, Biomasse | 16 000 | 0,04 |

Quelle: siehe oben

## Wasserbedarf

Der gesamte Wasserbedarf betrug bei uns 39 Milliarden m³ pro Jahr. Davon entfielen auf die Elektrizitätswirtschaft etwa 59 %, die Industrie 31 % (hauptsächlich chemische und eisenschaffende Industrie, Bergbau), die →Landwirtschaft 2 % und auf Haushalte und Kleinverbraucher 8 %. In der ehemaligen DDR lag der Wasserbedarf bei etwa 8 Milliarden m³ pro Jahr. Auf die Industrie entfielen 58 %, die Landwirtschaft 25 % und auf die Bevölkerung 14 %. Bis zum Jahre 2010 wird ein Anstieg der Wassernachfrage auf 60 Mrd. m³ vorausgesagt. Solche Prognosen sind jedoch mit Skepsis zu betrachten, da sie den derzeitigen Wasserbedarf und die jetzige Art der Wassernutzung quasi als Naturgesetz fortschreiben.

Die derzeitige Wassernutzung der

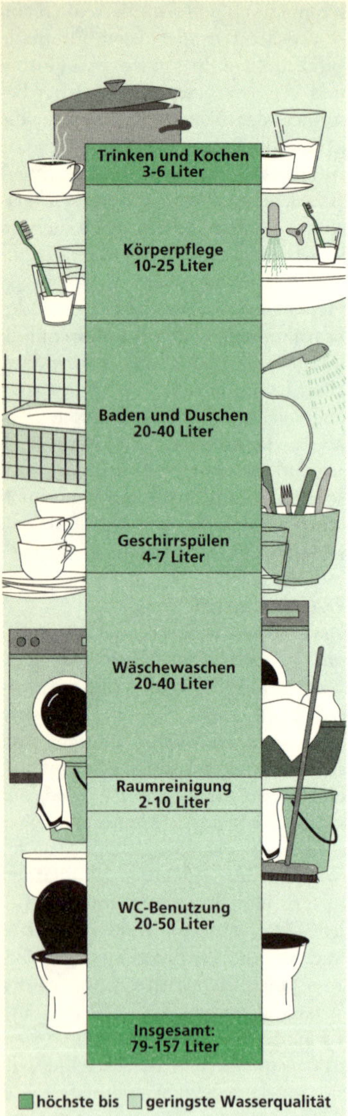


**Wasserbedarf im Haushaltsbereich (Angaben in Liter pro Einwohner und Tag)**

einzelnen Verbrauchergruppen ist nach der Menge, der Herkunft (und damit der Qualität), der Art der Nutzung und der Region recht unterschiedlich. Der private Wasserverbrauch ist in Städten höher als in ländlichen Gebieten und schwankt auch erheblich innerhalb einer Stadt. In Frankfurt wurde bei einer Untersuchung ein Pro-Kopf-Verbrauch zwischen 62–272 l je Einwohner je Tag festgestellt. Der Wasserverbrauch im Haushalt setzt nicht für alle Nutzungsarten hohe Qualität voraus.

Während im Bundesdurchschnitt ca. 75 % des durch die öffentlichen Wasserversorgungsunternehmen geförderten Wassers Grund- und Quellwasser (→Grundwasser) ist, liegt dieser Anteil in Nordrhein-Westfalen nur bei 40 %. Insbesondere in →Ballungsgebieten fördert die Industrie verstärkt Grund- und Quellwasser. Von den 12 Mrd. $m^3$ Wasser, die die Industrie nutzt, werden ungefähr 3 Mrd. $m^3$ durch Grundwasser gedeckt. Die öffentliche Wasserversorgung sieht sich gezwungen, Flußwasser zu fördern, Talsperren zu bauen oder gebrauchsferne Grundwasserquellen zu erschließen (→Grundwasser, →Trinkwasser). Wasser wird in der Industrie und in der Elektrizitätswirtschaft zum überwiegenden Teil als Kühlwasser benötigt. Obwohl dafür keine hohe Qualität erforderlich ist, stammen in vielen Industriebereichen erhebliche Kühlwassermengen aus selbstgefördertem Grund- und Quellwasser oder aus dem öffentlichen Netz. Trinkwasserqualität ist nur für die Belegschaft und für Produktions- und Kesselspeisewasser nötig.

**TiP** Wassersparen ist direkter Umweltschutz und schont die Haushaltskasse:
Eine Investition von rund 80 DM in Durchlaufbegrenzer für Wasserhähne und für die Dusche sowie einen Spülkasten mit Spartaste oder ein preiswertes Nachrüstset kann die jährlichen Kosten für Energie und Wasser (je nach Haushalt und Tarif) um mehrere hundert Mark vermindern.

**Wassergefährdende Stoffe**
gelangen mit dem →Abwasser oder aus der →Luft in Flüsse (→Gewässerbelastung), Meere (→Meeresverschmutzung) und Seen oder sickern durch den →Boden in das →Grundwasser. Sie gefährden den Lebensraum von Wasserpflanzen und -tieren und die Trinkwassergewinnung. Diese Stoffe unterscheiden sich durch die Art, wie sie abgebaut werden, wie sie sich in →Ökosystemen anreichern und wie sie sich auswirken (→Schadstoffe, →biologische Anreicherung). Aus diesem Grund werden folgende sechs Belastungsgruppen unterschieden: leicht abbaubare Stoffe, schwer abbaubare Stoffe, →Schwermetalle und Schwermetallverbindungen, Salze, →Abwärme und →Radioaktivität.

### Leicht abbaubare Stoffe
sind organische Stoffe, die in einem biologisch intakten Gewässer von den Zersetzern (Bakterien, Pilze) schnell und fast vollständig in ihre anorganischen Bestandteile zerlegt werden. Beim Zerlegen benötigen die Pilze und Bakterien Sauerstoff.
Diese →biologische Selbstreinigungskraft kann jedoch durch zu große Mengen von Abwässern beeinträchtigt und außer Kraft gesetzt werden. Insbesondere Phosphate und →Nitrate können die →Eutrophierung eines Gewässers herbeiführen.
Hauptquellen für die Verschmutzung mit leicht abbaubaren Stoffen sind die Abwässer der Haushalte und entsprechende Abwässer der Industrie und Landwirtschaft. Die Phosphatbelastung stammt hauptsächlich aus Haushaltsabwässern und dem abgeschwemmten Handelsdünger in der →Landwirtschaft. Mögliche Folgen einer zu starken Verschmutzung mit leicht abbaubaren Stoffen sind

- Sauerstoffverarmung und dadurch verursachtes Fischsterben,
- Gefährdung der Trinkwassergewinnung z. B. durch Faulstoffe.

Wie stark ein Gewässer mit leicht abbaubaren Stoffen verschmutzt ist, läßt sich am biochemischen Sauerstoffbedarf feststellen.
Dabei mißt man, wieviel Sauerstoff innerhalb von 5 Tagen und einer Temperatur von 20 °C von den Bakterien zur Zersetzung benötigt wird. Deswegen bezeichnet man diesen Meßwert auch als $BSB_5$. Je größer der Verschmutzungsgrad, desto größer ist der Sauerstoffbedarf für die Zersetzung.

### Schwer abbaubare Stoffe
Für den Abbau solcher Stoffe benötigen Mikroorganismen einen langen Zeitraum. Die Stoffgruppen auf der folgenden Seite lassen sich nur schwer abbauen.
Besonders gefährlich sind die →chlorierten Kohlenwasserstoffe, da sie das Erbgut des Menschen, das Kind im Mutterleib schädigen und krebserzeugende Effekte selbst bei kleinen

| | |
|---|---|
| Chlorierte Kohlenwasserstoffe | Lösungsmittel aus metallverarbeitenden Betrieben (Trichloräthylen, Perchloräthylen), Pestizide wie z. B. DDT oder Lindan und HCB (= Hexachlorbenzol), industrielle Hilfsstoffe und technische Produkte, z. B. polychlorierte Biphenyle (PCB) als Kühlmittel für Transformatoren |
| Phthalate (Phthalsäureester) | Herstellung von Kunstharzen, Weichmachern in der Kunststoffindustrie |
| Kohlenwasserstoffe | Mineralöl, das z. B. bei Tankerunfällen oder bei der Schiffsreinigung anfällt |
| Phenole (farblose aromatische Verbindungen) | Ausgangssubstanz zur Herstellung von Kunststoffen, Farbstoffen, Pestiziden |
| Tenside (synthetische Seifen) | sind in Wasch- und Reinigungsmitteln enthalten |
| Ligninsulfinsäuren (schwefelhaltige organische Verbindungen) | aus der Zellstoff- und Papierindustrie |

Mengen haben können (→Krebs). In →Nahrungsketten werden sie möglicherweise auf das Tausend- oder Millionenfache angereichert (→biologische Anreicherung). Sie gelangen so auch in das menschliche Fettgewebe (→Muttermilch).

Im Gegensatz zu den leicht abbaubaren Stoffen addieren sich schwer abbaubare Stoffe, wodurch zusätzliche Gefährdungen entstehen (→Kombinationswirkungen).

Sie sind ein ernstes Problem für die Trinkwasserversorgung, da sie z. T. aufwendige und kostspielige Verfahren zur Aufbereitung erforderlich machen. Hohe Konzentrationen von Ligninsulfinsäuren können beispielsweise die Aktivkohlefilter bei der →Trinkwasseraufbereitung blockieren.

Wie stark das Wasser mit schwer abbaubaren Verbindungen belastet ist, läßt sich am chemischen Sauerstoffbedarf (CSB) feststellen, der die Gesamtheit aller oxidierbaren Inhaltsstoffe (leicht und schwer abbaubare organische Verbindungen) erfaßt. Gemessen wird die Menge an gelöstem Sauerstoff (mg/l), der für die Oxydationsvorgänge erforderlich ist.

Ein weiteres Maß ist der im Wasser enthaltene gelöste, organisch gebundene Kohlenstoff (DOC = dissolved organic carbon).

### Schwermetalle und Schwermetallverbindungen

→Schwermetalle und Schwermetallverbindungen können von Organismen nicht abgebaut werden. Eisen, →Blei, Zink, Chrom, →Cadmium, Uran und →Quecksilber treten auch unter natürlichen Bedingungen in sehr geringen Mengen in →Ökosystemen auf. Die zunehmenden Schwermetallgehalte im →Abwasser, in der →Luft und im →Boden haben die Konzentration jedoch erheblich ansteigen lassen (→Gewässerverschmutzung, →Meeresverschmutzung).

Schwermetalle reichern sich in den Ablagerungen am Boden (Sedimente) und Schwebstoffen eines Gewässers an und gelangen von dort in die Nahrungskette (→biologische Anreicherung). Zu hohe Konzentrationen führen zu Wachstums- und Stoffwechselstörungen bei Organismen. Die Schadwirkung tritt oft erst nach lange währender, wiederholter Aufnahme kleiner Mengen auf. Cadmiumhaltige bzw. quecksilberhaltige industrielle Abwässer in Japan z. B. waren die Ursache für die Itai-Itai- und Minamata-Krankheit (→Cadmium, →Quecksilber).

Schwermetalle stammen hauptsächlich aus der chemischen Industrie, aus Metallhütten und aus Galvanik- und Beizereibetrieben. Sie sind ein ernstes Problem für die Trinkwasserversorgung, da sie in den meist üblichen →Kläranlagen mit mechanisch-biologischer Klärstufe nicht abgebaut werden können.

### Salze (Chloride)

Vor allem der Rhein, die Mosel, Werra, Weser und untere Lippe schleppen eine erhebliche Menge an Salzen mit sich. Gelangen diese in das →Trinkwasser, können sie einen erhöhten Blutdruck verursachen. Hohe Salzkonzentrationen des Rheinwassers führten aber z. B. auch zu erheblichen Ernteverlusten in holländischen Unterglaskulturen.

### Abwärme

Bei der Energieerzeugung in konventionellen Kraftwerken oder in →Atomkraftwerken fällt Wärme an. Ein großer Anteil gelangt über Kühlwasserableitungen in die Oberflächengewässer.

Erhöhte Temperaturen im Flußwasser verringern den Sauerstoffgehalt und gefährden die →biologische Selbstreinigung:

- Bakterien benötigen für den Abbau von organischen Stoffen Sauerstoff;
- biochemische Prozesse laufen bei einer Temperaturerhöhung von 10 °C mit der doppelten Geschwindigkeit ab;
- eine Temperatursteigerung des Flußwassers beschleunigt also die Zersetzungsvorgänge organischer Stoffe, was mit erhöhtem Sauerstoffverbrauch einhergeht;
- bei steigender Temperatur kann in der gleichen Wassermenge weniger Sauerstoff gelöst werden als bei einer niedrigeren Temperatur.

Beim Rhein liegt beispielsweise die kritische Phase der Kühlwasserwirkung bei Wassertemperaturen zwischen 10 und 15 °C im Spätherbst (→Flußverschmutzung).

→Abwärme bedeutet auch für viele Flußfischarten das «Aus», da sie im Bereich der Warmwasserfahnen nicht mehr existieren können. Durch die Aufwärmung von Flüssen wird auch die Trinkwasserversorgung insbesondere in industriellen →Ballungsgebieten erschwert. Da hier die Trinkwasserversorgung auf die Entnahme von Flußwasser – entweder direkt oder als Uferfiltrat – angewiesen ist, kann sich die Temperatur unter Umständen bis zum Wasserhahn fortsetzen. Die erhöhte Temperatur führt dazu, daß sich viele Stoffe lösen, die die Trinkwasseraufbereitung stören und zu Geruchs- und Geschmacksbeeinträchtigungen führen können.

### Radioaktivität

Radioaktive Stoffe können von Organismen ebenfalls nicht abgebaut wer-

den. Radioaktive Belastungen entstehen nach Kernwaffenexplosionen, in →Atomkraftwerken und in →Wiederaufarbeitungsanlagen für abgebrannte Brennelemente.
Radioaktive Stoffe, die z. B. bei einem Störfall in einem →Atomkraftwerk in das Wasser gelangen, können sich im Gewässersediment anreichern und an Schwebstoffe gebunden transportiert werden. Somit besteht die Möglichkeit, daß auch sie sich in der Nahrungskette anreichern (→biologische Anreicherung).
Mögliche Gefährdungen sind Schädigungen des Erbguts und die krebserzeugende Wirkung. Bei uns ist eine Beeinträchtigung des Oberflächenwassers durch Radioaktivität noch nicht nachweisbar.

**TiP** Verbannen Sie ätzende Chemikalien, chemische Rohrreiniger, Backofensprays und chlorhaltige Sanitärreiniger aus Ihrem Putzschrank. Für Abflußverstopfungen gibt es besseren mechanischen Ersatz, wie eine Saugglocke, eine Vakuumpumpe oder eine Spirale. Besser noch, es kommt gar nicht erst zu einer Verstopfung. Für jeden Abfluß gibt es für wenige Groschen im Sanitärhandel und in den Kaufhäusern kleine Plastiksiebe, die Haare im Bad oder Essensreste in der Küche zurückhalten.

## Wasserkraftwerke

Fließendes Wasser aus Stauseen oder in Flüssen mit Hilfe von Turbinen und Generatoren in Elektrizität umzuwandeln bietet eine unerschöpfliche Energiequelle. Ihr Ursprung ist der natürliche Wasserkreislauf. Diese Energiegewinnung ist insofern umweltfreundlich, als keine Schadstoffe erzeugt werden. Die hohe Lebensdauer der Anlagen und die geringen Personalkosten machen die Wasserkraftnutzung zu einer sehr wirtschaftlichen Angelegenheit. Die Anlagen erreichen heute einen Wirkungsgrad von 85 %. Allerdings treten Landschaftsschutzprobleme bei der Standortwahl von Stauseen auf. Großprojekte, wie der Assuanstaudamm in Ägypten, stellen problematische Eingriffe in den Natur- und Wasserhaushalt dar. So werden durch den Staudamm die alljährlichen Überschwemmungen der Felder im Niltal verhindert. Die dadurch bewirkte natürliche Düngung muß nun durch chemische Mittel ersetzt werden.
In der Bundesrepublik Deutschland sind fast alle großtechnischen Möglichkeiten für Wasserkraftwerke ausgenutzt. Sie decken etwa 6 % des Elektrizitätsbedarfs (in Bayern ca. 25 %). Darüber hinaus bietet sich die dezentrale Nutzung in kleinen Wasserkraftwerken an. In der Welt wird bisher jedoch nur etwa 6 % der verfügbaren Wasserkraft ausgenutzt. In den Alpenländern Schweiz und Österreich, in Norwegen und Schweden, in der ehemaligen Sowjetunion und in einigen Ländern Afrikas haben Stauseen bei der Elektrizitätserzeugung eine große Bedeutung.

### Speicherkraftwerke

Bei Stauseen wird der große Höhenunterschied zwischen Oberwasser und Unterwasser genutzt. Man verwendet zur Umwandlung dieser Energie Freistrahlturbinen (sogenannte Peltonturbinen). Das Wasser gelangt vom Stausee durch eine Rohrleitung, an deren Ende sich eine verstellbare Düse befindet, auf die Schaufeln der Turbine. Die Ausflußgeschwindigkeit ist um so größer, je höher der Wasserspiegel im Staubecken über der Düse liegt.

### Laufwasserkraftwerke

Bei den Flußkraftwerken ist die Fallhöhe sehr klein (z. B. nur 12 m). Die Strahlgeschwindigkeit ist dann zu gering, um mit der Peltonturbine sinnvolle Leistungen zu erzielen. Bei Fallhöhen unter etwa 300 m wendet man einen anderen Turbinentyp an: die Kaplanturbine, deren Flügelform an Windradpropeller erinnert. Die Ausflußgeschwindigkeit ist auch um so größer, je größer die Höhendifferenz ist; allerdings treten bei diesem Kraftwerktyp viel kleinere Geschwindigkeiten auf.

Im Gegensatz zu den gigantischen Speicherkraftwerkanlagen mit mehreren tausend Megawatt sind Flußkraftwerke meistens sehr viel kleiner. Jedoch können viele solcher dezentralen Kleinkraftwerke zur Stromversorgung einen erheblichen Beitrag liefern, insbesondere auch in den Ländern der →Dritten Welt.

In Deutschland gibt es etwa 10000 solcher Kleinwasserkraftwerke.

## Wasserschutzgebiet

Zum Schutz von Quell- und →Grundwasser werden im Einzugsbereich der Wasserfassungen sog. Wasserschutzgebiete festgesetzt. Die Schutzgebiete sind in drei Zonen eingeteilt:

1. **Fassungsbereich:** Er ist umzäunt und für die Allgemeinheit nicht zugänglich;

2. **engere Schutzzone:** Jede Art von Bebauung, Kiesentnahme, die Ablagerung und Lagerung grundwassergefährdender Stoffe und die Anlage von Straßen ist verboten. Eine landwirtschaftliche Nutzung (mineralische, natürliche Düngung) ist erlaubt;

3. **weitere Schutzzone:** Kies- und Sandentnahme sind erlaubt, wenn das →Grundwasser dabei nicht aufgedeckt wird. Betriebe erhalten eine Betriebserlaubnis, wenn die Ableitung der →Abwässer ohne Einflußnahme auf das Grundwasser bleibt. →Landwirtschaft und Forstwirtschaft sind ebenso möglich wie der Bau von Häusern und Straßen mit zentraler Kanalisation. Das Wasserhaushaltsgesetz schafft die Voraussetzung, Wasserschutzgebiete festzulegen.

In der Bundesrepublik sind längst noch nicht genügend Wasserschutzgebiete ausgewiesen, nur erst die Hälfte der erforderlichen Fläche (6 % der Fläche der BRD) ist ausgewiesen. Sie sind durch Dünger und auch durch Altmüll (→Sondermüll) gefährdet. Die Forderung, mittel- und langfristig die landwirtschaftliche Nutzung in den Wasserschutzgebieten zu unterbinden, ist angesichts der bereits existierenden Belastung des Grundwassers mit →Nitraten nicht unbegründet.

## Wasserstoffwirtschaft

Ist Wasserstoff das Erdöl der Zukunft? Wasserstoff ($H_2$) ist ein Gas, das als Treib- oder Brennstoff eingesetzt werden kann. Seine Verwendung spielt in vielen Zukunftsplanungen zur Energieversorgung eine große Rolle, weil hiermit auch das Speicherproblem für Energie gelöst werden kann. Wasserstoff kommt in der Natur nur in chemisch gebundener Form vor, vorwiegend im Wasser ($H_2O$).

### Herstellung von Wasserstoff

Zur Herstellung des reinen Wasserstoffs bedarf es bei allen Verfahren Energie. Wasserstoff läßt sich mit Hilfe unterschiedlicher Primärenergien erzeugen, in Wärmekraftwerken mit Kohle- oder Ölfeuerung, mit Atomkraftwerken und mit regenerativen Energiequellen, zum Beispiel mit Sonne und Wind. Dies geschieht im einzelnen mit folgenden Verfahren:

Bei den petrochemischen Verfahren der Spaltung von Kohlenwasserstoffen des Erdöls und bei der Kohlevergasung greift man auf fossile, d.h. nicht erneuerbare Rohstoffe zurück. Bei beiden Verfahren entstehen umweltschädigende Abfallprodukte.

Der Nachteil bei den thermochemischen Kreisprozessen zur Zerlegung von Wasser ($H_2O$) ist die Tatsache, daß die dazu benötigten hohen Reaktionstemperaturen (bis 1000 Grad) wohl nur aus nuklearen Hochtemperaturreaktoren oder «Schnellen Brütern» verfügbar sind. Das wären aber recht problematische Methoden zur Erzeugung von Wasserstoff.

Bei den physikalischen Verfahren ist die **Elektrolyse** der sauberste Weg zur Wasserstoffherstellung, zudem ein technisch einfaches Verfahren, bei dem Wasser durch Anlegen einer Gleichspannung in Wasserstoff und Sauerstoff zerlegt wird.

Hierzu lassen sich besonders gut auch Wind- und Sonnenenergie als Erzeuger der Elektrizität einsetzen.

Ein für die Zukunft bedeutsames Verfahren zur Wasserstofferzeugung ist neben der Elektrolyse das biologische Verfahren der **Photolyse** von Wasser. Pflanzen zersetzen aufgenommenes Wasser mit Hilfe von Sonnenenergie in Sauerstoff und Wasserstoff. Der Wasserstoff wird in Kohlenwasserstoff im Blatt der Pflanzen angelagert. Es entsteht Biomasse. Wenn es nun gelänge, den Prozeß der Photosynthese dahingehend technisch zu simulieren und zu variieren, daß der als Zwischenprodukt entstehende Wasserstoff freigesetzt würde (anstatt zu Biomasse verwandelt zu werden), stünde eine wirkungsvolle Direkterzeugung von Wasserstoff zur Verfügung. An diesem Verfahren zur Photolyse von Wasser wird derzeit weltweit geforscht. Es könnte die ständig zufließende Sonnenenergie optimal ausnutzen und wäre sehr umweltfreundlich.

Ein Sonnenenergie-Wasserstoff-System wäre in der Lage, vielfältigen Anforderungen gerecht zu werden, was Versorgungssicherheit, Umweltfreundlichkeit und Wirtschaftlichkeit betrifft. Dabei ist anzumerken, daß die Erzeugung und Nutzung von Wasserstoff durchaus nicht an Großanlagen gebunden ist. Auch kleinere Solargeneratoren oder Windkraftwerke könnten zur Wasserstofferzeugung eingesetzt werden. Ebenso könnten die Energieversorgungsunternehmen mit Nachtstrom Wasserstoff erzeugen, anstatt Pumpspeicherwerke zu betreiben.

### Transport und Speicherung

Wasserstoff kann wie Erdgas mit Hilfe von Flüssiggastankern und in Gasleitungen transportiert werden. Wegen des niedrigen Siedepunktes von 20,4 K ist die Verflüssigung jedoch sehr teuer und führt zu Materialproblemen für die Behälter. Insofern sind Hochdruck-Rohrleitungen zum Transport von Wasserstoff in gasförmigem Zustand am sinnvollsten. Seit über 30 Jahren betreiben die Chemischen Werke Hüls ein 200 km langes Wasserstoff-Rohrsystem im Raum zwischen Leverkusen, Düsseldorf, Krefeld, Bottrop, Hüls und Wanne-Eickel.

Speichern läßt sich Wasserstoff im großen Rahmen in Salz- oder Erdgaskavernen und in Verbrauchernähe in üblichen Gasometern. Bei der Verwendung in Verkehrsmitteln treten bei klassischer Tankspeicherung jedoch Raum- und Gewichtsprobleme auf. In 21 kg Wasserstoff ist die gleiche Energiemenge enthalten wie in 80 Litern Benzin. 21 kg gasförmiger Wasserstoff nimmt jedoch ein Volumen von 320 Litern bei einem Druck von 800 bar ein. Ein geeignetes Stahlgefäß würde 1,5 Tonnen wiegen. Einen Ausweg stellen die «Kristallspeicher» dar. Sie können pro Volumeneinheit viermal mehr Wasserstoff aufnehmen als übliche Gasflaschen und erreichen etwa Wasserstoffdichten wie flüssiger (gekühlter) Wasserstoff. Das ist volumenmäßig noch immer um einen Faktor fünf schlechter als Benzin. Die Metall-Legierungen (z. B. Eisentitan, FeTi) nehmen beim Ladevorgang (entspricht dem Tanken) Wasserstoff auf wie Schwämme das Wasser. Es bildet sich Metallhydrid. Beim Entladen (Fahren) wird der Wasserstoff wieder frei. Diese Speicherung von Wasserstoff in Metallhydriden bietet sich auch wegen ihrer Sicherheit an.

## Wasserstoffmotor

Wasserstoff kann als Treibstoff für Fahrzeuge verwendet werden. Dabei entstehen lediglich Wasserdampf und geringe Mengen Stickoxide, aber kei-

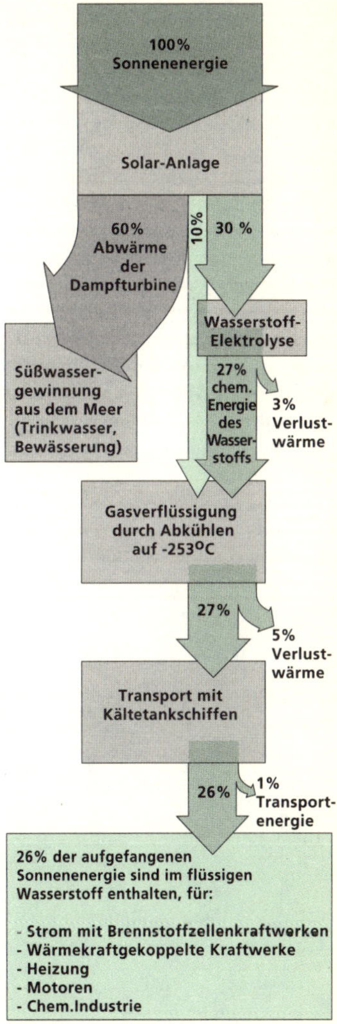


**Modell eines Sonnenenergie-Wasserstoff-Energiesystems**

ne Kohlenoxide. Ein wasserstoffbetriebener Motor erzeugt nur ein Siebzigstel der giftigen Abgase eines Benzinmotors, ein großer Vorteil also. Gebräuchliche Verbrennungsmotoren lassen sich leicht auf Wasserstoffbetrieb umstellen. Benutzt man ein Metallhydrid als Wasserstoff-Reservoir, so kann man es mit dem Motor verbinden. Die bei der Verbrennung entstehende Wärme wird über einen Kühlkreislauf zum Reservoir geführt und über einen Wärmetauscher an das Metallhydrid abgegeben. Sie bewirkt, daß Wasserstoff aus dem Hydridspeicher ausgetrieben wird und dem Motor zur Verfügung steht. Besteht der Wasserstoffspeicher z.B. aus Eisentitanhydrid, dann reicht die Abwärme des Motors, ihn auf einer Temperatur von mindestens zehn Grad zu halten, damit bei einem Druck von mehr als einer Atmosphäre ein stetiger Strom von Wasserstoff zum Motor gewährleistet ist. Sinkt die Wärmezufuhr, verringert sich der Wasserstoffstrom und umgekehrt. Wenn der Wasserstoff im Reservoir verbraucht ist, kann man es neu aufladen, indem man Wasserstoff unter einem ausreichenden Druck einpreßt. Die Reaktionswärme, die dabei frei wird, läßt sich über den Kühlkreislauf abführen. Versuchsfahrzeuge, auch Busse, mit Wasserstoffantrieb werden derzeit von verschiedenen Firmen erprobt.

## Brennstoffzellen

In der Regel wird elektrische Energie aus chemischer Energie durch Verbrennen, also über Wärmekraftmaschinen gewonnen. Es gibt auch Verfahren der Direktumwandlung, welche die chemische Energie gasförmiger oder flüssiger Brennstoffe kontinuierlich in Elektrizität umsetzen. Das geschieht in Brennstoffzellen. Für die verschiedenen Brennstoffe (z.B. Wasserstoff, Propan, Erdgas, flüssige Kohlenwasserstoffe, Leichtbenzin) gibt es die unterschiedlichsten Arten von Brennstoffzellen.

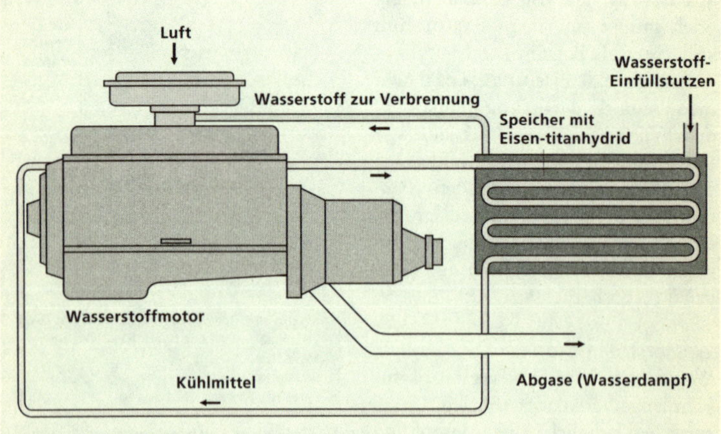


Wasserstoffmotor mit Speicher

Allgemein bekannt ist der Vorgang der Elektrolyse. Eine Brennstoffzelle ist im Prinzip die Umkehrung des Elektrolysevorgangs. Die Brennstoffzelle in ihren unterschiedlichen technischen Varianten stellt nun genau jene Bedingungen her, um aus Wasserstoff und Sauerstoff wieder elektrische Energie und Wasser zu erzeugen.

In einem Energieversorgungssystem der Zukunft wird der Wasserstoff wohl sicher eine wichtige Rolle einnehmen.

## Wattenmeer

Das Nordseewatt ist in seiner Art eine einmalige Erscheinung, was unmittelbar mit seiner geographischen Lage zusammenhängt. Auf einer Fläche von 7300 qkm (= dreimal so groß wie das Saarland) erstreckt es sich über 450 km von Texel in den Niederlanden bis zum dänischen Esbjerg vor allem zwischen dem Festland und den vorgelagerten Inseln. Zur Bundesrepublik gehört rund die Hälfte der Gesamtfläche. Hier haben sich im Schutz der Inseln Ablagerungen gebildet, die bei Ebbe als ausgedehnte Schlick- und Sandflächen zutage treten, bei Flut aber regelmäßig vom Meer wieder überspült werden. Dieser Wechsel geschieht zweimal am Tag.

Das **Watt** wird von einem Verbundsystem großer schleifenförmiger «Flüsse» und feinverästelter «Bäche» durchzogen. Diese Wasserläufe werden Priele genannt. Tiefe, mit Wasser gefüllte Priele sind Rückzugsgebiete für viele Wassertiere, die hier die täglichen Trockenzeiten überdauern und bei Flut auf die reichgedeckten Nahrungsgründe des Watts zurückkehren. Priele sind auch die Verkehrsadern für die Küstenschiffahrt.

Auf den ersten Blick scheint das Watt eine Wüste zu sein. Es ist aber einer der biologisch produktivsten Lebensräume (→Biotop), die es gibt. Bis zu einer Million einzelliger Algen findet man auf einem Quadratmeter Wattfläche. Hinzu kommen mehrere Millionen Kleinalgen pro Liter Meerwasser, die mit den Flutwellen ins Wattenmeer eingeschwemmt werden. Bei solchen Mengen an Pflanzen gibt es entsprechende Mengen an Tieren. Auf einem Quadratmeter Wattboden leben bis zu 120 Sandklaffmuscheln, 40 000 Schlickkrebse, 50 000 Wattschnecken. Sie sind die Nahrungsgrundlage für Fische und Vögel. Der Seeadler holt sich Fische und Vögel, der Seehund lebt vor allem von Fischen. Die Muscheln, Krabben und Fische des Wattenmeeres sind die Lebensgrundlage vieler Küstenbewohner.

Typische Pflanzen des Watts sind Algen, Seetange, Seegräser. An den Rändern des Watts, auf den sog. **Salzwiesen**, wachsen Queller, Strandflieder, Strandaster und Andelgras.

Typische Tiere im Wattenboden sind Sandwürmer, Kompaßquallen, Mies-, Klaff- und Herzmuscheln, Krebse. Im Watt leben Schollen, Heringe, Seezungen und Seehunde.

Im Spätsommer leben zeitweise drei Millionen Vögel im Watt, im Winter finden immer noch eine bis eineinhalb Millionen Vögel Nahrung, z. B. Regenpfeifer, Säbelschnäbler, Eiderenten, Silbermöwen, Ringelgänse, Brandgänse usw.

Auf Grund der schrecklichen Erfahrungen mit Sturmflutkatastrophen, Landverlusten und Deichbrüchen muß das Hinterland durch Deiche geschützt werden. Es ist verständlich, daß der Küstenschutz und die Sicherheit der Bewohner hinter den Deichen an erster Stelle stehen. Dafür ist es aber nicht erforderlich, große Wattflächen abzuriegeln und trockenzulegen. Zwar haben die eingedeichten Schlickflächen die höchste Bodengüteklasse der Welt, aber zusätzliche landwirtschaftliche Nutzflächen sind angesichts der Überproduktion von Nahrungsmitteln in der Europäischen Gemeinschaft volkswirtschaftlich unsinnig.

Das Wattenmeer ist der letzte, vom Menschen noch relativ wenig beeinflußte Naturraum (→Ökosystem) der Bundesrepublik. Soll die Tierwelt dieses Lebensraums überleben, darf er nicht mehr durch Eindeichung verkleinert werden. Dadurch würde auch der wirtschaftliche Nutzen aus den Erträgen der Nordseefischerei stark verringert.

Naturschützer sagen deshalb: Küstenschutz ja – Eindeichung nein. Noch gefährlicher als die von der schleswig-holsteinischen und der niedersächsischen Landesregierung geplanten Vordeiche ist die Industrialisierung des Unterlaufs der Flüsse Elbe und Ems und die Pläne für den Ausbau von Hafenanlagen. Dazu kommen die riesigen, in den sechziger Jahren entstandenen Industriegebiete der Küstenregion, z.B. bei Wilhelmshaven und an der Emsmündung.

Nicht zuletzt wird das Wattenmeer – obwohl Nationalpark – auch genutzt, was bei diesem sensiblen Ökosystem einer extremen Störung gleichkommt. So werden im Wattenmeer militärische Übungen in Form von Tiefflügen und Schießübungen abgehalten, wodurch insbesondere die Seevögel gestört werden.

Eine besondere Gefährdung ist die Ölförderung im Wattenmeer.

Eine Ölkatastrophe, d.h. ein großflächiger Ölteppich auf dem Wattenmeer, könnte das Ende für die Lebewelt des Watts bedeuten, denn gegen die →Ölpest gibt es kaum einen wirksamen Schutz. Um das Wattenmeer zu retten, haben Naturschützer sich zu einer übernationalen und überregionalen Verteidigungsfront zusammengeschlossen und stellen folgende Forderungen:

- ▶ Die Nordsee darf nicht weiter als Müllkippe mißbraucht werden (→Meeresverschmutzung).
- ▶ Es muß eine bessere Vorsorge gegen Ölverschmutzung und eine wirksame Abwehr gegen Ölkatastrophen aufgebaut werden.
- ▶ Zur Landgewinnung dürfen keine neuen Deiche gebaut werden. Küstenschutz kann durch Verstärkung bestehender Deiche erreicht werden.
- ▶ Es sind weitere Naturschutzgebiete (→Naturschutz) und Nationalparks auszuweisen mit besserer finanzieller und personeller Ausstattung für ihre Betreuung, die nur von privaten Naturschutzgruppen (→Umweltverbände) getragen werden sollte.
- ▶ Die Schadstoffeinleitungen müssen dadurch gestoppt werden, daß die Schadstoffproduktion bereits an der Quelle vermieden wird, z.B. durch Produktionsumstellungen in der Industrie und durch die Einführung eines ökologischen →Landbaus.

**TiP** Wenn Wassersportler und Wanderer auf entlegende Strände vordringen, tragen sie häufig unwissentlich zum drohenden

Aussterben der Seehunde bei. Denn gerade im Sommer werfen und säugen die Seehunde ihre Jungen auf den Sandbänken. Um den Tieren das Überleben zu ermöglichen, müssen unbedingt 500 Meter Abstand zu den Sandbänken eingehalten werden. Auch die Pflanzenwelt verträgt die Touristen nicht. Reiter und Wanderer sollten deshalb in den Dünen die vorgegebenen Wege nicht verlassen.

## Wellenenergie

Wer schon einmal in der Meeresbrandung gebadet oder die Auswirkungen der zerstörerischen Kraft von Flutwellen gesehen hat, der kann sich vorstellen, welche Energie im Wellenschlag enthalten ist. Theoretisch eröffnet die Wellenenergie interessante Nutzungsmöglichkeiten. Das Problem liegt aber in der technischen Verwertung.

### Der Brandungswellenbrecher

besteht aus mehreren übereinander angeordneten Kammern. Durch die an der Schrägseite des Wellenbrechers auflaufenden Wellen strömt das Wasser beim Zurücklaufen der Welle durch Aufwerfen der Kammerverschlußklappen in die Kammern. Die Fallhöhe zwischen den Kammern und dem Meeresspiegel wird zur Stromerzeugung mit Hilfe von Wasserturbinen ausgenutzt. Eine solche Anlage liegt in der Bucht von Tokio. Sie ist 80 m lang, 12 m breit und 15 m hoch, wiegt 750 Tonnen und hat eine Leistung von einem Megawatt.

### Mit Knickflößen

experimentiert man seit 1978. Wellenklappen sind zu schwimmenden Flößen mit Drehgelenken zusammengefügt. Dadurch wird die Wellenbewegung in eine Knickbewegung und schließlich in Kompressionsarbeit in den Zylindern mit Kolben umgesetzt. Eine 125-kW-Station wurde vor der Insel Honshu (Japan) in Betrieb genommen.

### Bei Wellenenten

wird die kinetische Energie der Wellen genutzt, indem die ungleichmäßigen Wellenbewegungen über die Bewegung der Schaufel auf eine Spezialpumpe übertragen werden. Dadurch wird dann eine Turbine angetrieben. Die Anlage soll Umwandlungswirkungsgrade von ca. 70 % erreichen. Die Leistungen können in der Größenordnung von kW bis MW liegen.

### Wellenenergiewandler

werden in Kalifornien entwickelt. Beim Eintauchen des Schwimmkörpers schiebt sich Wasser durch eine lange Röhre und ein Klappenventil in ein Reservoir. Ist es gefüllt, strömt Wasser über eine Reihe von Turbinen zurück ins Meer.

Wellenkraftwerke haben nur geringfügige Umweltauswirkungen. Bei großtechnischer Energieentnahme aus einer Welle vor der Küste muß man eine mögliche Abschwächung der Küstenbrandung bedenken. Die Austauschvorgänge wie Sauerstoff- und Planktontransport zwischen Oberfläche und tieferen Wasserschichten und damit das biologische Gleichgewicht können dadurch lokal beeinflußt werden. Bei großtechni-

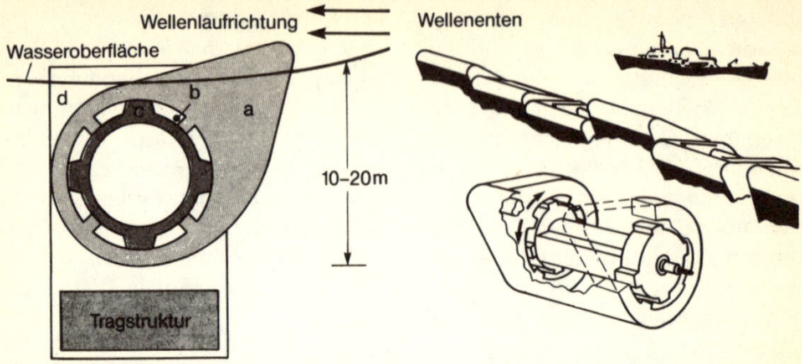


**«Wellenenten».** Das nockenförmige drehbare Außenteil (a) wird von den anlaufenden Wellen nach links gedrückt. Dadurch wird im Hochdruckraum (b) ein Arbeitsmedium komprimiert. Der Innenteil (c) ist starr an der «Flosse» (d) befestigt, die über die Tragstruktur mit der Nachbarflosse verbunden ist.

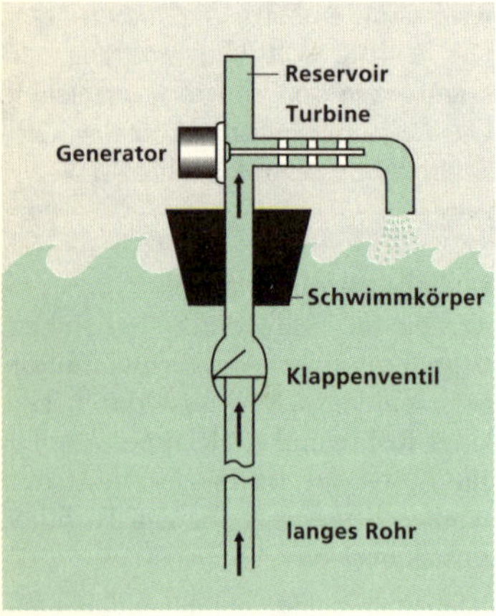


**Wellenenergiewandler**

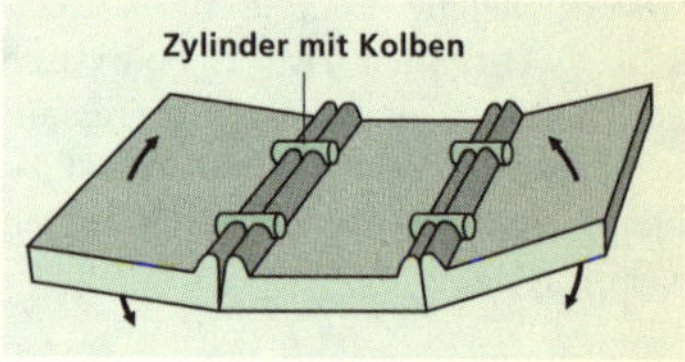


**Knickfloß**

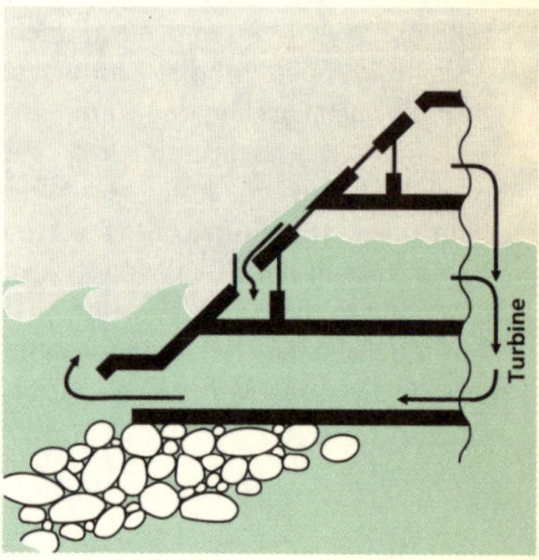


**Brandungs-wellenbrecher** ▶

scher Nutzung könnten sich eventuell auch Behinderungen der Schiffahrt ergeben. Bisherige Systeme haben in der Erprobungsphase noch sehr geringe Leistungen, häufig unter 1 kW. Kostenkalkulationen für größere Einheiten und Wirtschaftlichkeitsberechnungen sind gegenwärtig schwierig.

## Wiederaufarbeitungsanlage (WAA)

Brennelemente aus einem →Atomkraftwerk müssen in gewissen Abständen aus dem Reaktor entfernt werden, da das spaltbare Uran-235 aufgebraucht ist. Die Brennelemente bestehen aus hochradioaktiven Materialien und müssen zunächst innerhalb des Reaktorgebäudes in Wasserbecken lagern, damit ein Teil der →Radioaktivität abklingt. Das geschieht aber nur für solche Stoffe, deren Halbwertszeit (→Radioaktivität) klein (Minuten bis Tage) ist. Die Halbwertszeit ist eine für jeden radioaktiven Stoff charakteristische Größe. Manche Stoffe haben sehr große Halbwertszeiten, z. B. Plutonium 24400 Jahre, Jod-129 17250000 Jahre oder Radium 1622 Jahre. So lange kann man die Brennelemente natürlich nicht im Atomkraftwerk zwischenlagern.

Dazu hat man spezielle atomare Zwischenlager errichtet: in Ahaus und Gorleben. Von da könnte man die Brennelemente in ein atomares Endlager verfrachten, wenn es ein solches gäbe. Noch werden in Gorleben Probebohrungen niedergebracht und Untersuchungen angestellt in der Hoffnung, die für Jahrtausende radioaktiven Stoffe, man sagt auch Atommüll, dort sicher zu lagern. Viele Wissenschaftler warnen davor, den strahlenden Abfall in der Tiefe zu versenken. Wer weiß, ob auf irgendeinem Wege nicht doch Radioaktivität an die Oberfläche, d.h. ins →Grundwasser oder in den →Boden geraten kann.

Das Entsorgungskonzept (ohne Sorge kann man dabei nicht sein) der Bundesregierung sieht vor, vor der Endlagerung die Brennelemente zu zerlegen, um die noch verwertbaren Bestandteile, vor allem den Spaltstoff Plutonium, herauszufiltern. Diesen technisch aufwendigen Vorgang nennt man Wiederaufarbeitung.

Eine Wiederaufarbeitungsanlage ist eine riesige chemische Fabrik. Der Umgang mit gefährlichen radioaktiven Stoffen in solch großen Mengen stellt ein unberechenbar großes Risiko dar. Leicht kann etwas ins Freie gelangen. Insbesondere sind auch die Beschäftigten in einer Wiederaufarbeitungsanlage gefährdet. In Windscale (England), jetzt Sellafield genannt, und La Hague (Frankreich) hat es bereits eine Reihe von Unfällen bei der Wiederaufarbeitung von Atommüll gegeben.

In der Bundesrepublik hat man Ende 1989 den Plan aufgegeben, eine Wiederaufarbeitungsanlage in Wackersdorf (Bayern) zu bauen. Die Preise waren den Atomkraftwerksbetreibern zu hoch geworden, obwohl für den Rohbau schon viele Milliarden geflossen waren. Angesichts der Tatsache, daß in den Atomkraftwerken tagtäglich große Mengen an radioaktiven Stoffen produziert werden, scheint es höchste Zeit, daß die noch offenen Fragen der Wiederaufarbeitung und Endlagerung des Atommülls geklärt werden. Die Aufarbeitung deutschen Atommülls geschieht in Frankreich. Aber die Produkte müssen anschließend wieder zurückgenommen werden. Manche Leute halten einen Betriebsstopp für alle Atomkraftwerke für angemessen, solange nicht geklärt ist, ob eine sichere Endlagerung des Atommülls überhaupt möglich ist.

In einer Wiederaufarbeitungsanlage fällt Plutonium an. Das ist ein radioaktiver, hochgiftiger Stoff, den es in der Natur nicht gibt. Er bildet sich aus Uran-238 in den Brennelementen während des Betriebs der Atomkraftwerke. Plutonium kann wieder als Spaltstoff in Reaktoren eingesetzt werden. Aber es ist auch der Stoff zum Bau von Atombomben. Deshalb ist eine scharfe Überwachung der Wiederaufarbeitungsanlage und seines Personals notwendig. Eine solche Plutoniumwirtschaft ist somit in mehrfacher Hinsicht eine ständige Bedrohung der Bevölkerung. Viele Staaten sind an der sog. friedlichen Nutzung der Atomenergie und der zugehörigen Wiederaufarbeitung

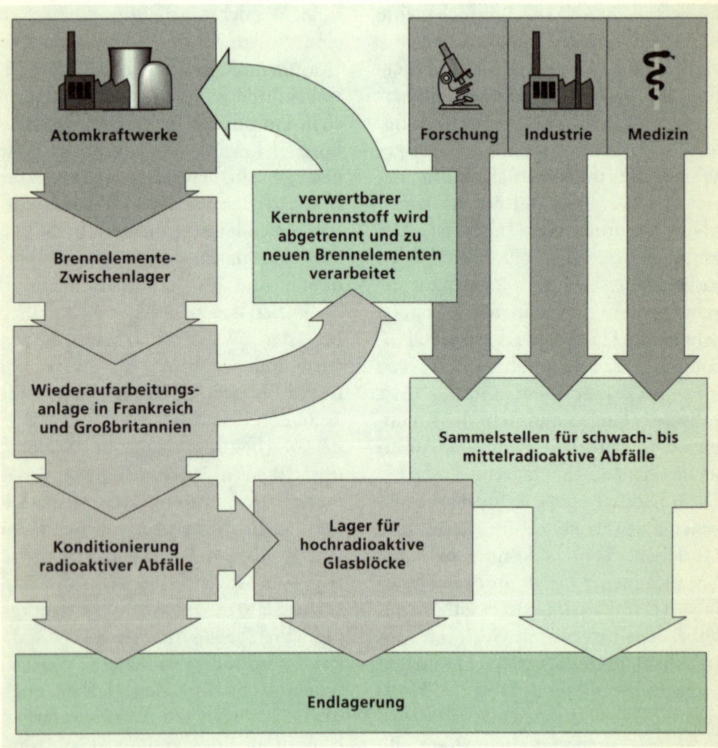


**Sorgen mit der Entsorgung des Atommülls**

auch deshalb interessiert, um einen Zugriff zu Material zum Bau von Atombomben zu erhalten. Internationaler Überwachung unterziehen sich diese Länder nicht. Sie sind dem Atomwaffen-Sperrvertrag nicht beigetreten.

Die Wiederaufarbeitungsanlage ist also Teil eines nuklearen Brennstoffkreislaufs, der mit einer Vielzahl ökologischer Risiken und Probleme verbunden ist. Insbesondere sind zahlreiche Atomtransporte durch ganz Europa täglich auf Straße, Schiene oder Schiffen unterwegs. Die Abbildung zeigt einen angestrebten Idealzustand, einen nuklearen Brennstoffkreislauf, den es nur auf dem Papier gibt. Die Wirklichkeit enthält aber viele Fragezeichen. Im Falle des Ausstiegs aus der Atomenergie wäre eine Wiederaufarbeitungsanlage überflüssig!

## Windenergie

In den Hochlagen des Schwarzwaldes, der Eifel, der Rhön, des Harzes und vor allem in den Küstengebieten von Nord- und Ostsee weht der Wind fast das ganze Jahr. Häufig bläst er dort so kräftig, daß schon vor Jahrhunderten unsere Vorfahren seine Energie ausnutzten, um das Korn zu mahlen oder Wasser zu schöpfen. Um das Jahr 1900 standen in Holland, Deutschland und Dänemark etwa 100000 Windmühlen. Die zunehmende Versorgung weiter Landstriche mit aus Kohle gewonnener Elektrizität und die Verbreitung von Diesel- und Benzinmotoren führten zum Verschwinden der Windmühlen. Als Museen sind einige hundert bis heute erhalten geblieben. Als in den siebziger Jahren die Ölpreise heftig kletterten und die Erschöpfbarkeit der Erdölvorräte ins Bewußtsein rückte, wurden die Windmühlen jetzt vor allem als Erzeuger elektrischer Energie wiederentdeckt. Durch den Übergang von Holz auf immer bessere Stähle als Material für die Getriebe, durch die Entwicklung von Kunststoffen für die Rotorblätter und den Einsatz von Elektronik zur Steuerung und Regelung konnten wesentlich verbesserte **Windrotoren** gebaut werden.

Im Jahr 1983 hat im Dithmarscher Kaiser-Wilhelm-Koog an der Nordseeküste der Probebetrieb von **GROWIAN** (Große Windenergieanlage) begonnen. Mit 150 m Gesamthöhe, wobei die beiden Rotorblätter jeweils 50 m lang waren, war es die größte Windenergieanlage der Welt. Bei einer Leistung von 3 Megawatt sollte GROWIAN rund 4000 Haushalte mit Strom versorgen.

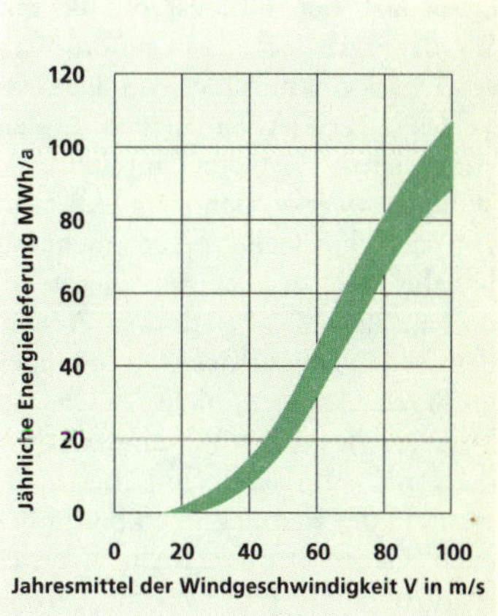

«Windenergiepark Westküste»
im Kaiser-Wilhelm-Koog (Dithmarschen)

Wollte man den gesamten Elektrizitätsbedarf der Bundesrepublik mit Windenergie decken, so müßte man etwa 20000 Windräder von der Größe des GROWIAN aufstellen. In den windreichen Gebieten müßten die Windkraftwerke dann im Abstand von ca. 1 km stehen. Aber niemand hat die Idee, den ganzen Energiebedarf aus dem Wind zu decken. Außerdem ist fraglich, ob der Weg zu immer größeren Anlagen nicht falsch ist. Denn solche großen Windräder erfordern einen hohen technischen Aufwand in der Entwicklung und im Betrieb. Gegen Störungen sind sie wesentlich anfälliger als mittelgroße Anlagen (bis 300 kW Leistung und einem Rotordurchmesser von 35 m). Und so wurde GROWIAN aufgrund technischer Probleme mit der Pendelnabe nach nur fünf Jahren wieder abgebaut. Wollte man in den norddeutschen Küstenländern Schleswig-Holstein, Hamburg, Bremen und Niedersachen 10% des Strombedarfs mit Windenergie decken, so müßte man 25000 solcher 300-KW-Rotoren aufstellen. Das klingt viel, aber immerhin stehen auf dem gleichen Gebiet 50000 Hochspannungsmasten. An die haben wir uns gewöhnt.

Aber auch noch kleinere Windrotoren mit 5–50 kW werden zunehmend für Bauernhöfe oder Wohnhäuser gebaut. Man findet sie besonders in Dänemark und Holland. Ende der 80er Jahre begannen der Bund und einige Bundesländer den Bau und den Betrieb von Windenergieanlagen durch Zuschüsse zu fördern. So entstanden einige Windparks und viele Einzelanlagen. Insbesondere Schleswig-Holstein ist ein Mekka der Windenergie. Bis 2010 sollen 10 % der Elektrizität aus Windenergie gewonnen werden.

Es gibt eine Reihe von Rotortypen mit waagerechter Drehachse, Langsamläufer mit vielen und Schnelläufer mit wenigen Rotorblättern, wie auch z. B. die Segelwindmühlen in Griechenland und Portugal. Sie alle müssen jeweils in die Richtung des Windes gedreht werden, was durch eine Automatik geschieht.

Das ist nicht notwendig bei den Windrotoren mit senkrechter Drehachse. Der **Savonius-Rotor** kann einfach aus einem aufgeschnittenen Faß hergestellt werden, dessen beide Hälften versetzt montiert werden.

Der **Darrieus-Rotor** besteht aus senkrechten gebogenen Flügelblättern, die sich sehr schnell im Wind bewegen können.

Viele weitere Typen und Modelle von Windrotoren werden weltweit gebaut und erprobt.

Wind ist eine unerschöpfliche, umweltfreundliche Energiequelle. Die Windmühlen müssen durchaus nicht das Landschafts- oder Ortsbild negativ beeinflussen. Gerade kleine Anlagen können sich durchaus ästhetisch einfügen, wovon man sich bei einer Reise nach Dänemark oder Holland überzeugen kann.

Dabei hängt die Wirtschaftlichkeit, die auch durch Produktion großer Stückzahlen erreicht werden könnte, entscheidend von der Wahl der Standorte ab. Erst ab mittleren Windgeschwindigkeiten von 6 m/s macht der Bau eines Windrotors Sinn.

Die Kurve zeigt den Zusammenhang der Jahresenergielieferung eines zweiflügeligen 20-kW-Rotors in Abhängigkeit von der mittleren Jahreswindgeschwindigkeit eines Standortes.

Durch weitere staatliche Förderungsprogramme kann die Windenergie an den Küsten Norddeutschlands in einigen Jahren sicherlich einige Prozent des Elektrizitätsbedarfs decken: ein umweltfreundlicher Beitrag gegen Luftverschmutzung und die Gefahren der Radioaktivität.

**TiP** Die Nutzung der Windkraft steht an der Schwelle zur Wirtschaftlichkeit. In dem windstarken Land Schleswig-Holstein werden die umfangreichen Investitionen für eine Windanlage von Bund und Land bezuschußt. Das Förderungsprogramm des Landes subventioniert in der Regel Windenergie in Starkwindgebieten. Das Bundesprogramm «100 Megawatt Wind» untersucht die Vielfalt der Standorte, der Typen und der Betreiber von Windenergieanlagen. Die Gesamtförderung aus Bundes- und Landesmitteln kann bis zu 50 % der förderfähigen Kosten erreichen.

Weitere Informationen erhalten Sie über die Deutsche Gesellschaft für Windenergie, Menschingstraße 1, 3000 Hannover 1, sowie bei den Energieministerien der Bundesländer.

## Wirtschaft

Die Wirtschaft eines Landes umfaßt nahezu alle Tätigkeiten der Menschen, d. h. vor allem solche Arbeiten, die zur Befriedigung der Grundbedürfnisse nach Nahrung, Kleidung und Wohnung beitragen. Herstellung, Handel, Transport und Verbrauch von Gütern aller Art, kurz, alle wirtschaftlichen Tätigkeiten, werden nach dem Wechselspiel von Angebot und Nachfrage auf dem Markt abgewickelt: Marktwirtschaft. Früher wurden Produkte gegen Produkte getauscht, seit der Einführung der Geldwirtschaft werden Waren gegen Geld getauscht.

Grundlage der Wirtschaft ist bei uns die Industrie. Alle Güter, die wir zum Leben brauchen, werden zum größten Teil durch die industrielle Massenproduktion bereitgestellt. Sie beruht auf den Erkenntnissen der →Wissenschaft und der Umsetzung der wissenschaftlichen Ergebnisse in technische Verfahren (→Technik).

Das Wirtschaftssystem der Bundesrepublik wird als marktwirtschaftlich geordnete Volkswirtschaft bezeichnet. Man nennt sie wegen ihrer sozialen Sicherungssysteme auch soziale Marktwirtschaft. Für sie ist es typisch, daß die Produkte vorrangig des Gewinns der Unternehmer wegen hergestellt werden und erst in zweiter Linie wegen ihres Gebrauchswertes für den Konsumenten. Durch Werbung und kurze Lebensdauer wird ein künstlicher Bedarf erzeugt, um den Umsatz an verkauften Waren zu steigern. Ohne →Wirtschaftswachstum kein Wohlstand, heißt es. Der Unternehmer ist bestrebt, seine Ausgaben so gering wie möglich zu halten. Dies bedeutet, er setzt technische Verfahren ein, die wenig kosten und viel leisten, obwohl sie in der Regel die Umweltgüter →Luft, →Boden und Gewässer mit →Schadstoffen belasten (→Luftverschmutzung, →wassergefährdende Stoffe). Oft werden gegen die Interessen des →Naturschutzes wertvolle Gebiete mit großen Fabrikanlagen überbaut; durch mangelnden →Arbeitsschutz wird die →Gesundheit vieler Menschen beeinträchtigt, oder Menschen verlieren durch automatisierte Produktionsmethoden ihren Arbeitsplatz. Es wird nach dem Prinzip gewirtschaftet: Gewinne privatisieren – Kosten sozialisieren, d. h., sie werden der Allgemeinheit, dem Steuerzahler, aufgebürdet. Der Staat muß für die Folgeschäden der herrschenden Wirtschaftsweise aufkommen: Umweltschäden reparieren, Behandlung von Krankheiten finanzieren (→Berufskrankheiten, →Umweltkrankheiten, →Krebs) und Arbeitslose unterstützen.

Seit etwa fünfzehn Jahren ist die Kritik von Natur- und Umweltschützern an der kapitalistischen Wirtschaftsweise stetig angewachsen (→Bürgerinitiativen). Heute zeigen z. B. das →Waldsterben, die zunehmenden →Umweltkrankheiten und das Aussterben von Tieren und Pflanzen (→Rote Listen) deutlich auf, wohin eine Wirtschaft führt, die ohne Rücksicht auf Gesundheit, →Natur und Umwelt arbeitet.

Den Umweltschützern wird von seiten der Wirtschaft entgegengehalten, daß unser Wirtschaftssystem bei einer Gleichwertigkeit von «Ökonomie und Ökologie» zusammenbrechen würde, daß Umweltschutz zu teuer und man auf den internationalen Märkten nicht mehr konkurrenzfähig sei.

Inzwischen gibt es aber eine ganze Reihe ernst zu nehmender und wirklichkeitsgerechter Wirtschaftskonzepte, die zwar eine Schrumpfung der Gewinne vorsehen, dafür aber die Schaffung von Arbeitsplätzen, Schonung der Gesundheit und mehr Schutz von →Natur und Umwelt, kurz, mehr Lebensqualität anbieten.

Ganz grob können sie als verschiedene Arten einer öko-sozialen Marktwirtschaft bezeichnet werden. Die soziale Marktwirtschaft soll in einen ökologischen Orientierungsrahmen eingebunden werden, der die privaten Wirtschaftsinteressen in ein menschen- und naturgerechtes Verhältnis zu der Notwendigkeit setzt, unsere Lebensgrundlagen langfristig zu erhalten. Diese Gesichtspunkte sind gerade auch bei der Umstrukturierung der staatlich organisierten Wirtschaft in der ehemaligen DDR von besonderer Bedeutung.

Ein solcher ökologischer Umbau der gesamten Volkswirtschaft ist eine drängende Notwendigkeit angesichts der bedrohlicheren Umweltschäden geworden.

Zunehmend mehr Unternehmen haben die Zeichen der Zeit erkannt und setzen auf Ökotechniken und ändern ihre Produktpalette. Aber zu häufig werden die Attribute «Öko», «Bio» oder «Natur» auch nur als Werbemasche mißbraucht.

## Wirtschaftswachstum

Leben ist ohne **Wachstum** nicht denkbar. Überall, wo wir Leben finden, finden wir Wachstum. Wachstum von Zellen, von Pflanzen, von Tieren und Menschen. Das Phänomen Wachstum ist also als natürlicher Prozeß etwas Positives.

In der Natur gibt es kein unbegrenztes Wachstum. «Die Bäume wachsen nicht in den Himmel», weil das komplizierte ökologische Gleichgewicht das Wachsen und Vergehen (Absterben) in einem endlosen Kreislauf steuert (→Ökologie). Unbegrenztes und ungesteuertes Wachstum allerdings richtet sich selbst zugrunde.

So gibt es mit den von Menschen gemachten künstlichen Wachstumsprozessen vielfältige Probleme. Kehrseite des schier uferlosen Wirtschaftswachstums in den westlichen Industrienationen ist die anhaltende Verarmung und hohe Verschuldung der Länder der →Dritten Welt. Der Luxus und der hohe Lebensstandard bei uns können nur auf Kosten dieser Länder gehalten werden. Sie müssen Rohstoffe zu niedrigen Preisen in die Industrieländer exportieren und importieren dafür teure Nahrungsmittel und technisches Gerät. Ein weiterer Nachteil des ungehemmten wirtschaftlichen Wachstums ist die weltweit unbekümmerte Ausbeutung der Rohstoffe und Zerstörung der natürlichen →Umwelt. Über die Bumerangwirkung der heutigen Art des wirtschaftlichen Wachstums gab es in den 70er Jahren wichtige Bücher wie «Die Grenzen des Wachstums» (Meadows), «Ein Planet wird geplündert» (Gruhl) oder die Umweltstudie «Global 2000».

Seither begegnen wir Begriffen wie quantitatives Wachstum, qualitatives Wachstum u. ä. **Quantitatives Wachstum** bezieht sich nur auf eine isolierte Einzelgröße (z. B. Autos) und kann durch das kurze Beiwort «mehr» charakterisiert werden, z. B. mehr Geschwindigkeit als vorher, mehr Benzinverbrauch als vorher, mehr Autos als vorher.

**Qualitatives Wachstum** dagegen bezieht sich auf ein Gesamtsystem (Gesundheitswesen) und kann durch das Beiwort «besser» charakterisiert werden, z. B. bessere Abwasserreinigung (→Abwasser), bessere Wohnbautechnik (→ökologisches Bauen), bessere medizinische Versorgung (→Medizin, →Naturheilverfahren). Mehr ist nicht unbedingt besser.

Wirtschaftliches Wachstum in der bestehenden Wirtschaftsordnung bedeutet auch ein langsames, aber stetiges Anwachsen der Konsumgüter, der Umweltverschmutzung und Zivilisationsschäden und ein Sinken der Lebensqualität wie menschenwürdige Arbeit, humanes Wohnen, gesunde Nahrungsmittel, intakte Natur und Landschaft, saubere →Luft, reines →Wasser usw. Viele meinen, daß mehr oft schlechter bedeutet und daß weniger der Schlüssel zu einem besseren Lebensstandard sein kann. Qualitatives Wachstum bedeutet, sowenig wie möglich Bedürfnisse künstlich zu wecken und diese mit dem kleinstmöglichen Verbrauch an Rohstoffen, →Energie und Arbeit zu befriedigen, um sowenig Schäden wie möglich anzurichten. Eine ökologisch orientierte Wirtschaftsweise ist daher langfristig auch wirtschaftlich. Ökonomie und →Ökologie sind so betrachtet nicht notwendig Gegensätze.

Quantitatives Wachstum ist der Schwerpunkt in der heutigen Art der Industrieproduktion. Das Produktionsziel ist, eine möglichst große Menge an Waren oder Dienstleistungen zu möglichst niedrigen Kosten herzustellen. Diejenige Produktionsmethode oder →Technik wird eingesetzt, die dieses Ziel am besten erreicht. Ob diese Waren dem Zweck der Menschen oder dem notwendigen Bedarf entsprechen, ist dabei oft zweitrangig.

Das wirtschaftliche Wachstum wird mit Hilfe des Bruttosozialprodukts angegeben, dem Wert aller umgeschlagenen Dienstleistungen und Waren. Dabei gehen auch die Kosten der Umweltzerstörungen und der Umweltreparation mit in die Rechnung ein und werden so zum Maßstab. Es ist notwendig für den Lebensstandard der Menschen, einen anderen Maßstab zu finden als bloßes quantitatives Wirtschaftswachstum.

## Wissenschaft

«Es ist wissenschaftlich nachgewiesen, daß...» Sätze, die so anfangen, liest und hört man häufig. Sie sind der Ausdruck eines Glaubens an die absolute Wahrheit, die die Wissenschaft angeblich hervorbringt. An diese Objektivität, Neutralität und Wertfreiheit der Methoden und Ergebnisse von Wissenschaft glauben die meisten Menschen. Diejenigen, die dieses Geschäft betreiben, die Wissenschaftler, genießen im allgemeinen ein hohes Ansehen in der Gesellschaft. Aber es gibt auch Erfahrungen, die das Weltbild unseres wissenschaftlich-technischen Zeitalters erschüttern:

– In einer Anhörung über die Gefährlichkeit von →Atomkraftwerken behaupten zwei angesehene Professoren jeweils das genaue Gegenteil;
– ein hoher Anteil, insbesondere der Naturwissenschaftler, arbeitet an der Entwicklung immer neuerer und gefährlicherer Waffen in Forschungsabteilungen der Rüstungsindustrie (Militär);
– bei politischen oder weltanschaulichen Äußerungen vertreten Wissenschaftler häufig diejenige Meinung,

die ihr Arbeitgeber vertritt, ungeachtet mancher gegenteiliger Forschungsresultate.
Schon Bertolt Brecht hat 1938 in seinem Schauspiel «Leben des Galilei» den Physiker Galileo Galilei um 1640 sagen lassen:
«Wofür arbeitet ihr? Ich halte dafür, daß das einzige Ziel der Wissenschaft darin besteht, die Mühseligkeit der menschlichen Existenz zu erleichtern. Wenn Wissenschaftler, eingeschüchtert durch selbstsüchtige Machthaber, sich damit begnügen, Wissen um des Wissens willen aufzuhäufen, kann die Wissenschaft zum Krüppel gemacht werden, und eure neuen Maschinen mögen nur neue Drangsale bedeuten. Ihr mögt mit der Zeit alles entdecken, was es zu entdecken gibt, und euer Fortschritt wird doch nur ein Fortschreiten von der Menschheit weg sein. Die Kluft zwischen euch und ihr kann eines Tages so groß werden, daß euer Jubelschrei über irgendeine neue Errungenschaft von einem universalen Entsetzensschrei beantwortet werden könnte... Die Naturwissenschaftler hätten etwas wie den hippokratischen Eid der Ärzte entwickeln können, das Gelöbnis, ihr Wissen einzig zum Wohle der Menschheit anzuwenden. Wie es nun steht, ist das Höchste, was man erhoffen kann, ein Geschlecht erfinderischer Zwerge, die für alles gemietet werden können...»

## Was ist Wissenschaft?

Zusammengefaßt, ist Wissenschaft zunächst das System der Erkenntnisse über die Eigenschaften, Zusammenhänge und Gesetzmäßigkeiten der Natur, der Gesellschaft und des Denkens, die sich mit rationalen, wissenschaftlichen Methoden erfassen lassen. Die wissenschaftliche ist demnach eine Betrachtungsweise der Welt. Sie kann z. B. eine subjektive, emotionale oder religiöse Betrachtung nicht ersetzen.
Häufig findet man die Unterscheidung in Naturwissenschaften wie Biologie oder Physik, Sozialwissenschaften wie Soziologie oder Ökonomie und Geisteswissenschaften wie Philosophie oder Theologie.
Wissenschaft kann aufgefaßt werden als Institution (1), als Methode (2), als gesellschaftlich angehäuftes Wissen (3), als Hauptfaktor, um die Produktion in Gang zu halten und weiterzuentwickeln (4) und als Einflußfaktor auf die Weltanschauungen der Menschen (5).
1. In der Wissenschaft finden Hunderttausende von Menschen ihren Beruf. In staatlichen und privaten Forschungseinrichtungen bilden Wissenschaftler häufig eine abgeschottete Gruppe mit eigener Fachsprache. Als Wissenschaft gilt dann das, was Wissenschaftler tun. Damit besteht ständig die Gefahr, daß Wissenschaft zu einem Geheimnis im Besitz weniger Auserwählter wird und in die Abhängigkeit von Interessen der Geldgeber gerät. Höchster Richter über Sinn und Wert der Wissenschaft sollten aber die Bürger sein.
2. Ein besonderes Kennzeichen der Wissenschaften sind die Wege und Methoden zur Erlangung von Erkenntnissen. Beobachtung, Experiment, Messung und allgemein die Erfahrung sind Grundlage der Formulierung von Gesetzmäßigkeiten und Theorien. Es ist jedoch wesentlich, daß diese Theorien und Annahmen ihrerseits wiederum die Wahrneh-

mung von Sachverhalten beeinflussen. Sie sind gewissermaßen die Brille für das Sehen der Wirklichkeit. Es gibt keine unvoreingenommene Beobachtung, auch wenn das Bestreben der Wissenschaft ständig im Aufsuchen von objektiven Sachverhalten besteht.

3. Wissenschaftliche Leistungen, insbesondere jene der Vergangenheit, werden meistens als die Taten großer Einzelforscher angesehen. Sicher haben große Persönlichkeiten entscheidenden Einfluß auf die Entwicklung der Wissenschaft gehabt. Aber keine Leistung kann losgelöst von ihrer gesellschaftlichen Umgebung gewürdigt werden. Keine Entdeckung ist möglich ohne die vorbereitenden angehäuften Arbeiten Hunderter oft unbekannter Menschen. Wissenschaft ist in diesem Sinne ein einheitliches kooperatives Bemühen der Menschheit, ihre Umwelt zu begreifen.

4. Viele wissenschaftliche Erkenntnisse erfahren ihre Anwendung in der Produktion von Waren: Physik und Elektronik im →Computer oder dem Fernsehapparat, Chemie in der Kunststoffherstellung, Psychologie und Ökonomie in der Betriebsführung. Der Antrieb und die Gelder für Wissenschaft und Forschung stammen zumeist auch aus dem Interesse, mit ihren Ergebnissen Geld zu verdienen.

5. Der Umgang mit der Wissenschaft und ihren Ergebnissen in einer Gesellschaft stellt einen entscheidenden Einfluß auf die Weltanschauungen der Menschen dar. Vermitteln die Wissenschaftler den Eindruck, alles nur Erdenkliche sei wissenschaftlich in den Griff zu bekommen (das Atommüllproblem, das →Waldsterben usw.), so bildet sich ein Fortschrittsglaube aus, der blind macht vor den schwerwiegenden Umweltproblemen. Wissenschaft und Technik allein können diese aber nicht lösen.

### Kritik an der bestehenden Wissenschaft

Im großen und ganzen unterstützt heutige Wissenschaft und Forschung (etablierte Wissenschaft) die ungebrochene Weiterführung des materiellen Wachstums mit all seinen negativen gesellschaftlichen und ökologischen Auswirkungen. Wissenschaft dient einzelnen wirtschaftlichen Interessen mehr als ökologischen Gesamtinteressen der Gesellschaft. Die Forschungsmethoden bevorzugen die Betrachtung von Einzelproblemen, ohne die vielfältigen Vernetzungen mit anderen Fragen zu beachten.

### Ausweg: Ökologisch orientierte Wissenschaft

Der Gegenstand einer ökologisch orientierten Wissenschaft ist der Mensch als ein gesellschaftliches Wesen in seiner Beziehung zur Umwelt. Diese Wissenschaft ist fächerübergreifend, ohne strikte Trennung in Natur-, Geistes- und Sozialwissenschaften. Ziel sind die Erhaltung und Entfaltung des gesamten Gemeinwesens, nicht die besonderen Interessen einer Kernforschungsanlage oder eines Chemiekonzerns. Der Forschungsansatz ist fächerübergreifend, betrachtet den Gesamtzusammenhang eines Problems und berücksichtigt mögliche Konsequenzen und Alternativen. Die Organisation und Durchführung einer ökologisch orientierten Wissenschaft geschieht in Selbstverantwortung und Unabhängigkeit der Forscher, unter demokratischer Kontrolle der Gesellschaft.

Im Zusammenhang mit der Notwendigkeit, Gegengutachten gegen Atomkraftwerke zu erstellen, entstand innerhalb der Ökologiebewegung so etwas wie eine kritische ökologische Wissenschaftlerbewegung. Im Jahre 1977 wurde in Freiburg das Institut für Angewandte Ökologie (kurz «Öko-Institut» genannt) gegründet. Es ist seitdem eine Anlaufstelle für viele →Bürgerinitiativen im Bereich des Umweltschutzes gewesen.

Mittlerweile haben sich etwa 80 ökologische Forschungsinstitute in der 1980 gegründeten Arbeitsgemeinschaft Ökologischer Forschungsinstitute (AGÖF) zusammengefunden. Häufig sind diese Institute sehr klein und ohne ausreichende Mittel. Durch großes Engagement der Mitarbeiter, durch Spenden und durch die Unterstützung einiger Umwelt- und Naturschutzverbände gelingt es immer wieder, allgemein beachtete Gegenstudien zu den Ergebnissen der vorherrschenden Wissenschaft zu erstellen.

Wissenschaftliche Beratung, die kein Geld kostet, Forschung, die nur der Gesundheit der Menschen und dem Schutz der Natur dient, eine Wissenschaft, die für jeden da ist – da liegt die Zukunft. Die Lösung besteht nicht in der Abschaffung von Wissenschaft und Forschung. Es gilt vielmehr, sie in den Dienst aller Menschen zu stellen.

# Z

## Zeitbombe

Nur der Täter und die Zuschauer wissen, wo der Zeitzünder der Bombe versteckt ist. Es tickt und tickt und tickt... Ah! ...erleichtert atmen wir auf, wenn Fernsehkommissar Derrick oder ein anderer seiner berühmten Kollegen ihn kurz vor der Explosion außer Betrieb setzen kann.

Ökologische Zeitbomben würden selbst den erfolgreichsten Kommissar überfordern; denn chemische Zeitbomben sind jene Umweltprobleme, deren Gefahren noch lauern bzw. deren volles Ausmaß und Wirkungen noch nicht abzusehen sind. Meist muß erst eine Katastrophe wie die in Seveso «explosionsartig» auf die Gefährlichkeit eines Stoffes wie →Dioxin aufmerksam machen. Die chemische Zeitbombe Dioxin tickte auch schon vor der Katastrophe und tickt auch heute noch überall dort, wo sie z. B. mit der Flugasche aus →Müllverbrennungsanlagen in die Luft oder in den →Boden kommt. Zu befürchten ist, daß Dioxine auch in →Nahrungsketten ticken, da sie inzwischen sogar in der →Muttermilch gefunden wurden (→biologische Anreicherung).

Im Unterschied zum Krimi läßt sich ein chemischer Zeitzünder deswegen oft selbst dann nicht mehr abstellen, wenn die Herstellung des giftigen Stoffes schon untersagt ist. Sind solche schwer abbaubaren giftigen Stoffe erst einmal in der Umwelt, so verbleiben sie auch lange dort und stellen auf Müllhalden, im →Wasser, →Boden oder in der →Luft eine ständige Bedrohung dar (→Schadstoffe).

Jahrzehntelang wurden ständig neue Stoffe in der chemischen Industrie produziert, um deren Auswirkungen auf die Umwelt man sich dort keine ausreichenden Gedanken machte; interessant war nur deren Gewinnträchtigkeit. Im Unterschied zum Krimi können die Täter sich jedoch meist auf die Rechtmäßigkeit ihres Tuns berufen, wenn sie auf die entsprechenden Umweltgesetze (→Umweltrecht) verweisen. Häufig wissen selbst die Täter nicht mehr, wo sie denn die Zeitbombe Giftmüll gelagert haben.

Wie im Krimi ist es aber wieder, wenn die Täter erst dann mit ihrem Wissen herausrücken, wenn eine Sache «hochgegangen» ist, wie z. B. bei den zunächst spurlos verschwundenen Dioxinfässern aus Seveso.

Die Zeitbombe tickt! Die ökologische Katastrophe droht immer dramatischer zu werden. Resigniert abwarten? Nein: Informieren und handeln!

# Danksagung

An dieser Stelle möchten wir unserem früheren Mitautor des «Jugendlexikons Umwelt» des Rowohlt Verlages, Conrad Westhoff, danken, dessen Stichwörter zu den Bereichen Luft, Natur und Landschaft, Medizin und Pharmazie, Umweltgefährdungen in der Arbeitswelt und Umweltlernen Grundlage für dieses neue Lexikon bildeten.
Danken möchten wir auch all denjenigen, die uns Anregungen und Rückmeldungen zum Lexikon gegeben haben, insbesondere Prof. Dr. Gerhard Schwarting, Dr. Helga Nauen, Horst Stetter, Peter Schulz, Karl-Heinz Mau und den Mitarbeiterinnen und Mitarbeitern des Unabhängigen Instituts für Umweltfragen e. V. (UfU), Berlin/Halle sowie Heike Stetter, die uns bei der Literaturbeschaffung aus der ehemaligen DDR unterstützte.

Unser Dank gilt auch unseren Externen, die Entwürfe für Stichwörter oder Stichwörter geschrieben haben:

**Nicoline Henkel**
alle Umwelttips und die **Stichwörter**
Antarktis
Arbeitsschutz
Berufskrankheiten
Bioläden
Genehmigungsverfahren
Kosmetika
Schadstoffe am Arbeitsplatz
Tropischer Regenwald
Umweltberatung
Umweltberufe
Umweltfreundliche Produkte
Umweltkriminalität
Umweltrecht
Umweltverträglichkeitsprüfung

**Bernd Nolz**
Atomwaffen
biologische Waffen
chemische Waffen
Militärische Umweltbelastungen
Rüstungskonversion

**Martin Beck**
Autoverkehr
Ballungsgebiete
Fahrrad
Stadtplanung
Verkehrsberuhigung

**Hans Jörg Lüth**
Bürgerinitiativen
BUND
Greenpeace
Umweltverbände

**Gabriele Mayer**
Arzneimittel
Gesundheit
Medizin
Naturheilverfahren

**Dr. Jürgen Lehmann**
Systemdenken
Umweltbewußtsein
Umweltstreß
Umweltwahrnehmung

**Dr. Patricia Nevers**
Biotechnik
Gentechnik
Reproduktionstechniken

**Bernd Wolfgang Hawel**
Bahnverkehr
ÖPNV

**Gerd P. Ratdke**
Güterverkehr

**Christina Pfeiffer**
Tourismus

**Dr. Frank Zacharias**
Stadtklima

**Renate Kienle**
Denkmalpflege

**Angela Wurr**
Fremdstoffe in Nahrungsmitteln

Die Verantwortung für alle externen Beiträge liegt bei den drei Autoren des Lexikons.
Danken möchten wir auch Jürgen Volbeding und Dr. Wolfgang Müller vom Rowohlt Taschenbuch Verlag für die kooperative Zusammenarbeit.

# Zum Weiterlesen


**Allgemeines**

Bossel, H.: Umweltwissen. Berlin: Springer, 1990.
Der Bundesminister für Umwelt, Naturschutz und Reaktorsicherheit: Umwelt '90, o. J.
Deutsche Umweltstiftung, Red.: Paul, Harald: Adreßbuch Umweltschutz. Bauverlag, 1988.
Grießhammer, R.: Der Öko-Knigge. Reinbek: Rowohlt, 1987.
Heinrich, D.; Hergt, M.: dtv-Atlas zur Ökologie. München: dtv, 1990.
Institut für ökologische Wirtschaftsforschung (Hrsg.): Umweltreport DDR. Bilanz einer Zerstörung, Kosten der Sanierung, Strategie für einen ökologischen Umbau. Fischer, 1990.
Jänicke, M.; Simonis, U.; Weigmann, G. (Hrsg.): Wissen für die Umwelt. Berlin–New York: de Gruyter, 1985.
KATALYSE, Inst. f. angewandte Umweltforschung: Umwelt-Lexikon. Kiepenheuer & W., 1988.
Meadows, D.; Meadows, D.; Zahn, E. u. a.: Die Grenzen des Wachstums. 14. Aufl. DVA, 1987.
Michalowski, B.; Theato, G.: Öko-Atlas Bundesrepublik Deutschland. Heyne, 1991.
Michelsen, G. u. d. Öko-Institut Freiburg (Hrsg.): Der Fischer Öko-Almanach 1991/92. Daten, Fakten, Trends d. Umweltdiskussion (Fischer alternativ). Fischer, 1992.
Moll, W.: Taschenbuch für Umweltschutz Tl. 2. Biolog. Informationen, 3. Aufl. UTB, 1983.
Myers, N.: Gaia, der Öko-Atlas unserer Erde. Fischer, 1990.
Ökohelp, J.; Billen-Girmscheid, G.; Röscheisen, H.: Öko-Adressen. Knaur, 1990.
Seager, J.: Der Öko-Atlas. Bonn: Dietz, 1991.
Umweltbundesamt: Daten zur Umwelt 1990/91. Berlin: Schmidt, 1992.
Umweltgutachten 1987. Der Rat von Sachverständigen für Umweltfragen. Methler-Poeschel, 1988.
Weizsäcker v., E.: Erdpolitik. Darmstadt: Wissenschaftliche Buchgesellschaft, 1989.

**Boden**

Arbeitskreis Kritische Ökologie: Jahrestagung 1989 – Boden. Marburg: 1989.
Blume, H.-P. (Hrsg.): Handbuch des Bodenschutzes. Landsberg: ecomed, 1990.
Brucker, G.: Lebensraum Boden. Stuttgart: Kosmos, 1988.
Buch, K.: Gartenböden: verstehen, pflegen, erhalten. Stuttgart: Ulmer, 1989.
Jedicke, E.: Boden – Entstehung, Ökologie, Schutz. Ravensburg: Maier, 1989.
Löbsack, Th.: Diese Handvoll Erde. München: dtv, 1986.
Mäkeler, M.: Fruchtbarer Gartenboden durch richtige Bodenpflege und Düngung. Berlin – Hamburg: Parey, 1990.
Preuschen, G.: Das neue Bodenbuch. Frankfurt/M.: Fischer, 1988.
Sanwald, I.; Thorbrietz, P.: Unser Boden – Unser Leben. Rastatt: Moewig, 1988.
Schächter, M. (Hrsg.): Mittendrin. Die Erde hat kein dickes Fell. Berlin: Mann Verlag, 1988.
Seymour, J.; Girardet, H.: Fern vom Garten Eden. Frankfurt/M.: Fischer, 1985.

**Luft und Klima**

Bundesminister für Ernährung, Landwirtschaft und Forsten: Bericht über den Zustand des Waldes 1990. Münster: Landwirtschaftsverlag GmbH, 1990.
Crutzen, P. J. und Müller, M.: Das Ende des blauen Planeten? Der Klimakollaps, Gefahren und Auswege. Beck, 1989.
Der Bundesminister für Forschung und Technologie: Globale Umweltveränderungen, 1991.
Gaber, H. und Natsch, B.: Gute Argumente: Klima. Beck, 1989.
Global Warming. Die Wärmekatastrophe und wie wir sie verhindern können. Piper, 1991.
Grassl, H. und Klingholz, R.: Wir Klimamacher. Auswege aus dem globalen Treibhaus. Fischer, 1990.
Grießhammer, R.; Heg, Chr.; Hennike, P. u. a.: Ozonloch und Treibhauseffekt. Ein Report des Öko-Instituts. Reinbek: Rowohlt, 1990.
Papke, H. E.; Krahl-Urban, B.; Peters, K.; Schimansky, Chr.: Waldschäden. Jülich: KFA, 1987.
Reichelt, G.; Kollert, R.: Waldschäden durch Radioaktivität? Müller, 1985.
Schönwiese, Chr.-D.; Diekmann, B.: Der Treibhaus-Effekt. Reinbek: Rowohlt, 1990.
Stern, H. u. a.: Rettet den Wald. München, 1979.

Umweltbundesamt: Was Sie schon immer über Luftreinhaltung wissen wollten. Stuttgart–Berlin–Köln–Mainz: Kohlhammer, 1989.

**Wasser**

Brodersen, I. (Hrsg.): Öko-Test. Ratgeber. Waschen und Putzen. Reinbek: Rowohlt, 1990.
Buchwald, K.: Nordsee – Ein Lebensraum ohne Zukunft? Göttingen: Verlag Die Werkstatt, 1990.
Bundesministerium f. Umwelt, Naturschutz und Reaktorsicherheit: Was Sie schon immer über Wasser und Umwelt wissen wollten. Kohlhammer, 1987.
Deutscher Bundestag (Hrsg.): Schutz der Nordsee. Bonn: Deutscher Bundestag, Zur Sache Nr. 4/87, 1987.
Ditfurth, J.; Glaser, R. (Hrsg.): Die tägliche legale Verseuchung unserer Flüsse und wie wir uns dagegen wehren können. Rasch & Röhring, 1987.
Gourlay, K. A.: Mord am Meer. München–Zürich: Piper, 1991.
Katalyse e. V.: Das Wasserbuch. Kiepenheuer & W., 1990.
Kock, K.: Das Watt – Lebensraum auf den zweiten Blick. Heide: Boyens & Co., 1985.
Lahl, U.; Zeschmar, B.; Öko-Inst. Freiburg (Hrsg.): Wie krank ist unser Wasser? Dreisam-Verlag, 1986.
Lozan, J. L.; Lenz, W.; Rachor, E.; Watermann, B.; Westernhagen v., H. (Hrsg.): Warnsignale aus der Nordsee. Berlin–Hamburg: Parey, 1990.
Mac Garvin, M.: Das Greenpeace-Buch der Nordsee. Stuttgart: 1991.
Michalowski, B.: Lebens-Mittel Wasser. Rastatt: Pabel-Moewig KG, 1989.
Quedens, G.: Strand und Küste – Wattenmeer. München: BLV, 1984.
Schäfer, H.: Zeitbombe Wasser. Orac, 1989.
Wieland, J. (Hrsg.): Nordsee in Not. Reinbek: Rowohlt, 1988.
Wieland, J.; Lanz, K.: Trinkwasser – bis zur bitteren Neige. Reinbek: Rowohlt, 1989.

**Energie**

Hennicke, O.; Johannsen, J. P.; Kohler, S.; Seifried, D.: Die Energiewende ist möglich. Frankfurt/M.: Fischer, 1985.
Kohler, S.; Leuchtner, J.; Müschen, K.: Sonnenenergie-Wirtschaft. Frankfurt/M.: Fischer, 1987.
Meyer-Abich, K. M.; B. Schefold: Die Grenzen der Atomwirtschaft. München: C. H. Beck, 1986.
Öko-Institut Freiburg (Hrsg.): Energie-Report Europa. Frankfurt/M.: Fischer, 1991.
Roßnagel, A.: Bedroht die Kernenergie unsere Freiheit? München: C. H. Beck, 1983.
Seifried, D.: Gute Argumente: Energie. München: C. H. Beck, 1986.
Traube, K.; Ulrich, O.: Billiger Atomstrom? Reinbek: Rowohlt, 1982.

**Lärm**

Bethge, D.; Meuers, H.: Technische Anleitung zum Schutz gegen Lärm (TA Lärm). Heymann, 1985.
Bony, H.-M.; Borgmann, R.; Kellner, K.-H. u. a.: Lärmschutz in der Praxis. Oldenbourg, 1986.
Bundesministerium d. Innern: Was Sie schon immer über Lärmschutz wissen wollten. Kohlhammer, 1982.
Fleischer, G.: Lärm, der tägliche Terror. Verstehen, bewerten, bekämpfen. Trias, St. Verlag, 1990.
Fricke, J.; Moser, L. M.; Scheurer, H. u. a.: Physik. 1983.
Koch, H.-J., Forum Umweltrecht: Schutz vor Lärm. Nomos, 1990.

**Müll**

Barkowski, D.; Günther, P.; Hinz, E. u. a.: Altlasten. Müller (C. F.), 1991.
Brehm, E.; Bund f. Umwelt und Naturschutz (Hrsg.): Deponie Erde. Freizeit, 1991.
Burgbacher, G.; Roth, K. u. a.: Neuordnung der Abfallwirtschaft. Expert-Verl., 1991.
Bürgeraktion «Das Bessere Müllkonzept Bayern»: Das bessere Müllkonzept. Ulm: Universitätsverlag, 1989.
Damkowski, W.; Elsholz, G.: Abfallwirtschaft. Theorie und Praxis. Ein Grundriß. Leske & B., 1990.
Fehlau, K.-P.; Stief, K.: Fortschritte der Deponietechnik 1990. Schmidt, B., 1991.
Gebler, W.: Ökobilanzen in der Abfallwirtschaft. Schmidt, 1990.

Hösel, G.: Unser Abfall aller Zeiten. Kommunalschriften, 1990.
IWS-Schriftenreihe: Praxis der Umweltverträglichkeitsprüfung für Klärwerke, Verbrennungsanlagen und Deponien. Aachen: Schmidt, 1991.
Koch, Th. C.; Seeberger, J.; Petrick, H.: Ökologische Müllverwertung. Karlsruhe: Verlag C. F. Müller, 1986.
Koch, Th. C.; Seeberger, J.: Petrick, H.: Ökologische Müllverwertung. Müller (C. F.), 1991.
Merz, T. (Hrsg.): Sackgasse Müllverbrennung. Fischer. Bundesministerium für Umwelt, Naturschutz und Reaktorsicherheit. Was Sie schon immer über Abfall und Umwelt wissen wollten. Kohlhammer, 1988.
Schmeken, W.: TA Abfall, Abfallüberwachungsverordnung und Reststoffüberwachungsverordnung. Kohlhammer, 1991.
Thomé-Kozmiensky, K. J.; Franke, M.: Verpackung und Umwelt. Berlin: EF, 1987.
Wilkes, M. W.: Der Krieg der Flaschen. Freienwill: KEK, 1985.

**Umweltbelastende Stoffe**

Dickel, M.; Friege, H.; Mehnert, M.; Radünz, A.; Claus, F.: Dioxin, der Preis des Fortschritts? Freiburg: BUND, 1986.
Friege, H.; Kost, U.; Claus, F. (Hrsg.): Die tückische Hypothek. Karlsruhe: Verlag C. F. Müller, 1986.
Friege, H.; Claus, F. (Hrsg.): Chemie für wen? Reinbek: Rowohlt, 1988.
Grieshammer, R.; Vahrenholt, R.; Klaus, F.: Formaldehyd. Eine Nation wird geleimt. Reinbek: Rowohlt, 1984.
Heintz, A.; Reinhardt, G.: Chemie und Umwelt. Vieweg, 1989.
Koch, E. R.; Maywald, A.; Klopfleisch, R.: Entgiften. Was jeder zu Hause tun kann. dtv, 1989.
Koch, R.: Umweltchemikalien, Physikalisch-chemische Daten, Toxizitäten, Grenzwert und Richtwerte, Umweltverhalten. Weinheim: VCH, 1989.
Strubel, O.: Gifte in unserer Umwelt, Stuttgart: DVA, 1989.
Umweltbundesamt: Was Sie schon immer über Umweltchemikalien wissen wollten: Stuttgart–Berlin–Köln: Kohlhammer, 1991.
Vollmer, G.; Franz, M.: Chemische Produkte im Alltag. Thieme, 1985.
Wassermann, O.; Alsen-Hinrichs, L. und Simonis, U. E.: Die schleichende Vergiftung. Frankfurt: Fischer, 1990.

**Natur und Landschaft**

AID: Schutz der Tier- und Pflanzenwelt. Bonn: 1989.
Barth, W.-E.: Praktischer Umwelt- und Naturschutz. Hamburg, Berlin: Parey, 1987.
Blab, J.: Grundlagen des Biotopschutzes für Tiere. Greven: Kilda, 2. Aufl. 1986.
Blab, J.; Nowak, E.; Trautmann, W. u. a.: Rote Liste der gefährdeten Tiere und Pflanzen in der Bundesrepublik Deutschland. Kilda, 1984.
Drawer, K.: Tierschutz in Deutschland. Schmidt-Römhild, 1980.
Euler, Klaus: Eingeborene – ausgebucht. Focus, 1989.
Haarmann, K.: Naturschutzgebiete in der Bundesrepublik Deutschland. Kilda, 1988.
Hamberger, S.; Bode, P. M.; Baumeister, O.; Zängl, W.: Sein oder Nichtsein. Die industrielle Zerstörung der Natur. München: Raben Verlag, 1990.
Jüdes, U.; Kloehn, E.; Nolof, G.; Ziesemer, F. (Hrsg.): Naturschutz in Schleswig-Holstein. Neumünster: Wachholtz, 1988.
Lembeck, F.: Alternativen zum Tierversuch. Thieme, 1988.
Leser, H.: Ökologie wozu? Berlin: Springer, 1991.
Naturschutz in der Gemeinde. Praktischer Ratgeber für jedermann. Erdmann, 1990.
Plachter, H.: Naturschutz. Stuttgart: Fischer, 1991.
Remmert, H.: Naturschutz. Berlin: Springer, 1988.
Rösler, M. und Rösler, St.: Aktionsbuch Naturschutz. Leitfaden für die Jugendarbeit. Kosmos, 1989.
Schwarz, U.; World Wildlife Fund (Hrsg.): Der Naturgarten. Krüger, 1980.
Stiller, H.; Stiller, M.: Tierversuch und Tierexperimentator. Hirthammer, 1986.
Teutsch, Gotthard M.: Tierversuche und Tierschutz. Beck, 1983.
Wieland, D.; Bode, P. M.; Disko, R. u. a.: Grün kaputt. Raben Verlag, 1988.
Wirthenson, E.: Öko-Modell Hindelang – Ein Weg zum intelligenten Tourismus. Bund Naturschutz, Kirchenstraße 88, München, 1990.

**Landwirtschaft und Ernährung**
Arbeitsgemeinschaft bäuerliche Landwirtschaft (Hrsg.): Naturschutz – durch staatliche Pflege oder bäuerliche Landwirtschaft? Rheda-Wiedenbrück: 1987.
Benecke, J.; Kiesewetter, B.; Urbauer, H.: Bauern stellen um. Müller (C. F.), 1988.
Burger, B.: Bio-Tips Bd. 1. Küche ohne Gift: Obst und Gemüse. Fischer.
Diercks, R.: Alternativen im Landbau. Ulmer, 1986.
Ernst, A.; Langbein, K.; Weiss, Hans u. a.: Gift-Grün. München: dtv, 1988.
Hauser, J. A.: Bevölkerungsprobleme und Umweltprobleme der Dritten Welt. UTB, 1990.
Hobbelink, H.: Bio-Industrie gegen die Hungernden. Reinbek: Rowohlt, 1989.
Kapfelsperger, E.; Pollmer, U.: Iß und stirb. Chemie in unserer Nahrung. dtv, 1986.
Katalyse, Institut für angewandte Umweltforschung (Hrsg.): Was wir alles schlucken. Reinbek: Rowohlt, 1988.
Katalyse-Institut: EG '92 – Grenzenlos kulinarisch? Lebensmittelqualität im Europäischen Binnenmarkt. Katalyse-Institut, Mauritiuswall 24–25, Köln 1, 1990.
Kickuth, R.: Die ökologische Landschaft. Karlsruhe: Müller, 1982.
Klopfleisch, R.; Maywald, Armin: Es ist angerichtet. Hamburg: Rasch & Röhring, 1989.
Krauth, W.; Lünzer, I. u. a.: Gentechnik und Landwirtschaft. Müller (C. F.), 1988.
Krieg, A.; Franz, Jost M.: Lehrbuch der biologischen Schädlingsbekämpfung. Parey, 1989.
Müller-Elze, R.; Bach, W.: Gesunder Landbau – gesunde Ernährung. Frankfurt/M.: Fischer, 1985.
Priebe, H.: Die subventionierte Naturzerstörung. München: Goldmann, 1990.
Priebe, H.: Die subventionierte Unvernunft. Siedler, 1988.
Richt, M. u. a.: Artgemäße Nutztierhaltung. Freies Geistesleben, 1989.
Schramm, E.: Pflanzenschutz im Öko-Garten. Frankfurt/M.: Fischer, 1985.
Steiner, H.: Nützlinge im Garten. Stuttgart: Ulmer, 1985.
Stiftung Ökologischer Landbau (Hrsg.): Der ökologische Landbau: eine Realität. Karlsruhe: Müller, 1982.
Witte, I.; Jähne, R.; Weinert, R. u. a.: Gefährdungen der Gesundheit durch Pestizide. Frankfurt: Fischer, 1988.

**Stadt**
Adam, K.: Stadtökologie in Stichworten. Unterägeri: Hirt, 1988.
Bock, P. M.; Hamberger, S.; Zängl, W.: Alptraum Auto. München: Raben Verlag, 1986.
Bundesministerium für Verkehr (Hrsg.): Verkehr in Zahlen 1987. Bonn: Bundesministerium für Verkehrsangelegenheiten, 1988.
Doernach, R.; Heid, G.: Biohaus für Dorf und Stadt. Fischer.
Fellenberg, G.: Lebensraum Stadt. Teubner, 1991.
Hundertwasser, F. u. a.: Das Haus Hundertwasser. Wien, 1985.
Kennedy, M. (Hrsg.): Öko-Stadt. Fischer 1980.
Krusche, P.; Althaus, D.; Gabriel, I.; Weig-Krusche, M.: Ökologisches Bauen. Umweltbundesamt, 1982.
Vester, F.: Ballungsgebiete in der Krise. München: dtv, 1991.
Wolf, W.: Eisenbahn und Autowahn. Hamburg, Zürich: Rasch und Röhring, 1986.

**Gesundheit und Medizin**
Achenbach, R.: Neurodermitis. Stuttgart: Thieme, 1989.
Airola, P.: Natürlich gesund. Reinbek: Rowohlt, 1989.
Arbeitsgemeinschaft Allergiekrankes Kind (Hrsg.): Unser Kind ist allergisch. Ravensburg: Maier, 1989.
Bruker, Max O.: Unsere Nahrung, unser Schicksal. E. M. U., 1989.
Calatin, Anne: Zeitkrankheit Nahrungsmittelallergien. Heyne Ratgeber, 1988.
Dourcsi, M.: Homöopathie heute. Reinbek: Rowohlt, 1990.
Flury, Walther (Hrsg.): Bedrohte Umwelt, kranker Mensch. Huber, St., 1990.
Goebel, W.; Glöckler, M.: «Kindersprechstunde». Urachhaus, 1984.
Hermanns, P. M., Hanisch, L.: Gesundheit! Danke, aber wer zahlt? Reinbek: Rowohlt, 1988.
Hingst, W.: Zeitbombe Kosmetik. Goldmann, 1988.
Klopfleisch, R.; Koch, E. R.; Maywald, A.: Mit Haut und Haaren. Kiepenheuer & Witsch, 1987.
Langbein, K.; Martin, H.-P.; Weiss, H.: Bittere Pillen. Kiepenheuer & Witsch, 1990/92.
Pahlow, M.: Meine Hausmittel. Bewährte Naturheilmittel und ihre Anwendung bei Alltagsbeschwerden und Erkrankungen. GU, 1987.

Pelletier, K. R.: «Gesund leben – gesund sein». Reinbek: Rowohlt 1987.
Righetti, M.: Forschung i. d. Homöopathie. Burgdorf, 1988.
Runow, K.-D.: Klinische Ökologie. Hippokrates, 1987.
Vester, F.: Henschel, G.: Krebs – fehlgesteuertes Leben. München: dtv, 1990.
Vithoulkas, G.: «Die wissenschaftliche Homöopathie». Burgdorf, 1987.

**Umweltgefährdung in der Arbeitswelt**

Fischer, C. & R.: Chemie im Büro. Reinbek: Rowohlt, 1988.
Heine, H.; Mautz, R.: Industriearbeiter contra Umweltschutz? Campus, 1989.
Katalyse, BUND, Öko-Institut, ULF: Chemie am Arbeitsplatz. Reinbek: Rowohlt, 1987.
Katalyse Umweltgruppe und Gruppe für ökologische Bau- und Umweltplanung: Das ökologische Heimwerkerbuch. Reinbek: Rowohlt.
Riedesser, K.; Talay, Dr., R.: Ökologie im Büro – Ein praktischer Ratgeber für den Büroalltag. Bundesdeutscher Arbeitskreis für umweltbewußtes Management (B. A. U. M.) e. V., Hamburg.

**Umweltzerstörung durch Militär und Rüstung**

Achilles, O.: Natur ohne Frieden. Knaur.
Birkenbach/Jäger/Wellmann (Hrsg.): Jahrbuch Frieden 1992. Konflikte, Abrüstung, Friedensarbeit. München: 1991.
Kiefer, K.-W.; Pfaff-Schley, H.; Schimmelpfeng, L.: Rüstungsaltlasten '92. Schmidt, 1992.

**Technik und Wissenschaft**

Arbeitsfeld Umwelt. Reinbek: Rowohlt, 1989.
Herbig, J.: Der Bio-Boom. Hamburg: Verlag Gruner & Jahr (Stern-Buch), 1982.
Klingholz, R. (Hrsg.): Die Welt nach Maß. Reinbek: Rowohlt, 1990.
Kollek, R. et al. (Hrsg.): Die ungeklärten Gefahrenpotentiale der Gentechnik. München: J. Schweizer, 1986.
Merchant, C.: Der Tod der Natur. München: Beck, 1987.
Rifkin, J.: Genesis Zwei. Reinbek: Rowohlt, 1986.
Rosenbladt, S.: Biotopia. Knaur, 1988.
Thurau, M.: Gute Argumente: Gentechnologie? Beck, 1990.
Umweltbundesamt (Hrsg.): Studienführer Umweltschutz.
Umweltschutz Arbeitsschutz: Bildung und Beruf. Ausgabe 1990 (kostenlose Abgabe bei den Arbeitsämtern).
UNESCO (Hrsg.): Berufe im Umweltschutz. Umweltbundesamt.
Wehling, H.-G.: Biotechnik, Gentechnologie, Reproduktionsmedizin. Kohlhammer, 1990.

**Politik, Recht und Wirtschaft**

Binswanger, H.-Ch.; Nutzinger, H. G.; Zahrnt, A.: BUNDargumente: Umwelt (–) Steuern. Bund Bonn, Im Rheingarten 7, Bonn 3, 1990.
Cupei, J.: Umweltverträglichkeitsprüfung. Köln: Heymann, 1986.
Die Grünen im Bundestag/AK Frauenpolitik (Hrsg.): Frauen und Ökologie. Kölner Volksblatt, 1987.
Endres, A.: Umwelt- und Ressourcenökonomie. Darmstadt: 1985.
Europäisches Umweltbüro: Ihr Recht nach der Umweltgesetzgebung der Europäischen Gemeinschaft. Brüssel: 1990.
Frey, B. S.: Umweltökonomie. Vandenhoeck, 1985.
Friege, H.; Claus, Frank: Chemie, für wen? Reinbek: Rowohlt, 1988.
Frisch, H.; Nutzinger, H.; Binswanger, H. C.: Arbeit ohne Umweltzerstörung. Frankfurt/M.: Fischer, 1983.
Hartkopf, G.; Bohne, E.: Umweltpolitik 1. Westdt. Verl., 1983.
Immler, H.: Natur in der ökologischen Theorie. Opladen: 1985.
Immler, H.: Vom Wert der Natur. Zur ökologischen Reform von Wirtschaft und Gesellschaft. Opladen: 1989.
Institut für Umweltrecht (Fischer alternativ) (Hrsg.): Deine Umwelt, Dein Recht. Fischer, 1990.
Kapp, K. W.: Soziale Kosten der Marktwirtschaft. Fischer, 1988.
Klöpfer, M.: Umweltrecht. München: C. H. Beck, 1989.
Krusche, M.: Umweltrecht. Kohlhammer, 1988.
Wicke, L.: Die ökologischen Milliarden. München: 1986.
Winter, G.: Das umweltbewußte Unternehmen. München: C. H. Beck, 1987.
Wittkämper, G. W.: Umweltschutz. Walhalla & P., 1990.

**Umweltschutzorganisationen**
Griefahn, M. (Hrsg.): Greenpeace. Reinbek: Rowohlt, 1983.
Tempel, K. G.: Umweltschutzverbände und Naturschutzverbände in der Bundesrepublik Deutschland. Leske & B., 1989.

**Ökologie**
Bick, H.: Ökologie. Frankfurt: Fischer, 1989.
Bick, H.; Hansmeyer, K.-H.; Olschowy, G. u. a.: Angewandte Ökologie. Mensch und Umwelt, in 2 Bdn. Frankfurt: Fischer, 1984.
Birnbacher, D. (Hrsg.): Ökologie und Ethik. Reclam, 1990.
Bossel, H.; Dürrschmidt, W. (Hrsg.): Ökologische Forschung. Karlsruhe: Müller, 1981.
Keil, B.: Ökologie. Ullstein, 1990.
Kieffer, K. W.; Dürrschmidt, W.; Lünzer, I. u. a.: Ökologisch denken und handeln: Strategien mittlerer Technologie. Müller (C. F.), 1988.
Klötzli, F. A.: Ökosysteme. UTB, 1989.
Knodel, H.; Kull, U.: Ökologie und Umweltschutz. Studienreihe Biologie, 1987.
Odum, E. P.: Grundlagen der Ökologie. Thieme, 1980.
Odzuck, Wolfgang: Umweltbelastungen. Belastete Ökosysteme. UTB, 1982.
Osche, G.: Ökologie, Grundlagen, Erkenntnisse, Entwicklungen d. Umweltforschung. Herder, 1981.
Remmert, H.: Ökologie. Ein Lehrbuch. Berlin: Springer, 1980.
Schaefer, Tischler: Ökologie. Stuttgart: Fischer, 1983.
Tischler, W.: Ökologie der Lebensräume. Stuttgart: Fischer, 1990.
Tischler, W.: Einführung in die Ökologie. Fischer, 1984.

**Globale Umweltfragen**
Altvater, E.; Stüben, P.; Meyer-Peters, H. u. a.: Rettung für den Regenwald? Verlag Die Werkstatt, 1990.
Behrend, R.; Paczian, W.: Raubmord am Regenwald. Reinbek: Rowohlt.
Deutscher Bundestag (Hrsg.): Schutz der Tropenwälder. Bonn: Economica, 1990.
Durrell, L.: GAIA – Die Zukunft der Arche. Frankfurt/M.: Fischer, 1987.
Gourlay, K. A.: Mord am Meer. Bestandsaufnahme der globalen Zerstörung. München–Zürich: Piper, 1991.
Möhlcke, M.: Umweltzerstörung in der Dritten Welt. Beck, 1987.
Niemitz, C. (Hrsg.): Das Regenwaldbuch. 1990.
Reichholf, Josef H.: Der Tropische Regenwald. dtv, 1990.
Siebert, H.: Die vergeudete Umwelt. Frankfurt/M.: Fischer, 1990.
Spektrum der Wissenschaft. Menschheit und Erde. 1990.
Spiegel Spezial. Die Globale Revolution. Club of Rome. 1991.
Vorfelder, J.: Eispatrouille – Greenpeace in der Antarktis. Greenpeace Report 3. Reinbek: Rowohlt.
Worldwatch Institute: Zur Lage der Welt 91/92. Frankfurt/M.: Fischer, 1991.

**Umwelthandeln und -lernen**
Rosenkranz, B.: Der Umwelt-Tester. Reinbek: Rowohlt, 1989.
Meyer-Abich, K. M.: Wege zum Frieden mit der Natur. München: dtv, 1986.
Skolimowski, H.: Öko-Philosophie. Karlsruhe: Müller, 1988.
Cornell, J.: Mit Kindern die Natur erleben. Oderbrunn: Ahorn, 1979.
Calließ, J.; Lob, R. (Hrsg.): Praxis der Umwelt- und Friedenserziehung. Düsseldorf: Schwann-Bagel, 1987.
Beer, W.; Haan de, G. (Hrsg.): Ökopädagogik. Weinheim: Beltz, 1984.
Eulefeld, G. u. a.: Ökologie und Umwelterziehung. Stuttgart: Kohlhammer, 1981.
Dierkes, M.; Fietkau, H.-J.: Umweltbewußtsein – Umweltverhalten. Karlsruhe: Kohlhammer, 1989.
Fietkau, H.-J.: Bedingungen ökologischen Handelns. Weinheim: Beltz, 1984.

**Zeitschriften**
Bild der Wissenschaft
Deutsche Verlagsanstalt, Stuttgart

GEO
Gruner und Jahr, Hamburg

Natur
Ringier Verlag, München

Öko-Test
Öko-Test Verlag, Frankfurt a. M.

# Bildquellenverzeichnis

69: Erich Schmidt Verlag, Berlin
76/77: Echte Nederlandse Fietersbond/ ruimtegebruik
111: Gesellschaft für ökologische Forschung/Ossi Baumeister
118: dpa/ZB Weisflog
141: Stern-Syndication, Foto: Zigy Kaluzny
142: Horst Siebert
190: gezeichnet nach Klötzli, F.: Unsere Umwelt und wir, Bern 1980
193: natur 1/1988
220: verändert gezeichnet nach Emanuel et al., 1985
230: verändert gezeichnet nach Harenberg, B.: Aktuell 92, Dortmund 1991
244/245: Manfred Michel
249: Manfred Michel
263: nach Strubelt, O.: Gifte in unserer Umwelt, Stuttgart 1989
270: natur 4/88
271 oben: agrar press
271 unten: Ossi Baumeister
279: Verein Jordsand
280/281: dpa
283: Schutzgemeinschaft Deutsche Nordseeküste
295: H.-D. Reinke/Forschungsstelle für Ökosystemforschung u. Ökotechnik
319: Zeichnung: Helmut Stiedl
343: gezeichnet nach Deutsches Ärzteblatt, 1972
375: dpa
384: Foto-Pickenpack
395: Bundesbildstelle, Bonn
437: nach Harenberg, B.: Aktuell 92, Dortmund 1991
459: Ossi Baumeister
490: Joachim Eicke

Einige Abbildungen stammen aus dem Rowohlt-Archiv. Sämtliche Zeichnungen fertigte Margit Becker nach Angaben der Autorinnen und Autoren, in wenigen Fällen nach den Vorgaben der genannten Quellen.

# Adressen von Behörden, Verbänden, Institutionen

## 1. Behörden und Institutionen

Der Rat von Sachverständigen für Umweltfragen
Postfach 5528
6200 Wiesbaden

Bundesministerium für Umwelt, Naturschutz und Reaktorsicherheit
Adenauerallee 141
5300 Bonn 1

Bundestag (Ausschüsse)
Deutscher Bundestag
Bundeshaus
5300 Bonn
- Ausschuß für Umwelt, Naturschutz und Reaktorsicherheit
- Ausschuß für Ernährung, Landwirtschaft und Forsten
- Ausschuß für Jugend, Familie, Frauen und Gesundheit

### Umweltministerien der Länder
### Stand 1.11.1991

**Baden-Württemberg**
Minister für Umwelt
Kernerplatz 9
7000 Stuttgart 10

**Bayern**
Staatsminister für Landesentwicklung und Umweltfragen
Rosenkavalierplatz 2
8000 München 81

**Berlin**
Senator für Stadtentwicklung und Umweltschutz
Lindenstraße 20–25
1000 Berlin 61

**Brandenburg**
Minister für Umwelt, Naturschutz und Raumordnung
Albert-Einstein-Straße 42–46
O-1561 Potsdam

**Bremen**
Senator für Umweltschutz und Stadtentwicklung
Ansgaritorstraße 2
2800 Bremen 1

**Hamburg**
Umweltbehörde
Steindamm 14a–22
2000 Hamburg 1

**Hessen**
Minister für Umwelt, Energie und Bundesangelegenheiten
Mainzer Straße 80
6200 Wiesbaden

**Mecklenburg-Vorpommern**
Umweltministerium
Schloßstraße 6–8
O-2750 Schwerin

**Niedersachsen**
Umweltministerium
Archivstraße 2
3000 Hannover

**Nordrhein-Westfalen**
Ministerium für Umwelt, Raumordnung und Landwirtschaft
Schwannstraße 3
4000 Düsseldorf 30

**Rheinland-Pfalz**
Ministerium für Umwelt
Kaiser-Friedrich-Straße 7
6500 Mainz

**Saarland**
Ministerium für Umwelt
Hardenbergstraße 8
6600 Saarbrücken

**Sachsen**
Staatsminister für Umwelt und Landesentwicklung
Ostra-Allee 23
O-8010 Dresden

**Sachsen-Anhalt**
Minister für Umwelt und Naturschutz
Pfälzer Platz 1
O-3024 Magdeburg

**Schleswig-Holstein**
Minister für Natur, Umwelt und Landesentwicklung
Grenzstraße 1–5
2300 Kiel 14

**Thüringen**
Umweltminister
Richard-Breslau-Straße 112
O-5082 Erfurt

## 2. Ökologische Forschungsinstitute

**Arbeitsgemeinschaft Ökologischer Forschungsinstitute e. V.** (AGÖF)
Geschäftsstelle
Rheingasse 8–10
5300 Bonn

Öko-Institut Freiburg/Brsg.
Institut für angewandte Ökologie
Binzengrün 34a
7800 Freiburg

ifeu-Institut
Wilhelm-Blum-Straße 12–14
6900 Heidelberg

Katalyse e. V.
Institut für angewandte Umweltforschung
Mauritiuswall 24–26
5000 Köln 1

## 3. Umweltverbände und -organisationen

Bund für Umwelt- und Naturschutz Deutschland e. V. (BUND)
Postfach 120536
5300 Bonn 1

BUND-Umweltzentrum
Rotebühlstraße 86/I
7000 Stuttgart 1

Bundesverband Bürgerinitiativen Umweltschutz e. V. (BBU)
Friedrich-Ebert-Allee 120
5300 Bonn 1

Deutsche Stiftung für Umweltpolitik
Postfach 120369
5300 Bonn 1

Deutsche Umwelt-Aktion e. V.
Heinrich-Heine-Allee 23
4000 Düsseldorf 1

Deutscher Naturschutzring e. V. (DNR)
Kalkuhlstraße 24
5300 Bonn 3

Deutscher Tierschutzbund e. V.
Baumschulallee 15
5300 Bonn

Greenpeace e. V.
Hohe Brücke 1
Haus der Seefahrt
2000 Hamburg 11

Naturschutzbund (DBV)
Am Hofgarten 4
5300 Bonn 1

Robin Wood/Gewaltfreie Aktionsgemeinschaft für Natur und Umwelt e. V.
Postfach 102122
2800 Bremen 1

Schutzgemeinschaft Deutscher Wald (SDW)
Bund zur Förderung der Landespflege e. V.
Meckenheimer Allee 79
5300 Bonn 1

Stiftung Mittlere Technologie
Eisenbahnstraße 38–40
6750 Kaiserslautern

Umweltstiftung World Wildlife Fund Deutschland (WWF)
Sophienstraße 44
6000 Frankfurt 90

## 4. Verbraucher-Zentralen und Verbraucherberatungsstellen in der Bundesrepublik Deutschland

(Die Adressen der örtlichen Verbraucherzentralen siehe Landesverbraucherzentrale oder örtliches Telefonbuch)

Verbraucherzentrale Baden-Württemberg e. V.
Augustenstraße 6
7000 Stuttgart 1

Verbraucherzentrale Bayern e. V.
Haydnstraße 7
8000 München 2

Verbraucherzentrale Berlin e. V.
Bayreuther Straße 40
1000 Berlin 30

Verbraucherzentrale des Landes Bremen e. V.
Ansgaritorstraße 3
2800 Bremen 1

Verbraucher-Zentrale Hamburg e. V.
Große Bleichen 23
2000 Hamburg 36

Verbraucherzentrale Hessen e. V.
Berliner Straße 27
6000 Frankfurt/Main 1

Verbraucher-Zentrale Niedersachsen e. V.
Georgswall 7
3000 Hannover 1

Verbraucher-Zentrale Nordrhein-Westfalen e. V.
Mintropstraße 27
4000 Düsseldorf 1

Verbraucherzentrale Rheinland-Pfalz e. V.
Große Langgasse 16
6500 Mainz 1

Verbraucherzentrale des Saarlandes e. V.
Hohenzollernstraße 11
6600 Saarbrücken 1

Verbraucherzentrale Schleswig-Holstein e. V.
Bergstraße 24
2300 Kiel 1

Verbraucher-Zentrale Brandenburg e. V.
Hegelallee 6–8, Haus 9
O-1561 Potsdam

Verbraucherzentrale Mecklenburg-Vorpommern e. V.
Geschäftsführung
Postfach 27
Damgartener Chaussee 61
O-2590 Ribnitz-Damgarten

Verbraucherzentrale Sachsen e. V.
Burgstraße 2
O-7010 Leipzig

Verbraucher-Zentrale Sachsen-Anhalt e. V.
Am Steintor 14/15
O-4020 Halle

Verbraucherzentrale Thüringen e. V.
Postfach 591
Wilhelm-Külz-Straße 26
O-5020 Erfurt